四川省"十四五"普通高等教育本科规划教材

金融学

（第四版）

▶ 主　编◎蒋远胜
▶ 副主编◎黄思刚　　温　涛

西南财经大学出版社

中国·成都

图书在版编目(CIP)数据

金融学/蒋远胜主编;黄思刚,温涛副主编.—4版.—成都:西南财经
大学出版社,2023.2(2025.1重印)
ISBN 978-7-5504-5683-9

Ⅰ.①金… Ⅱ.①蒋…②黄…③温… Ⅲ.①金融学 Ⅳ.F830

中国国家版本馆 CIP 数据核字(2023)第 022194 号

金融学(第四版)

JINRONG XUE

主　编　蒋远胜
副主编　黄思刚　温　涛

策划编辑:李邓超
责任编辑:余　尧
责任校对:张　博
封面设计:墨创文化　张姗姗
责任印制:朱曼丽

出版发行	西南财经大学出版社(四川省成都市光华村街 55 号)
网　　址	http://cbs.swufe.edu.cn
电子邮件	bookcj@swufe.edu.cn
邮政编码	610074
电　　话	028-87353785
照　　排	四川胜翔数码印务设计有限公司
印　　刷	郫县犀浦印刷厂
成品尺寸	185 mm×260 mm
印　　张	26.375
字　　数	641 千字
版　　次	2023 年 2 月第 4 版
印　　次	2025 年 1 月第 2 次印刷
印　　数	5001— 6000 册
书　　号	ISBN 978-7-5504-5683-9
定　　价	55.00 元

▶▶ 总序

　　21世纪普通高等院校系列规划教材自2008年首次策划和出版以来，通过西南地区普通高等院校经济管理学院院长联席会议多轮次研讨，按照"分类指导、突出特色、重在改革"的原则，以教育教学改革和优质资源共享为手段，以提高人才培养质量为目标，先后编写和出版了九个系列百余本经济管理类本科教材，对推动普通高等院校经济管理类本科教材建设和课堂教学质量提升取得了良好的效果。

　　党的十九大以来，中国高等教育进入了新的发展阶段。以习近平同志为核心的党中央高度重视高等教育，对高等教育工作做出了一系列重大决策部署，要求高校落实立德树人的根本任务，坚持"以本为本"、推进"四个回归"，建设一流本科教育。《教育部关于加快建设高水平本科教育全面提高人才培养能力的意见》（又称"新时代高教40条"）对新时代高等教育的指导思想、总体目标和主要任务进行了全面和系统的规定。2018年，教育部启动"六卓越一拔尖"计划2.0，提出了建设新工科、新医科、新农科、新文科，其中新文科建设成为人文社科类一流本科专业建设的目标和方向。

　　近20年来，无论是财经院校或综合性高等院校，还是地方院校或专业性高等院校，经济管理类专业招生规模增长迅速，经济管理类专业建设是新文科建设的重要内容。在新文科建设背景下，近年来，有专家、学者根据经济管理类专业的教育教学规律和特征，提出了新财经和新商科教育的理念。新文科就是用符合世界高等教育发展规律和中国特色社会主义建设要求的新理念、新模式、新理论和新方法，改造传统的人文社科专业，以实现人文社科专业的新交叉、新功能、新范式与新路径。它是一个覆盖哲、史、经、管、文、教、法七个人文社科学科门类的广义概态。新文科建设主要包含学科专业交叉、人才培养和教育教学改革三个方面。新财经是新文科的一个分支，是经济学与管理学门类学科专业的新文科建设。概括而言，就是根据教育发展规律，立足中国基本经济制度和经济社会发展的阶段性特征，用新理论、新思想、新技术和新方法改造传统的经济管理学科教育教学，达成经济管理学科教育教学的新体系、新模式、新路径和新质量。新商科是新文科的建设思路在管理学科专业特别是工商管理和部分应用性经济学科专业的应用，目的是培养既掌握商科知识，又具有现代技术特别是信息技术运用能力的应用型和管理型人才。

教育部建设一流本科教育的主要抓手是一流专业、一流课程的两个"双万计划"，并对一流课程建设提出了体现高阶性、创新性和挑战度的"两性一度"要求，而一流课程必须有一流的教材支撑。"新时代高教40条"对一流教材也提出了明确要求，即必须创新教材呈现方式和话语体系，实现理论体系向教材体系转化、教材体系向教学体系转化、教学体系向学生知识体系和价值体系转化（三个"转化"），体现教材的科学性、前沿性，增强教材的针对性、实效性，让教材成为教书和育人相统一的载体。这意味着在新文科建设背景下，新财经教材既要服务于一流课程建设，提高"两性一度"，又要服务于中国特色的哲学社会科学理论体系、学术体系和话语体系，更要服务于本科教育教学的知识传授、价值塑造和能力培养三大基本功能的发挥。党的二十大报告指出"加强教材建设和管理"。因此，编委会决定按照新文科建设的新要求，以新财经教材为目标，引导和指导各相关教师对已有课程教材进行大幅度的修订或重编，并根据本科专业建设和发展的需要，组织编写新课程教材。总体而言，我们将对新财经教材进行三项改革，并力图体现三个特征：

第一，改革教材的理论知识体系，吸收最新学科专业成果，体现出新财经教材的科学性和挑战度。其一，教材必须要吸收最新学科理论成果。进入新世纪以来，随着科技革命的不断深入，经济不断全球化和信息化，以科技为先导、以经济为中心的综合国力竞争不断加剧，再加上气候变化、新冠疫情（新型冠状病毒感染）、贸易保护主义抬头、逆全球化和全球不断加剧的滞涨，传统的经济管理理论受到巨大挑战，新的经济理论和管理理论成果不断出现，这需要我们把这些理论新成果添加进教材，升级理论框架。其二，教材必须要吸收专业交叉的知识。科技创新有原始创新、集成创新和引进消化再创新三种方式，其中集成创新就是多个学科专业、多种技术手段的集成和交叉融合创新，是创新的主要方式。专业交叉也非常有必要，当前主要是现代信息技术与经济管理专业知识的交叉和融合，因此要更新知识体系，体现出学科知识的科学性和交叉融合性。其三，教材必须要增"负"和提高挑战度。较长时间以来，大学本科的"水"课多和"严进宽出"一直为社会所诟病，同时产业升级、经济发展对学生的知识水平和综合实践能力的要求也不断提高，为了支撑一流课程建设，必须为教材增"负"和提高挑战度。

第二，改革教材的价值体系，服务中国经济科学和经济建设，体现新财经教材的价值引领和目标导向。其一，教材建设必须要体现中国特色哲学社会科学的建设成果。习近平总书记指出，要从我国改革发展实践中提出新观点、构建新理论，努力构建具有中国特色、中国风格、中国气派的学科体系、学术体系、话语体系；《中共中央关于加快构建中国特色哲学社会科学的意见》要求加快构建中国特色哲学社会科学。较长时期以来，西方经济学理论和方法在我国经济学科建设中占据了重要地位。新财经教材必须在理论体系和教学内容上做出重大转变，以习近平新时代中国特色社会主义思想为指导，综合运用马克思主义政治经济学理论和借鉴吸收西方主流经济理论，建构中国经济学科的理论框架，解决"道"的问题；总结提炼中国经济改革开放实践经验和参考借鉴西方资本主义经济方法、机制等设计中国经济运行的模式、机制和路径，解决"术"的问题，做到以道驭术、以术行道。其二，教材必须致力于培养中国特色社会主义经济建设者和接班人。不同于西方的资本主义经济制度，党的十九届四中全会指出，中国社会主义基本经济制度有三项：公有制为主体、多种所有制经济共同发展，按劳分配为主体、多种分配方式并存，以及社会主义市场经济体制。新财经教材必须立足于既能巩固和发展中国的基本经济制度，又能借鉴西方经济学的理论和方法，推动人类命运共同体建设。总之，新财经教材要有利于学生实现三个维度的教育教学目标：掌握基本知识、基本理论和基本方法的知识目标，提高学生思想政治素质和经世济民情怀的素养目标，增强学生运用现代科技手段进行经济分析和经营管理的能力目标。

第三，改革教材呈现方式，兼顾教育教学的需求，体现教材的现代性和应用性。其一，教材要便于以学生为中心的自主学习。要运用新一代信息技术，采用互联网、二维码、微视频等现代信息技术手段呈现教材内容、教学资源，加快数字化教材建设，同时服务于MOOC、SPOC和微课等新型课程形式，加快教材与课程一体化建设，方便学生自主学习。其二，教材要便于教师组织系统性教学。围绕当前的一流课程建设，教材的结构要兼顾理论教学与实验教学、第一课堂与第二课堂相融合、线下与线上教学的需要，教材的呈现形式需要更加多样化。其三，教材要服务于普通本科的应用性教学。普通高校以培养应用型人才为主，教材必须做到产教融合，即把握产业发展趋势，反映行业的新知识、新技术和新进展，关注新行业、新业态和新产品，体现教材的针对性和实效性。

为了编好本系列教材，西南财经大学出版社采取了与之前不同的模式，根据教材性质和特点有针对性地邀请有相同任课经历的资深教授担任匿名评审专家，从而对教材进行审计并提出评阅意见，供教材编委会参考。在出版社的组织和协调下，该系列教材由各院校具有丰富教学经验的高级职称教师担任主编，由主编拟订教材编写大纲，经教材编委会审核后再修订或编写。同时，每一种教材均由多所院校的一线教师合作，取长补短、共同提升。截至 2021 年年底，该系列教材中已有 10 多种成为省部级一流课程或课程思政示范课教材。

我们希望，在新文科建设背景下，在新财经和新商科教育目标下，通过主编、编写人员及使用教材的师生的共同努力，让此系列教材成为支持新时代普通本科院校一流专业和一流课程建设的一流教材。最后，我们对各经济学院、管理学院和商学院院长的大力支持、各位编者的认真编写以及西南财经大学出版社编辑的辛勤劳动表示衷心的感谢！

编委会

2022 年 12 月

▶▶ 第四版前言

本书自 2009 年 9 月出版第一版、2014 年修订第二版、2018 年修订第三版至今，得到了全国四十余所普通高等院校的选用和好评，并 4 次荣获西南财经大学出版社畅销教材奖。广大师生在使用本教材的过程中给我们提供了很多的意见和建议，在此，我们表示衷心的感谢！

2018 年以来，中国高等教育进入新的发展阶段，高校全面落实立德树人的根本任务，坚持"以本为本"、推进"四个回归"，建设一流本科教育。特别是教育部提出了新工科、新医科、新农科、新文科的"四新"建设任务，新文科建设成为经济管理课程和教材建设的根本遵循，而且还在经济金融类专业和课程建设中衍生出了新财经建设的研究。"新时代高教 40 条"对一流教材也提出了明确要求，必须创新教材呈现方式和话语体系，实现理论体系向教材体系转化、教材体系向教学体系转化、教学体系向学生知识体系和价值体系转化（三个"转化"），体现出教材的科学性、前沿性，增强教材的针对性和实效性，让教材成为教书和育人相统一的载体。根据这个要求，考虑到课程思政教育的现实要求，我们对教材的形式做了较大修改，并配套了一些必要的教学内容，增加了课程思政案例 10 个，其他教学知识点 100 余个。

2018 年以来，世界和中国的经济金融形势发生了巨大变化。新冠疫情（新型冠状病毒感染）这个全球重大公共卫生事件阻碍了全球经济复苏，俄乌冲突这个"黑天鹅"事件加剧了经济下行趋势，两大事件联合作用使得供应链受阻和大宗商品价格上涨，进一步推高了全球通胀水平和增加了经济复苏难度。2022 年，党的二十大胜利召开，给金融业发展提出了"全方面"的要求，为了"加快构建新发展格局，着力推动高质量发展"，金融业要"深化金融体制改革，建设现代中央银行制度，加强和完善现代金融监管，强化金融稳定保障体系，依法将各类金融活动全部纳入监管，守住不发生系统性风险底线。健全资本市场功能，提高直接融资比重"；同时在服务乡村振兴战略方面，要"健全农村金融服务体系"。当前中国金融业也面临四个新的形势：不断增加的国际金融竞争、不断增加的市场竞争、不断增加的金融产品创新和不断增加的金融业务科技化。因此，我们充分吸取国内外金融业实践的最新进展和金融研究的最新成果，编写组讨论确定了两个修编目标：一是构建"宽口径、厚基础、有特色"的知识体系。宽口径就是要对货币、银行和金融市场三大板块，以及金融全产业链条、全行业、全产品等有所涉及；厚基础就是能够用重要的经济学理论分析金融现象；有特色就是体现出普惠金融和发展金融的特色，用知识体系培养人才。二是构建"经世济民、红色基因、清廉金融、风险意识"的思想和价值体系，用思想和价值体系来塑造人才。

本次第四版修订是一次较大的修订和升级，主要包括：

（1）调整篇章。第三版的导言改为新版的第一章，后面章节依次调整；大幅修订了第十四章和新增第十五章"农村金融与乡村振兴"。除导论章以外，全书仍然设计四篇内容，但对篇名及其包含的章节做了适度修改：第二章至第五章金融基础与制度篇，第六章至第九章金融市场与监管篇，第十章至第十三章货币供求与政策篇，第十四章至第十五章金融发展与经济篇。

（2）修订和新增内容。根据国内外金融研究与中国金融改革与发展的实际情况，调整如下章节内容：第一章增加了金融体系类型划分，更新了金融业务科技化，适度增加了金融发展的历史，新增了中国金融学科的缘起与发展，特别是共产党早期领导的红色金融史，本章修订由蒋远胜完成。第二章增加了数字货币与数字人民币的内容与案例，本章修订由臧敦刚完成。第三章增加了民间信用与大数据对信用体系建设的作用，完善了中国信用体系建设情况，本章修订由徐慧丹完成。第四章增加了货币时间价值的计算与红色金融的利率制度历史，本章修订由刘艳完成。第五章增加了外汇储备与国际储备的内容，本章修订由康明惠完成。第六章增加了养老基金与另类投资，突出了多层次资本市场的体系建设，本章修订由陈莉完成。第七章增加了权衡理论及代理成本理论、信号理论和啄序理论等资本结构新理论，本章修订由陈莉完成。第八章内容与体系上都做了较大调整，按照市场主导和银行主导来区分介绍不同类型的金融机构体系，重点刻画了中国的银行主导型金融体系，并对以美国、英国为代表的市场主导型金融体系和以德国、日本等国为代表的银行主导型金融体系进行了对比，增加了政策性银行、非银行金融机构与国际金融机构等内容，本章修订由宋坤完成。第九章增加了金融科技的风险监管，本章修订由王玉峰完成。第十章重写了"中国的货币需求"一节，本章修订由师家升完成。第十一章把中国货币供给问题改为中国货币供给分析，并更新了数据和分析，本章修订由罗富民完成。第十二章修订由钟莹完成。第十三章增加了中国的货币政策演进与结构性货币政策工具创新，由马俊龙完成。第十四章第一节"金融抑制与金融深化"改为"金融发展的内涵及其测度"，增加了第三节"经济发展中的金融结构"与第四节"中国特色的金融发展"，本章修订由肖诗顺完成。第十五章为全新章节，包括农村金融理论、农村金融发展与农业增长、金融创新与乡村振兴三部分内容，本章由丁昭和蒋远胜完成。

（3）更新资料与数据。第四版根据国内金融市场发展实际情况，对第三版中的资料进行了更新，并尽可能地使用最新数据。

（4）创新形式。为了拓展学生课外阅读与加强学生对相关案例的学习，我们通过二维码链接形式呈现相关资源，同时将每章末尾处"进一步阅读"调整为"核心参考文献"，以方便学生在学习中查询获取知识，并大幅增加了英文参考文献。

（5）突出特色。首先，遵循"政经为道、西经为术、中经为体"的原则，以马克思主义政治经济理论为指导，以现代西方经济金融理论为基础，以中国金融学问题研究为主体，大幅增加中国货币、银行和金融市场的实践及改革创新等内容；其次，关注金融发展特别是普惠金融和农村金融，突出发展金融的特色；最后，每章后面的复习论述题均与现实相结合，引导学生学以致用，将所学的基本原理用于解释实际经济金融现象和问题。

本书最后由蒋远胜和陈莉对修订稿进行了全面、细致的审订。当然，由于我们水平与时间所限，不当和错漏之处在所难免，敬请广大读者谅解，欢迎向电子邮箱yjiang@ sicau.edu.cn 致函以批评指正，以便进一步修改和完善本书。

编者

2022 年 12 月

►► 目录

1 / **第一章　导论**

第一节　金融的定义与功能 …………………………………………（1）

第二节　金融的产生和发展 …………………………………………（4）

第三节　金融学科的内容与研究方法 ………………………………（8）

第一篇　金融基础与制度篇

19 / **第二章　货币与货币制度**

第一节　货币的产生与发展 …………………………………………（19）

第二节　货币的定义、职能与层次划分 ……………………………（25）

第三节　货币制度及其演变 …………………………………………（29）

第四节　国际货币制度 ………………………………………………（35）

第五节　中国货币制度 ………………………………………………（41）

49 / **第三章　信用**

第一节　信用概述 ……………………………………………………（49）

第二节　信用的基本形式 ……………………………………………（53）

第三节　信用工具 ……………………………………………………（58）

第四节　中国征信体系的建设与发展 ………………………………（60）

73/ 第四章 利息与利率制度

第一节 利息的来源与本质 ·· （73）

第二节 利息的计算 ··· （75）

第三节 利率分类与功能 ·· （79）

第四节 利率理论 ··· （82）

第五节 利率制度 ··· （90）

105/ 第五章 外汇与汇率

第一节 外汇概述 ··· （105）

第二节 汇率与汇率种类 ·· （110）

第三节 汇率的决定 ··· （113）

第四节 汇率制度 ··· （115）

第五节 人民币汇率制度改革 ·· （117）

第二篇 金融市场与监管篇

129/ 第六章 金融市场

第一节 金融市场概述 ··· （129）

第二节 货币市场 ··· （134）

第三节 资本市场 ··· （139）

第四节 其他金融市场 ··· （146）

第五节 中国金融市场的发展 ·· （151）

161/ 第七章 资产组合、资产定价与资本结构

第一节 风险与资产组合 ·· （161）

第二节 证券价值评估 ··· （166）

第三节 资产定价模型 ··· （167）

第四节 资本结构 ··· （170）

176/ 第八章 金融机构体系

第一节 金融机构体系概述 ··· （176）

第二节 银行主导型金融机构体系：以中国为例 ······················· （185）

第三节 市场主导型金融机构体系：以美国为例 ······················· （201）

212/ **第九章　金融风险与金融监管**

第一节　金融的脆弱性 ···································· (212)

第二节　金融风险与金融危机 ···················· (216)

第三节　金融监管 ·· (223)

第四节　中国金融监管发展历程与实践探索 ·················· (233)

第三篇　货币供求与政策篇

243/ **第十章　货币需求理论与中国的货币需求**

第一节　货币需求的内涵 ······························ (243)

第二节　货币需求理论 ·································· (246)

第三节　货币需求量的测算 ·························· (254)

第四节　中国的货币需求 ······························ (260)

269/ **第十一章　货币供给**

第一节　货币供给及其理论 ·························· (269)

第二节　货币供给的形成机制 ······················ (274)

第三节　货币供给的控制及决定机制 ·················· (282)

第四节　中国的货币供给 ······························ (287)

294/ **第十二章　通货膨胀与通货紧缩**

第一节　货币均衡与失衡 ······························ (294)

第二节　通货膨胀 ·· (298)

第三节　通货紧缩 ·· (312)

第四节　中国的货币失衡问题及治理 ·················· (317)

325/ **第十三章　货币政策**

第一节　货币政策的目标 ······························ (325)

第二节　货币政策工具 ·································· (333)

第三节　货币政策传导机制与时滞 ·················· (339)

第四节　货币政策效应 ·································· (344)

第五节　货币政策与财政政策的配合 ·················· (348)

第六节　中国货币政策：演进与创新 ·················· (351)

第四篇 金融发展与经济篇

363/ 第十四章　金融发展与经济增长

第一节　金融发展的内涵及其测度 ………………………………………………（363）

第二节　金融发展理论 ……………………………………………………………（366）

第三节　经济发展中的金融结构 …………………………………………………（373）

第四节　中国特色的金融发展 ……………………………………………………（376）

382/ 第十五章　农村金融与乡村振兴

第一节　农村金融理论 ……………………………………………………………（382）

第二节　农村金融发展与农业增长 ………………………………………………（387）

第三节　金融创新与乡村振兴 ……………………………………………………（396）

第一章

导论

■**学习目的**

通过本章的学习，你应该能够：

（1）掌握金融、金融范畴和金融体系等基本界定及功能；

（2）了解金融的产生、发展历程及发展趋势；

（3）熟悉金融学科的内容与研究方法。

金融是现代经济的核心，对现代经济发展起着至关重要的作用。邓小平指出："金融很重要，是现代经济的核心。金融搞活了，一招棋活，全盘皆活。"习近平总书记指出："金融是现代经济的核心，金融安全是国家安全的重要组成部分。"著名经济学家斯蒂格利茨曾经说："我们时常将金融比作'大脑'，它一方面聚集财富，另一方面对财富进行分配。良好的金融体系能促使资源被配置到高效率的部门，促进经济发展，而糟糕的金融体系则会阻碍经济的发展。"

第一节　金融的定义与功能

一、金融的内涵与外延

中国最早收录金融（finance）条目的词典是 1915 年出版的《辞源》和 1937 年刊行的《辞海》。《辞源》将金融释义为："今谓金钱之融通状态曰金融，旧称银根。各种银行、票号、钱庄，曰金融机构。"随着金融实践的发展，当代我国比较公认的概念是：金融，即货币资金的融通，是货币流通和信用活动以及与之相联系的经济活动的总称。

国内外对金融一词的理解有较大差异。金融一词英文直译为 Finance。西方学术界对金融一词的解释主要有三种：第一种是将金融解释为支付，是一切货币收支关系的总称，包括指货币事务、货币管理、与金钱有关的资源管理等。具体包括了三个方面：

政府的货币资财及其管理，即国家财政（public finance），工商企业的货币资财及其管理，即公司金融（corporate finance），以及个人的货币资财及其管理，即个人收支（personal budget）。这个口径所涵盖的范围大于"金融"在中国涵盖的范围。第二种解释把金融界定为"人们在不确定条件下进行稀缺资源的跨时期配置的学科"。第三种解释出自《新帕尔格雷夫经济学大词典》，把金融界定为资本市场的运行、资本资产的供给和定价。该条目进一步指出，金融的基本内容有五个方面：有效率的市场、风险与收益、替代与套利、期权定价和公司金融。

总之，金融是以融资活动为主体的，从不同的角度往往有不同的定义：如从范围看，金融有狭义和广义之分，狭义金融指有价证券及金融衍生品市场，主要指的是资本市场；而广义金融指的是与物价有紧密联系的货币供给、银行与非银行金融机构体系、短期资金拆借市场、证券市场、保险系统以及国际金融等。除非特别说明，本教材主要以国内公认的概念为准。

二、金融体系及其功能

金融体系（financial system）是指由金融机构（商业银行等）和金融市场（货币市场、资本市场）组成的网络，它经营各种金融工具如银行存款、国库券和股票等，以便从事货币传输活动和提供资金借贷。现代金融体系有五个构成要素：一是货币，它是由法定货币发行机构发行的一种被普遍接受作为经济交换媒介的商品或价值符号；二是金融机构，它们是金融服务的供给者；三是金融市场，表现为各种金融主体具体发生金融关系的场所或空间；四是金融工具，它代表着一种对未来收益的索取权，通常以凭证、收据或其他法律文件表示，是金融机构中或金融市场上交易的对象；五是金融制度，是国家对金融运行进行管理和调控的一系列制度，包括货币制度、汇率制度、信用制度、利率制度、金融机构制度、金融市场的各种制度，以及支付清算制度、金融监管制度及其他制度。

世界主要经济体的金融体系可分为银行主导型和市场主导型两种类型，银行主导型体系就是以银行机构为主体的金融体系，市场主导型体系就是以金融市场为主体的金融体系。德国和美国处于这两端，德国是银行主导型金融体系的典范，而美国则是市场主导型的典型代表，发达国家英国、日本、法国和其他多数国家处于这两者之间的某个位置，中国也是比较典型的银行主导型金融体系。

主要发达国家与中国的金融体系类型划分见图 1-1。

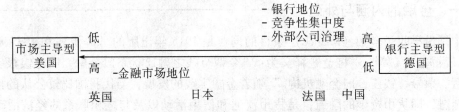

图 1-1 主要发达国家与中国的金融体系类型划分

金融体系有两个层次的功能：一是基本功能，二是派生功能。

（一）金融体系的基本功能

金融体系的基本功能有四个：资金融通、支付与清算、价格发现和风险管理。

1. 资金融通功能（financing）

按照中文字面意义，金融的资金融通功能包含两层含义：一是融，也即融资，就是动员资金盈余者（供给者）进行储蓄或投资；二是通，也即流通，就是把筹措的资金通过信贷市场或金融市场流通给资金短缺者（需求者）。金融市场和银行中介可以有效地动员全社会的储蓄资源或改进金融资源的配置。在促进更有效地利用投资机会的同时，金融中介也可以向社会储蓄者提供相对高的回报。金融中介动员储蓄的最主要的优势在于：一方面它可以分散个别投资项目的风险，另一方面可以为投资者提供相对较高的回报（相对于耐用消费品等实物资产）。金融系统动员储蓄可以为分散的社会资源提供一种聚集功能，从而发挥资源的规模效应。金融系统筹措资金，必须要通过银行业这个间接金融市场、证券业这个直接金融市场把资金运用到企业、政府和家庭等资金需求方，从而有效地解决了长期投资和巨额投资的资本来源问题，为长期项目和重大项目的投资和企业股权融资提供了可能。直接融资更是为技术创新项目和高风险项目的投资提供了渠道，更提供了项目筛选的机制。

2. 支付与清算功能（payment and settlement）

在经济货币化日益加深的情况下，建立一个有效的、适应性强的交易和支付系统是基本需要。可靠的交易和支付系统应是金融系统的基础设施，缺乏这一系统，高昂的交易成本必然与经济低效率相伴。一个有效的支付系统对于社会交易是一种必要的条件。交换系统的发达，可以降低社会交易成本，可以促进社会专业化的发展，这是社会化大生产发展的必要条件，可以大大提高生产效率和技术进步。所以说，现代支付系统与现代经济增长是相伴而生的。

3. 价格发现功能（price discovery）

所谓价格发现，就是产品的价格在双方讨价还价中确定的机制。与一般商品不同，金融产品的定价很难由经典的劳动价值论和效用理论等来解释。而在金融实践中，金融市场的公开竞价机制则可以轻而易举地解决这个问题。例如，外汇、票据、债券、股票、期货、房屋所有权甚至贵金融的价格都是在交易中形成的，是由公开市场竞价的买卖双方的群起意识决定的。金融产品的价格最终形成的价格是综合了所有市场参与者所掌握的相关信息和对未来的预期，因此金融市场具有了价格发现的功能。

4. 风险管理功能（risk management）

金融体系的风险管理功能要求金融体系为中长期资本投资的不确定性即风险进行交易和定价，形成风险共担的机制。由于存在信息不对称和交易成本，金融系统和金融机构的作用就是对风险进行交易、分散和转移。如果社会风险不能找到一种交易、转移和抵补的机制，社会经济的运行不可能顺利进行。

（二）金融的派生功能

1. 优化资源配置功能（optimize resources allocation）

该功能是其基本功能的派生功能，是资金融通功能的外化和深化，是金融体系结构合理、金融市场发达的必然结果。金融将资金有效地筹集起来，把资金盈余者的货币资金转给资金需求者，使社会投资得以顺利完成。这不仅降低了双方的交易成本，而且资金总是流向最有发展潜力，能够为投资者带来利益的部门，这样稀缺资源就能得到合理的利用。金融资金从低效率的部门流向高效率的部门，使社会有限的经济资源能有效地配置在高效率的用途上，实现了稀缺资源的优化配置。

2. 财富效应（wealth effect）

财富效应也可称为收入效应，也即金融投资是居民的收入来源之一。金融投资可增加居民的财产性收入，包括出让财产使用权所获得的利息、租金和专利收入等；财产营运所获得的红利收入和财产增值收益等。财产性收入主要通过参加金融市场交易取得。

第二节　金融的产生和发展

一、金融的产生与发展历程

金融是商品货币关系发展到一定阶段的产物，伴随着货币、信用和银行制度的发展而产生发展起来的。金融的概念是伴随着银行的出现而产生的，而银行的产生是由货币经营业演化而来的。

货币产生于原始社会末期和古代奴隶社会形成时期。在中国，较早可追溯到公元前约 2070 年夏王朝的海贝和公元前约 1600 年的殷商朝的铜铸货币。公元前 1200 年到公元前 500 年是世界古代奴隶社会帝国的建立时期，在繁荣和战乱中形成若干古代帝国，中国殷商朝、古希腊、古秘鲁、古巴比伦等古代帝国开始铸造金属货币，并随着分工的扩大，交换、贸易和商业活动日益繁荣，出现了货币借贷行为。人们把货币作为价值尺度、流通手段和贮藏手段。一方面，那些财富较多的人希望能把作为贮藏手段的贵金属及财物，委托给比较保险的机构代为保管；另一方面，随着商品经济的发展，铸币的流通在一国各地区之间以及国际的贸易往来更加频繁，为了满足贸易对货币兑换的需求，解决长途携带金属货币的不便及风险等问题，需要有人专门从事铸币兑换业务。因而，商人把自己的货币交给货币经营者保存，并委托他们办理结算、汇款等业务。随着货币经营业务的扩大，货币经营者开始把保管的钱贷出去，同时吸收存款、经营信贷业务，货币经营业就发展成了办理存款、放款、兑换业务的银行业了。

由于手工业和商业不断地从农业中分离出来，货币经营活动与金融机构也在缓慢地发展。公元前 500 年到公元前 400 年，经历了古代奴隶社会帝国扩张和瓦解，先后出现了第一批公共银行。它们从寺庙、民间或政府直营开始，形成了早期的货币存贷、货币兑换等金融业务，成为世界金融业先驱。银行是随着商品经济的发展产生的最早的金融机构，金融就是以银行等金融机构为基础的各种形式的信用组织起来的货币融通。中国早在商周时代就有官办的铸币机构和钱库，铸造和贮藏铜币。隋唐时期，不仅有官办的造币局和银库，还出现了民间的银铺和当铺，专门从事货币流通业务。北宋时期，在益州（今四川）出现了最早的纸币"交子"，先是由民间的富商成立"交子铺户"发行，公元 1023 年益州府设交子务，发行和经营"官交子"，"官交子"成为法定货币，这也是世界上最早的纸币。随后，明代出现了钱庄、钱肆，清代有票号、汇票庄等。这些机构只是萌芽状态的金融业，已具有银行的某些特征，但是规模不大、分散孤立。世界范围内，公元 1580 年在意大利成立的威尼斯银行，是世界上最早的具有现代意义的银行。

银行业的兴起，使得货币和信用活动有了直接联系，银行的各种信用货币成为主要的流通手段和支付手段，货币流通的增减变化与银行信用活动的扩大和缩小有着直接的联系，信用的扩张意味着货币供给的增加，信用的紧缩意味着货币供给的减少。当货币运行与信用活动不可分割地联系在一起时，就出现了包括货币流通和信用活动内容的经济范畴——金融。

随着 19 世纪科技文化的进步和资本主义生产力的飞速发展，现代银行在世界范围内蓬勃兴起，信用工具的创造性和流通性极大地促进了资本主义商品经济的发展。但是约束制度的缺乏、最后贷款人的缺位、银行券发行的分散使得银行业处于高速发展的无序状态，资金风险大，致使银行破产倒闭的现象严重。为了统一管理信用货币即银行券的发行权等，以保护存款人的利益以及金融市场的稳定，于是，充当银行最后贷款人的中央银行应运而生。设立时间最早和历史地位较高的中央银行分别是瑞典银行和英格兰银行。随着社会分工越来越细，各种专门性的金融需求促进了各种专业银行的出现，典型的是政策性银行。政策性银行由市政府创立的，不以营利为目的，专门贯彻国家经济政策或产业政策，在特定业务领域内从事政策性金融活动。

二、金融的发展趋势

（一）金融全球化

金融全球化主要表现在四个方面：资本流动全球化、金融机构全球化、金融市场全球化和金融监管全球化。

1. 资本流动全球化

随着投资行为和融资行为的全球化，即投资者和融资者都可以在全球范围内选择最符合自己要求的金融机构和金融工具，资本流动也全球化了。20 世纪 80 年代以来，国际资本流动呈现出不断加速和扩大的趋势。特别是 20 世纪 90 年代以来，由于国际贸易量大增、国际贸易的交易产品种类增加以及跨国企业的发展所推动的资本在国际上的流动，国际资本以前所未有的数量、惊人的速度和日新月异的形式使全球资本急剧膨胀。

2. 金融机构全球化

金融机构是金融活动的组织者和服务者。金融机构全球化就是指金融机构在国外广设分支机构，形成国际化或全球化的经营。20 世纪 80 年代以来，为了应对日益加剧的金融服务业全球竞争，各国大银行和其他金融机构竞相以扩大规模、扩展业务范围和推进国际化经营作为自己的战略选择。进入 20 世纪 90 年代后，世界一些国家先后不同程度放松了对别国金融机构在本国从事金融业务或设立分支机构的限制，从而促进了各国银行向海外的拓展。1997 年年末，世界贸易组织成员国签署"金融服务协议"，把允许外国在其境内建立金融服务公司并将按竞争原则运行作为加入该组织的重要条件，进一步促进了各国金融业务和机构的跨国发展。随着近年全球竞争的加剧和金融风险的增加，国际上许多大银行都把扩大规模、扩展业务以提高效益和增强抵御风险能力作为发展新战略，国际金融市场掀起了声势浩大的跨国并购（即兼并和收购）浪潮。金融机构的并购与重组成为金融机构全球化的一个突出特点。全球金融业并购浪潮，造就了众多的巨型跨国银行。

3. 金融市场全球化

由于科技进步、金融创新及金融管理的自由化，使得各国金融市场与国际金融市场紧密连接，逐步形成一个相互依赖、相互作用的有机整体。伴随金融的自由化，发达国家为了减少竞争成本，降低与防范投资风险，不断开拓金融市场，寻求新的金融交易方式。在此背景下，许多发展中国家也积极投入到更加开放和统一的金融市场的发展潮流中，与发达国家或地区的金融市场相互联结，构成全球化的金融市场运作体系，从而在时间和空间上缩短了国际金融市场的距离，实现24小时不间断营业。许多发展中国家和东欧转型国家，为了加速发展本国经济，实施赶超战略，不得不"打开门户"融入国际经济、金融的大循环，由此而产生了大批新兴金融市场。

4. 金融监管全球化

随着国际频繁的贸易和逐渐开放的经济政策，一国经济对外的依存度大大提高，一国的经济必然受到其他国家经济的影响和冲击，中央银行的货币政策必须根据本国经济内外均衡的需要相机抉择。随着金融的全球化和通信技术的发展，一国的金融风险会通过汇率、利率、股价的变动等渠道传染到其他国家和地区，因此，必须加强金融监管的国际合作，共同防范金融危机。

（二）金融创新化

金融创新指金融领域内部通过各种要素的重新组合和创造性变革所创造或引进的新事物，是金融业为适应实体经济发展的需求在制度安排、金融工具、金融产品等方面进行的创新活动。金融创新既有科技进步所带来的，也是为了规避金融管制和增加防范金融风险的工具，还有的是为了提高金融市场竞争力，如混业经营趋势。

金融创新主要包括金融制度创新、金融工具创新和金融市场创新三类。

（1）金融制度创新指各国金融当局调整金融政策、放松金融管制所导致的金融创新活动。金融制度创新涉及金融体系的组织与构造、金融市场的组织与结构、金融活动的监管与调节等方面的变革。

（2）金融工具创新指金融业能为各种信用形式的演变和扩展而适时地创造新的多样化的金融产品，如支付方式、期限性、安全性、流动性、利率、收益等方面具有新特征的有价证券、汇票、金融期货等交易对象。金融工具的创新是金融创新最主要的内容，适应了投资者对投资产品的多样化需要和投资风险管理的各种要求。

（3）金融市场创新指金融业通过金融工具创新而积极扩展金融业务范围，创造新的金融市场。例如，20世纪80年代以来，随着证券交易的国际化和技术的不断进步，金融业不仅可以从事跨越国境的股票交易和债券交易，而且也可以在其他国家发行本国的债券与股票，基本形成了一个全球性的证券市场。

进入21世纪后，金融创新的主要方向有三个：①金融制度方面，从分业经营向混业经营转变；②人工智能、区块链、云计算、大数据和移动互联等技术被广泛运用到金融行业，并产生了金融科技（financial technology，FinTech）；③金融服务于各类发展目标，或与多种应用场景结合，产生了新的金融业态，前者产生了如普惠金融、绿色金融和低碳金融等专业金融，后者结合形成了如消费金融、汽车金融等场景金融。

（三）金融自由化

金融自由化也称"金融深化"，是指政府放弃不适当的干预政策，取消对金融体系的严格管制，使得市场机制发挥应有的作用，以此促进金融系统的正常运转和功能的实现，形成金融发展和经济发展的良性循环。

20世纪80年代以来，西方国家的 金融自由化出现了价格自由化、业务自由化、市场自由化和资本流动自由化四种形式。

（1）价格自由化，即取消利率、汇率的限制，同时放宽本国资本和金融机构进入外国市场的限制。让金融商品的价格发挥市场调节作用。如美国在20世纪90年代取消了"Q条例"规定的银行存款利率上限。

（2）业务自由化，即允许各类金融机构交叉业务，公平竞争。20世纪90年代以后，一些发达国家逐渐开始放弃分业经营。

（3）市场自由化，即放松各类金融机构进入金融市场的限制，完善金融市场的融资工具和技术。

（4）资本流动自由化，即放宽外国资本、外国金融机构进入本国市场的限制。金融自由化也给金融业发展带来了正反两方面的影响。

进入21世纪后，随着不少主要经济体（如中国）已完成利率市场化，金融自由化的主要方向是汇率市场化、金融市场向国外开放、资本账户开放。

（四）金融业务科技化

现代信息技术的迅猛发展，为金融服务电子网络化提供了必要的物质基础。20世纪90年代以来，国际金融领域中的电子化、自动化、现代化的金融服务系统基本全面形成。伴随信息技术的发展，无论发达国家，抑或发展中国家，都在加紧实现金融业务的信息科技化，信息技术在金融业广泛运用产生了金融科技。中国人民银行把金融科技定义为技术驱动的金融创新，金融稳定委员会（FSB）则进一步说明它的内涵和意义：它能创造新的业务模式、应用、流程或产品，从而对金融市场、金融机构或者金融服务的提供方式造成重大影响。2019年8月，中国人民银行印发的《金融科技（FinTech）发展规划（2019—2021年）》中指出，金融科技旨在运用现代科技成果改造或创新金融产品、经营模式、业务流程等，推动金融发展提质增效。中国人民银行接着在2021年12月印发了《金融科技发展规划（2022—2025年）》，明确到2025年金融科技发展的愿景、原则和重点任务，表明我国金融科技将从"立柱架梁"全面迈向"积厚成势"新阶段，实现金融科技整体水平与核心竞争力跨越式提升。

金融科技也是技术，是服务于金融的前沿技术，金融科技的本质是科技注入金融，经历了电子化金融、互联网金融和数字化金融三个阶段。当前，金融数字化是当前金融的主要发展趋势。金融行业一般将金融科技概括为"ABCDE"五大技术：A是指人工智能（artificial intelligence，AI），B是指区块链（block chain），C是指云计算（cloud computing），D是指大数据（big data），E是电子商务（electronic commerce）。其中，大数据在"ABCDE"中最为重要，是所有科技的支点，也是金融服务的基础。在全球范围内，目前金融科技可运用到八个主要范畴：支付领域如支付宝、Paypal，分布式记账领域的数字货币、智能合同、智能票据如比特币、Circle，保险领域的保险经纪、理赔如Oscar[①]，交易和投资领域的投资管理、机器人咨询如Betterment[②]，规划领

[①] Oscar成立于2013年，是美国新兴的个人健康管理公司和保险公司，主要面向个人客户提供健康保险计划。诞生于互联网+医疗的背景之下，Oscar利用互联网的优势大大提高了健康险用户透明度、看病效率以及用户体验。

[②] 2008年由CEO Jon Stein和COO Eli Broverman创立的机器人投资顾问公司，用户进入Betterment网站后，填写一些个人信息（包括投资目的、期限、目标金额、风险偏好等），网站就会根据你的个人状况推荐最适合你的资产分配建议。

域的业务流程自动化、客户关系管理如 Credit Karma①，数据和分析领域的大数据解决方案、数据可视化如 Credit Benchmark②，借贷/众筹领域的众筹平台、社交借贷如"农贷通"③、Funding Circle④，金融安全领域的数字身份、身份验证、数据加密如 Bit9⑤。

第三节　金融学科的内容与研究方法

一、金融学科的内容

金融学是研究资金融通活动规律的科学，包括金融主体的个体行为和金融系统整体行为及其相互关系和运行规律的科学。19 世纪以来，西方金融学理论根据其研究对象的不同可分为宏观金融理论和微观金融理论两部分，形成了宏观金融学与微观金融学两个学科分支。

（一）宏观金融学的演进历程

宏观金融学（Macro-finance）以金融系统整体的运行规律及其各构成部分的相互关系为研究对象，从宏观角度研究货币和资金运动规律、金融结构与经济结构的辩证关系、金融安全与金融制度选择等问题。早期主要从宏观角度出发研究货币、银行在宏观经济活动中的功能和效应。19 世纪，西方开设的"货币学"的重点内容是：讨论货币的性质和货币价值的决定（历来作为经济学中的重要问题）；讨论建立稳定币值的理想币制，这包括银行券的管理和本位制的选择。货币学自然而然地独立开设起来。古代有银钱业，几百年前萌生了现代银行，它们是货币的经营者和借贷的集中者，在经济生活中的地位日益提升。19 世纪末银行业的壮大已成为政治问题，希法亭（Hilferding）于 1910 年出版的《金融资本》影响巨大。十月革命的理论支撑——列宁的《帝国主义论》中有关银行新作用的论述就是以《金融资本》为蓝本的。强大的银行必然有对经营理念的论证和经营管理准则的总结。于是，"银行学"走上高等院校的讲坛。

货币学研究货币，银行学研究经营货币的中介，由于它们之间无法分割的联系，必然会产生把两门课合并的想法。于是，20 世纪二三十年代这两门课就被合并在一起讲授，并定名为"货币银行学"。由于那时正是西方现代经济学宏观经济分析的发展和形成之际，因此对货币问题的研究既继承了之前的研究重点（币值的决定以及理想币制的选择），也着重从货币角度研究整个社会经济的宏观均衡问题。

---

　　① Credit Karma 成立于 2008 年，是一家为美国公民免费提供个人信用积分在线查询的服务商，目前已有约 2 100 万用户在使用 Credit Karma 的服务。

　　② Credit Benchmark 是伦敦的一家金融科技公司。监管要求银行持有更高额的资本金，而且需使用监管机构同意的模型来计算每一种资产的风险。

　　③ 农贷通是成都市金融控股公司建立的一家旨在撮合农村信贷的供需双方的互联网平台，目前平台已入驻合作机构 76 家，放款 455 亿元。

　　④ Funding Circle 是一家总部位于英国的网贷平台，主要服务中小企业，帮助其获得来自零售或机构投资者的贷款支持。同时，Funding Circle 还支持债权转让功能。

　　⑤ Bit9 是一家提供安全解决方案的公司，于 2002 年成立，拥有 70 多名员工，其方案可以检测和防止网络威胁。Bit9 位于美国马萨诸塞州的沃尔瑟姆，是一家私营公司。

就银行学来看，进入 20 世纪 20 年代之后，已不单纯是进行业务、运营及制度的具体介绍，而是开始联系货币问题，进行学理性的探讨。其所以如此，是由于金铸币在发达国家已完全退出流通，而经济生活中形形色色的货币，几乎无一不是银行创造的。正是在宏观经济学和宏观干预政策确立之际，经济学的宏观分析进入货币银行学及其与有关货币制度、银行制度的论证相结合的阶段，发展了宏观金融分析。在 20 世纪 20 年代末，中央银行成为金融界独立研究的对象，并有独立的《中央银行学》著作面世。这反映出中央银行日益承担着宏观调控的使命。对中央银行理论研究的核心内容也进入货币银行学，并构成宏观金融分析的重要内容。宏观分析入主"货币银行学"并居于学科的主导地位，逐渐形成了当今的"货币银行学"的理论框架。在中国，"货币银行学"的名称从 20 世纪初以来一直没变，国外的名称则不断"加长"，从开始的 Money & Banking，到第二次世界大战后发展为 the Economics of Money and Banking。

宏观金融学经历了四个重要发展阶段：①古典货币需求理论。该理论采用古典"二分法"把经济分为两个相互独立的部分：实际领域和货币领域。实际领域主要多用瓦尔拉斯一般均衡体系价值理论进行研究，货币领域采用货币数量方法的货币理论指导。1936 年凯恩斯发表的《就业、利息和货币通论》是从宏观视角把货币信贷政策引入宏观经济运行及经济政策研究的里程碑文献，弗里德曼的货币主义理论特别是货币需求理论，是现代货币数量说的重要组成部分。这些都属于古典货币需求理论。②新凯恩斯主义经济学派。新凯恩斯主义经济学派货币是非中性的、政府的经济政策能够影响就业和产量，市场的失效需要政府干预来发挥积极作用。③金融约束论。该理论主要指斯蒂格利茨提出的金融约束论，它指金融管理当局在金融部门创造一种寻租机会，即有意识地为一些金融机构提供"特许权价值"（如存贷利率控制），使这些机构能获得一个持续稳定的利润流，使得金融机构不为短期获益而损害社会利益。④理性预期学派。该学派的一个重要理论是货币政策无效。

（二）微观金融学的演进历程

微观金融学（Micro-finance）以金融市场为研究对象，是仿照微观经济学建立起来的一套研究如何在不确定的环境下，通过资本市场，对资源进行跨期最优配置的理论体系。核心内容是个人在不确定环境下如何进行最优化；企业如何根据生产的需要接受个人的投资；经济组织（市场和中介）在协助个人及企业在完成这一资源配置任务时，应起的作用；关键在于怎样达成一个合理的均衡价格体系。西方微观金融理论以 20 世纪 50 年代初为分界线，大体可分为前后两个时期：20 世纪 50 年代以前的微观金融理论可称之为古典微观金融理论，它以定性的思维推理和语言描述为主，基本上采用的是经济学的供求均衡分析方法，所处理的是在确定性条件下的金融决策问题。

西方微观金融理论可追溯到 19 世纪末 20 世纪初，早在 1896 年，艾尔文·费雪（Irving Fisher）就确认并解释了微观金融理论的核心——基本的估值关系，这种估值关系说明了一项资产的价值等于其产生的未来现金流的现值之和。1900 年，法国数学家巴舍利耶（Louis Bachelier）的《投机理论》提出了第一个期权定价理论；1907 年，艾尔文·费雪的《利率论》及以此为基础于 1930 年出版的《利息论》，讨论了跨时期消费/储蓄和投资的最优决策，提出了投资领域的第一个分离定理——费雪分离定理；1912 年，奈特的《风险、不确定性和利润》对企业融资合同进行了分析，这些都是西方微观金融理论的创始之作。特别是马夏克（Marschak，1938）试图用均值-方差空间中的无差异曲线来刻画投资偏好。拉姆齐（Ramsey，1927）则开创性地提出了动态的个人（国家）终身消费/投资模型。主流经济学研究者的视野再次聚焦到时间和不确定性这两个问题上。

伴随着股份公司的出现和发展，也相应地有了股票市场和债券市场的发展。股份公司本身的管理不同于传统的独资与合伙企业的管理，同时，股份公司也代表大企业进入经济生活，而大企业的管理较之小企业也有极大的区别。于是，公司金融（corporate finance）成为商学院的重要课程。而证券市场的发展也有其相应的课程开设。第二次世界大战以后，世界经济大跨步地发展，公司经营大型化、国际化，资本市场、货币市场迅速扩张。这时，金融投资开始要求精确地评估和计量。

冯·诺伊曼-摩根斯坦（Von Neumann-Morgenstern，1947）期望效用公理体系是新（微观）金融学的启蒙。马科维茨（Markovitz，1952）的博士论文《投资组合》（*Investment portfolio*）的发表可看作是现代（微观）金融学的起源。后续者包括夏普（Sharpe）、林特纳（Lintner）、莫辛（Mossin），在对于信息结构做出更为大胆的假设后，他们获得一个由期望效用公理体系出发的单期一般均衡模型——资本资产定价模型（capital assets pricing model，CAPM），莫迪利亚尼和米勒的 MM 定理以及尤金·法玛的有效市场假说（EMH），这些作品奠定了现代投资学的基础。其中，马科维茨的均值-方差模型（mean-variance model）和法玛的有效市场假说（EMH）是现代微观金融理论的两块基石。20 世纪 70 年代由布莱克-肖尔斯-莫顿提出的期权定价模型，开发出了股票期权估价的先驱性公式，被认为是微观金融理论的第三次革命。有了基础理论的支撑，公司金融、投资学、银行学、证券市场学等从简单的实务方法介绍提升为具有理论体系的学科。金融衍生工具、风险管理、金融工程等新的课程相继开设。而在这些分支学科之上，建立了总揽微观金融分析的金融经济学（financial economics）。微观金融分析发展了庞大的课程体系，成为今天的"显学"。

（三）西方金融学科的演进和形成

宏观金融分析受到经济理论界、金融理论界、宏观政策主管部门（其中包括中央银行）关注，因为它可提供"安邦治国"之策。微观金融分析则直接服务于大大小小的企业（包括种种金融机构）、基金、非营利单位、财政收支单位以及广大的公众，帮助它们筹资、投资、经营运作、进行风险管理，提供"理财富民"之计。在西方学界，金融学（finance）一般是指狭义的金融学科，英文名为 financial economics。我们习惯使用的广义金融学科是在货币银行学的基础上加上金融经济学，形成了货币、银行和金融市场三支柱。因此，20 世纪 80 年代，金融学科在西方有一个很长的名称：货币、银行和金融市场经济学（economics of money，banking，and financial markets）。

（四）中国金融学科的兴起与发展

中国金融学科发展始终具有鲜明的时代特征，与国民经济发展和国际经济环境相适应。中国金融学科从相对封闭走向全面开放，从单一路径走向多元化发展，真实地体现了金融学科发展应服务于金融业和经济发展的基本思路。近百年来，中国金融学科的演进是一个借鉴吸收和自我发展相结合的过程，大体经历了三个阶段。

第一个阶段是金融学科启蒙阶段（从北洋政府到中华人民共和国成立以前）。这个阶段经历了北洋政府时期和国民政府时期，作为半殖民地半封建社会的中国，人民饱受封建军阀、大地主和大资本家的剥削，金融业经历了从外国银行和钱庄"两强称雄"

到外国银行、钱庄和华资银行"三足鼎立"发展变迁。旧中国银行业主要奉行稳健经营思想和抵押信贷的基础上，逐步受到西方现代银行理论的影响，建立了华资现代银行。中国在20世纪20年代即有"货币银行学"课程开设，中国金融学科体系也开始建设，出现了较为系统的金融学研究，金陵大学、清华大学、北京大学先后设立了相关专业。

中国共产党成立后到中华人民共和国成立之前共产党领导的金融制度叫红色金融，红色金融是指中国共产党在革命战争和局部执政的过程中，领导和创立的集革命性、政权性、经济性、商业性和民主性为一体的特殊金融形式。红色金融形成了"帮助穷人、货币主权、信用合作、社会保险"等金融思想，提出了"减息减租、废除高利贷、低息借贷"等金融政策主张，在革命根据地进行了"红色货币制度、国家银行和工农银行、统一会计制度、货币斗争、合作金融、农业贷款、最低生活保障"等金融实践。共产党在中央苏区创立了中华苏维埃共和国国家银行、各根据地的工农银行、陕甘宁边区银行、西北农民银行等，也组建了小型的农民信用合作社和农民（平民）银行，同时发行了苏区货币和边区货币等。这些金融机构既有发行货币、代理国库等中央银行职能，又有从事储蓄、信贷业务的商业银行职能，同时，共产党人对银行会计、统计、金融与贸易等实务形成了一整套成功的管理制度，如在中央苏维埃国家银行时期就有了统一的会计制度，党领导的根据地（苏区或边区）实行银币本位制比国民党统治区早一年八个月，统一货币制度早三年。总之，该阶段在西方金融理论与中国传统金融思想融合的基础上，结合中国共产党在苏区和边区的服务人民的金融思想，为新中国金融学科的创建奠定了基础。

第二个阶段为当代中国金融学科的初创阶段（1949—1978年）。以共产党的金融思想和金融实践为基础，通过借鉴前苏联金融学科，新中国第一代金融学人初步创建了当代中国金融学科。马克思主义经济学是中国经济发展的理论指导。随着马克思主义中国化的进程，新中国金融先贤在计划经济实践过程中诠释了货币流通、货币计划，阐述了货币与商品总量之间的关系，不但进一步扩大了马克思主义的研究范围，而且第一次证明了在贫穷落后的农业国，金融体系同样是经济发展的支柱。苏联金融学的经典教材是《苏联社会主义的货币流通与信用》，虽然教材在宏观层面阐述了社会主义货币、信用、商品流通的本质，充分论证了社会主义金融体系优越性。但那时苏联的建国时间也只有30年，社会主义金融机构在微观上究竟应该如何经营，介绍却不多。新中国金融学先贤突破了苏联金融教学体系，融会苏区和边区的金融管理经验，创立了我们自己的教学体系，形成了具有当时中国特色金融学学科范式。在宏观层面，以马克思主义关于货币、信用、银行的论述为基础，研究资金运动的内在联系，揭示其一般规律。在微观层面，结合计划经济组织和运行研究银行计划、银行信贷和银行结算具体业务。在宏观和微观，以及两者结合的各个层面，产生了一系列的经典教材，这些理论探讨不仅用于经济金融相关专业的人才培养，服务于新中国的金融事业；更重要的是，总结了治理通货膨胀的成功经验，使金融问题受到高度重视，1950年中国金融学会的成立是一个标志。应当指出的是，这一阶段的金融学科发展是比较局限的：新中国之初的金融学科相关研究都在关注物价，讨论如何通过金融整顿控制物价，也就是偏重宏观金融。这一阶段金融理论问题的研究被设置了种种限制，中国的金融理论研究与教学基本处于停滞状态。

第三个阶段是金融学科的发展阶段（1979年至今）。伴随着经济体制改革开放的不断深入，中国经济经历了由计划经济向商品经济、再由商品经济向市场经济的转型，在中断了30年之后中国重新引进西方的货币银行学，金融学科建设进入一个新的阶段，一方面结合实际重新研究和阐述马克思主义的金融学说，另一方面扭转了完全排斥西方当代金融学的倾向并展开了对它们的研究评价。对西方金融理论，中国金融学人也进行了系统地评介，这些介绍性著作为20世纪90年代中国金融学发展奠定了基础。这个阶段，随着中国金融业快速发展，金融学术研究及各级金融学会日趋活跃，涌现出一大批旨在描述、解释中国金融实践的理论成果。同时，随着经济生活中金融活动作用的日益增强，金融学科受到了广泛的重视，为金融学科的中国实践创造了迅速发展的有利条件。高校教学内容也逐渐扩展，金融学以一个新兴学科的身份在高等教育学科体系中确立了独立的地位。

随着中国金融业务的逐步开展和中国金融体系的改革，金融学科体系建设也日趋成熟。金融学科体系更加适合中国国情，具备战略竞争力和紧扣国家金融业发展。当前，中国金融学科已经拥有了一系列核心课程，形成了具有中国特色的金融学学科体系。在宏观层面有货币政策分析、国际金融学、金融监管学、中央银行学；在微观层面可分为金融决策学和金融机构学，前者包括公司财务、证券投资学、金融风险管理、金融市场学等；后者包括商业银行学、投资银行学、保险学等（详见图1-2）。此外，最新还产生了交叉金融学方面有行为金融学、法和金融学等。在上述学科框架下，监管体系转型、金融风险防范、银行坏账处理、股票发行制度的市场化、投资者权益保护等问题的答案才日渐明晰。

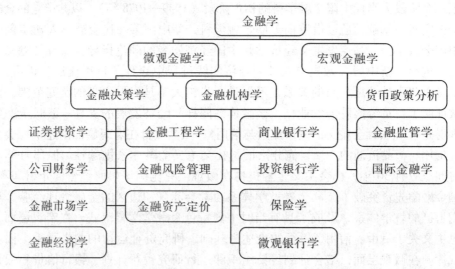

图1-2　金融学科体系图

二、金融学研究的方法论

金融学研究正在从货币金融理论发展到现代金融学的新阶段。目前，在金融领域普遍将研究的重点放在理论创新上，对金融研究中的方法论范式研究尚显不足。而金融研究方法论的范式转换与理论创新是密切相关的。一直以来，金融学被认为是经济学的一个分支，也是经济学中最重要的一个分支，是一门属于经济学类的学科。既然金融学是经济学的一个分支，那么金融学研究的方法从本质上讲也应该是经济学的方法论；当我国的经济学向现代经济学发展时，也就必然要求我国的金融学向现代金融学发展。

（一）金融学研究的指导思想

金融学研究需要正确的指导思想。首先，要坚持马克思主义中国化时代化为指导。马克思主义特别是邓小平理论和习近平新时代中国特色社会主义思想都认为金融是现代经济的核心，总结了金融改革和发展的丰富经验。在掌握基本理论和基本知识的前提下，要注重理论联系实际，要善于运用马克思主义理论去分析和解决金融领域的实际问题。其次，金融学研究要紧密结合经济社会发展。要注意不能就货币论货币，就信用论信用，就金融市场论金融市场，要从经济社会发展的大背景来进行系统深入的研究分析，从金融与经济社会的关系中把握金融问题的实质。最后，金融学研究要注重中西结合。西方资本主义国家的市场经济制度相对成熟、法制健全，对金融学的研究更侧重技术问题、更侧重微观层面，往往将人与人的关系作为既定前提，以货币资金这种稀缺资源的有效配置作为主题。而我国尚处于经济转型时期，经济和金融制度尚未完善，非正式制度如传统和文化对借贷、信用、利率的影响还非常巨大，所以要在借鉴西方国家已有研究成果的基础上，紧密结合我国经济发展水平、政治制度和文化传统，才能得出符合实际的结论和解决问题的正确方法。

（二）金融学研究的具体方法

研究是一种有组织、有条理的知识探寻活动，目的在于发掘新知识。一般认为经济学是研究人类社会在各个发展阶段上的各种经济活动和各种相应的经济关系及其运行、发展的规律的学科。西方学者如保罗·萨缪尔森认为经济学研究的是一个社会如何利用稀缺的资源生产有价值的商品，并将他们在不同的个体之间进行分配。作为经济学的一个分支，金融学主要是研究货币资金运行规律的应用科学。金融学的研究方法与应用经济学研究方法基本一致，主要有实证研究法、规范研究法、数理模型研究法、计量经济模型研究法、制度分析法和案例分析法六种方法。

实证研究法是指从大量的经验事实中通过科学归纳，总结出具有普遍意义的结论或规律，然后通过科学的逻辑演绎方法推导出某些结论或规律，再将这些结论或规律拿回到现实中进行检验的方法论思想。体现这种方法论思想的研究目的在于分析经济问题"是什么"，侧重于廓清经济活动的过程和后果以及经济运行的发展方向和趋势，而不使用任何价值标准去衡量"是什么"是否可取。实证研究法是我国金融领域研究的主流方法。在我国金融学科研究中，理论工作者主要运用实证方法进行研究，研究领域主要涉及现状分析、特征分析、模式分析、关系或原因分析、行为分析、绩效分析等。另外，深入实际进行调查研究是我国金融理论工作者的一贯传统，在目前的研究成果中，调查问卷、数据分析、结论报告占有相当比重。同时，近些年来，在原来模式分析的基础上，借用其他学科较为成熟的分析框架，在金融学科研究中逐步引入了案例研究方法，虽然这方面的研究还不是很多，但却昭示了实证研究倾向进一步强化的趋势。

规范研究法则以价值判断为基础，以已有的经济理论为指导，提出分析和解决问题的标准，并研究如何才能符合这些标准，作为决策的前提和制定政策的依据。它要回答的是"应该是什么"的问题。

数理模型研究法是指在经济分析过程中，运用数学符号和数字算式的推导来研究和表示经济过程和现象的研究方法。数理方法的引入的确使经济学的方法增添了新的内容，这种分析方法可以使经济过程和经济现象研究的表述较简洁清晰，其推理更加直观方便和精确，使经济学的理论框架更加条理化、逻辑化和明了化。如代表宏观经济运行行为的一组方程式，各方程式代表经济总量的经济行为。数理模型可分为理论模型和经验模型，模型中的变量分内生变量和外生变量。模型的方程式有定义方程式和行为方程式之分。

计量经济模型研究法就是表示经济现象及其主要因素之间数量关系的方程式。经济现象之间的关系大属于相关或函数关系，建立计量经济模型并进行运算，就可以探寻经济变量间的平衡关系，分析影响平衡的各种因素。计量经济模型研究法就是运用计量经济模型进行分析的方法。计量经济模型主要有经济变量、参数以及随机误差三大要素。经济变量是反映经济变动情况的量，分为自变量和因变量。而计量经济模型中的变量则可分为内生变量和外生变量两种。参数是用以求出其他变量的常数。参数一般反映出事物之间相对稳定的比例关系。在分析某种自变量的变动引起因变量的数值变化时，通常假定其他自变量保持不变，这种不变的自变量就是所说的参数。第三个要素是随机误差。这是指那些很难预知的随机产生的差错，以及经济资料在统计、整理和综合过程中所出现的差错。可正可负，或大或小，最终正负误差可以抵消，因而通常忽略不计。

制度分析法是以古典自由主义为价值、以公共选择与制度分析为逻辑，在经济发展的背景下，着眼于治道变革，探索具体的公共管理、公共服务以及公共政策问题。自亚当·斯密以来，经济学家就以经济人假设为前提，在制度不变的前提下来研究经济问题。在一定情况下研究这种假定有利于经济学家对经济问题做深入地分析，但在许多情况下研究人类经济行为远比传统经济理论中的经济人假设更为复杂。因此，制度经济学家把制度作为变量，把集体主义和整体主义引入到了经济理论的研究中，建立了更为接近现实经济活动的方法论。这种研究方法运用于金融学的研究，而且这种分析方法对中国转型时期的金融学研究具有一定的启发和借鉴意义。制度分析法采取了结构分析法、历史分析法和社会文化分析法来研究金融问题，揭示制度对经济与金融发展的影响，以及去发现这些制度在金融体系中的地位和作用。制度分析法具有动态化、非纯粹经济分析、集体主义方法论和具体化等特征，并且可广泛运用于外部性、金融制度和机制以及金融发展史等方面的研究。

案例分析法以对具体事物为前提，通过透彻观察个别的事物，深入剖析其一切方面，研究其内部结构及其与外部的关系，运用具体的事实证实或证伪某一理论。案例分析法的根本要求是真实性。案例分析法中有说明型案例、政策型案例、决策型案例和理论发现型案例。案例分析法具有样本意义、检验意义和发现意义。

重要概念

金融　金融体系　交子　金融自由化　金融创新　金融科技　金融学
宏观金融学　微观金融学　红色金融

核心参考文献

1. 陈雨露. 中国金融学科60年：历程、逻辑与展望 [J]. 中国大学教学，2020 (1)：13-17.

2. 陈雨露. 中国传统文化、通识教育与金融学科的现代化 [J]. 中国大学教学，2007 (11)：8-12.

复习思考题

1. 中国共产党领导的新民主主义时期的金融思想、金融制度和金融实践对新中国金融制度构建有何影响？

2. 我国目前的金融体系类型与德国的银行主导型有差别吗？在我国"十四五"规划提出创新驱动发展要求的背景下，是否需要改革？如何改革？

3. 请阐述宏观金融学的主要经济流派及其主要思想和政策主张。

4. 请阐述微观金融学的主要理论及其贡献。

5. 简述中国金融学科的三个阶段。

第一篇

金融基础与制度篇

第二章

货币与货币制度

■**学习目的**

通过本章的学习，你应该能够：
（1）理解货币与经济的关系；
（2）理解货币的起源和职能；
（3）掌握货币形态的演变；
（4）理解货币层次划分的依据与方法；
（5）明确货币制度的构成要素；
（6）了解货币制度的演变过程；
（7）了解国际货币制度的类型以及改革；
（8）了解人民币制度的性质和内容。

党的十八大以来，习近平总书记高度重视金融工作。习近平总书记关于金融发展的重要论述中指出："金融是国家重要的核心竞争力，金融安全是国家安全的重要组成部分，金融制度是经济社会发展中重要的基础性制度。"货币是金融的重要内容之一，是金融市场的衡量单位，可以从一定角度反映金融市场的波动；可以在政府的宏观调控下帮助经济恢复秩序。本章主要介绍货币的产生与发展，货币的定义、职能与层次划分，货币制度及其演变，国际货币制度及中国的货币制度等内容。

第一节　货币的产生与发展

一、货币与经济的关系

在当今经济社会中，货币无处不在。习近平总书记曾深刻指出，千招万招，管不住货币都是无用之招。无论是个人、家庭还是企业，每个经济主体都不可避免地要和货币打交道。家庭和个人的收入，以货币的形式取得。而当他们需要商品和服务时，又必须用货币去购买。企业的生产流通过程更是伴随着货币的收支。甚至政府部门的存在也不能脱离货币：财政的收入和支出无不依赖于货币。与货币相关联的经济变量与我们每一个人密切相关。它对于经济的健康发展也是至关重要的。很多经济现象都可以归纳为"都是货币惹的祸"。

（一）货币与商业周期

商业周期又称经济循环或经济周期，是指一个社会体中或者是全体社会体中，包含物价、股价、存货量等相关的经济趋势，呈现周期性循环变动的情况。商业周期的过程可以分为复苏、繁荣、萧条、衰退四阶段。关于商业周期的长度尚没有定论，认为约 40 个月、11 年、20 年、50 年等的都有。很多实证分析表明，货币对经济周期的影响作用非常大。例如，在 20 世纪，美国经济的每次衰退前，货币的增长率都是下降的，这说明货币变化可能也是商业周期波动的一个原动力。然而，并非每次货币增长率下降之后都必然会出现经济衰退。

（二）货币与通货膨胀

通货膨胀是指一般物价水平在一定时期内出现明显持续的上涨。它影响着经济社会中的各个经济主体，包括政府、企业和家庭（个人）。通货膨胀通常被认为是一个需要解决的重要问题，也是各国政治家和决策者关注的热点问题。要治理通货膨胀，必须了解它形成的原因。通货膨胀的形成原因很复杂，很多数据表明，货币供给的持续增加可能是造成通货膨胀的一个重要原因。诺贝尔经济学家得主米尔顿·弗里德曼的一个著名论断："通货膨胀无论何时何地都是一个货币现象。"中国近 10 年的通货膨胀率平均在 2.23% 左右[①]。2022 年 6 月，中国人民银行行长易纲接受媒体访问时表示：中国通货膨胀前景较为稳定，CPI 同比增长 2.1%，PPI 同比增长 6.4%[②]。

（三）货币与利率

货币在利率的波动中发挥中重要作用，利率波动与企业和消费者的利益密切相关。货币供给持续增加，利率呈现下降的趋势；反之，货币供给持续减少时，利率呈现上升的趋势。

中国利率形成机制是由市场供求决定的，中央银行通过运用货币政策工具引导市场利率。目前定期存款利率为 1%~2%，银行贷款利率为 4%~5%，同时债券和股票市场较为有效地运行。目前可以看出实际利率水平是相当低的，金融市场得以有效配置资源。

（四）货币政策

货币政策作为国家宏观调控的重要手段，因此世界上所有的政治家和政策制定者都十分关注货币政策的实施，即对货币和利率的管理。中央银行负责一个国家货币政策的实施。我国的中央银行是中国人民银行。

二、货币的起源

人类在地球上出现已有上百万年或更长的历史，货币却只不过是几千年以前才开始出现在人类社会中的。货币的出现总是与商品交换联系在一起的。自有商品交换开

---

① 财梯网. https://www.cadforex.com/tongzl/90515.html.

② 中国经济网. https://baijiahao.baidu.com/s? id=1736785644258664397&wfr=spider&for=pc.

始，就出现了货币。货币究竟是怎么产生的？古今中外很多思想家、经济学家，都看到了与货币的起源与交换发展的联系，人们普遍认可是由于商品交易的发展，从而导致货币的出现。

（一）先王制币说

先王制币说，即认为货币是圣王先贤为解决民间交换困难而创造出来的。传说周景王二十一年（公元前 524 年）欲废小钱铸大钱，单穆公劝谏景王说："不可。古者天灾降戾，于是乎量资币，权轻重，以赈救百姓。"另见《管子》一书的《国蓄》篇："先王为了进行统治而选定某些难得的、贵重的物品为货币。"先王制币说在先秦时代十分盛行，后来的许多思想家继承了这一观点，但这样的观点也并不否定交换发展的背景。

（二）马克思货币起源说

马克思认为，货币是价值形态和商品生产、交换发展的必然产物。商品是使用价值和价值的统一体。货币成为商品价值的外在表现，即价值形式。而价值形式随着商品交换的发展而发展，经历了四个阶段的长期演变，最终演变产生了货币。

1. 简单的和偶然的价值形式

最初，在人类社会生产发展到刚刚有点剩余产品时，偶然会发生个别的剩余产品的交换行为，一种商品价值简单地、偶然地通过另一种商品表现出来，这就是简单价值形式，简单价值形式产生了货币的胚胎。

2. 扩大的价值形式

随着社会生产力的提高，商品交换变得经常而丰富，参加交换的商品逐渐增多。一种商品不再是偶然的与另一种商品相交换，而是和一系列商品相交换，由更多商品来表现自己的价值，称为扩大价值形式。此时，货币的胚胎虽开始发育、成长，但是还没有分离出一种固定充当一般等价物的商品。

3. 一般价值形式

当商品交换在更广泛、更经常的条件下发展时，人们在商品世界的共同活动中，从众多商品里分离出一种市场上最常见、大家最乐意接受的商品作为一般等价物，所有商品都由这一种商品表现价值的价值形式，即一般价值形式。这里，某一种商品被分离出来，成为一般等价物，作为表现其他一切商品的统一的一般的材料，充当商品交换的媒介。商品的直接物物交换，变成以一般等价物为媒介的间接交换，一般等价物已经具有了货币的一般性质。但一般等价物在初期是非固定的，不同时期、不同地区由不同商品充当，妨碍了商品交换更大范围、更深程度上的进一步发展。

4. 货币形式

经过长期的商品交换活动的演变，一般等价物固定在贵金属身上，由贵金属来固定充当商品交换的媒介，这就是货币价值形式。货币形式是商品交换发展的必然产物，是商品价值形式发展的结晶。由于金银的自然属性适合于执行一般等价物的职能，因此自然地分离出来固定充当一般等价物，货币就产生了。至此，商品内在矛盾对立完全转变为外部对立，价值在这里获得了独立的表现形式。

当人们选择贵金属做一般等价物时，即充当一般等价物的商品固定时，一般价值形式则成了货币形式，货币由此诞生。

三、货币形态的演变

纵观货币的发展历史,它随着商品生产和商品交换的发展而发展。随着人们对货币在经济发展中作用认识的深化和科学技术的进步,货币的形态也经历了一个从自发演化到人为掌握的不断发展过程。几千年来,货币大体经历了实物货币、代用货币、信用货币几种基本类型。

(一) 实物货币

最原始的货币是以实物的形式出现在我们面前的。实物货币(commodity money),是指有特定使用价值的商品作为等价物充当货币的表现形式。在物物交换时代,人们在进行交换时,某些商品能够广泛而普遍地被人们接受和使用。一旦某种商品在一个比较大的范围里得到人们的认可,开始充当交换的中介,那么这种商品就成为了货币。这就是实物货币或商品货币。

早期的实物货币形态多种多样。根据考古学家考证,我国最早充当货币的实物是贝。这一点可以从我国的文字中得到印证。汉字中许多以"贝"作为偏旁部首的文字,其涵义都和财富相关,如"财""货""贸""贫"等都是这样的。日本、东印度群岛以及美洲、非洲的一些地方也有用贝充当货币的历史。而在古波斯、古印度、古罗马等地,人们选择用牛、羊充当货币。埃塞俄比亚曾以盐作为货币,美洲曾经选择烟草、可可豆等作为货币。

早期的实物货币,是在长期的商品交换过程中由不同商品发展而来的,在充当货币时,基本上保持了原来的自然形态,虽然能够代表财富,但并不是理想的货币材料,因此在使用中暴露了很多缺点,阻碍了交易的进行。比如,牛、羊等牲畜的价值较高,也便于转移,但是分割后的牲畜,其部分价值的总和会大大低于整体。这样,一些价值较低的商品的交易就无法使用牛、羊作为交易的中介了。

随着交换的发展,早期实物货币的缺点越来越明显。此时,人们发现金属具有可以充当货币的特殊性能:可多次分割、可按不同比例任意分割、分割后可冶炼还原;金属易于保存,不易腐蚀变质。于是,在世界各地,金属逐渐取代了其他商品的地位,开始固定地充当货币。

货币并不是由自然界产生的,而是在一定的社会生活条件下形成的,而货币一旦产生,并进入经济生活之后,就逐渐找到了金银这类最适合的贵金属充当自己的载体。马克思用了这样一句话来描述这一现象:金银天然不是货币,但货币天然是金银。

历史上充当货币的金属主要是金、银、铜,铁充当货币的现象比较少。这主要是因为随着人类社会冶炼技术的发展,铁的冶炼变得比较容易,和金、银、铜比较起来,铁的价值比较低,而且容易锈蚀,不利于保存。在我国历史上,最早的金属货币是金和铜。东汉以后,黄金的数量急剧减少,到宋代时,白银取代黄金的地位,成为了主币的币材。白银的流通在中国一直延续到 20 世纪 30 年代。而在西欧,最初银币的数量多于金币的数量,自 13 世纪以来,金币的数量逐渐增多,到 18 世纪,金币已经占据了主要地位。20 世纪初期,世界主要的工业化国家均使用黄金作为币材。

(二) 代用货币

代用货币又称表征货币(token money),是指货币面值与币材价值不等,但可以兑换的货币。并可代表实质货币在市场上流通。一般来说,代用货币主要是指政府或银行发行的、代替金属货币执行流通手段和支付手段职能的纸质货币。这种纸币之所以能在市场上流通，从形式上发挥交换媒介的作用是因为它有十足的贵金属准备，而且也可以自由地向发行单位兑换金属或金属货币。它们是顺应扩大的商品生产和流通的需要而产生的。

代用货币较实物货币的优越性主要有：①印刷纸币的成本较之铸造金属要低；②避免了金属货币在流通中的磨损，甚至被有意磨削，可以节约贵金属货币；③克服了运送货币的成本与风险；④优化了复杂而不便的等价物交换交易方式；⑤便于携带和使用。当然代用货币也有一些缺点，比如易损坏、易伪造等。

代用货币最早出现在英国。在中世纪之后，英国的金匠为顾客保管金银货币，他们所开出的本票形式的收据，可以在流通领域进行流通；在顾客需要时，这些收据有随时可以得到兑换。这是原始的代用货币。货币作为流通手段的特性是充当交换媒介，是交换的手段，而不是交换的目的。对于交易者来说，他们所关心的并不是流通手段本身有无价值或价值量的大小，而是能否起到媒介作用。典型代用货币是政府或银行发行的银行券（banknote）。

世界上最早使用纸币的国家是中国，但是我国历史上的纸币大多不能兑现金属货币。早在北宋年间，即10世纪末期，中国四川就开始使用纸印刷的货币——"交子"。此后元朝在全国范围内实行纸钞流通制度，明朝也发行了"大明宝钞"。欧洲的纸币则发源于银行券。最初，一般商业银行都可以发行银行券，发行银行券的银行保证银行券可以随时按面额兑换成金币、银币。到了19世纪，西方工业化国家先后禁止商业银行发行银行券，银行券的发行权收归中央银行所有。

（三）信用货币

信用货币（credit money），又称为不兑现纸币，是指货币本身价值低于货币价值，而且不能兑换成贵金属的货币。信用货币是代用货币进一步发展的产物，是指以货币符号等信用工具作为货币的表现形式。目前世界上几乎所有国家都采用这种货币形式。比如美国的美元、日本的日元、中国的人民币等都是信用货币。对于信用货币的票面价值而言，印刷这些货币的成本几乎可以忽略不计。既然货币本身的价值远远低于货币价值，那么人们为什么会愿意接受这些货币呢？信用货币产生的机理就在于信心和信用。人们接受、储存信用货币，是因为他们相信这些信用货币能够交换到他们所需要的商品和服务。而人们对信用货币的信心，则来源于法律和传统。各国法律都对本国货币在本国境内的使用做出了明确规定。

从历史的角度看，信用货币的出现是金属货币制度崩溃的直接后果。在第一次世界大战之前，只有在战时或是经济震荡时期，部分国家才会停止兑现银行券，由国家法令来支持银行券的流通。但是，由于战争和世界性的经济危机、金融危机接踵而至，世界各主要国家的银行券都普遍停止兑现金属货币。既然纸币不再能兑换成金属货币，那么纸币也就不再是代用货币了。此时纸币的发行由中央银行垄断，完全转变为信用货币了。

除了上述直接的历史原因之外，信用货币的诞生也是经济发展的必然结果。政府和金融机构根据长期的发行经验发现，只要银行券的发行量控制得当，社会大众对银行券和发行机构保持信心，那么银行券并不需要十足的金属货币作为准备。银行券不再需要拥有足额的金属货币作为准备，银行券之所以能够按照面值在市场上流通，其原因自然在于人们对银行券发行机构的信任。这样，纸币就由代用货币转变成为了信用货币——依靠发行机构的信用流通的货币。

当然，信用货币的出现并不意味着发行机构可以随心所欲地发行货币。货币发行机构要想维持货币币值稳定，就必须保证社会大众对发行机构的信誉具有信心，因此也就不得不对信用货币的发行数量有所控制，以免货币贬值。

目前我们使用的信用货币主要有下述几种：

1. 辅币

在进行小额或是零星交易时使用的货币就是辅币（fractional money）。辅币一般用铜、镍等贱金属铸造，其本身含金属价值低于其货币价值。目前，世界各国辅币的铸造权都由政府或中央银行掌握。

2. 钞票或纸币

钞票或纸币（paper money）就是人们日常生活中说的现金，其发行机关各国不同，但多数国家都规定发行权归中央银行所有。

3. 银行存款

现代银行的一项重要业务就是为客户开立支票存款账户，客户可以据此向银行签发支票。所谓支票，就是银行存款户根据协议向银行签发的即期无条件支付命令。客户拥有了支票存款账户之后，就可以用支票来代替现金进行交易了。在现代经济生活中，通过支票转账进行的交易数量远远多于通过现金进行的交易数量。

此外，不能签发支票的存款如企业的定期存款和居民的储蓄存款等，也是现代信用货币的一种。只不过这些存款不能签发支票，因此也就不能直接流动，不能直接用于执行交易媒介、支付手段的职能。

4. 电子货币

电子货币（electronic money）是指以电子化机具和各类交易卡为媒介，以计算机技术和通信技术为手段，以电子数据流形式存储在银行的计算机系统并通过计算机网络以信息传递形式实现流通和支付功能的货币。电子计算机在银行的应用催生了电子货币，网络发展极大地加速了电子货币的成长，货币发展进入了一个新时代，金融业全面迈向虚拟化时期。

电子货币作为一种电子化支付方式，其种类大致可分为以下五种：①"储值卡型"电子货币。如万事达卡、邮政卡、IC 卡等。②"信用卡应用型"电子货币。如因特网购物网络 ISN、虚拟因特网支付系统、安全电子交易 SET 等。③"存款利用型"电子货币。如网络支票、微软货币、电子钱包等。④"现金模拟型"电子货币。如 Mondex、e 现金、网络现金等。⑤数字货币。数字货币可以认为是一种基于节点网络和数字加密算法的虚拟货币，也可以说是电子货币的升级版本。

目前电子货币已经成为西方国家流通中广泛使用的支付工具。在我国，以银行卡、IC 卡、电子钱包等为代表的电子货币也得到了蓬勃发展。[①] 截至 2013 年年底，全国累计发行银行卡 42.14 亿张，银行卡跨行支付系统联网商户 763.47 万户，联网 POS 机具 1 063.21 万台，ATM 52.00 万台。2013 年，全国共发生银行卡业务 475.96 亿笔，交易金额 423.36 万亿元，全年银行卡渗透率达到 47.45%。

---

① 全球金融巨头英国巴克莱银行将推出 bPay 智能腕带，可以利用 NFC 非接触支付在英国 30 多万家商户收款台上完成支付，兼容现有的商家收款设备。

| 数字货币 | 电子货币 | 数字人民币 |

第二节　货币的定义、职能与层次划分

一、货币的界定

（一）货币的一般界定

如何界定货币（money；currency），或如何给货币下定义，由于时代背景不同、观察角度不同、观察深度不同以及侧重于理论剖析与侧重于解决实际问题的需要不同等，我们在文献中会找出许多不同的答案。

在现代信用经济条件下，货币可以分为狭义货币和广义货币两个概念。狭义货币可以理解为：流通中的现金加支票存款（以及转账信用卡存款）。广义货币概念包括以下三个方面：第一，能够在交易中充当流通手段，满足支付清算需要；第二，代表一定价值的符号，通过规定程序可以转化为支付流通手段；第三，符合国家有关金融法规法令，由合格法人机构发行并在约定期限兑付现钞。其主要形式包括银行存款、商业票据、政府债券等。

（二）货币的理论界定

1. 职能视角的货币界定

在经济学说中，从古至今，一直存在着从流通、支付的职能视角来界定货币的种种说法。《管子》一书的《国蓄》《轻重乙》《揆度》等篇，有这样的界定："黄金刀币，民之通施也""黄金刀币者，民之通货也""刀币，沟渎也"。《汉书·食货志》上则有"……金刀龟贝，所以分财、布利、通有无者也"的概括。这类说法，明显强调了货币在流通和支付中的作用和特征。

在西方经济学中，如亚当·斯密有"货币是流通的大轮，是商业的大工具"的提法。西方金融学教科书中通常的概括是：货币是普遍被大家接受作为偿付货款和服务的手段；货币是在交换中被普遍接受的任何东西；等等。更简化的说法，如"交易的媒介""支付的工具"等都可用来表述货币。不过西方金融学教科书特别强调"普遍被接受"这一限定词。这个限定条件即使没有表述出来，也是隐含的不可缺少的前提。

应该说，马克思从职能角度给货币所做的界定既简明又完整，那就是上节已经提到的：货币是价值尺度与流通手段的统一。

2. 一般等价物

"一般等价物"（universal equivalent）是从商品界分离出来的表现其他一切商品价值的商品。"universal"有普遍的、共同的、通用的、全体的涵义。说货币在商品世界里可以是与所有商品处于等价地位的事物，这也是能够被普遍接受的界说。

3. 货币与流动性

自凯恩斯经济理论流行以来，流动性（liquidity）几乎成为货币的同义语。在凯恩斯那里，将流动性的概念仅仅赋予了货币。

如果就"流动"的性能来把握，与任何商品比，与任何后面将要讲到的有价证券比，货币的流动性都是最高的。在现在的经济文献中，"流动性"有时指的就是货币，有时指的范围则比较大，如包括国家债券等，需注意区分。

二、货币的职能

研究货币的职能，是理解货币现象和货币相关问题的着手点。不同学派的经济学家在对货币功能的认识上分歧不大。马克思把货币的职能概括为价值尺度、流通手段、贮藏手段、支付手段和世界货币五种职能，其中价值尺度和流通手段是货币的最基本职能。

（一）价值尺度

货币在表现商品的价值并衡量商品价值量的大小时，发挥价值尺度（measure of values）的职能。这是货币最基本、最重要的职能。作为价值尺度，货币把一切商品的价值表现为同名的量，使它们在质的方面相同、在量的方面可以比较。货币发挥价值尺度职能，是因为衡量价值需要共同的单位，如同把长度单位确定为米、毫米，又把重量单位确定为克、吨那样。

货币的价值尺度职能能有效地提高商品交换效率，进而推动商品经济的发展。原始社会中，人们直接用自己多余的物品去换取自己需要的物品，这种物品和物品之间的直接交换，我们称之为物物交换。在物物交易制下，商品的交换需要无数网点，如1把斧子等于5千克大米、1只羊等于5尺布等。如果需要交易的商品数量增加，那么商品之间的交换网点也随时增加。如果存在 n 种商品需要交换，交换的次数或网点将非常惊人，交换的数目将达到 $n(n-1)/2$。当 n 的数目一定大时，经济生活中存在的交换次数将达到天文数字，这严重妨碍了交易的进行。而如果存在着发挥价值尺度职能的货币，我们将只需要 $(n-1)$ 个交换网点，交换的过程变得轻松而简单。

货币执行价值尺度职能时，货币是商品的外在价值尺度，具有以下特点：① 它可以是观念上的货币，但必须具有十足的价值；② 它具有完全的排他性、独占性。因为充当价值尺度的只能是一种货币，只有这样，商品的价值才能得到真正统一的表现。

（二）流通手段

货币充当商品流通的媒介，执行流通手段职能。作为价值尺度，货币证明商品有没有价值、有多大价值；而作为流通手段，货币实现这种价值。

在物物交易过程中，每个交易的个体必须要找到和自己的需求在时间、空间上完全吻合的交易对象，才能达成交易。货币的出现使得交易由直接变为间接，商品的交易被分解成了卖和买两个过程。在这一过程中，货币发挥着交易媒介的作用，而物物交换中困扰交易双方的需求必须在时间和空间上完全吻合的问题就由于货币充当交易媒介而得到了解决。

货币执行流通手段职能，具有以下特点：① 必须是现实的货币；② 不需要有足值的货币本体，可以用货币符号来代替；③ 包含有危机的可能性。在货币发挥流通手段职能的条件下，交换过程分裂为两个内部相互联系而外部又相互独立的行为：买和卖。这两个过程在时间上和空间上分开了，因此货币流通手段的职能包含着危机的可能性。

（三）贮藏手段

当具备价值尺度与流通手段职能的货币一经产生，便立即具备了用来积累价值、保存价值、积累财富、保存财富的职能。当货币由于各种原因退出流通，被持有者当成独立的价值形态和社会财富的绝对化身而保存起来时，货币就停止流通，发挥贮藏手段职能。马克思把这种现象称为货币的"暂歇"，现代西方经济学者则称之为"购买力的暂栖处"。

贮藏金、银是积累和储存价值的古典形态。金、银本身有价值，因而这种贮藏不论是对贮藏者本人来说，还是对社会来说，那是价值或财富在货币形态上的实际积累。当前，虽然世界各国的货币已隔断了与黄金的任何直接的法定联系，但不只是私人，而且各国政府仍然把黄金作为贮藏的对象。

随着现代货币流通的发展，人们除了以金、银积累和保存价值外，主要还是采取在银行存款和储蓄的方式；直接储存纸货币符号的也不少。对企业和个人来说，这些方式也同样有积累和保存价值的意义。但从整个社会角度来看，纸货币不过是一张纸片，银行的存款和储蓄只不过是账簿上观念的数字，它们本身都不是实在的财富。可是，纸货币符号和各种存款表明持有者具有从社会中取得相应数量的商品和服务的权利；持有者推迟了他们对这种权利的利用，目的是以待来日，这正是储存货币对个人、企业的意义所在。至于储存者并未享有的商品和服务，却通过种种方式被用于生产、流通和投资等过程之中。从这个角度看，货币作为累计和保存价值、财富的职能所发生的这种变化是社会进步的表现。

（四）支付手段

在经济生活中，除了一手交钱、一手交货这种交易形式外，还存在着大量的赊销现象。这时，货币就不是在充当交易媒介，而是作为一个独立的支付手段（means of payment）存在着。当货币作为价值的独立形态进行单方面转移时，执行着支付手段职能。如货币用于清偿债务，支付赋税、租金、工资等所执行的职能。

不论是在赊买赊卖中，还是在其他支付中，没有商品在同时、同地与之相向运动，这是货币支付手段职能的特征。

（五）世界货币

随着国际贸易的发展，货币超越国界，在世界市场上发挥一般等价物作用时，执行着世界货币职能。

在金属货币时代，黄金等贵金属可以在各国之间自由输出入，这样，各国货币的比价就能保持在一个比较稳定的水平上。马克思认为，此时货币作为世界货币，必然是脱去了"本国的制服"，而以贵金属本身的价值发挥作用。通俗地说，货币实际是依靠贵金属如黄金、白银本身的成色和重量来发挥世界货币职能的。

随着金属货币时代的结束，以及此后的黄金在世界范围内的非货币化，货币不再以贵金属作为载体，货币要想在国际经济交往中发挥自身职能，就不但不能够脱去"本国的制服"，反而要以身着"区分国别的制服"为必要条件。比如，在国际贸易中得到普遍接受、用于计价和支付的货币是美国的美元、欧盟的欧元、英国的英镑等货币，每一种货币都必须旗帜鲜明地表明自己所属的国家或地区。我国人民币具有一定

的稳定性，在一定范畴内已被用于对外计价支付的工具，并在 1996 年年底实现了在经常项目下的可兑换。与此同时，黄金仍没有完全退出历史舞台，它仍然是国际最后的支付手段、购买手段和社会财富的贮藏和转移形式。因此，关于世界货币在现代国际运动的形式，是一个需要研究和做出科学回答的新问题。

货币的以上五种职能有机地联系在一起，它们都体现了货币作为一般等价物的本质[①]。一般等价物区别于普通商品的两个基本特点是：货币能表现一切商品的价值，具有和一切商品直接交换的能力。正是因为货币能表现一切商品的价值，因此它具有价值尺度职能；正因为货币能与一切商品相交换，因此它具有流通手段职能。因此，价值尺度和流通手段是货币最初始的两个基本职能。货币的这两个基本职能进一步发展以后，才会出现贮藏手段职能。支付手段职能既与货币的两个基本职能有密切的关系，又以贮藏手段职能为前提。世界货币职能是货币前四个职能的继续和延伸。总之，五大职能是货币本质的具体体现，是随着商品流通及其内在矛盾的发展而逐渐发展起来的。货币的五大职能绝非孤立存在的，而是有内在联系的。

三、货币的计量

（一）划分货币层次的依据

各国中央银行在确定货币层次时都以货币的流动性作为标准。货币流动性是指不同的信用工具在市场上能够转化为直接支付能力的速度和方便程度。流动性高，即转化为直接支付手段的能力强；流动性低，即转化为直接支付手段的能力弱。如现金作为购买力十分方便，能够随时支付流通，对市场的影响最直接；定期存款要转化为购买力就不够方便，一般要到期后才能形成市场购买力。因而现金是流动性高的货币，定期存款是流动性低的货币。

进行这样划分的目的，是为了掌握不同层次货币的分布和变化规律，以及由此引起的市场总供求和供求结构的变化，为中央银行进行宏观金融调控提供决策的参考依据。随着金融创新的不断深化发展，新的金融工具层出不穷，金融市场的复杂性日益突出，科学划分货币层次的意义也更加重要。

（二）划分货币层次的方法

各国经济与金融发展状况不一，金融工具的种类和创新程度存在差异，金融对经济发展的影响不同，中央银行对金融调控的重点和技术要求也有差距，因此，各国对货币层次划分的口径并不统一。

1994 年，中国人民银行印发《中国人民银行货币供应量统计和公布暂行办法》，对货币供应层次进行了首次划分。经过 2001 年、2002 年、2006 年、2011 年、2014 年的五次统计口径调整，目前我国货币供应量划分为 M_0、M_1 和 M_2 三个层次。

M_0 = 流通中的现金

M_1 = M_0+活期存款企业活期存款+机关团体部队存款+农村存款+个人信用卡类存款

M_2 = M_1+单位定期存款+储蓄存款+其他存款+证券公司客户保证金存款

其他存款包括信托存款、应解汇款及临时存款（指银行汇款业务收到的待解付的

---

① 马克思，恩格斯. 马克思恩格斯全集：第 23 卷 ［M］. 中共中央马克思恩格斯列宁斯大林著作编译局，译. 北京：人民出版社，1972：163.

款项及异地采购单位或个人临时性存款和其他临时性存款)、保证金(主要指银行承兑汇票保证金)、财政预算外存款、租赁保证金、非存款类金融机构在存款类金融机构的存款及住房公积金存款等。

根据世界各国中央银行对货币层次划分的情况分析,总的规律表现为:金融市场比较发达、金融工具多样化程度较高的国家,货币层次划分得较多;金融市场化程度高、金融调控技术性要求高的国家,货币层次划分较细。反之反是。

货币和金融处在不断发展之中,随着社会进步和科技在金融领域的广泛应用,货币的内涵和外延会发生一定的变化。金融管理伴随货币信用的发展也将不断完善,货币层次在金融分析和决策中的重要性将更加突出。

■ 相关链接

国际上对货币层次的划分方法

第三节　货币制度及其演变

货币制度(monetary system)简称"币制",是一个国家以法律形式确定的该国货币发行与流通的结构、体系与组织形式。它主要包括货币材料、货币单位、货币的铸造与发行和流通程序、准备制度等。货币制度的形成经过了漫长的历史发展过程。

一、货币制度的形成

货币制度的一些要素在前资本主义社会就陆续产生了。但是系统的货币制度是在资本主义经济制度产生之后形成的。资本主义经济制度的核心是统一的市场,这就需要有统一、稳定和规范的货币流通制度。为了改变当时货币流通的紊乱状况,各国政府先后以法令或条例的形式对货币流通做出种种规定。这些规定包括以下几个方面的内容:一是建立以中央银行为唯一发行机构的统一和集中的货币发行体系,垄断货币发行;二是就相对稳定的货币单位做出相应的规定,以保证货币制度的稳定;三是就贵金属充当币材并能自发调节流通中的货币量做出规定。西方国家政府在资本主义上升时期,为克服货币流通混乱的状况,将已颁布的本位货币金属、货币单位、货币铸造与发行和流通程序、发行准备等法令和条例集中起来制度化的过程,就是资本主义货币制度的形成过程。

二、货币制度的构成要素

资本主义国家开始建立的统一的货币制度,一般由以下四个要素构成:

(一)货币材料

货币材料即规定哪一种金属作为制作货币的材料。金属货币是整个货币制度的基础，确定以不同的金属作为货币材料，就构成不同的货币本位。例如，确定以白银作为币材，就是银本位制；确定以黄金作为币材，就是金本位制；确定以黄金和白银同时作为币材，就是金银复本位制。在资本主义发展初期，由于封建社会的铸币变质，而信用关系、金融机构尚欠发达，新兴资产阶级为了积累财富、扩大生产，需要币值稳定，因此，资本主义发展初期的货币制度，是一种以贵金属作为币材的金属铸币流通制度。

（二）货币单位

货币单位即法律规定的本位货币名称和含有的金属重量。它是一个国家货币制度的主要内容。例如英国的货币单位定名为"镑"，根据 1816 年 5 月的金币本位法案规定，1 英镑含成色 11/12 的黄金 123.274 47 格令（合 7.97 克）。美国的货币单位定名为"圆"，根据 1934 年 1 月的法令规定，其含金量为 0.888 671 克。中国 1914 年的《国币条例》中规定，货币单位名称为"圆"，每圆含纯银 6 钱 4 分 8 厘（合 23.977克）。我们在生活中最为熟悉的"元""角""分"就是人民币的货币单位，它们构成了人民币的价格标准，标明了人民币所代表的价值。《中华人民共和国人民币管理条例》规定：人民币的单位为元，人民币辅币的单位为角、分。1 元等于 10 角，1 角等于 10分。人民币依其面额支付。

（三）各种通货的铸造、发行和流通程序

一个国家的通货，通常分为主币（本位币）和辅币，它们各有不同的铸造、发行和流通程序。

1. 本位币

本位币（standard money）是一国的基本通货。在金属货币流通的条件下，本位币是指用货币金属按照国家规定的货币单位所铸成的铸币。本位币是一种足值的铸币，并有其独特的铸造、发行与流通程序。其特点如下：

（1）自由铸造。在金属货币流通的条件下，本位币可以自由铸造。所谓的自由铸造有两方面的含义：一方面，每个公民都有权把货币金属送到国家造币厂请求铸成本位币；另一方面，造币厂代公民铸造本位币，不收费用或只收很低的造币费。

本位币的自由铸造具有十分重要的经济意义。首先，自由铸造可以使铸币的名义价值和实际价值保持一致。铸币的实际价值是指铸币本身的金属价值。由于公民可以随时把货币金属送到国家造币厂请求铸成铸币，所以铸币的名义价值就不能高于其实际价值，否则就必须用法律手段来规定其名义价值；又由于持有铸币的人可以随时将它熔化为金属块，铸币的名义价值就不能低于铸币的实际价值，否则人们就会将铸币熔毁，退出流通领域。其次，本位币的自由铸造可以自发地调节货币流通量，使流通中的货币量与货币需要量保持一致。当流通中的货币量不足时，公民会把所持有的金属块送往造币厂铸成铸币，投入流通；当流通中的货币量过多时，公民又会自发地将铸币熔化成金属块，退出流通。

（2）无限法偿（non-limited legal tender）。本位币具有无限的法定支付能力，即无限法偿。本位币是法定作为价格标准的基本通货。法律规定，在货币收付中，无论每次支付的金额多大，用本位币支付时，受款人不得拒绝接受，故称为无限法偿币。在金属铸币流通制度下，铸币流通会有自然的磨损，不法之徒还会故意给金属币削边、擦损。为了保证本位币的名义价值与实际价值相一致，从而保证本位币的无限法偿能

力，各国货币制度中通常都规定了每枚铸币的实际重量低于法定重量的最大限度，即铸币的磨损公差。

2. 辅币

辅币是本位币以下的小额货币，供日常零星交易和找零之用。辅币在铸造、发行与流通程序上具有以下特点：① 辅币用较贱的金属铸造。因为辅币的面额较小，因此，使用贱金属铸造辅币，可以节省流通费用。② 辅币是不足值的铸币。③ 辅币可以与本位币自由兑换。辅币的实际价值虽然低于名义价值，但法律规定，辅币可以按固定比例与本位币自由兑换，这样，就保证了辅币可以按名义价值流通。④ 辅币实行限制铸造。所谓限制铸造，即只能由国家来铸造。由于辅币的实际价值低于其名义价值，铸造辅币就会得到一部分铸造收入，所以铸造权由国家垄断，其收入归国家所有。同时，因为辅币是不足值的，限制铸造也可以防止辅币排挤本位币。⑤ 辅币是有限法偿货币。国家对辅币规定了有限的支付能力，即在每一次支付行为中，使用辅币的数量将受到限制，超过限额的部分，受款人可以拒绝接受。如美国规定，10 美分以上的银辅币每次支付限额为 10 美元；铜、镍所铸造的分币，每次支付限额为 25 美分。但向国家纳税或向银行兑换时不受数量限制。

3. 纸币的发行和流通程序

在金属货币制度下，流通中的货币除了铸币形式的本位币及辅币外，还有银行券、纸币或不兑现的信用货币。银行券和纸币虽然都是没有内在价值的纸质的货币符号，却因为它们的产生和性质各不相同，所以其发行和流通程序也有所不同。

银行券是一种信用货币，它产生于货币的支付手段职能，是代替金属货币充当支付手段和流通手段职能的银行证券。在银行办理信贷业务时，既可以支付现金，也可以开出随时能够兑现的银行券。在银行业发展的早期，银行券由商业银行分散发行，19 世纪以后各国才集中起来统一由中央银行发行银行券。国家以法律形式规定中央银行发行的银行券为法定支付手段，拒绝接受将被视为违法。西方国家在 1929—1933 年经济危机后，各国的银行券都不再兑现，从而演变为不兑现的纸币。

纸币是本身没有价值又不能兑现的货币符号。它产生于货币的流通手段职能。货币在执行流通手段职能时，只是交换的媒介，而不是交换的目的，只需有货币的象征和符号就可以了，这就意味着货币符号可以替代货币进行流通。后来政府根据流通手段的这一特性，有意识地铸造和发行不足值的铸币，直至发行本身几乎没有价值的纸币，并通过国家法律强制其流通。可见，纸币产生的前提不是发达的信用制度，而是中央集权的国家政权和统一的国内市场。

在当代社会经济中，银行券和纸币已基本成为同一概念。原因：一是各国银行券已经不再兑现金属货币；二是各国的纸币已经完全通过银行的信贷程序发放出去，两者已经演变为同一事物。

（四）准备制度

为了稳定货币，各国货币制度中都包含有准备制度的内容。在实行金本位制的条件下，准备制度主要是建立国家的黄金储备，这种黄金储备保存在中央银行或国库中。它的用途有三：①作为国际支付的准备金；②作为扩大和收缩国内金属流通的准备金；③作为支付存款和兑换银行券的准备金。当今世界各国均实行不兑现的信用货币流通制度，金、银已退出货币流通领域，黄金准备的后两个作用已经消失。黄金作为国际支付准备金的作用依然存在，形式却发生了变化，已不再像金本位制时期那样，按货币含金量用黄金作为最后弥补国际收支逆差的手段，而是当一个国家出现国际收支逆差时，可以在国际市场上抛售黄金，换取自由外汇，以平衡国际收支。

目前，各国中央银行发行的信用货币虽然不能再兑换黄金，但仍然保留着发行准备制度。各国准备制度有所不同，但归纳起来，作为发行准备金的有黄金、国家债券、商业票据、外汇等。

三、货币制度的演变

货币制度同其他经济制度一样，经历了一个不断发展和演变的历史过程。概括地讲，货币制度可分为两类：一是金属本位，即以贵金属作为本位货币；二是不兑现的信用货币制度，即不以有价值的商品作为本位货币的货币制度。从历史上看，世界各国的货币制度曾先后经历了银本位制、金银复本位制、金本位制和不兑现的信用货币制度四个阶段。其中银本位制先后经历了银两本位制和银币本位制；金银复本位制先后经历了平行本位制、双本位制和跛行本位制；金本位制先后经历了金币本位制、金块本位制和金汇兑本位制。货币制度类型如图 2-1 所示。

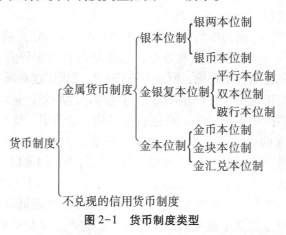

图 2-1　货币制度类型

（一）银本位制

银本位制就是以白银作为本位货币的一种金属货币制度。银本位制又分为银两本位制和银币本位制。银两本位制是以白银的重量单位——两作为价格标准，实行银块流通的货币制度。银币本位制则是以一定重量和成色的白银，铸成一定形状的本位币，实行银币流通的货币制度。在银本位制度下，银币可以自由铸造和自由熔化，并具有无限法偿的效力，白银或银币可以自由输出输入。

银本位制是最早实行的货币制度之一，而且持续的时间也比较长。在公元前及公元初期，欧洲许多国家如英国、法国、意大利等，均曾有银币流通，16 世纪到 19 世纪，银本位制在世界许多国家盛行。19 世纪后期，世界白银产量猛增，使白银的市场价格发生强烈波动，呈长期下跌趋势。白银价格的起伏不稳，既不利于国内货币流通，也不利于国际收支，影响着一国经济的发展，加之银币体重、价低，不适合巨额支付，从而导致许多实行银本位制的国家都先后放弃了这种货币制度。例如，法国于 1803 年、意大利于 1865 年放弃银本位制，改行复本位制；印度于 1893 年、菲律宾于 1903 年、墨西哥于 1905 年放弃银本位制，改行金汇兑本位制；在我国，1935 年 11 月 4 日，国民党政府实行"法币改革"，宣布禁止使用银圆，从银本位制改行金汇兑本位制。

（二）金银复本位制

金银复本位制，是由国家法律规定的以金币和银币同时作为本位币，均可自由铸造、自由输出输入，同为无限法偿的货币制度。

在16世纪上半叶以前，金银的总产量并不高，只是在墨西哥和秘鲁等地发现了丰富的银矿之后，白银产量才大增；17世纪在美洲发现了丰富的金矿，黄金的开采量也随之增加。大量黄金从美洲流入欧洲，促成了金银复本位制的实行。金银复本位制是资本主义发展初期最典型的货币制度。

金银复本位制又分为平行本位制和双本位制。平行本位制是金币和银币按其实际价值流通，其兑换比率完全由市场比价决定，国家不规定金币和银币之间的法定比价。由于金币和银币的市场比价经常变动，这就使得用不同货币表示的商品价格也随之经常发生变化。货币作为价值尺度，要求其本身价值稳定。本身价值不稳定的货币商品充当价值尺度，会造成交易紊乱。为了克服这一缺点，一些国家以法律形式规定了金与银的比价，即实行双本位制。双本位制是金银复本位制的主要形式。但是，用法律规定金与银的比价，这与价值规律的自发作用相矛盾，于是就出现了"劣币驱逐良币"（bad money drives out good money）的现象。

"劣币驱逐良币"一语出自16世纪英国政治家与理财家汤姆斯·格雷欣给英国女王的改造铸币的建议，后来被英国经济学家麦克劳德在其著作《经济学纲要》中加以引用，并命名为"格雷欣法则"（Gresham's Law）。所谓"劣币驱逐良币"的规律，就是在两种实际价值不同而面额价值相同的通货同时流通的情况下，实际价值较高的通货（良币）必然会被人们熔化、输出而退出流通领域；而实际价值较低的通货（劣币）反而会充斥市场。

为什么在金银复本位制下，会发生"劣币驱逐良币"现象呢？我们知道，货币按其本性来说是具有排他性、独占性的。法律有关金、银两种金属同时作为货币金属的规定是与货币的本性相矛盾的。在金、银两种货币各按其本身所包含的价值同时流通（平行本位制）的条件下，市场上的每一种商品都必然会出现两种价格，一个是金币价格，另一个是银币价格。而且这两种价格又必然会随着金、银市场比价的变化而变化。这样，就必然使市场上的各种交换处于非常混乱和困难的境地。为了克服这种困难，资本主义国家用法律规定了金与银的比价（双本位制）。但是，这种规定又与价值规律的自发作用发生矛盾，因而不可避免地出现"劣币驱逐良币"的现象。

在金银复本位制下，"劣币驱逐良币"规律是如此表现出来的：当金与银的市场比价与法定比价发生偏差时，法律上评价过低的金属铸币就会退出流通领域，而法律上评价过高的金属铸币则会充斥市场。比如，金与银的法定比价是1∶15，如果由于采银技术进步或其他原因而使白银的价值降低，致使市场金银比价变为1∶16时，按法定比价，金币价值被低估，银币价值被高估，实际价值较高的金币成为良币，实际价值较低的银币成为劣币。在这种情况下，人们就会不断地从流通中取走金币，熔化成金块，再按1∶16的比率换成银块，铸造成银币，然后在流通中按1∶15的比率换成金币。如此循环一周，就可以得到1份白银的利润。不断循环下去，就会获得更多的利润，直到最后金币从流通中绝迹，银币充斥市场。反之，如果法定比价1∶15不变，金、银实际比价为1∶14，则金币成为劣币，银币成为良币，金币充斥市场，银币则逐渐绝迹。

因此，在金银复本位制下，虽然法律上规定金、银两种金属的铸币可以同时流通，但实际上，在某一时期的市场上主要只有一种金属的铸币流通。银贱则银币充斥市场，金贱则金币充斥市场，很难保持两种铸币同时流通。

在金银复本位制向金本位制过渡时，曾出现过一种跛行本位制。在这种制度下，法律规定金币和银币都可以成为本位币，两者之间有兑换比率，但金币可以自由铸造，而银币却不能自由铸造。由于银币实行限制铸造，遂使银币的实际价值与其名义价值无法保持一致，银币的名义价值取决于银币和金币的法定兑换比率。实际上，此时的银币已经起着辅币的作用，演变为金币的价值符号。事实上，跛行本位制已不是典型的复本位制，而是由复本位制向金本位制过渡时期的一种特殊的货币制度。

（三）金本位制

金本位制又称金单本位制，它是以黄金作为本位货币的一种货币制度。其形式有以下三种：

1. 金币本位制

金币本位制是典型的金本位制。在这种制度下，国家法律规定以黄金作为货币金属，即以一定重量和成色的金铸币充当本位币。在金币本位制条件下，金铸币具有无限法偿能力。金币本位制的主要特点是：金币可以自由铸造和自由熔化，而其他铸币包括银铸币和铜、镍币则限制铸造，从而保证了黄金在货币制度中处于主导地位。价值符号包括辅币和银行券可以自由兑换为金币，使各种价值符号能够代表一定数量的黄金进行流通，以避免出现通货膨胀现象。黄金可以自由地输出入国境。由于黄金可以在各国之间自由转移，从而保证了世界市场的统一和外汇汇率的相对稳定。

金币本位制是一种相对稳定的货币制度，这种货币制度使得货币的国内价值与国际价值相一致，外汇行市相对稳定，不会发生货币贬值现象，因此对资本主义国家经济的发展和对外贸易的扩大起到了积极的促进作用。但是，随着资本主义经济的发展，资本主义国家之间矛盾的加剧，这种货币制度的稳定性日益受到削弱。1924—1928 年资本主义出现了一个相对稳定时期，主要资本主义国家的生产恢复到第一次世界大战前的水平，各国相继恢复金本位制，但由于金本位制的基础被削弱，已不可能恢复为典型的金本位制。当时，除美国之外，其他国家只能实行没有金币流通的金块本位制和金汇兑本位制。

2. 金块本位制

金块本位制亦称生金本位制，是在一国内不准铸造、不准流通金币，只发行代表一定含金量的银行券（或纸币）来流通的制度。金块本位制虽然没有金币流通，但在名义上仍然为金本位制，并对货币规定有含金量。实行金块本位制的国家，虽然不允许自由铸造金币，但允许黄金自由输出入或外汇自由交易。银行券是流通中的主要通货，但不能直接兑换金币，只能有限度地兑换金块。

金块本位制实行的条件是保持国际收支平衡和拥有大量用来平衡国际收支的黄金储备。一旦国际收支失衡，大量黄金外流或黄金储备不敷支付时，这种虚弱的黄金本位制就难以维持。1930 年以后，英、法、比、荷、瑞士等国在世界性经济危机袭击下，先后放弃了这一制度。

3. 金汇兑本位制

金汇兑本位制又称虚金本位制。在这种制度下，国家并不铸造金铸币，也不允许公民自由铸造金铸币。流通中没有金币，只有银行券，但银行券可以兑换外汇，而外汇可以兑换黄金。

这种制度在名义上仍为金本位制，这是因为对本国货币规定有含金量。本国货币与某一实行金币本位制或金块本位制国家的货币保持一定的固定价格，并将黄金、外汇存放在这个国家作为外汇基金，通过市场买卖以维持固定比例。银行券是流通中的主要通货，可以兑换外汇，其外汇可以再挂钩国家兑换黄金。金汇兑本位制实际上是一种附庸性质的货币制度。

金汇兑本位制和金块本位制都是一种残缺不全的本位制，实行的时间不长，终于在1929—1933年世界性经济危机的冲击下崩溃了。从此，除个别国家外，资本主义世界各国与金本位制告别，而实行不兑现的信用货币制度。

（四）不兑现的信用货币制度

不兑现的信用货币制度是以纸币为本位币，且纸币不能兑换黄金的货币制度。这是当今世界各国普遍实行的一种货币制度。

不兑现的信用货币制度的基本特点是：不兑现的信用货币一般是由中央银行发行的，并由国家法律赋予其无限法偿的能力。货币不与任何金属保持等价关系，也不能兑换黄金，货币发行一般不以金银为保证，也不受金银数量的限制。货币通过信用程序投入流通领域，货币流通通过银行的信用活动进行调节，而不像金属货币制度那样由铸币自身进行自发调节。银行信用的扩张，意味着货币流通量增加；银行信用的紧缩，则意味着货币流通量的减少。这种货币制度是一种管理货币制度。一国的中央银行或货币管理当局通过公开市场政策、存款准备金率、贴现政策等手段，调节货币供应量，保持货币稳定；通过公开买卖黄金、外汇，设置外汇平准基金，管理外汇市场等手段，保持汇率稳定。货币流通的调节构成了国家对宏观经济进行控制的一个重要手段，但流通中究竟能够容纳多少货币量，则取决于货币流通规律。当国家通过信用程序所投放的货币超过了流通货币需要量，就会引起通货膨胀，这是不兑现的信用货币流通所特有的经济现象。流通中的货币不仅指现钞，银行存款也是通货。随着银行转账结算制度的发展，存款通货的数量越来越大，现钞流通的数量越来越小。

在不兑现的信用货币制度下，货币、信用领域都出现了一系列新现象。例如，货币的实际流通量对商品平均价格的决定作用；银行放款的投放量对货币流通量的影响；国家对银行信用的调节成为控制宏观经济的重要手段等。可以说，当代金融领域的重大课题，几乎都与货币制度由金属货币制度演变为不兑现的信用货币制度有关。当代金融可以发挥调节宏观经济总量平衡、结构平衡、稳定物价、提高效益的功能。这种功能产生的前提，是不兑现的信用货币制度的建立，而如何更好地实现上述功能，则是金融研究的中心课题。因此可以说，不能理解货币制度及其演变，就不能理解当代金融。

第四节　国际货币制度

一、国际货币制度的概念

国际货币制度就是各国政府对货币在国际范围内发挥世界货币职能所确定的规则、措施和组织形式。它一般包括三个方面的内容：国际储备资产的确定，即国际交往中使用什么样的货币；汇率制度的确定，即一国货币与其他货币之间的汇率应如何确定和维持；国际收支不平衡的调节方式，即当出现国际收支不平衡时，各国政府应采取什么方法弥补这一缺口，各国之间的政策措施又如何互相协调。

国际货币制度的主要作用是促进国际贸易和国际支付手段的发展。一个理想的国际货币制度可以促成世界各国劳动力的有效分工和充分运用，以达到世界生产总值的极大化，并使全部生产在世界各国之间的分配处于最能被接受的状态。具体体现在这一制度要提供足够的国际清偿力并保持国际储备资产的信心，以及保证国际收支的失衡能够得到有效而稳定的调节。

二、国际货币制度的类型

实行何种类型的国际货币制度，并不取决于某个国家的主观意志，而是取决于社会历史条件和经济发展的客观要求。在金本位制时期，国际货币制度是自发形成的。金本位制崩溃以后，则是通过各国协商的方式来确定有关国际货币制度的规则和措施。根据国际货币制度的历史演变过程以及国际上的习惯称谓，国际货币制度大体可以分为金币本位制、金汇兑本位制、布雷顿森林体系（美元本位制）以及当前的管理浮动汇率制。

（一）国际金币本位制

国际金币本位制是历史上第一个国际货币制度，它大约形成于 1880 年年末，到 1914 年第一次世界大战爆发时结束。这一时期的国际金币本位制度建立在各主要资本主义国家国内都实行金铸币本位制的基础之上。

国际金币本位制具有如下特点：① 黄金充当国际货币，并作为主要的国际储备资产为中央银行所持有。虽然国际金币本位制的基础是黄金，但是实际上当时是以英镑代替黄金执行国际货币的各种职能。② 各国货币都规定了含金量，各国货币的汇率由它们各自的货币含金量之比，即铸币平价来决定。市场汇率围绕铸币平价上下波动，但由于黄金的自由输出入，汇率波动的上下限不超过黄金输送点，因此汇率相对稳定。国际金币本位制是严格意义上的固定汇率制。③ 国际收支具有一种自动调节机制。当一国出现国际收支逆差时，外汇汇率会上升至黄金输出点，导致黄金外流；黄金外流使国内通货紧缩，货币流通量减少；货币流通量减少，对商品的需求也减少，物价下跌；物价下跌使出口成本降低，导致出口增加进口减少；从而黄金流入，逆差逐步消除。反之，如果国际收支顺差引起黄金流入，也会形成或消除外汇收大于支的种种效应。这种自动调节机制，就是英国经济学家休谟最先提出的"价格—铸币流动机制"。

金币本位制具有稳定物价、稳定汇率和自动调节的作用，因而为国际贸易和国际资本流动创造了有利条件，对资本主义生产的发展和世界经济的发展起了重要作用。但由于资本主义制度下经济发展不平衡所体现的货币黄金分配的不平衡，也由于世界黄金供应不稳定，不适应世界经济发展的需要以及金币本位制的自动调节存在严重缺陷等原因，这种缺乏弹性的金币本位制终于在第一次世界大战爆发时崩溃并再也无法恢复起来。

（二）金汇兑本位制

第一次世界大战后，各国无力恢复典型的金币本位制，只好以一种近似的金币本位制——金汇兑本位制取而代之。实行金汇兑本位制国家的货币与某一实行金币本位制或金块本位制的国家（主要是美国、英国、法国和意大利）的货币保持一定的固定比价，并将本国的黄金外汇储备移存于挂钩国家的中央银行，通过市场买卖维持固定比价。国内流通的货币是银行券，银行券不能直接兑换金币或金块，只能兑换成能换成黄金的外国货币。

由于没有金币流通，银行券兑换受到限制，以及本币对英镑、美元、法国法郎、意大利里拉的高度依赖性，因此金汇兑本位制是不稳定的国际货币制度。它是在世界各国对黄金需求增加所导致黄金供应不足的状况下，为适应形势而暂时存在的，因此，随着1929年世界性经济危机的爆发，其崩溃也就不可避免了。

（三）布雷顿森林体系

为了消除金本位制崩溃后国际货币的混乱局面，1944年7月在美国布雷顿森林召开的有44个国家参加的布雷顿森林会议上，通过了以美国怀特方案为基础的《国际货币基金协定》和《国际复兴开发银行协定》，总称《布雷顿森林协定》，从而形成了以美元为中心的国际货币体系，即布雷顿森林体系。

布雷顿森林体系的主要内容可以概括为：①建立了一个永久性的国际金融机构，即国际货币基金组织，旨在促进国际货币合作。②以黄金为基础，以美元作为最主要的国际储备货币。美元直接与黄金挂钩，确定1盎司黄金等于35美元的官方价格，形成了美元与黄金挂钩、其他各国货币与美元挂钩的所谓"双挂钩"制度。③实行可调整的固定汇率制。各国货币按其官方所定含金量与美元定出比价，货币汇率只能在上下1%幅度内波动，但在出现国际收支不平衡时，经国际货币基金组织批准，可以进行汇率调整，所以叫作可调整的固定汇率制。④国际货币基金组织向国际收支赤字国提供短期资金融通，以协助其解决国际收支困难。⑤取消外汇管制。国际货币基金协定第八条规定，会员国不得限制经常项目的支付，不得采取歧视性的货币措施，要在兑换性的基础上实行多边支付。⑥制定了"稀缺货币"条款。当一国国际收支持续盈余，并且该国货币在国际货币基金组织的库存下降到其份额的75%以下时，国际货币基金组织可将该国货币宣布为"稀缺货币"。国际货币基金组织可按赤字国家的需要实行限额分配，其他国家有权对"稀缺货币"采取临时性限制兑换，或限制进口该国的商品和劳务。

布雷顿森林体系是国际货币合作的产物。它消除了战前国际金融秩序的混乱状况，在一定时期内稳定了资本主义国家的货币汇率，营造了一个相对稳定的国际金融环境，促进了世界贸易和世界经济的增长。但是，由于布雷顿森林体系实际上是一种美元本位制，因此美元成为国际储备货币，要求美国提供足够的美元，以满足国际清偿的需要；同时，还要保证美元按官价兑换黄金，以维持各国对美元的信心。而这两方面是矛盾的：美元供给太多就会有不能兑换黄金的风险，从而发生信心问题，而美元供给太少又会发生国际清偿力不足的问题，即所谓的"特里芬难题"（Triffen Dilemma）。

1973年2月，国际金融市场又一次爆发美元危机，掀起抛售美元，抢购德国马克、日元和黄金的风潮。同年3月，维持固定汇率的国家放弃了努力，令其货币自由浮动。至此，布雷顿森林体系的固定汇率制度彻底瓦解。

（四）管理浮动汇率体系

布雷顿森林体系崩溃之后，国际金融形势更加动荡不安，各国都在探寻货币制度改革的新方案。1976年，国际货币基金组织国际货币制度临时委员会在牙买加首都金斯敦召开会议，并达成了《牙买加协议》。同年4月，国际货币基金理事会通过了国际货币基金协定的第二次修正案，从而形成了国际货币关系的新格局。

《牙买加协议》后的国际货币制度实际上是以美元为中心的多元化国际储备条件下的管理的浮动汇率制度。在这个体系中，黄金的国际作用受到严重削弱，但并没有完全消失；美元在诸多储备货币中仍居主导地位，但地位在不断削弱，而英镑、德国马克、法国法郎、瑞士法郎以及后来的欧元、日元的地位则不断加强。在这个体系中，各国所采取的汇率制度可以自由安排，主要发达国家货币的汇率实行单独浮动或联合浮动，多数发展中国家采取钉住汇率制度，把本国货币钉住美元、欧元等单一货币，或钉住特别提款权等合成货币，还有的国家采取其他多种形式的管理浮动汇率制度。在这个体系中，国际收支的不平衡通过多种渠道进行调节。除了汇率机制以外，国际金融市场和国际金融机构也发挥着重大作用。

多元化的储备体系基本上摆脱了布雷顿森林体系时期基准货币国家与依附国家相互牵扯的弊端，并在一定程度上解决了"特里芬难题"，因此，在一定程度上对世界经济的发展起了促进作用。以主要货币汇率变动为主的多种汇率体系安排能够比较灵活地适应世界经济形势多变的状况。在这种国际货币制度中，多种国际收支调节机制并行，各种调节机制相互补充，而不是单单依靠哪一种调节手段，从而缓和了布雷顿森林体系条件下国际收支调节机制失灵的困难，对世界经济的正常运转和发展起到了一定的积极作用。

但是，在国际储备多元化的条件下，缺乏统一稳定的货币标准，国际清偿力的增长既没有金本位条件下的自发调节机制，又没有形成国际货币基金组织对其的全面控制。这些不稳定的因素，使外汇市场动荡混乱，汇率剧烈波动，加上国际收支调节机制等方面的缺陷，对世界经济、国际贸易、国际投资产生消极影响，所以进一步改革国际货币制度，是世界各国一致关注的问题。

三、国际货币制度改革

自20世纪60年代美元危机爆发以来，有关国际货币制度改革的建议与方案就层出不穷，而改革的方向主要集中在国际货币本位的确定和汇率制度的选择这两个方面，其中国际货币本位制的改革又是最基本的。

（一）国际货币本位制改革

有关国际货币本位制改革的观点有四种：①恢复金本位制理论。该理论认为黄金是理想的国际储备资产和本位货币，能够提供一个稳定的自动的调节机制。②恢复美元本位制。该理论认为美元在国际支付或国际储备中依然占有绝对优势，推行美元本位制的基础仍然存在。③多种货币本位制论。该理论认为目前多元化的货币本位制是世界趋于多中心、多极化形势的必然产物，没有必要进行改革。④世界统一货币本位制论。即建立世界性中央银行，发行超主权的世界统一货币。

以上四种国际货币本位制观点，概括起来，不外乎纯商品本位制和纯信用本位制两种。其中，纯信用货币本位制包括单一主权货币本位制、多元主权货币本位制和世界统一货币本位制。纯商品本位制如金本位制，能够提供一个相对稳定、自动调节的机制，但其国际清偿力的供应无法适应世界经济发展的需要，金本位制的形成和崩溃的历史演变过程说明，尽管黄金在国际储备中仍占有一席之地，但恢复金本位制已经不可能。单一主权货币本位制对货币主权国的经济和政策依赖性过大，容易出现不稳定状态，且还存在着"特里芬难题"的根本性缺陷。而多元主权货币本位制只能缓解但解决不了这个难题，因此，恢复美元本位制既不现实也不可能，同样，长时间维持多元货币本位制也是不明智的。

从理论上看，以统一的世界货币作为本位货币，既可以解决国际清偿力的适当供应问题，又可以消除"特里芬难题"的内在缺陷，是一种较理想的国际货币本位制度。世界经济一体化以及区域货币一体化的发展也已昭示了世界统一的货币本位制的未来前景。但是它要求各国中央银行服从于一个超国家和超主权的国际信用储备机构，这需要密切的国际货币合作，目前看来还不现实。而且用统一世界货币取代现有的其他储备货币，必然危及有关国家的货币主权，因而会遇到相当的阻力。总而言之，当前以美元为中心的多元货币本位制仍将持续相当长一段时间，而未来的国际货币本位制改革及演变的方向是朝世界统一的货币本位制发展。

（二）国际汇率制度改革

就汇率制度改革而言，在目前实行理论上的完全固定汇率制度或完全自由浮动汇率制度都是不可能的。但是从目前发达国家经常联合干预外汇市场、发展中国家多实行钉住汇率制这一现状来看，稳定汇率、缩小汇率波动幅度是国际社会的普遍愿望。所以汇率制度改革的核心实际上是允许汇率波动的幅度。"汇率目标区"理论正好迎合了这种愿望，因而引起了国际社会的普遍重视。所谓汇率目标区，是指在主要工业国家的货币之间确定汇率波动的幅度，作为目标区，其他国家货币则钉住目标或随之浮动。目标区的确定必须反映基本经济情况或实际汇率。这种汇率体制包含了浮动汇率的灵活性和固定汇率的稳定性两大优点。

当然，汇率目标区只是过渡性质，汇率改革的最终目标还是在条件成熟时恢复某种形式的固定汇率制。至于其发展的进程，一方面取决于各主要国家之间货币合作的密切程度，另一方面取决于国际储备货币的发展状况。

四、区域性货币一体化

所谓区域性货币一体化，是指一定地区内的有关国家和地区在货币金融领域实行协调与结合，形成一个统一体，最终实现一个统一的货币体系。

区域性货币一体化的发展具有明显的阶段性，1960—1968 年是区域性货币一体化的萌芽阶段，当时存在的英镑区、法郎区以及黄金集团已具有货币区的雏形。1969—1998 年是区域性货币一体化的第二个阶段，表现在黄金集团的解体而代之以西欧货币的联合浮动，以及后来欧洲货币体系的发展。区域性货币一体化的第三个阶段也即高级阶段，是指区域内实行单一货币，设立一个区域中央银行，各成员国放弃独立货币政策。1999 年 1 月 1 日欧元的启动表明区域货币一体化进入了第三阶段，欧元的产生对当今国际货币关系发挥着重要的作用，对国际储备资产、汇率体系、国际收支调节和国际货币信用控制等产生了重大的影响。

（一）欧洲货币一体化

自古以来，要使一国放弃作为国家主权象征的货币发行权，只有诉诸战争。而以德、法为首的欧盟 11 国，却在自愿基础上组建了欧洲货币联盟，并将以单一货币取代包括德国马克、法国法郎等国际强势货币在内的本国货币，这可谓世界货币史上的一大创举。货币联盟的形成并非一蹴而就，而是欧洲各国长达 40 年的货币一体化努力的最终结果。

1. 欧共体早期的货币一体化

这一时期从 1958 年欧共体诞生起至 1979 年欧洲货币体系成立止。1958 年 1 月 1 日《罗马条约》生效，由法国、联邦德国、意大利、荷兰、比利时、卢森堡六国参加的欧洲经济共同体（以下简称"欧共体"）成立。欧共体诞生之初，货币一体化并非各国政策协商的中心，仅作为经济一体化的必要组成部分而提出，这是因为当时的布雷顿森林体系尚能对国际货币关系发挥稳定作用，所以欧共体各国对货币合作并未加以充分重视，欧共体的工作也未取得实质性的进展。进入 20 世纪 60 年代，随着第一次美元危机的爆发，布雷顿森林体系的弊端日益显现，在欧洲各国间实现更加紧密的货币政策合作成为必要。1969 年 12 月召开的欧共体海牙首脑会议，首次提出建设欧洲经济与货币联盟的正式目标，并通过了《维尔纳报告》。报告提出，在 1980 年之前分三个阶段实现货币统一。虽然计划本身缺乏可操作性以及国际石油危机等原因导致未能实施该计划，却为以后的货币一体化进程提供了重要借鉴。作为建立货币联盟初次尝试的仅有成果之一，欧共体成员国于 1973 年创立欧洲汇率机制，六国汇率实行联合浮动，最终却同样由于外汇市场共同干预机制的缺陷以及欧洲货币合作基金规模有限而失败。

2. 欧洲货币体系的建立与运作

这一时期自 1979 年欧洲货币体系成立起至 1989 年《德洛尔报告》出台止。1979 年 3 月 13 日，欧洲货币体系正式成立。先后加入该体系的国家共有 12 个，除欧共体 6 个创始国外，还包括英国、丹麦、西班牙、葡萄牙、希腊与爱尔兰 6 国。欧洲货币体系的核心内容是实行一种可调整的内部固定汇率制。

3. 欧洲中央银行体系的诞生

1998 年 6 月 1 日，欧洲中央银行体系正式组建并投入运作，它由位于法兰克福的欧洲中央银行和货币联盟各成员国的中央银行共同组成，从而成为欧洲有史以来最为强大的超国家金融机构。1999 年 1 月 1 日，欧元正式投入使用。2002 年 1 月 1 日，欧元纸币和硬币进入流通，各成员国货币于当年 7 月 1 日退出流通。此后，欧元成为欧元区唯一法定货币，欧洲的货币一体化进程就此顺利完成。

（二）其他地区货币一体化

欧元的出现对传统的货币制度提出了挑战，直接刺激了世界其他地区对于建立区域货币合作和建立货币区的关注。中东地区货币一体化以丰富的石油资源为物质基础，通过设立海湾国家银行和阿拉伯货币基金组织（1977 年设立），在稳定成员国汇率、协调各国金融政策、调节成员国国际收支不平衡方面做了大量工作。自 20 世纪 60 年代以来，拉丁美洲国家先后成立了中美洲经济一体化银行、加勒比共同体、加勒比开发银行、安第斯储备基金组织等机构，说明拉丁美洲地区货币一体化已有一定程度的发展。东南亚货币一体化起步较晚，但自 20 世纪 70 年代起，东盟各国加强了货币金融合作，加快了实现东盟自由化贸易区和货币一体化的步伐。

第五节　中国货币制度

一、我国货币制度的建立与发展

（一）我国货币制度的建立

我国主要的货币制度是人民币制度，人民币制度是从人民币的发行开始的。1948年12月1日，华北银行、北海银行和西北农民银行合并成立了中国人民银行，同时正式发行人民币作为全国统一的货币。人民币发行后，在通过逐步收兑、统一解放区货币的基础上，又迅速收兑了原国民党政府发行的伪法币、金圆券乃至银行券，并排除了当时尚有流通的金银外币等，从而建立了以人民币为唯一合法货币的、统一的货币制度。

（二）我国货币制度的发展

1978年开始改革开放以后，我国逐步实现了由中央银行垄断发行的国家银行券制度。从人民币发行制度安排的角度而言，伴随着商品统购统销模式的改革，1978年1月1日，中国人民银行与财政部分设，开始负责吸收和分配资金、监督工商企业和一般信贷业务。1981年，我国着手建立真正意义上的中央银行体制，这一阶段，人民币发行的数目基本遵循计划经济时代的计划式发行标准，主要表现为一种"还账式"的发行方式。从人民币流通制度安排的角度而言，1983年，国务院颁布并实施《国务院关于中国人民银行专门行使中央银行职能的决定》，规定中国人民银行专门行使中央银行的职责，将其旧有的工商信贷和储蓄职能分离给专业银行，增加了中央银行"银行的银行"这一角色。1984年，党的十二届三中全会通过的《关于经济体制改革的决定》中，明确从中国人民银行中划分出中国工商银行，专门负责信贷业务，以保证中国人民银行的独立性和货币政策的有效性。1988年我国开始实行"限额管理"，1989年试行"以存定贷"的"双向控制"办法。在这一阶段，人民币制度的转型还处于探索之中。

1994年，我国着力发展了外向型经济并制定了管理汇率制度，发展至今，人民币正逐步转向浮动汇率制度。1995年，《中华人民共和国人民银行法》颁布，从法律的高度明确了中国人民银行的独立性，其中明令禁止财政向中央银行透支以弥补赤字的行为。1996年，银行信贷管理调整为资产负债比例管理下的限额管理，配合新成立的货币政策委员会，1998年，进一步简化为资产负债比例管理和风险管理，逐渐实现了从直接控制信贷规模向间接控制贷款数量的转变。发行制度安排和流通制度安排的改进，促使1999年颁布《中华人民共和国人民币管理条例》，该条例明确了当前我国实施的人民币制度。

当前，中央银行开始越来越多地使用公开市场操作、再贴现和法定存款准备金这"三大法宝"调节货币发行流通，中央银行的独立性越来越高，"三大法宝"越来越灵活、完善，货币政策委员会的地位进一步提升，金融市场全面发展，中央银行汇率形成机制和利率市场化的持续改革，促进人民币制度适应国际化和开放化的新需要。

二、我国货币制度的主要内容

我国的货币制度是人民币制度,人民币制度从产生以来,伴随着我国经济和金融的不断发展而逐步趋于完善。在社会主义制度下我国货币制度的基本内容包括以下几个方面:

(一)人民币是我国的法定货币

人民币是由中国人民银行发行的信用货币,是我国的无限法偿货币,没有法定含金量,也不能自由兑换黄金。人民币的单位为"元",元是本位币(主币)。辅币的名称为"角"和"分"。一元为十角,一角为十分。人民币的票券、铸币种类由国务院决定。人民币以"¥"为符号,取"元"字汉语拼音的首位字母"Y"加两横而成。人民币主币与辅币的比例,各种主币之间的比例以及辅币之间的比例,搭配均是合理的,与我国人民生活的水平是相适应的。

(二)人民币是我国唯一的合法通货

国家规定了人民币限额出入国境的制度,金、银和外汇不得在国内商品市场计价结算和流通。人民币的汇率,实行以市场供求为基础的、单一的、有管理的浮动汇率制度,人民币在经常项目下可兑换外汇,在国家统一管理下的国内外汇市场可买卖外汇。

(三)人民币的发行权集中于中央

人民币的发行权掌握在国家手里,国家授权中国人民银行具体掌管货币发行工作。习近平总书记曾指出,要构建多层次、广覆盖、有差异的银行体系。中国人民银行是货币的唯一发行机关,并集中管理货币发行基金。中国人民银行根据经济发展的需要,在国务院批准的额度内,组织年度的货币发行和货币回笼。

(四)人民币的发行保证

首先,人民币是信用货币,人民币是根据商品生产的发展和流通的扩大对货币的需要而发行的,这种发行有商品物资作为基础,可以稳定币值,这是人民币发行的首要保证;其次,人民币的发行还有大量的信用保证,包括政府债券、商业票据、商业银行票据等;最后,黄金、外汇储备也是人民币发行的一种保证,我国建立的黄金和外汇储备,主要用于平衡国际收支,进口需要的大量外汇需要用人民币购买,出口收入的外汇必须向外汇指定银行出售,银行在购买外汇的同时也就发行了人民币,同时对人民币的发行起着保证作用。

(五)人民币实行有管理的货币制度

作为我国市场经济体制构成部分的货币体制,对内必须是国家宏观调节和管理下的体制,包括货币发行、货币流通、外汇价格等都不是自发形成的而是有管理的;对外则采取有管理的浮动汇率制。有管理的货币制度形式是在总结历史经验和逐步认识客观经济规律的基础上,运用市场这只"无形的手"和计划这只"有形的手"来灵活有效地引导、组织货币运行。

(六)人民币成为可兑换货币

货币的可兑换性是货币制度的内容之一。所谓可兑换性,是指一国货币兑换成其他国家货币的可能性。货币按能否兑换的不同程度可分为以下三种类型:①不可兑换货币;②经常项目可兑换;③资本项目可兑换。目前,人民币仅仅实现了经常项目可兑换，同时在稳步和谨慎推进资本项目下的可兑换。

三、人民币的信用货币性质

我国人民币的信用货币性质，主要表现在以下几个方面：

（一）人民币产生的经济基础和信用关系

我国银行创造货币投入流通，是以商品流通为基础的。银行在提供货币的同时伴生一种信用关系。其信用过程是：商品供给者需要实现商品的价值，它要求商品购买者给予货币；商品购买者自己不能创造货币，只能求助于银行；银行要求商品购买者以商品作为担保提供贷款；贷款形成商品供给者的存款（或现金），这实际上又意味着商品供给者以销售的商品向银行提供信用。

这个过程表明：商品购买者之所以能够购买是因为它借助于银行提供的货币，而银行之所以能够提供货币是因为它间接地掌握了商品，即银行通过对商品购买者的贷款掌握了对商品的支配权，银行一旦需要收回贷款，商品购买者便不得不出售商品。当商品购买者出售商品收回货款并偿还银行的借款后，货币流回到它的出发点——银行，商品进入消费领域，这样便完成了一次货币资金的循环和商品流通。这时，流通中既无货币，也无商品，这就是人们通常所说的我国人民币流通是以商品物资作为后盾的。今天，随着商品经济的进一步发展，政府信用、商业信用也已成为我国银行创造货币投入流通的基础。

（二）人民币产生的程序和信用关系

我国人民币产生的程序是：中央银行对商业银行提供基础货币；商业银行凭借中央银行提供的基础货币派生存款。中央银行通过它的资产业务对商业银行提供基础货币，其中主要是再贷款；商业银行通过它的资产业务对顾客派生存款，其中也主要是贷款。所以，从整个银行系统来说，是先有贷款，后有存款和现金。中央银行对商业银行贷款是对商业银行提供信用，商业银行将贷款转变为存款存入中央银行是对中央银行提供信用。提供信用使资产增加，被提供信用使负债增加。基础货币使商业银行在承担中央银行负债的同时增加了一笔资产，派生存款使商业银行在获得一笔资产的同时增加了一笔负债。

但是，作为货币首先应当是资产，其次是负债。它表明：如果人民币以基础货币的形式存在则是持有者的资产、中央银行的负债；如果人民币以派生存款的形式存在则是持有者的资产、商业银行的负债。这就是说，人民币存在于资产持有者与负债承担者的信用关系之中。

（三）人民币的运动过程和信用关系

人民币的运动过程，无论是存款变现金，还是现金变存款，对银行来说都是债务形式的转变，对持有者来说都是债权形式的转变。例如，银行将甲的存款支付给乙，是对甲债务的减少、对乙债务的增加，这对甲来说，是把自己对银行的债权转移给了乙。同理，银行对 A 地债务的减少、对 B 地债务的增加，这对 A 地顾客来说也就是把自己对银行的债权转移到了 B 地。这表明，信用货币的流通只是债权债务关系在地区之间、单位和个人之间的转移，这种转移反映了银行与顾客之间信用关系的变化和消长。

四、我国港、澳、台地区的货币制度

（一）香港的货币制度

1997 年 7 月 1 日，我国政府恢复对香港行使主权，香港特别行政区成立。我国的货币制度改为实行一个主权国家两种社会制度下的两种货币、两种货币制度并存的货币制度。在内地仍然实行人民币制度，在香港特区实行独立的港币制度，在货币发行、流通与管理等方面分别自成体系，人民币和港币分别作为内地和香港特区的法定货币在两地流通。由于香港特区仍然实行资本主义制度，因此，按照我国目前的外汇管理规定，港币仍然属于外汇，港币在内地以外币对待，同样，人民币在香港特区也以外币对待。

港币制度的基本内容包括以下几个方面：

（1）根据《中华人民共和国香港特别行政区基本法》，港元为香港特区的法定货币。港币的发行权属于香港特别行政区政府，中国银行、汇丰银行、渣打银行为港币发行的指定银行，港币的发行需有百分之百的准备金。

（2）香港特区货币单位为"元"，简称"港元"，用符号"HK＄"表示。其纸币有 10 元、50 元、100 元、500 元和 1 000 元几种面额；硬币有 5 分、10 分、20 分、50 分及 1 元、2 元和 5 元几种面额。1 元等于 100 分。

（3）港元实行与美元联系的汇率制度。7.8 港元兑换 1 美元。香港特别行政区的外汇基金由香港特别行政区政府管理和支配，主要用于调节港元汇价。

尽管固定汇率和百分之百的发钞准备当今已被世界大多数国家放弃，但实际上，实行这一制度的最大优点是，它可以避免钞票超经济发行，从而杜绝因超经济发行而造成金融危机。这种类型的金融危机几乎是每一个国家尤其是中央银行独立性较差的国家和商业银行代替某些中央银行职能的国家都曾经历过的。因此对于香港特区这样一个小型的经济开放地区来说，联系汇率制对于经济、贸易和金融的稳定发展都具有十分重要的意义。

（4）香港特别行政区不实行外汇管制，港币可以自由兑换，外汇、黄金、证券、期货市场完全放开。

（二）澳门的货币制度

1999 年 12 月 20 日，中国政府恢复对澳门行使主权，澳门特别行政区成立。由于澳门仍然实行资本主义制度，因此，按照中国目前的外汇管理规定，澳门货币仍然属于外汇，澳门货币在内地以外币对待，同样，人民币在澳门也以外币对待。

澳币制度的基本内容包括以下几个方面：

（1）澳门在葡萄牙人管理的 300 多年里，一直没有自己的官方货币，长期使用中国的银圆、铜钱和港币。1905 年 9 月 4 日，葡萄牙政府授权大西洋银行在澳门发行澳元钞票。1906 年 1 月 27 日，大西洋银行发行的 1 元、5 元两种面额的澳元钞票正式流通，从而开始澳元的发行历史。

（2）澳门货币单位为"澳门元"，简称"澳元"，用符号"Pat"表示。纸面面额有 5 元、10 元、50 元、100 元、500 元和 1 000 元 6 种，硬币有 1 角、2 角、5 角、1 元、5 元和 10 元 6 种。各种货币自由出入境，不受任何限制。

（3）澳元与港元挂钩，实质上也就与美元建立了间接的联系汇率制。澳元发行之初采用的是与葡萄牙货币埃斯库多（Escudo）挂钩的固定联系汇率制。从 1977 年开始澳元与港元挂钩，规定 107.5 澳元兑换 100 港元。在与港元挂钩之后，澳门地方政府曾两次宣布澳元与港元平兑。一次在 1978 年 12 月 30 日，澳门地方政府宣布将澳元的汇率上调为 100.25 澳元兑换 100 港元。另一次是中英联合谈判前途不明朗致使港元汇价大幅下跌，澳门地方政府遂于 1983 年 9 月 26 日宣布调整澳元汇价为 99.9 澳元兑换 100 港元，相当于澳元升值 3%。此后，澳门地方政府吸取了两次平兑的经验和教训，开始认识到维持和稳定澳元兑港元汇率的重要性，重新调整汇价，使得澳元与港元的官定中心汇率一直维持在 103 澳元兑换 100 港元的水平上。

（三）台湾的货币制度

1945 年 8 月 15 日日本宣布投降，同年 10 月 25 日台湾正式交由国民政府接收，并于 10 月 31 日公布《台湾省当地银行钞票及金融机关处理办法》与《台湾省商营金融机构清理办法》，主要内容是将日本人设立的金融机构改由政府指定的银行局接收管理，而原本民营的金融机构可于重新注册后继续营业。1946 年 5 月 20 日，旧台湾银行宣告结束，22 日，新台湾银行公告发行小面额的台币，称"新台币"。1949 年 6 月 15 日币制改革后，改称这些"新台币"为"旧台币"。

新台币的发行从 1949 年 6 月 15 日台湾省政府发布《台湾省币制改革方案》及《新台币发行办法》开始。新台币的发行主要有以下几方面内容：①台湾省政府指定新台币的发行机关为台湾银行；②实行与美元联系的汇率制度，新台币对美元汇率为新台币 1 元兑换美元 2 角；③新台币以黄金、白银、外汇及可换取外汇物资做十足准备。

1961 年 7 月 1 日，台湾"中央银行"正式在台复业，收回原本委托台湾银行代理的"中央银行业务"，唯独考虑台湾银行所发行的新台币流传已久且币值稳定，因此仍然由台湾银行代理新台币的发行。20 世纪 70 年代后，台湾货币发行制度又有了新的变化，主要是大额钞券发行的比重上升。台湾货币的硬币有 5 角、1 元、5 元、10 元 4 种，纸币有 50 元、100 元、500 元和 1 000 元 4 种。

■ **相关链接**

红色货币制度

本章小结

1. 货币对于通货膨胀、经济周期和利率有着非常重要的影响作用。货币政策的实施更是对于经济的健康发展至关重要。研究货币是金融学中的重要内容之一。

2. 货币是商品交换发展到一定阶段的产物，是价值形式演变的结果。商品价值形式的演变，经历了简单的价值形式、扩大的价值形式、一般价值形式和货币价值形式四个阶段。货币形式的发展则经历了实物货币（金属货币）、代用货币、信用货币等几个阶段。

3. 货币的本质体现为货币的职能。货币具有价值尺度、流通手段、支付手段、贮藏手段和世界货币五种职能。价值尺度和流通手段是货币的两个基本职能。

4. 货币制度的主要内容包括：货币金属、货币单位、各种通货的铸造与发行和流通程序以及货币发行准备制度等。货币制度的演变过程为：银本位制、金银复本位制、金本位制、不兑现的信用货币制度。我国现行的货币制度是人民币制度，它是一种信用货币制度。

5. 国际货币制度就是各国政府对货币在国际范围内发挥世界货币职能所确定的规则、措施和组织形式。国际货币制度的类型主要有：国际金币本位制、金汇兑本位制、布雷顿森林体系、管理浮动汇率体系等。

6. 我国货币制度的基本内容包括以下几个方面：人民币是我国的法定货币、人民币是我国唯一的合法通货、人民币的发行权集中于中央、人民币的发行保证、人民币实行有管理的货币制度、人民币成为可兑换货币等。

重要概念

代用货币　信用货币　数字货币　一般等价物　价值尺度　流通手段　货币制度
自由铸造　无限法偿　格雷欣法则　布雷顿森林体系　特里芬难题
区域货币一体化　红色货币制度　联系汇率制

核心参考文献

［1］孙国峰.货币创造的逻辑形成和历史演进：对传统货币理论的批判［J］.经济研究，2019（4）：182-198.

［2］李巍.伙伴、制度与国际货币：人民币崛起的国际政治基础［J］.中国社会科学，2016（5）：79-100，205-206.

［3］孙杰.跨境结算人民币化还是人民币国际化［J］.国际金融研究，2014（4）：39-49.

［4］孙国峰，邓婕，尹航.电子货币对信用货币体系的影响：基于自由竞争市场［J］.金融研究，2014（10）：50-68.

［5］沈伟，靳思远.信用货币制度、数字人民币和人民币国际化：从"数字钱包"到"多边央行数字货币桥"［J］.上海经济研究，2022（6）：78-93.

［6］张斌.人民币汇率重估与汇率制度改革：基于均衡汇率理论的视角［J］.管理世界，2004（3）：58-66.

［7］江春.人民币升值之争的理论反思：新制度金融学的解释［J］.中南财经政法大学学报，2004（6）：41-48，143.

［8］张瀛.汇率制度、经济开放度与中国需求政策的有效性［J］.经济研究，2008（3）：48-59.

［9］黄宪，王旭东.我国央行货币政策实施力度和节奏的规律及效果研究：基于历史演进和时变分析的视角［J］.金融研究，2015（11）：15-32.

［10］JEFFREY FRANKEL，谢丹夏.基于综合计量技术的人民币汇率制度演化分析［J］.国际金融研究，2018（2）：131-148.

［11］李巍.人民币崛起的国际制度基础［J］.当代亚太，2014（6）：4-30，156.

［12］中国人民银行.《中国数字人民币的研发进展》白皮书［R］.北京：中国人民银行，2021.

［13］中国银行.人民币国际化白皮书［R］.北京：中国银行，2021.

［14］EICHENGREEN B. The renminbi as an international currency［J］. Journal of Policy Modeling，2011.

［15］CROSS G. Banks, private money creation, and regulatory reform［J］. Journal of Financial Regulation and Compliance，2018.

［16］BIN Z. Towards a floating RMB exchange rate regime［J］. China Economic Journal，2018.

［17］GOODHART C A E. The determination of the money supply：Flexibility versus control［J］. The Manchester School，2017.

［18］COHEN B J. Will history repeat itself？Lessons for the yuan［J］. ADBI Working Paper Series，2014.

复习思考题

1. 单项选择题

（1）货币的本质特征是充当（　　　）。

A. 特殊等价物　　　B. 一般等价物　　　C. 普通商品　　　D. 特殊商品

（2）中国人民银行对货币供应层次的划分中，广义货币是指（　　　）。

A. M_1　　　　　　B. M_0　　　　　　C. M_2　　　　　　D. M_3

（3）我国人民币是属于（　　　）。

A. 代用货币　　　B. 信用货币　　　C. 实物货币　　　D. 电子货币

（4）在下列货币制度中"劣币驱逐良币"现象出现在（　　　）。

A. 金本位制　　　B. 银本位制　　　C. 金银复本位制　　　D. 金汇兑本位制

（5）对布雷顿森林体系内在矛盾的理论总结称为（　　　）。

A. "特里芬难题"　　　　　　　　　B. "米德冲突"

C. "马歇尔—勒纳条件"　　　　　　D. "一体化三难"

（6）货币在商品交换中起媒介作用时发挥的是（　　　）职能。

A. 价值尺度　　　B. 流通手段　　　C. 支付手段　　　D. 贮藏手段

（7）中国本位币的最小规格是（　　　）。

A. 1分　　　　　　B. 1角　　　　　　C. 1元　　　　　　D. 10元

2. 多项选择题

（1）一般而言，要求作为货币的商品具有如下特征：（　　　）。

A. 价值比较高　　　B. 金属的一种　　　C. 易于分割　　　D. 易于保存

E. 便于携带

（2）信用货币包括（　　　）。

A. 银行券　　　　　B. 支票　　　　　　C. 活期存款　　　D. 商业票据

E. 定期存款

（3）货币具有两个最初始的基本职能，分别为（　　　）。

A. 贮藏手段　　　　B. 支付手段　　　　C. 价值尺度　　　D. 流通手段

E. 世界货币

（4）我国货币制度规定人民币具有以下特点（　　　）。

A. 人民币是部分可兑换货币　　　　　　B. 人民币与黄金没有直接联系

C. 人民币是信用货币　　　　　　　　　D. 人民币具有无限法偿力

（5）货币支付职能发挥作用的场所有（　　　）。

A. 赋税　　　　　　B. 各种劳动报酬　　C. 国家财政　　　D. 银行信用

E. 地租

（6）以美元为中心的国际货币体系的主要内容有（　　　）。

A. 确立了美元与黄金挂钩、其他货币与美元挂钩的汇兑体系

B. 成员国货币的含金量不能随便改动

C. 汇率只能围绕平价上下 1% 幅度内波动

D. 成员国可以按照黄金与美元之间的官价向美国政府兑换黄金

3. 简答题

（1）货币的职能有哪些？

（2）人民币制度包括哪些内容？

（3）货币制度的构成要素是什么？

（4）不兑现的信用货币制度有哪些特点？

（5）钱、货币、通货、现金是一回事吗？银行卡是货币吗？

（6）红色货币的定义以及产生的意义是什么？

（7）简述习近平新时代中国特色社会主义金融思想。

4. 论述题

（1）谈一谈货币形态的演化。

（2）社会经济生活中为什么离不开货币？为什么自古至今，人们又往往把金钱看作万恶之源？

（3）对于"马克思主义货币观"你怎么看？对于我国人民币国际化有哪些启示？

（4）2021 年是我国进入"十四五"规划时期，开启全面建设社会主义现代化国家新征程的开局之年，谈一谈"十四五"时期的人民币政策思路。

（5）2022 年北京冬奥会，数字人民币试点覆盖了 40 多万个冬奥场景，提供便捷金融服务，在新时代随着数字人民币的全面推广，纸币会消失吗？

第三章

信用

■**学习目的**

通过本章的学习，你应该能够：

（1）了解信用的概念、特征、作用及信用的产生与发展过程；

（2）明确盈余与赤字、债权与债务的概念；

（3）掌握现代信用的几种主要形式及信用与金融的关系；

（4）了解民间信用的概念、特点以及作用；

（5）掌握信用工具的定义、特点及其形式划分；

（6）明确征信和征信体系的内涵；

（7）了解征信的概念、征信体系建设的相关内容；

（8）认识中国征信体系建设的发展历程及经验；

（9）了解大数据时代征信建设的现状及方向。

第一节　信用概述

信用（credit）范畴是商品经济发展到一定历史阶段的产物，是货币经济的延伸，并伴随着商品货币关系的发展而不断发展，它构成了货币金融理论的重要内容。信用活动构成了整个金融活动的基础。

一、什么是信用

（一）信用的概念

不管是在日常生活中，还是在一些书籍中，"信用"一词都是被经常使用的。信用，最早源于拉丁文的 credo，意为"信任""相信""声誉"等。对信用的涵义的认识，可以从不同的角度进行探究。从法律角度来看，《牛津法律大辞典》界定为："信用（credit），指在得到或提供货物或服务后并不立即而是允诺在将来付给报酬的做法。"《中华人民共和国合同法》中要求"当事人对他人诚实不欺，讲求信用、恪守诺言，并且在合同的内容、意义及适用等方面产生纠纷时要依据诚实信用原则来解释合同"。从经济的角度理解"信用"，它实际上是指"借"和"贷"的关系。在《新帕格雷夫经济大辞典》中，信用是指"提供信贷（credit）意味着把对某物（如一笔钱）的财产权给以让渡，以交换在将来的某一特定时刻对另外的物品（如另外一部分钱）的所有权。"从货币角度来看，以18世纪的约翰·劳（John Law）为先驱、以19世纪的麦克劳德（Henry Dunning Macleod）以及20世纪的熊彼特（Joseph Schumpeter）等人为代表的"信用创造学派"的眼中，信用就是货币，货币就是信用。如麦克劳德在他的《信用的理论》(*The Theory of Credit*) 中指出："人们以生产物与劳务和人交换，而换得货币，此货币既不能用于果腹，也不能用于蔽体，然而人们却乐于用其生产物与劳务换取货币，这是为什么呢？就是因为换得货币以后，可在需要之时，凭以换取所需之物的缘故。所以，货币的本质不过是向他人要求生产物与劳务的权利或符号，从而实为一种信用""因此，金银货币也可以正确地称之为金属信用"。弗雷德里克·S. 米什金（Frederic S. Mishkin）的《货币银行学》一书中对信用的解释是："信用是以还本付息为条件的暂时让渡资本的使用权的借贷行为。"

综上所述，我们认为，信用是一种以偿还和付息为条件的价值单方面的暂时让渡或转移的借贷行为，这种经济行为的形式特征是以收回为条件的付出，或以归还为义务的取得，而且贷者之所以贷出，是因为取得利息，借者之所以借入，是因为承担了支付利息的义务。

■ 相关链接

诚信

诚信，顾名思义即诚实守信。在中国经典的著作中，对于诚信有深刻的论述。孟子把社会的人伦关系归结为五个方面，即父子关系、君臣关系、夫妇关系、长幼关系、朋友关系，简称"五伦"。将"朋友有信"作为处理朋友关系的基本道德水准，并与"父子有亲、君臣有义、夫妇有别、长幼有序"合为"五伦道德"。《孟子·离娄上》还指出："诚者，天之道也；思诚者，人之道也。至诚而不动者，未之有也；不诚，未有能动者也。"这表明诚信作为人的行为规范在中国有悠久的文化传统。

二、信用的特征及作用

（一）信用的特征

1. 标示性

它是指信用有着明确的归属，就像人的身份证、企业组织机构代码一样。如中国人民银行2012年在全国范围内推广的机构信用代码。信用的标示性使得各类市场主体必须珍视自身的信用，维护自己的信用。这是形成良好的信用环境和信用秩序的社会基础。

2. 可流通性

众所周知，现代货币、商业票据、有价证券这些信用产品都是可流通和可交换的。此外，信用作为一种资源，表示市场主体具备一定的经济能力，具有无形资产的性质，同样有价值、能交换、可延续、易流转。现代社会正是利用信用的可流通性，借助先进的信息传播技术，广泛地记录、征集、扩散信用信息，从而形成有效的守信激励和失信惩戒机制。

3. 时间间隔性

它是指信用包括的两个重要环节——承诺与兑现，不是同时发生的，而是要经过一个约定的时间周期才能完成，即先承诺后兑现，二者之间存在着时间上的间隔。

4. 收益性

信用关系是建立在有偿的基础上的，也就是说，债权人在让渡实物或货币的使用权时，要求在归还时有一定的增值或附加额。因为信用关系属于一种特殊的经济关系，各信用主体有着自身的经济利益，无偿地让渡实物或货币是不可能的。

5. 风险性

借贷不同于商品买卖关系。在信用交易中，债务人（debtor）得到货币的使用价值，即货币本身，而债权人（creditor）仅持有所有权或债权凭证，到期能否收回，在很大程度上取决于债务人的信誉和能力、国家法律的完善程度以及社会道德规范。所以，信用关系具有一定的风险性，债务人能否到期偿还本金和按期支付利息是不确定的。

（二）信用的作用

信用既是一个流通范畴，也是一个分配范畴，但从本质上讲，信用在再生产过程中属于分配环节，具有以下作用：

1. 筹措发展资金

这是信用的主要功能。政府通过发行国债的建设债券弥补财政赤字，筹措建设资金，这就是政府信用。企业通过股票市场发行股票，将分散在社会上的资本筹措起来，在建设大型项目时申请发行企业债券以解决资金困难，这就是证券投资信用。企业在生产经营活动中还经常需要从金融机构取得资金支持，这又产生了银行信用。此外，一些企业可能因一时现金周转困难需要赊购原材料，另一些生产厂家可能出于扩大销售、打开市场或吸引客户的目的愿意赊销产品，这样企业之间又会发生商业信用。

2. 加速资本集中

信用是资本集中的有力杠杆，借助于信用可以不断扩大资本积聚的规模。企业借助证券投资信用，将社会资金转为长期投资，使零星资本合并为一个规模庞大的资本，个别资本合并其他资本增加资本规模。很多企业就是用股份制方式创立的，很多兼并收购活动也是利用信用方式来进行并完成资本集中的。银行利用信用将零星的小额资金积聚为集中的巨额资金，用于支持大工业的发展，促进了生产社会化程度的提高，推动经济增长。

3. 节约流通费用

信用可以节约流通费用：①利用信用工具代替现金结算，节省了现金流通的有关费用；②在发达的信用制度下，资本集中于银行和其他金融机构，可以减少整个社会的现金保管、现金出纳以及簿记登记等流通费用；③信用能加速商品销售，从而减少商品储存和保管费用的支出；④采用非现金结算方式，缩短了流通时间，增加了资金在生产领域发挥作用的时间，有利于扩大生产和增加利润。

4. 提高资金效率

信用可提高资金效率。一方面，金融机构借助信用把闲置的资金和社会分散的货币集中起来，转化为借贷资本，在市场规律的作用下，使资金得到充分利用。另一方面，由于那些具有发展和增长潜力的产业总是最容易获得信用的支持，通过竞争机制，信用将资金从利润率较低的部门向利润率较高的部门转移，在促使各部门实现利润平均化的过程中，也提高了整个国民经济的资金效率。

5. 调节宏观经济

国家通过中央银行制定各项金融政策和金融法规控制信用的规模及其运动趋势，在出现通货膨胀的时候收紧银根，抑制社会需求；当出现经济衰退和通货紧缩时，刺激有效需求，从而调节宏观经济。并根据社会经济发展规划，引导资金流向，调整经济结构，使国民经济结构更合理，经济发展更具持续性。另一方面，由于信用的发展，出现了多种信用工具和信用工具流通、转让的金融市场，这又为中央银行调节经济提供了手段和场所。

6. 促进社会安定

使用信用消费，可以利用自身的信用可靠性取得信贷消费，提前购买所需物品，提高当前生活水平，还可以应付突发事件产生的支付问题。

（三）信用与金融

金融，一般是指金融资产的融通，也可以说是与金融资产流通和信用有关的各种活动。金融的严格定义是指在社会经济生活中金融资产流通和信用活动以及与其相联系的一切经济关系的总和。金融的内容包括金融关系、金融活动、金融机构、金融工具、金融市场等一切与金融资产、信用相关的经济关系和活动。

信用与金融是两个既有联系又有区别的概念。从产生的时间看，信用在前而金融在后。信用伴随着商品经济而产生，金融是商品经济深入发展的产物。金融与信用的区别主要表现在概念的内涵上：信用包括所有的信用活动，凡是有债权债务关系的经济活动都应当纳入信用的范围，信用既包括实物信用又包括货币信用；金融则专指货币融通和资金运动，在内涵上包括货币信用和股票融资等，而不包括实物信用。信用与金融在一定条件下又具有同一性。信用活动即是资金融通，金融活动中包括信用关系，因为实物信用越来越少，已经微不足道，不足以对经济的运行产生较大影响；对投资者来说，买卖转让的股票也同债券一样是一种提供信用的工具。

三、盈余与赤字、债权与债务

在现代市场经济中，信用资金已成为相对独立的一部分货币资金，参与经济的运行过程。现代信用活动的基础是现代经济运行过程中的盈余（surplus）单位和赤字（deficit）单位的存在。

在现代经济运行过程中，各经济单位之间的货币收支活动是频繁而复杂的，收支相比较，有时是收支相等，处于平衡状态，但收支正好相等的经济单位并不普遍，更多的是收支在特定的时间和空间上不能实现平衡，货币资金在各经济单位之间的分布呈现出非均衡性。从某个时间点来看，任何经济单位的资金状态必然会形成以下三类情形：第一类是收入大于支出的单位，称之为盈余部门，它们需要进行储蓄和投资，盈余部门的盈余必然变为该单位的债权；第二类是支出大于收入的单位，称之为赤字部门，它们需要举债才能维持正常的生产或运营，赤字部门的赤字在通过借入弥补时便成为了该部门的债务；第三类是收支相等的平衡单位。社会经济中广泛存在的是盈余部门和赤字部门，而平衡单位不占主导地位。资金在有偿的原则下从盈余部门向赤字部门流动，就形成了借贷行为，这便在资金盈余部门和赤字部门之间形成了债权债务关系，因为只有这样才能消除货币资金分布上的非均衡性，最终满足盈余部门和赤字部门双方的需要。当然，在市场经济条件下，严格的金融产权界定和各经济部门之间独立利益的存在决定了货币资金余缺的调剂不可能通过无偿的方式来实现，而必须采用有借有还、不仅要还本还要付息的信用方式，即由资金盈余部门将多余的资金通过一定的方式借给资金赤字单位使用，到期时，资金赤字部门则要偿还本金，并要支付一定的利息。

第二节 信用的基本形式

信用作为一种借贷行为，普遍存在于一切商品经济社会当中，是通过一定方式具体表现出来的。表现信用关系特征的形式称为信用形式，它是信用活动的外在表现。随着商品货币经济的发展，信用的具体形式日趋多样化和复杂化。根据借贷主体的不同，信用可分为以下几种基本形式：商业信用、银行信用、国家信用、消费信用、国际信用、民间信用。

一、商业信用

（一）商业信用的定义

商业信用是指企业之间在进行商品和劳务交易时以延期支付和预付货款的形式所提供的信用，即通常所说的商品赊销、赊购或预购行为，它是基础信用之一。

（二）商业信用的特点

商业信用主要是以商品形态提供的，它同时包含两种性质的经济行为，即商品买卖行为和借贷行为，提供信用的过程就是买卖的过程。

商业信用的债权人和债务人都是商品生产者或经营者。因为商业信用产生于商品交易过程，是通过商品赊销方式实现的，所以，只有在从事商品生产和流通的企业之间才有可能建立起商业信用关系。

商业信用的发展程度直接依存于商品生产和流通的状况。在经济繁荣时期，生产规模扩大，商品增加，从而以信用形式出售的商品就增多，对商业信用的需求也增加；相反，在经济危机或萧条时期，企业的生产缩减，市场商品滞销，需求不足，这时，企业对商业信用的需求也就减少了。这是因为企业以信用形式购入的商品是用于生产的继续进行的。

（三）商业信用的局限性

由于商业信用本身具有的特征，决定了它的存在和发展具有局限性，突出表现在以下几个方面：

（1）规模和数量上的局限性。商业信用是企业间买卖商品时发生的信用，是以商品交易为基础的。因此，信用的规模受商品交易量的限制，生产企业不可能超出自己所拥有的商品量向对方提供商业信用。商业信用无法满足由于经济高速发展所产生的巨额的资金需求。

（2）信用方向上的局限性。由于商业信用是以商品形态提供的，而商品都有特定的使用价值，因此，提供商业信用是有条件的，它只能向需要该商品的厂商提供，而且只能用于限定的商品交易。

（3）信用能力上的局限性。商业信用的借贷行为之所以能成立，不仅是因为买卖关系的成立，更重要的是出卖商品的人比较确切地了解需求者的支付能力。也只有商品出售者相信购买者到期后能如数偿付货款，这种信用关系才能成立。因此，在相互不了解对方的信用能力的企业之间就不容易发生商业信用。

（4）信用链条的不稳定性。商业信用是由工商企业相互提供的，可以说，一个经济社会有多少工商企业就可能有多少个信用关系环节。如果某一个环节因债务人经营不善而中断，就有可能导致整个债务链条的中断，引起债务危机的发生，往往会冲击银行信用。

二、银行信用

商业信用的局限性决定了商业信用不可能完全满足资金融通的需要，为了更好地实现盈余单位和赤字单位之间的资金余缺调剂，必须有其他信用形式的存在。随着经济的不断发展，在商业信用的基础上产生了由金融机构提供货币资金借贷为特征的信用形式——银行信用。

（一）银行信用的定义

银行信用是一个经济体信用制度发达程度的标志。它是银行或货币资本所有者以货币形式向职能资本家提供贷款而形成的借贷关系。它是适应产业资本循环周转或再生产运动的需要而产生的。银行通过借贷关系，将再生产中游离出来的闲置的货币资本和社会上的闲置货币集中起来，再把它们贷给需要货币的企业。

（二）银行信用的特点

银行信用的规模巨大，其规模不受银行自有资本的限制。银行聚集资金是全方位的，不仅有工商企业暂时闲置的货币资金，而且还包括居民的储蓄存款。

银行信用的债权人是银行和其他金融机构，债务人是企业，即银行可以把货币贷给任何一个需要的部门和企业，因而银行信用具有广泛性的特点。

银行信用贷出的是货币资金或借贷资金，它的使用在时间和投放方向上不受任何限制。

银行和其他金融机构可以通过信息的规模投资，降低信息成本和交易费用，从而有效改善信用过程的信息条件，减少借贷双方的信息不对称以及由此产生的逆向选择和道德风险的问题，其结果是降低了信用风险，增加信用过程的稳定性。

由于上述优点，加之金融机构的广泛社会联系、良好的信誉以及较强的信用能力，银行信用在现代经济生活的众多信用形式中成为最基本、最主要的信用形式。

三、国家信用

（一）国家信用的定义

国家信用是指国家以债务人身份，借助债券和直接借款等形式为政府筹集资金的信用形式。国家信用的债务人是国家，债权人包含国内外的金融机构、企业和居民家庭。国家信用分为国内信用和国外信用两种。

（二）国家信用的特点

国家信用的主体是政府，政府以债务人的身份出现，债权人是全社会的经济实体和居民。

国家信用的形式主要是发行公债（包括中长期国债券和短期国库券）。

中长期国债券多用于弥补政府预算赤字，所筹措的资金大多用作基础设施、公用事业建设等非生产性支出，还有军费开支和社会福利支出等。国库券多用于弥补财政短期失衡，以及用于中央银行在公开市场上调节货币供应量的操作工具。

（三）国家信用的作用

（1）调节财政收支不平衡的手段。在国家预算执行过程中，经常出现财政收入和财政支出暂时脱节的现象。为了解决财政年度内的收支不平衡，国家往往借助于发行国库券解决。

（2）调节货币供应量，实现宏观调控的基本手段。中央银行通过买进或卖出国债来调节货币供应量，影响金融市场资金供求关系，从而实现宏观调控的目的。

（3）调节货币流通、稳定经济发展的重要杠杆。由于国债信誉高于其他任何信用工具，其转让流通性较强，因此，利用国家信用，通过公债在市场上的吞吐，可以改变建设资金的规模和投向，对经济发展作出一定的干预，同时，又可以利用市场机制增大或减少市场货币流通量，以求实现货币流通正常，稳定币值、稳定经济。

四、消费信用

（一）消费信用的定义

消费信用也称为消费者信用，是工商企业、银行或其他信用机构向缺乏货币购买力的消费者提供的信用。

（二）消费信用的形式

1. 分期付款

分期付款是商业企业与消费者根据合同规定分期偿付货款，这种信用方式多用于消费者购买大件耐用消费品，如汽车、房屋、家用电器等商品。这种消费信用是以商品形态提供的信用，与商业信用有类似的地方，所不同的是商业信用是企业之间提供的，而消费信用则是企业向消费者个人提供的。

2. 信用卡

信用卡是由信用卡公司或银行对信用合格的消费者发行的信用证明，持有该卡的消费者可以到有关的商业服务部门购买商品，再由银行定期同消费者和商店进行结算，信用卡可以在规定的额度内进行透支。

3. 消费贷款

消费贷款就是由商业银行和其他金融机构直接以货币形式所提供的服务于消费的贷款。消费贷款按照直接接受贷款的对象不同，可以分为买方信贷和卖方信贷。买方信贷是指银行直接对消费品的购买者所发放的贷款；卖方信贷是以分期付款单证作为抵押，对销售消费的企业发放的贷款。

（三）消费信用的作用

消费信用的作用是为消费者提供提前消费的条件，刺激人们的消费，提高全社会的消费水平，扩大需求，促进商品的销售和生产，推动技术进步和经济增长。同时也为银行资金找到新的出路，可提高资金的使用效率，改善社会消费结构。

但是，消费信用也有可能增加社会的不稳定性。过度提倡和利用消费信用有可能使消费者背上沉重的债务包袱，一旦消费者无力偿还贷款，便有可能引起连锁反应，危及金融体系的安全与稳定，甚至有可能引发其他社会问题。如2008年影响全球的国际金融危机就是由美国"次贷危机"所引起的，它是一场发生在美国，因次级抵押贷款机构破产、投资基金被迫关闭、股市剧烈震荡引起的金融风暴。它致使全球主要金融市场出现流动性不足危机。美国"次贷危机"是从2006年春季开始逐步显现的。2007年4月开始席卷美国、欧盟和日本等世界主要金融市场。

消费信用是一把"双刃剑"，因此我们必须客观地看待消费信用的作用，到底它能发挥积极的作用还是消极作用，必须要视条件而定，不讲条件地谈论消费信用的作用是很危险的。

五、国际信用

（一）国际信用的定义

国际信用是指国与国之间的企业、经济组织、金融机构及国际经济组织相互提供的与国际贸易密切联系的信用形式。国际贸易与国际经济交往的日益频繁，使国际信用成为进行国际结算、扩大进出口贸易的主要手段之一。

（二）国际信用的主要形式

根据国际信用关系主客体的不同，国际信用形式可分为国际商业信用、国际银行信用、国际金融机构信用、国际政府间信用和国际直接信用五种。

1. 国际商业信用

国际商业信用是跨越国际的商业信用活动，是不同国家的企业之间发生的信用。它表现为凭信用进口或出口商品。国际商业信用形式主要有国际租赁、补偿贸易和延期付款。

（1）国际租赁。国际租赁是国际上以实物租赁方式提供信用的新型融资形式。根据租赁的目的和融资方式的不同，可将其分为金融租赁和经营租赁两种形式。

（2）补偿贸易。补偿贸易是指外国企业向进口企业提供机器设备、专利技术、员工培训等，待项目投产后进口企业以该项目的产品或按合同规定的收入分配比例清偿债务的信用方式，在发展中国家得到广泛使用。

（3）延期付款。延期付款是出口厂商和进口商协定在货物出口后一定时期内支付款项的信用形式。延期付款一般发生在关系密切的进出口商之间或出口商得到出口国银行出口信贷支持的情况下。其做法一般是进口商支付合同金额的一定比例如15%，其余85%的货款则延期支付。

2. 国际银行信用

国际银行信用是以国际银行为授信主体提供的国际信用形式。国际银行信用按照贷款的组织方式，可以划分为国际商业银行贷款、项目融资贷款和出口信贷三种。

（1）国际商业银行贷款。国际商业银行贷款按参与贷款银行的多少分为双边银行贷款和国际银团贷款两种。双边银行贷款又称独家银行贷款，是指由一家贷款银行向外国借款人提供的贷款，其贷款手续和形式均较为简单，贷款利率多为浮动利率，期限有短期和中期两种，中期贷款一般在 5 年以内。国际银团贷款是由一家或几家大银行牵头，联合多家银行共同对借款人提供的国际性贷款，也称为辛迪加贷款。

（2）项目融资贷款。项目融资贷款又称为项目融资，是国际上为某些大型工程项目筹措资金的一种融资方式。项目融资的额度特别大，主要用于能源、交通、农林业、制造业以及勘探开发等工程项目。项目融资包括多方面的参与，主要有项目主办人、项目公司、项目贷款人、项目产品买主、项目设备供应人、项目融资担保人、托管人和保险机构等。

（3）出口信贷。出口信贷是国际贸易中的一种中长期贷款形式，是一国政府为了促进本国出口，增强国际竞争能力，而对本国出口企业给予利息补贴和提供信用担保的信用形式。根据补贴和贷款的对象不同，又可分为卖方信贷和买方信贷两种。卖方信贷是出口方银行向出口商提供贷款。买方信贷是出口方银行直接向进口商（或进口方银行）提供贷款。这种贷款是有指定用途的，即必须用于购买本国出口商的货物。如果是直接向进口商提供贷款，通常需要由进口国一流银行提供担保。

3. 国际金融机构信用

国际金融机构信用是指包括国际货币基金组织、世界银行在内的国际性金融机构向其成员国提供的贷款。

4. 国际政府间信用

国际政府间信用是在各国政府之间发生的信用授受关系，一般以政府贷款的形式存在。政府贷款是指一国政府利用本国财政资金向另一国政府提供的优惠性贷款。政府贷款期限较长，利率低，条件优惠，带有双边经济援助的性质，但政府贷款用途受到限制，如根据双边援助计划，受援国所得款项大多只能用来向贷款国购买货物和劳务，而且贷款一般不提供自由外汇，不提供全部项目投资。政府贷款主要是由发达国家向发展中国家提供。

5. 国际直接信用

国际直接信用是指一国政府、公司或企业在国际金融市场上从资金所有者那里直接融通货币资金的主要形式。其方式是发行国际债券或国际股票。国际债券是由一国政府或居民在国外以外国货币或境外货币为面值发行的债券。国际债券的发行和交易所形成的市场叫做国际债券市场，它是国际资本市场的重要组成部分。国际股票发行是指的股份公司在国外某一国家或同时在几个国家发行该公司股票，并在发行地证券交易所上市以筹集股份资金的方式。

六、民间信用

（一）民间信用的定义

《中国金融百科全书》与《市场经济学大辞典》都有解释民间信用的词条，它们认为，在西方，民间信用是相对于国家之外的一切信用，包括商业银行信用；而在国内，民间信用是指居民之间以货币或实物的形式所提供的直接借贷，各专业银行信用不属于民间信用。《信用论》也有类似的论述，认为民间信用泛指非官方信用，包括民间的货币和实物的借贷、民间的商业信用、民间的"合会"等，尤指民间货币的借贷。

可见，民间信用也可称为民间借贷，它是基于信任关系上分散在社会个体之间自发形成的借贷行为。

（二）民间信用的主要形式

民间信用的形式主要有以下几种：①私人之间直接的货币借贷。②私人之间通过中介人进行的间接的货币借贷。③通过一定组织程序的货币"合会""标会""搭会"等进行的货币借贷。民间信用大都根据生活和生产需要在个人之间临时无组织地进行。但有些需要数额大、时间长，非一家一户所能解决，故也产生了一些民间信用的临时组织形式，如"摇会""标会""轮会"等，通称"合会"。合会的基本做法是：先由急需资金的人充当会首（借方），他们凭藉个人的信用，请收入较为充裕而又有信用的人出面担保，邀集亲友、邻里、同事等数人乃至数十人充当会脚（贷方），然后议定每人每次出多少会金、多长时间会一次等事宜。第一次缴纳的会金一般归会首，以后依不同的方式，决定会脚收款次序。如按预先排定次序轮收的，称为"轮会"，如按摇骰方式确定的称为"摇会"，如按投标竞争办法确定的称为"标会"。④以实物作为抵押的"典当"形式的货币借贷。

■ 相关链接

我国民间借贷的发展

第三节　信用工具

一、信用工具的定义

信用工具是指以书面形式发行和流通、借以保证债权人或投资人权利的凭证，是资金供应者和需求者之前继续进行资金融通时，用来证明债权的各种合法凭证。信用工具也叫金融工具，是重要的金融资产，是金融市场上重要的交易对象。一般来说，信用工具由五大要素构成：①面值，即凭证的票面价格，包括面值币种和金额；②到期日，即债务人必须向债权人偿还本金的最后日期；③期限，即债权债务关系持续的时间；④利率，即债权人获得的收益水平；⑤利息的支付方式。

二、信用工具的特点

（1）收益性，即盈利性。信用工具一般都能为其持有者带来一定的收益。收益量的大小是通过收益率来反映的，收益率是净收益对本金的比率。信用工具的收益有三种：一种为固定收益，是投资者按事先规定好的利息率获得的收益，如债券和存单在到期时，投资者即可领取约定利息。固定收益在一定程度上就是名义收益，是信用工具票面收益与本金的比例。另一种是即期收益，又叫当期收益，就是按市场价格出卖时所获得的收益，如股票买卖价格之差即为一种即期收益。还有一种是实际收益，指名义收益或当期收益扣除因物价变动而引起的货币购买力下降后的真实收益。在现实生活中，实际收益并不真实存在，而必须通过再计算。投资者所能接触到的是名义收益和当期收益。

（2）风险性。为了获得收益提供信用，同时必须承担风险。信用工具的风险性是指投入的本金和利息收入遭到损失的可能性。任何信用工具都有风险，程度不同而已。其风险主要有违约风险、市场风险、政治风险及流动性风险。违约风险一般称为信用风险，是指发行者不按合同履约或是公司破产等因素造成信用凭证持有者遭受损失的可能性。市场风险是指由于市场各种经济因素发生变化，例如市场利率变动、汇率变动、物价波动等各种情况造成信用凭证价格下跌，遭受损失的可能性。政治风险是指由于政策变化、战争、社会环境变化等各种政治情况直接引起或间接引起的信用凭证遭受损失的可能性。

（3）流动性，即可转让性或变现性，是指信用工具迅速变现而不致亏损的能力。有的信用工具可以买卖和交易，可以换得货币，此即为具有变现力或流通性。在短期内，在不遭受损失的情况下，能够迅速出卖并换回货币，称为流动性强，反之则称为流动性差。

（4）偿还性。这是指信用工具的发行者或债务人按期归还全部本金和利息的特性。信用工具一般都注明期限，债务人到期必须偿还信用凭证上所记载的应偿付的债务。

三、信用工具的形式

随着信用在现代经济生活中的不断深化和扩展，信用工具种类越来越多，从不同的角度可以进行不同的划分：

按形式划分，可分为商业信用工具、国家信用工具、银行信用工具、社会信用和股份信用工具。商业信用工具主要是商业票据，它是在商业信用中，表明债务人有按照约定期限无条件向债权人偿付债务的义务的合法凭证；国家信用工具如国库券等各种政府债券，其中，国库券是由政府发行的一种筹借短期性借款的证书，而公债券则是政府为取得长期借款向债权人开具的债权凭证。国家信用债券的持有者除定期向债券发行者取得利息外，到期还要收回本金；银行信用工具，如银行券和银行票据等。社会信用和股份信用工具主要有股票和公司债券。其中，股票是按股份制形式组织起来的企业用来筹集自有资金而发行的代表企业管理权力并给持有人带来收益的所有权证书。公司债券是股份制企业为了筹措资金而发行的一种债权证书。

按期限划分，可分为长期、短期和不定期信用工具。长期与短期的划分没有一个绝对的标准，一般以一年为界，一年以上的为长期，一年以下则为短期。短期信用工具主要是指国库券、各种商业票据，包括汇票、本票、支票等。西方国家一般把短期信用工具称为"准货币"，这是由于其偿还期短，流动性强，随时可以变现，近似于货币。长期信用工具通常是指有价证券，主要有债券和股票。不定期信用工具是指银行券和多数的民间借贷凭证。

我国信用工具的创新与发展

第四节　中国征信体系的建设与发展

一、征信及征信体系的内涵

（一）征信

征信（credit investigation；credit reporting）是依法收集、整理、保存、加工自然人、法人及其他组织的信用信息，并对外提供信用报告、信用评估、信用信息咨询等服务，帮助客户判断、控制信用风险，进行信用管理的活动。征信在促进信用经济发展和社会信用体系建设中发挥着重要的基础作用。一是防范信用风险。征信降低了交易中参与各方的信息不对称，避免因信息不对称而带来的交易风险，从而起到风险判断和揭示的作用；二是扩大信用交易。征信解决了制约信用交易的瓶颈问题，促成信用交易的达成，促进金融信用产品和商业信用产品的创新，有效扩大信用交易的范围和方式，带动信用经济规模的扩张；三是提高经济运行效率。通过专业化的信用信息服务，降低了交易中的信息收集成本，缩短了交易时间，拓宽了交易空间，提高了经济主体的运行效率，促进经济社会发展；四是推动社会信用体系建设。征信业是社会信用体系建设的重要组成部分，发展征信业有助于遏制不良信用行为的发生，使守信者利益得到更大的保障，有利于维护良好的经济和社会秩序，促进社会信用体系建设的不断发展和完善。

根据投资经营主体，征信分为公共征信、私营征信。公共征信指由政府出资经营或者政府控股经营，私营征信指私营资本投资经营或者控股的征信。根据业务特征，分为企业征信、个人征信，前者收集加工企业信用信息为企业服务、后者收集加工个人信用信息为个人提供服务。根据征信目的分为金融征信、商业征信、雇佣征信等，金融征信服务于金融机构，尤其是商业银行，商业征信的服务对象是批发商与零售商，雇佣征信的服务对象是劳动力市场上的雇主。按照业务方式不同，可以分为信用等级、信用调查与信用评级。

■ 相关链接

中国有文献可查的最早将"征"与"信"连用的是《左传》中"君子之言，信而有征"，意指是否言而有信，是可以验证的，这当然主要指道德层面。"征信"一词最早应该出现在清朝末年。第一家现代意义上的征信机构于 1830 年出现在英国伦敦，1841 年美国出现第一家征信机构，1892 年日本第一家征信机构建立。随着资本主义列强的侵华，19世纪末20世纪初，上海已有外资征信机构入驻，不过，有的翻译为"兴信"所，有的翻译为"征信"所。1932年6月6日，中国第一家专业征信机构——中国征信所在上海成立。尽管征信机构最早出现于西方，但是英语文献中几乎看不到关于征信的完整解释。虽然credit的释义中有汉语征信的解释，但是在英文文献中却看不到这种用法，而相对应的是credit information sharing（信用信息共享）、credit reporting（信用报告）、credit bureau（征信局）。中国人民银行将"征信"译为credit reference，但是英文文献中查不到这一用法。

（二）征信体系

征信体系是由与征信有关的法律规章、组织机构、市场管理、文化建设、宣传教育等共同构成的一个体系。它既为借贷市场服务，但同时具有较强的外延性，服务于商品交易市场和劳动力市场。它作为社会信用体系的重要组成部分，它的建立和完善将直接推动社会信用体系的建设。因此，构建征信体系是建设诚信社会的基础和关键。高度发达的征信体系在防范金融风险，提高资源配置效率等方面发挥着积极作用。

征信体系是在社会征信制度发展过程中，伴随着信用经济的发展，逐步形成的相互联系的整体结构，是征信制度的具体表现形式。征信体系主要由征信服务业务体系、征信立法与监管体系、失信惩罚机制、征信文化与人才培养体系等子体系构成，相应的征信体系建设的主要内容也涉及以下四个方面。

（1）征信服务业务体系。主要是接受委托人的委托，运用专业化的手段与工具进行调查，通过调查分析和研究，向委托人提供信用报告等专业化征信服务产品，帮助委托人获取信用信息，为其做出决策提供参考意见。目前，征信服务业务逐步由经营征信产品转变为全方位地向客户提供信用管理和策划服务，如信用保险、信用管理咨询、信用管理外包服务等。

（2）征信立法与监管体系。主要针对征信行业进行法律法规的制定和执行以及对征信行业的日常监管，由政府专设的监管机构和行业自律组织从外部和内部加强对征信行业发展的指导和规范，以维护征信市场的正常运行和行业自律。

（3）失信惩罚机制。通过中国人民银行及征信管理部门综合运用经济手段、行政手段和道德谴责等方式，直接或间接地惩罚市场经济活动中的失信者，从而有效地克服市场经济活动中"逆向选择"与"道德风险"问题的产生。同时，降低诚实守信的市场主体获取资本和技术的门槛，为其扫除交易障碍和壁垒。

（4）征信文化与人才培养体系。征信文化作为非正式信用制度，它的培育与形成可以提高市场主体的自律性、减少正式制度的摩擦成本，从而有利于征信体系的完善。另外，征信体系还必须包括征信人才培养体系，高素质、高质量的征信人才能有效地推动社会征信体系的发展与完善。

征信体系建设需要根据本国基本国情，从经济、政治、教育程度、法律体系及规章制度等多方面进行协调建设。当前，我国征信体系存在的主要问题有：相关的法律法规不健全，信用信息的收集不规范，征信服务行业的市场化程度不高。加强我国征信体系建设，必须加快征信体系的立法建设，规范信用服务机构的信用信息征集工作，大力培育征信服务的市场主体，扩大征信覆盖范围。征信体系建设从根本上讲是适应我国现阶段市场经济建设与发展需要的，是整顿市场秩序、改善社会信用环境、保障信用交易健康发展、建设信用经济的根本举措。健全有效的征信体系可以促进一个国家或地区的市场经济交易方式与手段走向成熟，创造并扩大市场需求，促进市场繁荣，保持经济持续增长，是市场经济健康有序发展的制度性安排。

目前，以中国人民银行为主导，以金融机构为主要用户，以授信申请人为主要对象，以信用信息在金融业内互通互联共同防范信用交易风险为主要目的，由中国人民银行征信管理局负责组织实施，中国人民银行征信中心提供技术与数据服务，形成了我国的金融征信体系，并在此基础上形成了企业征信体系和个人征信体系。

二、我国的征信体系建设历程

"征信"一词源于《左传·昭公八年》中的"君子之言，信而有征，故怨远于其身"。其中，"信而有征"即为可验证其言为信实，或征求、验证信用。可以说，自古以来，诚实守信便是我国的文化传统。征信体系是现代金融业的基石，在现代经济社会发展中的地位越来越重。在征信体系服务于经济金融发展的过程中，不同国家的征信体系采取了不同发展模式，根据主导力量的不同，为规范和促进征信业务发展，政府主要承担规划和监管的职责，通过设立政府监管机构、出台征信法律法规、建立征信技术标准、开展征信宣传普及等，建立完善的征信体系，服务于经济社会的发展。

（一）近代中国征信体系发展历程（1920—1949 年 9 月）

我国伴随信用经济而开展的征信活动在清朝末年已经产生，其时主要由部分钱庄开展此项活动。近代我国征信业的发展历史起源于 20 世纪 20 年代前后，当时正值北洋政府时期，现代银行业已经兴起。1920 年，时任《银行周报》（上海银行公会主办）总编的徐沧水先生开始筹划成立上海征信所，并在 1921 年召开的银行公会第二届联合会上正式提出了设立征信所的议案。但是，由于人力和物力欠缺、政局动荡等原因，该项计划未能落地。1932 年 6 月，上海商业储蓄银行、中国银行、浙江实业银行联合设立中国征信所，这是我国历史上第一家正式的征信机构，章乃器为第一任董事长。中国征信所实行会员制，发起设立时有 18 家基本会员，到 1935 年 11 月，共有会员 154家，每天接受的委托调查平均为 20～30 份。中国征信所的主要任务为调查企业的生产经营状况、财产状况、信用状况并开展催收工作等。1935 年，中国征信所在天津、武汉等地设立分所，1937 年在重庆设立分所。1937 年日本侵华战争爆发后，中国征信所的发展受到重创，业务大幅下降，主要靠出版一些出版物维持生存，这一情况一直持续到中华人民共和国成立后才结束。

1944 年，重庆的联合票据承兑所发起设立了一个征信机构，该所不久联络了四联总处（指中央银行、中国银行、交通银行、中国农民银行成立的四行联合办事处），于1945 年 3 月由"四行二局一库"（中央银行、中国银行、交通银行、中国农民银行、中央信托局、邮政储金汇业局、中央合作金库）及重庆市银钱业公会发起设立联合征信所，帮助银行对企业进行资信调查。抗战胜利后，联合征信所总部由重庆迁往上海。此外，联合征信所陆续在全国设立了多家分支机构，主要承担"四行二局"委托的资信调查业务，并面向全社会提供一般征信服务。

可以说，我国在近代时期，已经有了近代征信业的发展，受到当时条件的限制，这一制度并未得以延续。

（二）国家计划信用体系阶段（1949 年 10 月—1978 年）

中华人民共和国成立后，我国借鉴苏联高度集中的计划经济体制，在国家计划主导下快速建立了现代国民经济体系。在这一体制下经济主体之间的经济联系依靠政府信用加以维持，具体体现在国家各种指令性计划中。这一时期我国基本没有现代意义上的社会信用制度与征信体系，除了传统文化的"诚信"观念在调节社会关系时发挥作用外，商品交易和资金流通都不通过信用关系来维系。各经济单位及各种经济活动都要符合国家的整体计划和经济政策，以实现指标和政策要求为经济活动准则。公民在国家计划和国家经济政策的约束下行动，即使签订了形式上的商品交易合同和借款合同，也会因"国家计划"和"政策变化"而无条件改变合同要约。与此同时这种体制下国家计划和行政的约束力很强，个人和企业既没有必要也没有动力采取赖债废债行为，企业和个人间的经济活动效率虽然较低，但整个国家的经济秩序相对较好。

这种以国家计划为主导、由国家信誉为社会经济活动提供最终保证的国家计划信用体系适合了国情，对当时经济体系的完善起到了一定的积极作用。但是，随着经济发展和计划经济体制的僵化和效率低下越来越影响国民经济发展，这一制度的作用必然随着经济体制的改革而发生变革。

（三）改革开放后中国征信体系建设（1979 年至今）

完善的征信体系是金融体系的基石，是成熟市场经济的重要标志。我国征信业的发展历史自中华人民共和国成立以来真正的起步自改革开放初期开始。20 世纪 90 年代初，随着计划经济向市场经济转型，企业和个人跨行信贷、跨地域交易日益活跃，恶意拖欠和逃废银行债务现象时有发生，建立企业和个人信用信息共享机制，全面把握借款人信用风险，提高信贷资产质量，重建企业和个人信用，成为整个金融系统乃至全社会面临的迫切任务，市场对征信的需求大量出现，现代征信业开始在我国诞生。

改革开放以来，随着国内信用交易的发展和扩大、金融体制改革的深化、对外经济交往的增加、社会信用体系建设的深入推进，我国征信业得到迅速发展，主要可以分为三个阶段，即探索起步阶段（20 世纪 80 年代至 2002 年）、规范发展阶段（2003—2012 年）、发展完善阶段（2013 年至今）。

1. 探索起步阶段（20 世纪 80 年代至 2002 年）

20 世纪 80 年代后期，为适应企业债券发行和管理，中国人民银行批准成立了第一家信用评级公司——上海远东资信评级有限公司。1979—1992 年，信用评级进入了一个以组建信誉评级委员会为基本模式的阶段，评级业务开始逐步走向规范化和制度化。但是，从 1992 年年底至 1996 年年底，随着债券市场的萎缩，评级机构失去了主要的收入来源，发展处于低潮期。1997 年开始，我国市场经济体制确立，债券市场日渐发展起来，评级市场格局也逐渐完善。1997 年，人民银行批准 9 家评级机构从事企业债券信用评级业务资格。同时，为满足涉外商贸往来中的企业信用信息需求，对外经济贸易部计算中心和国际企业征信机构邓白氏公司合作，相互提供中国和外国企业的信用报告。1993 年，专门从事企业征信的新华信国际信息咨询有限公司开始正式对外提供服务。此后，一批专业信用调查中介机构相继出现，征信业的雏形初步显现。

在征信系统建设方面，1992—1995 年，中国人民银行在深圳试点贷款证制度，1996 年面向全国推行。1997 年，开始建设银行信贷登记咨询系统，银行将企业贷款情况报给人民银行，录入信贷登记咨询系统。当企业向其他银行贷款的时候，银行可以到人民银行系统去查询以此来防止多头借贷、防范欺诈等行为。这一系统被业内视为企业征信系统的前身。同年,上海资信公司建立了中国的第一个个人信用征信系统——上海个人信用联合征信系统。1999 年,中国人民银行出台文件《关于开展个人消费信贷指导意见》(银发〔1999〕73 号),个人消费信贷信用登记制度建设工作起步,同年,上海市进行个人征信试点,经中国人民银行批准,上海资信有限公司成立,开始从事个人征信与企业征信服务。1999 年年底,银行信贷登记咨询系统上线运行;2002 年,银行信贷登记咨询系统建成地、省、总行三级数据库,实现全国联网查询。

2. 规范发展阶段(2003—2012 年)

2003 年 9 月,国务院正式公布中国人民银行新"三定"(定职能、定机构、定编制)方案,赋予中国人民银行"管理信贷征信业,推动建立社会信用体系"的职责,批准设立征信管理局。同时,开始推动《征信业管理条例》的起草工作,十六届三中全会也给征信业发展提出了"完善法规、特许经营、商业运作、专业服务"的 16 字要求,形成了良好的制度基础。同年,上海、北京、广东等地率先启动区域社会征信业发展试点,一批地方性征信机构设立并得到迅速发展,部分信用评级机构开始开拓银行间债券市场信用评级等新的信用服务领域,国际知名信用评级机构先后进入中国市场。2004 年,中国人民银行建成全国集中统一的个人信用信息基础数据库。2005 年,银行信贷登记咨询系统升级为全国集中统一的企业信用信息基础数据库。2006 年 3 月,中国人民银行征信中心成立,专门负责企业和个人征信系统的建设、运行和维护,业务由征信管理局指导。2010 年,金融信用信息基础数据库正式对外提供服务。2011 年 2 月,征信系统二代建设工作正式启动。

中国人民银行在加快数据库建设的同时,也加强了制度法规建设。为了保证个人信用信息的合法使用,保护个人的合法权益,在充分征求意见的基础上,中国人民银行制定颁布了《个人信用信息基础数据库管理暂行办法》《个人信用信息基础数据库数据金融机构用户管理办法(暂行)》《个人信用信息基础数据库异议处理规程》等法规;加紧研究建立银行间债券市场和信贷市场资信评级管理制度,出台了《中国人民银行关于加强银行间债券市场信用评级作业管理的通知》《中国人民银行信用评级管理指导意见》《中国人民银行关于报送资信评级机构统计报表的通知》《中国人民银行征信管理局关于加强银行间债券市场信用评级管理的通知》等规范性文件,对建立我国信用服务体系做出了一系列的制度安排。

3. 发展完善阶段(2013 年至今)

近年来,我国征信行业发展开始提速,为规范征信活动,保护当事人合法权益,引导、促进征信业健康发展,推进社会信用体系建设,中国人民银行出台了《征信业管理条例》,并于 2013 年 3 月 15 日起正式施行。《征信业管理条例》明确了中国人民银行为征信业监督管理部门,征信业步入了有法可依的阶段。公共征信方面,目前,中国已建立全球规模最大的征信系统,截至 2021 年 11 月末,金融信用信息基础数据库共收录自然人 11.3 亿人,收录企业和其他组织 8 935.5 万户,2021 年 1 月至 11 月,提供个人信用报告查询服务 32.9 亿次,企业信用报告查询服务 7 961.7 万次。截至 2022 年 2 月末,全国共有 26 个省(区、市)的 136 家企业征信机构在人民银行分支行完成备案。个人征信方面,2018 年 1 月 31 日,中国人民银行向百行征信有限公司发放个人征信牌照,首家市场化个人征信机构正式诞生。

我国是个人口大国，从征信覆盖的人口面和征信系统的数据量看，我国已是全球当之无愧的征信大国。可以预见，随着征信市场化、法治化和科技化的全面推进，随着覆盖全社会征信体系的日益完善，在不远的将来，我国将成为征信强国。在新时代，征信业现代化也将迎来巨大的发展空间。

三、美欧征信体系建设模式及其启示

（一）美国征信体系建设

美国是世界上最早的征信国家之一，其征信业务的突出特点可高度概括为"民营"，美国的征信机构完全采取市场化的第三方独立运行模式，由私人或公司以营利为目的设立征信机构，按照客户的委托，为其提供征信报告和相关咨询服务。美国征信机构提供的信用报告是商品，按照商品交换的原则出售给需求者或委托人。

在企业征信方面，由于法律对上市公司和非上市公司信息披露的要求不同，企业征信的要求也有所不同。法律对上市公司规定了其信息披露范围、内容和时间等，交易客户对上市公司一般无须"信用报告"，但对上市公司通常进行信用评级。信用评级的高低对上市公司的未来发展非常重要，因此，上市公司对自己的信用会受到法律和市场的双重压力。而对非上市公司，法律通常不要求其公开财务报告，征信就显得必要，征信公司可以提供企业概况、企业高管人员相关情况、企业关联交易情况、企业无形资产状况、纳税信息、付款记录、财务状况以及破产记录、犯罪记录、被追债记录等。企业征信机构一般提供 12 个月内的企业信用信息。

在个人征信方面，征信机构对需求者提供信用报告，信用报告可以看作是消费者偿付其债务的历史记录。一般包括：鉴定信息、当前和以往的贷款清单、公共信息。在征集了上述个人信息后，征信机构还要对这些数据进行加工处理和信用评估，最终形成信用产品。征信产品可以销售使用，美国的个人征信机构数量庞大，竞争激烈，出现了并购重组。

在监管方面，美国征信机构以营利为目的，其运作完全市场化，政府和中央银行不干预其日常运作，但必须受相关的法律约束。美国有一套较为完整的规范征信机构、数据的原始提供者以及信用报告使用者等自然人和法人的法律。美国国会于 1971 年制定并于 1997 年修订的公平信用报告，旨在保护所有消费者的基本权利，确保信用报告的准确性。联邦贸易委员会和国家律师总局被授权实施该法案。该法案规定了消费者报告代理机构即信用局、信用报告使用者、信用信息原始提供者的行为准则。到征信机构调用其他人的个人信用资料要得到被调用者的同意或司法部门授权，目的是防止个人信用资料被滥用。

（二）欧洲征信体系建设

从征信法律制度建设情况来看，欧洲各国规范信贷信息登记机构的法律与美国有所不同。一是通过法律来规范。其中有些法律适用于整个欧洲，例如 1998 年建立了《个人数据保护法》，有些是各国自己制定的法律，如比利时、荷兰和希腊等国，制定了专门的法律来规范信贷信息登记机构的运营；二是通过次一级的法律来规范，比如各政府部门制定的部门法规和规章制度等；三是通过次贷机构和信贷信息登记机构之间签署的自愿性行为守则来规范。另外，在欧洲也存在一些与信贷信息登记机构或者信用数据相关的法律法规，包括涉及个人数据、消费者保护、银行保密、保险等方面的法规，这些法规并不针对信贷信息登记机构，但是信贷信息登记机构的业务涉及这些法律法规范畴的，信贷信息登记机构必须遵守。信贷信息登记机构数据库的用户基于互惠原则向信贷数据库提供数据和从数据库分享数据，数据库禁止采集种族、信仰等歧视性数据，法律、法规规定了数据的使用范围，加强了信用评分过程的透明度。《个人数据保护法》指出：立法的目的在于对个人权利的保护，避免其在个人数据征集过程中受到侵犯，提供个人权利保护的法律依据，保证监管机构有法可依。英国作为消费信贷比例比较高的国家，其法律更体现了对消费者的特别保护，1974 年英国《消费信贷法》就体现了保护消费者的立法原则。由于征信系统的建立和运行必然涉及一部分属于个人隐私范畴的内容，在现代社会日益重视对个人隐私保护的背景下，英国《数据保护法》在强调开放各种数据的同时，也特别指出不能滥用数据。

在征集数据模式上，欧洲国家对信用信息征集要求比较严格。在数据征集过程中，英国《数据保护法》规定必须公平合理地取得个人信息，不允许以欺骗手段从数据主体那里取得信息，在采集消费者信息数据时，应当将信息的内容、收集的目的以及信息的来源通知信息数据主体。法国规定，征信机构每次采集个人数据，录入数据库时必须通知数据主体并获得信息提供者书面同意。欧盟法令规定，除非当事人明确同意，不得披露有关种族、民族、政治观念、宗教或哲学信仰、健康等个人信息。同时对征集数据做出如下规定：一是数据收集者必须保证数据的收集和录入过程具有合法性；二是保证数据的征集和录入以正确的方式进行；三是数据必须是准确的，必要时予以更新；四是删除错误或不完整的数据。

（三）经验启示

一是在发展我国的征信体系建设过程中，要高度重视征信方面法律规则的建立和完善。在系统建设、数据征集、数据采集、数据使用等方面，美国、欧洲都有明确的征信法律规定。征信法律制度的建立保障了美国、欧洲信用管理体系的正常运转。我国在信用体系建设过程中政府需要发挥一贯的引导和支持作用，推动信用立法的尽快完成，促进征信数据库的顺利建成，引导信用行业的健康发展，倡导信用宣传教育的大规模开展，保障信用体系建设的妥善完成。

二是应建立高度的社会信用，加强法制建设。我国必须建立严格的失信惩戒法规，修改现行的法律法规，为征信数据的开放和对提供不真实数据者的惩罚做准备，同时，尽快出台征信数据开发和征信数据使用规范的新法案，制定关于数据保密的法律法规，在强制性公开大部分数据源的同时，确定保密范围以及征信数据的经营方式。

三是多种渠道采集企业和个人信用信息。美国信用信息既有从政府网站、政府机构或公共部门、公用事业部门、互联网等公开的信息渠道获得的，也有从银行、信用卡公司、零售企业、租赁商等授信机构提供的消费者信用交易和付款记录中获得的，此外，还有专门从事收集环境违法信息、企业欠税信息的专业化信息服务公司，及有偿采集银行、金融公司、投资者和各种工商企业信息的机构，这些数据经征信公司核实后录入征信数据库。

四、大数据时代征信体系的发展及改革

（一）基于大数据征信的发展现状

我国个人征信从 1999 年起步以来，发展迅速，个人信用信息基础数据库逐步完

善。但是传统个人征信业务的覆盖率仍然较低，中央银行权威数据显示，截至2019年1月底，中国人民银行征信系统收录的9.9亿自然人中只有5.3亿人有信贷记录，信用记录空白的人占比高达46.5%，而这部分自然人也同样有贷款需求。大数据征信的出现一定程度上缓解了信用记录空白人群借款难的问题。私营征信机构不仅与银行、互联网金融等机构合作，也在跨界与电商、媒体、电信运营商、公安和其他公共服务机构共同探索新的征信模式。即使这部分人群在传统银行业未发生过借贷行为，但通过丰富的数据源，依然可以对其进行信用评估。

最先出现且被大众认可的大数据征信机构是"芝麻信用"，此后，市场上的私营征信机构不断涌现，行业竞争日益激烈，监管的缺席使得行业乱象丛生。2015年1月，中国人民银行发布了《关于做好个人征信业务准备工作的通知》，同意8家私营征信机构（芝麻信用、腾讯征信、深圳前海征信、鹏元征信、中诚信征信、中智诚征信、拉卡拉信用、北京华道征信）开展个人征信业务，被视为是中国个人征信体系向商业机构开闸的信号。这8家征信机构非传统意义的综合信用评价机构，大多都携带各自的特定基因，例如"芝麻信用"的基因来自淘宝和支付宝，"腾讯征信"的基因来自QQ和微信等。由于这些机构未能达到市场需求和监管标准，不仅信息覆盖范围有限不利于信息共享，而且依托一个或多个企业创建，不具备第三方征信的独立性，因此这些企业的个人征信业务牌照迟迟未能下发。

2018年3月19日，由中国互联网金融协会牵头，与上述8家征信机构联合设立的百行征信有限公司在深圳成立。百行征信是中国人民银行批准的唯一一家有个人征信业务牌照的市场化个人征信机构，专业从事个人信用信息采集、整理、保存和对外提供信用报告、信用评分、反欺诈等各类征信服务。它的成立体现了"政府+市场"双轮驱动的新型征信模式，是中国人民银行征信的有力补充，对我国普惠金融的实施和社会信用体系的建设影响深远。

（二）大数据征信存在的问题

首先，我国大数据征信仍处于发展初期，尚没有建立相应的监管体系。在爬虫技术日益成熟的今天，用户注册的各种网站、填写的各种信息以及相关的业务数据，都很容易成为被扒取的资源，并被包装成征信数据。此外，电子终端设备中存储的能够间接体现公民更多信息的数据也非常值得关注，如设备中的应用列表，设备可获取的短信、通话记录、通讯录等。信息主体极有可能在未授权或不知情的情况下被采集更多隐私信息，因此，个人信息的采集范围约束应当引起足够重视。

其次，虽然我国个人征信市场规模巨大，私营征信机构趋之若鹜，但我国的征信体系建设起步较晚，各机构的数据收集和存储模式并无统一的行业标准，数据一致性较差。同时，中国人民银行征信中心作为传统征信机构，覆盖的人群较少，且数据维度较为单一，所拥有的个人征信信息远远不能满足当前互联网金融行业的业务增长需要。百行征信的出现促进了信息共享与行业整合，但巨大的市场需求和鱼龙混杂的借贷平台也对大数据征信行业的整合提出了更大的挑战。

再次，目前大数据征信的应用领域主要集中在金融行业的借贷业务，包括小额现金贷、消费金融以及信用卡等，金融信贷业务的应用热潮使得市场缺少拓展大数据征信应用领域的动力，会在一定程度上限制大数据征信的发展。

最后，我国居民信用意识淡薄、征信知识匮乏，对自己的信用及征信的重要性缺乏足够的认识，认为信用是一种可有可无、无关紧要的标签，这既不利于居民个人信用隐私的保护，也不利于个人征信行业的发展。

（三）大数据时代征信体系的改革方向

1. 完善互联网征信法律、法规与相关制度

完善的征信立法成功推动了发达国家征信行业的快速发展，借鉴其经验完善我国征信行业法规，规范信用信息的收集、使用与发布行为，明确信用报告与评估结果的使用范围、使用对象与使用条件，确保信用信息的真实、准确、及时与共享，保护消费者权益。一是完善信息公开与个人权利保护机制，研究制定信用信息保护法、信用信息安全与管理条例、征信业务管理办法与征信信息保护规定等，确保信用信息的披露公开透明，加强信息安全管理，明确国家秘密、商业秘密、个人隐私权与信息公开的关系，规范信息收集使用。二是完善失信惩戒机制，运用道德谴责与经济惩戒打击失信企业和个人，提高其失信成本。对不良记录信用主体，在权威网站公告其资信评估报告、信用信息等，使其难以获得银行贷款、工商注册与正常市场交易；以欺骗手段获取资信调查报告获得利益的，处以刑罚与罚款等。三是完善消费者合法权益保护机制，主要表现在保护消费者隐私权、获得公平信用报告的权利与不受骚扰的权利。

2. 推动征信信息标准化与共享机制建设

我国征信数据主要来源包括人民银行征信中心数据库的基本信贷信息、政府职能部门数据库的公共信用信息平台、工商、税务、社保、住房公积金等信息，行业壁垒强。其他已申请征信业务牌照的征信机构的数据库数据，规模普遍较小。而小贷公司、担保公司、融资租赁公司、保险公司、资产管理公司等非银行类金融机构相关信贷、证券、融资租赁、保险信用等数据尚未全部接入人行征信系统，不同来源征信信息处于独立与分割状态，没有统一的征信评级判断标准，相互间没有建立信用信息共享机制，信用判断差错风险较大。

因此，一要建立国家信用信息采集、分类管理标准与行业标准，规范信息采集与适用范围、采集对象与内容、统一信息基础编码，为信息共享提供技术支持与规范。二要鼓励互联网金融知名企业制定自身的信用信息标准，管理部门在制定行业标准时可借鉴以上企业标准，规范提升国家标准的科学性与客观性，推动征信业的规范发展。三是将分散于公用事业、工商、税务、司法、银行、证券、保险等信用数据接入人民银行征信系统，实现更大范围内国家基础信用数据库信息的共享。

3. 加强信息主体征信权益保护

随着网络信用信息的广泛采集和应用，较易侵犯公司商业秘密和个人隐私，对信息主体权益造成损害，需要健全信息主体权益保护机制。可通过建立多渠道的信用信息保护机制、信用信息安全管理机制、信用信息救济机制、信用信息异议处理和侵权责任追究机制，加大征信普法、宣传与培训力度，教育信息主体合法维护自身权益。大力发展电子身份认证、电子签名、生物识别、访问控制等安全服务，保障重要信息系统和信用信息安全。

4. 加强大数据征信监督管理体系建设

一是根据大数据征信特点建立相应监督管理体系，重点加强市场交易行为标准与行为要素的监管，由现场监管转向行为监管。二是加强互联网技术支撑，实施网上全流程监管，重视云计算、大数据、区块链、量化研究等技术在征信监管中的应用。三

是全面建设失信惩戒机制，行政、金融、税务、司法等机构加强信用信息共享，健全信用信息共享制度、黑名单制度、失信信息披露制度与联合惩戒机制，限制失信者享受某些公共服务，追究严重失信者民事与刑事责任，提升失信者违约成本。四是培育专业化的征信中介机构满足多元化监管需求。互联网时代数据爆发式增长催生了专业化征信中介机构的发展，如百度、腾讯与阿里巴巴等互联网企业开展的数据分析、量化研究与信用评价服务。

本章小结

1. 信用与商品货币一样，是一个历史的经济范畴。信用是一种以还本和付息为条件的借贷行为。借贷的对象可以是商品、劳务、货币或某种金融要求权（如股票或债券）。信用或债务通常发生于经济和金融上的交易中。

2. 信用是在私有制和商品交换的基础上产生的。信用的发展主要经历了高利贷信用阶段、资本主义信用阶段和社会主义信用阶段三个阶段。在前资本主义社会的经济生活中，高利贷是占统治地位的信用形式。极高的利率是高利贷最明显的特征。

3. 信用与金融是两个既有联系又有区别的概念。两者的区别首先表现在产生时间上，信用产生于原始社会末期，金融则是在资本主义条件下，信用得到相当程度发展后才诞生的。

4. 现代信用活动的基础是现代经济运行过程中的盈余单位和赤字单位的存在。一个国家信用关系的主体有四类：厂商、金融机构、政府机构和居民家庭。

5. 现代信用形式是各种具体信贷关系特征的体现。根据信用主体的不同，信用主要有商业信用、银行信用、国家信用、消费信用、国际信用、民间信用六种基本形式。商业信用和银行信用处于主导地位，而银行信用则是现代信用形式中最主要的信用形式。其他各种信用形式都直接或间接地与这两种信用有关。

6. 信用工具一般是指金融工具，资金缺乏部门向资金盈余部门借入资金，或发行者向投资者筹措资金时，依一定格式做成的书面文件，上面确定债务人的义务和债权人的权利，是具有法律效力的契约。信用工具的特点：收益性、风险性、流动性以及偿还性。信用工具可以从不同角度进行划分：按形式可分为商业信用工具、国家信用工具、银行信用工具、社会信用工具和股份信用工具；按期限划分，可分为长期、短期和不定期信用工具。

7. 未来经济是以信用为基础的经济，信用的作用将在各个方面发挥着影响，甚至在一些交易中起到决定性的作用。因此建立一个完善、系统的征信体系对于我国经济的发展具有非常重要的意义。

8. 现代金融体系的运转，离不开信用生态的支撑。征信作为信用生态体系中的重要环节，在数据与应用之间发挥着桥梁纽带作用。从1932年第一家征信机构——"中华征信所"诞生算起，现代征信业在我国也已有90年的历史。但从改革开放开始，中国征信业才进入了真正的发展阶段。

9. 大数据时代降低了信用信息获取成本，提高了信息的完整性、规模化积聚与处理效率，为征信体系的规范发展奠定了基础。未来，我们要完善互联网征信法律、法规与相关制度、全面推动征信信息标准化与共享机制建设、加强信息主体征信权益保护，以及加强大数据征信监督管理体系建设。

重要概念

信用　信用经济　高利贷　金融　盈余　赤字　债权　债务　商业信用
银行信用　国家信用　消费信用　国际信用　出口信贷　征信

核心参考文献

[1] 弗雷德里克·S. 米什金. 货币金融学 [M]. 12 版. 王芳，译. 北京：中国人民大学出版社，2021.

[2] 中国人民银行征信管理局. 现代征信学 [M]. 北京：中国金融出版社，2015.

[3] 中国人民银行征信中心网站：www.pbccrc.org.cn。

[4] 熊治东. 中国共产党对社会信用的百年探索与基本经验 [J]. 征信，2021（7）：5-11.

[5] 杨亚仙，庞文静. 我国大数据征信行业的发展现状、问题与对策 [J]. 征信，2020（2）：49-52.

[6] 中国人民银行《中国征信业发展报告》编写组. 征信业发展报告（2003—2013）[R]. 北京：中国人民银行，2013.

[7] 黄余送. 全球视野下征信行业发展模式比较及启示 [J]. 经济社会体制比较，2013（3）：57-64.

[8] 周园，许辉. 基于大数据视角的我国互联网征信体系重构 [J]. 广东经济，2020（7）：70-75.

[9] 中共中央办公厅，国务院办公厅. 关于推进社会信用体系建设高质量发展促进形成新发展格局的意见 [R]. 北京：中共中央办公厅、国务院办公厅，2022.

[10] 中国人民银行. 征信业务管理办法 [R]. 北京：中国人民银行，2022.

[11] BECK T, DEMIRGUC-KUNT A, MARTINEZ PERIA M. Banking services for everyone? barriers to bank access and use around the world [J]. The World Bank Economic Review, 2008, 22 (3).

[12] CATERINA GIANNETTIA, NICOLA JENTZSCH. Credit reporting, financial intermediation and identification systems：International evidence [J]. Journal of International Money and Finance, 2013 (33)：60-80.

复习思考题

1. 单项选择题

（1）商业信用是企业之间由于（　　）而相互提供的信用。

A. 生产联系　　　　B. 产品调剂　　　　C. 物质交换　　　　D. 商品交易

（2）信用的基本特征是（　　）。

A. 无条件的价值单方面让渡　　　　　　B. 以偿还为条件的价值单方面转移

C. 无偿的赠与或援助　　　　　　　　　D. 平等的价值交换

（3）以金融机构为媒介的信用是（　　）。

A. 银行信用　　　B. 消费信用　　　C. 商业信用　　　D. 国家信用

（4）下列经济行为中属于间接融资的是（　　）。

A. 公司之间的货币借贷　　　　　　B. 国家发行公债

C. 商品赊销　　　　　　　　　　　D. 银行发放贷款

（5）下列经济行为中属于直接融资的是（　　）。

A. 票据贴现　　　　　　　　　　　B. 开出商业本票

C. 发行金融债券　　　　　　　　　D. 银行的存贷款业务

（6）工商企业之间以赊销方式提供的信用是（　　）。

A. 商业信用　　　B. 银行信用　　　C. 消费信用　　　D. 国家信用

（7）货币运动与信用活动相互渗透相互连接所形成的新范畴是（　　）。

A. 信用货币　　　B. 证券　　　C. 金融　　　D. 金融市场

（8）现代经济中，信用活动与货币运动紧密相联，信用的扩张意味着货币供给的（　　）。

A. 增加　　　　　B. 减少　　　　　C. 不变　　　　　D. 不确定

（9）典型的商业信用（　　）。

A. 只是唯一的商品买卖行为

B. 只是唯一的货币借贷行为

C. 是商品买卖行为与商品借贷行为的统一

D. 是商品买卖行为与货币借贷行为的统一

（10）商业票据必须经过（　　）才能转让流通。

A. 承兑　　　　　B. 背书　　　　　C. 提示　　　　　D. 追索

（11）个人获得住房贷款属于（　　）。

A. 商业信用　　　B. 消费信用　　　C. 国家信用　　　D. 补偿贸易

（12）国家信用的主要工具是（　　）。

A. 政府债券　　　B. 银行贷款　　　C. 银行透支　　　D. 发行银行券

2. 多项选择题

（1）国家信用的主要形式有（　　）。

A. 发行国家公债　　　　　　　　　B. 发行国库券

C. 发行专项债券　　　　　　　　　D. 银行透支或借款

E. 发行银行券

（2）现代信用形式中两种最基本的形式是（　　）。

A. 商业信用　　　B. 国家信用　　　C. 消费信用　　　D. 银行信用

E. 民间信用

（3）下列属于消费信用范畴的有（　　）。

A. 企业将商品赊卖给个人　　　　　B. 个人获得住房贷款

C. 个人持信用卡到指定商店购物　　D. 个人借款从事经营活动

E. 企业将商品赊卖给另一家企业

（4）下列属于直接融资的信用工具包括（　　）。

A. 大额可转让定期存单　　　　　　B. 股票

C. 国库券   D. 商业票据

E. 金融债券

（5）下列属于间接融资的信用工具包括（　　　）。

A. 企业债券   B. 定期存单   C. 国库券   D. 商业票据

E. 金融债券

（6）银行信用的特点包括（　　　）。

A. 买卖行为与借贷行为的统一   B. 以金融机构为媒介

C. 属于直接信用形式   D. 借贷的对象是处于货币形态的资金

E. 属于间接信用形式

（7）信用行为的基本特点包括（　　　）。

A. 以收回为条件的付出   B. 贷者有权获得利息

C. 无偿的赠与或援助   D. 平等的价值交换

E. 极高的利率水平

（8）金融是由（　　　）两个范畴相互渗透所形成的新范畴。

A. 货币   B. 利率   C. 证券   D. 信用

E. 商品

3. 判断题

（1）直接融资与间接融资的区别在于债权债务关系的形成方式不同。　（　　）

（2）商业信用已成为现代经济中最基本的占主导地位的信用形式。　（　　）

（3）在间接融资中，资金供求双方并不形成直接的债权和债务关系，而是分别与金融机构形成债权债务关系。　（　　）

（4）就我国目前现状而言，作为一个整体，居民个人是我国金融市场上货币资金的主要供给者。　（　　）

（5）直接融资中的信用风险是由金融机构来承担的。　（　　）

（6）信用是价值单方面的转移，是价值运动的特殊形式。　（　　）

（7）从借贷的内容来看，最早的信用是货币信用。　（　　）

（8）商业信用的具体形式有赊销、赊购、银行汇票及预付货款。　（　　）

4. 简答题

（1）简述商业信用与银行信用的区别。

（2）简述商业信用的作用与局限性。

（3）简述消费信用的特点、积极作用与消极作用。

（4）简述信用工具及其特点。

（5）信用有哪些经济职能？

5. 论述题

（1）为什么说信用在促进商品货币经济高速发展的同时，也会使经济危机发生的可能性增大？

（2）为什么说现代经济是信用经济？

（3）请根据当前的金融科技发展的趋势分析大数据时代我国征信体系建设的改革方向和发展路径。

第四章

利息与利率制度

■**学习目的**

通过本章的学习，你应该能够：
（1）明确利息、利率、现值和终值的涵义及其计算；
（2）掌握利率的分类及其经济杠杆功能；
（3）理解利率决定相关理论和利率的风险结构、期限结构；
（4）了解利率市场化及我国利率制度改革。

利息是与信用相伴随的经济范畴，利息水平的高低是通过利率来反映的。利率是市场经济条件下经济行为主体日常经营过程中所要面对的重要市场信号。利率水平作为资金的价格，其高低对整个经济生活有重要的影响。

第一节　利息的来源与本质

一、利息的来源与本质

利息（interest）是指债权人于借贷期满后收回资金中超过本金的差额部分。在借贷过程中，债权人作为资本的所有者，仅仅让渡资本的使用权，并索要利息报酬。因此，在现代西方经济学中，利息被视为让渡资本使用权而索要的补偿。值得指出的是，将资本贷放出去进行投资而获得利息收益的情形非常普遍，也被视为理所当然。而现实中，投资可以采取除了贷放资本以外的多种形式，也可以带来各种各样的投资收益，由于利息的观念如此普遍，因此，利息也泛化成了收益的代表，即不论是否由借贷资本带来的利息形式的收益，一定程度上，都当成利息看待。

现代社会将贷出货币收取利息视为正常的事情，货币因贷放而增值也深深植根于现代经济观念中。我国历史上，对利息也一直采取肯定的态度。但在西方中世纪时期，利息被认为是不合理的，因而有偿借贷都被视为高利贷而受到禁止。英国古典政治经济学的代表人物亚当·斯密则提出了"利息剩余价值学说",指出利息具有双重来源:其一,当借贷的资本用于生产时,利息来源于利润;其二,当借贷的资本用于消费时,利息来源于别的收入,如地租等,从而为马克思关于利息本质的分析奠定了基础。利息的存在,使人们产生这样一种观念:货币可以自我增值。如何解释利息的来源或者说利息的实质,成为理解利息的首要问题。

关于利息的学说很多,我们在此介绍庞巴维克的时差利息学说和马克思的剩余价值利息学说。

庞巴维克是奥地利的经济学家,他最早提出时差利息论。庞巴维克认为,利息是由现在物品与未来物品之间在价值上的差别所产生的。一般情况下,对于现在时间点上的具有一定质量、一定数量的商品而言,消费者可以做出两种选择,一种是现在消费,另一种是推迟消费。而现在消费可以给消费者带来消费这一商品所产生的享受,而现在不消费,消费者只能推迟其享受。对于一般消费者而言,消费时间点越是提前,越能给他带来消费的满足感。而对于同样的商品而言,消费者做出的两种选择是不对等的,即消费者不可能推迟消费。那么,他现在做出了推迟消费的决策,说明推迟了的消费与现在的消费所带来的享受是不相同的,这就必须使他在未来消费中除了消费前面的商品外,还要有贴水,即还要有额外的消费。否则,这两种选择无法对等。这一额外的消费,就成为消费者暂时让渡某一商品或某一货币给他带来的利息。所以,利息是时间偏好的产物。庞巴维克的时差利息论,承袭了古典经济学关于流动偏好的理论,并成为现代西方经济学中最具代表性的利息理论。

马克思对利息有深刻的分析。马克思针对资本主义经济中的利息指出:"贷出者和借入者双方都是把同一货币额作为资本支出的。但它只有在后者手中才执行资本的职能。同一货币额作为资本对两个人来说取得了双重的存在,这并不会使利润增加一倍。它之所以能对双方都作为资本执行职能,只是由于利润的分割。其中归贷出者的部分叫做利息。"马克思认为,利息的实质是利润的一部分,是剩余价值的特殊转化形式。马克思的利息学说来源于古典经济学理论。亚当·斯密在《国民财富的性质和原因的研究》中指出:"以资本贷出取息,实无异于由出借人以一定的年产物让与借用人。但作为报答这种让与,借用人须在借用期内,每年以较小部分的年产物,让与出借人,称作利息;在借期满后,又以相等于原来由出借人让给他的那部分年产物,让与出借人,称做还本。"利息是信用关系成立的条件,利息的存在使信用关系得以产生、发展、壮大,从而促进了社会经济的发展。马克思针对资本主义经济中的利息曾有深刻的剖析,他认为利息直接来源于利润,是利润的一部分。在马克思看来,利润的本质是剩余价值,因此,利息是对剩余价值的分割,体现着货币资本家、产业资本家对雇佣工人的剥削。

二、利息转化为收益的一般形态

在现实生活中,利息已经被人们看作是收益的一般形态,即无论贷出资金与否,利息都被看作资金所有者理所当然的收入,同时无论借入资金与否,生产经营者也总是把自己的利润分为利息与企业主收入两部分,似乎只有扣除利息所余下的利润才是经营所得。其原因主要有:

(1) 在借贷关系中利息是资本所有权的果实的观念被广而化之。

(2) 利息虽然就其实质来说是利润的一部分,但由于它是个事先极其确定的量,其大小制约着企业主收入，用它来衡量收益，并以之表现收益的观念顺理成章了。

（3）在于利息的悠久历史，货币可以提供利息成为传统的认识。

利息转化为收益的一般形态，这种转化的主要作用在于导致了收益的资本化，收益的资本化是指任何有收益的事物，都可以通过收益与利率的对比倒算出它相当于多大的资本金额。使一些本身无内在规律可以决定其资本金数量的事物，也能从收益、利率、本金三者的关系中套算出资本金额或价格：

$$收益（B）= 本金（P）\times 利率（r）$$

如果知道收益和利率，就可以利用这个公式套算出本金，也就是：

$$B = P \times r$$

$$P = B/r$$

这样，有些本身不存在一种内在规律可以决定其相当于多大资本的实物，也可取得一定的资本价格，如土地。有些本来不是资本的东西也因此可以视为资本，如人力资本与工资。收益资本化在经济生活中被广泛地应用，在有价证券价格形成中更突出地发挥作用。例如：地价＝土地年收益/年利率；人力资本价格＝年薪/年利率；有价证券的价格＝证券收益/市场利率。

第二节　利息的计算

一、利息计算方法

（一）单利法
单利是指单纯按本金计算出来的利息。

单利法是指按单利计算利息的方法，即在计息时只按本金计算利息，不将利息额加入本金一并计算的方法。用单利法计算时，其本利和的计算公式为

$$利息（I）= 本金（P）\times 利率（r）\times 期限（n）$$

$$本利和 S = P(1 + n \times r)$$

（二）复利法
复利是单利的对称，是指将按本金计算出来的利息额再加入本金，一并计算出来的利息。

复利法是指按复利计算利息的方法，即在计息时把按本金计算出来的利息再加入本金，一并计算利息的方法。其本利和公式为

$$S = P(1 + r)^n$$

式中，n 代表期数。由于复利计息的本金高于单利计息的本金，到期限时，无论是总利息或是本息和，复利计息都高于单利计息。

【例1】一笔借贷期限为3年，年利息率为5%的10万元贷款，请计算单利和复利两种计息方式下利息差额是多少？

（1）若按单利计算：

$I = 100\,000 \times 3 \times 5\% = 15\,000$ （元）

$S = 100\,000 \times (1 + 3 \times 5\%) = 115\,000$ （元）

（2）若按复利计算：

$$S = 100\ 000 \times (1 + 5\%)^3 = 115\ 762.5(元)$$

$$I = 115\ 762.5 - 100\ 000 = 15\ 762.5\ (元)$$

可见，按复利计息，比单利计算多得利息 762.5 元。

上述例题所用复利计息采用的是每年计息一次的方法。实际计算时，可能采用每半年一次或者每月一次甚至是每日一次的复利计算方式，这样的复利称为连续复利。

二、现值与终值

现值是未来某一时点上的一定量资金折算到现在所对应的金额，记作 P。终值又称将来值，是现在一定量的资金折算到未来某一时点所对应的金额，通常记作 S。

现值和终值是一定量资金在前后两个不同时点上对应的价值，其差额即为资金的时间价值。现实生活中计算利息时所称本金、本利和的概念相当于资金时间价值理论中的现值和终值，利率（用 r 表示）可视为资金时间价值的一种具体表现；现值和终值对应的时点之间可以划分为 n 期（$n \geq 1$），相当于计息期。

（一）单利现值和终值的计算

1. 单利现值

$$P = S/(1 + n \times r)$$

式中，$1/(1 + n \times r)$ 为单利现值系数。

2. 单利终值

$$S = P(1 + n \times r)$$

式中，$(1 + n \times r)$ 为单利终值系数。

（二）复利现值和终值的计算

复利计算方法是每经过一个计息期，要将该期所派生的利息加入本金再计算利息，逐期滚动计算，俗称"利滚利"。这里所说的计息期，是相邻两次计息的间隔，如年、月、日等。除非特别说明，计息期一般为一年。

1. 复利现值

$$P = S/(1 + r)^n$$

式中，$1/(1 + r)^n$ 为复利现值系数，n 为计息期。

2. 复利终值

$$S = P(1 + r)^n$$

式中，$(1 + r)^n$ 为复利终值系数，n 为计息期。

由以上公式可看出，决定终值的大小有三个主要因素，那就是本金（现值）、利率和投资期的长度。一般而言，本金越多、利率越高、投资期越长，其终值就越大。

现实生活中，不同国家、不同地区、不同部门单位采用的利息计算方法也不尽相同。

（三）收益现值法

收益现值法（present earning value method）又称收益还原法、收益资本金化法，是指通过估算被评估资产的未来预期收益并折算成现值，借以确定被评估资产价值的一种资产评估方法。从资产购买者的角度出发，购买一项资产所付的代价不应高于该项资产或具有相似风险因素的同类资产未来收益的现值。

（四）年金

年金（annuity）是指在某一定时期内一系列相等金额的收付款项或者现金流。年金一般可以分为即时年金与普通年金。

1. 即时年金，即先付年金，就是从即刻开始就发生一系列等额现金流，如零存整取、购买养老保险等都是即时年金。

2. 普通年金，即后付年金，就是在现值的期末才开始一系列均等的现金流，就是普通年金。

3. 年金的终值与现值

（1）年金终值

年金终值是指一系列均等的现金流在未来一段时间的本息总额。

①即时年金终值的计算

假设即时年金为 A，利率为 i，年限为 n，每年计息一次，则即时年金终值的计算公式如下：

$$F = A \cdot \frac{(1+i)\left[1-(1+i)^n\right]}{1-(1+i)} = A \cdot \frac{(1+i)\left[(1+i)^n - 1\right]}{i}$$

②普通年金终值计算

即时年金的每笔现金流比普通年金要多获得一年的利息，因此，即时年金的终值为普通年金终值的 $(1+i)$ 倍，即时年金的终值除以 $(1+i)$ 就可以得到普通年金的终值。因此，普通年金的终值计算公式为

$$F = A \cdot \frac{(1+i)^n - 1}{i}$$

（2）年金现值

年金现值就是指一定时期内每期收付款项的复利现值之和。

①普通年金的现值计算

普通年金的现值是指一定时期内每期期末收付款项的复利现值之和。

设普通年金为 A，年利率为 i，年限为 n，每年计息一次，则这一系列未来年金的现值计算的公式为

$$P = A \cdot \left[\left(\frac{1}{1+i}\right) + \left(\frac{1}{1+i}\right)^2 + \left(\frac{1}{1+i}\right)^3 + \cdots + \left(\frac{1}{1+i}\right)^n\right]$$

这是一个等比数列，公比为 $1/(1+i)$，可以运用等比数列求和公式得到：

$$P = A \cdot \frac{1-(1+i)^{-n}}{i}$$

式中，$\dfrac{1-(1+i)^{-n}}{i}$ 被称为年金现值系数，记为 $(P/A, i, n)$，可以通过计算得出，也可以通过年金现值系数表查到。

②即时年金的现值计算

即时年金的现值是指一定时期内每期期初等额收付款项的复利现值之和。即时年金的现值计算公式如下：

$$P = A + \frac{A}{(1+i)} + \frac{A}{(1+i)^2} + \frac{A}{(1+i)^3} + \cdots + \frac{A}{(1+i)^{n-1}}$$

$$P = A \times \frac{1 - (1 + i)^{-n}}{i} \times (1 + i) = A \cdot \left[\frac{1 - (1 + i)^{-(n-1)}}{i} + 1 \right]$$

$$= A \cdot \left[(P/A, \ i, \ n - 1) + 1 \right]$$

三、债券收益率计算

收益率又称回报率，从本质上讲，收益率实质上就是利率，有的收益率直接表现为利率（如存款）。

（一）收益率

无论是何种金融资产，收益率都由两个部分构成：第一是当期收益率，即每年的利息收入与证券购买价格的比率。第二部分是资本利得，即债券价格变动相对于购进价格的比率。其计算公式为

$$R = \frac{C}{P_t} + \frac{P_{t+1} - P_t}{P_t}$$

式中：C 为该债券每年定期支付的利息；P_t 为债券的购买价格；P_{t+1} 为债券的售出价格。

（二）到期收益率

在债券的各种收益率中，最重要的是到期收益率（yield to mature，标为 y_{TM}），因为其最符合利率的概念。到期收益率是在持有期到期条件下债券投资资金的年增值率，是债券买方将债券持有到期必然实现的收益率。

对于到期一次付息的债券，到期收益率为

$$\sum_{i=1}^{T} \frac{C}{(1 + y_{TM})^i} + \frac{FV}{(1 + y_{TM})^T} - P = 0$$

式中：C 为该债券每年定期支付的利息；P 为债券的购买价格；FV 为到期应该支付的面值；y_{TM} 为该债券的到期收益率；T 为该债券的到期年限。

在已知 C、P、FV 和 T 的情况下，就可以计算出该债券的到期年收益率 y_{TM}。

（三）持有期收益率

持有期收益率（holding period yield，标为 y_{HP}）是在到期前转让时的债券年增值率。持有期不超过 1 年的债券，其持有期收益率计算公式如下：

$$\sum_{i=1}^{t} \frac{C}{(1 + y_{HP})^i} + \frac{Pt}{(1 + y_{HP})^t} - P = 0$$

式中：P_t 为证券的出售价格；t 为持有债券的年限；y_{HP} 表示该债券的持有期收益率。

其他符号的意义同到期收益率计算公式。在已知 P、C、P_t 和 t 的情况下，就可以计算出该债券的持有期年收益率 y_{HP}。

【例2】某公司在期初以 96 元的市场价格购买了面值为 100 元、每年支付 8 元利息的企业债券，该公司在持有期内共得到了 8 元的利息支付，最后以 101 元的价格将该债券出售，试计算债券的利率、该公司投资该债券的当前收益率、资本利得率和总收益率。

（1）当期收益率 = 8÷96 = 8.33%

（2）资本利得率 = （101−96）÷96 = 5.21%

（3）总收益率 = 8.33% + 5.21% = 13.54%

第三节　利率分类与功能

一、利率的涵义

利率（interest rate）就是利息率，是指借贷期间所形成的利息额与本金的比率。用公式表示为

$$利率＝利息/本金$$

利率是有时间概念的，是一定时期内的利息额与本金之比。因此，利率可表示为年利率、月利率和日利率。年利率是以年为时间单位计算利息，用百分之几来表示；月利率是以月为时间单位计算利息，用千分之几来表示；日利率，习惯叫"拆息"，是以日为单位计算利率，用万分之几来表示。在实际生活中，利率通常用年利率表示。年利率、月利率和日利率之间的关系是：

$$日利率×30＝月利率　　或：月利率÷30＝日利率$$
$$月利率×12＝年利率　　或：年利率÷12＝月利率$$

在传统的习惯中，有用"厘"和"分"表示利息的习惯。不论是年息、月息、拆息都可以用"厘"作单位，但意义不同。

现实生活中，利率的形式和种类极其繁多，如银行存贷款利率、同业拆借利率、债券利率等，而每一种利率又有多种细分，如仅就我国目前的国债利率中的回购利率而言，按交易主体不同可分为央行公开市场业务、银行之间、交易所的国债回购利率，而银行之间的国债回购利率按期限又分为 1、2、3、4、7、14、21 天回购利率，1、2、3、4、6 月回购利率，1 年回购利率等。这些不同的利率，既相互区别又存在错综复杂的相互影响。

二、利率的分类

一般我们根据不同的标准对利率进行如下分类：

（一）实际利率和名义利率

在借贷期间内，可能会出现物价水平的波动，从而导致借贷本金和利息实际价值的变化，由此需要区分名义利率和实际利率。名义利率是指不考虑物价水平变动时的利率，实际利率指剔除物价变动，在货币购买力不变条件下的利率。

用 π（$\pi>0$，<0 或 $=0$）表示物价变动率，可以得到实际利率 r_t 和名义利率 r_n 的关系式为

$$r_t=\frac{1+r_n}{1+\pi}-1 \qquad (\pi>0, <0 \text{ 或 } =0)$$

对上式进一步变形可得 $1+r_t+\pi+\pi \cdot r_t=1+r_n$

这是一种比较精确的计算方法。

当 r_t 和 π 的绝对值较小时，$\pi \cdot r_t \approx 0$，实际利率 r_t 与名义利率 r_n 的关系可以粗略表示为

$$r_t=r_n-\pi$$

因为 π 可能大于、小于或等于 0，所以，实际利率可能低于、高于或等于名义利率，这取决于借贷期内物价上涨、下跌还是不变。对于借贷双方而言，实际利率比名义利率更有意义。如果名义利率不变，借贷期间物价下跌，则实际利率高于名义利率，这对贷方有利而对借方不利。反之，如果名义利率不变，借贷期间物价上涨，则实际利率低于名义利率，这对借方有利而对贷方不利；当物价上涨率高于名义利率时，实际利率甚至为负，即贷方不仅没有获得任何实际上的利息收益，反而连本金也没有实际足额收回。

例如，在某笔借贷活动中，某人年初贷出本金 100 万元，年末收回本金和利息共 110 万元，则年利率为 10%，但是，这里的 10% 并没有考虑借贷期内是否有物价变动，所以是名义利率。如果该年的通货膨胀率为 6%，则年末收回的本利和 110 万元，按不变价格计算，只相当于年初的 103.8 万元（110÷1.06≈103.8），所以，扣除物价变动因素之后，实际利率为 3.8%。

（二）市场利率、官定利率和行业利率

市场利率与官定利率是依据利率是否按市场规律自由变动作为标准进行划分的。随市场供求而自由变动的利率称为市场利率或自由利率。由政府金融管理部门或者中央银行制定的利率，称为官定利率，也称管制利率或法定利率。官定利率是政府干预经济的一种手段，具有强制执行效应。由非官方的民间金融组织，如银行业公会等制定的行业自律性质的利率，称为行业利率，也称公定利率。行业利率对于维护业内的公平竞争有一定的意义，但对其行业成员没有强制约束力。

（三）固定利率和浮动利率

借贷期限内不做调整的利率，称为固定利率。这种计息方式较传统，其优点是计息简单。但是，对于较长期限的借贷而言，由于利率不能随着物价水平和金融市场状况的变动而调整，如果借贷期间内物价上涨或市场利率上升意味着债权人蒙受损失；反之则意味着债务人的损失。固定的利率水平与市场利率水平的差异越大，物价波动越剧烈，债权人或债务人的损失也越大。由于这种损失事先无法预计，较长期限的借贷采用固定利率计息的风险也较高。所以，固定利率计息往往不适合中长期借贷。

借贷期限内可定期调整的利率，称为浮动利率。一般由借贷双方协定，在规定的时间内根据某种参考利率而定期调整，这样的计息安排意味着该笔贷款利率总能接近市场利率水平。浮动利率能较好地解决长期借贷的借贷双方利率风险问题，但因其手续和计算繁杂，一般只用于 3 年以上的借贷以及国际金融市场上的借贷。

（四）基准利率与同业拆借利率

按照利率的作用不同，可以将利率划分为基准利率和同业拆借利率。

基准利率（benchmark interest rate），是指在多种利率并存的情况下，起决定作用的利率。基准利率变动时，其他利率水平也会相应变动。因此，观察这种关键性利率水平的变化趋势，也就大致找到了利率体系的变化趋势。在美国的金融市场上，联邦基金利率是其基准利率；在我国，中央银行对各金融机构的存贷款利率是利率体系中的基准利率。

同业拆借利率是指在同业拆借市场上，各金融机构之间提供短期融资时使用的利率。这种融资往往是为了弥补头寸的不足，因而期限较短。同业拆借利率是市场上波动最为剧烈，同时又最能反映货币市场资金供求情况的指标。根据这个指标，中央银行

可以判断资金供求关系，同时相应的调整法定利率或者采取公开市场操作影响宏观经济。

在现代金融理论中，市场表现的各种利率水平被分解为

$$利率 = 资金的纯时间价值 + 风险补偿$$

其中，资金的纯时间价值，是指投资于无风险资产时的利率水平，即无风险利率；而风险补偿指投资于有风险资产时，与风险相匹配的超额收益，也称为风险溢价。在市场利率环境中，无风险利率水平发生变化时，会带动其他有风险资产的利率水平发生变化，因此，无风险利率代表着基准利率。

三、利率的经济杠杆功能

利率是重要的经济杠杆，它对宏观经济运行与微观经济运行都有着极其重要的调节作用。利率杠杆的功能可以分为宏观与微观两个方面。

（一）宏观调节功能

（1）积累资金。资金总是第一大短缺要素。通过利率杠杆来聚集资金，就可以收到在中央银行不扩大货币供给的条件下，全社会的可用货币资金总量也能增加的效应。

（2）调节宏观经济。利率调高，一方面是拥有闲置货币资金的所有者受利益诱导将其存入银行等金融机构，使全社会的资金来源增加；另一方面，借款人因利率调高而需多付利息，成本也相应增加，从而促使全社会的生产要素产生优化配置效应。国家利用利率杠杆，在资金供求缺口比较大时（资金供给<资金需求），为促使二者平衡，就采取调高存贷款利率的措施，在增加资金供给的同时抑制资金需求。运用利率杠杆，还可以调节国民经济结构。

（3）媒介货币向资本转化。利率的存在与变动能够把部分现实流通中的货币转化为积蓄性货币，能够把消费货币变成生产建设资金，同时推迟现实购买力的实现。

（4）调节收入分配。利息的存在及其上下浮动，会引起国民收入分配比例的改变，从而调节国家与人民、国家财政与企业的利益关系以及中央财政与地方财政的分配关系。

（二）微观调节功能

利率作为利息的相对指标影响了各市场主体的收益或成本，进而影响其市场行为。利率杠杆的微观功能主要表现在如下两个方面：

（1）激励功能。利息对存款人来说，是一种增加收入的渠道，高的存款利率往往可以吸收较多的社会资金；利息对于借款人来说，为减轻利息负担，增加利润，企业就会尽可能地减少借款，通过加速资金周转，提高资金使用效益等途径，按期或提前归还借款。

（2）约束功能。利率调高会使企业成本增大，从而使那些处于盈亏边缘的企业走进亏损行列，这样，企业可能会做出不再借款的选择，其他企业也会压缩资金需求，减少借款规模，而且会更谨慎地使用资金。

如何有效发挥利率杠杆的功能，必须具备一定的经济条件，如稳定的货币环境、发育健全的金融市场以及银行和企业都必须是产权清晰、独立核算、自主经营、自负盈亏的现代企业。

第四节　利率理论

一、利率决定理论

利率的决定受各种因素的影响，但究竟是哪些因素在影响利率，以及如何影响，经济学界的看法并不完全一致。在此仅分别介绍其中重要的理论观点。

（一）马克思的利率决定理论

马克思的利率决定论是以剩余价值在不同资本家间的分割为起点的。马克思认为，利息是贷出资本的资本家从借入资本的资本家那儿分割来的一部分剩余价值，剩余价值表现为利润，利息的多少则取决于利润总额，利率取决于平均利润率。因此，利息只是利润的一部分，利润本身就是利息的最高界限。同时利息也不可以为零，否则借贷资本家就不会把资本贷出。换言之，利率的变化范围在零与平均利润率之间，至于具体定位何处，马克思认为这取决于借贷双方的竞争，即借贷资金的供求关系，也取决于传统习惯、法律规定等因素。

但是，在特定经济情况下，利率水平也有可能打破常规，出现等于或高于平均利润率和等于或低于零的情况。例如，在严重经济危机之时，由于商品过剩、销售困难而导致职能资本家到期债务无力清偿的风险，此时职能资本家有可能不得不接受由于借贷资本供求矛盾尖锐而导致的等于或高于平均利润率的现实。另外，在当今某些负有特殊责任的金融机构，如国际开发协会，专门向一些特殊地区或行业提供一些不收息的贷款，此时利率等于零。还有瑞士在20世纪六七十年代为遏制大量资本内流而导致的通货膨胀，对非居民存款采取不但不付息反而倒收费用的政策，此时利率低于零。

（二）西方利率决定理论

西方经济学中关于利率决定的理论都是着眼于利率变动取决于借贷资本怎样的供求对比。经过几百年的发展，已经相当成熟，形成多种理论互相争鸣和互相取长补短。

1. 古典利率决定理论

传统经济学中的利率理论称为古典利率决定理论，该理论的主要倡导者为奥地利经济学家庞巴维克、英国经济学家马歇尔和美国经济学家费雪。

古典利率决定理论强调非货币的实物因素在利率决定中的作用，实物因素主要是储蓄和投资。投资量随利率的提高而减少，储蓄量随利率的提高而增加，投资量是利率的递减函数，储蓄量是利率的递增函数，利率的变化取决于投资量与储蓄量的均衡。

古典利率决定理论认为，利率决定于储蓄与投资的相互作用。储蓄（S）为利率（i）的递增函数，投资（I）为利率（i）的递减函数（见图 4-1）。当 $S > I$ 时，利率会下降；反之，当 $S < I$ 时，利率会上升；当 $S = I$ 时，利率便达到均衡水平。当投资增加时，投资线从图 4-1 中的 I 向右平移到 I' 点，均衡点从 E_0 移向 E_1，均衡利率也从 i_0 上升到 i_1。该理论的代表人物是美国著名经济学家费雪（Fisher），他首先发现了预期通货膨胀率与利率的关系。当预期通货膨胀率上升时，储蓄减少而投资增加，如果金融市场是一个不受控制的完全竞争性市场，结果是利率上升；而当预期通货膨胀率下降时，储蓄增加而投资减少，结果则是利率下降。这种预期通货膨胀变化引起利率水平发生变

动的效应称为费雪效应（Fisher Effect）。该理论属于"纯实物分析"的框架。

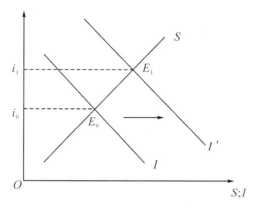

图 4-1　储蓄—投资理论下的利率

2. 流动性偏好理论

20 世纪 30 年代资本主义经济大危机后，凯恩斯针对古典经济理论的缺陷，提出了一套宏观经济理论。和传统的利率理论相反，凯恩斯认为利率不是决定于储蓄和投资的相互作用，而是决定于货币的供求数量。凯恩斯认为，货币供给（M_S）是外生变量，由中央银行直接控制；货币需求（L）是内生变量，取决于人们的流动性偏好，如果人们对流动性偏好强，货币的需求量就上升，反之则下降。在凯恩斯看来，人们对流动性偏好的动机有三个：交易动机、谨慎（预防）动机和投机动机。其中交易动机和谨慎动机与收入成正比、与利率无直接关系。如果用 $L_1(y)$ 表示因交易动机和谨慎动机而持有的货币量，$L_1(y)$ 是收入 y 的增函数。投机动机与利率成反比，因为当市场利率较高时，债券价格相对便宜，人们愿意更多地购买债券、更少地持有货币量，以降低作为投机动机的货币持有成本。如果用 $L_2(i)$ 表示为投机动机而持有的货币量，$L_2(i)$ 为利率 i 的减函数。货币的总需求量为 $L = L_1(y) + L_2(i)$。

流动性偏好决定的货币需求曲线与中央银行决定的货币供给曲线共同决定均衡利率水平。在图 4-2 中，M_1 为货币供给曲线，由中央银行决定；货币需求曲线 $L = L_1(y) + L_2(i)$ 是一条向下倾斜曲线，表明货币需求量 L 将随利率的下降而增加；货币供求状况决定均衡利率 i_1。如果中央银行增加货币供应，使货币供给曲线从 M_1 平移到 M_2，均衡利率就下降到 i_2。从图 4-2 可以看到，当货币需求曲线向右延伸时，逐渐与横轴平行，此时无论货币供给曲线 M 如何向右移动，即无论怎样增加货币供应量，均衡利率保持不变，这就是凯恩斯理论中著名的"流动性陷阱"假说。"流动性陷阱"还可用来解释扩张性货币政策的有效性问题。

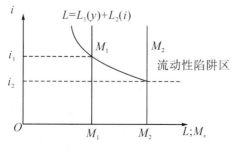

图 4-2　流动性偏好

3. 可贷资金利率理论

可贷资金利率理论产生于 20 世纪 30 年代后期，是新古典学派的利率理论。该理论是由新剑桥学派的罗宾逊（D. H. Robertson）首倡，经瑞典学派的俄林（B. Ohlin）、林达尔（E. Lindahl）和米达尔（G. Mydal）补充发展，后由英国经济学家勒纳（A. P. Lerner）将其公式化而成。

（1）对古典和流动性偏好利率理论的批评。

可贷资金利率理论对古典利率理论和凯恩斯的流动性偏好利率理论进行了批评，该理论认为古典利率理论完全忽视了货币因素和存量分析，而凯恩斯完全摒弃了实际因素和流量分析，二者都过于片面。可贷资金利率理论将古典利率理论的实际因素、流量分析与流动性偏好理论的货币因素、存量分析相结合，以可贷资金为中心概念，从可贷资金的供求结构入手来分析利率的决定。

（2）可贷资金利率理论的主要内容。

可贷资金是指"可用于贷放出去的资金"。可贷资金利率理论认为，可贷资金的需求包括两部分：①投资；②新增的窖藏货币需求。这是因为，一方面，借款者借钱后不一定全用于投资，可能有一部分款项借入后暂时不动，以财富形式储藏起来，即为窖藏之用；另一方面，储蓄是指收入减去消费之后的剩余，即非消费部分，其中包括以货币形式持有财富的窖藏，这实际上是一种"反储蓄"。

可贷资金的供给包括三个部分：①储蓄；②银行系统新增发的货币供应量，包括央行增发的货币和商业银行所创造的信用；③窖藏现金的启用，即"反窖藏"、窖藏货币需求的减少。其中，可贷资金需求中的"新增的窖藏货币需求"和供给中的"窖藏现金的启用"可以合并为"净增加的窖藏需求"。

可贷资金利率理论综合了古典利率理论和流动性偏好理论，兼顾实际因素和货币因素，在分析方法上结合了流量分析与存量分析。作为西方经济学界的两大利率决定分析工具，可贷资金利率理论与流动性偏好理论相比，各有千秋。流动性偏好理论的分析焦点是市场利率的短期决定，强调短期货币供求对利率的决定作用，而可贷资金利率理论研究的焦点是实际利率的长期决定，它强调通过货币分析实际变量的决定作用，认为短期的货币因素在长期中对利率决定的影响是很小的。两者的分析方法和考虑重点虽有不同，但是所得的结论基本相同。如果增加货币供应量，二者都能得出短期内利率下降的结论。

可贷资金的供给来源主要有个人储蓄、商业储蓄、政府预算盈余、货币供给的增加、国外对国内的贷款等；需求来源主要包括家庭用款、企业投资、政府预算赤字、国外向国内的借款等。

在图 4-3 中，S_{LF} 与 D_{LF} 分别表示可贷资金的供给与需求曲线，可贷资金供给曲线（S_{LF}）是一条向上倾斜的利率函数曲线。古典经济学家认为，利率是对放弃当前消费而进行储蓄的一种激励。储蓄意味着个体以未来的消费替代当前的消费。利率越高，通过放弃当前消费而进行储蓄获得的未来消费的数量就越多。同时，利率的上升，使银行愿意提供更多的贷款。此外，国内利率上升，可以把国际金融市场中的资金吸引到国内市场，增加可贷资金的供给。因此，S_{LF} 是向上倾斜的。可贷资金的需求曲线（D_{LF}）是向下倾斜的，因为利率的下降会引起当前消费和投资的增加，从而刺激融资项目支出的增加。另外，利率的下降还会增加国外经济实体对国内的借款。由图 4-3

可知，市场利率是由可贷资金市场中的供求关系决定的，任何使供给曲线或需求曲线产生移动的因素都将改变均衡利率水平。需求增加（D_{LF}曲线向右移动）或供给减少（S_{LF}曲线向左移动）将使均衡利率升高；而供给增加（S_{LF}曲线向右移动）或需求减少（D_{LF}曲线向左移动）将使均衡利率下降。具体而言，个人的储蓄行为将增加可贷资金的供给，引起利率下降；降低生产成本而使储蓄增加会有同样的结果；中央银行货币供给量的增加同样可以增加可贷资金的供给，使利率降低。从需求方面看，消费者和企业的信心下降，会导致消费者信贷购买和企业投资的减少，从而使可贷资金的需求减少，引起利率的下降；征收收入所得税或为平衡大量的政府预算赤字而减少政府支出，将会降低政府对资金的需求，使 D_{LF} 曲线左移并拉动利率下降。

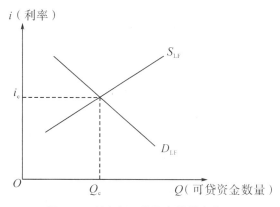

图 4-3　利率与可贷资金的供求关系

4. IS-LM 模型

IS-LM 模型，也称为希克斯–汉森模型，1937 年由英国经济学家约翰·希克斯在其发表的著名论文《凯恩斯与古典学派》中首次提出，后经美国经济学家阿尔文·汉森加以修正和发展，该模型成为西方宏观经济学中的重要模型之一。通过对古典利率理论、流动性偏好利率理论和可贷资金利率理论的吸收和批判，IS-LM 模型建立了一种将投资和储蓄、货币供给与需求四种因素综合考虑，四种因素共同决定均衡收入和利率的一般均衡理论。

希克斯对古典利率理论、流动性偏好利率理论和可贷资金利率理论进行了批评，他认为上述三种理论都没有考虑收入的决定因素，因而无法得出利率是多少。在希克斯看来，古典利率理论中，储蓄与投资共同决定利率水平，但是储蓄与收入有关，收入不确定时，储蓄也不确定，因此利率也无法确定；流动性偏好利率理论中，货币供求共同决定利率，但是货币需求部分取决于收入，收入不确定时，货币需求无法确定，导致利率也无法确定；可贷资金利率理论中，可贷资金的供求共同决定利率，但是可贷资金供给中的储蓄和可贷资金需求中的窖藏都与收入有关，收入不确定时，最终利率也无法确定。

IS-LM 模型的主要内容：希克斯认为，收入不确定时，利率也无法确定，因为收入通过影响储蓄和货币需求来影响利率；而同样，利率不确定时，收入也无法确定，因为利率通过投资来影响收入，所以，利率和收入两者之间存在不可分割的联系。在现实社会中，利率水平和收入水平必然是同时决定的，这也意味着必须将商品市场和货币市场相结合来解决利率和收入的决定问题。IS-LM 模型正是通过商品市场和货币市场同时达到均衡的条件来分析利率的决定。从商品市场来看，储蓄 S 与投资 I 相等是商品市场均衡的必要条件，而储蓄取决于收入 Y，并与收入正相关；投资 I 取决于利率 r，并与利率负相关。从货币市场来看，货币供求相等是货币市场均衡的必要条件，而货币供应 M 是外生变量，货币需求 L 中的交易及预防需求 L_1 与收入 Y 正相关，投机需求 L_2 与利率负相关。用 IS 曲线表示能使商品市场均衡（储蓄 S 与投资 I 相等）的收入与利率组合，用 LM 曲线表示能使货币市场均衡（货币供给 M 与货币需求 L 相等）的收入与利率组合。将能使商品市场和货币市场同时达到均衡的收入和利率的组合求出，即可得到均衡收入和利率。由于 IS-LM 模型图在西方经济学（宏观经济学）中已讲解，此处不再重述。

5. 开放经济条件下的弗莱明—蒙代尔模型（IS-LM-BP 模型）

IS-LM 模型的推导中，只考虑国内因素对均衡利率的影响，没有考虑国际因素的影响。然而，随着经济全球化的推进，各国经济与外部世界的联系越来越密切。在开放经济条件下，一国的国际收支状况会对国内利率产生较大影响。为弥补 IS-LM 模型的缺陷，美国经济学家弗莱明与蒙代尔在 IS-LM 模型的基础上加入国际收支因素，提出了一个三部门均衡的框架模型，即 IS-LM-BP 模型，也称为弗莱明—蒙代尔模型。他们认为，只有在国内实体经济部门、国内货币部门和国外部门同时达到均衡时，包括利率、汇率和国民收入的国民经济才能达到均衡状态。弗莱明—蒙代尔模型建立在如下假设的基础上：①总供给曲线是平缓的，这意味着是物价水平而不是实际收入调节着总需求的波动；② 经常项目的平衡不受资本账户的影响，经常项目的盈余规模同实际汇率正相关、同实际收入负相关；③在国际收支中，汇率预期是静态的，资本的流动性是不完全的，因此利率在 IS-LM-BP 模型中起中心作用，国际利差引起资本的流入与流出。IS-LM-BP 模型作为 IS-LM 模型在开放经济下的拓广，是开放经济条件下分析货币政策、财政政策的非常重要的工具。该模型论证了不同汇率制度下，一国的货币政策和财政政策在长期对该国的利率和国民经济具有不同的效果、不同的优势。对于固定汇率制度下国际资本不完全流动的情况，IS-LM-BP 模型论证了扩张性货币政策只是在短期内会引起利率下降、收入增加、国际收支恶化等结果，本国货币有贬值压力；但在长期，为维护固定汇率，中央银行将出售外汇储备购买本国货币，直至 LM 曲线恢复原来水平，这样利率、国民收入和国际收支将恢复期初水平，发生变化的只是中央银行资产的内部结构（增加或减少国内信贷，减少或增加外汇储备），即货币政策在长期是无效的。但是财政政策在长期是有效的，扩张性的财政政策将使利率和国民收入都提高。由于 IS-LM-BP 模型图在西方经济学（宏观经济学）中已讲解，此处也不再重述。

二、利率的风险结构与期限结构理论

（一）利率的风险结构

利率的风险结构指的是期限相同的融资而利率却不同的现象，或相同期限金融资产因风险差异而产生的不同利率。有很多风险因素影响利率的大小，其中主要有违约风险、流动性风险、税收风险、购买力风险等。

1. 违约风险

违约风险又叫信用风险，或者叫倒账风险，是债券的主要风险之一。债券种类繁多，不同债券的违约风险有很大的不同。在信用关系中，违约风险是指债务人不能按事先约定，按时足额地向债权人归还本金和支付利息。债券发行者可能存在违约风险，违约风险的高低随发行者的实力和信誉程度而变化。例如，国债、金融债券和企业债券相比较而言，国债几乎没有违约风险，金融企业的资信等级较高，但存在一定程度的违约风险，企业债券的资信等级比金融企业整体要低，违约风险最高。

对于投资者而言，在同期限和同等收益水平下，愿意购买违约风险最低的债券，以保障投资收益的实现。因此，违约风险高的债券，为吸引投资者的购买，应当给予投资者更高的利息收益，以补偿投资者承担的风险。因此，违约风险越高的债券，其利率水平越高。有违约风险债券和无违约风险债券的利率差额，称为风险升水或风险溢价，风险溢价代表了人们对持有风险债券要求的额外补偿。

由于违约风险对于债券利率和风险溢价的决定如此重要，投资者需要对企业的违约风险进行了解。债券违约风险通常称为信用风险，它的测定由信用评级机构负责。在美国，穆迪投资服务公司和标准普尔公司对企业债券和市政债券作出的信用评级是投资者考察企业债券的重要依据。

2. 流动性风险

违约风险只是构成同期限不同债券的利率差别的原因之一。国债的交易规模大，违约风险低，价格也相对稳定，因此国债很容易出手而且交易费用低，而企业债券的交易规模小，违约风险高，价格波动相对较大，因而企业债券相对国债较难出手，尤其在紧急情况下，交易费用更高。因此，国债的流动性大，也更受市场欢迎，为了吸引投资者购买流动性小的企业债券，应当给予投资者更高的利息收益，以补偿投资者承担的流动性损失。

3. 税收政策风险

在美国债券市场上，美国市政债券比国债的违约风险大而且流动性低，但是市政债券的利率水平却比国债要低。这是因为，这两种债券的税收政策不一样。在美国，国债的利息收入要纳税，但是市政债券的利息收入却享受免交国税和地方税的待遇，所以尽管市政债券的利率比税前的国债利率要低，但是却比税后的国债利率要高。

4. 购买力风险

债券比较明显的一个特征是，有明确或比较明确的现金流入量。但债券很难回避物价上涨带来的影响，而股票回避物价上涨的能力要好得多。

股票的收益主要来自股价的变动。尽管影响股票价格的因素数不胜数，但股价最终是股票价值的反映。股票价格一方面取决于公司的收益，另一方面取决于投资的机会成本——股票资本成本的高低。公司的收益通常与经济环境密切相关，其中也与物价水平相关。上市公司通常有多种手段回避通货膨胀风险。而由于债券的利息收益是固定的，不管发行者有多大能力来回避通货膨胀的风险，购买者只能获得名义上固定的利息。这就给投资者带来很高的风险。

总之，违约风险、流动性、税收政策风险和购买力风险这些因素都对期限相同的各种债券之间的利率差异起作用，这几种因素较好地解释了债券的风险结构。

（二）利率的期限结构

前面讨论了利率的风险结构问题，这个部分我们来研究利率的期限结构问题。利率的期限结构是指在违约风险、流动性及税收因素相同的情况下，利率的大小与其到期日的时间长短之间的关系，即利率与期限之间的变化关系。一般来说，利率随期限的延长而增加。

利率的期限结构可以用利率（收益率）曲线表示。

1. 利率（收益率）曲线

利率（收益率）曲线是在假定证券市场上证券价格、证券面值及各期收益等已知的条件下，反映证券的利率（收益率）随证券期限的变化而变化规律的曲线。这条曲线是这样得到的：把期限不同但风险、流动性和税收因素都相同的回报率连成一条曲线，即利率（收益率）曲线。

我们以期限为横轴，利率水平为纵轴，将利率（收益率）曲线描述在这一坐标空间内，则利率（收益率）曲线形状大致可能会呈现如图 4-4 所示的三种情况。如图 4-4 中 a 所示，向右上方倾斜的形状表明期限越长，利率越高。这种形状的曲线被称为"正常的"或"正的"收益曲线。除此之外，还有两种其他类型的曲线：呈水平线状和向右下方倾斜，如图 4-4 中 b、c 所示。

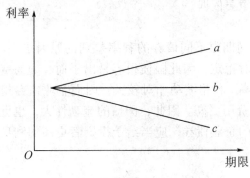

图 4-4　利率（收益率）曲线

水平形状的曲线表明利率与期限无关，长期利率与短期利率相等。此种情况下将造成长期证券的需求减少，继而长期利率将逐渐小于短期利率。向右下方倾斜的曲线，表明期限越长，利率将逐渐小于短期利率。向右下方倾斜的曲线，表明期限越长，利率越低。目前，有三种利率的期限结构理论对利率（收益率）曲线的不同状况进行解释。

2. 利率的期限结构理论

（1）预期理论。预期理论假定整个债券市场是统一的，不同期限的债券之间具有完全的替代性，也就是说，债券的购买者在不同期限的债券之间没有任何特殊的偏好。在此基础上，预期理论断言，利率的期限结构是由人们对未来短期利率的预期决定的。预期假说解释了利率期限结构随着时间不同而变化的原因。

① 收益率曲线向上倾斜时，短期利率预期在未来呈上升趋势。由于长期利率水平在短期利率之上，未来短期利率的平均数预计会高于现行短期利率，这种情况只有在短期利率预计上升时才会发生。

② 收益率曲线向下倾斜时，短期利率预期在未来呈下降趋势。由于长期利率水平在短期利率之下，未来短期利率的平均数预计会低于现行短期利率，这种情形只有在短期利率预计下降时才会发生。

③ 当收益率曲线呈水平状态时，短期利率预期在未来保持不变。

尽管预期理论解释了利率（收益率）曲线所呈现的三种情况，但它也面临着一个重要的经验事实的挑战，那就是市场上长期利率一般要高于短期利率，这是否意味着人们总是倾向于相信未来的利率会高于现在呢？这显然没有道理，原因是人们预期的利率水平的变化方向不可能是不变的。针对这一问题，人们提出了市场分割假说。

（2）市场分割假说。市场分割假说理论认为：期限不同的债券市场是完全分离的或独立的，每一种债券的利率水平在各自的市场上，由对该债券的供给和需求所决定，不受其他不同期限债券预期收益变动的影响。

一般而言，持有期较短的投资人宁愿持有短期债券，而持有期较长的投资人可能倾向于持有长期债券。由于投资人对特定持有期的债券具有特殊的偏好，因而可以把债券的不同期限搭配起来，使它等于期望的持有期，从而可以获得确定的无风险收益。例如，收入水平较低的投资人可能宁愿持有短期债券，而收入水平较高或相对富裕的投资人选择的平均期限可能会长一些。如果某个投资人的投资行为是为了提高近期消费水平，他可能选择持有短期债券；如果其投资行为有长远打算，那么，他可能希望持有期限稍长的债券。

按照市场分离假说的解释，收益率曲线形式之所以不同，是由于对不同期限债券的供给和需求不同。

① 收益率曲线向上倾斜表明，对短期债券的需求相对高于对长期债券的需求，结果是短期债券具有较高的价格和较低的利率水平，长期利率高于短期利率。

② 收益率曲线向下倾斜表明，对长期债券的需求相对高于对短期债券的需求，结果是长期债券具有较高的价格和较低的利率水平，短期利率高于长期利率。

③ 由于平均看来，大多数人通常宁愿持有短期债券而非长期债券，因而收益率曲线通常向上倾斜。

由于这种理论将不同期限的债券市场看成是分割的，所以它无法解释不同期限的债券利率往往是同向变动的这一经济现象。

（3）偏好停留假说。偏好停留假说是对预期假说和市场分割假说的进一步发展。该理论认为：长期债券的利率水平等于在整个期限内预计出现的所有短期利率的平均数，再加上由债券供给与需求决定的时间溢价。

根据偏好停留假说，可以得出下列几点解释：

① 由于投资者对持有短期债券存在较强偏好，只有加上一个正的时间溢价作为补偿时，投资人才会愿意持有长期债券。因此，时间溢价大于零。即使短期利率在未来的平均水平保持不变，长期利率仍然会高于短期利率。这就是收益率曲线通常向上倾斜的原因。

② 在时间溢价水平一定的前提下，短期利率的上升意味着平均看来短期利率水平将来会更高，从而长期利率也会随之上升，这解释了不同期限债券的利率总是共同变动的原因。

③ 时间溢价水平大于零与收益率曲线有时向下倾斜的事实并不矛盾。因为在短期利率预期未来会大幅度下降的情况下，预期的短期利率的平均数即使再加上一个正的时间溢价，长期利率仍然低于现行的短期利率水平。

④ 当短期利率水平较低时，投资者总是预期利率水平将来会上升到某个正常水平，未来预期短期利率的平均数会相对高于现行的短期利率水平，再加上一个正的时间溢

价，使长期利率大大高于现行短期利率，收益率曲线往往比较陡峭地向上倾斜。相反，当短期利率水平较高时，投资者总是预期利率将来会回落到某个正常水平，未来预期短期利率的平均数会相对低于现行的短期利率水平。在这种情况下，尽管时间溢价是正的，长期利率也有可能降到短期水平以下，从而使收益率曲线向下倾斜。

由于偏好停留假说较好地与我们观察到的经验事实相吻合，所以它是一种最被人们所接受的利率期限结构理论。

第五节　利率制度

一、利率制度

利率制度又称为利率管理体制，即货币管理当局根据客观经济规律和国家货币政策的要求，对利率的水平、体系和管理方法进行调整、组织与控制，充分有效地发挥利率调节经济功能而采取的原则、程序和方法。

具体而言，利率管理体制是一国的中央银行调控和管理利率的一整套方式、方法、政策和制度。一般可以分为直接管理体制和间接管理体制。在直接管理体制下，利率水平和利率结构由中央银行（或政府）直接制定；中央银行作为利率管理部门对利率管理的具体职责取决于一国的经济体制和中央银行体制。在间接利率管理体制下，中央银行通过制定再贷款利率、再贴现利率、法定准备金率以及公开市场操作等货币政策手段，间接对金融机构的存、贷款利率和金融市场利率施加影响。

不同的利率体制取决于不同的经济制度，一般而言，利率体制由三个层次构成：一是作为其核心的利率形成机制；二是建立在利率形成机制基础上的利率运行机制；三是为保证前两者良性运转而建立的利率调控机制。法律依据：《人民币利率管理规定》第二十一条 中长期贷款（期限在一年以上）利率实行一年一定。贷款（包括贷款合同生效日起一年内应分笔拨付的所有资金）根据贷款合同确定的期限，按贷款合同生效日相应档次的法定贷款利率计息，每满一年后（分笔拨付的以第一笔贷款的发放日为准），再按当时相应档次的法定贷款利率确定下一年度利率。中长期贷款按季结息，每季度末月二十日为结息日。对贷款期内不能按期支付的利息按合同利率按季计收复利，贷款逾期后改按罚息利率计收复利。

二、中国利率制度的建立与变迁

中华人民共和国成立以来我国利率制度的建立与变迁可以分为三个阶段：1978年以前实行了高度集权的管制利率管理体制；1979—1992年，对利率水平和利率结构做了一些调整，但本质上仍然维持了严格的管制体制；1993年以后，正式提出和实行渐进、长期的改革，逐步向市场化利率管理体制迈进。

中华人民共和国成立后至1978年，我国实行计划经济体制，此时的中国呈现一种非常典型的"大政府、弱社会"的社会结构形态，国家几乎作为唯一的产权形式控制社会资源的分配。与之相伴随的则是财政直接融资主导型经济和国家控制下的单一银行体制，即"大财政、弱金融"的格局。国家财政集中了60%以上的国民收入，而整个社会投资的 90%左右也是国家投入的。人民银行作为财政部的辅助机构，只是企业和社会的结算中心，本身没有贷款、投资自主权和货币监管权力。整个金融体系处于"金融抑制"状态，在产权结构上以单一国有产权为基本特征，在竞争结构上则是以国有银行的完全垄断为基本特征。中国人民银行控制着国家金融总资产的 93%，控制着整个经济中绝大部分的金融交易，金融工具匮乏，金融市场缺失。政府实行高度管制的利率管理体制，人为压低利率水平并长期保持固定不变，利率体系缺少完整的风险结构和期限结构，不能真实反映资金供需状况。

1978 年我国实行改革开放，逐步建立市场经济，利率政策逐步与政治目的脱钩，开始作为经济手段发挥作用，利率管理体制表现出一定的灵活性，传统体制下过低的利率水平部分程度上得到纠正；存、贷款利率调整次数显著增加；货币市场得到发展，初步建立起中央银行基准利率体系；1982 年引进浮动利率制度，增添了市场调节成分，形成计划利率与市场利率并存的"双轨"格局。但是自 1979 年至 1992 年这一期间，管制利率管理体制并没有发生本质上的松动。制定利率水平和调整存贷款利率的最终权力在于国务院，中国人民银行经国务院授权对各种利率档次的划分、水平进行确定和管理；对"法定利率"，其他任何单位和个人均无权变动，各金融机构必须严格执行。"法定利率"与均衡水平相比依然偏低（或曰"利率抑制"），利率调整也存在刚性和时滞，在通货膨胀率较高的年份，实际利率就出现负值。浮动利率的浮动权亦相当狭窄，并且时收时放，利率浮动范围的确定须经人民银行审批或备案之后才能实行。管制利率管理体制的延续，构成了国家金融控制的又一重要内容。

1992 年邓小平"南方谈话"及中共十四大正式确定建立社会主义市场经济是体制改革的目标之后，我国市场化金融体系法制框架的建设才取得迅速发展。国家开始剥离四大国有专业银行的政策性贷款，以促使其转变成为真正的现代商业银行；人民银行加强了中央银行职能和法律地位，获得了更多的自主权和执行货币政策的独立性。金融市场得到进一步发展，市场化货币工具被更为广泛地使用。金融体系的完善为市场化改革提供了必要的运作环境。利率制度市场化改革是一项复杂的系统工程，与其一贯做法一样，政府采用了试点推广、循序渐进的审慎改革方式。在改革步骤上，提出先放开外币存、贷款利率，后逐步放开人民币存、贷款利率；先适当放开同业拆借利率，后逐步扩大商业银行决定利率的自主权；先改革贷款利率，后改革存款利率；先动商业银行利率，后动政策性银行利率等指导性意见。

■ **延伸阅读一**

中华人民共和国成立以前的利率制度

■ 延伸阅读二

中国共产党领导下根据地实施的农贷政策

■ 延伸阅读三

中华人民共和国成立以来我国关于利率改革的会议方针

三、中国利率市场化改革

（一）利率市场化

所谓利率市场化，是指货币当局将利率的决定权交给市场，由市场主体自主决定利率，货币当局则通过运用货币政策工具，间接影响和决定市场利率。利率市场化，简单地讲就是将存款利率上限和贷款利率下限放开，由银行自己决定。它最大的特征就是央行确定基准利率，由市场供求来决定交易利率。利率市场化包括利率决定、利率传导、利率结构和利率管理的市场化。

利率市场化在整个金融体系改革中起着核心的作用，利率市场化改革是一项事关金融安全乃至国家经济安全的重要工作，因此更应慎重。在没有以往实际经验的情况下，我们应借鉴国外一些国家和地区的利率市场化改革经验。

（二）中国利率市场化改革

我国长期以来一直实行利率管制，各种利率水平的确定主要通过行政手段直接规定。

我国的利率市场化是在建立社会主义市场经济体制中逐渐提出来的。我国在 1978 年以前的计划经济时期，实行的基本上是与计划经济相适应的高度集中、严格管制的固定利率体制。利率管理权限完全集中在中国人民银行总行，对利率的重大调整须报请国务院批准，各级分行和专业银行都无权变动利率，这是僵化的管制利率体制。

改革开放以后，党和国家逐步认识到利率对经济的调节作用，非常重视我国的利率市场化改革。1993 年，党的十四大《关于金融体制改革的决定》提出，我国利率改革的长远目标是：建立以市场资金供求为基础，以中央银行基准利率为调控核心，由市场资金供求决定各种利率水平的市场利率管理体系。党的十四届三中全会《中共中央关于建立社会主义市场经济体制若干问题的决定》中提出，中央银行按照资金供求状况及时调整基准利率，并允许商业银行存贷款利率在规定幅度内自由浮动。此后，根据党的十六届三中全会精神，结合我国经济金融发展和加入世贸组织后开放金融市场的需要，中国人民银行提出了利率市场化改革的基本思路：按照先外币、后本币，先贷款、后存款，先大额长期、后小额短期的基本步骤，逐步建立由市场供求决定金融机构存、贷款利率水平的利率形成机制，中央银行调控和引导市场利率，使市场机制在金融资源配置中发挥主导作用。

1. 放开银行间同业拆借市场利率

我国自 1996 年 1 月 3 日建立和启动全国统一的同业拆借市场，并从当年 6 月 1 日起取消了原来按同档次再贷款利率加 2.88 个百分点确定同业拆借利率最高限的规定，实行由拆借双方根据市场资金供求状况自主确定拆借利率水平。1997 年开始公布"全国银行间同业拆借利率"（CHIBOR），从而使利率市场化找到了恰当的突破口。1998 年，中央银行又撤销了各地的融资中心和二级拆借市场，全国的银行间拆借统一在原一级市场上进行，这表明我国真正的、较为成熟的货币子市场正在形成，这对利率市场化改革和货币政策的有效发挥具有里程碑意义。到目前为止，我国银行间同业拆借市场利率已经实现了市场化，同业拆借利率完全由市场资金供求状况决定。2013 年 6 月 7 日由于市场资金供应紧张，上海银行间同业拆放利率（shanghai interbank offered rate，SHIBOR）包括隔夜、7 天期、14 天期、1 月和 3 月拆放利率全线飙升；2013 年 6 月 20 日银行间质押式回购隔夜加权平均利率飙涨至 13.881%，隔夜回购最高成交利率达到 30%，创历史最高点。银行间 7 天回购最高利率创纪录达到 28%，银行出现"钱荒"现象。进入 7 月，随着银行的内部调整以及流动性的增强，银行的"钱荒"现象基本已经解除，各项利率回到之前的 3%~5% 的水平。

2. 放开国债市场利率

1997 年 6 月银行间债券市场正式启动，与此同时放开了债券市场的债券回购和现券交易利率。1998 年 9 月，放开了政策性银行发行金融债券的利率。1998 年 9 月 2 日，国家开发银行在银行间债券市场首次运用市场利率招标方式发行 1 年期金融债券，获得成功；同年 11 月，进出口银行也成功发行了 1 年期金融债券。随后，银行间债券市场债券发行利率全面放开。

国债发行利率的市场化，必须以国债市场的开放为前提。中国人民银行自 1996 年 4 月开展国债公开市场操作以来，交易对象不断扩大，交易方式日益多样化，操作力度也在加强，国债市场逐步开放。1999 年 9 月，成功实现了国债在银行间债券市场上通过利率招标发行。

3. 放开贴现和转贴现利率

1998 年 3 月，我国改革再贴现利率及贴现利率的生成机制，放开了贴现和转贴现利率。在此之前，根据规定，贴现利率在同档次贷款利率基础上最大下浮不超过 10%，再贴现利率在再贷款利率基础上最大下浮不超过 10%。由于贷款利率与再贷款利率变动不一致，出现了贴现利率与再贴现利率倒挂的现象，限制了票据市场的发展。1998 年 3 月以后，我国实行贴现和转贴现利率在再贴现利率基础上加点生成，再贴现利率由中央银行根据货币市场利率单独确定的机制，实际上放开了贴现和转贴现利率。

4. 实现境内外币利率的市场化改革

2000 年 9 月 21 日开始，我国改革了外币利率管理体制，具体内容如下：

（1）放开外币贷款利率。由金融机构根据国际金融市场利率的变动情况以及资金成本、风险差异等因素，自行确定各种外币贷款利率及计结息方式。

（2）大额外币存款利率由金融机构与客户协商确定。300 万以上（或 300 万美元）

或等值其他外币的大额外币存款，其利率水平由金融机构与客户协商确定，并报当地人民银行备案。今后，大额外币存款起存金额由中国银行业协会负责调整。

（3）小额外币存款利率由银行业协会统一制定，各金融机构统一执行。对300万美元（或等值其他外币）以下的小额外币存款，其利率水平由银行业协会统一制定，经中国人民银行核准后对外公布。各金融机构统一按中国银行业协会公布的利率水平执行。

5. 对保险公司大额定期存款实行协议利率

从1999年10月开始，对保险公司3 000万元以上和5年（不含5年）以上的大额定期存款实行保险公司与商业银行双方协商利率的办法，实际上放开了这项存款利率。这是首次对大额长期存款利率进行市场化的改革尝试。

6. 公开市场业务操作

1996年4月，中央银行启动了以国债回购为主要形式的公开市场操作，经过多年来的努力，公开市场业务操作已经成为中央银行调控基础货币的主要政策工具。

7. 改革法定存款准备金制度

改革法定存款准备金制度是利率市场化改革的重要内容。1998年3月21日，中国人民银行对存款准备金制度进行了改革，恢复了存款准备金的支付、清算和货币政策工具的功能，改变了商业银行一方面过多向中央银行借款、一方面又过多向中央银行存款的怪现象。但是，对准备金存款支付利率的做法，仍在一定程度上保留了准备金分配信贷资金的功能，不利于准备金制度功能的发挥，也不利于形成合理的中央银行利率。

8. 存贷款利率调整频繁，逐步扩大存贷款利率浮动幅度

从1993年5月到2008年，我国对存贷款利率进行了多次调整，其中1993年5月15日、7月11日，1995年1月1日是提高存贷款利率。从1996年5月1日到2002年2月21日，连续8次降低利率。2004年10月29日起上调金融机构存贷款基准利率。金融机构1年期存款基准利率上调0.27个百分点，由1.98%提高到2.25%，1年期贷款基准利率上调0.27个百分点，由5.31%提高到5.58%。其他各档次存、贷款利率也相应调整，中长期上调幅度大于短期。每一次利率调整都是根据当时的经济形势而进行的。提高利率是为了抑制经济过热，而降低利率是为了刺激投资，拉动经济增长。

1998年和1999年，中国人民银行连续三次扩大金融机构贷款利率浮动幅度。2004年1月1日，中国人民银行再次扩大金融机构贷款利率浮动区间。商业银行、城市信用社贷款利率浮动区间扩大到0.9%～1.7%，农村信用社贷款利率浮动区间扩大到0.9%～2%，贷款利率浮动区间不再根据企业所有制性质、规模大小分别制定。扩大商业银行自主定价权，提高贷款利率市场化程度，企业贷款利率最高上浮幅度扩大到70%，下浮幅度保持10%不变。在扩大金融机构人民币贷款利率浮动区间的同时，推出放开人民币各项贷款的计、结息方式和5年期以上贷款利率的上限等其他配套措施。

从2004年10月29日起放宽人民币贷款利率浮动区间和允许人民币存款利率下浮，金融机构（不含城乡信用社）的贷款利率原则上不再设定上限，贷款利率下浮幅度不变，贷款利率下限仍为基准利率的0.9倍。对金融竞争环境尚不完善的城乡信用社贷款利率仍实行上限管理，最高上浮系数为贷款基准利率的2.3倍，贷款利率下浮幅度不变。以调整后的1年期贷款基准利率（5.58%）为例，城乡信用社可以在5.02%～

12.83% 的区间内自主确定贷款利率。允许存款利率下浮，即所有存款类金融机构对其吸收的人民币存款利率，可在不超过各档次存款基准利率的范围内浮动，存款利率不能上浮。2004 年 11 月，放开 1 年期以上小额外币存款利率。

2008 年 11 月为贯彻落实适度宽松的货币政策，保证银行体系流动性充分供应，促进货币信贷稳定增长，发挥货币政策在支持经济增长中的积极作用，中国人民银行决定下调人民币存贷款基准利率和金融机构存款准备金率：从 2008 年 11 月 27 日起，下调金融机构 1 年期人民币存贷款基准利率各 1.08 个百分点，其他期限档次存贷款基准利率做相应调整。同时，下调中央银行再贷款、再贴现等利率。进入 2009 年以来，鉴于银行间资金一直保持极度充裕的状态，央行采取了以公开市场操作为主的货币调控手段。

为进一步推进利率市场化改革，中国人民银行决定，自 2012 年 6 月 8 日起，金融机构一年期存贷款基准利率分别下调 0.25 个百分点；其他各档次存贷款基准利率及个人住房公积金存贷款利率相应调整。自同日起：①将金融机构存款利率浮动区间的上限调整为基准利率的 1.1 倍；②将金融机构贷款利率浮动区间的下限调整为基准利率的 0.8 倍。本次中央银行首次同时对存贷款基准率实行"差别化"浮动的"非对称性降息"，即存款利率可上浮 1.1 倍，贷款利率可下浮 20%，即 0.8 倍。市场认为，这是中央银行实行"利率市场化"的重要举措。这标志着中国利率市场化的大幕正式开启。这将促使银行加强管理，降低成本，也会促使银行发展中间业务等收费业务，进行产品和服务创新。国内银行业必须通过综合经营等手段增加非利息收入，但更要积极采取措施防控利息收入的大幅下降。这是中央银行自 2008 年 12 月以来的首次降低基准利率。本次中央银行政策的最大亮点是，差别化存贷款利率，从这天起市民存款可"货比三家"。

中国人民银行决定，自 2012 年 7 月 6 日起下调金融机构人民币存贷款基准利率。金融机构一年期存款基准利率下调 0.25 个百分点，一年期贷款利率下调 0.31 个百分点；其他各档次存贷款基准利率及个人住房公积金存贷款利率相应调整。自同日起，将金融机构贷款利率浮动区间的下限调整为基准利率的 0.7 倍。个人住房贷款利率浮动区间不做调整，金融机构要继续严格执行差别化的各项住房信贷政策，继续抑制投机投资性购房。

经国务院批准，中国人民银行决定，自 2013 年 7 月 20 日起全面放开金融机构贷款利率管制。取消金融机构贷款利率 0.7 倍的下限，由金融机构根据商业原则自主确定贷款利率水平。个人住房贷款利率浮动区间不做调整，仍保持原区间不变，继续严格执行差别化的住房信贷政策。取消票据贴现利率管制，改变贴现利率在再贴现利率基础上加点确定的方式，由金融机构自主确定。取消农村信用社贷款利率 2.3 倍的上限，由农村信用社根据商业原则自主确定对客户的贷款利率。中国利率市场化改革又迈出重要一步。党的十八届三中全会决定加快推进利率市场化。

9. 利率市场化基本完成

2005 年以来的利率市场化改革不断深入，特别是 2013 年以后进入到新的阶段。①人民币汇率形成机制改革后，频繁运用货币政策工具小步微调。②利率金融产品的进一步丰富，利率衍生产品创新启动。2006 年，人民币利率互换交易试点在银行间债券市场展开。2008 年 1 月，我国全面推出利率互换业务。2007 年 9 月，我国在银行间市场推出远期利率协议业务。③利率市场化基本完成。货币市场基准利率体系建设稳步推进，上海银行间同业拆放利率自 2007 年 1 月 4 日正式运行以来，在货币市场的基准利率地位初步确立。2013 年，人民银行通过放松利率管制、加强机制建设和推动产品创新等多个层面加快推进利率市场化改革，建立健全市场化利率形成机制，更好地发挥市场在资源配置中的决定性作用。具体有两个方面的措施：

一方面，中国人民银行全面放开贷款利率管制。①取消金融机构贷款利率 0.7 倍的下限，放开贴现利率管制，对农村信用社贷款利率不再设立上限。②建立健全市场利率定价自律机制。2013 年 9 月 24 日，自律机制成立会议召开。首批自律机制成员包括工商银行等 10 家银行。自律机制下设合格审慎及综合实力评估、贷款基础利率（LPR）、同业存单、上海银行间同业拆借利率等四个专门工作小组，已在建立贷款基础利率报价机制、发行同业存单中发挥了积极作用。2014 年 1 月 29 日，中国人民银行办公厅转发了市场利率定价自律机制制定的《金融机构合格审慎评估实施办法》。③贷款基础利率集中报价和发布机制正式运行。④同业存单发行交易稳步推进。2013 年 12 月 8 日，中国人民银行发布《同业存单管理暂行办法》并于 12 月 9 日正式实施。2013 年 12 月 12 日至 13 日，中国银行、建设银行、国家开发银行等 10 家金融机构分别发行了首批同业存单产品，并在此后陆续开展了二级市场交易，并初步建立同业存单双边报价做市制度。2015 年 6 月 2 日，中国人民银行发布了《大额存单管理暂行办法》，并在市场利率定价自律机制核心成员范围内试点发行，大额存单发行利率以市场化方式确定。

另一方面，中国人民银行逐步放宽并最后放开对存款利率的管制。① 2014—2016 年，中国人民银行三次调整存款利率浮动区间，从基准利率的 1.1 倍调整到 1.2、1.3 和 1.5 倍。同时，简并存贷款基准利率期限档次。存款利率方面，中国人民银行不再公布人民币五年期定期存款基准利率。贷款利率方面，贷款基准利率期限档次简并为一年以内（含一年）、一至五年（含五年）和五年以上三个档次。②2015 年 8 月 26 日起，中国人民银行放开金融机构一年以上（不含一年）定期存款利率浮动上限。其中，一年以上整存整取、零存整取、整存零取、存本取息定期存款利率可由金融机构参考对应期限存款基准利率自主确定；其余期限品种存款利率浮动上限仍为基准利率的 1.5 倍。③2015 年 10 月 24 日起，中国人民银行放开商业银行、农村合作金融机构、村镇银行、财务公司、金融租赁公司、汽车金融公司等金融机构活期存款、一年以内（含一年）定期存款、协定存款、通知存款利率上限。上述金融机构以上期限品种存款利率可参考对应期限存款基准利率自主确定，至此存款利率上限全面放开。

至此，我国的利率市场化改革取得了巨大进展，市场化基本完成。利率市场化有利于金融机构提高定价能力，防范金融风险。但是我国仍然存在银行存贷利差较大、顾客谈判能力较低、信贷市场分割、利率期限结构不合理等深层次问题。

（三）国外利率市场化改革实践与启示

1. 国外利率市场化改革实践

（1）美国利率市场化改革。为应对 1933 年大萧条，美联储改变了之前的利率自由化做法，出台了"Q 条例"以管制存款利率上限。在 20 世纪 60 年代通胀率不断走高的背景下，银行资金流失体外，银行通过创新如大额可转让存单（CD）、货币市场账户（NOW 账户）等金融工具，迫使货币当局推进利率自由化：从 1970 年开始先后取消不同额度 CD 和定期存款利率上限管制，允许部分储蓄存单利率与国债利率挂钩；1980 年出台《吸收存款机构放松管制和货币控制法》，按照先大额定期存款、其次小额定期存款、最后储蓄存款的顺序取消了存款利率管制；贷款利率除房贷等少数利率外，其他贷款利率也相应逐步放开；1986 年废除"Q 条例"后全面实现了利率自由化。随着放松利率管制，金融机构高息揽存的竞争加剧，为消化成本争取盈利，大量资金投入房地产领域，后因房地产泡沫导致 1 000 多家存款类机构倒闭，国家为此付出了 1 500 亿美元的救助成本。

（2）日本利率市场化改革。日本从 1978 年开始利率自由化，先允许银行拆借利率弹性化，后放开银行间票据市场利率，发行利率不受限制的 CD；1984 年降低 CD 发行标准，先后放开定期和流动存款利率，贷款利率由法定水平决定改为由平均融资利率确定；1991 年停止利率窗口指导；1993 年实现小额定期存款利率自由化，1994 年全面实现利率自由化。日本利率改革伴随着汇率升值等改革出现了货币高增长经济低通胀、金融资产高收益低成本现象，导致企业和居民更偏好将为实体经济配置的资金投资到金融市场的资产组合，企业的实体资产和金融资产同步扩张，助涨了土地和股市泡沫。由于贷款利率很难提高以覆盖大额存款成本，出现了资金"脱实转虚"，最终导致泡沫经济破灭。

（3）印度利率市场化改革。印度在 20 世纪 80 年代后期，以放开货币市场利率为起点开始利率市场化改革：1985 年曾允许银行对 15 天至 1 年期存款以 8% 为上限自由设定利率，但因发生"价格战"仅 1 个月就夭折了；1990 年 9 月根据贷款规模设定六档贷款利率下限，1992 年又规定所有 46 天以上的存款统一以 13% 为利率上限；1994 年 10 月印度中央银行宣布放开贷款利率，通过各报价行设置最优贷款利率为最低下限，逐步取消贷款利率各档下限，1995 年 10 月、1996 年 7 月和 1997 年 10 月分别放开了对 2 年期以上、1~2 年期及 1 年期以下定期存款利率的管制，至此（除储蓄存款中央银行设置固定利率外）印度银行可以自由设定所有的存款利率；2003 年 4 月印度中央银行要求各银行发布覆盖成本和最低利润的基准最优贷款利率作为全行贷款定价的参考，但取消贷款利率下限约束出现了恶性竞争；2010 年 7 月印度中央银行再次要求各银行自行选择基准利率测算发布其基础利率，作为其贷款利率下限，以防止银行间过度竞争。2011 年 10 月 26 日，印度中央银行宣布商业银行可以从此开始自主确定各种储蓄存款利率，不再执行中央银行统一规定的利率，标志着利率改革全面完成。

（4）韩国的二次利率改革。20 世纪 80 年代韩国金融改革开始时便进行利率改革。1982 年改贷款直接控制为间接控制并于当年 6 月份取消了优势企业政策贷款的优惠利率；1984 年年初金融机构可在一定范围自定贷款利率而无须执行管制水平，同年放开了活期存款利率上限；1986 年取消了存款证利率限制；1988 年 12 月放开了贷款利率。这种"先存款后贷款、先短期后长期"的利率改革路径导致国内利率上升，在汇率升值和资本流入等背景下出现了经济下滑，因此于 1989 年又恢复了利率管制。1994 年韩国又开始分四个阶段进行第二次利率自由化改革：放宽短期贷款利率及三年以上存款利率限制；除韩国银行贴现贷款和两年期以上存款外放开金融机构所有贷款利率限制；放宽包含韩国银行贴现贷款及一年期以上存款利率在内的管制；1997 年 7 月所有存款利率实现自由化。韩国"先贷款后存款、先长期存款后短期存款"的第二次利率改革促进了其经济蓬勃发展，防止了存款的过度竞争及期限错配，有利于监管并确保国内市场有序开放竞争。但由于资本账户开放过早，1997年韩国因外债过多而被拖入东南亚金融危机之中。

（5）北欧利率改革。20世纪80年代北欧国家（不含丹麦）开放了金融业，1978—1991年实施的改革措施包括开放资本账户、提高银行业竞争、更为灵活的汇率及利率自由化。这些措施造成信贷井喷、资产价格泡沫膨胀、大银行丧失市场主导地位、投资崩溃、货币出现投机性冲击，并因宏观经济政策失误和审慎监管不到位等导致经济衰退和银行危机。

（6）欧元区利率走廊改革。欧洲央行主要采取利率走廊调控模式，以此控制银行间拆借市场利率逼近目标关键政策利率。欧洲利率走廊属于非对称利率走廊。1999年随着欧元正式投入使用，欧洲央行的利率走廊也正式建立。欧洲央行利率走廊的上限是央行向商业银行提供抵押贷款的融资利率，即边际贷款便利利率（marginal lending facility rate），下限是商业银行在央行的准备金存款便利利率。合格的交易方可以利用边际贷款便利，从欧洲中央银行获得以合格资产作抵押的隔夜流动性，边际贷款便利利率通常为隔夜市场利率设定了一个上限。与之相对应，存款便利（deposit facility）则为合格的交易方提供了一个在欧洲中央银行进行隔夜存款的工具，存款便利利率通常为隔夜市场利率设定了一个下限。如此一来，欧元体系就利用常备便利工具构建了一个利率走廊，欧洲央行的主要政策利率——主要再融资利率（main refinancing rate，MRO）和隔夜市场利率（overnight market interest rate）均在利率走廊内运行。近年来欧洲央行逐步缩小利率走廊的宽度以避免欧元区货币市场利率整体出现较大幅度的波动。

（7）阿根廷利率改革。1971年2月，阿根廷率先在南美洲开始利率自由化改革，但是，在国内经济不稳定背景下，不到一年改革便夭折，原因是大量资金从商业银行流向率先自由化的非银行金融机构。1975年，在恶性通货膨胀压力下，阿根廷再度推行利率自由化，除了储蓄存款利率上限仍定在40%外，取消了其他所有利率管制措施。1977年6月全部放开利率管制，在不到两年的时间里就完成了利率的全面自由化。但利率自由化并未有效缓解阿根廷国内通胀率高企、金融市场发展缓慢的局面，反而增加了经济金融的波动性。改革措施实施后，阿根廷国内利率水平迅速上升，利差进一步放大，银行等金融机构放贷热情高涨，国内资金供不应求，在资本账户开放的背景下资金需求者转向利率较低的国际金融市场自由借贷，导致外债过度膨胀，大批企业无法偿还银行贷款而倒闭，最终导致债务危机，阿根廷政府只好在20世纪90年代初放弃了利率自由化政策。

（8）土耳其利率改革。1980年土耳其解除存款贷款利率管制，银行为争夺存款不断推高利率水平，由于银行缺乏判断信贷风险的经验而拒绝在同业拆借市场给其他银行借款，以及监管不力和银行间缺乏信任，导致存款囤积和拆借市场不活跃，最终因银行危机令土耳其1982年重新实行利率管制。

2. 国外利率改革启示

（1）激进式的利率改革基本失败，如土耳其、北欧、南美等国家和地区；渐进式的利率改革成功概率比较高。改革成功的关键是利率市场化路径。总体来讲，应先放开贷款利率后放开存款利率。在贷款利率方面，先逐步扩大自主定价区间并以下限管理为过渡，最终将基于市场基准利率的最优惠贷款利率作为各自贷款利率下限并自主调整；存款利率方面，优先放开长期大额定期存款利率，然后放开短期小额定期存款利率，最后放开活期存款和居民储蓄存款利率。提前或同步放开资本账户，最大的冲击是国际资本投机和国内过度借外债。各国放开利率特别是放开存款利率后都出现了利率水平大幅上升、国际投机资本为套利大举流入、国内借款人为节省财务费用过度借外债的现象。为尽快消化资金的高成本，大量资金流入股市和房地产领域，助涨了资产泡沫导致经济萧条。加强宏观、微观审慎监管是利率改革成功的保障。利率改革必须同步加强、完善审慎的全面监管，一是防止存、贷款业务的过度竞争带来金融不稳定的破坏性影响，特别是监管小金融机构和风险管理弱、资本不充分、拥有大量按揭业务等长期资产的金融机构；二是防止银行体内资金流出体外，由影子银行体外循环，资金脱离实体经济进入虚拟经济，助长资产泡沫，造成宏观经济不稳定；三是防止高息揽存，应加强定价秩序的自律管理和金融机构利率定价机制建设，提高风险定价能力和财务硬约束能力。

（2）利率改革必须以宏观经济运行平稳为前提。凡是在经济动荡、通货膨胀高企、预期不稳定和汇率升值过程中实施的利率改革，特别是存款利率改革都付出了较大代价；相反，在经济增长平稳或下行、物价稳定下行和实际利率为正、国际收支基本平衡的背景下实施利率改革则容易成功，因为资金供求平衡或需求减弱下行时，放开利率产生的金融服务竞争不会推升利率水平，也因资产泡沫收缩不会导致炒作。因此，货币政策必须处理好控制信贷扩张、严控通货膨胀并管好预期、防止资产泡沫、保持经济增长基本稳定和金融稳定与利率改革的关系。

（3）金融市场诚信发达、有效便捷是利率改革成功的条件。发达的金融市场可以让利率改革释放出来的资金流入统一的金融市场，通过公开透明、有序竞争的市场机制进行供求匹配，能够有效防止资金体外循环、投机泡沫资产、交易信息不透明、监管困难等问题出现。同时，发达的金融市场有利于金融机构创新市场工具，如大额可转让存单（CD）、货币市场账户（NOW账户）、固定收益债券和基金等批发性融资产品，为利率改革提供载体。另外，发达的金融市场能够保证全社会的资金供求双方融资便利成交，具有监管保障的诚信生态是有效融资的前提，中央银行流动性调控是保障。

（4）建立存款保险制度是利率改革特别是存款利率改革的前提条件。各国普遍出现存款利率放开以后金融机构竞争加剧、存款利率上升、投资高风险资产消化成本压力的情况，一旦经营不当或遇到经济金融波动等市场变化，金融机构将会出现倒闭，特别是小型金融机构，因此必须在监管资本等约束的基础上通过存款保险制度约束其杠杆率，限制其揽存行为中的道德风险，为保障存款人利益还必须依据存款保险制度对存款类金融机构实行逆周期的动态监管调控。

以美国为首的发达国家在利率市场化的初始阶段宏观经济状况稳定，处于一个低利率的市场环境当中，采取的是渐进的改革模式，在利率市场化的过程当中，各项配套的法律法规也逐渐跟进完善，并且强调监管，最终取得了利率市场化的成功。日本、韩国等亚洲国家采取的利率市场化改革策略采取了渐进的方式，各项配套措施也相对到位，在金融监管不断加强的状态下来进行利率市场化的改革。与之相比，拉美发展中国家在利率市场化过程当中采取的是激进式的方法，在宏观经济不够稳定、各项配套的法律规章不够合理、监管不到位的情况下进行利率市场化的改革，最终以失败而告终。

目前我国的经济发展水平与发达国家还有较大差距，因而对我国利率市场化改革最具有借鉴作用的应是韩国等亚洲国家的利率市场化改革。我国目前采取的利率市场化改革的方案是渐进式的。

三、中国香港与台湾的利率制度及政策

（一）中国香港的利率制度及政策

由于特定的政治、社会、历史、地理、人文等因素，香港成为国际金融中心之一，形成了与其他国家和地区不同内容、不同发展过程的利率制度及政策。1964年7月，为制止银行通过竞相提高利率吸引存款的恶性竞争，香港外汇银行公会制定了一项港元存款利率协议。该协议将银行分为本地银行（共60家）和外国银行（共26家）两大类，银行存款分为五级：外国银行存款为一级，本地银行存款依据金额分为四级。外国银行所定的存款利率为基本利率。本地银行在吸收存款时，可以在基本利率的基础上，每一级递增0.25%。从存款利率标准看，本地银行高于外国银行，存款规模小的银行高于存款规模大的银行，协议充分体现了对本地及小规模银行吸收存款的支持。利率协议曾对维护香港金融市场的稳定和发展发挥了积极的作用。1981年香港银行公会取代外汇银行公会之后，对1964年的利率协议进行了修订，将原来的五级银行存款简化为两级。即所有的外资银行及外资控股25%以上的原本地银行存款列为一级，其余本地银行和中资银行列为二级。二级银行存款可以比一级银行存款的利息高出半厘。

根据关贸总协定乌拉圭回合中取消本国与外国银行间歧视性待遇的建议，银行公会自1991年开始取消二级制，即中资和华资银行不能以高出半厘利息的方式吸收定期存款，但所有持牌银行仍须遵守最高存款利率规则，即遵守香港银行公会授权制定的金额50万港元以下及期限在15个月以内的港元存款的利率上限的限制。随着香港金融体系的发展，香港各界对利率协议保护垄断、遏制公平竞争的批评越来越多。为此，银行界逐步放宽了利率协议的限制，1994年10月先撤销了一个月以上定期存款的利率上限，1995年1月撤销了一个月定期存款利率上限，1995年11月又撤销了一周定期存款上限。银行公会仅制订一周以内港元存款利率上限，即只有持牌银行一周以内的存款利率受利率协议的限制。1997年的亚洲金融危机给香港银行业带来了巨大的冲击。香港金融管理当局决定，采取更为自由化的经营金融政策，全面放开利率协议，使利率完全由金融市场的资金供求关系决定。2001年7月1日起，全面撤销所有利率协议，原来仍受到利率协议保护的支票账户、储蓄账户和6天以下的定期存款，都由商业银行自主确定利息水平。至此，香港银行业告别利率管制，完成了利率市场化进程。

（二）中国台湾的利率制度及政策

台湾在二战后40余年的时间里一直对利率实行严格的管制政策，利率、金融价格、产品价格受到管制金融活动受到压制。但是随着经济规模的扩大和对外联系的加强，这种严格管制的金融体制越来越不适应经济的发展。同时在世界范围内形成了一股金融自由化浪潮，加上美国等西方国家的外界压力，台湾进行利率自由化改革势在必行。其改革的具体步骤如下：①允许银行在上限内确定存款利率和一定范围内确定放款利率。1975年台湾颁布相关规定，使银行在最高利率的范围内自行确定存款利率。②放宽银行利率直接管制范围。1980年，台湾颁布《银行利率调整要点》，银行公会决定放款利率的上下限，银行自行决定票据贴现、金融债券等利率。③实施基本放款利率制度。1985年，台湾的大小银行陆续实行了这种制度。④改变利率分类。1982年

放宽利率细分为短期保放款和中长期放款。⑤取消存款最高利率及放款利率上下限。1989 年台湾的银行作相关规定取消了对存贷款的利率限制。台湾的利率自由化基本实现。从利率放开的种类看，在放开同业拆借等利率的同时，存放款利率仍然受到限制，直到 1989 年才算取消了放款的上下限和存款最高利率。

■ **相关链接一**

余额宝与利率市场化

■ **相关链接二**

我国的 LPR 利率市场化改革

本章小结

1. 利息是指债权人于借贷期满后收回资金中超过本金的差额部分。

2. 利率就是利息率，是指借贷期间所形成的利息额与本金的比率。用公式表示为：利率=利息/本金。

3. 收益的资本化是指任何有收益的事物，都可以通过收益与利率的对比倒算出它相当于多大的资本金额。

4. 现值是未来某一时点上的一定量资金折算到现在所对应的金额。终值又称将来值，是现在一定量的资金折算到未来某一时点所对应的金额。现值和终值是一定量资金在前后两个不同时点上对应的价值，其差额即为资金的时间价值。

5. 年金是指在某一定时期内一系列相等金额的收付款项或者现金流。年金一般可以分为即时年金与普通年金。

6. 利率的风险结构指的是期限相同的融资而利率却不同的现象，或相同期限金融资产因风险差异而产生的不同利率。有很多风险因素影响利率的大小，其中主要有违约风险、流动性风险、税收风险、购买力风险等。

7. 利率（收益率）曲线是在假定证券市场上证券价格、证券面值及各期收益等已知的条件下，反映证券的利率（收益率）随证券期限的变化而变化规律的曲线。

8. 利率制度又称为利率管理体制，即货币管理当局根据客观经济规律和国家货币政策的要求，对利率的水平、体系和管理方法进行调整、组织与控制，充分有效地发挥利率调节经济功能而采取的原则、程序和方法。

9. 利率市场化，是指货币当局将利率的决定权交给市场，由市场主体自主决定利率，货币当局则通过运用货币政策工具，间接影响和决定市场利率。

10. 我国利率市场化改革的基本思路：先外币、后本币；先贷款、后存款；先大额长期；后小额短期。

重要概念

利息　利率　收益资本化　现值　终值　年金　市场利率　公定利率　官定利率
名义利率　实际利率　固定利率　浮动利率　基准利率　即期利率　远期利率
当期收益率　到期收益率　持有期收益率　利率风险结构　利率期限结构
收益率曲线　利率制度　利率走廊　利率市场化

核心参考文献

［1］孟建华. 香港利率制度和利率市场化研究［J］. 金融纵横，2003（8）：8-10.

［2］刘浩. 美国利率制度变迁对我国利率市场化启示［J］. 求索，2005（10）：36-37.

［3］张晓朴，陈璐，毛竹青. 台湾地区利率市场化改革［J］. 中国金融，2013（16）：53-56.

［4］毕燕茹. 利率走廊机制国际经验及我国的借鉴［J］. 金融发展评论，2015（4）：40-44.

［5］杨迪川. 利率走廊的国际经验与我国利率走廊构建研究［J］. 金融监管研究，2016（11）：43-64.

［6］林浩锋. 中国利率制度变迁研究（1949—2005）［D］. 沈阳：辽宁大学，2006.

［7］黄莎莎. 市场化改革背景下的利率制度研究［D］. 长沙：中南大学，2012.

［8］JOONKYUNG HA. Endogenous Growth and the Real Interest Rate：Evaluating Korea's Low Interest Rate Regime［J］. Seoul Journal of Economics，2006，19（1）.

［9］WILLIAM WHITESELL. Interest rate corridors and reserves［J］. Journal of monetary economics，2006，53（6）：1177-1195.

［10］ERASMUS L OWUSU，NICHOLAS M ODHIAMBO. Interest Rate Liberalisation in West African Countries：Challenges and Implications［J］. Ekonomski pregled，2017.

［11］ROMAN HORVATH，JANA KOTLEBOVA，MARIA SIRANOVA. Interest rate pass-through in the euro area：Financial fragmentation，balance sheet policies and negative rates［J］. Journal of Financial Stability，2018（36）：12-21.

［12］EDDIE C CHEUNG，MICHAEL C NG，YIU C MA. The Multi-Faceted Effects of Partial Interest Rate Liberalization in China［J］. The Chinese Economy，2019，52（2）：171-191.

1. 选择题

（1）在多种利率并存的条件下起决定作用的利率是（　　　）。

A. 差别利率　　　　B. 实际利率　　　　C. 公定利率　　　　D. 基准利率

（2）认为利息实质上是利润的一部分，是剩余价值特殊转化形式的经济学家是（　　　）。

A. 凯恩斯　　　　B. 马克思　　　　C. 杜尔阁　　　　D. 俄林

（3）认为利率纯粹是一种货币现象，利率水平由货币供给与人们对货币需求的均衡点决定的理论是（　　　）。

A. 马克思的利率决定理论　　　　　　B. 实际利率理论

C. 可贷资金论　　　　　　　　　　　D. 凯恩斯的利率决定理论

（4）下列利率决定理论中，（　　　）是着重强调储蓄与投资对利率的决定作用的。

A. 马克思的利率理论　　　　　　　　B. 流动偏好理论

C. 可贷资金理论　　　　　　　　　　D. 实际利率理论

（5）国家货币管理部门或中央银行所规定的利率是（　　　）。

A. 实际利率　　　　B. 市场利率　　　　C. 公定利率　　　　D. 官定利率

（6）名义利率与物价变动的关系呈（　　　）。

A. 正相关关系　　　　B. 负相关关系　　　　C. 交叉相关关系　　　　D. 无相关关系

（7）当前我国银行同业拆借利率属于（　　　）。

A. 官定利率　　　　B. 市场利率　　　　C. 公定利率　　　　D. 基准利率

（8）由非政府部门的民间金融组织确定的利率是（　　　）。

A. 市场利率　　　　B. 优惠利率　　　　C. 公定利率　　　　D. 官定利率

（9）西方国家所说的基准利率，一般是指中央银行的（　　　）。

A. 贷款利率　　　　B. 存款利率　　　　C. 市场利率　　　　D. 再贴现利率

（10）我国习惯上将年息、月息、拆息都以"厘"做单位，但实际涵义却不同，若年息6厘、月息4厘、拆息2厘，则分别是指（　　　）。

A. 年利率为6%，月利率为0.04%，日利率为0.2%

B. 年利率为0.6%，月利率为0.4%，日利率为0.02%

C. 年利率为0.6%，月利率为0.04%，日利率为2%

D. 年利率为6%，月利率为0.4%，日利率为0.02%

（11）提出"可贷资金论"的经济学家是（　　　）。

A. 凯恩斯　　　　B. 马歇尔　　　　C. 俄林　　　　D. 杜尔阁

2. 判断题

（1）凯恩斯认为，利率仅仅决定于两个因素：货币供给与货币需求。　（　　　）

（2）实际利率是以实物为标准计算的，即物价不变、货币购买力不变条件下的利率。　（　　　）

（3）负利率是指名义利率低于通货膨胀率。　（　　　）

（4）在通货膨胀条件下，实行固定利率会给债务人造成较大的经济损失。　（　　　）

（5）在我国，月息5厘是指月利率为5%。　（　　　）

3. 计算题

（1）银行向企业发放一笔贷款，额度为 2 000 万元，期限为 5 年，年利率为 7%，试用单利和复利两种方式计算银行应得的本利和。（保留两位小数）

（2）一块土地共 10 亩，假定每亩的年平均收益为 500 元，在年利率为 10% 的条件下出售这块土地，价格应是多少元？

（3）某人的年工资为 36 000 元，年平均利率为 3% 计算，请计算其人力资本的价格是多少。

（4）借贷资本金为 10 000 元，1 年的利息额为 1 200 元，年利息率为多少？

（5）某人计划从现在起每年存入银行 100 元，5 年后取出，若银行存款利率为 10%，则 5 年后可取出多少钱？

（6）某人 5 年后将还清一笔债务，从现在起每年等额存入银行 100 元，若银行存款利率为 10%，则现在借的这笔钱有多少？

（7）某息票债券面值为 1 000 元，息票利率为 10%。债券当前售价为 1 044.89 元，距离到期日还有 2 年。该债券的到期收益率和当期收益率是多少？

4. 简答题

（1）怎样认识利息的来源与本质？
（2）简述利率的经济杠杆功能。
（3）简述利率管制的优缺点。
（4）简述利率的风险结构。

5. 论述题

（1）结合我国 LPR 改革的现状，谈谈你对推进渐进式利率市场化改革的看法。
（2）结合收益率曲线，谈谈你对三种利率期限结构理论的理解。

第五章

外汇与汇率

■ **学习目的**

通过本章的学习，你应该能够：

（1）明确外汇的涵义、特征、种类和作用；

（2）理解汇率的涵义和种类；

（3）掌握汇率的决定和汇率制度；

（4）了解我国人民币汇率制度的演变。

随着我国加入 WTO 及改革开放的纵深发展，我国的金融业走上了高速发展的"快车道"，获得了前所未有的进步。伴随而来的是，我国企业和个人的对外交往活动越来越频繁，涉外经济活动深入到国民经济的各个领域。而国际上经济往来所产生的债权和债务关系，最终要通过结算的方式来了结，这种结算方式与国内结算方式不同，必须设计国际上公认的外国货币即外汇，以及外国货币与本国货币之间的兑换即汇率。本章将围绕外汇与汇率的基础知识做重点阐述。

第一节　外汇概述

一、外汇的概念

外汇（foreign exchange）是国际汇兑的简称，它有动态和静态之分。动态的外汇是指把一国货币兑换成另一国货币以清偿国际债务的金融活动。静态的外汇是指以外币表示的用于国际结算的支付手段。

国际货币基金组织（IMF）对外汇的定义是："外汇是货币行政当局（中央银行、货币管理机构、外汇平准基金及财政部）以银行存款、国库券、长短期政府债券等形式所持有的在国际收支中可以使用的债权。"此定义强调的是外汇的储备资产职能。

我国 1997 年公布的《中华人民共和国外汇管理条例》第三条规定：

外汇是以外币表示的可用作国际清偿的支付手段和资产，包括：

（1）外国货币，包括纸币、铸币；

（2）外币支付凭证，包括票据、银行存款凭证、邮政储蓄凭证等；

（3）外币有价证券，包括政府债券、公司债券、股票等；

（4）特别提款权、欧洲货币单位（欧元）；

（5）其他外汇资产。

二、外汇的特征

虽然外汇是指外国货币或以外国货币表示的能用来清算国际收支差额的资产，但是，并不是所有的外国货币都能成为外汇，它需要具备以下特征：

（1）自由兑换性，即这种外币能自由地兑换成本币；

（2）普遍接受性，即这种外币在国际经济往来中被各国普遍地接受和使用；

（3）可偿性，即这种外币资产是可以保证得到偿付的。

三、外汇的种类

（一）根据外汇可否自由兑换，外汇主要可以分为自由兑换外汇和记账外汇

自由兑换外汇，是指在国际结算和国际金融市场上，不需要货币发行国的批准，就可以自由兑换成其他国家货币的货币。换言之，凡是在国际经济与贸易交往中可以自由兑换并自由转让的外币，均称为自由兑换外汇。一般来说，一国的货币要成为自由兑换外汇必须具备三个条件：第一，在本国国际收支中对资金的转移不受任何限制；第二，不可采取双重汇率制度和歧视性货币政策；第三，在另一国的要求下，可以随时赎回对方国家经常项目中结存的本国货币。

记账外汇，又称协议外汇或双边外汇，是指在两国政府间签订的贸易协议或支付协议中使用的外汇，只能用于两国之间的经济贸易往来收支的结算。这种外汇未经货币当局的批准，不能自由兑换成其他国家的货币。其特点是：它用于两国之间协定范围内的交易，一般采用记账的方式；记账外汇可以是本国的货币、外国货币或第三国的货币；不可以转让第三国使用。

（二）根据外汇来源的不同，外汇主要分为贸易外汇和非贸易外汇

贸易外汇。出口商品赚取外汇，进口商品支付外汇，这种由进出口贸易所引发的外汇收支，就是贸易外汇。贸易外汇的收入是一国外汇的主要来源，贸易外汇的支出就是一国外汇的主要用途。

非贸易外汇。由非商品贸易的往来所引发的外汇收支，主要包括劳务外汇、旅游外汇和侨民外汇等，统称为非贸易外汇。随着世界服务贸易的发展，非贸易外汇对一国的外汇来源和用途有着重要的影响。

（三）根据外汇交割日期的不同，外汇主要分为即期外汇和远期外汇

即期外汇，又称现汇，是指外汇买卖成交之后，在两个营业日交割完成的外汇。根据支付凭证的不同，可分为电汇、信汇和票汇。

远期外汇，又称期汇，是指外汇买卖合同签订后，双方约定在未来某一时间办理交割手续的外汇。远期外汇，通常是由国际贸易结算中的远期付款条件引起的。远期外汇的用途主要有：避免国际贸易中收付的汇率风险；套利并锁定远期汇率风险；外

汇银行外汇头寸的调整；进行外汇投机。

四、外汇的作用

外币与本币一样，是国民经济建设中不可缺少的重要资源。同时，它作为国际结算的支付手段，也是国际经济往来中不可缺少的工具。随着国际经济、政治、文化交往的发展，外汇在促进国际贸易和国际经济合作方面发挥着重大的作用。

（1）实现国际购买力的转移，促进各国之间的相互交流。当今世界各国实行的是纸币流通制度，各国货币不同，一国货币一般不能在别国流通，对于别国市场上的商品和劳务没有直接的购买力。而外汇作为国际支付手段被各国所普遍接受，它使不同国家间的货币购买力的转移得以实现，极大地促进了世界各国在经济、政治、科技、文化等领域的相互交流。

（2）充当国际结算支付手段。利用国际信用工具（汇票等），通过在有关银行账户上的转账或冲抵的方法来办理国际支付，这种国际上非现金的结算方式，既安全迅速又简单方便，还可节省费用，加速了资金周转，促进了国际经贸关系的发展。

（3）调剂国际资金余缺。由于世界经济发展不平衡，各国资金的余缺程度不同，客观上需要在世界范围内进行资金的调剂。不同国家的资金调剂，不能像一国范围内资金余缺部门那样可直接进行。外汇的可兑换性，使各国余缺资金的调剂成为可能，从而推动了国际信贷和国际投资活动，使资金的供求在世界范围内得到调节，发挥着重大的作用。

（4）政府调节宏观经济的重要工具。外汇储备是国际储备资产的主体，是可以随时用来支付国际收支差额，干预外汇市场，维持本币汇率稳定的流动性资产，从而成为政府进行宏观经济调控的重要工具。

五、外汇储备

（一）外汇储备的涵义

外汇储备又称为外汇存底，是指为了应付国际支付的需要，各国的中央银行及其他政府机构所集中掌握并可以随时兑换成外国货币的外汇资产。我国外汇储备主要是中国人民银行持有并管理。不同的国家的储备制度并不相同，有的国家外汇储备持有者是财政部门（美国、日本、英国），有的国家是货币当局和财政部门共同持有（韩国）。

（二）外汇储备的作用

一定的外汇储备是一国进行经济调节、实现内外平衡的重要手段。外汇储备主要有以下四个方面的功能：

（1）调节国际收支，保证对外支付。当国家进出口交易出现比较明显的缺口或者因为其他的因素引起的贸易差，可以用外汇储备来填补逆差，保住本国的国际交易声誉，避免更多的经济危机，保证经济正常发展。

（2）干预外汇市场，稳定本币汇率。国家的汇率是由该国家的供求关系来决定的，如果国家的供求关系出现了紊乱的现象，导致市场汇率发展出现异常，会给国家的货币政策的运行产生影响，这个时候政府就会通过运用持有的外汇储备来买进外国债券的手法调整市场，稳定汇率。

（3）维护国际信誉，提高对外融资能力。外汇储备的多少就代表了国家清偿外债的能力的大小，也可以体会国家的经济实力的大小，是最直接的经济能力的体现，可以据此来判断国家的资信力，同时这也帮助我们获取了更多国际竞争优势。

（4）增强综合国力和抵抗风险的能力。经济全球化大大加强了世界经济体之间的联系，同时也扩大了一国的经济金融风险。在国际经济市场动荡加剧的时代，拥有充足的外汇储备意味着你有更多的能力抵抗风险，可缓解国际经济金融危机对本国所产生的冲击，有效应付各种紧急国际支付。

国家外汇管理局近期公布的外汇储备规模数据显示，自 2016 年以来，我国外汇储备规模绝对数量基本稳定，保持在 3 万亿~3.2 万亿美元。事实上，中国经济稳定增长的决心和政策取向、跨境资金流动及外汇市场的总体平稳运行，表明我国外汇储备规模具有继续保持稳定的坚实基础。依据国际货币基金组织（IMF）官方外汇储备货币构成（COFER）的数据，截至 2021 年第四季度，全球已分配的外汇储备总量约为 12.05 万亿美元。2021 年年底，我国持有外汇在全球外汇储备中的比重接近 27%。与此同时，国际市场对人民币的需求稳步上升，截至 2021 年第四季度，其他国家持有 3 361.05 亿美元的人民币作为外汇储备货币，人民币占全球外汇储备总额达 2.79%，创历史新高。未来，我国外汇储备将继续发挥调节国际收支、稳定汇率、提高外部融资能力和抗击外部金融风险冲击的作用，继续在我国对外经济金融关系中发挥稳定器的作用。

六、国际储备

（一）国际储备的涵义

国际储备（international reserve），是指各国政府为了弥补国际收支赤字，保持汇率稳定，以及应付其他紧急支付的需要而持有的国际普遍接受的资产的总称。按照这个定义，一种资产须具备三个特性，方能成为国际储备。第一个特性是可得性，即它是否能随时地、方便地被政府得到。第二个特性是流动性，即变为现金的能力。第三个特性是指普遍接受性，即它是否能在外汇市场上或在政府间清算国际收支差额时被普遍接受。按照国际储备的定义和特性，广义的国际储备可以划分为自有储备和借入储备。自有储备和借入储备之和又可称为国际清偿力（international liquidity）。通常我们讲的国际储备，是指自有储备，其数量多少反映了一国在涉外货币金融领域中的地位。而自有储备和借入储备之和的国际清偿力，则反映了一国货币当局干预外汇市场的总体能力。虽然借入储备多半是短期的，但因为引起汇率波动的因素有许多是短期因素，因此，包含自有储备和借入储备的国际清偿力，常常被经济研究人员和外汇市场交易者视作一国货币金融当局维持其汇率水平能力的重要依据。

（二）国际储备的构成

1. 自有储备

自有储备就是通常所说的国际储备，这类储备的所有权归一国货币当局，因而是严格意义上的国际储备，它包括一国货币当局持有的黄金储备、外汇储备、在国际货币基金组织的储备头寸，以及在国际货币基金组织的特别提款权余额。

（1）黄金储备。国际货币基金组织之所以把黄金储备列入国际储备，主要原因是：黄金长期以来一直被人们认为是一种最后的支付手段，它的贵金属特性使它易于被人们所接受，加之世界上存有发达的黄金市场，各国货币当局可以较方便地通过向市场出售黄金来获得所需的外汇，平衡国际收支的差额。

（2）外汇储备。外汇储备是指各国货币当局持有的外汇资产。在当今世界经济中，外汇储备构成国际储备的主体，体现在两个方面：第一，外汇储备的使用频率最高；第二，外汇储备的数额最大。在国际收支平衡表和国际投资头寸表中，外汇储备是国际储备的一个子项。

（3）在国际货币基金组织的储备头寸。国际货币基金组织犹如一个股份制性质的互助会。当一个国家加入基金组织时，须按约定的份额向该组织缴纳一笔钱，作为入股基金，我们称之为份额。按该组织现在的规定，认缴份额的25%须以可兑换货币缴纳，其余75%用本国货币缴纳。当成员国发生国际收支困难时，有权以本国货币抵押的形式向该组织申请提用可兑换货币。提用的数额分五档，每档占其认缴份额的25%，条件逐档严格。

（4）特别提款权余额。特别提款权（special drawing right，SDR）既是国际货币基金组织创立的一种记账单位，又是相对于普通提款权之外又一种使用资金（可兑换货币）的权力。国际货币基金组织于1969年创设特别提款权，并于1970年按成员国认缴份额开始向参加特别提款权部的成员国分配特别提款权。

2. 借入储备

随着各国经济相互依存性的提高和金融往来的日益密切，国际货币基金组织现在已把具有国际储备资产三大特性的借入储备统计在国际清偿力范围之内。借入储备资产主要包括：

（1）国际货币基金组织的备用信贷。所谓备用信贷，是成员国在国际收支发生困难或预计要发生困难时，同国际货币基金组织签订的一种备用借款协议。这种协议通常包括可借用款项的额度、使用期限、利率、分阶段使用的规定、币种等。协议一经签订后，成员国在需要时便可按协议规定的方法提用，无须再办理新的手续。

（2）针对国际收支的政府间互惠信贷和支付协议。互惠信贷和支付协议是指两个国家签订的使用对方贷款和使用对方货币的协议。在这种协议下，当其中一国发生国际收支困难时，便可按协议规定的条件（通常包括最高限额和最长使用期限）使用对方的贷款和货币，然后在规定的期限内偿还。这种协议同国际货币基金组织的备用信贷协议一样，从中获得的储备资产是借入的，可以随时使用的。但两者的区别是互惠信贷和支付协议不是多边的，而是双边的，它只能用来解决协议国之间的收支差额，而不能用作清算同第三国的收支差额。

（三）国际储备的管理

国际储备的管理主要包括外汇储备的数量管理和币种构成管理。储备数量并不是越多越好，因为持有储备是有成本的。因此，储备数量管理的任务就是要研究并确定一国应保持多少储备才算合理。由于能充当外汇储备资产标价的可兑换货币有多种，每种货币价值的稳定性和所标价资产的收益率不尽相同，因此就产生了外汇储备币种构成管理的必要性。币种构成管理的任务就是要研究并确定外汇储备在不同币种之间的分布比例以达到外汇储备保值增值的目标。

影响国际储备管理的因素主要包括：

（1）进口规模。国际储备是一个存量，进口是一个流量。为克服这一差别，一般采用年进口额这一指标，以它为分母，以储备为分子，采用比例法来推算一国的最佳储备量。比例法虽然比较简单，但正是由于其简单、易操作，至今仍然是国际储备需求研究中最常用方法之一。但是，一般认为的 20%～50% 这一比例范围，由于国际金融市场的高度发展而使其适用性明显下降。

（2）进出口贸易差额的波动幅度。对一个国家来说，每年的差额是不一样的，一般而言，波动幅度范围越大，对储备的需求就越大；反之，波动幅度越小，对储备的需求就越少。可以用经济统计的方法来求得或者预测一段时间的平均波动幅度，以此作为确定储备需求的参考。

（3）汇率制度。储备需求与汇率制度关系密切，一般来说，如果一国采取的是固定汇率制，并且政府不愿意经常性地改变汇率水平，那么，它就需要持有较多的储备，以应对国际收支可能产生的突发性巨额逆差或外汇市场上突然的大规模投机。反之，实行浮动汇率制的国家，其储备存量较低。

（4）国际收支的自动调节机制和调节政策的效率。调节政策调节国际收支差额的效率与国际储备存有量呈负相关，效率越高，需求量越少。

（5）持有储备的机会成本。一国政府的储备，往往以存款的形式存放在外国银行。将获取的储备存放在国外，会导致一定的成本。持有储备的相对机会成本越高，储备的存有量就越低。

（6）金融市场的发展程度。发达的金融市场能提供较多的诱导性储备，并且对利率、汇率等调节政策反应比较灵敏。因此金融市场越发达，政府保有的国际储备便可相应越少。反之，金融市场越落后，国际收支调节对政府自有储备的依赖就越大。

（7）国际货币合作状况。如果一国政府同外国货币当局和国际货币金融机构有着良好的合作关系，签订较多的互惠信贷备用信贷协议，或者当国际收支发生逆差时，国外货币当局能协同干预市场，则该国对于国际储备的需求量就越少。

第二节　汇率与汇率种类

一、汇率的涵义及标价方法

（一）汇率的涵义

汇率（rate of exchange）是以一国货币单位表示的另一国货币单位的价格，或者说，汇率是不同货币兑换的比率。汇率又称为汇价，与外汇行市、外汇牌价是同义语。折算两种货币的比率，首先要确定以哪一国货币作为标准，这称为汇率的标价方法。

（二）汇率的标价方法

国际上常用的汇率标价方法有两种：直接标价法（direct quotation）和间接标价法（indirect quotation）。

直接标价法又称应付标价法，是指以一定单位（1、100、10 000 个单位）的外国货币为标准，折算为若干单位本国货币的表示方法。在直接标价法下，等式左边的外国货币数额固定不变，外汇汇率涨落均以等式右边相对的本国货币数额的变化来表示。如果需要比原定更多的本国货币才能兑换原定数额的外币，这说明外国货币价值上升，本国货币对外国货币的比值下降，通常可称之为外汇汇率上涨，或本币汇率下跌。假定以比原定数额较少的本国货币就能兑换原定数额的外国货币，这就说明本币币值上升，外币对本币的比值下降，通常称之为外汇汇率下跌，或本币汇率上涨。目前除美元、英镑、欧元以外，世界上绝大多数国家的货币均采用直接标价法。我国国家外汇管理局公布的外汇牌价也采用直接标价法。

间接标价法又称应收标价法，是指以一定单位的本国货币为标准，折算为若干单位外国货币的表示方法。在间接标价法下，等式左边的本国货币数额固定不变，外汇汇率涨落均以等式右边相对的外国货币数额的变化来表示。一定单位的本国货币折算的外国货币增多，即等式右边的外国货币数额增大，说明外汇汇率下降，本币汇率上升。如果外币数额减少，则说明外币币值上升，本国货币币值下降，本币汇率下跌，外汇汇率上升。

直接标价法和间接标价法之间存在着一种倒数关系，即直接标价法的倒数就是间接标价法；反之亦然。在国际上进行外汇业务交易时，银行之间的报价通常以美元为基础来表示各国货币的价格，这一标价法称为美元标价法（US dollar quotation）。

二、汇率的种类

从不同角度出发，汇率可划分为不同的种类。

（一）按制定汇率的不同方法来区分，可分为基本汇率与套算汇率

基本汇率是指一国（本国）货币对某一关键货币的比率。所谓关键货币，是指该国国际收支中使用最多的、外汇储备中所占比重最大的、国际上普遍接受的自由兑换货币。第二次世界大战结束以来，大多数国家均把美元当作关键货币以制定基本汇率。

套算汇率又称交叉汇率，是指两种货币通过第三种货币（即某一关键货币）为中介，而间接套算出来的汇率。在实务操作中，套算汇率就是利用基本汇率推算出来的。

（二）按银行买卖外汇的角度区分，可分为买入汇率和卖出汇率

买入汇率（buying rate），也称买价或银行出价，它是指银行向同业或客户买入外汇时所使用的汇率。采用直接标价法时，外币折合本币数较少的那个汇率是买入价；采用间接标价法时则相反。

卖出汇率（selling rate），也称卖价或银行要价，它是指银行向同业或客户卖出外汇时所使用的汇率。采用直接标价法时，外币折合本币数较多的那个汇率就是卖出价；采用间接标价法时则相反。

买入卖出都是从银行买卖外汇的角度来看的，两者之间有个差价。这个差价是银行买卖外汇的正常收益，为 0.1%~0.5%。

银行同业之间买卖外汇时使用的汇率也称同业买卖汇率，实际上也就是外汇市场买卖价。在正常情况下，银行同业买卖汇率的差价比银行与一般客户的买卖差价要小。买入汇率与卖出汇率的算术平均数就是中间价，即

$$（买价+卖价）\div 2 = 中间价$$

（三）按汇兑方式划分，可分为电汇汇率、信汇汇率、票汇汇率

电汇汇率（telegraphic transfer rate，T/T Rate）是指银行以电报、电传等方式委托其国外分支机构或代理人付款给受款人所使用的一种汇率。在国际支付中，大额的资金调拨一般都采用电汇。由于电汇付款时间快，一般可以当天到达，银行无法占用客户的资金头寸。国际电报电传费用也较高，使得电汇汇率较信汇汇率、票汇汇率高。

电汇汇率在外汇交易中占有较大的比重，成为计算并框定其他汇率的基础，因此，电汇汇率又称基础汇率。

信汇汇率（mail transfer rate，M/T Rate）是用信函通知付出外汇时的汇率。邮寄信函需要一定时间，银行在这段时间内可以占用客户的资金。因此需要把邮程时间的利息在汇率内扣除，于是信汇汇率比电汇汇率低。

票汇汇率（banker's demand draft rate，D/D Rate）是指银行通过签发一纸由其在国外的分支行或代理行付款的支付命令给汇款人，由其自带或寄往国外取款的一种汇率。票汇汇率分为两种：一种是即期票汇汇率，另一种是远期票汇汇率。由于卖出汇票与支付外汇间隔一段时间，因此票汇汇率也需在电汇汇率的基础上对利息因素做些调整，并且期限越长，价格越低。即期票汇和远期票汇都是外汇交易的重要形式。

（四）按汇率制度划分，可分为固定汇率和浮动汇率

固定汇率是指货币的汇率基本固定，波动被限制在较小幅度之内的汇率。

浮动汇率是指各国货币之间的汇率波动不受限制，而听任外汇市场供求关系自由波动的汇率。

（五）根据国家对汇率管制的宽严程度划分，可分为官方汇率与市场汇率

官方汇率是指政府机构（如中央银行或外汇管理机构）制定和公布的汇率，并规定一切外汇交易都以此汇率为准。

市场汇率是指在外汇市场上自由买卖外汇的实际汇率。

（六）按外汇买卖交割时间来划分，可分为即期汇率和远期汇率

即期汇率是买卖双方成交后，于当天或次日办理交割的汇率。

远期汇率是指银行向客户买卖外汇，签订成交合同，预约在未来一定时期进行交割所使用的预定汇率。买卖远期外汇的期限一般为 1、3、6、9、12 个月等。银行把几个月以后的交易金额及汇率在合同中先预定下来，以后不论市场汇率如何变动，交易双方都要履行合同，按合同预定汇率办理支付。远期汇率是在即期汇率的基础上加减一定差额形成的，这个差额称为远期差价。即：

$$远期汇率＝即期汇率±远期差价$$

远期差价（forward margin）用升水（premium）、贴水（discount）、平价（at par）来表示。升水表示远期汇率比即期汇率贵，贴水表示远期汇率比即期汇率便宜，平价表示远期汇率等于即期汇率。远期差价值在实务中常用点数表示，每点为万分之一，即 0.000 1。

（七）从衡量货币价值的角度划分，可分为名义汇率、真实汇率和有效汇率

名义汇率是指未经调整的汇率。

真实汇率又称实际汇率。它是一种对价格进行调整后的名义汇率。具体地说，真实汇率是把名义汇率中的物价因素扣除后得出的。

有效汇率是各种双边汇率的加权平均。衡量一种货币的价值仅靠双边汇率是不够的。在外汇市场上，常可以看到一种货币对某种外币的价值在上升，但对另一种外币的价值却在下降。在这种情况下，双边汇率无法说明这种货币在世界范围内的变动情况，因此要用有效汇率来综合衡量一种货币的变化情况。

第三节 汇率的决定

货币制度的每一次改变都伴随着汇率决定理论的变迁，从历史悠久的购买力平价理论到各种新兴的理论，无一不体现出这一趋势。这里介绍不同货币制度下汇率的决定与变动。

一、金本位制度下的汇率决定与变动

（一）汇率决定因素：铸币平价（mint parity）

金本位制度的特点是：各国货币均以黄金铸成，金铸币有一定重量和成色，有法定含金量；金币可以自由流通、铸造、具有无限清偿能力；辅币和银行券可以按其票面价值自由兑换为金币；黄金可自由输出入国境。在国际结算和国际汇兑中，可以按不同货币各自的含金量多少加以对比，从而确定货币比价，因此，金本位制度下两种货币之间含金量之比，即铸币平价，就成为决定两种货币汇率的基础。

（二）汇率变动因素：供求关系和黄金输送点（gold points）

金本位制度下外汇供求关系变化的主要原因在于国际间债权债务关系的变化，尤其是由国际贸易引起的债权债务清偿。当一国在某个时期出口增加，有大量贸易顺差时，外国对该国货币的需求旺盛，同时本国的外汇供给增加，导致本币升值，当本币汇率上涨超过某一界限时，引起黄金大量输入；反之，当一国在某个时期进口增加，出口减少，有大量贸易逆差时，本国对外汇需求增大，同时外国对本国货币需求减少，从而导致本币贬值，当本币汇率下降超过某一界限时，引起黄金大量输出。黄金输入点和黄金输出点共同构成了金本位制度下汇率波动的上下线，即黄金输送点。所谓黄金输送点是指在金本位制下汇率涨落引起黄金输入或输出的界限。所以说，供求关系导致的外汇市场汇率波动是有限度的，汇率制度也是相对稳定的。

二、纸币制度下的汇率决定与变动

（一）汇率决定因素：汇率的价值基础以及外汇市场的供求

纸币制度下，纸币名义上或法律上的金平价已经不能作为决定两国货币汇率的价值基础，取而代之的是，纸币所实际代表的含金量。纸币之所以能与一定的商品形成交换比例，是因为它是金的符号，代表了一定金量，从而代表了一定的价值量；同时，在给定商品价值的条件下，单位纸币购买力的大小取决于纸币所代表的金量的大小，从而取决于它所代表的价值的大小。纸币流通制度下的汇率的决定依然是以价值为基础的，它的本质还是两国货币所代表的价值量之比。

西方经济学家十分重视外汇市场供求关系对汇率形成的作用，他们认为：当外汇供不应求时，外汇汇率上升，当外汇供过于求时，外汇汇率下降，当外汇供求相等时，外汇汇率达到均衡，实际汇率由外汇市场供给与需求的均衡点所决定。

（二）汇率变动因素

纸币制度下，国际汇率制度经历了布雷顿森林体系下的固定汇率和20世纪70年代以后的浮动汇率两个时期，与金本位制度下的汇率截然不同：一方面纸币制度下的汇率无论是固定的还是浮动的，都已经失去了保持稳定的基础，这是由纸币的特点造成的。另外，外汇市场上的汇率波动也不再具有黄金输送点的制约，波动是无止境的，任何能够引起外汇供求关系变化的因素都会造成外汇行情的波动。主要影响因素有：

（1）国际收支差额。外汇供求是影响汇率的最直接因素。外汇供给与需求体现着国际收支的各种国际经济交易，国际收支平衡表中经常账户以及资本与金融账户的贷方项目构成外汇供给，借方项目构成外汇需求。如果贷方余额大于借方余额，即是国际收支盈余，意味着外汇供过于求，外汇汇率下降，本币升值；若贷方余额小于借方余额，也即国际收支赤字，则意味着外汇供不应求，于是外汇汇率上升，本币贬值。

（2）财政及货币政策。货币政策的主要形式是改变经济体系中的货币供给量。当货币供给发生变化时，利率也随之变化。就货币政策而言，货币供给量的变化是主要的。虽然人们主要根据利率来决定自己的经济行为，但在分析过程中，利率只是一个中间变量。这说明，货币供给的增加会造成货币的贬值。在货币的需求不变的情况下，增加货币供给会引起利率下降。从利率平价定理可知，利率下降的结果是本国货币相对外币贬值。反之，如果货币供给减少，汇率便会升值。财政政策的主要形式是改变政府支出和税收的水平。税收的改变，可以纳入政府支出的变化中一起分析。当政府支出增加时，货币会升值，也是因为利率。政府支出增加，对货币的需求也相应地增加。如果货币供给不变，货币需求又有所增加，可引起利率上升，也就是汇率的升值。

（3）通货膨胀。通货膨胀意味着该国货币所代表的价值量的下降，由两国货币所代表的价值量决定的汇率必将随两国通货膨胀率的差异而发生变化。如果一国通货膨胀率高于他国，该国货币对内贬值的同时也会带来对外贬值，导致本币汇率下降。

（4）利率水平。利率的变化直接引起该国资本账户的变化。在资金流动极为频繁的情况下，利率作为金融市场上资金的"价格"，成为影响汇率的一个极其重要的因素。它不仅通过资本账户的变化而直接影响汇率，同时作为一个重要的经济杠杆，它对国内经济也将产生影响，进而间接影响汇率。

（5）经济增长率。一国经济增长率高，意味着收入上升，由此会带来进口需求水平和进口支出的提高，导致经常项目逆差，造成该国货币币值下降的压力；若经济持续较快增长，往往也意味着生产力的迅速提高，从而提高本国的出口能力，使出口增长大于进口的增长，将使该国货币币值坚挺；有助于吸收外资流入进行直接投资，从而改善资本账户收支；有助于增强外汇市场上对其货币的信心。

（6）总需求和总供给。若总需求中对进口的需求增长快于总供给中出口供给的增长，意味着外汇需求上升，从而本币汇率下降；若总需求增长快于总供给增长，其超额总需求将转向国外产品，引起进口增加，从而引起本币汇率下降。

第四节 汇率制度

一、汇率制度种类

汇率制度是各国普遍采用的确定本国货币与其他货币汇率的体系，具体规定了汇率的确定及变动的规则，对各国汇率的决定有重大影响。汇率制度是国际货币制度的有机组成部分，是在不同的国际货币体系下产生和发展起来的。自19世纪后期至今，对应于国际货币体系的演变，前后一共出现了三种汇率制度，即金本位体系下的固定汇率制、布雷顿森林体系下的固定汇率制和浮动汇率制。

汇率制度又称汇率安排，是指一国货币当局对本国汇率水平的确定、汇率变动方式等问题所作出的一系列安排或规定。按照汇率波动有无平价及汇率波动幅度的大小，可将汇率制度分为固定汇率制度和浮动汇率制度。

（一）固定汇率制度

固定汇率制度（fix rate system）是指两国货币的比价基本固定，现实汇率只能围绕平价在很小的范围内上下波动的汇率制度。如在外汇市场上两国汇率波动超过规定的幅度时，有关国家的货币当局有义务站出来干涉，以维持汇率保持不变。

从历史发展进程来看，自19世纪中后期金本位制在西方各国确定以来，一直到1973年，世界各国的汇率制度基本上属于固定汇率制度。固定汇率制度经历了两个阶段：一是从1816年到第二次世界大战前国际金本位制度时期的固定汇率制；二是从1944年到1973年的布雷顿森林体系下的固定汇率制度（也称为纸币流通条件下的固定汇率制度）。

1. 金本位制度下的固定汇率制度

在实行金本位制度的国家，其货币汇率是由铸币平价决定的；由于金币可以自由铸造、银行券可以自由兑换金币、黄金可以自由输出输入，汇率受黄金输送点的限制，波动幅度局限于很狭窄的范围内，可以说金本位制度下的固定汇率制度是典型的固定汇率制度。

2. 布雷顿森林体系下的固定汇率制度

1944年，在美国布雷顿森林召开了一次国际货币金融会议，确定了以美元为中心的汇率制度，被称为布雷顿森林体系下的固定汇率制度。其核心内容为：美元规定含金量，其他货币与美元挂钩，两种货币兑换比率由黄金平价决定，各国的中央银行有义务使本国货币与美元汇率围绕黄金平价在规定的幅度内波动，汇率波动一旦超出规定的幅度，政府有义务干预外汇市场，使汇率回到规定的幅度内。各国中央银行持有的美元可按黄金官价向美国兑取黄金。

（二）浮动汇率制度

所谓浮动汇率制度（floating system）是指一国不规定本国货币对外币的平价及上下波动的幅度，汇率由外汇市场的供求状况决定并上下浮动的汇率制度。按照不同的划分标准可将浮动汇率划分为不同种类。

1. 按政府是否干预来划分

（1）自由浮动或清洁浮动是指汇率完全由外汇市场上的供求状况决定，自由涨落、自由调节，政府不加干预。

（2）管理浮动或肮脏浮动是指一国货币当局为使本国货币对外的汇率不致波动过大、或使汇率向着有利于本国经济发展的方向变动，通过各种方式，或明或暗地对外汇市场进行干预。

（3）联合浮动汇率：是指当一些经济关系密切的国家组成集团，在成员国货币之间实行固定汇率制的同时，对非成员国货币实行共升共降的浮动汇率。比较典型的例子是原欧洲货币体系即现在的欧元区。

2. 按汇率浮动程度或浮动方式划分

（1）钉住型或无弹性型。将本币按固定比价同某一种外币或混合货币单位相联系，而本币对其他外币的汇率随钉住货币与其他外币汇率的浮动而浮动。

①钉住某一种货币：由于历史、地理等诸方面原因，有些国家的对外贸易、金融往来主要集中某一工业发达国家，或主要使用某一外国货币。为使这种贸易、金融关系得到稳定发展，免受相互间汇率频繁变动的不利影响，这些国家通常使本币钉住该工业发达国家的货币。

②钉住"一篮子"（也称"一揽子"）货币。一篮子货币通常是由几种世界主要货币或由与本国经济联系最为密切的国家的货币组成的。特别提款权是一种最有名的一篮子货币，它由美元、日元、英镑、欧元（原是德国马克和法国法郎）按不同的比例构成，其价格随着这几种货币的汇率变化每日都进行调整，由国际货币基金组织逐日对外公布。其他一篮子货币的货币构成都是由实行钉住政策的国家自由选择和调整的。这种浮动有两个特点，一是保值，二是波动幅度小，汇率走势稳定。

（2）有限灵活型或有限弹性型。一国货币的汇价钉住某一种货币或一组货币浮动，但与钉住货币之间的汇率有较大的波动幅度。

①钉住某一货币浮动。也称相对于一种货币的有限浮动型，它的最大特点在于允许有一定的波动幅度，这个幅度必须维持在所钉住货币汇率的 2.25% 范围内。

②钉住一组货币浮动。也称联合浮动或整体浮动，是指一些经济关系密切的国家组成集团，在集团成员国中的货币之间实行固定汇率并规定波动幅度，对其他国家货币则实行联合浮动，即浮动幅度保持大致一致。

（3）更为灵活型或高度弹性型。即汇率波动不受幅度的限制，以独立自主的原则进行汇率调整。

①根据一套指标浮动。指标因国而异，但大都是以本国的外汇储备、国际收支状况、消费物价指数与本国贸易关系密切的有关国家物价变动的情况等作为调整本国货币汇率浮动的依据。实行这种制度的有智利、厄瓜多尔、尼加拉瓜等国家。

②较灵活的管理浮动。指一国政府对汇价的制定与调整有一定程度的干预。但这种浮动方式常常达不到预期效果，从而使汇率处于持续的波动之中。采用这种浮动方式的有中国、新加坡、韩国等 32 个国家。

③单独浮动。单独浮动是指一国货币不与任何外国货币形成固定比价，其汇率根据外汇市场的供求状况实行浮动。采用这种浮动方式的有美国、日本、英国等 58 个国家。

上述根据浮动弹性分类是国际货币基金组织归纳的方式，易于被人们广泛地接受。

第五节　人民币汇率制度改革

一、物价对比法阶段（1949—1952 年）

中国人民银行于 1948 年 12 月 1 日发行人民币时，并没有规定含金量。而当时以美元为中心的布雷顿森林货币体系已经运转，主要资本主义国家的货币都有含金量。人民政府为了稳定物价和人民币的币值，人民币的国内价值采取"折实制度"，即以粮、布、煤、油、盐五种商品的综合物价指数作为"折实单位"，并以之作为发行公债、吸收储蓄存款和支付工资的计算标准。"折实制度"一直实行到 1955 年 3 月发行新人民币并以 1∶10 000 的比例收回旧人民币时才取消。

这一时期人民币对外币的汇价是以"物价对比法"为基础进行计算的，即根据人民币内外购买力的变化，参考进出口理论比价和国内外生活物价指数，并根据"奖励出口、兼顾进口、照顾侨汇"的政策而制定的。所谓奖励出口，即是照顾资本主义的出口商经营 75%~80% 的商品获得 5%~15% 的利润，并照顾华侨汇款换取的人民币的实际购买力。当时人民币汇率根据人民币对美元的出口商品的比价、进口商品的比价和华侨的日用品生活费的比价三者的加权平均数来调整，比较真实地反映出人民币的对外价值。

二、稳定汇价阶段（1953—1972 年）

这一时期我国开始了有计划的社会主义建设，基本经济情况是计划经济体制正在逐步健全，国内物价趋于长期稳定；私人对外贸易行业的社会主义改造提前完成，国营外贸企业已经在对外贸易中居统治地位；我国对西方国家没有直接借贷关系。这一时期，国际上以美元为中心的布雷顿森林货币体系开始运转，维持纸币流通下的固定汇率制，各资本主义国家的货币基本稳定。我国在这一时期采取了"稳定汇价"的政策，即人民币汇率同资本主义国家公布的法定汇率相适应，主要同英镑联系，相对固定，只是在某种货币公开升值或贬值时才做相应调整。从 1953 年起，人民币对英镑的汇率一直是 1 英镑折合 6.893 0 元，只是在 1967 年 11 月英镑贬值 14.3% 时才调整过一次，调整为 1 英镑折合 5.908 0 元。而这一时期人民币对美元的汇率始终是 1 美元兑换 2.461 8 元，一直没有变动。在此阶段，人民币汇率不再充当对外经济交往的工具，外汇盈亏全部由国家财政负担与平衡。

三、"一篮子"货币定值阶段（1973—1980 年）

1973 年，布雷顿森林货币体系瓦解，世界各国货币取消与美元的固定比价，主要的西方国家采取浮动汇率制取代固定汇率制，而大多数发展中国家实行钉住汇率政策（有的钉住一种主要货币，有的钉住一组主要货币），世界各国货币汇率波动频繁而剧烈。这一时期人民币汇率的确定原则也发生了变化，由过去的国内外物价对比法，改为按"一篮子"货币的方法来定值，即选择我国对外经贸活动中经常使用的若干种货币，按照其重要程度和政策需要确定不同的加权比重组成"货币篮"，根据"篮子"

货币变动情况加权计算人民币的汇率。

四、贸易内部结算价和非贸易双重汇率阶段（1981—1984 年）

这一时期，我国的外贸管理体制开始改革，对外贸易由国家垄断，外贸部门所属专业公司统一经营逐步改为多家分散经营，并批准一些工贸联合企业直接经营进出口业务。这些公司和企业实行独立经济核算，自负盈亏，他们在核算成本和利润时不能不考虑汇价的因素，要求人民币汇价必须同进出口贸易的实际状况相适应。但当时的人民币汇价难以适应这一要求，因为当时我国物价一直由国家规定，多年保持不变，形成价格背离价值、国内价格与国际价格相脱节的局面。国内消费品的价格比国外低，工业品的价格比国外高，形成了生活消费品和劳务费用国内外比价与进出口商品的比价相差悬殊的局面，从而使人民币的汇价用于非贸易方面偏低，用于贸易方面偏高。为解决这一问题，从 1981 年 1 月 1 日起，我国实行了贸易内部结算价，即该汇价只适用于贸易收支的内部结算，内部贸易结算价为 1 美元等于 2.8 元。而非贸易结算价仍维持原来公开牌价，即 1 美元等于 1.5 元的水平上。双重汇率制的实行有利于鼓励出口，避免了非贸易外汇收入的损失，但两种汇率制度在使用范围上出现混乱，造成外汇结算和外汇管理的复杂。

五、单一汇率制阶段（1985 年）

由于双重汇率不利于使汇率真正反映货币比价，并且在实际工作中难以分清贸易和非贸易的界限，加上当时我国国内价格还没放开，进出口由盈转亏，财政补贴增多，加重了财政负担。所以，国务院决定从 1985 年 1 月 1 日起取消贸易内部结算价，恢复单一汇率，并将人民币汇率进一步下调。1985 年 10 月 30 日，人民币对美元的汇率由 1 美元兑换 2.8 元下调为 1 美元兑换 3.2 元，下调幅度为 12.5%。

六、外汇调剂市场开放，重新形成双重汇率阶段（1986—1993 年）

1986 年 7 月 5 日，人民币汇率的官方牌价由 1 美元兑换 3.2 元下调为 1 美元兑换 3.722 1 元，下调幅度为 14.03%；1989 年 12 月 16 日，由 1 美元兑换 3.722 1 元下调到 1 美元兑换 4.722 1 元，下调幅度为 21.18%；1990 年 11 月 17 日，由 1 美元兑换 4.722 1 元下调到 1 美元兑换 5.222 1 元，下调幅度为 9.57%。同时，人民币对其他外币的汇率也在此基础上做了相应的调整。在这以后几年中，人民币汇率逐步向下进行了小幅度调整，到 1993 年年底官方汇率调整为 1 美元兑换 5.8 元。人民币汇率适时下调，在一定程度上纠正了人民币币值被高估的问题，对扩大出口，抑制非正常进口，平衡我国的国际收支起到了积极的推动作用。

我国自实行外汇留成制度以来，开展了外汇调剂业务。20 世纪 80 年代中期，随着留成外汇的增加，外汇体制的改革，1986 年 7 月 1 日我国开放了外汇调剂市场，各地银行成立了外汇调剂所，协助有关各方调剂留成外汇，随着外汇调剂业务量的扩大，调剂价格也逐渐放开。1986—1990 年，根据国内物价多次大规模调整汇率。1991 年汇率转入微调方式，当时，全国外汇调剂价格基本上是由市场上的外汇供求关系决定的，行政干预减少。如 1992—1993 年，由于国内经济建设加快，进口需求增加，外汇调剂价格曾经达到 1 美元兑换 10 元的水平。1993 年 7 月 11 日，由于中国人民银行提高人民币存贷款利率和中央加强宏观调控的措施，外汇调剂价格又降到 1 美元兑换 8 元左右的水平。1993 年 12 月 31 日，官方汇率为 1 美元等于 5.8 元，而外汇调剂价格为 1 美元等于 8.7 元。

七、单一的有管理的浮动汇率制阶段（1994—2005 年 7 月 20 日）

1994 年 1 月 1 日，我国进行了外汇体制重大改革，实行汇率并轨，即把外汇调剂市场的汇价与官方牌价合二为一，保留一个汇价，实行银行结售汇。建立以市场供求为基础的单一的有管理的浮动汇率制。即建立全国银行间的外汇市场，取消 1 美元等于 5.8 元的官价，并到市价中来，实行单一汇率制；国家不再以行政命令的方式规定汇价，市场供求关系将是决定汇率的主要依据；中国人民银行通过在外汇市场吞吐外汇来维持人民币与美元汇率的基本稳定。中国人民银行根据前一天银行间外汇市场买卖外汇形成的价格，每日公布人民币的汇率。国家主要运用经济手段，如货币政策、利率政策和调节外汇的供求来保持汇率的稳定。

1994 年 1 月 1 日，汇率制度改革的当天，人民币的汇率水平是 1 美元兑换 8.7 元。从 1994 年 1 月 1 日—1997 年 7 月 1 日的 3 年半的时间里人民币的汇率由 1 美元兑换 8.7 元上涨到 1 美元兑换 8.28 元，人民币对美元的汇率上涨了 5.1%。从 1997 年 7 月—2005 年 7 月 21 日，人民币对美元的汇率一直稳定在 1 美元兑换 8.27 到 8.28 元的水平上，没有太大变化。原因主要是由于 1997 年 7 月 2 日亚洲金融危机爆发后在我国周边地区不断蔓延，许多亚洲国家的货币对美元的汇率贬值了百分之几十甚至百分之几百，人民币贬值的预期加剧。在这种形势下，中国作为一个负责任的大国，为了防止亚洲周边国家和地区的货币轮番贬值而使危机深化，郑重承诺人民币不贬值，主动加大了对人民币汇率的调控和管理力度，收窄了人民币汇率的波动区间，虽然付出了相当的代价，但却成功地抵御了亚洲金融危机的冲击，赢得了广大的发展中国家乃至发达国家的一致赞誉和好评。正是在这种特殊的历史条件下，人民币对美元的汇率基本上是在较窄的区间里波动，实际上在 1994 年改革形成的"有管理的浮动汇率"不知不觉发展成了"钉住美元的固定汇率制度"。

八、以市场供求为基础、参考"一篮子"货币进行调节、有管理的浮动汇率制度阶段（2005 年 7 月 21 日至今）

为建立完善社会主义市场经济体制，充分发挥市场在资源配置中的基础性作用，建立健全以市场供求为基础的、有管理的浮动汇率制，经国务院批准，我国于 2005 年 7 月 21 日进行完善人民币汇率形成机制改革，主要内容是：

（1）自 2005 年 7 月 21 日起，我国开始实行以市场供求为基础、参考"一篮子"货币进行调节、有管理的浮动汇率制。人民币汇率不再盯住单一美元，形成更富弹性的人民币汇率机制。

（2）中国人民银行于每个工作日闭市后公布当日银行间外汇市场美元等交易货币对人民币汇率的收盘价，作为下一个工作日该货币对人民币交易的中间价格。

（3）2005 年 7 月 21 日 19 时，美元对人民币的交易价格调整为 1 美元兑换 8.11 元（或者说略微升值了 2% 以上），作为次日银行间外汇市场上外汇指定银行之间交易的中间价，外汇指定银行可自此时起调整对客户的挂牌汇价。

（4）每日银行间外汇市场美元对人民币的交易价格仍在人民银行公布的美元交易中间价上下 0.3% 的幅度内浮动，非美元货币对人民币的交易价格在人民银行公布的该货币交易中间价上下一定幅度内浮动。

至此人民币汇率不再盯住单一美元，而是按照我国对外经济发展的实际情况，选择若干种主要货币，主要有美元、欧元、日元、港元等，赋予各种货币相应的权重，组成一个"货币篮子"。同时根据国内外经济金融形势，以市场供求为基础，参考"一篮子"货币计算人民币多边汇率指数的变化，对人民币汇率进行管理和调节，维护人民币汇率在合理、均衡水平上的基本稳定。参考"一篮子"货币，外币之间的汇率变化会影响人民币的汇率，但参考"一篮子"并不等于盯住"一篮子"货币，它还需要将市场供求关系作为另一个重要依据，据此形成有管理的浮动汇率制。

虽然改革后中央银行将参考一个关键贸易伙伴国的"货币篮子"来调节汇率，而不再只参考美元，然而美元依旧重要。中央银行声明人民币"不再盯住美元"，多少有些误导性。新的改革将人民币相对美元可以升值（或贬值）的幅度明确为每天上下 0.3%。具体地说，新政策设定每天的交易区间为前一工作日交易闭市价值加减 0.3%。美元在"货币篮子"中的权重没有公布；实际上，可以肯定其权重非常高，反映了美元作为贸易活动计价货币的主导地位。21 日行动的真正意义是中央银行具有了新的能力，可以允许人民币相对美元升值。如果人民币按照每天的波动上限升值，那么每个月就几乎可以升值 6%。这是对"爬行钉住"制度的恢复。在这种情况下，货币以事先确定的速度升值（或者，更常见的情况是贬值，巴西雷亚尔就是如此），这一速度可以公开，也可以不公开。就中国对升值有确切的时间表而言，新制度是"爬行篮子区间"。

自 2005 年 7 月 21 日以来，由于诸多原因，我国人民币升值较快，例如，2006 年 9 月 1 美元约等于 7.9 元；2007 年 1 月 11 日人民币对美元 7.80 关口告破，13 年来首次超过港币；2008 年 4 月 10 日人民币对美元汇率中间价突破 7.00；2009 年 2 月 1 美元约等于 6.8 元，而 2014 年 3 月 2 日 1 美元约等于 6.1 元。主要的原因是：一是我国在与美国的出口贸易中一直保持顺差的优势，导致美国对我国施压，迫使人民币升值；二是我国的人民币逐渐作为强势货币出现在国际金融市场上。

2007 年 5 月 21 日，人民币对美元汇率的日波幅从 ±0.3% 扩大到 ±0.5%。2012 年 4 月 16 日，银行间即期外汇市场人民币兑美元交易价浮动幅度由 0.5% 扩大至 1%，即每日银行间即期外汇市场人民币兑美元的交易价可在中国外汇交易中心对外公布的当日人民币兑美元中间价上下 1% 的幅度内浮动。外汇指定银行为客户提供当日美元最高现汇卖出价与最低现汇买入价之差不得超过当日汇率中间价的幅度由 1% 扩大至 2%，其他规定仍遵照《中国人民银行关于银行间外汇市场交易汇价和外汇指定银行挂牌汇价管理有关问题的通知》（银发〔2010〕325 号）执行。

2014 年 3 月 17 日，银行间即期外汇市场人民币兑美元交易价浮动幅度由 1% 扩大至 2%，即每日银行间即期外汇市场人民币兑美元的交易价可在中国外汇交易中心对外公布的当日人民币兑美元中间价上下 2% 的幅度内浮动。外汇指定银行为客户提供当日美元最高现汇卖出价与最低现汇买入价之差不得超过当日汇率中间价的幅度由 2% 扩大至 3%，其他规定仍遵照《中国人民银行关于银行间外汇市场交易汇价和外汇指定银行挂牌汇价管理有关问题的通知》（银发〔2010〕325 号）执行。

2015 年 8 月 11 日，中国人民银行推出对人民币汇率中间价报价机制的改革，中间价报价参考上日银行间外汇市场收盘价，并将当日人民币汇率中间价调整为 6.229 8，较上日的 6.116 2 下跌 1.9%。2015 年 12 月，外汇交易中心发布人民币汇率指数，中央银行强调要加大参考"一篮子"货币的力度，以保持人民币对"一篮子"货币汇率的基本稳定。此后，为应对外汇市场中存在的顺周期行为，避免市场出现恐慌，中央银行于 2017 年 2 月和 2018 年 8 月，两次在中间价报价中引入逆周期因子，并对国际资本流动加强了宏观审慎管理。

2015 年的汇改，是此前汇率市场化改革的一个延续，是十八届三中全会关于稳步推进利率和汇率市场化改革以及加快实现人民币资本项目可兑换要求的一个贯彻落实。

这一阶段主要有以下两个特点：

（1）人民币能贬能升，实现双向波动。人民币兑美元汇率从 2015 年 8 月时的 6.209 7 一路跌至 2017 年年初的 6.955 7，跌幅达 12%。其间，人民币汇率虽在 2016 年 2 月至 4 月等为数不多的几个时段出现过小幅的回升，但均不持续，也未改变市场预期。但从 2017 年 5 月至今，人民币汇率基本实现了双向波动。

（2）中央银行退出了外汇市场的常态式干预。如果我们以中央银行外汇占款的变化为观察指标来衡量中央银行常态式干预外汇市场的程度可以发现，从 2017 年 5 月至今，外汇占款余额的月均变动为 −148 亿元；如果剔除 2018 年 9 月、10 月和 11 月三个月，外汇占款余额的月均变动仅为 −30 亿元。这表明，中央银行在过去的两年中已基本退出外汇市场的常态式干预。[①]

随着汇率市场化形成机制改革的推进，未来人民币将与国际主要货币一样，有充分弹性的双向波动会成为常态。人民币汇率形成机制改革会继续朝着市场化方向迈进，加大市场决定汇率的力度，促进国际收支平衡。发展外汇市场，丰富外汇产品，扩展外汇市场的广度和深度，更好地满足企业和居民的需求。进一步发挥市场汇率的作用，建立以市场供求为基础，有管理的浮动汇率制度。

九、汇改经验总结

回顾人民币汇率形成机制改革历程，有不少经验值得总结。

经验之一：采取渐进模式，显著降低改革风险。

在从固定汇率安排走向浮动汇率安排的过程中，拉美和东欧一些国家选择了激进或较为激进的模式，即在很短的时间内放弃了政府对汇率的管制，完全由市场决定。这些国家在改革之后大多遭遇了汇率动荡甚至货币危机。与之相反，中国选择了渐进式的道路。从 20 世纪 80 年代开始，人民币汇率安排先后经历了"单一盯住美元"（1981—1993 年）、"以市场供求为基础的、单一的、有管理的浮动安排"（1994—1997 年）、"事实上的盯住美元"（1997—2005 年）、"以市场供求为基础的、参考'一篮子'货币的、有管理的浮动安排"（2005 年至今）。2005 年 7 月以后，人民币汇率形成机制改革的重点主要集中在两个方面。①逐渐扩大浮动区间。从 2005 年 7 月至 2014 年 3 月，经过多次调整，人民币兑美元汇率的日波动区间从上下 0.3% 扩大至上下 2%，并一直延续至今。②改革中间汇率形成机制。2015 年 8 月 11 日，中国人民银行宣布完善

---

①　谢亚轩. 40 年人民币汇率改革之路的回顾与思考［J］. 汇率改革，2019（4）：68-71.

人民币对美元中间汇率报价方式。根据新规定，做市商将在每日银行间外汇市场开盘前，参考上一日银行间外汇市场收盘汇率，综合考虑外汇供求情况以及国际主要货币汇率变化，向中国外汇交易中心提供中间价报价。这一改革意义深远，结束了多年来人民币中间汇率形成机制的不透明状态。此后，中国人民银行又通过引入"逆周期调节因子"，对这一改革方案进行了修正和完善。总体上看，经过40年左右的渐进式改革，人民币汇率的弹性已有较大程度的提升。尽管某些改革也曾在短时间内造成一定的市场冲击，但整体而言，改革进程始终在有效地掌控之下，成功避免了持续的市场动荡，以及对实体经济的不利冲击。

经验之二：根据经济发展战略和相关政策目标选择汇率制度安排，并适时进行调整。

自20世纪90年代初期起，我国开始实行出口导向型发展战略。为适应这一发展战略，1994年1月，我国提出人民币汇率制度将采取"有管理的浮动汇率安排"；但由于在1997年亚洲金融危机爆发后，我国承诺人民币不贬值，故在1997—2005年保持了高度稳定，一直维持在1美元兑换8.3元的水平。稳定的汇率，为出口企业提供了确定的收入预期，鼓励了出口；同时，由于经常账户顺差和资本与金融账户顺差（"双顺差"）的不断扩大，人民币升值压力逐步增大。面对这样的外汇供求局面，维持人民币兑美元汇率的稳定，进一步提升了中国企业的出口竞争力。进入新世纪之后，我国"双顺差"加速增大，外部经济失衡明显。与此同时，出口导向型经济发展战略的局限性也不断显露，如对外依存度过高、环境污染、通胀压力增大和贸易摩擦加剧等。面对这些问题，决策层决定逐渐调整发展战略，让经济增长更多地依靠内需。正是为了适应这一发展战略的调整，从2005年7月开始，我国决定重启人民币汇率制度改革，不断提升其弹性，允许人民币对美元"双向波动"，并不断减少对人民币单向升值或贬值的干预。事实表明，人民币汇率弹性的扩大，对于我国经济发展战略和产业结构的调整产生了重要的促进作用。

经验之三：在出台改革方案时，注重不同改革措施之间的协调和预期管理。

在大多数改革方案的制定和实施中，有关部门都进行了充分的准备，特别是在相关政策的协调和预期管理方面。例如，1994年1月，我国决定实施新一轮外汇管理体制改革方案，其中涉及多项重大改革内容，包括取消外汇调剂价、实行汇率并轨，实行银行结售汇制度，实现经常项目下的货币可兑换，以及实行以市场供求为基础的、有管理的浮动汇率安排等。由于当时外汇需求明显高于外汇供给，人民币存在贬值压力。为防止实行新的汇率制度之后人民币贬值过度，我国同时宣布继续保留并严格实行外债管理。另外，为了防止出现恐慌性资本外逃，在方案开始实施的前后，有关方面还积极进行预期管理。可以认为，这次改革能够取得成功，其中一个重要原因就是在放开汇率管制和经常项下购汇需求的同时，加强了对跨境资本流动的管理，并及时进行了预期管理。

经验之四：在改革措施出台遇到意外冲击时，及时进行必要的调整和修正。

2015年8月11日，在中央银行宣布对人民币中间汇率形成机制进行改革后，外汇市场出现剧烈波动。在短短两个交易日内，人民币对美元贬值累计超过3.5%，并引发较大规模的资本外逃和人民币贬值的恶性循环。监管当局及时加强了对跨境资本流动管理，同时对汇改方案进行了微调，引入了"逆周期调节因子"。这些调整，对于缓解实施中间价形成机制改革所带来的冲击，特别是减少中间价形成过程中的非理性因素的影响，产生了非常重要的积极意义。①

■ 相关案例

人民币国际影响力持续提升

■ 相关链接一

2022 年人民币国际化报告

■ 相关链接二

SDR 权重由 10.92% 上调至 12.28%——人民币国际化再现新成果

■ 相关链接三

中国香港的联系汇率制

本章小结

1. 外汇是国际汇兑的简称，它有动态和静态之分。动态的外汇是指把一国货币兑换成另一国货清偿国际债务的金融活动。静态的外汇是指以外向表示的用于国际结算的支付手段。

---

① 张礼卿. 人民币汇率形成机制改革：主要经验与前景展望［J］. 汇率改革，2021（7）：16-18.

2. 汇率是以一国货币单位表示的另一国货币单位的价格，或者说，汇率是不同货币兑换的比率。汇率又称为汇价，与外汇行市、外汇牌价是同义语。

3. 汇率制度又称汇率安排，是指一国货币当局对本国汇率水平的确定、汇率变动方式等问题所作出的一系列安排或规定。按照汇率波动有无平价及汇率波动幅度的大小，可将汇率制度分为固定汇率制度和浮动汇率制度。

重要概念

外汇　汇率　直接标价法　间接标价法　外汇储备　国际储备　市场汇率
汇率制度　固定汇率制　浮动汇率制　管理浮动　铸币平价

核心参考文献

[1] 国际外汇市场行情可以查阅伦敦《金融时报》网站：http://www.ft.com.

[2] 人民币行情可以查阅中国国家外汇管理局网站：http://www.safe.gov.cn.

[3] 有关汇市行情可以查询中国国家外汇管理局网站。

[4] 朱培金，包鸿敏，赵颖. 人民币汇率、美元指数与黄金价格之间的联动关系研究 [J]. 浙江金融，2022 (8)：51-60.

[5] 王伟，谭娜，陈平. "8·11汇改"推动了人民币汇率更加浮动吗?：基于反事实方法的量化评估 [J]. 管理科学学报，2022，25 (6)：47-66.

[6] 连平，常舟. 美联储加息与人民币汇率之间的相关性 [J]. 银行家，2022 (5)：6，46-49.

[7] 向家莹，张莫. 央行出手稳预期 人民币汇率长期有支撑 [N]. 经济参考报，2022-04-26 (2).

[8] 曹伟，冯颖姣，余晨阳，等. 人民币汇率变动、企业创新与制造业全要素生产率 [J]. 经济研究，2022，57 (3)：65-82.

[9] 郑平，胡晏. 资本管制与人民币汇率动态调整 [J]. 财经科学，2022 (2)：1-16.

[10] 肖立晟，杨娇辉，李颖婷，等. 中国经济基本面、央行干预与人民币汇率预期 [J]. 世界经济，2021，44 (9)：51-76.

[11] 熊亚辉，周荣喜，郑晓雨. 央行外汇干预、人民币汇率与信用利差 [J]. 管理科学学报，2021，24 (6)：1-21.

[12] 许从宝，刘晓星，吴凡. 人民币汇率、沪港通交易与股指波动 [J]. 系统工程理论与实践，2020，40 (6)：1452-1467.

[13] 丁剑平，刘璐. 中国货币政策不确定性和宏观经济新闻的人民币汇率效应 [J]. 财贸经济，2020，41 (5)：19-34.

1. 判断题

（1）非钞票和硬币形态的外汇是外汇存在的主要形态。　　　　　（　　）

（2）我国采用的是直接标价法，美国采用的是间接标价法。　　　（　　）

（3）浮动汇率制下，一国货币汇率下浮则意味着该国货币法定贬值。（　　）

（4）外汇就是外国货币。　　　　　　　　　　　　　　　　　　（　　）

（5）在间接标价法下，汇率数值下降表示外国货币贬值，本国货币升值。（　　）

2. 不定项选择题

（1）我国外汇管理的主要负责机构是（　　）。

A. 银监会　　　　　　　　　　　　B. 国家外汇管理局

C. 财政部　　　　　　　　　　　　D. 中国银行

（2）在采用直接标价的前提下，如果需要比原来更少的本币就能兑换一定数量的外国货币，这表明（　　）。

A. 本币币值上升，外币币值下降，通常称为外汇汇率上升

B. 本币币值下降，外币币值上升，通常称为外汇汇率上升

C. 本币币值上升，外币币值下降，通常称为外汇汇率下降

D. 本币币值下降，外币币值上升，通常称为外汇汇率下降

（3）目前，我国人民币实施的汇率制度是（　　）。

A. 固定汇率制　　　　　　　　　　B. 弹性汇率制

C. 有管理浮动汇率制　　　　　　　D. 钉住汇率制

（4）我国外汇管理条例中所称的外汇是指（　　）。

A. 外国货币　　　B. 外币支付凭证　　　C. 外币有价证券　　　D. 其他外汇资产

（5）下列（　　）因素能够影响汇率。

A. 一国的利率水平

B. 一国的财政状况与经济生产状况及国际收支

C. 重大国际政治因素

D. 外汇供求

（6）下列国家中实行间接标价法的国家是（　　）。

A. 中国　　　　　B. 英国　　　　　C. 美国　　　　　D. 日本

（7）以下不属于汇率的标价法的是：（　　）

A. 直接标价法　　B. 间接标价法　　C. 欧元标价法　　D. 美元标价法

（8）金币本位制度下，汇率决定的基础是：（　　）

A. 法定平价　　　B. 铸币平价　　　C. 通货膨胀率差　　D. 利率差

3. 简答题

（1）简述外汇的作用。

（2）如何理解直接标价法、间接标价法和美元标价法？

（3）试分析影响汇率变动的主要因素。

（4）汇率的种类有哪些？

4. 论述题

1. 2022 年 5 月，国际货币基金组织（IMF）将人民币在特别提款权（SDR）中的权重由 10.92%上调至 12.28%，反映出对人民币可自由使用程度提高的认可。请谈谈人民币国际化与人民币走强的背后原因。

2. 人民币实行市场供求为基础、参考"一篮子"货币进行调节、有管理的浮动汇率制度。如何在人民币中间汇率形成机制改革中坚持市场在汇率形成中的决定性作用？

第二篇

金融市场与监管篇

第六章

金融市场

■ 学习目的

■ 学习目的

通过本章的学习，你应该能够：

（1）了解金融市场的涵义、功能、分类与发展趋势；

（2）了解货币市场特点、功能与交易活动；

（3）了解资本市场的特点、功能与交易活动；

（4）了解外汇市场与黄金市场的交易活动；

（5）了解金融衍生工具的涵义与基本运行机制；

（6）了解中国金融市场的发展现状及特征。

第一节　金融市场概述

一、金融市场的涵义

在现代市场经济中，市场按照交易的产品类别划分，可分为两大类：一类是提供产品的市场，进行商品和服务的交易。一类是提供生产要素的市场，进行劳动力、土地和资本等生产要素的交易。金融市场（financial market）属于要素市场，专门提供资本。金融市场进行资金融通，实现金融资源的配置，最终帮助实现实物资源的配置。

广义的金融市场包括：①银行以及非银行金融机构的借贷；②企业通过发行债券、股票实现的融资和投资人通过购买债券、股票实现的投资；③通过租赁、信托、保险等途径所进行的资金集中与分配等。狭义的金融市场仅指有价证券（如股票、债券）的交易市场。本章主要讨论的是狭义金融市场。

金融交易的方式在人类历史的不同发展阶段是不一样的。在商品经济不发达的阶段，货币资金借贷主要以民间口头协议的方式进行，因而其特点是范围小、数额少、众多小金融市场并存。随着资本主义经济的发展，银行系统发展起来了，金融交易主要表现为通过银行集中地进行全社会主要部分的借贷活动。随着商品经济进入高度发达时期，金融交易相当大的部分表现为各类证券的发行和买卖活动。人们把这种趋势称为证券化（securitization）。

现代的金融交易既有有形的交易场所，即有固定交易场所的市场，比如证券交易所等，也有无形的交易场所，即通过现代通信设施建立起来的交易网络，金融资产及资金可以在其中迅速地转移。

金融市场发达与否是一国经济、金融发达程度及制度选择取向的重要标志。

二、金融市场交易的产品和工具及其特征

在金融市场上，人们通过借助金融工具实现资金从盈余部门向赤字部门的转移。比如企业通过发行股票和债券获得资金融入，银行通过推出各类存款和贷款产品实现资金融入与融出。金融工具（financial instruments）是在金融活动中对交易的金额、期限、价格等条件加以说明，用以证明交易双方权利与义务，并且具有法律约束力的文书。金融工具包括票据（支票、汇票、本票）、可转让定期存单、债券、国库券、基金、证券及各种金融衍生工具等。

金融工具又称为金融资产，本质上是一种虚拟资本。它不但标志着一定的收益权，而且在某种条件下，标志着一定的控制权。与商业产品类比，金融资产常被称为金融产品（financial products）。

金融资产种类繁多，但都具有如下三个特征：

（1）流动性。流动性指金融资产可以用来作为货币或很容易转换成货币——"变现"（encashment）的功能，又称变现力。变现期限短、成本低的金融资产意味着流动性强；反之，则意味着流动性差。现金和存款本身就是货币，流动性最强。一般来说，金融工具发行者的资信等级越高，金融工具交易时的买卖差价越小，金融工具的流动性就越好。

（2）收益性。收益性是指持有金融工具能够获得一定收益的性质，通常用收益率来衡量。收益率一般有三种计算方法：

名义收益率（nominal yield），是指金融工具票面收益与票面金额的比率。例如，如果某种债券面值 100 元，偿还期为 10 年，每年支付利息一次，每次 6 元，则该债券的名义收益率即为 6%。

即期收益率（current yield），是指金融资产的年收益额与当期市场价格的比率，又称当期收益率。如上例，如果债券的市场价格为 95 元，则

$$即期收益率 = \frac{票面利息}{市场价格} \times 100\% = \frac{6}{95} \times 100\% = 6.32\%。$$

平均收益率（average yield），是指持有金融工具期间的实际收益与市场价格的比率，又称为实际收益率。即

$$平均收益率 = \frac{实际收益}{市场价格} \times 100\% = \frac{票面利息 + 资本损益}{市场价格} \times 100\%。$$

其中，资本损益是把债券的卖出价与买入价之间的差值，按持有期限折算成每年收益而得到的。如上例，如果债券持有人在债券发行 1 年后按照 95 元的价格买入债券，在持有两年后按照 96 元的价格卖出债券，那么，平均收益率 $= \frac{6+(96-95)/2}{95} \times 100\% = 6.84\%。$

如果持有者没有提前卖出债券，那么在债券到期时将获得的平均收益率 =

$$\frac{6+(100-95)/9}{95}\times100\%=6.9\%。$$

相比前两种收益率，平均收益率能够更准确地反映投资者的收益状况。

（3）风险性。风险性是指金融工具的本金会遭到损失的可能性。本金遭受损失的风险主要有两种：信用风险和市场风险。信用风险也称为违约风险，是指债务人不能履行合约，不按期归还本金的风险，这类风险往往取决于债务人的信誉以及经营状况。政府债券比公司债券风险小，经营状况良好的大公司债券比小公司债券信用好；优先股的风险小于普通股。市场风险是指由于金融工具市场价格下跌所带来的风险。

三、金融市场的类型

金融市场包括许多具体的、相互独立的、但又有紧密关联的市场，可以用不同的划分标准进行分类。

（一）按标的物的不同，分为货币市场、资本市场、外汇市场、大宗商品市场和衍生工具市场

1. 货币市场

货币市场（money market）是指期限在1年以内的短期金融交易市场。由于该类市场上的金融工具随时可以在发达的二级市场上出售变现，具有很强的流动性，功能近似于货币，故将之称货币市场。同时，由于该市场主要经营短期资金的借贷，故也称短期资金市场。短期金融工具的交易，一方面满足了资金需求者的短期资金需要，另一方面也为资金盈余者的暂时闲置资金提供获取盈利的机会。

2. 资本市场

资本市场（capital market）是指期限在1年以上的长期金融交易市场。它的活动为资本的积累和分配提供了条件，主要满足工商企业的中长期投资需求和政府弥补财政赤字的资金需要。资本市场包括银行中长期存贷款市场和有价证券市场。在证券市场上，通过股票、债券、基金等金融工具的发行和流通，使社会资金进行新的配置和流动。同时证券市场又成为投资和投机的场所，长短期资本互换的场所及投资变现的场所。

3. 外汇市场

外汇市场是（foreign exchange market）是指在国际上从事外汇买卖，调剂外汇供求的交易场所或平台。由于国际政治经济文化的广泛联系，各国货币之间的兑换导致了外汇买卖的必要性；此外，随着外汇交易的方式和领域的扩大，外汇交易也成为保值、投机、投资的手段。外汇市场有广义与狭义之分。狭义的外汇市场指的是银行间的外汇交易，包括同一市场各银行间的交易，中央银行与外汇银行间以及各国中央银行之间的外汇交易活动，通常称为批发市场（wholesale market）。广义的外汇市场是指由各国中央银行，外汇银行、外汇经纪人及客户组成的外汇买卖、经营活动的总和，包括上述的批发市场以及银行同企业、个人间外汇买卖的零售市场（retail market）。

4. 大宗商品市场

大宗商品市场（commodity market）是指进行各类大宗商品交易的场所或平台。如纽约商品交易所、芝加哥商品交易所、上海期货交易所等。大宗商品主要包括4类，即能源商品、基础原材料、大宗农产品和贵金属。大宗商品交易所的历史可以追溯到公元前4000年。黄金市场早在19时间初就已形成，是最古老的金融市场。现在世界上已有40多个黄金市场，其中，伦敦、纽约、苏黎世、芝加哥和香港的黄金市场被称为五大国际黄金市场。

5. 衍生工具市场

衍生工具市场（derivatives market）是各种衍生金融工具进行交易的市场。所谓衍生金融工具，是指由原生性金融商品或基础性金融工具创造出的新型金融工具。它一般表现为一些合约，这些合约的价值由其交易的金融资产的价格决定。衍生工具包括远期合约、期货合约、期权合约、互换协议等。由于衍生金融工具在金融交易中具有套期保值、防范风险的作用，衍生工具的种类仍在不断增多。衍生金融工具同时也是一种投机的对象，其交易所带来的风险也应引起注意。

（二）按中介机构特征划分为直接金融市场与间接金融市场

直接金融市场指的是资金需求者直接从资金所有者那里融通资金的市场，一般指的是通过发行债券或股票的方式在金融市场上筹集资金的融资市场。而间接金融市场则是以银行等信用中介机构作为媒介来进行资金融通的市场。直接金融市场与间接金融市场的差别并不在于是否有金融中介机构的介入，而主要在于中介机构的特征的差异。在直接金融市场上也有金融中介机构，只不过这类公司与银行不同，它不是资金的中介，而大多是信息中介和服务中介。

（三）按金融资产的发行和流通特征划分为初级市场、二级市场、第三市场和第四市场

资金需求者将金融资产首次出售给公众时所形成的交易市场称为初级市场、发行市场或一级市场。在初级市场上，金融工具向其购买者转移，资金向金融工具的发行者转移。

证券发行后，各种证券在不同的投资者之间买卖流通所形成的市场即为二级市场，又称流通市场或次级市场。

初级市场是二级市场的基础和前提，没有初级市场就没有二级市场。二级市场是初级市场存在与发展的重要条件之一，无论是在流动性上还是在价格的确定上，初级市场都要受到二级市场的影响。

一些发达的市场经济国家还存在着第三市场和第四市场，实际上都是场外市场的一部分。第三市场是原来在交易所上市的证券移到场外进行交易所形成的市场。第三市场的交易相对于交易所交易来说，具有限制更少、成本更低的优点。第四市场是投资者和证券的出卖者直接交易形成的市场。其形成的主要原因是机构投资者在证券交易中所占的比例越来越大，他们之间的买卖数额很大，因此希望避开经纪人直接交易，以降低交易成本。

（四）按成交与定价的方式划分为公开市场与议价市场

公开市场指的是金融资产的交易价格通过众多的买主和卖主公开竞价而形成的市场。金融资产在其偿付之前可以自由交易，并且只卖给出价最高的买者。一般在有组织的证券交易所进行。在议价市场上，金融资产的定价与成交是通过私下协商或面对面的讨价还价方式进行的。在发达的市场经济国家，绝大多数债券和中小企业的未上市股票都通过这种方式交易。最初，在议价市场交易的证券流通范围不大，交易也不活跃，但随着现代电信及自动化技术的发展，该市场的交易效率已大大提高。

（五）按地域划分为国内金融市场和国际金融市场

国内金融市场是指金融交易的作用范围仅限于一国之内的市场，包括全国性的以本币计值的金融资产交易市场，还包括地方性金融市场。国际金融市场则是跨越国界进行金融资产交易的市场，是进行金融资产国际交易的场所。国际金融市场有广义和狭义之分。狭义的国际金融市场指进行各种国际金融业务的场所，有时又称为传统的国际金融市场；广义的国际金融市场则包括离岸金融市场。这里，所谓离岸金融市场，是非居民从事国际金融交易的市场。离岸市场以非居民为交易对象，资金来源于所在国的非居民或来自国外的外币资金。离岸金融市场基本不受所在国的金融监管机构的管制，并可享受税收方面的优惠待遇，资金出入境自由。

国内金融市场是国际金融市场形成的基础。国际金融市场是国内金融市场发展到一定阶段的产物，是与实物资产的国际转移、资本的国际流动、金融业及现代电子信息技术的高度发展相辅相成的。

四、金融市场的功能

金融市场通过组织金融资产、金融产品的交易，可以发挥以下的四种功能：

（一）帮助实现资金在盈余部门和短缺部门之间的调剂

金融市场最基本的功能是引导货币资金从资金盈余者流向资金赤字者，实现资金的调剂，实现资源配置。图6-1给我们描述了金融市场上资金融通的途径。

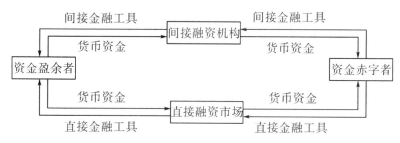

图6-1　金融市场上资金融通的途径

由6-1图中可以看到，货币资金可以通过两个途径从资金盈余者手中到达资金赤字者手中。第一种途径——间接融资。资金盈余者把他们多余的资金存入银行等间接融资机构，再由这些间接融资机构贷放给资金赤字者。此时，资金赤字者和资金盈余者之间没有债权债务关系：间接融资机构充当了资金盈余者的债务人和资金赤字者的债权人。第二种途径——直接融资。资金赤字者在金融市场上发行股票、债券等直接融资工具，直接从资金盈余者手中获得资金。此时资金赤字者和资金盈余者之间具有直接的债权债务关系。

通过金融市场的调剂，那些拥有投资机会但缺乏资金的机构、个人可以获得他们所需要的资金，而资金盈余者手中闲置的资金也可以发挥作用。这种余缺的调剂实现了生产要素的重新优化组合，提高了生产效率。此外，金融市场对资金的调剂还可以提高个人的福利。比如，房子、汽车等耐用消费品的消费可能需要一个家庭数十年的积累才能实现，但通过金融市场提供的抵押贷款等工具，我们可以提前享受到这些商品。

（二）实现分散风险和风险转移

投资者通过金融资产买卖交易，一方面可以实现多样化的资产组合以达到分散风险目的，另一方面也可以通过交易可以把风险转嫁给其他投资者，从而实现转嫁风险的目的。例如，市场上农产品的价格总是起伏不定，很可能会在收获时大幅下降。农民为了规避农产品价格变化带来的风险，就可以选择套期保值的方法在金融市场上把风险转移出去。

（三）发现价格

金融资产的定价必须依靠金融市场来完成。虽然股票、债券等金融市场上交易的金融资产往往都有票面金额，但这一票面金额并不能代表该种金融工具的内在价值（intrinsic value）。只有通过金融市场上买卖双方的相互交易才能发现这些金融资产的内在价值，从而确定其价格。在真实有效的价格信号引导下，金融市场就可以实现资源的最佳配置了。

（四）增强流动性

出于对安全、收益等方面的担心，很少有投资者会愿意把自己手中的资金长期借给他人使用，于是需要长期占用资金的项目就会很难筹集到资金。金融市场的出现很好地解决了这一问题。在金融市场上，人们可以交易未到期的金融资产，从而使得金融资产具有的流动性变为现实。例如，住房抵押贷款往往会占用银行资产数十年，银行资金的流动性因此降低。而通过贷款证券化的方式，银行可以随时把贷款变现，于是长期贷款也具有了很好的流动性。

第二节　货币市场

货币市场是一年期及一年期以下的短期资金融通市场。货币市场的活动主要是为了保持资金的流动性，以便随时可以获得现实的货币。货币市场参与者主要有机构、个人及货币市场的专业人员。机构参与者包括商业银行、中央银行、非银行金融机构、政府、非金融性企业；货币市场专业人员包括经纪人、交易商、承销商等。

货币市场有许多子市场。按照交易的金融产品不同，货币市场可划分为：同业拆借市场、回购市场、票据市场、可转让大额定期存单市场、国库券市场、货币市场共同基金市场等。

一、同业拆借市场

同业拆借市场，也可以称为同业拆放市场，是指金融机构之间以货币借贷方式进行短期资金融通活动的市场。同业拆借市场的资金主要用于弥补短期资金的不足、票据清算的差额以及解决临时性的资金短缺需要。同业拆借市场的拆借期限很短，有隔夜、7天、14天等，最长不超过1年。同业拆借市场交易量大，能够灵敏地反映出市场资金供求状况和货币政策意图，影响货币市场利率，因此，它是货币市场体系的重要组成部分。

同业拆借市场的参与者是商业银行以及其他各类金融机构。我国银行间同业拆借市场是1996年1月联网试运行的，其交易方式主要有信用拆借和回购两种方式，主要是回购方式（见表6-1）。由于银行间拆借市场是我国规模最大的货币市场，因此该市场也成为中国人民银行进行公开市场业务操作的场所。

表 6-1 2005—2021 年银行间市场回购与信用拆借情况 单位：万亿元

年份	回购成交额	信用拆借成交额
2005	15.90	1.28
2006	26.59	2.15
2007	44.80	10.7
2008	58.13	15.05
2009	69.75	19.35
2010	87.59	27.87
2011	99.48	33.44
2012	141.7	46.7
2013	158.2	35.5
2014	224.4	37.7
2015	457.8	64.2
2017	616.4	79
2018	722.7	139.3
2019	819.6	151.6
2020	959.8	147.1
2021	1 045.2	118.8

资料来源：2005—2021 年《第四季度中国货币政策执行报告》。

▨ 相关链接

我国同业拆借市场上的资金融出与融入状况

二、回购市场 ├────────────────────

　　回购（counter purchase）市场是指通过回购协议（repurchase agreement）进行短期资金融通交易的市场。回购协议是在出售证券时卖方向买方承诺在未来的某个时间将证券买回的协议。以回购方式进行的证券交易实质上是一种抵押贷款：证券的购买，实际是买方将资金出借给卖方，约定卖方在规定的时间购回证券、归还借款，而抵押品就是相关的证券。如果证券交易是先买入证券，然后承诺以后按规定价格卖还给对方，这就是逆回购（reverse repurchase）交易。

　　例如，某公司 3 天后会有一笔资金到账，但该公司当天需要 2 000 万元流动资金。为解决流动性资金不足的问题，该公司进入回购市场，寻找到交易对方，将自己持有的 2 000 万元国债以回购协议的方式出售，承诺 3 天后以 2 005 万元的价格购回。这家公司获得了为期 3 天、本金 2 000 万、利息 5 万元的贷款。在实际操作中，用于抵押的证券实际价值往往高于交易价值，由此回购协议也被称为"过度抵押贷款"。

　　回购交易的期限很短，通常以天计。为期一天的，称为"隔夜"（overnight）；时间长于 1 天的，则称为期限回购。最长不超过一年。

金融机构之间的短期资金融通，一般可以通过同业拆借的形式解决，不一定要用回购协议的方法。但一些资金盈余的非金融机构行业、政府机构和证券公司等，它们采用回购协议的办法可以避免对放款的管制。

我国回购市场从 1991 年国债回购在交易所试点。1997 年 6 月人民银行设立的银行间债券市场，国债回购市场开启了交易所和银行间市场并存的格局。2000 年后，回购市场（尤其是银行间债券回购）快速增长，成为中国货币市场的绝对主体地位。表 6-2、表 6-3 是我国银行间市场买断式回购和质押式回购交易情况。

表 6-2　银行间买断式回购月报（2022-07）

按交易品种			按机构类别交易统计			
品种	加权利率/%	成交笔数	成交金额/亿元	机构类型	成交笔数	成交金额/亿元	加权平均利率/%
OR001	1.240 7	1 510	3 107.58	大型商业银行	37	71.51	1.456 2
OR007	1.416 8	312	555.83	股份制商业银行	439	908.07	1.378 7
OR014	1.586 6	218	343.74	城市商业银行	389	1 321.25	1.322 3
OR021	1.894 6	6	12.17	农村商业银行和合作银行	532	651.05	1.280 8
OR1M	1.696 8	15	97.25	证券公司	2 016	3 542.52	1.231 4
OR3M	1.880 6	5	2.01	其他	747	1 775.74	1.419 1
OR4M	1.738 2	14	16.48	合计	4 160	8 270.15	1.308 2
合计	1.308 2	2 080	4 135.07				

数据来源：中国货币网（www.chinamoney.com.cn）。

表 6-3　银行间质押式回购月报（2022-07）

按交易品种			按机构类别分类			
品种	加权利率/%	成交笔数	成交金额/亿元	机构类型	成交笔数	成交金额/亿元	加权平均利率/%
R001	1.289 8	290 162	1 173 846.11	大型商业银行	62 027	550 605.41	1.259 6
R007	1.670 0	77 713	120 493.67	股份制商业银行	52 586	305 965.36	1.275 6
R014	1.769 0	11 659	14 405.55	城市商业银行	98 015	407 129.10	1.277 2
R021	1.858 9	1 209	2 024.07	农村商业银行和合作银行	90 813	240 977.15	1.293 8
R1M	1.884 6	1 834	2 682.85	证券公司	73 237	170 079.22	1.407 9
R2M	2.013 5	307	463.19	其他	390 326	954 191.90	1.413 0
R3M	2.068 1	372	320.97	合计	767 004	2 628 948.14	1.332 6
R4M	2.075 6	211	178.95				
R6M	2.148 9	9	21.72				
R9M	2.232 2	19	35.37				
R1Y	3.025 3	7	1.62				
合计	1.332 6	383 502	1 314 474.07				

数据来源：中国货币网（www.chinamoney.com.cn）。

三、票据市场

货币市场中交易的票据有商业票据和银行承兑票据两类。

商业票据（commercial paper）是大公司为了筹措资金以贴现方式出售给投资者的一种短期无担保承诺凭证。商业票据产生于商品交易中的延期支付，有商品交易的背景。但商业票据只反映由此产生的货币债权债务关系，并不反映交易的内容。这叫做商业票据的抽象性或无因性。相应的特征则是不可争辩性，即只要证实票据不是伪造的，付款人就应该根据票据所载条件付款，无权以任何借口拒绝履行义务。此外，商业票据的签发不需要提供其他保证，只靠签发人的信用。因此，商业票据能否进入金融市场，要视签发人的资信度（credit standing）为转移。

在商业票据中，除了具有交易背景的票据外，还有大量并无交易背景而只是单纯以融资为目的发出的票据，通常叫做融通票据（financial paper）。相对于融通票据，有商品交易背景的票据称为真实票据（real bill）。在发达市场经济国家商业票据市场上，目前大量流通的是非金融机构的公司所发行的期限在 1 年以内的融通票据，其购买者多为商业银行、投资银行等金融机构。融通票据的票面金额已经标准化。

在商业票据的基础上，由银行介入，允诺票据到期履行支付义务，是银行承兑票据（bank acceptance）。票据由银行承兑，信用风险相对较小。对于这项业务，银行收取手续费。在发达市场经济国家，银行承兑汇票，其发行人大多是银行自身，是银行筹资的手段。

在中国市场上没有商业票据的叫法，我国《票据法》把票据分为汇票、本票和支票，而本票只指银行本票，而且我国银行发行本票的量很少。但从 2005 年开始在中国市场上流通股的短期融资券（1 年以内）、超短期融资券（270 天以内）与商业票据在本质上是一样的，都是由信用度较高的企业发行的无担保短期债务凭证。中国市场上的短期融资券和超短期融资券属于"非金融企业债务融资工具"，由人民银行监管，在中国银行间市场交易商协会（以下简称"银行间交易商协会"）备案，在银行间市场发行和交易。

■ **相关链接**

商业票据的历史

四、中央银行票据

中央银行票据（central bank bill），简称央行票据或者央票，是中央银行向商业银行发行的短期债务凭证，其目的是调节商业银行的超额准备金。中央银行票据其实是一种中央银行债券，之所以成为中央银行票据，是为了突出其短期性特征。

中央银行票据与金融市场上其他类型的债券有着显著区别：发行各类债券的目的是筹集资金，而央行票据则是中央银行调节基础货币的一项货币政策工具，其目的是减少商业银行的可贷资金规模。商业银行在认购央行票据的同时，其可贷资金规模将会相应减少。

中央银行票据主要采用回购交易方式，回购交易分为正回购和逆回购两种。正回购意味着中央银行从市场收回流动性，逆回购则意味着中央银行向市场投放流动性。

在我国，中央银行票据的发行始于20世纪90年代初。2009年6月以来，为了控制银行信贷快速增长，中国人民银行在银行间市场重新启动正回购操作，随后也重启发行1年期央行票据，同时还向部分商业银行发行惩罚性的定向央行票据。2015年10月，为了丰富离岸市场人民币金融产品，中国人民银行首次在海外（英国伦敦）发行以人民币计价的央行票据。2018年11月，为丰富香港高信用等级人民币金融产品，中国人民银行首次在香港发行人民币计价的央行票据。

五、可转让大额存单市场

可转让大额存单（certificates of deposits，CDs）是由商业银行发行的一种金融产品，是存款人在银行的存款证明。可转让大额定期存单与普通的存款单相比有以下不同：一是不记名；二是存单上金额固定，而且面额较大，比如美国规定向机构投资者发行CDs的最低面额是10万美元，一般都在50万美元以上，二级市场上的交易单位为100万美元，但向个人投资者发行的CDs面额最少为100美元，在香港最小面额为10万港元；三是不可提前支取，可以转让和流通。可转让大额定期存单的期限，通常不得少于14天，一般在1年以内，以3~6个月的居多。

可转让大额定期存单是金融环境变革产物。美国"Q条例"规定商业银行对活期存款不能支付利息，定期存款利率不能突破一定限额。20世纪60年代，美国市场利率上涨，高于"Q条例"规定的上限，资金从商业银行流入金融市场。为了吸引客户，商业银行推出可转让定期存单，购买存单的客户随时可以将存单在市场上变现出售。这样，客户实际上以短期存款取得了按长期存款利率计算的利息收入，可转让大额定期存单提高了商业银行的竞争力，而且也提高了存款的稳定程度：对于发行存单的银行来说，存单到期之前，不会发生提前提取存款的问题。

1986年，交通银行、中国银行以及中国工商银行曾相继发行大额存单。1989年，中国人民银行首次颁布《关于大额可转让定期存单管理办法》（后于1996年修订），允许最高利率上浮幅度为同类存款利率的10%。利率上浮空间使大额存单成为极具吸引力的储蓄品种，出现了存款"大搬家"的情况。1997年4月，中国人民银行决定暂停大额可转让定期存单的发行。2015年6月2日，中国人民银行发布《大额存单管理暂行办法》，决定恢复大额存单发行；2015年6月15日，首批大额存单在工、农、中、建、交等9家银行发行。大额存单采用标准期限的产品形式，包括1个月、3个月、6个月、9个月、1年、18个月、2年、3年和5年共9个品种。一般起存金额不少于20万元。

六、短期政府债券市场

短期政府债券是政府部门以债务人身份承担到期偿付本息责任的期限在1年以内的债务凭证。广义的政府债券包括中央政府与地方政府发行的债券。这里的短期政府债券是狭义的，指短期国库券（treasury-bill），期限品种有3个月、6个月、9个月和12个月。国库券期限短，有政府信誉支持，可以当作无风险的投资工具。

国库券发行多采用贴现发行方式。通过竞争性报价方式确定发行价格和贴现率，所以国库券贴现率又被称为市场国家的无风险利率。

国库券被认为是安全性和流动性最好的信用工具，几乎所有的金融机构和一些非金融的公司企业都会参与这个市场的交易。同时，由于国库券市场具有流动性好、规模大的特点，因此许多国家的中央银行都选择国库券市场开展公开市场业务。

七、货币市场共同基金市场

货币市场共同基金是美国 20 世纪 70 年代以来出现的一种新型投资理财工具。共同基金是将众多的小额投资者的资金集中起来，由专门的经理人进行市场运作，赚取收益后按一定的期限及持有的份额进行分配的一种金融组织形式，而对于主要在货币市场上运作的共同基金，则称为货币市场共同基金。

货币市场共同基金最早出现在 1972 年。当时，美国政府出台了限制银行存款利率的"Q 条例"，银行存款对许多投资者的吸引力下降，它们急于为自己的资金寻找到新的能够获得货币市场现行利率水平的收益途径。货币市场共同基金在这种情况下应运而生。它能将许多投资者的小额资金集合起来，由专家操作。货币市场共同基金出现后，其发展速度是很快的。目前，在发达的市场经济国家，货币市场共同基金在全部基金中所占比重最大。

货币市场基金一般属于开放性基金，即其基金份额可以随时购买和赎回。与一般的基金相比，除了具有一般基金的专家理财、分散投资等特点外，货币市场共同基金流动性很好，允许投资者随时提取所投资金，类似于在银行的存款，但收益率比银行存款利率高。

■ 相关链接

中国货币市场基金的产生与发展

第三节　资本市场

资本市场是政府、企业、个人筹措长期资金的市场，主要包括中长期借贷市场和中长期证券市场。按市场工具来划分，资本市场通常由股票市场、长期债券市场、投资基金和另类投资构成。

一、股票市场

股票是由股份公司发行权益（equity）凭证，代表持有者对公司资产和收益的剩余索取权（residual claims）。股票有多种形式，但最基本的是普通股；股票价格有多种表现，最主要的是发行价格和交易价格。

股票市场是专门对股票进行公开交易的市场，包括股票的发行市场和转让市场。股票的发行是指股份公司向社会增发新股，包括公司初创时期初次发行及公司增资扩股时的再次发行。股票发行是股票从无到有的增创过程，也是股份公司借以筹集资金的过程。股票发行的方式一般可以分成公募和私募两类。股票的流通转让是投资者之间买卖已发行股票。这一交易活动为股票创造流动性，即投资者能够迅速脱手换取现款。

大部分股票市场有固定的交易场所，称为证券交易所（stock exchange），如我国的上海证券交易所和深圳证券交易所。股票交易最早出现在欧洲国家。1773 年，伦敦成立了第一家证券交易所。在美国，纽约证券交易所在 19 世纪初正式成立。现在，所有经济发达的国家均拥有几家规模庞大的证券交易所。

证券交易所只是为交易双方提供了一个公开交易的场所，它本身并不参加交易。能够进入证券交易所并从事交易的证券公司，必须取得交易所的会员资格。会员资格的取得历来均有各种严格限制并需要缴纳巨额会费。交易所的会员有两类：经纪人和交易商。经纪人只能充当证券买者与卖者的中间人，从事代客买卖业务，收入来自佣金；交易商可以直接进行证券买卖，收入来自买卖差价。如果一般客户有买卖上市证券的需要，首先需要在经纪人处开设账户，取得委托买卖证券的资格。当客户认为需要以怎样的价格买卖哪种证券时，应向经纪人发出指令，经纪人将客户的指令传递给它在交易所的场内交易员，而交易员则按指令进行交易。

证券交易所内的证券交易是通过竞价成交的。客户竞价成交后，还需要办理交割（delivery）和过户（transfer ownership）手续。交割手续是指买方付款取货与卖方交货收款的手续。过户手续仅对股票购买人而言。若为记名股票，买者须到发行股票的公司或其委托部门办理过户手续，方可成为该公司股东。

股票的交易也可在场外交易市场（over the counter，OTC）进行。与证券交易所相比，场外交易市场在信息公开程度及对上市公司质量的要求上比较低，从而为没有在证券交易所登记上市的证券创造了交易机会。由于场外交易的相当部分是在券商的柜台上进行的，所以又被称为"柜台交易"或"店头交易"。

■ **相关链接**

我国股票市场的发展

二、长期债券市场

（一）债券的种类

债券是资金借贷的证书投资者向政府、公司或金融机构提供资金的债权债务合同，该合同载明发行者在指定日期支付利息并在到期日偿还本金的承诺。期限在一年以上的债券称为中、长期债券。债券按照发行主体不同可分为政府债券、公司债券与金融债券三大类。

1. 政府债券

政府债券是指中央政府、政府机构和地方政府发行的债券。它以政府信誉保证，通常无需抵押品，风险在各种投资工具中是最小的。

中央政府债券是中央政府财政部发行的以国家财政收入为保证的债券，也称为国家公债。其具有违约风险极小，利息免税的特征。我国由财政部直接发行的债券称为国债。

政府机构债券有两种，一种是政府部门机构和直属企事业单位，如美国联邦住宅和城市发展部下属的政府全国抵押协会（GNMA）；另一种是虽然由政府主办却属于私营的机构，如联邦全国抵押贷款协会（FNMA）和联邦住宅抵押贷款公司（FHLMC）。这些政府有关机构或资助企业具有某些社会功能，他们通过发行债券增加信贷资金以及降低融资成本，其债券最终由中央政府作后盾，因而信誉也很高。

地方政府债券也是由政府担保，其信用风险仅次于国债及政府机构债券，同时也享有利息免税待遇。

■ 相关链接

我国地方政府债券的发展

2. 公司债券

公司债券是公司为筹措营运资本而发行的债券，一般期限在 10 年以上。公司债券具有优先受偿权，风险小于股票，但公司债券发行人的资信状况千差万别，风险远高于政府债券，因此公司债券的发行与交易一般需要先通过权威的信用评级机构进行评级。

3. 金融债券

金融债券是银行等金融机构为筹集信贷资金而发行的债券。在西方国家，由于金融机构大多属于股份公司组织，故金融债券可纳入公司债券的范围。发行金融债券是银行进行资产管理的重要手段。由于银行的信用度比一般公司要高，金融债券的信用风险较公司债券低。我国金融债券包括政策性金融机构发行的政策性金融债券（financial bond）、商业银行、证券公司等发行的普通金融债券。

（二）长期债券市场

对长期债券进行交易的市场称为长期债券市场，是资本市场的一个重要组成部分。债券交易一般是在场外市场中进行，即通过电话、互联网等通信工具完成。

目前，我国的债券交易集中在证券交易所市场和银行间市场进行。证券交易所市场主要发行和交易企业债券及部分政府债券，银行间市场则主要交易政府债券。随着我国债券市场的进一步发展，债券市场布局会有所调整，但总体趋势是场外市场的债券交易规模将进一步扩大。

自 1981 年恢复国债发行以来，我国各种债务的发行量迅速增加，其中，政府债券发展最为迅速，期限品种也趋于多样化。与此同时，政策性金融债券、普通金融债券、企业债券与公司债券发行量也迅速增加。2005—2021 年债券发行规模见图 6-2。

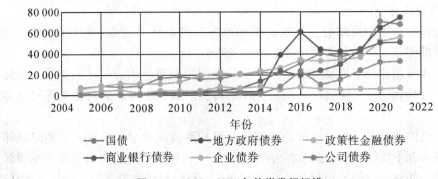

图 6-2 2005—2021 年债券发行规模

数据来源：历年《第四季度中国货币政策执行报告》

三、投资基金

（一）投资基金的概念

投资基金（investment funds）是通过发行基金券（基金股份或收益凭证）将投资者分散的资金集中起来，由专业管理人员分散投资于股票、债券或其他金融资产，并将投资收益分配给基金持有者的一种利益共享、风险共担集合投资制度。它本质上是股票、债券及其他证券投资的机构化和集中化。

投资基金在不同的国家和地区有不同的称谓，美国称"共同基金"或"互助基金"，也称"投资公司"；英国和中国香港称"单位信托基金"，日本、韩国和中国台湾称"证券投资信托基金"。虽然称谓有所不同，但特点却无本质区别，可以归纳为如下几个方面：

（1）规模经营——低成本。投资基金将小额资金汇集起来，其经营具有规模优势，可以降低交易成本，对于筹资方来说，也可以有效降低其发行费用。

（2）分散投资——低风险。投资基金可以将资金分散投到多种证券或资产上，通过有效组合最大限度地降低非系统风险。

（3）专家投资——更多的投资机会。投资基金是由具有专业化知识的人员进行管理的，特别是由精通投资业务的投资银行参与，从而能够更好地利用各种金融工具，抓住各个市场的投资机会，创造更好的收益。

（4）服务专业化——方便。投资基金从发行、收益分配、交易、赎回都由专门的机构负责，特别是可以将收益自动转化为再投资，使整个投资过程轻松、简便。

■ 相关链接

投资基金的发展历史

（二）投资基金的种类

1. 公司型基金和契约型基金

根据基金组织形式，可分为公司型基金（corporate type investment fund）和契约型基金（contractual type investment fund）。

公司型基金是按照股份公司方式运营的。投资者购买公司股票成为公司股东。公司型基金涉及四个当事人：投资公司，是公司型基金的主体；管理公司，为投资公司经营资产；保管公司，为投资公司保管资产，一般由银行或信托公司担任；承销公司，负责推销和回购公司股票。

公司型基金分为封闭式基金和开放式基金两种。封闭式基金（close end fund）发行的基金份额固定不变，发行期满，基金规模就封闭起来，不再增加和减少股份。开放式基金（open end fund），又称共同基金（mutual fund），其基金份额和基金规模不封闭，投资人可以随时根据需要向基金购买份额以实现投资，也可以回收份额以撤出投资。近年来，在国外，开放式基金的发展速度远远快于封闭式基金。

契约型基金是依据一定的信托契约原理组建的代理投资制度。委托者、受托者和受益者三方订立契约，由经理机构（委托者）经营信托资产；银行或信托公司（受托者）保管信托资产；投资人（受益人）享有投资收益。契约型基金也有开放式和封闭式之分，其分类与公司型基金相同。我国目前的基金均为契约型基金。

2. 公募基金和私募基金

按照基金的资金募集方式和资金的来源，可分为公募基金和私募基金。

公募基金是以公开发行证券方式筹集资金所设立的基金；私募基金是以非公开发行证券方式募集资金所设立的基金。

私募基金面向特定的投资群体，满足对投资有特殊期望的客户的需求。私募基金的投资者主要是一些大的投资机构和富人。比如美国索罗斯领导的量子基金的投资者，或是金融寡头，或是工业巨头；量子基金的投资者不足100人，每个投资者的投资额至少为100万美元。

3. 收入型基金和成长型基金

根据基金投资目标，可分为收入型基金（income funds）与成长型基金（growth funds）。

收入型基金追求投资的定期固定收益，因而主要投资于有固定收益的证券，如债券、优先股等。收入型基金不刻意追求在证券价格波动中可能形成的价差收益，因此收入型基金的投资风险较低。当然，收入型基金投资收益率也会比较低。

成长型基金追求资本的长期增值潜力，通过发现价格被低估的证券，借助低价买入并等待升值后卖出的方法，以获取投资利润。其特点是风险较大，可以获取的收益也较大。

4. 对冲基金

对冲基金（hedge fund）是私募基金的一种，是专门为追求高投资收益的投资人设计的基金。其最大的特点是广泛运用期权、期货等金融衍生工具，在股票市场、债券市场和外汇市场上进行投机活动，因而风险极高。在20世纪90年代初期，全球对冲基金的规模只有区区150亿美元；2007年前后一度超过26 000亿美元。2008—2009年受美国次债危机影响有所萎缩，之后再次不断增长。截止到2021年第二季度末，全球对冲基金管理规模已达到4.3万亿美元。

从投资策略上看，对冲基金的类型不一，其中有一类对冲基金主要利用各国宏观经济的不稳定性进行套利活动。例如，当发现一国的宏观经济过热，这类对冲基金将进行预期资产价格下跌的操作；只要该国宏观经济形势逆转、资产价格大幅贬值，它们就会从中获得巨额收益。这类对冲基金对全球金融体系的破坏性较大，常常被指责为金融危机的制造者。我国现阶段尚不存在这种意义的对冲基金。

5. 养老基金

养老基金（pemsion fund）是一种用于支付退休收入的基金，是社会保障基金的一部分。养老基金通过发行基金份额或受益凭证，募集社会上的养老保险资金，委托专业基金管理机构用于产业投资、证券投资或其他项目的投资，以实现保值增值的目的。随着人口老龄化问题的突出，全球养老基金的总额迅速增长，2000 年为 16 万亿美元，2005 年达到 21 万亿美元。2017 年全球 22 个主要经济体的养老金资产总规模为 41.36 万亿美元，占该 22 个经济体的 GDP 的 67%。2018 年受国际以及国内经济形势影响，主要国家养老金资产同比缩减，总规模下降至 40.17 万亿美元。美国、英国和日本拥有世界上最大的养老金市场。2018 年，它们的养老金资产分别占全球养老金资产总额的 61.5%、7.7% 和 7.1%。

随着人口老龄化程度的提高，养老基金汇聚了越来越多的社会财富，其投资活动对于投资基金行业以及金融市场的发展都起着举足轻重的作用。

1984 年，我国开始了城镇养老保险的改革。1997 年，国务院关于统一企业职工基本养老保险的规定确定了中国城镇养老保险系统改革的方向。近年来，这一改革取得了较快进展。2012 年，中国的全国社保基金首次进入全球养老基金 10 强；2020 年年末，全国社保基金累计规模达 2.67 万亿，而三大养老支柱总规模超过 13 万亿。但从总体上看，我国养老金制度尚处于起步发展阶段。根据第 13 次美世 CFA Institute（特许金融分析师协会）全球养老金指数报告显示，中国内地的退休收入体系评分从之前的 D 级（47.3）上升到了 C 级（55.1），是全球范围内的进步幅度最大的体系。这主要归功于其较高的净替代率和更好的监管，尤其是围绕优化生育政策、逐步提高退休年龄和发展"第三支柱"养老金体系以补充国家主导的养老金计划的举措。2021 年中国养老基金的充分性（adequacy）、可持续性（sustainability）和完善性（integrity）的综合排名为第 28 位，而在 2020 年排名第 33 位。

■ 相关链接

中国内地的退休收入体系被评为全球进步最快的养老金体系

四、另类投资

另类投资在过去 30 年前开始兴起，并成为全球金融系统和经济的一个重要组成部分。广义的另类投资指现金、股票和债券等传统金融资产类别之外的其他所有资产。狭义的另类投资是具有特定基金结构，并只对拥有大量财富的个人投资者或机构投资者开放的一种资产形式。另类投资涵盖一系列资产类型，如房地产私募基金（real estate private equity fund）、基础建设私募基金（private equity infrastructure funds）、二级基金（secondary funds）和私人债务基金（private debt funds）等。在历史上，对冲基金（hedge funds）、私募股权收购（private equity buyouts）和风险投资（venture capital）三种投资形式在其行业发展中扮演了最为重要的角色，并且在另类投资资产中占绝大部分比例。最近几年，以比特币（Bitcoin）为代表的数字密码货币市场也在不断地发展当中。

（一）对冲基金

传统意义上的对冲基金（又称避险基金或套利基金）是指金融期货、金融期权等金融衍生工具与金融组织结合后，以营利为目的的金融基金。现在更普遍的一种认识是对冲基金实际是基于最新的投资理论和极其复杂的金融市场操作技巧，充分利用各种金融衍生产品的杠杆效用，承担高风险、追求高收益的投资模式。

截至 2014 年，对冲基金管理超过 3 万亿美元资产（占所有另类投资资产总额的40%）。地域分布集中，大部分资本在美国（70%）和欧洲（21%）管理，其中纽约地区（50%）和伦敦（18%）的基金经理管理全球三分之二的资本。对冲基金在全球和所有经济部门进行投资，基金数超过 8 000 个。截至 2018 年，对冲基金管理的资产规模为 3.24 万亿美元。

（二）私募收购

私募股权收购是通过私募形式对私有企业，即非上市企业进行的权益性投资，在交易实施过程中附带考虑了将来的退出机制，即通过上市，并购或管理层回购等方式，出售持股获利。

自 20 世纪 80 年代以来，私募股权收购债券是另类投资的一个重要组成部分。作为另类投资中的第二大细分市场，私募股权收购融资管理 3.4 万亿美元（截至 2021 年）。投资范围在全球数十个国家，其中美国（50%）和欧洲（26%）的公司获得最多的资本份额。他们投资各种行业和公司，从小型企业到价值数十亿美元的财富 500 强公司。

（三）风险投资

风险投资又称为创业投资，主要是指向初创企业提供资金支持并取得该公司股份的一种融资方式。风险投资常投资于私人创业公司，特别是那些在开发新方案、新产品和流程，并具有迅速成长潜力的公司。投资金额从种子阶段的不到 100 万美元到后期阶段的 1 000 万美元。风险投资根据所投资的公司的生命阶段确定投资期限，预期投资期限在 3~7 年，然后将其出售给公司或在交易所上市。

风险投资的历史可以追溯到 1946 年。2021 年，全球风险投资总额达到 6 430 亿美元，是 2012 年的十倍以上。单只基金募资规模从 2011 年的 0.92 亿美元增长至 2021 年前三季度的 1.85 亿美元。截至 2022 年第一季度，风险投资管理着超过 27 000 亿美元的管理资产。风险投资在地域上集中于少数国家，仅美国就吸引了超 50% 的全球风险投资。在行业分布上，风险投资集中在依靠新技术开发的行业及其下游行业，包括信息技术、生物技术、互联网相关媒体和消费者，以及在所有年度投资中占有很大份额的能源公司。大多数能源公司专注于公司的一两个生命周期阶段，其中大多数集中在种子和早期业务开展和扩张阶段。

（四）加密货币

加密货币（crytocurrency），也称为密码货币，是一种使用密码学原理来确保交易安全及控制交易单位创造的交易介质。加密货币基于使用分布式账本的区块链（block-chain）技术去中心化的共识机制，与依赖中心化监管体系的银行金融系统相对。

比特币（Bitcoin）是第一种以加密货币来行存在的数字货币，而比特币以外的同类型货币，又称为山寨币、竞争币（Altcion），可经由独立创建、硬分叉、透过数字货币首次公开募资（initial coin offering）发行的代币等方式创建。

自 2009 年首个去中心化加密货币诞生以来，加密货币生态系统迅速发展起来。截至 2022 年 7 月底，市场已有超过 19 000 种加密货币，较具有代表性的有比特币、以太币（Ethereum）等。各式各样的服务提供商维系着系统运行，包括去中心化的金融平台、加密货币交易所和数字钱包应用程序等。目前全球已有超过 450 个加密货币交易所，日交易额在 2021 年 5 月曾经达到 5 000 亿美元峰值，堪比纳斯达克交易所的交易规模。加密货币迅速吸引了富人和公司的兴趣。以比特币为例，超过 80 000 个比特币账户持有至少 100 万美元的余额。前 100 个最大比特币账户合计 1 150 亿美元，相当于一个摩洛哥的 GDP，超过 135 个国家的 GDP。

第四节　其他金融市场

一、外汇市场

（一）外汇市场的涵义

外汇市场（foreign exchange market；exchange market）是指由各国中央银行、外汇银行、外汇经纪人和客户组成的买卖外汇的交易系统。

在当今国际金融和国际贸易领域中，外汇市场提供了货币兑换和结算的便利，同时也为金融资本的输出、国际垄断资本的对外扩张和外汇投机等提供了交易场所。现在，每天巨大的成交量当中，95%的交易是由于投机而产生的。

国际上的外汇市场分为有固定交易场所的有形外汇市场和没有具体交易场所的无形外汇。无形市场是通过现代化的通信设备及计算机网络系统来从事外汇买卖的交易活动，是外汇市场的最主要形态。

（二）外汇市场的参与者

外汇市场的参与者有外汇银行、外汇经纪人、中央银行，以及众多的进出口商、非贸易外汇供求者和外汇投机者。

外汇银行是指由中央银行授权经营外汇业务的本国银行和在本国的外国银行分行以及其他从事外汇经营的有关金融机构。外汇银行是外汇市场的交易主体，它不仅充当外汇供给者和外汇需求者的主要中介人，同时也自行买卖外汇，参与外汇市场投机活动。

外汇经纪人依靠自己与外汇银行的密切联系和掌握的外汇供求信息，促成买卖双方成交，从中赚取手续费。

为了防止国际短期资金大量流动的冲击，中央银行负有干预外汇市场的职责：外汇短缺时抛售，外汇过多时收购，以使汇率不致发生剧烈的波动。

（三）我国的外汇市场

我国的外汇市场有三个层次：第一个层次是客户与外汇指定银行之间的零售市场；

第二个层次是银行之间买卖外汇的同业市场，又称银行间外汇市场。银行同业间的外汇交易往往基于"轧平"外汇头寸以及投机、套利、套期保值等目的的需要而产生，并占外汇市场交易总额的90%；第三个层次是外汇指定银行与中央银行之间的交易。在这些交易中，外汇经纪人往往起着中介作用。

我国银行间外汇市场的正式名称为中国外汇交易中心暨全国银行间同业拆借中心，成立于1994年4月，总部设在上海。中国人民银行公开市场业务操作室为外汇市场调控部门，设于交易中心。2005年，银行间外汇市场引入询价交易方式（OTC方式），并改进了人民币汇率中间价形成方式。2015年，银行间外汇市场首次对境外开放。

1994年，在我国银行间外汇市场成立初期，只有美元、港元两个品种，成交额仅为408亿美元；1995年、2002年，我国银行间外汇市场分别增加了日元兑人民币和欧元兑人民币。2021年，增至28种外汇品种。2015年，国家外汇管理局首次公布外汇交易全年数据，当年累计成交110.93万亿元（约17.76万亿美元）。2021年全年外汇累计成交237.79万亿元（约36.87万亿美元）。

办理外汇零售业务的银行是外汇指定银行。外汇指定银行根据中国人民银行公布的基准汇率，在规定的幅度内制定挂牌汇率并买卖外汇。

外汇黑市与合法的外汇市场并行。外汇黑市上的需求包括两部分：一部分是本身就属非法交易，如走私、洗钱、非法转移个人资产、违规对外投资等交易所形成的需求。另一部分是一些正当需求，如个人因私用汇和符合国家规定的对外投资等，但或因审核手续繁琐，或因对有关规定不清楚，或因国家对购汇有所限制等，以致进入非法交易渠道。黑市上的外汇供给有的是黑钱，有的也是合法收入。

由于外汇黑市交易通常与走私、洗钱、非法资产转移等活动联系在一起，因此，一直是国家规范和整顿市场经济的重点。同时，管理部门还不断创造条件，通过放宽用汇限制，提供满足企业和个人合理外汇需求的措施，从源头上减少非法外汇交易。

二、黄金市场

（一）国际黄金市场的产生与发展

历史上，黄金曾在世界范围内长期充当一般等价物的角色，是现实经济生活中实实在在的购买手段和支付手段。在金本位制瓦解和金币停止流通之后，黄金依然保持其货币属性，直至20世纪70年代的黄金非货币化。非货币化之后，黄金仍是各国国际储备资产的一部分。

黄金市场是集中进行黄金买卖的交易场所。黄金交易与证券交易一样，都有一个固定的交易场所，世界各地的黄金市场就是由存在于各地的黄金交易所构成。黄金交易一般都是在各个国际金融中心，是国际金融市场的重要组成部分。

世界上最早的国际黄金市场于19世纪初在伦敦产生。第二次世界大战爆发后，由于黄金的自由交易受到很大限制，伦敦黄金市场曾关闭了15年。世界黄金市场重新成为完全自由的交易市场，是在布雷顿森林货币体系瓦解之后。目前世界上最主要的黄金市场在伦敦、苏黎世、纽约、香港等地。伦敦黄金市场的价格对世界黄金行市有较大影响。

在布雷顿森林货币体系下，官方兑换黄金的价格是1盎司黄金兑换35美元。在20世纪80年代初，黄金价格曾攀升到每盎司850美元的高点。自20世纪90年代末期以来，国际市场上出现了罕见的黄金抛售潮，特别是各国中央银行纷纷降低黄金储备。1999 年 7 月 6 日的黄金价格曾跌到每盎司 256 美元。此后，黄金价格反复振荡变化，2020 年 8 月黄金价格逼近每盎司 2 070 美元，达到 20 年来的最高价格，之后两年里又振荡下行至 2022 年 7 月 20 日的每盎司 1 698 美元左右。

国际上的黄金市场流通体系是一个多层次、多形态市场的集合，包括银行间无形黄金市场、黄金现货交易有形市场、黄金期货交易有形市场、黄金零售市场等。

（二）黄金市场的金融功能

黄金的用途在过去有相当大的部分是货币用黄金。货币用黄金又分为两部分：一是货币流通所需，如铸造金币。这方面需求已经是近一百年以前的事情。二是国家集中的黄金储备。迄今为止，各国官方都保有以百吨、千吨计的黄金作为国际储备资产。根据国际货币基金组织（IMF）最新公布的数据显示，截至 2021 年 9 月底，全球官方黄金储备共计 35 582.3 吨。

现在对黄金的需求，基本都属于非货币需求，主要区别为投资需求与消费需求。

目前，黄金的主要消费领域有珠宝首饰业、电子仪器、牙医科、工业装饰、奖章、纪念币等。其中，珠宝首饰用金需求量约占全部黄金需求的 70%~75%。黄金消费性用途的多样化促进了全球范围内黄金交易活动的活跃。

由于黄金的特性与历史习惯，各种以黄金为标的的投资活动依然相当活跃。黄金饰物的相当部分，在民间，仍是重要的投资保值工具。正是活跃的黄金投资，表明黄金市场仍然具有明显的金融功能。当人们对经济前景捉摸不定时，往往就会购买黄金保值。

（三）我国的黄金市场交易

中华人民共和国成立以来，我国一直对黄金流通试行严格的计划管理体制：由中国人民银行同意收购和配售黄金，统一制定黄金价格、严禁民间黄金流通。

我国于 1982 年放开了黄金饰品零售市场，1993 年改革了黄金定价机制，允许黄金收售价格随国际金价波动。1999 年，取消了白银的统购统配制度。同年 12 月，我国在部分城市首次向社会销售金条。自 2001 年开始，取消黄金的统购统配，实现市场配置黄金资源。2002 年 10 月 30 日，上海黄金市场正式开始交易。2015 年，上海黄金交易所实物黄金交易量达 3.41 万吨，连续 9 年位居全球第一。上海期货交易所黄金期货合约交易量达 5.06 万吨，位居全球第二。2016 年 4 月，中国启动人民币黄金定盘价机制，上海黄金交易所随即推出以人民币结算的黄金（"上海金"）基准价格。2020 年，我国黄金市场交易总量约 9.55 万吨，交易规模排在美国和英国之后，居全球第三位，占全球黄金市场总交易量的比重为 13.72%。

三、衍生工具市场

（一）金融衍生产品

金融衍生产品（derivative financial products）是指价值变化依赖于原生金融工具（股票、债券、存单、货币等）的价值变化的金融产品。金融衍生工具在形式上均表现为一种合约（contract），并且在合约上载明了买卖双方同意的交易品种、价格、数量、交割时间及地点等。目前较为流行的金融衍生工具合约主要有远期、期货、期权和互换这四种类型。

20世纪70年代，伴随着布雷顿森林体系的崩溃，西方各国开始实行浮动汇率制，国际金融市场上的汇率波动既频繁又剧烈，外汇风险日益增加。此外，由于石油危机的爆发，西方国家通货膨胀率居高不下，市场利率大幅波动。各经济主体都希望能够通过金融交易规避汇率风险和利率风险。与此同时，各国政府逐渐放松金融管制，金融创新成为可能。多方面的因素共同促使金融衍生产品迅速繁衍发展。

在金融衍生工具的迅速拓展中，还有一个极其重要的因素，那就是斯科尔斯和默顿在70年代初推出了期权定价公式。市场有这样的一个形容：期权定价公式创造了一个巨大的衍生工具市场。

迄今为止，金融衍生工具已经形成一个新的金融产品"家族"，其种类繁多、结构复杂，并且不断有新的成员进入。

■ 相关案例

应用金融衍生产品成功案例　　　法国兴业银行巨亏案（2008）

（二）远期市场

远期（forward）合约是合约双方约定，在未来某一日期按照约定的价格买卖约定数量的某种资产。远期合约主要在场外市场进行交易，标的资产的数量、质量、交货时间交货地点等交易条件由交易双方自行商定。目前，远期金融合约主要有货币远期和利率远期两类。

远期交易最早起源于农产品交易。农产品的生产周期比较长，而且农产品价格具有在收获季节下降、非收获季节上涨的季节性波动规律，无论是农民还是农产品需求者都面临农产品价格波动带来的风险。为了消除农产品价格波动风险，农民和农产品需求者都希望能够提前确定农产品价格，于是诞生了以农产品为代表的资产的远期交易。通过远期交易，农民和农产品需求者可以在播种时就商定农产品的销售价格和数量，等到收获之后再交货付款。

在远期合约的有效期内，合约的价值随相关资产市场价格的波动而变化。假设合约到期时以现金结清，则当市场价格高于合约约定的执行价格时，应由卖方向买方支付价差金额：反之，则由买方向卖方支付价差金额。按照这种交易方式，远期合约的买卖双方可能形成的收益或损失都是"无限大"的。

（三）期货市场

期货（futures）合约与远期合约十分相似，也是交易双方按约定价格在未来某一期间完成特定资产交易行为的一种方式。两者的区别在于：远期合约交易一般规模较小，较为灵活，交易双方易于按各自的愿望对合约条件进行磋商。而期货合约的交易是在有组织的交易所内完成的；期货合约的内容，如相关资产的种类、数量、价格、交割时间、交割地点等都已标准化。

无论是远期合约还是期货合约，都为交易者提供了一种避免因价格波动带来风险的工具；同时也为投机者利用价格波动取得投机收入提供了手段。最早的远期合约、期货合约中的相关资产是粮食。进入20世纪70年代后，由于金融市场的动荡和风险催生出金融期货，如利率期货、外汇期货、股票价格指数期货等。

（四）期权市场

期权（options）又称选择权，是指期权的买方有权在与确定的时间或约定的时期内，按照约定的价格买进或卖出一定数量的相关资产，也可以根据需要放弃行使这一权利。期权的买方为了取得这样一种权利，必须要向卖方支付一定数额的费用，这笔费用就是期权费（option premium）。按照相关资产的不同，有外汇期权、利率期权、股票期权、股票价格指数期权等。

根据买方权利，期权分为看涨期权（call option）和看跌期权（put option）。看涨期权又称为买入期权，是指期权的买方具有在约定的期限内按约定价格买入一定数量的标的资产的权利。看跌期权又称卖出期权，是指期权的买方具有在约定期限内按约定价格卖出一定数量标的资产的权利。

期权交易实际上是一种权利的单方面有偿让渡。期权的买方以支付一定数量的期权费为代价而取得了这种权利。不必承担必须买进或卖出的义务；期权的卖方则在收取了一定数量的期权费后，在一定期限内必须无条件服从买方的选择，履行成交时的承诺。期权赋予买方将风险锁定在一定范围之内的权利，可以实现有限的损失（即期权费）和无限的收益。对于期权的卖方来说则恰好相反，即损失无限而收益有限。

尽管从收益的分布来看，期权交易似乎对期权的卖方非常不利，但是，如果将卖出期权与买入期权以及与买入现货资产结合起来，风险就不会这么集中。例如，甲购置了一块土地，价格10万元；他预期未来一年中土地的价格可能下降，价格波动在9.6万~10万元。为了规避风险，甲可以以4 000元的价格出售一份这块土地的看涨期权合约，执行价格定为11万元。如果未来一年中土地的价格上涨，超过11万元，对方就会行权，甲就会获得1.4万元（11-10+0.4）的净收入；如果价格下降，对方就不会行权，资产价值就相当于此时的土地价格加上4 000元的期权费，只要土地价格没有降到9.6万元以下，就不会亏本。与不出售这份合约相比较，抵御风险的能力提高了4 000元。因此，卖出期权也具有避险、保值的功能。

（五）互换

互换（swap），也译作"掉期""调期"，是指交易双方约定在合约有效期内，以事先确定的名义本金额为依据，按约定的支付率（利率、股票指数收益率等）相互交换支付的约定。金融互换虽然历史较短，但品种创新却日新月异。除了传统的利率互换（interest rate swap）和货币互换（currency swap）以外，还有一大批新的金融互换品种不断涌现。

利率互换是指双方同意在未来的一定期限内根据同种货币的同样的名义本金交换现金流，其中一方的现金流根据浮动利率计算，而另一方的现金流根据固定利率计算。互换的期限通常在2年以上，有时甚至在15年以上。利率互换只交换利息差额，因此信用风险很小。利率互换是20世纪80年代三大金融创新业务之一，自1982年第一笔利率互换正式交易以来，发展迅猛，成为利率风险管理与资产负债匹配管理的重要新工具。

货币互换是将一种货币的本金和固定利息与另一货币的等价本金和固定利息进行

交换。货币互换涉及本金互换，因此当汇率变动很大时，双方就将面临·定的信用风险。当然这种风险仍比单纯的贷款风险小得多。

2006年2月中国人民银行发布《中国人民银行关于开展人民币利率互换交易试点有关事宜的通知》。随后，国家开发银行与中国光大银行完成首笔50亿元人民币利率互换交易，拉开了人民币利率互换市场的序幕，利率互换逐渐成为利率风险管理最基本和有效的金融工具。就交易量而言，人民币利率互换市场交易名义本金从2006年的339.7亿增长到2007年的2 168.4亿元，增速达到6.38倍。进入2008年，人民币利率互换业务伴随着市场的剧烈震荡愈加活跃，市场交易量快速增长。2021年，人民币利率互换市场达成交易25.2万笔，名义本金总额为21.1万亿元。从期限结构来看，1年及1年期以下交易最为活跃。人民币利率互换交易的浮动端参考利率主要包括7天回购定盘利率和上海银行间同业拆放利率（SHIBOR）。

■ 相关案例

利率互换案例

第五节　中国金融市场的发展

中华人民共和国成立以来，随着社会主义计划经济的迅速建立，高度集中于一家银行的银行信用代替了近代中国形成的多种信用形式和多种金融机构的格局，财政拨款代替了企业的股票、债券的资金筹集方式。20世纪70年代末，随着改革开放政策的逐步推行，金融市场的建立问题得以重新思考。具体来说，主要包括两个方面：一是金融机构之间的短期融资市场；二是证券市场。自20世纪90年代以来，金融市场的建设与完善问题已成为经济发展与体制改革的重要组成部分，并有了长足的发展。

一、中国货币市场

（一）中国货币市场的发展阶段

中国货币市场经历了近40年的发展演化。大体可以分为五个阶段：

1. 萌芽和无序发展阶段（1984—1995年）

1981年我国开始出现了票据这种带有货币市场性质的工具，但受众有限且少有流通，所以一般以1984年初的同业拆借试点作为我国货币市场发展起点。随后建立与启动了多种新的货币市场：在1985年开始建立票据贴现市场，1986年开始发行大额可转让存单，1987年开始试点发行企业短期融资票据，1991年启动国债回购试点，借以提高国债流动性。1994—1996年，我国还一度发行过短期国债。这一时期货币市场交易规模的持续扩大，年增长率达到了54.4%，但整个市场处于监管缺位的自发演进的状态，市场分布散且乱象频生（诸如交易参与主体混乱；拆借及回购利率飙升、期限不断延长等），引发多次市场整顿。

2. 制度规范化发展阶段（1996—1999 年）

1996 年，《中华人民共和国商业银行法》《中华人民共和国票据法》等法规正式实施，全国统一的银行同业拆借市场也建立起来。货币市场开始逐渐摆脱分散、无序的状况，市场运行的规范化程度明显改善。这个阶段，同业拆借市场受央行监控力度加大而规模萎缩，债券回购与票据承兑贴现则因法律规范而实现规模扩张。整体来看，这一阶段的货币市场发展带有较强的过渡色彩，尽管货币市场交易绝对额从 1995 年的 1.081 万亿元增长到了 1999 年的 2.185 万亿元，但货币市场交易量/GDP 的比值（货币市场发展程度）却稳定在 20% 左右。

3. 完善和高速发展阶段（2000—2008 年）

进入 21 世纪，随着中国成功加入 WTO，经济获得高速发展，贸易空前繁荣，货币市场的发展空间也进一步放大，包括同业拆借、回购、票据等在内的传统货币市场均实现了较快增长，与此同时，央行票据和短期融资券等新型货币市场产品也陆续出现。在这样的背景下，货币市场交易额快速提升，2008 年达到了 113.93 万亿元，年均增速高达 55%，货币市场交易量/GDP 比值也从 1999 年的 24% 上升到了 2008 年的 362.8%，货币市场成为中国金融体系发展最快的构成之一。

4. 流动性充裕背景下快速增长阶段（2009—2015 年）

2008 年次贷危机之后，在中央政府 4 万亿元的宏观经济刺激计划下，市场流动性充裕，货币市场空前繁荣。2009—2015 年间，中国货币市场交易额从 2008 年的 113.93 万亿元增长到了 2015 年的 771.6 万亿元，年均增速为 31%。2015 年货币市场交易量/GDP 比值提升到 1 124.8%。与此同时，货币市场结构变化巨大。回购、拆借和票据三大子市场中，回购市场的绝对交易额与增速都牢牢占据货币市场第一；票据市场崛起且超越同业拆借市场；央行票据交易额呈现持续下降态势；短期融资券发行和交易增长极为迅猛；同业存单从无到有，年度发行规模呈现指数级别增长。

5. 监管强化下的平稳发展阶段（2016 年至今）

在货币市场整体经历了狂飙突进的大潮后，社会各类机构和资本通过不同的途径进入货币市场，高杠杆率操作、不合规经营十分普遍，引发了诸多市场乱象，监管层随之加强了对其金融风险的监管。这一阶段中国货币市场的绝对交易额仍有一定的增加，2021 年达到 1 758.1 万元，但货币市场交易量/GDP 的比值上升增速放缓，2021 年为 1 537.2%。市场结构上，同业拆借、回购市场和同业存单整体延续高速增长态势，票据市场则增长较缓慢，承兑和贴现不能满足市场的需求。

（二）我国主要的几种货币市场

虽然我国货币市场交易规模不断跃升，但在市场发展的动力上，如类似回购、票据以及央行票据等货币市场产品创新更多地取决于政府的政策。多个子市场在发展的过程中呈现出较为明显的"此消彼长"，市场分割现象也依旧存在。目前，我国货币市场包括同业拆借市场、回购市场（含银行间债券市场和交易所市场）、央行票据市场、短期融资券市场、同业存单市场和票据市场等形式，但主体架构依然是以同业拆借、（银行间）国债回购、同业存单等银行间的货币市场。

1. 同业拆借市场

同业拆借市场从 1984 年初开始试点，1986 年正式合法化后发展极为迅猛，1995 年就突破万亿元规模，成为当时货币市场的绝对主体。1996 年 1 月，中国人民银行开始建立全国银行同业拆借市场。商业银行总行及其授权分行、城市商业银行等金融机构成为全国银行间拆借市场成员。1996 年 6 月起，中国人民银行规定，金融机构可根据市场资金供求状况，自行确定拆借利率，并开始定期公布银行间拆借市场利率（CHI-BOR）。这是中国利率改革的重要一步。1999 年后，信用良好的商业银行成为同业拆借市场主要参与者，部分证券公司和财务公司也陆续被批准成为全国银行间同业拆借市场交易成员。2016 年后，社会各类机构和资本通过不同的途径进入货币市场，同业拆借市场再次延续高速增长。

随着有关政策的实施，拆借市场交易日趋活跃，同业拆借市场已经成为金融机构之间调节短期头寸的重要场所。从市场交易的期限结构看，1997 年 7 天以内（包括隔夜）的同业拆借的比重为 32.5%；而 2000 年同业拆借的期限结构发生了根本性的改变，7 天以内（包括隔夜）的同业拆借比重已上升到 71.4%。到 2012 年回购和拆借隔夜品种的成交量占到总量的 80% 以上。市场参与主体除了各类银行和证券业、保险业金融机构以外，还包括城市信用社、农村信用社、财务公司、信托投资公司、金融租赁公司、资产管理公司、社保基金、基金、理财产品、信托计划、其他投资产品等在内的其他金融机构及产品。

2.（银行间）国债回购市场

我国的债券回购交易于 1991 年 7 月通过全国证券交易自动报价系统（STAQ 系统）宣布开始试点，随后，以武汉证券交易中心为代表的各证券交易中心也纷纷推出了债券回购业务。1995 年 8 月，债券回购市场实行交易所集中交易和集中托管，场外交易基本被遏制。为了防止信贷资金进入股市，中国人民银行在 1998 年将商业银行的债券交易业务从交易所分离出来，组建专门供商业银行之间进行债券回购交易的银行间市场，形成了两个相互平行的债券回购市场。最初，银行间债券市场只有商业银行才能参与。自 2000 年起，证券公司、基金管理公司等，只要满足一定的条件也可以进入这一市场参与回购交易。自此，中国的货币市场与资本市场之间也正式建立起了资金流通的正规渠道和机制。2004 年 4 月 17 日，财政部、中国人民银行和中国证监会颁布了《关于开展国债买断式回购交易业务的通知》，推出以融资功能为主的买断式回购业务。但质押式回购一直是银行间债券回购的绝对主体形式。

回购市场在我国的货币市场的地位也随着交易规模量的快速增长而显著上升。2008 年的银行间债券回购占国内回购总交易量的比例达到了 96%，交易所市场仅占 4%，回购交易在整个货币市场交易额中所占的比重也达到了 53.13%，牢牢占据了中国货币市场的绝对主体地位。2021 年，银行间债券回购累计成交 1 045.2 万亿元，占整个货币市场交易额的 59.4%。品种类型主要是质押式债券回购，占到银行间回购市场的 99.7%。期限结构主要集中于隔夜品种。中资大、中型银行是回购市场资金的主要供给方。包括中资小型银行，证券公司、基金公司和期货公司在内的证券业机构，保险公司和企业年金，城市信用社、农村信用社、财务公司、信托投资公司、金融租赁公司、资产管理公司、社保基金、基金等在内的其他金融机构是回购市场资金的主要需求方。

3. 同业存单市场

同业存单是一个比较新型的债务融资工具，是指由银行业存款类金融机构法人在全国银行间市场上发行的记账式定期存款凭证，是商业银行非常重要的主动负债管理工具。在同业存单产生之前，3个月以上的资金多以同业存款的方式进行交易。同业存款的市场公开化和透明化程度低，监管部门难以监测与管理。另外同业存款市场割裂，难以形成一个完整、统一的市场。2013年12月8日，中国人民银行发布了《同业存单管理暂行办法》，启动同业存单，有10家银行获得首批发行资格。2013年12月12日，国家开发银行、工商银行、建设银行、农业银行、中国银行分别发行了首期同业存单，我国的同业存单正式问世。同业存单的兴起顺应了我国利率市场化的历史潮流，是利率市场化改革进程中不可或缺的重要环节。

同业存单自首次发行以来发展迅猛，已经成长为债券市场的重要组成部分。从市场存量来看，截至2021年年底，同业存单存量已达到14万亿元，是继金融债券、地方政府债券和国债之后排名第四位的债券品种；2021年发行总量为21.8万亿元，二级市场交易总量为154.5万亿元（2020年更是达到167.3万亿元），成为货币市场最主流的交易品种之一，同时也是流动性最好的信用类债券品种。从发行期限来看，同业存单目前的主流期限品种为1个月、3个月、6个月、9个月和12个月。其中，1年期的存单最受发行人偏好，占比54%。目前，股份制商业银行、城市商业银行和国有商业银行是同业存单发行的主力军。

4. 票据贴现市场

20世纪80年代，为解决"三角债"问题，控制企业债务风险，中国人民银行开始尝试开展票据业务，推动商业信用票据化。1981年第一笔同城商票贴现及跨省市银票贴现顺利完成，开启了票据融资业务办理的先河。1996年《中华人民共和国票据法》正式实施，票据市场的各项功能逐步健全，市场规模快速增长，成为企业及银行流动性调剂的重要途径之一。2000年11月9日，我国内地第一家专业化票据经营机构——中国工商银行票据营业部在上海设立，标志着我国票据市场的发展进入了专业化、规模化和规范化的新阶段。2003年6月30日，中国票据网正式启用，为全国统一票据市场的形成提供了必要的平台。伴随着2009年中国人民银行电子商业汇票系统（ECDS）正式建成运行，我国票据市场正式迈入电子化时代。2016年上海票据交易所成立后，陆续推出了纸电票据融合、票据交易系统直连、线上票据清算等系统，并创设了票付通、贴现通、标准化票据、供应链票据等新型产品。与此同时，商业银行也积极探索票据业务创新，在传统的承兑、贴现、转贴现等业务基础上，推出区块链票据、票据池、绿色票据、票据资产证券化、线上贴现等创新型票据业务产品。目前，票据市场呈现以电票为主、银票商票并存、市场参与者多元化的格局。上海票交所允许商业银行、财务公司、证券公司、基金公司、期货公司、保险公司、信托公司、资管公司及部分非法人产品等参与平台转贴现交易，票交所创设的中国票据交易系统目前已接入会员超过3 000家，系统参与者超过10万家。

由于票据市场更多带有场外交易性质，市场份额一开始不太大。在2008年次贷危机之后的宏观经济刺激政策下，票据承兑与贴现交易量明显提升。2009—2015年票据累计贴现由23.2万亿元增长到102万亿元，在货币市场总成交额中排名仅次于回购市场。之后的市场严监管让票据市场整体呈现萎缩态势。2018年票据承兑与贴现业务进入恢复性稳步增长阶段。2021年，企业累计签发商业汇票24.2万亿元，年末商业汇票未到期金额15.0万亿元，其中，由小微企业签发的银行承兑汇票占比67.8%；金融机构累计贴现 45.9 万亿元；票据融资余额 9.9 万亿元，占各项贷款的比重为 5.1%。

二、中国资本市场

（一）中国资本市场的发展阶段

19 世纪 70 年代清政府洋务派开始兴办股份制企业，随着这些股份制企业的出现，企业股票和债券应运而生。我国最早的证券交易市场是在 1891 年由上海外商经纪人组织的上海股份公所和上海众业公所。1918 年，中国人自己组建的第一家证券交易所北平证券交易所成立；1920 年，上海证券物品交易所成立。此后，全国各地陆续成立了证券交易所，形成了旧中国的证券市场。中华人民共和国成立后，证券交易所停止活动。

改革开放以来，国内资本市场从无到有，从小到大，实现了突破性的发展。纵观整个发展历程，大致可以分为四个阶段：

（1）萌芽与初步形成阶段（1980—1992 年）。20 世纪 80 年代，一些小型国有企业和集体企业进行股份制尝试，开始发行股票。1986 年，中国工商银行上海分行信托投资公司与深圳经济特区证券公司均开设专门的股票交易柜台，为当时已发行的股票提供柜台交易。与此同时，债券市场交易开始得到发展。1981 年，国内重新开始发行国债。1982 年开始，少量企业开始发行债券筹集资金。1988 年，国家批准开展个人持有国债的柜台转让业务。1990 年 12 月和 1991 年 4 月，上海证券交易所和深圳证券交易所先后正式开业，这标志着中国证券市场正式登上历史舞台。

（2）曲折尝试与探索阶段（1993—1998 年）。1992 年，在邓小平同志南方谈话之后，国内参与股票投资市场的情绪热情高涨，股票供不应求。购买新股认购抽签表参与认购的发行制度，滋生出内部私自交易和截留认购抽签表等权利寻租行为，促成了证券监管机构的诞生。1992 年 10 月，国务院证券委员会和中国证券监督管理委员会（1998 年合并为中国证监会）宣布成立，中国证券市场统一监管体制开始形成。《股票发行与交易管理暂行条例》《公开发行股票公司信息披露实施细则》《禁止证券欺诈行为暂行办法》等一系列有关资本市场的法律法规也被逐一推出。随着资本市场的发展，以证券公司和基金公司为典型代表的金融机构开始涌现。到 1998 年年底，国内已有证券公司 90 家，营业部 2 400 多家。

（3）市场改革与创新阶段（1999—2007 年）。1998 年年底《中华人民共和国证券法》正式出台，标志着证券市场法制化建设步入了新阶段，也正式拉开了国内资本市场改革创新的新篇章。为帮助中小企业上市融资，2004 年 5 月，深交所推出了中小企业板，为之后的创业板设立奠定基础。2005 年 4 月，中国证监会发布《关于上市公司股权分置改革试点有关问题的通知》，正式开启股权分置改革试点工作。2005 年 9 月，中国证监会发布《上市公司股权分置改革管理办法》，全面推进股权分置改革。到 2006 年年底，在沪深两市 1 400 多家上市公司中，有 1 200 多家完成了股改，国内资本市场由此进入了一个新阶段。

（4）多层次资本市场建设阶段（2008 年至今）。2009 年 10 月 30 日，旨在为本土 PE/VC 机构提供良好的退出渠道的创业板正式开板。至此，由沪深主板、中小板、创业板组成的我国资本市场体系，初步具备了"多层次"的雏形。2012 年，全国中小企业股权转让系统（俗称"新三板"）设立运行，资本市场服务中小企业发展的能力出现跃升，区域性股权市场步入规范发展。2019年3月，作为提升"硬科技"企业质效的科创板正式设立并试点注册制改革。2019年，以分层管理为核心的新三板综合改革启动，次年设立新三板精选层。2020年4月27日，深交所创业板正式开启注册制试点，"三创四新"企业得到更大的资本市场支持。2021年4月，深交所主板与中小板合并，为全面注册制铺路。2021年11月15日，北京证券交易所正式开市并实行注册制试点，打造服务创新型中小企业主阵地。至此，我国多层次资本市场的框架已基本形成。

（二）我国多层次资本市场体系结构

经过30多年的改革发展，目前我国资本市场已形成含主板、科创板、创业板、北交所、新三板及区域性股权市场（四板）在内的多层次资本市场体系。各级板块与市场功能定位明确，错位发展、各具特色、各显优势、互补互联，为处于不同成长阶段和不同类型企业创新发展的提供资金支持。

我国资本市场结构见图6-3。

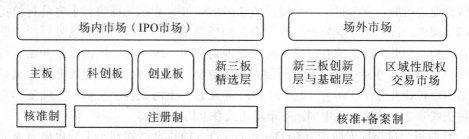

图6-3 我国资本市场结构

具体而言，沪深交易所主板市场服务于成熟型大中型上市公司。创业板、科创板作为二板，主要服务创新型企业。其中深交所创业板聚焦"成长型"创新创业企业；上交所科创板定位"科技创新"企业，服务符合国家科技创新战略、拥有关键核心技术、市场认可度高的科技创新企业。北交所（新三板精选层）服务于"专精特新"的中小企业。新三板（创新层与基础层）服务于创新型的中小企业。区域性股权交易市场作为四板，服务于其他中小微企业。

截至2022年6月底，沪深交易所、北交所共有上市公司4 832家，全国股转系统共有挂牌公司6 728家，全国共设立了35家区域性股权市场。2013年至2022年上半年，A股公司IPO和再融资的金额合计达到13.59万亿元，其中，2021年IPO和再融资金额合计达约1.82万亿元。同期，交易所债市不断壮大，形成了包括国债、地方政府债、可转债、公司债、资产支持证券等品种体系；期货市场已上市包括商品、股指、国债期货和股票期权在内的96个期货期权品种。

（三）我国资本市场的对外开放

我国在多层次资本市场的建立的同时，也加强了资本市场的互联互通，不断创新股票交易制度，深化资本市场的对外开放。2014年11月，上海与香港股票交易市场互联互通机制"沪港通"正式启动，促进两地资金的双向流动。2016年12月，深港通正式启动。相比沪市，深市有中小板和创业板，深市的成长股是沪港通和港股市场的补充。此外，深港通的标的不局限于A/H股同时上市，而包含深市成分股，这丰富了香港投资者的投资范围。沪港通与深港通的建立，不仅优化了市场结构，丰富了交易品种，拓宽了跨境投资的渠道，更是助力外资顺畅地进入中国市场，开启了资本市场的"共同市场时代"。

三、我国货币市场与资本市场之间的关系

资本市场与货币市场作为金融市场的组成部分，两者并不是完全隔离的。在追求利润的动机驱动下，资金会频繁地在货币市场和资本市场之间流动，哪个市场的收益高，资金就流向哪里。从社会资金总量看，货币市场和资本市场的资金客观上存在此消彼长的关系。而正是由于货币市场和资本市场之间的这种互动、竞争关系，促使了金融市场形成合理的资金价格，在此基础上的资金流动性也引导了资源的有效配置。

尽管我国当前依旧是分业经营、分业监管的管理体制，银行和证券公司还不能够跨业经营，这在一定程度上限制了两个市场的协调发展。但随着中国货币市场与资本市场有关政策的不断演变，中国货币市场与资本市场呈现出从分割走向连通的趋势。

1998年8月20日颁布的《证券公司进入银行间同业市场管理规定》，允许符合条件的证券公司进入银行间同业拆借市场，为银行资金通过证券公司间接进入股市提供了合法渠道；1999年10月12日颁布的《基金管理公司进入银行同业市场管理规定》，允许基金公司进入银行间同业拆借市场，为银行资金通过基金管理公司进入股票市场提供了合法通道；2000年2月13日颁布的《证券公司股票质押贷款管理办法》，允许符合条件的证券公司以自营的股票和证券投资基金券作抵押向商业银行借款，从而为证券公司自营业务提供了新的融资渠道；2001年6月中国人民银行颁布《商业银行中间业务管理暂行规定》指出：商业银行经人民银行批准后，可以开办金融衍生业务、代理证券业务以及投资基金托管、信息咨询、财务顾问等投资银行业务。它为商业银行资金进入股市提供一条合法渠道，同时，严格的分业经营管理模式受到挑战。2002年，中国人民银行发出第五号公告，境内的商业银行及其授权分行、信托投资公司、企业集团财务公司、金融租赁公司、农村信用社、城市金融机构，以及经金融监管当局批准可投资于债券资产的其他金融机构加入全国银行间债券市场，实行准入备案制。准入备案制的建立，标志着中国货币市场和资本市场的融合迈出了实质性的一步。2004年1月13日国务院出台《国务院关于推进资本市场改革开放和稳定发展的若干意见》，充分肯定了我国资本市场发展的重要意义，并对推进资本市场的改革和发展提出了原则性的指导意见。2004年9月15日，中央银行同意商业银行发起设立基金管理公司，此举被视为中央银行为落实《国务院关于推进资本市场改革开放和稳定发展的若干意见》的具体举措，对中国资本市场的发展必将产生积极的影响。2004年10月18日中国人民银行发布的《证券公司短期融资券管理办法》，受困于资金的证券公司将首度获准进入银行间债市发债融资，这是中央银行首度允许符合资格的证券公司进行银行间债市短期融资。

尽管目前流向资本市场的资金渠道还不通畅，但这种趋势已经是无法逆转。大量资金为寻求盈利的机会，突破当前的法律障碍，在两个市场之间流动：货币市场资金通过证券回购、证券公司代客理财等方式流入资本市场，资本市场资金则通过证券化等渠道进入货币市场。拓展资金流通渠道、创新资金流通方式、完善相关法律体系、推进管理体制改革是推进货币市场与资本市场连通的必要措施。

本章小结

1. 现代经济体系中，有两类市场对经济运行起着主导作用，它们分别是要素市场、产品市场。其中，要素市场指配置土地、劳动与资本等生产要素的市场，产品市场指商品和服务进行交易的市场。金融市场属于要素市场，通过资金配置，引导资金由盈余部门流向短缺部门，是市场经济条件下诸要素市场的核心和枢纽。

2. 金融市场的交易对象是货币资金，交易工具是各种金融工具。金融工具具有流动性、风险性和收益性这三个基本特征。

3. 货币市场是短期融资市场，融资期限在 1 年以内，其功能在于满足交易者的流动性资金需求。货币市场包括银行同业拆借市场、回购市场、票据市场、国库券市场、大额可转让定期存单，以及货币市场共同基金等短期金融工具市场。

4. 资本市场是政府、企业、个人筹措长期资金的市场，主要包括中长期借贷市场和中长期证券市场。按市场工具来划分，资本市场通常由股票市场、长期债券市场、投资基金和另类投资构成。

5. 外汇市场是由各国中央银行、外汇银行、外汇经纪人和客户组成的买卖外汇的交易系统。外汇市场提供了货币兑换和结算的便利，同时也为金融资本的输出、国际垄断资本的对外扩张和外汇投机等提供了交易场所。95%的外汇交易是由于投机而产生的。

6. 黄金市场，是集中进行黄金买卖的交易场所。黄金市场具有价格波动率较低、流动性高、投机性强的特点。黄金市场不但为投资者提供了一种资产保值增值的投资渠道，而且为中央银行提供了一个新的货币政策操作的工具。

7. 金融市场上的价格变动风险以及期权定价公式的推出，催生了金融衍生产品。金融衍生产品是指价值变化依赖于原生金融工具（股票、债券、存单、货币等）的价值变化的金融产品。金融衍生工具在形式上均表现为一种合约。目前较为流行的金融衍生工具合约主要有远期、期货、期权和互换这四种类型。

8. 经过近三十年的改革探索，我国已经建立起了相当规模的货币市场和多层次的资本市场体系，有力地推动了我国经济的发展。但是，无论是货币市场还是资本市场都存在着各个子市场发展不平衡，货币市场与资本市场间资金流通不通畅的问题，都需要进一步的发展和完善。

重要概念

金融市场　金融资产　货币市场　资本市场　外汇市场　黄金市场　衍生市场
直接金融　间接金融　初级市场　二级市场　同业拆借　回购协议　大额可转让定期存单
政府债券　货币市场共同基金　股票　债券　投资基金　开放型基金　封闭型基金
风险投资　养老基金　另类投资　远期合约　期货合约　期权合约　看涨期权　看跌期权
互换

核心参考文献

[1] 谭德凯，田利辉，李孝琳. 货币市场流动性如何影响股票市场波动：兼论市场风险防控与资本市场开放 [J]. 金融监管研究，2020 (4)：66-82.

[2] 白钦先，汪洋. 货币市场与资本市场的连通与协调机理研究 [J]. 当代财经，2007 (11)：49-54.

[3] 王一萱，屈文洲. 我国货币市场和资本市场连通程度的动态分析 [J]. 金融研究，2005 (8)：112-122.

[4] 冯燕妮，沈沛龙. 我国多层次资本市场体系研究 [J]. 经济问题，2020 (10)：46-52.

[5] 董克用，姚余栋，孙博. 中国养老金融发展报告（2021）[J]. 中国养老金融50人论坛，2021.

[6] 应展宇. 中国货币市场：结构视角的经济分析 [J]. 经济理论与经济管理，2021，41 (4)：12-26.

[7] 李燕燕. 我国货币市场与资本市场：互动、割裂与对策 [J]. 江苏商论，2007 (5)：152-153.

[8] FURFINE C H. Banks as monitors of other banks：evidence from the overnight federa funds market [J]. The Iournal of Business，2001 (74)：33-57.

[9] NIPPANI S，LIU P，SCHUL MANC T. Are treasury securities free of default? [J]. The Journal of Financial and Quantitative Analysis，2001 (36)：251-265.

[10] AMIHUD Y，MENDELSON H. Liquidity，asset prices and financial policy [J]. Financial Analysis Journal，47：56-66.

复习思考题

1. 选择题

（1）某企业一方面通过发行债券，另一方面通过向银行申请贷款来解决其扩大生产经营所需的资金。下列说法正确的是（　　　）。

A. 前者属于直接融资，后者属于间接融资

B. 前者属于间接融资，后者属于直接融资

C. 两者均属于间接融资

D. 两者均属于直接融资

（2）某种债券面值100元，偿还期为2年，每年支付利息一次，每次6元。某投资者在债券发行1年后以98元购得。如果该投资者没有提前卖出债券，那么在债券到期时该债券的平均收益率是（　　　）。

A. 6%　　　　　　B. 6.12%　　　　　　C. 8%　　　　　　D. 8.16%

（3）金融机构之间融通资金以解决临时资金不足的市场是（　　　）。

A. 货币市场　　　B. 资本市场　　　C. 同业拆借市场　　D. 股票市场

（4）某银行出售某证券的同时，与买方约定31天后按照双方事先商定的价格将等量的该证券再买回来。这种融资方式是（　　　）。

A. 贴现　　　　　　　B. 承兑　　　　　　　C. 回购　　　　　　　D. 拆借

（5）货币市场有许多子市场，下列（　　　）不属于货币市场。

A. 票据与贴现市场　　　　　　　　　B. 银行同业拆借市场

C. 长期债券市场　　　　　　　　　　D. 回购市场

（6）下列关于初级市场与二级市场关系的论述正确的是（　　　）。

A. 初级市场是二级市场的前提　　　B. 二级市场是初级市场的前提

C. 没有二级市场初级市场仍可存在　D. 没有初级市场二级市场仍可存在

2. 简答题

（1）金融市场的功能是什么？

（2）金融工具有哪些特征？

（3）货币市场是短期融资市场，资本市场是长期融资市场。你如何理解这两个市场之间的相互关系？

（4）各种社会保障基金，特别是养老基金发展迅速。它们对于金融市场会有何影响？

（5）金融衍生工具在怎样的背景下产生并迅速发展起来？你如何看待金融衍生工具的双刃作用？

3. 论述题

（1）2022年中央经济工作会议中明确提出："要抓好要素市场化配置综合改革试点，全面实行股票发行注册制，深入推进资本市场改革"。请结合资本市场的功能，谈谈你对推进全面实行股票发行注册制改革的目的与意义的理解。还需要哪些配套改革措施？

（2）从2003年以来，党中央经济工作会中就不断地提及"建立多层次资本市场体系，完善资本市场结构"。高质量发展是"十四五"的主题，多层次资本市场体系建设更是大有可为。对此你有何理解？

第七章

资产组合、资产定价与资本结构

在现实经济生活中，微观经济主体总是面临着投资与融资的决策。作为投资者，人们持有资产的目的就是期望实现其资产的市场价值最大化，那么哪些因素影响着人们购买哪种资产、购买多少以及何时购买的决定呢？作为融资者，企业筹集资金的方式包括股权融资与债权融资两种基本形态，企业为了使现有股东财富最大化，将如何安排这些资金来源之间的相互组合关系呢？本章将要介绍金融市场的不确定性以及由此而来的金融投资结构的决策问题。

第一节　风险与资产组合

一、风险的涵义

从投资的意义上说，风险就是未来结果的不确定性。不确定的程度越高，风险就越大。在理解风险的涵义时，需注意以下两点：
（1）风险仅指不确定性。只要可能出现收益率与预期值不一致的现象，就可以认为存在风险。

（2）风险不仅指可能的损失，也指可能的获利。在证券投资理论中，风险的概念还包括未预期到的收益。因此，如果我们说某个项目的风险很大，那么不仅意味着该项目可能会带来很大的损失，也意味着该项目可能会带来很高的收益。

二、风险的度量

由于风险是客观存在的，只要投资，投资者就必然要冒风险。市场中的投资者需要在投资收益和投资风险中找到一个平衡点，即在风险一定的条件下实现收益的最大化，或在收益一定的条件下使风险尽可能地降低，因此，我们就很有必要对风险进行估计和管理。1952 年，美国经济学家、诺贝尔经济学奖获得者哈里·马科维茨（Harry Markowitz）提出资产组合理论（portfolio theory），首次对风险的衡量做出数量化的描述，并提出了确定最佳资产组合的基本模型，开创了对投资进行整体管理的先河。

（一）资产风险的度量

1. 资产投资收益率与期望收益率

度量风险，首先需要知道投资收益率。投资收益率可以用这样一个公式计算：

$$r = \frac{C + (P_1 - P_0)}{P_0} \tag{7-1}$$

式中，C 表示投资的资产收入，如利息、股息等；P_1 表示资产的期末价格；P_0 表示期初价格；两者相减表示资本收入——资产市价变化所带来的收入，即资本溢价。

例如，某投资者以每股 20 元的价格购买了某公司股票，一年之后以每股 22 元的价格卖出，同时在当年获得每股 0.5 元分红的股票。那么该投资者的投资收益率为：

$$r = \frac{0.5 + (22-20)}{20} \times 100\% = 12.5\%$$

所谓期望收益率就是未来收益率的各种可能结果，乘以它们相对出现的概率，然后相加。期望收益率的计算公式如下：

$$\bar{r} = \sum_{i=1}^{n} p_i \cdot r_i \tag{7-2}$$

式中，r_i 是投资的未来第 i 种可能的收益率；p_i 是第 i 种收益率出现的概率。

例如，如果某项投资项目 A 可能会出现三种投资组合：第一种结果是收益率 50%，出现的可能性是 20%；第二种结果是收益率 30%，出现的可能性是 50%；第三种结果是收益率 10%，出现的可能性是 30%。那么这项投资的期望收益率就是：

$$\bar{r} = \sum_{i=1}^{n} p_i \cdot r_i = 50\% \times 20\% + 30\% \times 50\% + 10\% \times 30\% = 28\%$$

2. 资产风险度的测定

如果我们将风险定义为未来结果的不确定性，那么用数理统计的语言描述，投资风险就是各种未来投资收益率与期望收益率的偏离程度。这样，我们就可以用方差 δ^2 或标准差 δ 来表示风险，也就是收益率与期望收益率的偏离度。其计算公式如下：

$$\delta = \sqrt{\sum_{i=1}^{n} (r_i - \bar{r})^2 \cdot p_i} \tag{7-3}$$

把上例的数字代入公式，我们可以计算出 A 项目的标准差是：

$$\delta = \sqrt{(50\%-28\%)^2 \times 20\% + (30\%-28\%)^2 \times 50\% + (10\%-28\%)^2 \times 30\%}$$
$$= 0.14$$

资产组合理论认为，在一定统计期内已经实现的投资收益率变化及其发生的概率，基本符合正态分布。一些学者对股票收益率的历史数据研究证实了这一点。如果未来的收益率概率分布类似于过去的、已经实现的情形，那么可以认为未来收益率波动的概率分布基本符合正态分布。于是，测算标准差的意义就是：已经知道投资的期望收益率和标准差，即可计算收益率发生在一定区间的概率。以上面的投资项目 A 为例，投资的期望收益率和标准差分别是 28% 和 14%，那么投资收益率在 28%±14% 区间变化的可能性是 68%，在 28%±2×14% 区间的可能性约是 95% 等。

（二）资产组合的风险

1. 资产组合的期望收益率

将资金按一定的比例投资于不同的资产就形成一个资产组合。资产组合的收益率相当于组合中各类资产期望收益率的加权平均，权数是各资产价值在资产组合总价值中所占的比重。计算公式是：

$$r_p = \sum_{i=1}^{n} w_i \bar{r}_i \tag{7-4}$$

式中，r_p 指的是资产组合的期望收益率；w_i 是第 i 种资产所占的比重；$\bar{r}_i$ 是第 i 种资产的期望收益率。其中，$\sum_{i=1}^{n} w_i = 1$。

2. 资产组合的风险度

资产组合的方差不但与各资产的权重和方差相关，还与资产之间的相关系数或协方差有关。资产间相关系数越小，资产组合的风险度越低，资产相关系数越大，资产组合的风险度就越高。

计算资产组合风险的一般公式是：

$$\delta_p = \sqrt{\sum_{i=1}^{n} w_i^2 \delta_i^2 + 2 \sum_{0 \leqslant i < j \leqslant n} w_i w_j \delta_i \delta_j \rho_{ij}} \tag{7-5}$$

式中：δ_p 表示组合的风险度；下标 j 表示第 j 种资产；ρ_{ij} 表示第 j 种资产的收益率与第 i 种资产的收益率之间的相关系数。

三、投资分散化与风险

传统的投资理念告诉我们，规避风险度的一个好方法就是不要把所有的鸡蛋放在一个篮子里，这就是用投资分散化来降低组合风险。

资产组合的风险分为系统性风险（systematic risk）和非系统性风险（non-systematic risk）。所谓非系统性风险，是指那种通过增加持有资产的种类数量就可以相互抵消的风险。经验数据证明，如果持有的资产种类数超过 20 种，资产组合中的非系统性风险就会被完全抵消掉。可以相互抵消的风险是分别由各资产自身的原因引起的。如某上市公司更换总经理，可能使股票价格下降，而更换经理这种事件不会在许多公司同时发生；如某一家公司推出一个新兴产品，可能导致该公司股票价格上升，而新兴产品也不会同时普遍推出。假如两个事件恰好同时发生而一个人碰巧持有这两只股票，那么，利好、利空相互抵消，这个人的总投资收益率可能不升也不降。系统性风险则是无法通过增加持有资产的种类数量而消除的风险。比如，经济衰退的可能使所有股票的价格下跌。这时，整个资产组合的价值都会贬值，投资收益率必然下降。

资产组合所包含的证券数量与组合系统性和非系统性风险之间的关系可以用图 7-1 表示。

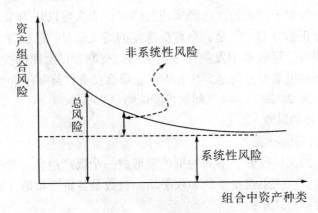

图 7-1　资产组合中的系统性风险与非系统性风险

从图 7-1 中可以看出，随着资产种类在组合中数量的增加，非系统性风险被全部抵消掉，剩下的只有系统性风险。既然如此，人们总是希望在不影响投资收益的情况下，适当的分散投资，消除非系统性风险，从而降低整体风险。

■ 拓展阅读

多样化投资的另一种视角

四、有效资产组合

假定投资者选择 n 种风险资产进行投资，对他们的任何一种组合都会形成特定的组合风险与组合收益。在图 7-2 中，落在 BAC 区间内的任何一点都代表在 n 种风险资产范围内所组成的某一特定组合的组合风险与组合收益关系。

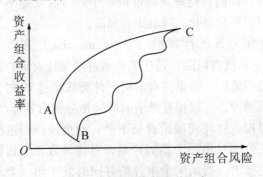

图 7-2　资产组合的有效组合

马科维茨的资产组合理论假定投资者偏好期望收益率而厌恶风险。因此，在给定相同方差水平的那些组合中，投资者会选择期望收益率最高的组合，而在给定相同期望收益率水平的那些组合中，投资者会选择方差最小的组合。这些选择会导致产生一个有效边界（efficient frontier），即 AC 线段。有效边界上的点所对应的资产组合即为有效资产组合（efficient portfolio）。

五、最优资产组合的选择

有效边界提供了有效的投资组合区间，但具体选择有效边界的哪一个点作为最优投资组合，取决于投资人对风险的偏好。如果投资人承受风险能力低，那么对他来说，最好的组合位于有效边界偏低的一段；如果投资人富于冒险精神，那么理想的组合点位于有效边界偏高的一端。

马科维茨认为，对一个特定的投资者而言，根据他对期望收益率和风险的偏好态度，即按期望收益率对风险补偿的要求，可以得到一系列满意程度相同的资产组合。这些组合在均值方差坐标系中将形成一条曲线，即无差异曲线，如图 7-3 中的 I_1、I_2、I_3。这些无差异曲线的全体便是该投资者的无差异曲线族。不同投资者因为偏好不同，会拥有不同的无差异曲线族。无差异曲线越陡，表明投资者对风险越厌恶。

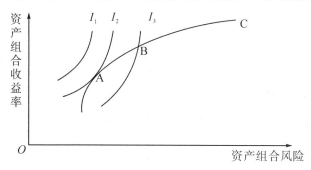

图 7-3　最优资产组合

无差异曲线位置越高，该曲线上的组合的满意程度越高，即 I_1 的满意程度高于 I_2，I_2 的满意程度高于 I_3。图 7-3 中，无差异曲线族与有效边界相切于 A 点，相交于 B 点。由于 A 点的满意程度高于 B 点，而且 A 点是无差异曲线族与有效边界的最高交点，因此投资者会选择 A 点。所以，最优资产组合事实上就是无差异曲线与有效边界相切的切点所对应的资产组合。

■ 拓展阅读

学生风险厌恶度自我测试试验

测试结果查看

第二节　证券价值评估

一、证券价值评估及其思路

有价证券的价格随行就市，变幻无常，但无论论它怎样变化，均会围绕其内在价值形成有规律的变化区间。如果某证券的市场价格低于其内在价值，就会上涨；如果价格已经远远高出其内在价值，则将回落。因此，了解证券的内在价值，也就是对证券的价值进行评估（evaluation），对于制定正确的投资方案十分重要。

现金流贴现法是一个被普遍用来估算有价证券内在价值的方法。现金流贴现法分三个步骤：第一，估计投资对象的未来现金流量；第二，选择可以准确反映投资风险的贴现率；第三，根据投资期限对现金流进行贴现。

二、债券价值评估

多数债券的票面利率是固定的，只需要按照固定的利率计算定期支付的利息即可。如果买进债券以后一直保持到债券期满，最后一期的现金流就是利息加上债券面值。需要分析的是确定适当的贴现率，一般债券的贴现率可根据债券的信用等级确定。如果知道了债券的未来现金流、债券的贴现率以及持有期限，就有了计算债券价值的公式。

第一，到期一次性支付本息的债券。其价值计算公式为

$$P_B = \frac{A}{(1 + r)^n} \tag{7-6}$$

式中，P_B 为债券的价格；A 为债券到期时的本利和；r 为贴现率；n 为债券到期前的剩余期限。

第二，定期付息、到期还本的债券。这是一种最常见的债券形式，其价值计算公式为

$$P_B = \sum_{t=1}^{n} \frac{C}{(1 + r)^t} + \frac{M}{(1 + r)^n} \tag{7-7}$$

式中，C 为定期支付的利息；M 为债券的面值。

如果投资人在债券尚未到期时出售债券，则上述债券价值计算公式为

$$P_B = \sum_{t=1}^{n} \frac{C}{(1 + r)^t} + \frac{P}{(1 + r)^n} \tag{7-8}$$

式中，P 为出售债券时的价格。

第三. 定期付息、没有到期日的债券。这种债券也称永久性债券。对持有人来说，这类债券意味着永久性的定期收入，在票面利率固定的情况下，每期的现金流是同样的。其价格计算公式为

$$P_B = \frac{C}{r} \tag{7-9}$$

从债券价值的计算公式中可以看到，影响债券价格波动的因素主要是贴现率，也就是利率的变化。

三、股票价值评估

投资股票可以获得的现金流采取股息和红利的形式，所以，股票内在价值估算通常采用股息贴现模型。相较于债券，股票没有偿还期限；除优先股以外，普通股股票的收益不确定。股息贴现模型的一般公式为：

$$P_S = \frac{D_1}{1+r} + \frac{D_2}{(1+r)^2} + \cdots = \sum_{t=1}^{\infty} \frac{D_t}{(1+r)^t} \tag{7-10}$$

式中，D_t 为第 t 期的现金红利。

企业的盈利，在其发展过程中，不会永远持平，也鲜见永远递增或永远递减。因而，持有剩余要求权的股东可以分得的现金红利也不会是一成不变的格局。一般来说，处于创业期和增长期的企业，利润增速不稳定，但增速比较高；进入成熟期以后，增长速度会降下来，但增速却趋于稳定。因而，根据企业在不同寿命期的利润以及红利有不同增长速度的判断，需建立红利分阶段增长模型。

四、市盈率

除了现金流贴现法以外，在计算股票价值时，市盈率（price-earning ratio）方法是一种历史更为悠久，也相对更简单的方法。所谓市盈率，是股票的市场价格与每股盈利的比值。如果能够找到一个可以参照的合理的市盈率，用它乘以股票的预期盈利，就可以很快地计算出股票的价值。其计算公式如下：

$$股票价值 = 市盈率 \times 预期每股盈利 \tag{7-11}$$

由于市盈率在相当程度上反映着股票价格与其盈利能力的偏离程度，所以市盈率太高，可能意味着股票的价格远超于其价值，这时就需要卖出手中持有的股票，或不购买这种股票。如果市盈率太低，可能意味着股票的价值被低估，此时正是投资的好时机。

市盈率估计法通常被用于对未公开上市企业或者刚刚向公众发行股票的企业进行估价。

第三节　资产定价模型

利用现金流贴现法估算有价证券内在价值，需选取与投资风险相匹配的贴现率 r。资产定价模型（asset pricing model）就是帮助我们找到适当的贴现率并确定资产价值的一种有用工具。

资产定价模型主要是资本资产定价模型（capital asset pricing model，CAPM）。后来有多要素模型和套利定价模型之类的发展。

资本资产定价模型（CAPM）是由威廉·夏普（William Sharp，1964）、约翰·林特纳（John Linter，1965）和简·莫辛（Jan Mossin，1966）等人在马科维茨资产组合理论的基础上提出的。这个模型探讨了均衡条件下风险与预期收益率之间的关系，使得资产组合理论应用于实际市场成为可能。夏普因此模型而获得 1990 年诺贝尔经济学奖。

在资产组合理论中，我们假设构造的组合中所有资产都是风险资产，如果引入无风险资产（risk free assets）进入资产组合，投资者将根据各自对风险的厌恶程度选择持有一定比例的无风险资产和风险资产，但是每个投资者持有的风险资产的相对比例都相同。无风险资产是指没有风险的资产，在一个经济体中基本只有一类，通常就是政府债券。风险资产主要是指证券市场上的风险资产，如股票。资产组合理论假设所有投资者对投资回报率的均值、方差以及协方差具有相同的预期，那么资本市场达到均衡状态时，投资者持风险资产的最优相对比例就应该是风险资产的市场价格比例。按市场价格的同比例持有所有资产的投资组合，称为市场组合。

如果用 F 和 M 分别代表一种无风险资产和市场组合，则新的资产组合的收益和风险根据公式（7-4）和公式（7-5）展开：

$$\bar{r}_p = w_f r_f + w_m \bar{r}_m \tag{7-12}$$

$$\delta_p = (w_f^2 \delta_f^2 + w_m^2 \delta_m^2 + 2 w_f w_m \delta_f \delta_m \rho_{f,m})^{\frac{1}{2}} = w_m \delta_m \tag{7-13}$$

式中，r_f 与 $\bar{r}_m$ 分别为无风险资产与市场组合的期望收益率；w_f 与 w_m 分别为两类资产的比重，且 $w_f + w_m = 1$；δ_f 与 δ_m 分别为无风险资产与市场组合的标准差，且 $\delta_f = 0$，$\rho_{f,m} = 0$。

根据公式（7-12）与公式（7-13），可得新资产组合的期望收益率和风险之间的关系如公式（7-14）：

$$\bar{r}_p = r_f + \frac{\bar{r}_m - r_f}{\delta_m} \delta_p \tag{7-14}$$

根据新资产组合的期望收益率和风险间的关系，可以在坐标图上划出一条向上倾斜的、与马科维茨资产组合曲线相切的直线，这条直线叫做资本市场线（capital market line，CML），见图7-4。

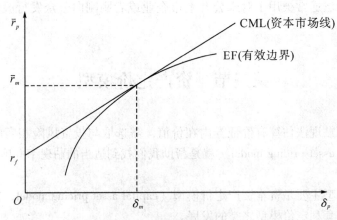

图7-4　资本市场线

在图7-4中，CML 线的斜率为 $\dfrac{\bar{r}_m - r_f}{\delta_m}$，直线的截距为无风险利率 r_f。资本市场线的 m 点同时位于马科维兹的有效边界上，它表示当所有的资金全部投资与风险资产组合时，与资产组合的风险与收益相对应的点，此时 $\delta_p = \delta_m$、$\bar{r}_p = \bar{r}_m$。

在资产市场线上，所有的点均表示一种风险资产 f 与市场组合 m 这两者的任意一种组合所对应的风险与收益。其中 r_f——m 线段上的点表示 w_f 与 w_m 在 0、1 之间相互消长的变动。在这个线段上，对于 f 和 m 的投资都是正方向的。在 m 点向右上方延伸的射线上所有的点均代表以无风险利率借入无风险资产并全部投资于风险资产组合。此时，无风险资产投资 f 为负，即 w_f 小于 0，而市场组合 m 的投资比重 w_m 大于 1。

只要存在有可能按照无风险利率投资、借贷的机会，投资人就更愿意持有无风险资产 F 和风险资产组合 M。从图 7-4 可以看出，资本市场线除了与有效边界的切点 M 以外，其他各点均位于有效边界的上方。从以相同的风险水平追求最高收益的动机出发，选择在资本市场线上的投资组合效果最优。

二、资本资产定价模型

资产市场理论表明，所有的投资者，无论他们的具体偏好如何不同，都将会将市场投资组合与无风险资产混合起来作为自己的最优组合。但资本市场线公式（7-14）得出的期望收益率并没有针对某一资产。因而无法解决某个资产的定价问题。

因为投资人持有的是一组而不是单一资产。因此对于每一项资产，投资人所关心的不是该资产本身的风险，而是持有该资产后，对整个资产组合风险的影响程度。因此，引入 β 系数来表示单个资产与整个市场组合风险之间的关系。这一系数相当于资产 i 与市场组合的协方差除以市场组合方差（$\beta_i = \delta_{im} / \delta_m^2$）。$\beta$ 系数反映了资产收益率受市场组合收益率变动影响的敏感性，衡量了单个资产系统风险的大小。

这样，单个资产的期望收益率就可以用下面的公式表示：

$$\bar{r}_i = r_f + \beta_i(\bar{r}_m - r_f) \qquad (7\text{-}15)$$

该公式即为资本资产定价模型。式中，$\bar{r}_i$ 是第 i 种资产期望收益率；r_f 是无风险利率；β_i 是第 i 种资产的 β 值；$\bar{r}_m$ 是市场投资组合的期望收益率。

从资本资产定价模型中可以知道，无风险资产的 β 系数为零，即 $\beta_f = 0$；市场组合的 β 系数为 1，即 $\beta_m = 1$。

特定资产风险与期望收益率的关系可以用证券市场线（SML）表示，如图 7-5。

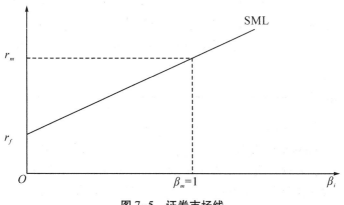

图 7-5　证券市场线

证券市场线以无风险利率为截距，斜率为（$\bar{r}_m - r_f$)，它直观地表现出特定资产的风险与期望收益率的关系。

资本资产定价模型表明在风险和收益之间存在一种简单的线性替代关系，从而在投资收益与风险之间建立了一种非常明确的关系。只要给定特定资产的 β 值，以及无风险利率和市场风险溢价，就可以得到该资产的期望收益率。

例如，当前无风险利率是 3%，市场组合的风险溢价是 5%，如果某股票的 β 系数是 2.5，那么该股票的期望收益率为

$3\% + 2.5 \times 5\% = 15.5\%$

用这个期望收益率作为评估该资产价值的贴现率，对预期现金流进行贴现，就可以完成用现金流贴现法评估资产价值的过程。

资本资产定价模型是一个一般均衡模型，给出的是期望形式下的风险与收益关系。在事后关系中，有时我们会发现高 β 值资产的实际收益率会低于低 β 值资产的实际收益率，这并不能说明资本资产模型的无效性。资本资产定价模型只是表明我们期望高 β 值资产会获取较高的收益，并不说明高 β 值的资产在任何时候都能获得比低 β 值资产高的收益。不然的话，高 β 值资产就成为风险较低的资产。正因为高 β 值资产的风险较大，因此有时收益较低也就是一种正常现象。不过，长期而言，高 β 值资产会取得较高的平均收益，这就是"期望"关系的真谛。

资本资产定价模型是现代金融学研究中具有里程碑意义的成果，正因为如此，后人对其进行了大量的实证研究，并形成了一些新的资产定价模型。

第四节　资本结构

企业的资金来源有两种：一种是内部融资，即企业通过运营获得资金，例如留存的收益等；另一种是外部融资，即企业通过向外部借款或是发行股票等方式来获得资金。企业资本结构（capital structure）有广义与狭义之分。广义资本结构是指企业全部资本的构成，包括长期资本与短期资本。狭义资本结构是指长期资本中债权资本与股权资本的比例关系，其实质是企业股东权益与债权权益的分配问题。与个人投资者一样，企业也必须对资本结构进行选择，构建最优资本结构。所谓最优资本结构，是指在充分权衡融资成本和融资风险的情况下，能使企业市场价值最大的资本结构。通常来说，企业的市场价值由企业股权资本的市场价值和企业债务资本的市场价值组成。若给定企业的投资决策，企业经营者的目标函数就是寻找最优的资本结构以实现其市场价值最大化。

一、MM 定理

MM 定理（MM theorem）是美国著名财务经济学家、诺贝尔经济学获奖者费朗科·莫迪利亚尼（Franco Modigliani）和金融学家莫顿·米勒（Merton H. Miller）提出的著名定理，它标志着现代资本结构理论的诞生。此后，许多经济学家寻着 MM 定理的思路，在逐步放松假定条件的基础上，发展了现代资本结构理论。

（一）无税 MM 模型

无税模型是莫迪利亚尼和米勒在 1958 年提出的初始 MM 模型。

1. 无税 MM 定理的假设条件

MM 定理建立的假设条件主要有：

（1）资本市场是完善的，股票债券无交易成本；

（2）投资者个人的借款利率与企业的借款利率相同，且无负债风险；

（3）投资者可按个人意愿进行各种套利活动，不受任何法律的制约，无公司和个人所得税；

（4）企业的经营风险是可以计量的，经营风险相同的企业可看作是同类风险企业；

（5）投资者对企业未来经营利润和取得经营利润的风险有同样的预测；

（6）企业的增长率为零，即息税前盈利固定不变，财务杠杆收益全部支付给股东；

（7）各期的现金流量预测值为固定量，构成等额年金，且会持续到永远。

2. 无税 MM 定理的内容

简单地说，MM 定理的内容就是在以上假设条件下，企业的价值与他们所采取的融资方式，即资本结构无关，因此 MM 定理又称为"资本结构无关论"。如果两个风险相同的企业，其市场价值不同，则套利者就会介入，出售被高估企业的股票、买入被低估企业的股票，此过程将一直持续到两个企业的市场价值完全相等为止。

MM 定理实际上是两个命题的统称，其内容主要包括：

（1）定理 I。任何企业的市场价值与资本结构无关，取决于按照预期风险程度相适应的预期收益率进行资本化的预期收益水平。

（2）定理 II。股票每股预期收益率应等于处于同一风险程度的纯粹权益流量相适应的资本化率，再加上与其财务风险相联系的溢价。其中财务风险是以负债权益比率与纯粹权益流量资本化率和利率之间差价的乘积来衡量。

无税 MM 模型成功地证明了资本结构与企业价值之间的内在联系，但其理论假设严格，与现实并不符合。因此，后来一些经济学家尝试放松假设，通过加入更多的现实来拓展 MM 模型。现代资本结构理论出现两条发展路径：一条路径以税务学派为代表，其核心是引入企业所得税因素，强调税盾效应（tax shield）——负债因利息而减税，主张企业应当更多地通过债务融资来提升市场价值；另一条路径以破产成本学派为代表，认为债务会增加企业的破产成本，主张企业应当通过减少债务融资来增加市场价值。

（二）有税 MM 模型

有税 MM 模型建立在债务利息税前缴纳和普通股股利税后支付的前提之下。由于债务融资的利息支出可以在税前扣除，使得企业的税基减小、税收支出降低，由此产生税盾效应。在这种情况下，企业的市场价值就等于同等风险无负债企业的市场价值上税盾效应的价值。

由于负债会因利息具有减税作用，从而使企业价值随着负债融资程度的提高而增加，因此，企业负债率越高越好。MM 公司税模型也提出了两个命题。

命题 1：无负债企业的价值等于企业所得税后利润除以企业权益资本成本率；而负债企业的价值则等于同类风险的无负债企业的价值加上税盾效应的价值，税盾效应价值等于公司所得税率乘上负债总额。

命题 2：负债企业的权益资本成本率等于同类风险的无负债企业的权益资本成本率，加上风险报酬，风险报酬则取决于公司的资本结构和所得税税率。

关于所得税对企业价值的影响，米勒在 1977 年建立了一个包括公司所得税和个人所得税在内的模型，并得出以下结论：如果普通股收益的个人所得税少于债券收益的个人所得税，则在其他条件相同的情况下，债券的税前收益必须要达到足以补偿普通股收益的个人所得税和债券收益的个人所得税之间的差额，否则，没有人愿意持有债券。同理，对于一个负债融资的企业来说，虽然企业可以通过利息减少企业所得税，但因为利息是支付给债券持有者个人的，他们必须支付与普通股收益不同的个人所得税。因此，一个层面上税收减免正好被另一个层面上税收增加所抵消。这样，米勒又得出与 MM 定理相一致的结论，即负债的节税利益恰好被个人所得税所抵消，不论企业是使用债务融资还是权益融资，都无法获得税收上的利益好处，在这种情况下，资本结构对企业价值或资本无影响。

（三）破产成本理论

有税 MM 模型只关注债务融资具有税盾效应，从而有利于企业市场价值的提升，但未能考虑到，随着债务融资的增加，企业陷入财务困境乃至破产的可能性也在同步。这种情况下，破产成本理论（bankruptcy cost theory）应运而生。基于破产成本理论，应对企业市场价值的提升作用是有边界的；企业在做出债务融资决策时，需要充分市场价值危机成本乃至破产成本对企业产生的综合绩效。

二、权衡理论

权衡理论（trade-off theory）是对有税 MM 模型与破产成本理论的综合，其代表人物包括罗比切克（Robichek）、梅耶斯（Mayers）、考斯（Kraus）、鲁宾斯坦（Rubinmstein）、斯科特（Scott）等。权衡理论认为，企业可以利用税盾，通过增加债务来增加企业价值。但随着债务的上升，企业陷入财务困境的可能性也增加，甚至可能导致破产，如果企业破产，不可避免地产生破产成本。因此，企业在决定资本结构时，必须要权衡负债的避税效应和破产成本。

根据权衡理论，负债企业价值等于无负债企业价值加上节税利益，减去破产成本的现值，即

$$V_L = Vu + PVTS - PVFD \qquad (7-16)$$

式中，V_L 为负债企业的市场价值，Vu 为无负债企业的市场价值，PVTS 为税盾现值，PVFD 为破产成本的现值（包括由于债务过高引起的直接或间接的财务危机成本）。

权衡理论中财务杠杆（D/E）与负债企业市场价值的关系如图 7-6 所示。

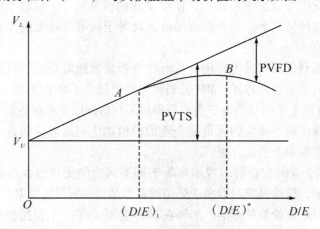

图 7-6　财务杠杆与负债企业市场价值的关系

如果企业资本均为权益资本，即财务杠杆为零，企业的市场价值为 V_u。随着企业债权资本的增加，财务杠杆上升，税盾效应发挥作用，企业的市场价值随之上升。在企业市场价值低于 A 点即财务杠杆达到 $(D/E)_1$ 之前，由于没有破产成本，企业的实际市场价值等于无负债企业的市场价值与税盾现值之和（V_u+ PVTS）。当企业的市场价值超过 A 点时，财务杠杆的负面效应开始显现，破产成本随之产生。但只要边际税盾收益大于边际破产成本，企业的实际市场价值仍会上升，企业将继续增加债务融资，直到 B 点。在 B 点，边际税盾收益等于边际破产成本，企业的实际市场价值达到极值，企业实现了最佳资本结构。$(D/E)^*$ 过了 B 点，边际税盾收益开始小于边际破产成本，继续增加债务融资将导致企业的实际市场价值持续下降。

在现实中，最优资本结构的数据难以观测，权衡理论在实务中起到的实用价值有限。

三、资本结构新理论

20 世纪 70 年代末，基于现代经济学的进步特别是信息经济学的发展，一批针对影响企业资本结构内部因素的全新资本结构理论应运而生，在很大程度上弥补了现代资本结构理论的不足。这批新资本结构理论包括很多流派，主要有代理成本理论（agency cost theory）、信号理论（signaling theory）和啄序融资理论（pecking-order theory）等。

代理成本理论的基本观点是，由于企业中代理关系存在，股东与企业经营者、股东与债权人之间必然会产生利益冲突，会产生股东代理成本与债务代理成本。负债比率与债务代理成本正相关，与股权代理成本负相关。均衡的企业所有权结构由股权代理成本和债券代理成本之间的平衡关系决定，企业的最优资本结构是使两种融资方式的边际代理成本相等而总成本最小的资本结构。

信号理论认为，企业经理人可以通过资本结构（或者财务杠杆）向外部投资者传递内部信息，最终影响企业的市场价值。信号理论认为企业的负债水平与其盈利能力相关，企业的税前收益越低则其能用来抵扣税负的利息额也越低，因此理性的投资者会认为公司负债水平越高，整体价值越大。与权衡理论不同，信号理论站在外部投资者角度来判断企业价值。

啄序融资理论建立在所有权经营权相分离导致信息不对称的基础上。该理论认为内部融资无交易成本且不会向证券市场传递可能使企业股票价格下降的信息；而企业发行股票会招致股票被高估的嫌疑。所以，企业决策者的逆向选择会形成内源融资、债务融资和股权融资的融资次序。这一次序得到全球绝大多数国家金融市场发展历史的验证。我国上市公司的融资结构却与啄序融资理论大相径庭，一方面由于我国股市的高度投机性，另一方面源于债券市场发展滞后，上市公司偏好股权融资。而当管理层拥有的内部股权越少，公司就越倾向于股权融资，股权融资的代理成本也就越大。

■ 拓展阅读

A 股资产负债率排行榜（2016—2020 年）

本章小结

1. 风险是指不确定性，就是未来结果的不确定性。不确定的程度越高，风险就越大。任何资产的总风险都是由系统性风险和非系统风险组成，多样化的资产组合有助于分散与降低非系统性风险。

2. 马科维茨的资产组合理论用数量化的方法衡量投资的预期收益水平和风险，假定投资者偏好期望收益率而厌恶风险，通过建立均值方差模型得到有效投资组合边界，而最佳投资组合是具有风险厌恶特征的投资者的无差异曲线和资产组合有效边界线的切点组合。

3. 股票与债券等有价证券都属于虚拟资本，内在价值的估值通常采用未来收益现金流贴现法。用这个方法计算证券价值包括三步：估计投资对象的未来现金流量；选择可以准确反映投资风险的贴现率；根据投资期限对现金流进行贴现。

4. 威廉·夏普等人在马科维茨的资产组合理论基础上提出了资本资产定价模型，探讨了均衡条件下风险与预期收益率之间的关系，使得资产组合理论应用于实际市场操作成为可能，开创了资产组合理论数理化分析的时代。

5. 资本结构是指企业各项资金来源所占比重。资本结构影响着企业的各项生产经营活动和企业价值。最优的资本结构是使企业价值最大的资本结构。资本结构理论研究的是公司的资本结构对公司价值的影响。主要资本结构理论包括 MM 理论、权衡理论以及代理成本理论、信号理论和啄序融资理论等新资本结构理论。

重要概念

风险　系统性风险　非系统性风险　投资收益率　期望收益率　有效资产组合最优资产组合　现金流贴现法　市盈率　风险资产　无风险资产　市场组合　β系数资本市场线　证券市场线　资本结构　MM 定理　权衡理论

核心参考文献

[1] 郝东洋. 内部控制效率、资本结构动态调整与公司价值 [J]. 山西财经大学学报, 2015 (12)：38-50.

[2] 张博, 等. 高管团队内部治理与企业资本结构调整 [J]. 金融研究, 2021 (2)：153-170.

[3] 刘林. 股权融资偏好模型分析与治理改进设计 [J]. 金融研究, 2006 (10)：49-64.

[4] 盛明泉, 等. 优序融资理论对上市公司融资行为的解释力 [J]. 山西财经大学学报, 2010 (10)：49-56.

[5] 姜毅, 等. 基于 Probit 模型的上市公司融资优序的再检验 [J]. 经济与管理, 2011 (9)：70-74.

[6] 林凡. 中国上市公司融资偏好内部影响因素实证研究 [J]. 经济管理, 2005 (11)：74-78.

[7] 惠祥, 李秉祥, 李明敏, 等. 技术创业型企业经理层股权分配模式探讨与融资

结构优化 [J]. 南开管理评论, 2016, 19 (6): 177-188.

[8] ARROW K. The role of securities in the optional allocation of risk-bearing [J]. Review of Economic Studies, 1964 (31): 91-96.

[9] MARKOWITZ H M. Portfolio selection [J]. Journal of Finance, 1952 (7): 77-91.

[10] MARKOWITZ H M. Portfolio selection, efficient diversification of investments [M]. New York: Wiley, 1959.

[11] SHARPE W. Capital asset prices: a theory of market equilibrium under conditions of risk [J]. Journal of Finance, 1964 (19): 425-442.

[12] ROSS S A. The arbitrage theory of capital asset pricing [J]. Journal of Economic Theory, 1976 (13): 341-360.

复习思考题

1. 计算题

（1）假定有两种债券有相同的违约风险，都是 3 年到期。第一种是零息票债券，到期支付 1 000 元；第二种是息票率为 8%，每年付 80 元的债券。如果市场利率为 8%，它们的价格各应是多少？

（2）假如你将持有一只普通股 1 年，你期望获得 1.5 元/股的股息并能在期末以 26 元/股的价格卖出。如果你的预期收益率是 15%，那么在期初，你愿意支付的最高价是多少？

2. 简答题

（1）风险一定代表损失吗？

（2）有效资产组合与最优资产组合满足怎样的条件？如何确定？

（3）根据资本资产模型，均衡条件下的风险与预期收益率之间存在怎样的关系？

（4）你如何理解现实中高风险的金融工具却获得低收益率的现象？

（5）金融资产"内在价值"的本质涵义是什么？

（6）权衡理论是如何阐释企业最后资本结构的决定机理的？

3. 论述题

（1）中国 A 股市场上市公司普遍偏好股权融资，如果考虑代理成本这一因素，公司管理者将如何确定公司的最佳资本结构？

（2）华为作为世界 500 强企业，也是一家 100% 由员工持股的非上市民营企业。过去一度选择出售非核心资产、股权激励—全民持股、应收账款转让作为三大主要融资方式。从 2019 年华为试水国内债券市场融资以来，连续三年华为境内发债总额分别为 60 亿元、90 亿元和 80 亿元。2022 年以来华为发债频率加快，截至 7 月底，已完成 7 次发债，融资额度达 240 亿元。与此同时，2021 年华为实现销售收入 6 368 亿元、利润 1 137 亿元，利润率达 17.9%，资产负债率 57.8%。华为账面资金充足却依旧发债融资。任正非解释说："我们必须在最好的情况下发债，增强这个社会（对我们公司）的了解和信任，不能遇到困难时再发债。"任正非表示，从资金成本角度考虑，华为发债成本比价低，如果增加员工对企业的投资，反而分红成本太高。结合相关资本结构理论，你如何看待华为公司的融资选择？

第七章　资产组合、资产定价与资本结构

第八章

金融机构体系

第一节　金融机构体系概述

一、金融机构体系的基本概念及演化

（一）金融机构体系的概念

金融机构（financial institutions）是资金盈余者和资金不足者相互联系，进而实现资金余缺调剂的中介机构，是金融体系的五个要素之一。常见的有银行、证券公司、保险公司、信托投资公司和基金管理公司等。金融机构是金融产品和服务的供给者，是金融市场运转的主体，它们可以为货币和资产提供了一个市场，从而让资本有效地配置到最有用的地方。因此对于整个经济的运行有很大的影响。

金融机构体系（financial institution system）是指金融机构的组成及其相互联系的统一整体。在市场经济条件下，各国金融体系大多数是以中央银行为核心来进行组织管理的，因而形成以中央银行为核心、银行业金融机构和非银行金融机构并存的金融机构体系。

（二）金融机构的职能

金融机构通常提供以下一种或多种金融服务：

1. 在市场上筹资从而获得货币资金，将其改变并构建成不同种类的更易接受的金融资产，这类业务形成金融机构的负债和资产。这是金融机构的基本功能，行使这一功能的金融机构是最重要的金融机构类型。

2. 代表客户交易金融资产，提供金融交易的结算服务。

3. 自营交易金融资产，满足客户对不同金融资产的需求。

4. 帮助客户创造金融资产，并把这些金融资产出售给其他市场参与者。

5. 为客户提供投资建议，保管金融资产，管理客户的投资组合。

上述第一种服务涉及金融机构接受存款的功能；第二种和第三种服务是金融机构的经纪和交易功能；第四种服务被称为承销功能，提供承销的金融机构一般也提供经纪或交易服务；第五种服务则属于咨询和信托功能。

（三）金融机构的分类

1. 按照不同的标准，金融机构可划分为不同的类型：

（1）按照金融机构的地位和功能，可分为四大类：第一类，中央银行；第二类，银行业金融机构。主要包括政策性银行、商业银行、银行业专营机构等；第三类，非银行金融机构。主要包括保险公司、证券公司（投资银行）、财务公司、第三方理财公司等；第四类，外资金融机构和合资金融机构。

（2）按照金融机构的管理地位，可划分为金融监管机构与接受监管的金融企业。例如，中国人民银行、中国银行保险监督管理委员会、证券监督管理委员会等是代表国家行使金融监管权力的机构，其他的所有银行、证券公司和保险公司等金融企业都必须接受其监督和管理。

（3）按照是否能够接受公众存款，可划分为存款性金融机构与非存款性金融机构。存款性金融机构主要通过存款形式向公众举债而获得其资金来源，如商业银行、储蓄贷款协会、合作储蓄银行和信用合作社等，非存款性金融机构则不得吸收公众的储蓄存款，如保险公司、信托金融机构、政策性银行以及各类证券公司、财务公司等。

（4）按照是否承担国家政策性融资任务，可划分为政策性金融机构和非政策性金融机构。政策性金融机构是指由政府投资创办、按照政府意图与计划从事金融活动的机构。非政策性金融机构则不承担国家的政策性融资任务。

（5）其他分类：按照是否属于银行系统，可划分为银行金融机构和非银行金融机构；按照出资的国别属性，又可划分为内资金融机构、外资金融机构和合资金融机构；按照所属的国家，还可划分为本国金融机构、外国金融机构和国际金融机构。

2. 我国对金融机构的划分类型。

2014 年 9 月，中国人民银行正式发布了《金融机构编码规范》（JR/T 0124-2014，以下简称《规范》）金融行业标准，从宏观层面统一了我国金融机构分类标准，明确了我国金融机构涵盖范围，界定了各类金融机构具体组成，规范了金融机构统计编码方式与方法，标志着其将成为我国实施金融标准化战略的重要基础资源。

该《规范》对金融机构的分类如下：

（1）货币当局，包括中国人民银行、国家外汇管理局；

（2）监管当局，包括中国银行保险监督管理委员会、中国证券监督管理委员会；

（3）银行业存款类金融机构，包括银行、城市信用合作社（含联社）、农村信用合作社（含联社）、农村资金互助社、财务公司；

（4）银行业非存款类金融机构，包括信托公司、金融资产管理公司、金融租赁公司、汽车金融公司、贷款公司、货币经纪公司；

（5）证券业金融机构，包括证券公司、证券投资基金管理公司、期货公司、投资咨询公司；

（6）保险业金融机构，包括财产保险公司、人身保险公司、再保险公司、保险资产管理公司、保险经纪公司、保险代理公司、保险公估公司、企业年金；

（7）交易及结算类金融机构，包括交易所、登记结算类机构；

（8）金融控股公司，包括中央金融控股公司、其他金融控股公司；

（9）新兴金融企业，包括小额贷款公司、第三方理财公司、综合理财服务公司。

（四）金融机构体系的发展和演化

金融机构是商品经济不断发展的伴随物，是逐步适应社会经济融资、投资需求及转移、管理风险的必然产物。最早的金融机构是银行，它起源于古代的银钱业和货币兑换业，货币兑换业规则是现代银行业的先驱。古代银钱业及货币兑换交易大多发生在寺庙周围，及在中世纪西欧数月一次的定期集市上。从商人阵营中逐渐分离出来的货币兑换商，最初只为各国的朝拜者和国际贸易兑换货币，并收取一定的手续费。随着商品生产和交换的持续扩大和发展，为避免自己保管货币和长途携带货币的不便和风险，部分异地贸易商和国际贸易商便将货币交由拥有良好保管设施的货币兑换商保管，并委托后者办理异地支付、结算业务。此时的货币兑换商就转变为货币经营商，他们在从事收取手续费的货币兑换、保管、异地划拨等业务中，积聚了大量货币，并利用商人货币存、取或汇兑之间的稳定余额，开展放贷业务，牟取更多利润。

现代意义上的银行起源于文艺复兴时期的意大利。14 世纪的地中海沿岸各国和地区经济发展较快，贸易也异常活跃，处于地中海中心的意大利成为当时世界的贸易和金融中心，产生了世界上最早的银行。此后，随着世界商业贸易、金融中心逐步北移至荷兰的阿姆斯特丹，银行业扩展至西北欧其他国家。社会的日趋细密，市场经济不断发展及其引致的多元金融需求，促成了其他金融机构的产生和发展。各类专业银行，如投资银行、不动产抵押银行、进出口银行等逐步出现；信托投资公司、证券公司、保险公司、金融公司、典当行等专业化金融机构，也渐次出现并在各自领域发挥重要作用。但德国等国家推行的全能银行制，则使商业银行的业务覆盖所有金融领域。因此，现代各国都建立了分工精细、种类多样、规模庞大的金融机构体系。

我国金融机构体系发展也经历了漫长的过程，主要分为如下几个阶段：

1. 中华人民共和国成立前的金融机构体系。

据史料记载，我国远在西周时期就有专司政府信用的机构"泉府"，西汉时期有私营高利贷机构"子钱家"。唐朝之后，金融业有了进一步的发展。到了明末清初，以票号、钱庄为代表的旧式金融业已十分发达。但数千年的封建社会使我国的商品经济发展十分缓慢，内生的金融需求少，当西方资本主义国家先后建立起现代的金融机构体系的时候，我国的典当行、钱庄、票号等仍停留在高利贷性质的旧式金融机构。

随着 19 世纪中叶我国东南沿海门户被打开，资本主义大工业生产经营方式在我国的推进，票号、钱庄等旧式的金融业已不能适应生产方式发展的需要。为适应中外贸易和民族资本主义工商业发展的需要，1845 年英商东方银行在香港和广州设分行和分理处，1847 年设立上海分行，即丽如银行，成为我国第一家外商新式银行。1897 年，我国民族资本自建的第一家股份制银行——中国通商银行在上海设立，标志着中国现代银行信用制度的开端。我国首家民族保险企业是 1865 年华商设立的义和公司保险行。1882 年，首家民族证券公司——上海平准股票公司成立。之后，各类现代金融机构陆续建立起来。

国民党统治时期，官僚资本开始了对我国刚刚发展的金融业的垄断，形成了以四大家族为垄断核心的金融机构体系"四行二局一库"。"四行"是中央银行、中国银行、交通银行、中国农业银行；"二局"是中央信托局和邮政储金汇业局；"一库"是指中央合作金库。"四行二局一库"成为国民党政府实行金融垄断的重要工具。同一时期，中国共产党在各个革命根据地也建立了自己的金融机构，如第一次国内革命战争时期在瑞金成立的中华苏维埃共和国国家银行，抗日战争时期在各抗日根据地成立的银行，如陕甘宁边区银行、华北银行等。

2. 新中国金融机构体系的建立与发展大致可分为以下五个阶段：

（1）1948—1952 年：初步形成阶段。

1948 年 12 月 1 日，在原华北银行、北海银行、西北农民银行的基础上建立了中国人民银行，它标志着新中国金融机构体系的开始。

（2）1953—1978 年："大一统"的金融机构体系。

1953 年，我国开始大规模、有计划地进行经济建设，在经济体制与管理方式上实行了高度集中统一的计划经济体制及计划管理方式。与之相应，金融机构体系也实行了高度集中的"大一统"模式。这个模式的基本特征为：中国人民银行是全国唯一一家办理各项银行业务的金融机构，集中央银行和普通银行于一身，其内部实行高度集中管理，利润分配实行统收统支。

（3）1979 年—1983 年 8 月：初步改革和突破"大一统"金融机构体系。

1979 年中国银行从中国人民银行中分列出来，作为外汇专业银行，负责管理外汇资金并经营对外金融业务；同年，恢复中国农业银行，负责管理和经营农业资金；1980 年我国试行基建投资"拨改贷"后，中国建设银行从财政部分设出来，最初专门负责管理基本建设资金，1983 年开始经营一般银行业务。

（4）1983 年 9 月—1993 年：多样化的金融机构体系初具规模。

1983 年 9 月，国务院决定中国人民银行专门行使中央银行职能；1984 年 1 月，单独成立中国工商银行，承担原来由人民银行办理的工商信贷和储蓄业务；1986 年以后，增设了全国性综合银行如交通银行、中信银行等，还设立了区域性银行如广东发展银行、招商银行等；同时批准成立了一些非银行金融机构如中国人民保险公司、中国国际信托投资公司、中国投资银行、光大金融公司、各类财务公司、城乡信用合作社及金融租赁公司等。在金融机构体系加大改革力度的同时，金融业进一步实行对外开放，允许部分合格的营业性外资金融机构在我国开业，使我国金融机构体系从封闭走向开放。

（5）1994 年至今：建设和完善社会主义市场金融机构体系的阶段。

1994 年国务院决定进一步改革金融体制。改革的目标之一是建立在中央银行宏观调控下的政策性金融与商业性金融分离、以国有商业银行为主体的多种金融机构并存

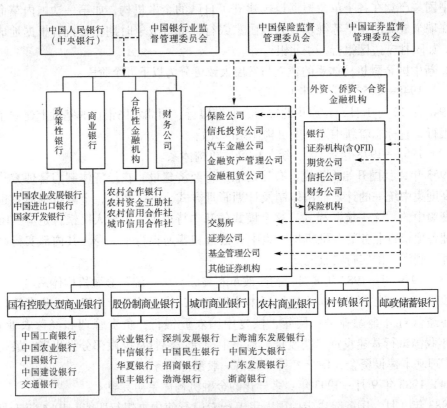

的金融机构体系。为此，1994年以来金融机构体系改革的主要措施有：分离政策性金融与商业性金融，成立三大政策性银行；国家四大专业银行向国有商业银行转化；建立以国有商业银行为主体的多层次商业银行体系。1995年组建了第一家民营商业银行——中国民生银行；同年在清理、整顿和规范已有的城市信用社基础上，在各大中城市开始组建城市合作银行，1998年更名为城市商业银行；大力发展证券投资基金等非银行金融机构；不断深化金融业的对外开放。为了加强对金融机构的监管，1992年成立了中国证券业监督管理委员会，1998年成立了中国保险业监督管理委员会，2003年成立了中国银行业监督管理委员会，形成了"分业经营、分业监管"的基本框架。这一新的金融机构体系目前仍处在完善过程之中。

2009年年底我国金融机构体系如图8-1所示。

图8-1　2009年年底我国金融机构体系

经过40多年的改革开放，中国金融业获得了巨大的发展，金融机构体系结构日臻完善。经过2018年金融监管体系的改革，已经形成了由"一委一行两会一局"（金融稳定委员会、中国人民银行、银行业监督管理委员会、证券业监督管理委员会、保险业监督管理委员会和地方金融监督管理局，具体如图8-1所示）为货币和监管当局，以大中小型商业银行为主体，保险业和证券业等多种非银金融机构为重要部分的种类较为齐全、服务功能较完备的金融机构体系，在国民经济发展中，发挥了重要的作用。

二、金融体系的类型

金融体系最早出现于欧洲，一般认为英国的南海泡沫事件和法国的密西西比泡沫事件，不同的长期应对措施导致了两种不同类型的金融体系出现。一是以德国为代表的银行主导型金融体系，主要银行占据主导地位，控制着绝大部分信用，金融市场较不发达；二是以美国为代表的市场主导型金融体系，金融市场规模大，对资源配置起着重要作用，而银行的集中程度较小。位于德美两国极端之间的其他国家，日本与法国是偏向以银行为主导的金融体系，银行持有大部分的股票份额；英国和加拿大则是偏向以金融市场为主导的金融体系，金融市场较为发达，但是银行的集中程度高于美国。从我国金融体系的历史背景来看，自 1984 年人民银行的商业银行业务分离后，才真正有了严格意义上的金融体系，总体来看，我国属于以银行为主导的金融体系，但金融市场也在不断发展，对资金配置发挥越来越大的作用。

（一）市场主导型金融体系

市场主导型金融体系（market-based financial system）是以直接融资市场为主导的金融体系。市场主导型金融体系的形成可追溯到 18 世纪初，南海公司股票成为投机焦点，其股价飙升 7 倍多，并大量发行新股，而后泡沫达到顶峰。因此，英格兰出台了《泡沫法案》，但并没能阻止南海股价的暴跌，许多因为借债购买南海公司股票并预期其价格上升的投机者因为股价的暴跌而破产。1824 年《泡沫法案》的废止使得上市公司数目大大增加，伦敦证券交易所迅速成长，以市场为主导的金融市场形成。在市场主导型金融体系中，资本市场比较发达，企业的长期融资以资本市场为主，证券市场承担了相当一部分银行所承担的融资、公司治理、减少风险的作用，资金通过金融市场实现有效配置，使有限的资金投入到最优秀的企业中去，金融市场自发、有效率的配置资源，从而促进经济发展。市场主导型金融体系主要以英国、美国为代表。

1. 市场主导型金融体系的功能如下：

（1）公司治理功能

公司治理可分为内部治理和外部治理，主要的内部治理制度是董事会，主要的外部治理制度是公司控制权市场。从内部公司治理来看，董事会是股东控制管理者确保公司实现其利益的首要方法。在市场主导型金融体系的典型国家，如美国和英国，股东选举董事并依赖他们制定经营政策并监督管理层，董事会中内部董事和外部董事保持均衡以确保董事会在了解公司运作的同时独立于管理层。从外部公司治理来看，公司控制权市场可以有三种运行方式：代理人竞争、善意兼并和敌意接管。在美国和英国，股票市场为公司控制权的转移提供了市场，由于管制约束，敌意接管频繁发生。通常在市场主导型金融体系下股权集中相对较低，如在市场主导型金融体系的英国多数所有权主要由家族和个人大额持股，公司公开发行以后持有原始股的家族经常保留很大数量的股份。

（2）企业融资功能

在市场主导型金融体系的美国和英国，金融市场比较成熟多样化。从家庭持有金融资产的角度看，美国和英国家庭直接或通过养老基金、保险公司或共同基金间接持有股票份额较大，承担的风险较大；而在银行主导型金融体系的日本和德国，持有现金及银行存款的比例较大，承担的风险较小。从企业筹资的角度看。以市场主导型金融体系和以银行主导型金融体系差异不大。

（3）激励约束功能

在市场主导型金融体系下，公司治理往往采用以外部市场为基础的治理模式，简称为"外部模式"或市场型治理结构。市场上的投资者"用脚投票"和随时可能出现的敌意收购可以实现对企业经理人员的监督和管理，对提高公司业绩方面起着十分重要的作用。因此公司的管理者要随时保持警惕。

（4）资源配置功能

市场主导型金融体系往往有发达的资本市场相配套资源配置绝大多数通过直接融资的方式来实现。企业要想在资本市场上进行融资，必须广泛披露该企业的经济信息。企业的经营状况可以从股票、债券的价格走势来反映出来。由于不同产业、不同企业的未来收益具有很大的不确定性，各个投资者对未来收益的预期以及风险偏好的不同等等，加上市场主导型金融体系的决策是分散进行的原因，才使得新的盈利机会被发现，资源配置的效率也更高。同时，价格发现的及时性和多元性，使高技术创新型行业在发展成熟过程中能够获得必要的资金。因此，市场主导型金融体系有利于企业的创新和技术的进步。

（5）信息处理功能

证券市场目前最多只能达到半强势有效，有大量的信息不对称现象存在。单单凭借证券价格难以做出准确的投资决策，市场上的各个投资者都必须收集、分析和处理大量、分散的所有有关信息，付出很大的信息处理成本。一旦证券价格波动上体现的私人信息被发现，就会变成为公开的信息，其他跟风者就会依据新的信息改变他们原先的投资决策，这样，市场上会出现"搭便车"的现象。

（6）风险管理功能

市场主导型金融体系风险管理的特点是"风险分散化"。在市场主导型金融体系中，资本市场比较发达，衍生工具市场也为投资者提供了多样的金融产品，可以满足不同风险偏好者的需求，家庭金融资产的很大部分是各种证券。不同风险偏好的投资者往往可以根据自己的风险承受能力和对证券价格走势的预期，制定不同的投资组合，通过选择经济中的多个行业的证券组合，把同一时点上的金融资产的风险分散，这样金融风险就得到了横向分担，不同金融产品的投资者通过交换风险，各自得到符合自己风险偏好的投资组合。

2. 市场主导型金融体系的结构主要有以下几类：

（1）市场主导型金融体系中的资本市场

从历史演进角度看，资本市场经历了一个从金融体系"外围"到金融体系"内核"的演进过程，从国民经济的"晴雨表"到国民经济的"发动机"的演进过程。推动资本市场从"外围"到"内核"的演进，其原动力不在于资本市场所具有的增量融资功能，而在于其所具有的存量资产的交易功能。因为，就增量融资功能来说，银行体系的作用要远远大于资本市场，资本市场在增量融资上没有任何优势而言。但是，就存量资产的交易而言，资本市场则具有无可比拟的优势。经济活动中资源配置的重心和难点显然不在增量资源配置，而在于存量资源配置。这就是为什么说资本市场是金融体系的核心的根本原因。资本市场不仅具有优化存量资源配置的功能，而且还具有使风险流动的功能。银行体系中风险存在的形式是"累积"或"沉淀"，资本市场风险存在的形式则是"流动"，通过流动机制配置风险，分散风险，从而达到降低风险的目的。资本市场所特有的风险流动性特征客观上会提高市场主导型金融体系的弹性。而传统商业银行具有的"累积风险""沉淀风险"的特征，使银行体系貌似稳定、实则脆弱。所以，发达而健全的资本市场带给社会的不是风险，而是分散风险的一种机制。

资本市场不仅为社会带来了一种风险分散机制，而且更为金融体系创造了一种财富成长模式，或者准确地说，为金融资产（w）与经济增长（g）之间建立了一个市场化的函数关系，即 w=f（g），从而使人们可以自主而公平的享受经济增长的财富效应。因为这种函数关系是一种杠杆化的函数关系，因而，资本市场的发展的确可以大幅度增加社会金融资产的市场价值，从而在一定程度上可以提高经济增长的福利水平。包括银行体系在内的其他金融制度，显然无法形成经济增长与社会财富（主要表现为金融资产）增加的函数关系，从而难以使人们自主而公平的享受经济增长的财富效应。

（2）市场主导型金融体系中的货币市场

如果说资本市场是市场主导型金融体系的核心和心脏的话，那么，货币市场则是其血液，它为整个金融体系提供流动性。从投资者角度看，资本市场承担资产管理的职能，而货币市场则负责流动性管理。发达的资本市场与流畅的货币市场的有效衔接和转换，使市场主导型金融体系有别于银行主导型金融体系最重要的微观结构特征。

（3）市场主导型金融体系中的商业银行

在银行主导型金融体系中，商业银行居核心地位，起着绝对主导作用。面对金融体系的市场化趋势和金融体系特别是资本市场的不断发展，银行体系结构性变革的重点是：①制度变革。其核心是通过股份制改造和资本的证券化，建立一个完整的市场化运行机制、透明的信息披露机制和责权利清晰而平衡的公司治理结构；②业务重组和调整。方向是扩大创新型金融服务业务，发展以高端金融服务为基础、以资本市场为平台的资产增值业务，彻底改变目前商业银行利润过度依赖传统业务的局面。③建立风险流动和释放机制。其核心是在完善传统业务风险过滤机制基础上，重点推进资产证券化，以形成风险的流动机制。对商业银行而言，开展优质信贷资产的证券化，除了能保证商业银行资产流动性外，最重要的作用在于使未来的不确定性得以流动起来，从而寻找一条市场化的风险释放机制。资产证券化，与其说是收益的转移机制，不如说是风险的流动机制。

（4）市场主导型金融体系中的其他金融中介

在市场主导型金融体系中，金融中介（或金融机构）的作用主要表现在以下4个方面：①提供流动性；②过滤风险；③创造产品并通过市场机制发现价格；④甚于市场的风险组合或资产增值服务。在金融中介组织中，商业银行无疑主要（但不限于）提供流动性服务（货币市场也提供流动性）；而其他的非银行金融中介则更多地为市场化的金融活动过滤风险，创造产品并基于市场的定价，风险组合或资产增值等金融服务。

在市场主导型金融体系中，金融市场特别是资本市场正在成为人们进行投融资活动的基本平台。在这种条件下，无论是投资还是融资，都存在着不确定性。这种不确定性有的来自市场本身，有的则来自市场以外包括制度、政策、道德等人为或非人为的因素。如果没有一种机制对这种来自市场以外的人为或非人为因素所可能引发的风险进行必要过滤，市场就不可能透明和公平，市场主导型金融体系形成的基础也就不复存在。在实践中，有两类中介机构具有风险过滤的作用：一是资信评估机构；二是财务信息审计机构，如注册会计师事务所、资产评估事务所等。前者侧重于制度性、资质性风险过滤和最终信用能力审查，后者侧重于财务风险、盈利能力的评价和信息真实性审查。

在市场主导型金融体系中，满足客户（无论是投资者还是融资者）不断变化的多样化的金融需求，是金融中介的基本职责。满足客户不断变化的金融需求既是金融产品不断创新的动力，也是各类金融中介的利润来源。基于市场平台创新的金融产品，具有充分的流动性，其价格不仅包含当期信息，更包含未来的不确定性，价格的波动成为一种自然现象。金融中介在不断创新金融产品的同时，还要为这种新的金融产品寻找定价机制。在市场主导型金融体系中，投资银行主要承担这方面的功能。

（二）银行主导型金融体系

银行主导型金融体系（bank-based financial system）是以间接融资市场为主导的金融体系。银行主导型金融体系的形成可追溯到 19 世纪初，在约翰·劳出任法国的财政部部长期间，他通过信用的扩张来促进经济的增长，导致资本市场泡沫也不断积聚。最终泡沫破灭沉重打击了法国资本市场，同时导致了法国政府当局及人民对资本市场的极度不信任。而后，法国自然地选择了以银行为主导的金融体系。在银行主导型金融体系中，银行在动员储蓄、配置资金、监督公司管理者的投资决策以及在提供风险管理手段上发挥主要作用。银行主导型金融体系在金融体系当中，银行在将储蓄转化为投资、分配资源、控制企业经营、提供风险管理工具方面起着领导作用；银行运用自身在资金、人才、信息等方面的优势，全面而广泛地参与经济生活，促进经济的发展。银行主导型金融体系主要以德国、日本、中国为代表。银行主导型金融体系的功能如下：

1. 公司治理功能

在银行主导型金融体系的德国，多数所有权与最大 5 个股东的持股一样都特别高。日本和德国金融机构股权的重要性，以及这些国家公司控制权的缺乏，使这些国家的代理问题可以通过让金融机构作为大公司的外部监督来解决。如在日本，提供公司资金的主要的一家大银行，监督公司的活动并使得借贷资金得到合理的投资。如果公司遇到问题，在必要的情况下，这家大银行可以约束公司管理层并提供所需资金渡过难关或对公司清算。

2. 企业融资功能

在市场主导型金融体系的美国和英国，金融市场比较成熟多样化。从家庭持有金融资产的角度看，美国和英国家庭直接或通过养老基金、保险公司或共同基金间接持有股票份额较大，承担的风险较大；而在银行主导型金融体系的日本和德国，持有现金及银行存款的比例较大，承担的风险较小。从企业筹资的角度看，以市场主导型金融体系和以银行主导型金融体系差异不大，除日本以外，对所有国家企业而言，留存收益是最主要的融资渠道，银行贷款的比例也较大，但从贷款与股票、券的相对比例来看，金融市场对美国和英国影响较大，银行对日本和德国影响较大。

3. 激励约束功能

在银行主导型金融体系下，公司治理主要靠以银行为主的金融机构，并不依赖资本市场和外部投资者。这种以银行为主导的机制使资金提供者保持对融资企业有一定的控制权，对公司的监督功能主要由银行来执行。银行通过与企业建立的长期稳定联系凭借拥有内部信息的优势，控制公司的监事会、发挥对企业的实际控制作用，从而确保其经营目标的实现。这种内部治理机制可以减少资金供需双方之间的信息不对称，同时也减少监督成本。

4. 资源配置功能

在银行主导型金融体系中，资源配置主要通过银行机构累积储蓄存款和发放贷款的间接融资方式来实现。因此，抵押品的价值是银行机构发放贷款时的一个重要考虑因素。在这种方式下，经营较好的大企业往往成为银行资金青睐的对象，广大的中小企业往往因为规模、资信等自身条件的不足，难以从银行获得贷款。同时，由于风险难以预测，高风险、高技术的新型产业在产业发展的初期，往往得不到银行机构的贷款。但是，银行和企业之间存在着一种互相依赖的长期合作关系，可使银行和企业在初次谈判及合作时未被发现的帕累托改进，通过借贷合同的再谈判来发现并予以改进。此外，虽然高新技术产业在发展的初期难以获得银行的借贷资金，但是在其技术成熟之后，银行往往通过对其投放贷款引进该技术产业，从而使该成熟技术得到学习和推广。

5. 信息处理功能

在银行主导型金融体系中，银行机构在发放贷款时，要求贷款申请者必须提供大量的私人信息，不仅收集、处理信息的成本较小，而且信息还很可靠。这些信息资源是个别投资者难以得到的。银行凭借其拥有的信息优势，不可避免地成为金融体系中信息的提供者。此外，因为在信息生产过程中不存在信息泄露的问题，银行发放贷款这种形式能够有效避免"搭便车"现象的出现。

6. 风险管理功能

银行主导型金融体系风险管理的特点是"跨期风险分担"，即将金融风险直接"内部化"，转化为自身所承担的存量风险。银行主导型金融体系中，由于资本市场不发达，居民金融资产的大部分是银行存款。银行机构通过把公众的存款投资于长期的项目，然后根据大数法则来提供流动性给有急需的公众，这样既可以降低流动性的风险，还可以让公众享受长期投资带来的高收益。而资本市场因为无法区分确实有流动性需求的投资者和套利者，就没有能力防止流动性冲击。

第二节　银行主导型金融机构体系：以中国为例

以银行主导型金融体系是我国经济发展阶段和市场演化程度的现实选择，发达国家的经验表明，金融体系的演变有其内在机理和规律。根据美国耶鲁大学经济学家雷蒙德·W.戈德史密斯对金融发展规律的描述。现代金融增长都是以银行制度的发展为发端，经历了三个阶段：在金融业发展的初级阶段，银行在金融体系中占据突出地位。在第二阶段，银行在金融体系中仍居主导地位，但出现混合型特征。在第三阶段，由于经济的发展产业结构的升级，资本市场的优越性愈发突显，金融机构呈现多样化，导致银行地位的下降，储蓄机构和私人及公共保险组织地位的上升。从总体上看，我国目前尚处于金融业发展的第二阶段，因此，应当维持银行在金融体系中的主导地位。当前，我国已经形成了以中国人民银行为中心，国有大型商业银行为主体，银行业和非银行业金融机构并存，分业经营、分业监管的金融机构体系格局。

一、金融监管机构

（一）中国金融监管向综合监管体系演化

在中国共产党的坚强领导下，中国金融业实现了一次又一次跨越式发展。革命战争时期，我党对金融工作的正确领导活跃了革命根据地和解放区的经济，为中国新民主主义革命全面胜利奠定了基础；中华人民共和国成立之初，百废待兴，金融业筹集社会资金，支持国民经济恢复重建；改革开放后，金融业的活力和潜力得到极大释放，迎来大发展大繁荣时期；党的十八大以来，金融系统以习近平新时代中国特色社会主义思想为指导，适应经济高质量发展要求，加快深化金融供给侧结构性改革，金融业综合实力进一步增强。

1. 从"大一统"到分业监管

从中华人民共和国成立一直到1978年，我国社会经济实行了高度集中的计划经济体制。1948年12月，伴随着解放战争的胜利和迎接新中国的诞生，中国人民银行成立。在近30载的漫长岁月里，中国人民银行基本上是我国经济运行中唯一的银行。那时的中国人民银行集货币政策、金融经营和组织管理等多项职能于一身。在那时的经济体制与金融发展条件下，这种集中管理体制有效保证了金融体系的统一和高效运行。

1978年12月，党的十一届三中全会做出了把全党工作重点转移到经济建设上来这一具有划时代意义的战略决策，从此拉开了经济体制改革的序幕。在金融领域，从1979年起，陆续恢复建立农业银行、中国银行、建设银行、工商银行等国有专业银行，开始打破"大一统"的银行体系。1979年，国家外汇局成立，由中国人民银行管理。1983年，中国人民银行开始专门行使中央银行职能，集中力量研究和实施金融宏观政策，加强信贷总量的控制和金融机构间的资金调节，以保持货币稳定。

1992年，我国金融监管体系发生了历史性变化，国务院决定成立国务院证券委员会和中国证监会，把监管证券市场业务职责从中国人民银行分离出来，并移交给新成立的中国证监会，至此，我国证券市场开始逐步纳入全国证券业统一监管框架。这次改革把中国人民银行监管范围从原来的"无所不包"缩减到仅对金融机构和货币市场进行监管。

1998年，国务院证券委员会并入中国证监会；同年，中国保监会成立，将保险监管职责从中国人民银行分离出来。从1998年起，我国金融监管体系开始实行"银、证、保"分业经营和分业监管的模式。2003年，中国银监会正式成立，我国的金融分业监管体制得到进一步完善。在这一时期，银行、保险、证券、信托等股份制金融机构迅速发展扩张，分业监管机制较好地适应了金融市场成长期需求，专业化监管分工机制解决了各类业务高速发展期带来的管理挑战，特别是迅速提高了监管的专业化水准。

2. "一委一行两会一局"新金融监管体系确立

2008年国际金融危机发生后，金融监管协调进一步强化。2013年，国务院批复成立金融监管协调部际联席会议制度，中国人民银行、中国银监会、中国证监会、中国保监会、国家外汇管理局密切配合，加强金融信息共享、推动金融业综合统计、促进互联网金融健康发展、稳步扩大金融业对内对外开放。同时，共同加强对金融领域重大问题研究，保证了各大政策之间的有效衔接，提升了金融监管的有效性。

不过，随着我国金融市场的发展，我国金融风险结构越来越复杂，金融监管的不协调甚至监管缺失出现，逐渐不能适应金融发展的形势。党的十八大以来，以习近平同志为核心的党中央坚定不移推动金融改革，优化金融监管体系。2017 年 11 月，经党中央、国务院批准，国务院金融稳定发展委员会（以下简称"金融委"）成立，负责统筹金融改革发展与监管的重大事项，明显提升了金融监管权威性和有效性。2018 年，中国银监会和中国保监会实现职能整合，组建中国银保监会，这是我国金融监管体制的一次重大调整。

目前，我国已经形成了金融委统筹抓总，"一委""一行""两会""一局"的金融监管体系（如图 8-2 所示）。这一全新的金融监管体系有利于解决跨部门监管协调困难以及监管盲区并存等问题，有利于规范金融创新活动，守住不发生系统性金融风险的底线。

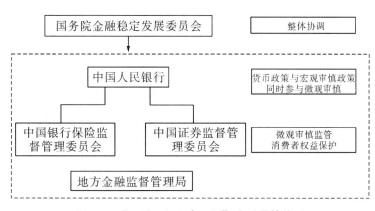

图 8-2 "一委一行两会一局"金融监管体系

（二）中国人民银行

中国人民银行（People's Bank of China）是中央银行，是国务院领导下的负责制定和实施货币政策的国家机关。中国人民银行具有各国中央银行所具有的一般特征，是中国的货币发行的银行、银行的银行、政府的银行。作为国务院组成部门，是制定和执行货币政策、维护金融稳定、提供金融服务的宏观调控部门。

1. 中央银行产生的客观基础

中央银行的产生有两个基本前提，一是商品经济的发展比较成熟，二是金融业的发展对此有客观需求。在银行业发展的初期，并没有中央银行，随着商品生产和流通的发展，市场不断扩大，银行业的竞争也日趋激烈。在这一背景下，建立中央银行的必要性逐渐凸显出来，于是，在一些商品经济较为发达的国家，一些原本是商业银行的金融机构开始承担中央银行的职能，并逐步向中央银行转化。

（1）统一货币发行的需要。

现代银行业最早出现在中世纪的欧洲，当时的银行除从事传统的货币兑换、保管和汇总业务外，还涉及与工商贸易相关的贷款业务。但是早期分散发行的银行券带来许多问题：一是随着银行数量的不断增加和竞争加剧，一些银行因经营不善而倒闭无法保证银行兑换，使银行券持有人蒙受损失，引发信用危机；二是经济发展、商品流通范围的扩大需要在更大范围内流通的银行券，中小银行发行的银行券只在较小范围流通，与蓬勃发展的社会化大生产不适应，给商品流通带来困难；三是银行业发展过程中难免出现一些恶意欺诈的经营者，扰乱银行券的发行和兑换；四是从经济发展来看，银行券的发行突破了金属货币的束缚，有利于扩大银行信用，但随之而来的问题是如果银行提供的信用货币超了客观需要，会造成银行券贬值，影响经济发展甚至引发社会危机。为保证银行券币值稳定和流通顺畅，客观上要求银行券发行权走向集中统一，由资金雄厚、有权威和信誉好的大银行发行能够在全社会流通的银行券。于是，国家以法律限制或取消一般银行的发行权，将信用货币的发行权集中到一家大银行统一管理。

（2）票据清算的需要。

在商业银行发展初期，银行间的往来与票据结算往往单独进行，没有统一的清算系统，结算效率低下。随着经济发展与市场交易扩大，银行机构数量增多，业务扩张，银行之间往来频繁，需要处理的票据日益增多，清算任务越来越重，不仅异地结算矛盾突出，同城结算也很麻烦。银行间日益复杂的债权债务关系若不及时清算会影响货币流通和商品周转，因此客观上需要一个权威公正的机构统一协调处理银行间票据交换与清算。

（3）稳定信用体系的需要。

银行券的发行权利被大银行统一后，商业银行的负债来源只有靠吸收存款。随着近代经济的快速发展，企业对银行贷款的需求不断增长，银行仅靠吸纳存款已难以满足经济发展对贷款的需求，银行为了扩大信用规模、获得更多利润，往往采取降低准备金的方式过多放款，结果削弱了自身的清偿能力，甚至出现因支付能力不足而引发挤兑或破产。因此客观上需要一家权威机构适当集中各家商业银行的一部分现金，以保证商业银行的清偿能力，或在某一商业银行发生支付困难时给予一定的支持，充当银行体系的最后融资人，以此来减少流动性风险与清偿危机对银行信用体系的冲击。

（4）金融宏观调控与监管的需要。

现代经济是货币信用经济，货币信用的运行状况对国民经济的稳定与发展有至关重要的影响，因而对货币信用的调控也成为政府宏观调控的主内容。通过制定和实施货币政策，对经济运行进行干预和调节，是中央银行的主要职责。同时，银行业经营竞争激烈，银行的破产倒闭会给经济造成极大的震动和破坏。为了建立公平、效率和稳定的银行经营秩序、尽可能避免和减少银行的破坏和倒闭，政策需要对金融业进行监管管理。

2. 中央银行的性质

中央银行的性质是指中央银行自身所具有的特有属性，这是由其在国民经济中的地位所决定的，并随着中央银行制度的发展而不断变化。总的来说，中央银行的性质可以从以下几个方面分析：

（1）中央银行是特殊的金融机构。

中央银行的业务活动与普通金融机构有所不同，主要表现在：一是其业务对象仅限于政府和金融机构，不是一般的工商客户和居民个人；二是享有政府赋予的一系列特有的业务权利，如发行货币、代理国库、保管存款准备金、制定金融政策等；三是与政策有特殊关系，中央银行既要与政府保持协调，又要有一定的独立性，可独立地制定和执行货币政策，实现稳定货币政策目标。

（2）中央银行是保障金融稳健运行、调控宏观经济的金融机构。

中央银行通过改变基础货币的供应量，保障社会总需求和总供给在一定程度上的平衡；承担着监督管理普遍金融机构和金融市场的重要使命，保障金融体系稳健运行；中央银行是最后贷款者，它通过变动存款准备金率和贴现率对商业银行和其他信用机构进行贷款规模和结构的调节，间接地调节社会经济活动。

（3）中央银行是国家最高的金融决策机构和金融管理机构，具有国家机关的性质。

中央银行通过国家特殊授权，承担着监督管理普通金融机构和金融市场的重要使命。同时，由于中央银行处于整个社会资金运动的中心环节，是国民经济运行的枢纽，是货币供给的提供者和信用活动的调节者，因此，中央银行对金融来的监督管理和对货币、信用的调控对宏观经济运行具有直接的重要影响。由此，中央银行又是宏观经济运行的调控中心。作为国家管理金融业和调控宏观经济的重要部门，中央银行自然具有一定的国家机关性质，负有重要的公共责任。

3. 中央银行的职能

中央银行的职能，一般被概括为发行的银行、银行的银行和政府的银行三个方面。

（1）中央银行是"发行的银行"。

"发行的银行"是指国家赋予中央银行集中与垄断货币发行的特权，是国家唯一的货币发行机构（在有些国家，硬辅币的铸造与发行由财政部门负责）。中央银行集中与垄断货币发行权是其自身之所以成为中央银行最基本、最重要的标志，也是中央银行发挥其全部职能的基础。

中央银行垄断货币发行权是统一货币发行与流通和稳定货币币值的基本保证。在信用货币流通情况下，中央银行凭借国家授权以国家信用为基础而成为垄断的货币发行机构，中央银行按照发展的客观需要和货币流通及其管理的要求发行货币，在发行现钞、供给货币的同时，必须发行保持货币币值稳定的重要职责，这是社会经济正常运行与发展的一个基本条件。

（2）中央银行是"银行的银行"。

"银行的银行"是指中央银行的业务对象不是一般企业和个人，而是商业银行和其他金融机构及特定的政府部门；中央银行与其业务对象之间的业务往来仍具有银行固有的办理"存、贷、汇"业务特征；中央银行为商业银行和其他金融机构提供支持、服务，同时也是商业和其他金融机构的管理者。银行的银行这一职能，最能体现中央银行是特殊金融机构的性质，也是中央银行作为金融体系核心的基本条件。中央银行作为银行的银行，具体表现在以下三个主要方面：

①集中存款准备金。为了保证存款机构的清偿能力，也为了有利于中央银行调节信用规模和控制货币供应量，各国的银行法律一般都要求存款机构必须对其存款保留一定比率的准备金，即法定准备金。这些准备金（包括一部分超额准备金）除一小部分可以库存现金的形式持有外，大部分要交由中银行保管，即各存款机构在中央银行开立准备金账户，存入准备金。

②组织全国范围的资金清算。由于各存款机构都在中央银行设有准备金账户，中央银行就可以通过借记或贷记它们的准备金账户来完成 存款机构之间的款项支付。通常，同城或同地区银行间的资金清算，主要通过票据交换所进行。票据交换所，在有些国家是由各银行联合开办的，在有些国家则由中央银行直接主办。但无论哪种，票

据交换的应收应付最后都通过中央银行集中清算交换的差额。对于异地银行间资金划拨，都由中央银行统一办理。

③充当最后贷款人。当某一金融机构面临资金困难，而别的金融机构又无力或不愿对其提供援助时，中央银行将扮演最后贷款人的角色。在传统上，中央银行对商业银行贷款主要以再贴现方式进行，此外在某些情况下再抵押或直接取得贷款也是商业银行从中央银行融资的形式。

（3）中央银行是"政府的银行"。

"政府的银行"是指中央银行根据法律授权制定和实施货币政策，对金融业实施监督管理，负有保持货币币值稳定和保障金融业稳健运行的责任；中央银行代表国家政府参加国际金融组织，签订国际金融协定，参与国际金融事务与活动；中央银行为政府代理国库，办理政府所需要的银行业务，提供各种金融服务。

中央银行具有政府的银行的职能，主要表现在以下几个方面：

①拟订金融业改革、开放和发展规划，承担综合研究并协调解决金融运行中的重大问题、促进金融业协调健康发展的责任。牵头国家金融安全工作协调机制，维护国家金融安全。

②牵头建立宏观审慎管理框架，拟订金融业重大法律法规和其他有关法律法规草案，制定审慎监管基本制度，建立健全金融消费者保护基本制度。

③制定和执行货币政策、信贷政策，完善货币政策调控体系，负责宏观审慎管理。

④牵头负责系统性金融风险防范和应急处置，负责金融控股公司等金融集团和系统重要性金融机构基本规则制定、监测分析和并表监管，视情况责成有关监管部门采取相应监管措施，并在必要时经国务院批准对金融机构进行检查监督，牵头组织制定实施系统重要性金融机构恢复和处置计划。

⑤监督管理银行间债券市场、货币市场、外汇市场、票据市场、黄金市场及上述市场有关场外衍生产品；牵头负责跨市场跨业态跨区域金融风险识别、预警和处置，负责交叉性金融业务的监测评估，会同有关部门制定统一的资产管理产品和公司信用类债券市场及其衍生产品市场基本规则。

⑥负责制定和实施人民币汇率政策，推动人民币跨境使用和国际使用，维护国际收支平衡，实施外汇管理，负责国际国内金融市场跟踪监测和风险预警，监测和管理跨境资本流动，持有、管理和经营国家外汇储备和黄金储备。

⑦牵头负责重要金融基础设施建设规划并统筹实施监管，推进金融基础设施改革与互联互通，统筹互联网金融监管工作。

⑧统筹金融业综合统计，牵头制定统一的金融业综合统计基础标准和工作机制，建设国家金融基础数据库，履行金融统计调查相关工作职责。

⑨组织制定金融业信息化发展规划，负责金融标准化组织管理协调和金融科技相关工作，指导金融业网络安全和信息化工作。

⑩经理国库业务。

⑪承担全国反洗钱和反恐怖融资工作的组织协调和监督管理责任，负责涉嫌洗钱及恐怖活动的资金监测。

⑫管理征信业，推动建立社会信用体系。

⑬参与和中国人民银行业务有关的全球经济金融治理，开展国际金融合作。

⑭按照有关规定从事金融业务活动。

⑮管理国家外汇管理局。

⑯完成党中央、国务院交办的其他任务。

⑰职能转变。完善宏观调控体系，创新调控方式，构建发展规划、财政、金融等政策协调和工作协同机制，强化经济监测预测预警能力，建立健全重大问题研究和政策储备工作机制，增强宏观调控的前瞻性、针对性、协同性。围绕党和国家金融工作的指导方针和任务，加强和优化金融管理职能，增强货币政策、宏观审慎政策、金融监管政策的协调性，强化宏观审慎管理和系统性金融风险防范职责，守住不发生系统性金融风险的底线。按照简政放权、放管结合、优化服务、职能转变的工作要求，进一步深化行政审批制度改革和金融市场改革，着力规范和改进行政审批行为，提高行政审批效率。加快推进"互联网+政务服务"，加强事中事后监管，切实提高政府服务质量和效果。继续完善金融法律制度体系，做好"放管服"改革的制度保障，为稳增长、促改革、调结构、惠民生提供有力支撑，促进经济社会持续平稳健康发展。

■ 相关链接

疫情下的中国央行货币政策

（三）中国银行保险监督管理委员会

中国银行保险监督管理委员会（China Banking and Insurance Regulatory Commission）是国务院直属事业单位，其主要职责是依照法律法规统一监督管理银行业和保险业，维护银行业和保险业合法、稳健运行，防范和化解金融风险，保护金融消费者合法权益，维护金融稳定。中国银行保险监督管理委员会的主要职责有：

（1）依法依规对全国银行业和保险业实行统一监督管理，维护银行业和保险业合法、稳健运行，对派出机构实行垂直领导。

（2）对银行业和保险业改革开放和监管有效性开展系统性研究。参与拟订金融业改革发展战略规划，参与起草银行业和保险业重要法律法规草案以及审慎监管和金融消费者保护基本制度。起草银行业和保险业其他法律法规草案，提出制定和修改建议。

（3）依据审慎监管和金融消费者保护基本制度，制定银行业和保险业审慎监管与行为监管规则。制定小额贷款公司、融资性担保公司、典当行、融资租赁公司、商业保理公司、地方资产管理公司等其他类型机构的经营规则和监管规则。制定网络借贷信息中介机构业务活动的监管制度。

（4）依法依规对银行业和保险业机构及其业务范围实行准入管理，审查高级管理人员任职资格。制定银行业和保险业从业人员行为管理规范。

（5）对银行业和保险业机构的公司治理、风险管理、内部控制、资本充足状况、偿付能力、经营行为和信息披露等实施监管。

（6）对银行业和保险业机构实行现场检查与非现场监管，开展风险与合规评估，保护金融消费者合法权益，依法查处违法违规行为。

（7）负责统一编制全国银行业和保险业监管数据报表，按照国家有关规定予以发布，履行金融业综合统计相关工作职责。

（8）建立银行业和保险业风险监控、评价和预警体系，跟踪分析、监测、预测银行业和保险业运行状况。

（9）会同有关部门提出存款类金融机构和保险业机构紧急风险处置的意见和建议并组织实施。

（10）依法依规打击非法金融活动，负责非法集资的认定、查处和取缔以及相关组织协调工作。

（11）根据职责分工，负责指导和监督地方金融监管部门相关业务工作。

（12）参加银行业和保险业国际组织与国际监管规则制定，开展银行业和保险业的对外交流与国际合作事务。

（13）负责国有重点银行业金融机构监事会的日常管理工作。

（14）完成党中央、国务院交办的其他任务。

（15）职能转变。围绕国家金融工作的指导方针和任务，进一步明确职能定位，强化监管职责，加强微观审慎监管、行为监管与金融消费者保护，守住不发生系统性金融风险的底线。按照简政放权要求，逐步减少并依法规范事前审批，加强事中事后监管，优化金融服务，向派出机构适当转移监管和服务职能，推动银行业和保险业机构业务和服务下沉，更好地发挥金融服务实体经济功能。

■ 相关链接

《关于进一步做好受疫情影响困难行业企业等金融服务的通知》

（四）中国证券监督管理委员会

中国证券监督管理委员会（China Securities Regulatory Commission）是国务院直属正部级事业单位，其依照法律、法规和国务院授权，统一监督管理全国证券期货市场，维护证券期货市场秩序，保障其合法运行。中国证券监督管理委员会的主要职责有：

（1）研究和拟订证券期货市场的方针政策、发展规划；起草证券期货市场的有关法律、法规，提出制定和修改的建议；制定有关证券期货市场监管的规章、规则和办法。

（2）垂直领导全国证券期货监管机构，对证券期货市场实行集中统一监管；管理有关证券公司的领导班子和领导成员。

（3）监管股票、可转换债券、证券公司债券和国务院确定由证监会负责的债券及其他证券的发行、上市、交易、托管和结算；监管证券投资基金活动；批准企业债券的上市；监管上市国债和企业债券的交易活动。

（4）监管上市公司及其按法律法规必须履行有关义务的股东的证券市场行为。

（5）监管境内期货合约的上市、交易和结算；按规定监管境内机构从事境外期货业务。

（6）管理证券期货交易所；按规定管理证券期货交易所的高级管理人员；归口管理证券业、期货业协会。

（7）监管证券期货经营机构、证券投资基金管理公司、证券登记结算公司、期货结算机构、证券期货投资咨询机构、证券资信评级机构；审批基金托管机构的资格并监管其基金托管业务；制定有关机构高级管理人员任职资格的管理办法并组织实施；指导中国证券业、期货业协会开展证券期货从业人员资格管理工作。

（8）监管境内企业直接或间接到境外发行股票、上市以及在境外上市的公司到境外发行可转换债券；监管境内证券、期货经营机构到境外设立证券、期货机构；监管境外机构到境内设立证券、期货机构、从事证券、期货业务。

（9）监管证券期货信息传播活动，负责证券期货市场的统计与信息资源管理。

（10）会同有关部门审批会计师事务所、资产评估机构及其成员从事证券期货中介业务的资格，并监管律师事务所、律师及有资格的会计师事务所、资产评估机构及其成员从事证券期货相关业务的活动。

（11）依法对证券期货违法违规行为进行调查、处罚。

（12）归口管理证券期货行业的对外交往和国际合作事务。

（13）承办国务院交办的其他事项。

（五）国务院金融稳定发展委员会

国务院金融稳定发展委员会（Financial Stability and Development Commission of The State Council）的设立是为了强化人民银行宏观审慎管理和系统性风险防范职责，落实金融监管部门监管职责，并强化监管问责。在监管过程中，坚持问题导向，针对突出问题加强协调，强化综合监管，突出功能监管和行为监管。健全风险监测预警和早期干预机制，加强金融基础设施的统筹监管和互联互通，推进金融业综合统计和监管信息共享。对深化金融改革的一些重大问题，要加强系统研究，完善实施方案。国务院金融稳定发展委员会的主要职责有：

（1）落实党中央、国务院关于金融工作的决策部署。

（2）审议金融业改革发展重大规划；统筹金融改革发展与监管，协调货币政策与金融监管相关事项，统筹协调金融监管重大事项，协调金融政策与相关财政政策、产业政策等。

（3）分析研判国际国内金融形势，做好国际金融风险应对，研究系统性金融风险防范处置和维护金融稳定重大政策。

（4）指导地方金融改革发展与监管，对金融管理部门和地方政府进行业务监督和履职问责等。

■ **相关链接**

股市低迷，金融委重磅发声

（六）地方金融监管局

2018 年 3 月，随着国务院机构改革方案在第十三届全国人大第一次会议审议并通过，新一轮的党和国家机构改革拉开序幕。此次组织机构改革也对中央金融监管机构的组成及职能进行了调整。方案不再设置中国银行业监督管理委员会和中国保险监督管理委员会，将两者的职能整合，新成立中国银行保险监督管理委员会。中央金融监管体系由原有的"一行三会"转变为"一委一行两会"。同样值得关注的是，2018 年下半年以来，地方金融监管改革也拉开序幕并逐渐深入。其中，地方金融监督管理局（local financial regulatory bureau）的设置始终是陆续披露的各地地方组织机构改革方案中的一项重要改革内容——由"办"到"局"的地方金融监管体制改革正在稳步进行。

地方金融监管机构主要负责监管地方资产管理公司、小额贷款公司、融资租赁公司、融资担保公司、典当行、商业保理公司、区域性股权市场等 7 类机构，对农民专业合作社、投资公司、地方各类交易所、社会众筹机构等 4 类机构重点强化监管，即所谓的"7+4"模式。

二、银行类金融机构

（一）商业银行

商业银行（commercial banks）是金融业中历史最为悠久、服务活动范围最为广泛、对社会经济生活影响最大的金融机构。商业银行是以追求利润最大化为目标，以多种金融负债筹集资金，以多种金融资产为经营对象，能利用负债进行信用创造，并向客户提供多功能、综合性服务的金融企业。商业银行承担着一国经济活动的最主要的资金集散，一个国家的货币总规模及其结构、货币运行的质量都与商业银行的经营活动有着直接联系。商业银行已成为现代金融制度最重要的组成部分，对促进经济的稳定、健康发展起着十分重要的作用。

1. 商业银行的性质。

商业银行的性质主要有以下两个方面：

（1）商业银行具有明显的企业性质。

与一般的工商企业一样，商业银行具有业务经营所需要的自有资金，在市场经济条件，实行自主经营、自担风险、自负盈亏、自我约束、自求平衡、自我发展。商业银行追求的最终目标是价值最大化。商业银行与中央银行、政策性银行在性质上有重要的区别。

（2）商业银行具有特殊的经营规律。

商业银行经营的商品是货币，经营内容包括货币收付、借贷以及各种与货币运动有关的或者与之相联系的资金融通服务。作为金融机构，商业银行从事货币的负债经营，商业银行经营货币存在广泛的空间差和时间差，这与经营物质产品和劳务的一般工商企业有很大的不同。商业银行对整个社会经济的影响远远大于一般工商企业，商业银行受整个社会经济的影响也比一般企业大得多，金融风险管理也成为商业银行经营的核心内容之一。商业银行业务经营的特殊性决定其有着与一般工商企业不同的经营规律。

2. 商业银行的职能。

（1）中介职能。

中介职能是指商业银行通过存款等负债业务，把社会上的各种闲散资金集中起来，再通过贷款等资产业务，将吸收的资金投向给银行借款的单位和个人。商业银行的中介职能在国民经济中发挥了重要作用，它将社会闲散资金转化为生产经营资金；将社会的小额资金转化为生产经营所需的大额资金；将社会的短期闲散资金的长期稳定余额转化为长期的生产经营资金；引导社会资金从效益低的部门流向效益高的部门。

（2）支付职能。

支付职能是指商业银行代表客户支付商品和服务价款，例如签发和支付支票、电汇资金、电子支付等。商业银行通过存款在账户上的转移代理客户支付，在存款的基础上为客户兑付现款。商业银行的支付职能形成了以商业银行为中心的国民经济支付链条和债权债务关系，大减少了现金的使用，加速了结算过程和货币资金的周转，提高了资金的使用效率，为客户的经济活动提供了方便。

（3）信用创造职能。

信用创造职能是指商业银行利用存款发放贷款，在支票流通和转账结算的基础上贷款又转化为派生存款，在这种存款不提取或不完全提现的情况下，除了必须上存中央银行的法定存款准备金，增加了商业银行可用的资金来源，最后整个商业银行体系形成了数倍于原始存款的派生存款。

（4）金融服务职能。

金融服务职能是指商业银行为客户提供担保、信托、租赁、保管、咨询、经纪、代理融通等业务。商业银行通过这些业务扩大了社会联系面，增加了市场份额，同时也增加了非信贷收入。随着经济的发展以及金融市场竞争日益激烈，对商业银行金融服务职能的要求越来越高，商业银行承担的职能也越来越多，这将进一步推动金融服务创新。

（二）政策性银行及开发性金融机构

1. 中国进出口银行

中国进出口银行（Export-Import Bank of China）是由国家出资设立、直属国务院领导、支持中国对外经济贸易投资发展与国际经济合作、具有独立法人地位的国有政策性银行，其国际信用评级与国家主权评级一致，总部设在北京。进出口银行是中国外经贸支持体系的重要力量和金融体系的重要组成部分，是中国机电产品、成套设备和高新技术产品出口及对外承包工程及各类境外投资的政策性融资主渠道、外国政府贷款的主要转贷行和中国政府援外优惠贷款的承贷行。截至 2020 年年末，该行在国内设有 32 家营业性分支机构和香港代表处；在海外设有巴黎分行、东南非代表处、圣彼得堡代表处、西北非代表处。截至 2019 年 4 月，该行在"一带一路"倡议中执行项目超过 1 800 个，贷款余额超过一万亿元。

2. 中国农业发展银行

中国农业发展银行（Agricultural Development Bank of China）是直属国务院领导的中国唯一的一家农业政策性银行，1994 年 11 月挂牌成立。主要职责是按照国家的法律法规和方针政策，以国家信用为基础筹集资金，承担农业政策性金融业务，代理财政支农资金的拨付，为农业和农村经济发展服务。中国农业发展银行的主要任务是：按照国家的法律、法规和方针、政策，以国家信用为基础，筹集农业政策性信贷资金，承担国家规定的农业政策性和经批准开办的涉农商业性金融业务，代理财政性支农资金的拨付，为农业和农村经济发展服务。中国农业发展银行在业务上接受中国人民银行和中国银行业监督管理委员会的指导和监督。

财政部、国家税务总局日前发布《关于中国农业发展银行涉农贷款营业税优惠政策的通知》，明确自 2016 年 1 月 1 日至 2018 年 12 月 31 日，对中国农业发展银行总行及其各分支机构提供涉农贷款，包括农业农村基础设施建设、水利建设贷款、农村土地流转和规模化经营贷款、农民集中住房建设、农村人居环境建设、涉农棚户区改造贷款等取得的利息收入减按 3% 的税率征收营业税。

3. 国家开发银行

国家开发银行（China Development Bank）是中国政府于 1994 年发布的《关于组建国家开发银行的通知》和《国家开发银行组建和运行方案》后成立的，是为集中资金保证国家建设，增强国家对固定资产投资的调控能力，是直属国务院领导的政策性金融机构。2015 年 3 月，国务院明确国家开发银行定位为开发性金融机构，从政策银行序列中剥离。

国家开发银行注册资本 4 212.48 亿元，股东是中华人民共和国财政部、中央汇金投资有限责任公司、梧桐树投资平台有限公司和全国社会保障基金理事会，持股比例分别为 36.54%、34.68%、27.19%、1.59%。国家开发银行主要通过开展中长期信贷与投资等金融业务，为国民经济重大中长期发展战略服务。截至 2020 年年末，资产总额为 17.17 万亿元人民币。穆迪、标准普尔等专业评级机构，连续多年对国家开发银行评级与中国主权评级保持一致。

国家开发银行是全球最大的开发性金融机构，中国最大的对外投融资合作银行、中长期信贷银行和债券银行。2015 年，国家开发银行在美国《财富》杂志世界企业500 强中排名第 87 位。2019 年 7 月发布的 2019《财富》世界 500 强中，国家开发银行排名 67 位。2019 年 9 月 1 日，2019 中国服务业企业 500 强榜单在济南发布，国家开发银行股份有限公司排名第 9 位，在"一带一路"中国企业 100 强榜单排名第 73 位。2019 年 12 月，国家开发银行入选 2019 中国品牌强国盛典榜样 100 品牌。2022 年 4 月29 日，中国人民银行消息，人民银行、国家发展改革委决定在浙江、江苏、河南、河北、江西等五个省份开展普惠养老专项再贷款试点，国家开发银行为试点金融机构。

（三）合作性金融机构

1. 农村信用合作社

农村信用合作社（Rural Credit Cooperatives），也称农村信用社、农信社，指经监管部门批准设立、由社员入股组成、实行民主管理、主要为社员提供金融服务的农村合作金融机构。农村信用社是独立的企业法人，以其全部资产对农村信用社债务承担责任，依法享有民事权利。其财产、合法权益和依法开展的业务活动受国家法律保护。其主要任务是筹集农村闲散资金，为农业、农民和农村经济发展提供金融服务。按照现行法律规定，农村信用合作社办理存款、贷款和结算等业务，适用《中华人民共和国商业银行法》。

（1）2003 年以前的农村信用社。

中华人民共和国成立以来我国农村信用社经历了从人民公社、生产大队管理，到中下贫农管理，又到农业银行管理的多次改革。中国农业银行在 1979 年恢复后，农村信用社成为其下设机构。1984 年，国务院审批了中国农业银行《关于改革信用社合作社管理体制的报告》，这次改革强调农村信用社的"三性"，即组织上的合作性、管理上的民主性和经营上的灵活性。但恢复"三性"改革并没有取得显著效果，农村信用社的经营还是按照自上而下的指令式计划进行。1993 年，国务院下发了《国务院关于金融体制改革的决定》；1994 年，农业银行、农村信用社开始各自独立办公；1996 年，国务院出台的《关于农村金融体制改革的决定》（国发〔1996〕33 号），标志着农村信用社完成了与中国农业银行的正式脱钩，并开始由中国人民银行托管。

（2）2003 年以后的农村信用社。

2003 年 6 月 27 日，国务院下发了《深化农村信用社改革试点方案》，再次启动了农村信用的新一轮改革，试点工作在浙江等 8 个省进行，该方案主要有三方面内容，即改革农村信用社产权制度，改革农村信用社管理体制以及国家帮扶信用社。以法人为单位的产权制度改革是改革工作的重点，各试点省（区、市）农村信用社按照"因地制宜，分类指导"的原则，分别进行了组建农村商业银行、农村合作银行的试点。2004 年 8 月底，将试点地区进一步扩大到了 21 个省（区、市）。2007 年 8 月，随着最后一家省级合作社的正式挂牌，我国新的农村信用社经营管理体制框架已经在全国范围内建立起来。这次改革在产权和管理权方面有很大的突破：首先是强调信用社的商业化、市场化，其次是将信用社的管理权下放给了省级政府。

2. 农村商业银行

2011 年，原中国银监会合作金融机构监管部曾表示，将不再组建新的农村合作银行，农村合作银行要全部改制为农村商业银行（rural commercial bank）。全面取消资格股，鼓励符合条件的农村信用社改制组建为农村商业银行。要在保持县（市）法人地位总体稳定前提下，稳步推进省联社改革，逐步构建以产权为纽带、以股权为联接、以规制来约束的省联社与基层法人社之间的新型关系，真正形成省联社与基层法人社的利益共同体。

截至 2021 年年底，中国农村商业银行共 1 569 家，农村信用社共 584 家，农村合作银行共 26 家。通过改革，农村信用社治理模式已经发生了根本性变化，长期存在的内部人控制问题得到有效解决，机构自身已经形成了深入推进深层次体制机制改革的内生动力。

3. 农村资金互助社

农村资金互助社（Rural Fund Mutual Association）是经银行业监督管理机构批准，由公民自愿入股组成的社区互助性银行业金融业务。农村资金互助社实行社员民主管理，以服务社员为宗旨，谋求社员共同利益，是以农民为主体的社区性信用合作组织。

农村资金互助社是独立的法人，对社员股金、积累及合法取得的其他资产所形成的法人财产，享有占有、使用、收益和处分的权利，并以上述财产对债务承担责任。农村资金互助社的合法权益和依法开展经营活动受法律保护，任何单位和个人不得侵犯。农村资金互助社社员以其社员股金和在本社的社员积累为限对该社承担责任。农村资金互助社从事经营活动，应遵守有关法律法规和国家金融方针政策，诚实守信，审慎经营，依法接受银行业监督管理机构的监管。

其中，农村资金互助社的入股条件为：具有完全民事行为能力（完全民事行为能力是指法律赋予达到一定年龄和智力状态正常的公民通过自己独立的行为进行民事活动的能力）；户口所在地或经常居住地（本地有固定住所且居住满3年）在入股资金互助社所在乡镇或行政村内；入股资金为自有资金且来源合法，达到规定的入股金额起点；诚实守信，声誉良好；承认并遵守资金互助社章程，愿意承担相应的义务。农村资金互助社的入股限制为：单个农民或单个农村小企业向资金互助社入股，其持股比例不得超过资金互助社股本总额的10%，超过5%的应经银行业监管部门批准；社员入股或其他方式入股。

三、非银行类金融机构

（一）信托公司

信托公司（trust company）是一种以受托人的身份，代人理财的金融机构，大多数的信托公司是以经营资金和财产委托、代理财产保管、金融租赁、经济咨询、证券发生及投资行为的主要业务。1979年10月，中华人民共和国成立以后第一家信托投资机构——中国国际信托投资公司成立，此后，金融信托业在全国范围内快速发展起来。

（二）金融资产管理公司

金融资产管理公司（financial asset management company）是指经国务院决定设立的收购国有银行不良贷款，管理和处置因收购国有银行不良贷款形成的资产的国有独资非银行金融机构。组建金融资产管理公司，是中国金融体制改革的一项重要举措，对于依法处置国有商业银行的不良资产，防范和化解金融风险，促进国有企业扭亏脱困和改制发展，以及实现国有经济的战备重组具有重要的意义。1999年，中国相继成立了信达、华融、东方、长城四家金融资产管理公司，分别负责管理和处置中国建设银行、中国工商银行、中国银行、中国农业银行四家国有商业银行的不良资产。

（三）金融租赁公司

金融租赁公司（financial leasing company）是指由银保监会批准，以经营融资租赁业务为主的非银行金融机构。金融租赁是中国特有概念。自20世纪80年代初诞生至今，中国融资租赁行业已历经40年，目前租赁行业已经成为航空、医疗、印刷、工业装备、船舶、教育、市政等领域的主流融资方式。根据机构和监管属性以及资本来源的不同，中国融资租赁机构主要包括金融租赁公司、内资融资租赁公司和外资融资租赁公司三类。

（四）汽车金融公司

汽车金融公司（auto finance company）是指经中国银行业监督管理委员会批准设立的，为中国境内的汽车购买者及销售者提供金融服务的非银行金融机构。2004年，中国第一家专业汽车金融公司成立，由通用汽车金融、上汽通用、上汽财务三方合资组建，其中，通用汽车金融是自1919年成立以来全球最大、最专业的汽车金融服务公司。

（五）贷款公司

贷款公司（loan company）是指经中国银行业监督管理委员会依据有关法律、法规批准，由境内商业银行或农村合作银行在农村地区设立的专门为县域农民、农业和农村经济发展提供贷款服务的银行业非存款类金融机构。贷款公司是由境内商业银行或农村合作银行全额出资的有限责任公司。贷款公司这种称谓仅局限在我国境内，与国内商业银行、财务公司、汽车金融公司、信托公司这种可以办理贷款业务的金融机构公司在定义和经营范围都有所不同。

（六）货币经纪公司

货币经纪公司（currency brokerage firm）最早起源于英国外汇市场，是金融市场的交易中介。在中国进行试点的货币经纪公司是指经批准在中国境内设立的，通过电子技术或其他手段，专门从事促进金融机构间资金融通和外汇交易等经纪服务，并从中收取佣金的非银行金融机构。中国银行业监督管理委员会对货币经纪公司进行监督管理。货币经纪公司在银行间市场进行同业拆借、债券买卖和外汇交易等经纪业务活动应同时接受中国人民银行和国家外汇管理局的监管和检查；其业务涉及外汇管理事项的，应当执行国家外汇管理部门的有关规定，并接受国家外汇管理部门的监督和检查。

（七）财务公司

财务公司（financial company）是指加强企业集团资金集中管理和提高企业集团资金使用效率为目的，为企业集团成员单位提供财务管理服务的非银行金融机构。财务公司是金融业与工商企业相互结合的产物。财务公司在业务上接受中国人民银行领导、管理、监督与稽核，在行政隶属于各企业集团，是实行自主经营、自负盈亏的独立法人。

四、证券业机构

（一）证券公司

中国证券公司分为两类：综合类证券公司（comprehensive securities companies）和经纪类证券公司（brokerage securities company）。综合类证券公司注册资本金要求至少5亿元，可以经营证券经纪业务、证券自营业务、证券承销业务和证券监管机构核定的其他业务。经纪类证券公司的注册资本金要求5 000万人民币以上，主要办理经纪业务。1990年11月26日，经中国人民银行批准，中国第一家证券交易所——上海证券交易所正式成立，1990年12月，深圳证券交易所正式成立。

（二）证券投资基金管理公司

证券投资基金管理公司（securities investment fund management company）是指经中国证券监督管理委员会批准，在中国境内设立，从事证券投资基金管理业务的企业法人。证券投资基金管理公司是指依据有关法律法规设立的对基金的募集、基金份额的申购和赎回、基金财产的投资、收益分配等基金运作活动进行管理的公司。证券投资基金的依法募集由基金管理人承担。基金管理人由依法设立的基金管理公司担任。担任基金管理人应当经国务院证券监督管理机构核准。按设立方式划分，有封闭型基金、开放型基金；有契约型基金、公司型基金；按投资对象划分，有股票基金、货币市场基金、期权基金、房地产基金等。

（三）期货公司

期货公司（futures company）是指依法设立的、接受客户委托、按照客户的指令、以自己的名义为客户进行期货交易并收取交易手续费的中介组织，其交易结果由客户承担。期货公司是交易者与期货交易所之间的桥梁。期货交易者是期货市场的主体，正是因为期货交易者具有套期保值或投机盈利的需求，才促进了期货市场的产生和发展。

（四）投资咨询公司

投资咨询公司（investment consulting company）在西方国家中称为投资顾问，是证券投资者的职业性指导者，包括机构和个人。主要是向顾客提供参考性的证券市场统计分析资料，对证券买卖提出建议，代拟某种形式的证券投资计划等。证券投资咨询公司最大的特点，就是根据客户的要求，收集大量的基础信息资料，进行系统的研究分析，向客户提供分析报告和操作建议，帮助客户建立投资策略，确定投资方向。

五、保险业机构

（一）财产保险公司

财产保险公司（property insurance company）是指财产保险业务的保险公司。财产保险业务包括财产损失保险、责任保险、信用保险等保险业务；财产保险公司经保险监督管理机构核定，可以经营短期健康保险业务和意外伤害保险业务。

（二）人身保险公司

人身保险（personal insurance）是以人的生命或身体为保险标的，在被保险人的生命或身体发生保险事故或保险期满时，依照保险合同的规定，由保险人向被保险人或受益人给付保险金的保险形式。人身保险包括人寿保险、伤害保险、健康保险三种。在财产保险中，保险人承担的是保险标的损失的赔偿责任，而在人身保险中，保险人承担的是给付责任，不问损失与否与多少。为此，人身保险通常均为定额保险。

（三）再保险公司

再保险公司（reinsurance company）是指经营再保险业务的公司，对保险人承担的部分保险责任进行再次保险。再保险业务中分出保险的一方为原保险人，接受再保险的一方为再保险人。再保险人与本来的被保险人无直接关系，只对原保险人负责。作为保险市场一种通行的业务，再保险可以使保险人不致因一次事故损失过大而形成对赔偿责任履行的影响。

（四）保险资产管理公司

保险资产管理公司（insurance asset management company）是指经中国保监会会同有关部门批准，依法登记注册、受托管理保险资金的金融机构。从实质上来看，保险资产管理公司是指主要股东或母公司为保险公司的资产管理机构，即保险系资产管理机构。保险公司投资资产（不含独立账户资产）划分为流动性资产、固定收益类资产、权益类资产、不动产类资产和其他金融资产等五大类资产。

（五）保险经纪公司

保险经纪公司（insurance broker company）是指依法成立的保险中介机构。他一方面代表被保险人的利益，为被保险人设计保险方案，与保险公司商议达成保险协议。另一方面，为保险公司招揽业务，向保险公司收取佣金。再在保险市场上，为分出公司安排分保业务，向分入公司收取再保险佣金。在日常工作中，保险经纪公司还可以向投保人提供防灾防损、风险评估、风险管理、保险咨询或顾问服务等。

（六）保险代理公司

保险代理公司（insurance agency company）是指依据《公司法》《保险法》《保险专业代理机构监管规定》设立的专门从事保险代理业务的有限责任公司和股份有限公司。它属于专业保险代理人。我国法律对保险代理公司的设立采取审批主义，即设立保险代理机构必须经过中国保监会的批准，取得经营保险代理业务经营许可证，并办理工商登记手续，领取营业执照后，方可从事保险代理业务活动。

（七）保险公估公司

保险公估公司（insurance valuation company）是指依法设立的独立从事保险事故评估、鉴定业务的机构和具有法定资格的从事保险事故评估、鉴定工作的公司。他们是协助保险理赔的独立第三人，接受保险公司和被保险人的委托为其提供保险事故评估、鉴定服务。

六、其他金融业务机构

（一）小额贷款公司

小额贷款公司（micro-loan company）是由自然人、企业法人与其他社会组织投资设立，不吸收公众存款，经营小额贷款业务的有限责任公司或股份有限公司。小额贷款公司在国家金融方针和政策，在法律、法规规定的范围之内，自主经营，自负盈亏，自我约束，自担风险，其合法的经营活动受法律保护，不受任何单位和个人的干涉。

（二）第三方理财公司

第三方理财公司（third-party wealth management company）不代表基金公司、银行或者保险公司，而是站在非常公正的立场上严格地按照客户的实际情况来帮客户分析自身财务状况和理财的需求，通过科学的方式在个人理财方案里配备各种金融工具。通常，第三方独立理财机构会先对客户的基本情况进行了解，包括客户的资产状况，投资偏好和财富目标，然后，根据具体情况为客户定制财富管理策略，提供理财产品，实现客户的财富目标。

（三）担保公司

担保公司（bonding company）主要指个人或企业在向银行借款的时候，银行为了降低风险，不直接放款给个人，而是要求借款人找到担保公司为其做担保。担保公司会根据银行的要求，让借款人出具相关的资质证明进行审核，之后将审核好的资料交到银行，银行复核后放款，担保公司收取相应的服务费用。

第三节 市场主导型金融机构体系：以美国为例

市场主导型金融体系典型代表国家为美国和英国。以美国为例，大萧条时期给美国经济社会带来了众多灾难性和悲剧性的后果，深刻的现实教训也使美国政府和民众意识到放任自由的市场自发调节机制存在缺陷，美国金融体系存在强烈的制度变迁的动机，金融体系的调整和改革势在必行。美国颁布了格拉斯—斯蒂格尔法之后，相继出台了证券交易法和投资公司法等一系列法案，这些法案不仅确定了美国以市场为主导的金融市场结构，还确立了金融分业经营的法律制度基础。美国金融机构体系的构成如图 8-3 所示。

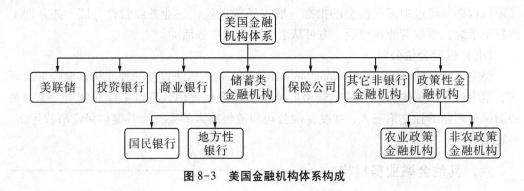

图 8-3　美国金融机构体系构成

一、金融监管机构

2008 年金融危机之后，美国对其金融监管体系和框架进行了重大改革，美联储拥有针对所有系统重要性金融机构的直接监管权和宏观审慎管理大部分工具的控制权，这样做有助于提高宏观审慎管理与微观审慎监管的有效性，促进两者的紧密结合。

（一）银行业监管

1. 美国联邦储备系统

美国联邦储备系统（federal reserve system，简称 FED），即美联储。美联储是美国联邦债务的最大持有者，负责履行美国的中央银行的职责。美联储的核心管理机构是美国联邦储备委员会。美联储直接负责监管选择成为其会员的州级银行以及外资银行办事处。美联储也是银行控股公司和金融控股公司的主要监管者。对于银行控股公司和金融控股公司，美联储除了审查其组建和扩张的申请，同时还要负责监督整个公司的运营情况，这样就可以间接管理原本不受其直接监管的银行。美联储通过执行其政策和法规来行使监管权力，包括签发终止令、免去银行和控股公司的高管职务、征收罚款、取消银行的成员资格等等。

（1）美国联邦储备系统组织结构

联邦储备系统有三个关键实体：一是联邦储备系统理事会（federal reserve board of governor），是作为联邦政府的一部分设立的，也是整个联邦储备系统的核心。理事会直接向国会报告并对国会负责，理事会为该体系提供总体指导并监督 12 家联邦储备银行。二是联邦储备银行（reserve banks），它是联邦储备体系中极其重要的政策执行部门，负责监督和审查成员银行；贷款给存款机构以确保金融系统的流动性；提供支持国家支付体系的关键金融服务，包括向存款机构分配国家货币和硬币，结算支票，和自动清算系统，以及担任美国财政部银行；检查某些金融机构以确保并强制执行联邦消费者保护和公平借贷法律；同时各储备银行充当"银行的银行"。三是联邦公开市场操作委员会（federal open market committee，简称 FOMC），是联邦储备体系中专门负责制定货币政策、执行公开市场操作政策的决策机构。

（2）美国联邦储备系统的功能

当代美联储的功能主要归纳为以下三个方面：制定和执行货币政策；维护金融市场的稳定，监管金融机构的活动；为金融机构提供高效和安全的支付清算系统。

①制定和执行货币政策。作为美国的货币当局，是制定和执行货币政策的主体。中央银行通过对货币政策的制定和执行，运用三大货币政策操作工具，对货币供应量

以及信用活动开展宏观调控，调节经济中的货币流通与信贷状况，从而调节总需求和总供给，实现充分就业和物价稳定。

②维护金融市场的稳定，监管金融机构的活动。美联储的金融监管职能是指作为全国金融机构的管理部门，维护金融体系稳定，治理金融乱现，建立健全金融法规，监督和规范商业银行及其他金融机构的经营活动，保证金融系统的安全。作为最后的贷款人维护金融市场稳定，向商业银行和其他金融机构提供贷款，增加公众信心，防止金融危机，保证金融市场的稳定。

③为金融机构提供高效和安全的支付清算系统。市场经济中的支付体系分为三个部分，第一部分为现金支付；第二部分是商业银行辅助微观经济主体进行的存款支付；第三部分是由市场参与者的交易行为或商业银行本身债务关系造成的各个主体之间的清算支付。前两部分的支付行为由商业银行完成，不需要联储介入，最后一种则必须由美联储提供转移支付才能完成。

2. 货币监理署

货币监理署（office of the comptroller of the currency，简称OCC）是美国财政部的一个部门，是联邦银行最早的监管机构，也是管理国家银行和储蓄协会的主要监管机构。货币监理署负责授予国民银行特许经营权、审查国民银行设立与合并的申请、执行相关法规。货币监理署也可以发出终止令、免去违反法律或法规的国民银行高管职务、征收罚款、取消国民银行特许经营权等。

3. 联邦存款保险公司

联邦存款保险公司（federal deposit insurance corporation，简称FDIC）旨在为商业银行提供联邦存款保险。所有美联储成员银行都被要求参与存款保险。经FDIC批准，该保险也可以延伸至州级非会员银行。目前美国几乎所有州级非会员银行都是FDIC承保的。按规定FDIC有权审查所有在FDIC投保的银行。但为了避免重复监管，FDIC只直接监督和审查州一级非成员银行。作为其保险责任的一部分，FDIC还充当破产银行的接管人以及管理存款保险基金。FDIC有权对银行进行特殊检查，以确定银行符合其保险要求。FDIC的权力包括终止对银行提供存款保险、发出终止令、免去银行高管职务、征收罚款等。

4. 州一级银行监管机构

每个州都有自己的监管机构，负责监督管理本州内的本国银行和州内的外资银行。银行必须遵守所有适用的所在州的法律和法规。此外，如果银行购买了存款保险或自身是美联储成员，它还必须遵守相应的联邦法规。州一级监管机构除了负责颁发银行特许经营权，还负责进行银行审查，制定和执行法规。所有州一级监管机构都可以实施制裁，例如撤销特许经营权、签发终止令、免去银行高管职务以及征收罚款。

5. 其他银行监管机构

在美国还有其他州一级和联邦一级的监管机构也负责美国银行的各种监管事务。一些较重要的机构包括消费者金融权益保护局（CFPB）、金融犯罪执法网络（financial crimes enforcement network）、联邦金融机构调查顾问（federal financial institutions examination counsel）、司法部、证券交易委员会和联邦贸易委员会。

（二）证券业监管

1. 美国证券交易委员会

美国证券交易委员会（SEC）是直属美国联邦的独立准司法机构，负责美国的证券监督和管理工作，是美国证券行业的最高机构。美国证券交易委员会具有准立法权、准司法权、独立执法权。SEC 的职责包括重要旨在保护投资者的权益和维护市场交易的公平、有序和有效进行。作为政府机构，SEC 负责监管证券领域的主要参与者，包括证券交易所、证券经纪人和交易商、投资顾问和共同基金。

2. 美国商品期货交易委员会

美国商品期货交易委员会（CFTC）是美国政府所属的一个独立联邦机构，对在美国境内交易的"大宗货物权益"拥有专属管辖权。"大宗货物权益"包含：期货合约、期权合约、掉期交易、外汇合约、其他杠杆产品。

3. 美国金融业监管局

美国金融业监管局（the financial industry regulatory authority，FINRA）作为美国证券场外市场的自律监管组织（self-regulatory organization，SRO），类似于中国的证券业协会，接受美国证券交易委员会（SEC）的监管。FINRA 的主要功能是通过高效监管和技术支持来加强投资者保护和市场诚信建设，并主要负责场外交易市场（OTC）市场的交易行为以及投资银行的运作。FINRA 有一个很重要的功能，就是它负责管理证券行业的从业执照。除 SEC 和 FINRA 外，所有州一级都有监管机构管理其所在州内的证券和投资活动。除此之外，美国司法部也有权力对违反证券法的行为采取刑事措施。

（三）保险业监管

美国对保险业实行联邦政府和州政府双重监管制度，联邦政府和州政府拥有各自独立的保险立法权和管理权。进而美国联邦政府为适应监管的需要，逐渐加强了对保险业的监管，建立了以全美保险监督官协会和州保险监管机构为主的保险监管体系。在全美保险监督官协会（NAIC）的努力下，美国各州保险法的内容已无太大差别。

1. 美国保险监督官协会

全美保险监督官协会（NAIC）是对美国保险业执行监管职能的部门。它是一个非营利性组织，该协会成立的目的是协调各州对跨州保险公司的监管，尤其着重于对保险公司财务状况的监管。同时该协会也提供咨询和其他服务。

2. 联邦保险办公室

联邦保险办公室（federal insurance office）是美国历史上首次出现的联邦层面的保险业监管机构。其职责包括：监管联邦保险业的所有方面，特别是发现保险业中可能导致系统性风险的问题或者漏洞；监测传统意义上服务不足的社区和消费者是否能够买到负担得起的非健康险产品；向 FSOC 建议指定某一实体作为由 FED 监管的非银行金融机构等。

二、投资银行

投资银行（investment banks）是资本市场中重要的金融中介。国际上对投资银行的定义主要有四种：任何经营华尔街金融业务的金融机构都可以称为投资银行；只有经营一部分或全部资本市场业务的金融机构才是投资银行；把从事证券承销和企业并购的金融机构称为投资银行；仅把在一级市场上承销证券和二级市场交易证券的金融机构称为投资银行。在最狭义的层面，罗伯特·库恩将投资银行定义为从事证券发行和交易的金融机构。

（一）投资银行的分类

投资银行的组织形态主要有四种：①独立型的专业性投资银行，这种类型的机构比较多，遍布世界各地，他们有各自擅长的业务方向，比如中国的中信证券、中金公司，美国的高盛、摩根士丹利；②商业银行拥有的投资银行，主要是商业银行通过兼并收购其他投资银行，参股或建立附属公司从事投资银行业务，这种形式在英德等国非常典型，比如汇丰集团、瑞银集团；③全能型银行直接经营投资银行业务，这种形式主要出现在欧洲，银行在从事投资银行业务的同时也从事商业银行业务；④跨国财务公司。

（二）投资银行的业务

投资银行职能不同于普通商业银行。在美国，投资银行在资金的融通中发挥了重要作用，极大地提高了直接融资比例。美国投资银行对业务的分类，普遍按照业务特点及其面向的主要客户分类，主要有三个部门：投资银行部门、交易部门、资产管理部门。

（三）中美投资银行比较

在不同的发展路径下，中美投资银行在市场规模、经营模式上均存在差异。从市场规模看，美国股票市场规模是中国股票市场规模的数倍，上市公司数量也更多。从经营模式上看，美国投资银行采用集团化模式，业务多元化，利润来源多样化。在美国投行的利润来源中，经纪、自营和资产管理业务成为主体，基于资产证券化的衍生产品业务规模占一定比重。中国证券公司受到分业经营的限制，业务种类少，核心利润来源于经纪和自营业务，而资管、投行等业务比重很低。在产品品种方面也存在结构失衡，股票、债券、基金发展不协调，衍生产品匮乏，缺少风险对冲产品。相比较，我国投资银行存在着资金资产规模小、行业集中度低、业务范围单一、专业人才匮乏及法规体系不完善等问题。这些问题的存在弱化了我国本土投资银行创新能力，投资银行应有的资金融通功能不能充分发挥，而美国的投资银行则为企业在金融市场进行融资发挥关键作用。

■ **延伸阅读**

投资银行（IBD、S&T、AM、ER）

三、商业银行

（一）商业银行分类

美国商业银行职责是通过存款、贷款、汇兑、储蓄等业务承担信用中介，主要的业务范围是吸收公众存款、发放贷款以及办理票据贴现等。美国银行体系的主要分类包括国民银行（national banks）、州级成员银行（state-chartered member banks）和州级非成员银行（state-chartered non-member banks）。外资银行在取得对应其从事的业务的批准后，也可以在美国开设机构。除此之外，美国还有一些数量较少的其他类别的银行，比如私人银行、未经保险的州立银行、工业银行和储蓄银行等。美国商业银行特点在于实行双轨银行制度，即联邦政府和州/美属领地相关机构同时对银行进行监管。国民银行必须是联邦储备体系成员银行，受财政部货币总监、联储和联邦存款保险公司的监管。州立银行则不一定要参加联储及联邦存款保险公司，但是受到所属地方政府的严格监管。

有联邦政府颁发特许状的银行为国民银行，所有国民银行必须在国民银行必须是联邦储备体系的成员银行，受财政部货币监理署、美国联邦储备体系和联邦存款保险公司的监督管理。成为国民银行，其银行名称中必须加入国民字样或它的缩写，国民银行不必然是全国经营范围的银行。国民银行是指向美国联邦政府登记并领取营业执照的美国商业银行。美国的大商业银行基本上都是国民银行。国民银行在美国银行体系中占重要地位，其数量虽不足美国银行总数的半数，但却控制了全部银行资产和存款的 60% 以上。

向州政府申请注册的银行为州银行。地方性州/属地银行可以选择成为联邦储备体系的会员。如果州银行选择成为联邦储备体系的会员，则必须接受联邦和州银行监管当局的双重监管。如果州银行不选择成为联邦储备体系的会员，则需要接受州银行监管当局管理外，还需要购买联邦存款保险。成为美联储会员银行后，如果金融危机发生，美联储可以向州银行提供紧急贷款发挥"最后贷款人"功能。

（二）中美商业银行比较

美国金融市场发达，企业可以直接在证券市场通过股票或债券进行融资，因此美国企业对银行信贷的依赖程度较低，而中国金融市场还在不断发展中，企业的融资渠道以银行信贷为主。因此中国商业银行的发放的贷款额高于美国商业银行，同时造成中美商业银行收入结构有较明显差异。美国商业银行的非利息收入逐渐占有重要地位，而中国商业银行依旧以存贷利差的利息收入为主。如表 8-1 所示，表中数据选取中国四大商业银行（中国银行、农业银行、工商银行、建设银行），与美国四大商业银行（美国银行、摩根大通、富国银行、花旗银行）2018 年至 2020 年三年数据的平均值作对比。

表 8-1   中美四大行贷款额及收入差异

	客户贷款余额/亿美元	利息净收入/亿美元	非利息收入/亿美元	总收入/亿美元	利息净收入占比/%
中国四大商业银行平均值	20 769	755	270	1 026	73.6
美国四大商业银行平均值	8 937	485	412	897	54.1

数据来源：和讯网。

四、储蓄类机构

（一）储蓄贷款协会

储蓄贷款协会（savings and loan association）是在美国政府支持和监管下专门从事储蓄业务和住房抵押贷款的非银行金融机构。其产生的动机是为购房提供融资，贷款要以所购房屋为抵押。其形式有互助制和股份公司制。互助制意味着没有发行在外的股份，存款者即为所有者。为了扩大储蓄贷款协会的资本金来源，法律制定者立法促进互助制向股份公司制转变。与银行一样，储蓄贷款协会可以在联邦或州注册，必须遵守联储的存款准备金规定。在美国金融机构改革、恢复和实施法案通过之后，储蓄贷款协会的存款保险由储蓄协会保险基金提供。该基金由联邦存款保险公司管理。允许储蓄贷款协会投资的资产是抵押贷款、抵押贷款证券以及政府债券。抵押贷款包括固定利率抵押贷款、可变利率抵押贷款和其他类型的抵押贷款。大多数抵押贷款用于购买住房，储蓄贷款协会也发放部分建设性贷款。

（二）美国信用合作社

信用合作社提供和银行类似的金融产品，如抵押贷款、汽车贷款和储蓄账户，但与银行不同，信用合作社是一种非营利性的金融合作社，服务于公司员工、协会会员或在特定地区居住等有共同特征的成员，按成员来源可以分为两类。一类为社区信用合作社，成员是特定地理区域内居住或工作的人员。一类为雇员信用合作社，成员来自特定企业或协会组织的雇员，通常由所在企业或组织提供资助。作为非营利组织，信用合作社通常提供更有吸引力的储蓄和贷款利率，费用较低或不收费。

五、保险公司

保险公司是美国最早的金融机构。保险公司是一种专门经营保险业务的非银行金融机构，在各国国民经济中发挥着越来越重要的作用。保险公司主要是依靠投保人缴纳保险费和发行人寿保险单筹集资金，对那些发生意外灾害和事故的投保人，予以经济补偿，是一种信用补偿方式，保险公司筹集的资金，除保留一部分以就会赔偿所需外，其余部分主要投向收入稳定的政策债券、企业债券和股票，以及发放不动产抵押贷款、保单贷款等。

保险公司服务的基本作用是在计划和活动方面给企业和个人提供更高的确定性。为了提供保险，保险公司要持有大量资产。这些资产的持有和现金的流入与流出使保险公司能够起到把资金从一个部门转移到另一个部门的作用，因此也属于金融机构的范畴。保险公司按照业务性质可分为人寿保险公司和财产保险公司两类；按照组织形式又可分为股份公司和合作公司。美国的保险业经营模式大多是分业经营，很多企业都是集团企业，在集团公司的产业下有产险公司和寿险公司。

六、非银行金融机构

非银行金融体系在整个金融体系中是非常重要的组成部分，它的发展状况是衡量一国金融体系是否成熟的重要标志之一。这类金融机构主要包括养老基金、投资信托类金融机构、合作金融机构、金融租赁公司、金融控股公司。

（一）养老基金

养老基金（pension funds）是西方国家首创，是实行福利制度的一个重要内容。这类机构是指雇主或雇员按期缴付工资的一定比例，在退休后，可取得一次付清或按月支付的退休养老金。养老基金的资金运用主要是投资于公司股票、债券，购买银行发行的贷款、不动产抵押贷款等。养老基金通常委托专门的金融机构，如银行、保险公司来管理运作。养老基金可以分为私人养老基金和公共养老基金，私人养老基金通常是由企业为其雇员设立的，养老金预付款由雇员和雇主共同分担，同时政府还给予某些税收上的减免。公共养老基金则包括各级政府为其雇员所设立的养老社会保障系统。

（二）投资信托类金融机构

投资信托类金融机构（investment trust financial institutions）包括投资公司、信托投资公司和投资基金。它们通过发行股票、债券和受益凭证等来筹集资金，用来购买股票、公司债券、政府等各种有价证券，也可投资不动产和实业。信托投资公司凭借其在投资领域中的信息、经验，汇集中小投资的资金，进行组合投资，在使风险降至最低水平的同时，给中小投资者带来较高的、安全的收益。

（三）合作金融机构

合作金融是指个人筹资联合组成，以互助合作为主要宗旨的金融活动，由此建立的金融机构称为合作金融机构（cooperative financial institution）。信用合作社是最主要的合作金融机构。信用合作社是西方国家普遍存在的一种互助合作性的金融组织。有农村农民的信用合作社，有城市手工业者等特定范围成员的信用合作社。这类这种金融机构一般规模不大。它们的资金来源于合作社成员缴纳的股金和吸收存款，贷款主要用于解决其成员的资金需要。

（四）金融租赁公司

金融租赁也称为"融资租赁"，一般指企业、公司（承租人）需要更新或添置设备时，不是以直接购买的方式投资，而是以付租的形式向出租人借用设备。经营这种租赁业务的出租人就是金融租赁公司（financial leasing company）。金融租赁公司的业务范围很广，涉及单机设备到消费品、工商业设施、办公用品等各个领域，租赁方式也有多种。

（五）金融控股公司

根据巴塞尔银行监督委员会、国际证监会组织和国际保险监管者协会共同支持设立的金融集团联合论坛于 2012 年发布的《金融集团监管原则》规定，金融控股公司（financial holding company）是指在同一控制权下，至少从事银行业、证券业、保险业中的两类金融业务的集团公司。

七、美国政策性金融机构

美国政策性金融机构主要有四类：一是农业信贷机构，包括互助合作性质的农业信贷机构和政府农业信贷机构。其在各自领域内提供长短期农业生产性贷款，为农业生产提供帮助。互助合作性质的农业信贷机构包括联邦土地银行、联邦中期信贷银行和合作社银行。政府农业信贷机构则包括农民家计局、商业信贷公司和农村电气化管理局；二是联邦住房贷款银行体系，由联邦住房贷款银行委员会、12 个联邦住房贷款银行及其会员及储蓄贷款协会等组成的住房金融机构体系。联邦住房贷款银行委员会为该体系的领导机构，它负责管理协调整个银行体系的工作，并对成员银行提供融资便利，调剂地区银行间的资金余缺，成为该体系的"中央银行"；三是美国进出口银行，其职能是通过提供优惠的出口信贷条件增加美国商品的竞争力以扩大出口，同时承担私人出口商和商业性金融机构所不愿意或无力承担的风险，目的在于促进美国的进出口贸易；四是小企业管理局，专门为那些不能从其他正常渠道获得充足资金的小企业提供融资帮助，同时还提供其他非金融服务，如：为小企业提供管理方面的协助，还有沟通小企业与大学的联系渠道，让企业更多地利用大学的技术资源。

美国现代农业金融支持体系

八、中美金融机构体系的差异

中美金融机构体系的差异主要在于资金融通过程中，金融市场所起的作用不同。若社会融资主要通过商业银行进行，间接融资占社会融资比例较直接融资占社会融资比例高，表明金融中介（银行）融资比金融市场融资更具优势，即为银行主导型；相反地，若通过金融市场进行证券发行及债券发行等所形成的直接融资额占社会融资额的绝大比例，即为市场主导型金融体系。通过表8-2数据可以看出，中国间接融资占绝对优势；美国直接融资占绝对优势。

表8-2 中美融资方式差异

	美国直接融资额/亿美元	美国社会融资总额/亿美元	美国直接融资占比/%	中国直接融资额/亿元	中国社会融资总额/亿元	中国直接融资占比/%
2014	799 057	1 058 719	75.5	9 900	158 761	6.2
2015	798 785	1 065 709	75.0	25 956	154 063	16.8
2016	844 977	1 121 236	75.4	48 095	177 999	27.0
2017	944 034	1 234 115	76.5	28 047	261 536	10.7
2018	905 360	1 208 040	74.9	28 684	224 920	12.8
2019	1 050 958	1 367 597	76.8	40 862	256 735	15.9
2020	1 227 050	1 556 098	78.9	50 467	347 917	14.5

数据来源：OECD，WIND，中国国家统计局。

▰ 本章小结 ▰

1. 金融机构是金融产品和服务的供给者，是金融市场运转的主体。金融机构体系是金融机构的组成及其相互联系的统一整体。在市场经济条件下，各国金融体系大多数是以中央银行为核心进行组织管理。

2. **市场主导型金融体系是以直接融资市场为主导的金融体系。**在市场主导型金融体系中，资本市场比较发达，企业的长期融资以资本市场为主，证券市场承担了相当一部分银行所承担的融资、公司治理、减少风险的作用，资金通过金融市场实现有效配置，使有限的资金投入到最优秀的企业中去，金融市场自发、有效率地配置资源，从而促进经济发展。

3. **银行主导型金融体系是以间接融资市场为主导的金融体系。**银行主导型金融体系在金融体系当中，银行在将储蓄转化为投资、分配资源、控制企业经营、提供风险管理工具方面起着领导作用；银行运用自身在资金、人才、信息等方面的优势，全面而广泛地参与经济生活，促进经济的发展。

4. 中国金融机构体系是以中央银行为核心，政策性银行与商业性银行相分离，国有商业银行为主体，多种金融机构并存的现代金融体系。中国金融监管体系为金融委统筹抓总，"一行""两会""一局"和地方分工负责。

5. 美国金融机构体系主要由三部分组成：联邦储备系统，商业银行体系和非银行金融机构。非银行金融组织主要包括投资银行、保险公司、投资信托基金、养老基金组织等。其中，投资银行是活跃证券市场、强化投资效益的重要非银行金融机构。

重要概念

金融机构体系　市场主导型金融体系　银行主导型金融体系　金融监管
中国人民银行　美国联邦储备系统　金融机构体系改革

核心参考文献

[1] 中国人民银行简介：http://www.pbc.gov.cn/rmyh/105226/index.html.

[2] 美国联邦储备系统简介：https://www.federalreserve.gov/aboutthefed.htm.

[3] 中国工商银行简介：http://www.icbc.com.cn/ICBCLtd/.

[5] 中华人民共和国商业银行法、中华人民共和国保险法、防范和处置非法集资条例（全文均载于中国银保监会官方网站 http://www.cbirc.gov.cn/cn/view/pages/index/index.html）.

[6] 中国人民银行规章、《中华人民共和国民法典》（全文均载于中国人民银行官方网站 http://www.pbc.gov.cn/tiaofasi/144941/index.html）.

[7] 弗雷德里克·S. 米什金. 货币金融学 [M]. 11 版. 郑艳文，译. 北京：中国人民大学出版社，2016.

复习思考题

1. 单项选择题

（1）下列不属于中国人民银行具体职责的是（　　）。

A. 发行人民币　　　　　　　　　　　B. 给企业发放贷款

C. 经理国库　　　　　　　　　　　　D. 审批金融机构

（2）最早发挥中央银行功能的是（　　）。

A. 威尼斯银行　　B. 瑞典银行　　C. 英格兰银行　　D 美联储

（3）投资银行是专门对（　　）办理投资和长期信贷业务的银行。

A. 政府部门　　　B. 工商企业　　C. 证券公司　　　D. 信托租赁公司

（4）新中国金融体系诞生以（　　）的建立为标志。

A. 中国工商银行　　B. 中国人民银行　　C. 银保监会　　　　D. 证监会

（5）负责统筹金融改革发展与监管的重大事项的机构是（　　）

A. 中国人民银行　　B. 金融委　　　　C. 银保监会　　　　D. 证监会

2. 多项选择题

（1）下列属于在金融创新中出现的新型金融工具的有（　　）

A. 票据发行便利　　B. 信托业务　　　　C. 远期利率协议　　D. 互换

（2）下列是政策性银行的是（　　）

A. 国家开发银行　　　　　　　　　　B. 中国进出口银行

C. 中国农业发展银行　　　　　　　　D. 城市商业银行

（3）作为银行的银行，央行职能主要体现在以下方面（　　）。

A. 集中存款准备金　　　　　　　　　B 发行银行券

C. 充当最后贷款人　　　　　　　　　D. 组织全国清算

3. 判断题

（1）市场主导型金融体系是以间接融资市场为主导的金融体系。　　　　　（　　）

（2）银行发放贷款这种形式能够有效避免"搭便车"现象的出现。　　　　（　　）

（3）银行主导型金融体系风险管理的特点是"风险分散化"。　　　　　　（　　）

（4）中央银行的出现极大地促进了经济与贸易的发展。　　　　　　　　　（　　）

（5）中央银行也可以办理个人业务。　　　　　　　　　　　　　　　　　（　　）

（6）国务院金融稳定发展委员会具有指导地方金融改革发展与监管的职责。

（　　）

4. 简答题

（1）市场主导型与银行主导型金融体系在金融功能上有何区别？

（2）中国金融体系的构成是怎么样的？

（3）中央银行产生的客观原因有哪些？

（4）试述中央银行的基本职能的主要内容。

（5）简述美国金融机构体系的构成。

（6）简述美国的金融监管具有什么特点、主要的监管机构有哪些。

（7）简述投资银行的主营业务。

（8）简述中国金融体系存在的问题以及如何改善。

5. 论述题

论述中央银行可以如何加快疫情下的复工复产，实现经济复苏。

第九章

金融风险与金融监管

■ **学习目的**

通过本章的学习，你应该能够：

（1）了解什么是金融风险和金融危机；

（2）了解金融风险的产生原理；

（3）掌握金融风险管理分类及一般流程；

（4）掌握金融监管制度、内容和模式；

（5）了解金融科技的风险监管；

（6）了解中国金融风险现状、监管历程。

金融是现代经济的核心，金融业不仅仅影响到一个国家的经济发展，更为重要的是，它将涉及社会生活的方方面面，进而影响国计民生、政局稳定和国家安全。金融业的健康发展能够促进经济稳定发展、社会安定以及人民安居乐业；而一旦金融形势恶化导致金融危机、经济崩溃、社会动荡不安，将进而影响到整个国家安全。1929 年的世界金融危机、1994 年墨西哥金融危机、1997 年亚洲金融风暴、2000 年拉美金融危机以及 2008 年的全球金融危机都为我们提供了雄辩的事实佐证。本章将从多个层面分析金融风险、金融危机及其生成原理、金融风险管理的分类和一般流程。

第一节　金融的脆弱性

金融风险是伴随金融制度建立与发展过程的客观问题，正确认识并予以有效地防范与化解，是确保金融安全的关键，同时也关系到金融制度及金融市场的效率。从现实的经济生活来看，金融风险的产生与许多因素有关，金融风险的形成原因很复杂，但首先需要关注的是金融自身的脆弱性。

一、金融体系不稳定性假说

海曼·明斯基（Hyman P. Minsky）把由经济学家凡勃伦（T. Veblen）提出的金融

体系内在脆弱性理论系统化，在 20 世纪 60 年代提出"金融不稳定假说"。明斯基认为，一个金融体系自然由稳健的结构向易变的结构转变，或从一个与稳定一致的结构向易于不稳定的结构变化。他强调系统在不断地向易变性变化，"稳定"的状态实际上是短暂的，"稳定是非稳定化"。在长期繁荣时期，经济从有利于稳定系统的金融关系向有利于不稳定系统的金融关系转化。"金融不稳定假说"的另一特性是侧重制度因素。在长期金融缺乏的情况下，明斯基的向易变性的转换不会发生。他认为，金融形势从"平衡交易"转为"投机"最后到庞氏金融"Ponzi Finance"①，是起先关于未来报酬预期的逐渐乐观，而后来这些预期变得消极或金融安排被破坏的缘故。明斯基表示，资本主义的繁荣时期埋下了金融动荡的种子，在这个时期，许多企业是投机性的，它们根据预测未来资金短缺程度和时间来确定借款；从事高风险的企业也增多，它们将借款用于投资回收期很长的项目，在较长时期内它们都无法用投资的收益还本付息，而需要滚动融资用于支付本息。当经济增长滞缓或打断信贷、资金流入企业的事件发生时，就将引起违约和破产的浪流，而这又反馈到金融体系，使金融体系的资产遭受损失。明斯基进一步提出代际遗忘解释和竞争压力解释，即今天的贷款忘记了过去的痛苦经历，利好事件促进了金融业的繁荣，贪欲战胜了恐惧，价格上涨推动更多的购买，以及贷款人由于竞争的压力，为不失去顾客和市场而做出许多不审慎的贷款决策，这就使金融风险不断积累导致金融危机。

金德尔伯格（C·Kindleberger，1985）同样也从周期性角度来解释金融体系脆弱性的孕育和发展。他认为，经济的扩张会产生疯狂性投机，即疯狂地把货币换成真实资产和金融资产，形成过度交易，这容易导致恐慌和崩溃。一旦出现恐慌，个人就会尽力把对厂商的债权转换为货币和现金，因而引起利率上升、投资削减、利润率下降，使厂商资产价值总量降低，其净值因而减少。可见，在长波周期中，金融体系具有来源于借贷双方行为特性的内在不稳定性。

对于系统性金融风险的冲击和危害，习近平曾明确指出："世界经济变动对亚太金融市场、资金流动、汇率稳定带来挑战，增加了本地区经济金融风险。我们要注意防范风险叠加造成亚太经济金融大动荡，以社会政策托底经济政策，防止经济金融风险演化为政治社会问题。"② 因此，防范化解金融风险，主要是防范系统性金融风险，即防范金融体系出现大范围的支付与破产危机，并由金融市场或金融体系的危机逐渐演变为经济、社会和政治等领域的全面危机，以及由此最终引发的可能迟滞或中断中华民族伟大复兴的全局性风险。

---

① 庞兹金融（Ponzi Finance），得名于 20 世纪 20 年代发生在纽约的一桩著名金融诈骗案，一名叫查尔斯·庞兹（Charles Ponzi）的法裔美国人策划了一个用后加入者的入伙费充作投资收益付给先来者的连锁性计划（称"庞兹计划"），后被拆穿。顾名思义，处于庞兹理财状态的行为主体最终不足支付日常性现金支付及债务利息。如不变卖资产，维持现有经济规模，则不仅要靠滚动负债偿付到期债务的本金，还要不断地累积新债务。长期亏损性企业常常处于此种状态，而具有高赤字的政府部门无疑是最大的庞兹理财者。不过，只要外界相信该行为主体之资本尚足以抵债，而且亏空是暂时性的，将来会向良性发展，则该行为主体仍可正常运作，不至于立即爆发债务危机。

② 习近平. 发挥亚太引领作用 维护和发展开放型世界经济 ［N］. 人民日报，2013-10-08.

■ 知识链接

金融稳定的内涵

二、金融机构的内在脆弱性学说

阿克洛夫（Akerlof）、斯蒂格利茨（Stiglitz）和魏斯（Weiss）等西方经济学家在博弈论和信息经济学基础上提出的包括"道德风险"（moral hazard）和"逆向选择"（adverse selection）在内的"金融机构的内在脆弱性"是解释金融风险生成机制的重要理论。他们认为不少金融危机的爆发都是起因于某些金融机构的倒闭，而金融机构在金融动荡下的脆弱性又往往使得局部的金融市场扰动演变为全面的金融危机。因此，金融风险的主要来源在于金融机构的内在脆弱性及其积累。

1961年，斯蒂格利茨发表了《信息经济学》一文，打破了一直统治着经济学理论界的基础假设——完全信息假设，强调信息的不完全性，并首次将信息问题引入经济学领域。信息经济学中最核心的问题是信息不对称，以及信息不对称对个人选择和制度安排的影响。信息经济学认为，现实世界中信息是不完全的，或者是不对称的，即当事人一方比另一方掌握的信息多。当参与人之间存在信息不对称时，任何一种有效的制度安排都必须满足"激励相容"（incentive compatible）或"自我选择"（self-selective）条件。信息经济学建立了"委托—代理"模型来分析当事人行为，该模型认为，契约达成后，当事人双方掌握的信息是不对称的，掌握信息多的一方为代理人（agent），另一方为委托人（principal）。委托人欲使代理人按自己的利益行动，但委托人无法直接观测到代理人的行为选择，只能观测到一些变量，因而具有代理人行为的不完全信息。信息不对称造成代理人的机会主义行为。机会主义行为包括事前行为和事后行为，事前机会主义行为称为"逆向选择"①，即在达成协议前，代理人利用信息优势使委托人签订不利的契约。事后的机会主义行为称为"道德风险"，即在达成契约后，代理人利用信息优势不履约或"偷懒"。机会主义行为提高了交易活动中的信息成本，委托人于是有必要采取一定措施（如建立长久的契约关系等）寻找最优契约安排，减少信息成本。

斯蒂格利茨和魏斯通过研究证明不对称信息产生逆向选择困境也存在于信贷市场。

---

① 阿克洛夫1970年提出的"旧车市场模型"开创了逆向选择理论的先河。斯蒂格利茨和韦斯将这一模型引入金融市场。在金融市场中，投资者无法确定筹资者的风险高低，只能按反映平均风险程度的价格购买证券，这一价格会低于高质量公司证券的公正市场价格而高于低质量公司证券的公正市场价格，因此，高质量公司便不会在市场上发行证券，而低质量公司则会乐此不疲。由于信息不对称，投资者不能确定公司质量，高质量公司发行证券少，因而市场上流通的大多数是低质量证券。借贷市场上也有同样问题，借款人比贷款人更了解一笔借款的投资方向、投资回报率及可能出现的风险等，银行成为信息劣势一方，难以准确评估借款人的风险状况。如果银行按照以往借款人的平均风险水平确定贷款利率的话，那些风险较大的客户更愿意接受银行的贷款条件，而那些风险较小的客户会退出借贷市场，从而导致借款人的平均风险水平上升。如果银行据此提高贷款利率，势必导致次优的借款人退出市场，银行贷款质量将进一步下降，致使银行贷款进一步缩减。

根据斯蒂格利茨和魏斯的观点，随着对任何一类借款人所收取的实际利率的提高，借款人违约的可能性相应增加。这是因为随着实际利率的提高，必然出现两种结果：一是风险偏好型的借款人将接受贷款人的出价，而风险回避型的借款人将退出申请人的队伍，这就是所谓的"逆向选择"。二是因为银行不可能全面地对借款人的行为进行监控，任何借款人都倾向于改变借款的用途，投入到高风险高收益的项目，这就是"激励效应"。而道德风险是发生在交易之后的信息不对称问题。借贷市场的道德风险有三种具体表现形式：①改变资金用途。一旦贷款发放出去，贷款人就很难对借款人进行监督，如果借款人有不偿还贷款的动机，借款人就可能去从事贷款人所不希望看到的高风险投资或投机活动，使贷款人受到道德风险的伤害。道德风险的发生正是因为借款人有从事高风险活动的动机，一旦成功，借款人享受好处，而失败则由贷款人承担大部分损失。借款人还可能将借款用于其他方面，以改善自己的福利。②一些有还款能力的借款人可能隐瞒自己的收入，有还款能力但却不归还银行贷款，特别是在缺乏对违约的相应制裁的情况下更是如此。③借款人取得资金后，对于借入资金的使用效益漠不关心，不负责任，不努力工作，致使借入资金发生损失。借贷双方的利益冲突（"委托—代理"问题）使许多贷款人决定不再放款，这样整个社会的贷款与投资便会处于非最优状态。总而言之，信息不对称通过逆向选择和道德风险影响金融机构，形成金融机构内在的不稳定性，也种下了金融风险的"种子"。

三、信用脆弱性理论

马克思对信用脆弱性做出过深刻描述。马克思认为，金融体系得以生存和运行的前提是：信用仅仅是对商品内在精神的货币价值的信仰，决不能脱离实物经济，但金融资本家的趋利性，虚拟资本运动的相对独立性却为信用崩溃提供了条件。信用在经济运行中具有周期性特点，随着经济运行的周期呈现出膨胀和紧缩的交替。在经济波动剧烈的情况下，信用的猛烈扩张和收缩常常造成信用的严重扭曲。马克思尖锐地指出，信用在过度投机中发挥了杠杆作用。信用不仅加剧了部门之间、企业之间的不平衡性，造成对商品的虚假需求，信用还刺激了金融投机，推动了虚拟资本的过度膨胀，并为信用崩溃和金融风险的爆发创造了条件。

而现代信用理论认为，信用的脆弱性是现代金融风险生成的重要根源，这可以从信用运行特征来解释：①信用是联系国民经济运行的网络，这个网络使国民经济各个部门环节相互依存、共同发展，但这个网络的任何一个环节即便是偶然的破坏都势必会引起连锁反应而陷入信用混乱之中，因此，信用的广泛连锁性和依存性是信用脆弱、产生金融风险的一个重要原因。②金融过程的时空分离是导致信用关系脆弱性的决定性因素。金融经济活动各环节在时间上的分离是形成不确定性的基础，金融过程在空间上的分离同样增加了交易的不确定性，通信技术的发展为这种分离提供了便利。一旦这种联系变动甚或中断，就可能严重影响各地的金融过程，同时这种影响还能相互传递和扩散。因此，信用关系在空间上的广泛联结和日益延伸，也在不断地增加其自身的脆弱性。③金融业的过度竞争以及信用监管制度的不完善是信用脆弱性的又一表现。为了争夺存款客户，金融机构通常提高存款利率；为了吸引贷款客户，增加市场信用份额，金融机构通常的做法是降低贷款利率；存贷款利差的减小，许多金融机构不得不越来越重视发展高风险业务，以图取得较高收益。为了绕过信用监管，金融机构不断地进行金融创新，大力发展表外业务，如担保、承兑、贷款出售、代理等，从而使传统的货币概念和测量口径逐渐趋于失效，使金融监管难度加大，削弱了金融当局的监控能力。

四、金融资产价格波动性理论

金融资产价格的波动主要表现为股票、外汇等资产价格的波动，造成这些金融资产价格波动的原因与信息不完全有关。信息的不完全决定了经济主体的有限预期，即经济主体不可能完全了解决定金融资产未来收入流量变化的各种因素，从而使金融市场的有效性和完善性大大降低，加剧了金融市场的失衡状态，造成了金融资产价格的不稳定性。而且，不同金融资产价格之间呈现出一定的互动性，通货膨胀率、利率、汇率和股价之间存在联动效应，彼此相互影响。

（1）股票价格的内在波动性。对股票价格波动性作出解释的代表性理论主要有：①周期性崩溃理论。麻省理工学院博弈论学者克瑞普斯（L. Kreps, 1987）认为，股票市场本身就是使价格不稳定的投机，股市投资者个体的非理性行为足以导致整个市场的周期性崩溃。无论股市与实物经济是否相符，如果投资者对股市保持较为乐观的预期，则股票行情将持续上升，直至极度不合理后导致风险爆发、市场崩溃；如果投资者的预期是悲观的，则会由于恐慌心理而抛售股票，直至摧毁健康的股市。②"乐队车效应"理论。明斯基和金德尔伯格认为，股市存在"乐队车效应"（bandwagen effect），当经济繁荣推动股价上升时，幼稚的投资者开始拥向价格"乐队车"，促使市场行情上升，直至股票价格上升到无法用基础经济因素来解释的水平，导致股市预期发生逆转，价格崩溃。该理论强调市场集体行为的非理性导致的过度投机对资产价格的影响。

（2）汇率的内在波动性。如果一国实行的固定汇率制度，货币当局应将本国货币的汇率维持在可持续水平上，否则当市场成员对该货币当前汇率能否维持下去失去了信心时，他们都将抛售该货币，导致固定汇率水平难以维持，这样金融风险便产生了。如果一国实行的是浮动汇率制度，汇率水平也可能过度波动，从而对真实经济产生一系列的不利影响。

第二节　金融风险与金融危机

金融风险是每个投资者和消费者所面临的重大决策问题，也是各经济实体（尤其是金融机构）生存和发展的关键问题，它直接影响着经济生活中的各个方面，也影响着一个国家的宏观决策和经济发展。因此，如何减少和回避金融风险已成为现代金融界的首要话题。基于此，为了更好地、有针对性地防范金融风险，加强金融风险管理，有必要首先对金融风险的内涵有一个清楚的认识。

一、金融风险的涵义

在任何学科领域中，困扰人们最深的往往是一些最基本的概念和定义，这在经济学上表现得尤其突出。亚洲金融危机的爆发，使得国际国内经济学界对金融风险的认识进一步加深。但是由于分析问题的侧面和角度不同，对金融风险内涵的认识存在着较为明显的区别，尚未形成一个普遍接受的统一的观点或结论。而金融风险作为风险的范畴之一，准确把握其内涵必须首先了解风险的概念，才能在此基础上精确地定义好金融风险的涵义。

（一）风险的涵义

风险，汉语大辞典的解释为"危险、遭受损失、伤害、不利或毁灭的可能性。"而在英文中风险一词用"risk"来表示，其解释则为"含有某种机会、冒险、损失或面临危险的可能性"。从两种文化对同一概念所作的解释可以看出，汉语中的风险更强调的是导致某种不利局面（危险）的可能性，而英语中除强调引致负面的可能性外，还蕴含着某种达到成功的机会。而在经济学界，早在1901年，美国学者 A. H. 威雷特就将风险定义为"关于不愿发生的事件发生的不确定性之客观体现"。其后美国经济学家、芝加哥学派创始人奈特（Knight，1921）其经典名著《风险、不确定性和利润》中给出一个经典性定义：风险是一种可测度的不确定性，可通过概率计算获得其大小。奈特进而认为，只有不确定性才能给企业家带来利润；经概率计算得出大小的风险已完全转化为确定性因素，被纳入经济主体的成本-收益规划中，并且如其他确定性因素一样为交易各方所共同认定，所以，风险是从事后角度来看的由于不确定性因素而造成的损失[1]。诺贝尔经济学奖得主莫顿（Robert C. Merton）和博迪（Zvi Bodie）则认为风险即不确定性，但是不确定性是风险的必要条件而非充分条件；任何一种存在风险的情况都是不确定的，但在没有风险的情况下也存在不确定性[2]。

现代经济领域比较公认的风险定义：所谓风险，系指由于不确定性而引发的出现损失（或获利）的可能性；这一可能性的分布状况显示风险的程度；风险的实现或发生依赖于经济主体对风险的预期与态度。对于经济个体而言，风险因其偏好的不同而表现为或正（对风险偏好者）或负（风险厌恶者）的效用；对于经济整体而言，风险过大会导致市场稳定预期难于形成，交易后果难于预测，风险厌恶者退出交易，交易规模下降，从而使市场先是动荡，既而萎缩，经济发展停滞，甚或倒退，因此主要表现为负面因素；但从另一方面看，风险又有促进分工、推动制度变迁，进而促进经济发展和社会进步的作用。

（二）金融风险的涵义

国内外关于金融风险的解释比较多，比较典型的包括：①克罗凯特（A. Crodkett，1997）认为，"金融风险是金融资产价格的不正常活动，或大量的经济和金融机构背负巨额债务及其资产负债结构恶化使得它们在经济冲击下极为脆弱并可能严重地影响宏观经济的正常运行"。②英国金融学家格利茨（L. Galitz，1998）认为，"金融风险是对暴露于风险中的任何金融实体在财务经营方面所造成的冲击"[3]。③史密斯（Smith C W，1995）认为，金融风险是指在经济活动中，由资金筹措和运用所产生的风险，即由不确定性引起的在资金筹措和运用中形成损失的可能性。

① PETER NEWMAN，MURRY MILGATE，JOHN EATWELL. The New Palgrave Dictionary of Money and Finance（Ⅲ）［M］. London：Macmillan Press Limited，1992.

② 兹维·博迪，罗伯特·莫顿. 金融学［M］. 欧阳颖，等译. 北京：中国人民大学出版社，2000.

③ 格利茨对金融风险所下的定义在西方有一定的代表性。但是，20世纪90年代以来许多国家和地区接连发生的金融危机表明，在当代金融领域里不仅存在微观金融活动的风险，而且存在宏观金融活动的风险。

中国经济学者对风险的解释也很多。如刘力（1997）认为，金融风险在中文中通常有三种解释：第一种解释是指由于企业负债经营导致其权益投资者在企业经营状况和经营风险不变的情况下，其收益风险的增加。第二种理解是指投资者投资于金融资产而面临的投资风险，如投资者投资于银行存款、股票、债券、期货及各种衍生金融工具而面临的投资风险。对金融风险的第三种理解是指金融机构运行过程中存在的风险，如银行、证券公司、信托投资公司等在投资和资产运用中存在的风险。魏加宁（1998）认为，金融风险应当是指经济主体在从事资金融通过程中遭受资产或收入损失的可能性。王春峰（2001）认为，金融风险是由于金融市场因素发生变化而对企业的现金流产生负面影响，导致企业的金融资产或收益发生损失并最终引起企业价值下降的可能性。

基于此，可认为"金融风险"（financial risk），是指包括金融机构在内的各种经济主体在金融活动或经营活动中，因经济原因或金融制度、金融运行与金融管理等各种因素的不确定变动使经济主体的实际收益与预期收益目标发生偏差，从而导致其在经济活动中遭受损失（或获利）的可能性。准确把握这一定义，必须明确：

（1）金融风险不等于经济损失，它有两种可能，既有蒙受经济损失的可能，又有获得超额收益的可能，其直接表现为货币资本的损失或收益。我们不仅要注意它的消极方面，也要注意它的积极因素和积极作用。

（2）金融风险仅指存在和发生于资金的借贷和经营过程中的风险，只要进行资金的借贷和经营活动，金融风险就随之形成并可能产生实际的损失。

（3）不确定的经济活动是产生金融风险的必要条件，预期行为目标的偏离是金融风险产生的充分条件。

（4）金融风险中包括金融机构在内的各个经济主体主要指从事资金筹集和经营活动的经济实体，它包括居民个人、企业、事业单位、银行、非银行金融机构，甚至政府等。

二、金融风险的特征

金融风险具有多面性，主要特征表现在以下几个方面：

（一）金融风险具有客观性

金融风险的客观性是指金融风险的产生是一种不以人的主观意志为转移而客观存在的现象。金融市场是一个天然动态变化的系统，任何参与者行为或外部政治经济等因素的变化，都会给金融市场带来扰动。市场内所有的业务类型和业务环节都在内外部因素的驱动下不断发展变化，金融风险总是客观存在的，它无时无刻不渗透在市场的每个角落。

（二）金融风险具有不确定性

金融体系的复杂结构，市场参与者不太透明的金融活动，特别是金融机构所具有一定的信用创造能力，使其能够通过创造新的信用来掩盖潜在的损失和问题，从而导致金融风险的存在难以被人们发现，直到金融风险事件爆发后才恍然大悟。同时，风险是客观存在的，但在人们进行某种经济活动时，与之相关的风险并没有出现，仅是一种潜在的风险，且风险由隐性变成显性是有条件的。因此，从控制风险显现的条件入手，认识风险的不确定性特征，对于预防风险发生具有积极意义。

（三）金融风险具有破坏性

金融风险是潜在冲击和负面影响，它的爆发必然给相关主体乃至体制机制带来损失和破坏。特别是金融风险的隐蔽性为其不断积聚提供了空间，导致金融风险一旦爆发，便是一次猛烈的冲击，给金融市场和实体经济造成巨大损失。

（四）金融风险具有传染性

金融行业的发展成熟，离不开各类金融主体的密切联系和配合。他们通过各类业务和交易织就了一张高效的多边网络，形成了复杂的债权债务关系。任何一家金融机构遭受冲击，都会通过这张网络迅速传导至其他机构，一旦形成连锁反应，这种交叉反馈就会酿成显著的系统性风险，引发波及整个金融体系的剧烈震荡。

（五）金融风险具有一定的可控性

金融风险的产生和积累具有一定规律，它在一定程度上是可以被预见、防范和控制的。当然这取决于金融市场参与者和监管部门的主观能动性与客观条件，一旦具备了较高的风险防范意识、健全和完善对风险的识别、监测、防控和处置机制并可以及时有效实施，风险就可以在很大程度上被消除、弱化或控制在较小范围内。

三、金融风险的类型

关于金融风险的分类，由于研究的角度不同，存在着多种分类方式。根据不同的标准，可以将金融风险划分为不同类型。不同类型的金融风险，其构成要素、形成机理、发展趋势和后果各不相同。

（一）按金融风险的性质划分

按金融风险的性质划分主要将金融风险分为两大类：系统性金融风险和非系统性金融风险。这也是最为常见的一种分类方式。

1. 系统性金融风险

系统性金融风险是指由金融活动主体本身不可控制的因素所引起的，是金融市场所有参与者共同面临的风险。这里的不可控制的因素包括政治、经济及社会心理等因素，其后果往往是在整个金融体系中，引发"多米诺骨牌"式爆发的金融风险。系统性金融风险又有周期性金融风险和结构性金融风险之分。周期性金融风险是由经济周期引起的，周期性经济危机往往形成周期性金融危机。结构性金融风险也可以说是特殊性金融风险，通常是由经济、政治或军事事件、自然灾害等特殊原因引起的。系统性金融风险不能通过资产多样化来分散和回避，因此又称为不可分散风险。

2. 非系统性金融风险

非系统性金融风险是指由于内部和外部的一些因素的影响，使个别经济主体（或金融机构）遭受损失甚至倒闭的可能性。非系统性金融风险往往是由于金融活动主体由于经营不善从而造成损失的情形，是除了系统风险以外的其他风险。非系统性金融风险属于个别经济主体的单个事件，对其他经济主体没有产生影响或者影响不大，没有引起连锁反应。非系统性金融风险可以通过分散化投资策略来规避，因此又称为可分散风险。这样的划分也不是绝对的。由于金融风险具有传染性，非系统性金融风险一旦发生，可能向整个经济金融领域扩散，从而转化为系统性金融风险，或者非系统性金融风险积累到一定程度，也有可能转化为系统性金融风险。

（二）按金融风险的层次划分

20 世纪 90 年代以来许多国家和地区接连发生的金融危机表明，在当代金融领域里不仅存在微观金融活动的风险，而且存在着宏观金融活动的风险。按金融风险的层次划分，金融风险可分为微观金融风险和宏观金融风险。

1. 微观金融风险

微观金融风险是指微观金融活动主体在其金融活动和管理过程中发生的资产损失或收益损失的可能性。从微观层面看，金融企业经营不善，经营风险控制不力，如汇率波动造成巨额损失、资产质量低下，银行信用等级不断下降，导致存款人挤兑、亏损破产等；金融企业大肆进行金融投机，发生巨额亏损，导致破产倒闭；从事洗钱等非法活动被揭露查处造成停业倒闭等都是这一类金融风险的典型表现。

2. 宏观金融风险

宏观金融风险是从整个国家或全球角度所言的金融风险。宏观层面的金融风险可以分为调控偏差型和制度缺陷型两类。调控偏差型金融风险是由于宏观调控部门，尤其是金融调控当局在进行经济、金融调控运作过程中，因调控目标、调控时机、调控力度以及调控手段等选择偏差造成的金融风险。如墨西哥金融危机就是因在不适宜的时机（政局动荡，外国投资者信心减弱，经济严重依赖进口，贸易连年逆差，外资流入，中短期投机性资金比重过高等情况下）宣布比索贬值引发的。泰国金融危机也属此类型。制度缺陷型金融风险则是由于宏观调控部门，特别是金融调控当局对经济、金融制度建设、安排的缺陷导致的金融风险。如日本金融危机的产生，一是政府任由股票、房地产等资产价格飞涨，没有安排相应的约束制度，以至于经济泡沫不断膨胀；二是金融监管当局对金融机构大量资金进入房地产领域对泡沫经济推波助澜，没有建立有效监管和控制制度。又如，韩国发生的金融危机，也主要是因为制度上的缺陷，使得银企之间的不良信用膨胀，企业规模盲目扩大。在出现大批企业破产的情况下，产生连锁反应，酿成空前的"信用恐慌"，再加上长期以来的金钱与权力的勾结与交换，政府控制不力，从而引发了本次严惩的金融危机。

（三）按金融风险产生的根源划分

按金融风险产生的根源划分可以将其划分为自然风险、社会风险、经济风险、政治风险、技术风险五种类型。

（1）自然风险是指由于自然力的不规则变化，引起的种种物理和化学的实质性的危险因素，造成的物质财产损毁和人员伤亡所引起的风险。如水灾、火灾、风灾、雷电、地震等自然灾害，都可能使银行蒙受经济损失。

（2）社会风险是指由于反常的个人行为或不可预料的团体行为所导致的风险。如抢劫、盗窃、诈骗、冒领、罢工、故意破坏等事故，都可能给金融机构经济上造成灾害性损失。

（3）经济风险是指金融机构在货币经营和信用活动中由于主观努力的程度和客观条件的变化而引起的风险。如经营管理不善、资金需求变化、利率与汇率变动、通货膨胀等，都可能使金融机构遭受意外的经济损失。

（4）政治风险是指由于政局的变化、政权更替、战争、种族冲突、恐怖活动等，给整个金融业造成的风险。如 2001 年美国遭受的"911"恐怖袭击事件，使美国的金融业遭受了相当沉重的打击，甚至波及全球金融市场。

（5）技术风险是指由于科学技术发展所带来的某些不利因素而导致的金融风险，

类似于前面微观金融风险中的系统风险。例如计算机系统出现故障和运行差错，各种银行经营器具的故障，都可能给金融业带来不同程度的经济损失。

（四）按金融风险的形态划分

按金融风险的形态划分可以将其分为市场风险、信用风险、流动性风险、操作风险、法律风险、政策风险和道德风险七种类型。

（1）市场风险（market risk）是指由基础金融变量，如利率、汇率、股票价格、通货膨胀率等方面的变动所引起的金融资产或负债的市场价值变化会给投资者带来损失的可能性。

（2）信用风险（credit risk）是指交易对方不愿意或者不能够履行契约的责任，导致另一方资产损失的风险。信用风险也包括主权风险（soverreign risk），如当某个交易对方因为所在国实行外汇管制而不能履行责任之类的情况。

（3）流动性风险（liquidity risk）有两种含义：一种是由于市场的流动性不高，导致证券持有者无法及时变现而出现损失的风险。另一种是金融交易者本身在现金流方面出现困难，不得不请提前将金融资产低价变现，以致账面损失变为实际损失的风险。

（4）操作风险（operational risk）是指由于技术操作系统不完善、管理控制缺陷、欺诈或其他人为错误导致损失的可能性。比如，交易未能得到执行的执行风险（execution risk）；工作人员蓄意隐瞒信息的欺诈风险（fraud risk）；自然灾害、不可抗力以及关键人物事故导致的风险等。

（5）法律风险（legal risk）是指类如签署的合同因不符合法律规定而造成损失的风险。法律风险还包括由于违反政府监管而遭受处罚的风险。

（6）政策风险（policy risk）是指货币当局的货币政策以及政府的财政政策、对内对外的经济政策乃至政治、外交、军事等政策的变动，可能给投资者带来的风险。

（7）道德风险（moral hazard），又译"道德公害"。投资者和融资者对信息的掌握是不对称的，市场上投资者面对的招股说明书、发债说明书以及银行所面对的贷款申请书等，都有可能包含着道德风险。对于融资成立之后，融资者不按约定的方向运用所融入的资金，这类问题也归入道德风险的范围。

（五）按金融风险涉及的范围划分

按金融风险涉及的范围可以将金融风险划分为单项业务风险、个别金融机构风险、区域性风险和国家风险四种类型。

（1）单项业务风险是指金融机构在办理某项具体业务时，由于各种因素的影响，使实际收益低于预期收益或资产流失，而使金融机构蒙受损失的风险。如某笔贷款因借款人意外事故而不能收回贷款本息造成的风险。

（2）个别金融机构风险是指个别金融机构在筹措资金经营资产、开展业务、进行经营管理的过程中，由于主客观各种复杂因素的影响，使其整体上出现支付困难，甚至破产的风险。

（3）区域性风险是指某一地区由于许多复杂因素的组合和偶然事件的引发，使整个地区的绝大多数金融机构均出现支付困难，社会金融监控体系处于失控、失效状态的风险。

（4）国家风险是指由于复杂、深刻的社会经济矛盾的作用，由偶然事件触发而引起巨大的金融风险，迅速波及整个国家范围，需要政府以国家代表的身份来承担和化解的金融风险。

■ 相关链接

防控金融风险 维护金融安全

四、金融危机

由于金融机构之间存在密切而复杂的债权债务联系，因此金融风险具有很强的传染性（financial risk contagiosity）。金融风险可以由一个经济主体传递给别的经济主体，可以由一家金融机构传递给别的金融机构，可以由一个国家传递扩散给别的国家，结果可能导致系统性金融风险甚至世界性金融危机。一旦某个金融机构的金融资产价格发生贬损以至于不能保证正常的流动性头寸，则单个或局部的金融困难很快便演变成了全局性的金融动荡。金融危机就是金融风险由小到大、由此及彼、由单个金融机构到整个金融体系、由一个国家到另一个国家甚至全球化发展的过程，是金融风险的范围和强度不断放大的过程。金融危机的生成与传导主要基于以下两个方面：

（一）金融危机传递扩散的乘数效应具有递增性

金融机构破产的影响和扩散与普通企业是不同的，金融机构破产倒闭的影响和扩散的乘数效应具有递增性。普通企业的破产也会通过乘数效应而扩散，但每一轮的次级效应都是递减的。而金融体系内的各个金融机构之间是以信用链互相依存的，如果一家金融机构发生困难或破产，就会影响到它的存款人完成各自商业义务的能力，影响到同破产机构有业务联系的其他金融机构，还会影响到它的借款人（借款人不得不提前偿还贷款或者得不到本来预料中的追加贷款）。其负面影响会随着每一轮而增强，少数金融体系的风险就变得越来越大，金融危机便会爆发。

（二）银行间的支付清算网络的"多米诺骨牌效应"

银行同业支付清算系统把所有的银行联系在一起，从而造成了相互交织的债权债务网络，这既不允许金融机构出现流动性不足，也不允许其在汇市或股市的资产贬损，因为基于营业日结束时的多边差额支付清算系统使得任何微小的支付困难都可能酿成全面的流动性危机。曾有过模拟试验来测算其中一家参与者无力支付对其他机构产生的连锁反应，结果表明一家参与行暂时丧失支付能力时将引起"米诺骨牌效应"，最终导致近一半参与者无力支付的结果；同时信息的不对称使债权人不能像对其他产业那样根据公开信息来判断某个金融机构的清偿能力，因此债权人便会将某一个金融机构的困难视为所有者表面相似业务的机构发生困难的信号，从而引发对其他金融机构的挤兑行为，最终导致金融危机。

■ 相关链接

1997 年亚洲金融危机

第三节　金融监管

由于金融业在国民经济中的特殊重要地位以及金融风险的巨大危害性，加强对金融业的监管，一直受到各国政府的高度重视。有效的金融监管是稳定金融体系的保障，金融监管制度也成为现代金融制度的一个重要组成部分。本章将在金融监管理论介绍的基础上，重点介绍金融监管的目标、原则、内容、体系和国际合作等内容。

一、金融监管的概念与必要性

（一）金融监管的概念

所谓监管就是"监督管制""监视管理"。"监管"的英文翻译为 regulation 或 supervision 均有管理控制的涵义，regulation 侧重于通过规则对活动或过程的控制；supervision 侧重于对特定人、活动或地方的监督，通过监督以确保特定活动正确完成，或者被监管者能以正确的行为完成任务。"监管"和"管理"是相关的。"管理"是指人们为实现一定的共同目标而对被管理对象进行的计划、组织、监督和控制等活动。由此可见，"监管"可以总结为：用一定的规则对活动或过程进行控制，从而以最优的方式达到最理想的目标。

金融监管，顾名思义是指对金融体系的监督与管理。金融监督是指金融监管当局对金融机构实施全面的、经常性的检查和督促，并以此促使金融机构依法稳健地经营、安全可靠和健康的发展。金融管理是指金融监管当局依法对金融机构及其经营活动实行领导、组织、协调和控制等一系列的活动。进一步而言，金融监管是金融监管机构依据金融法律、法规，运用行政手段和法律手段对金融机构、金融业务、金融市场的活动进行规范、限制、管理与监督的总称。对金融监管的概念定义，概括来看，是从监管主体、监管对象、监管内容、监管目标等几个维度出发的。从监管主体来看，是指一国政府或政府指定的机构；监管对象是指属于金融体系的金融机构；监管内容是指金融机构涉及的诸如市场准入、业务范围、市场退出等各个业务环节；监管目标是指为了保证金融行业的合规合法。

（二）金融监管的必要性

1. "市场失灵"需要金融监管。

完全竞争的市场在现实世界是不存在的。市场在某些情况下会失去其优化资源配置的功能，降低经济运行的效率，即存在"市场失灵"。金融市场上存在市场失灵的具体体现为负外部性效应、垄断、信息不完全和信息不对称。由于市场失灵导致资源配置的低效率，所以需要政府这个有形的手发挥作用，加强金融监管引导金融市场的有序运行。

2. 金融业的特殊性。

金融行业基于实体经济发展，并为实体经济服务，涉及面广，关联性强，在国民经济中具有重要地位和作用。金融业具有公共性，金融机构的经营活动及其成果对社会公众都会产生影响。金融行业的高负债性和经营对象的特殊性决定了其面临风险的客观必然性。运行规范良好的金融行业能够助力实体经济的发展，起到经济发展的润滑剂作用；若金融业受到负面冲击，将会通过传导机制和放大机制对实体经济各个行业产生更大的影响，造成经济的波动。因此加强金融监管不仅规范金融体系，对整个社会经济运行也是至关重要。

■ 相关链接

"十四五"期间我国金融风险形势

二、金融监管的目标与原则

（一）金融监管的目标

纵观当今西方国家金融监管的目标，主要在于保障金融机构稳健经营和社会公众利益，促进金融市场的公平竞争与效率。具体有以下几个方面：

（1）保持金融体系的稳定、维护正常的金融秩序。一国经济的平稳运行高度依赖于该国金融体系所提供的正常服务。银行业提供的支付结算和资金清算服务保障了经济交易活动的正常进行，使得债权债务能够得到及时清偿；银行经营的货币更因其作为现代银行制度的核心要素，成为各国政府、中央银行监管和货币政策的主要标的物，因而银行业历来是受严格监管的行业。证券业为企业直接融资提供极其重要的途径，同时也为社会公众提供更多的投资选择机会。保险业不仅对各种灾害损失和风险提供赔偿，并且作为社会保障体系的重要组成部分为社会公众提供人寿和养老保险服务。由此看来，如果金融体系运行出现问题，会对整个国民经济和社会公众利益造成损害或者"接触性传染"进而产生灾难性的影响。因而，保持金融的稳定和安全有序地运行就成为金融监管的一个主要目标。

（2）保护存款人、投资者和消费者的利益。金融业在社会经济生活中涉及面很广，保护存款人利益就是保障广大储户存入金融机构的资金安全。存款人由于在同金融机构的交易活动中处于信息劣势，难以了解金融机构的业务经营情况和财务状况，其自身利益往往得不到保护，因此许多国家实施金融监管的基本动因就是要保护存款人利益。近些年来，各国银行法还将这种保护银行债权人利益的监管目标，扩展到保证和维护借贷双方的正当权益，保护金融投资者和消费者利益。体现在要求债权人向债务人提供公开、公平的信贷条件，确保所有客户都享受公平合理的信息条件和待遇，以便消费者在各个贷款提供者之间做出理性的分析和选择，并进而促使金融机构的安全与效率性经营。

（3）促进金融市场的竞争和高效运行。良好金融市场的一个特征是以具有竞争力的价格提供优质的金融产品和服务。因此，金融监管的目标之一就是创造出一种提高效率并鼓励竞争的管理结构，促使金融服务适度化，在市场经济中更好地运作。效率可以被定义为以一定量的资源投入获得最大的产出，适度竞争是高效率的手段，而过度竞争则增加金融市场的风险。要实现高效率、富有竞争性的金融管理体制的监管目标，必须做到银行准入和适度规模经济的控制，保持公平竞争的环境。金融监管应该具有良好的适应能力，适时地以新的监管方式、更适宜的制度与规则替代旧的管理方式，促成金融机构能够尽快地适应经济环境的变化和技术进步；同时，不过度限制金融机构的活力或以监管政策代替其经营决策，允许和鼓励正常合理的金融创新，提高金融市场的效率。按照市场有效竞争的法则，监管不是保证所有银行不倒闭。否则会使经营不善的银行在竞争中得到过度保护，客户也不得不接受质次价高的服务，这是对金融业竞争和效率的损害。

（二）金融监管的原则

1997 年 9 月，巴塞尔委员会公布了《有效银行监管的核心原则》，这些原则涉及监管体系的各个方面，渗透到监管工作的各个环节，贯穿于监管行为的整个过程。因此，各国基本上都将其作为金融监管的指导原则。

（1）监管主体的独立性原则。这一原则要求金融监管机构有明确的责任和目标，享有操作上的自主权和充分的资源。同时，为了监管的有效性，还应提供一些条件，如稳健而连续的宏观经济政策、完善的金融部门公共设施、有效的市场约束机制、高效率解决金融问题的程序和提供适当的系统性保护机制等。

（2）依法监管原则。依法监管是各国都严格执行的原则。这一原则包括两个方面：一是金融监管部门严格依法监管，保持监管的严肃性、权威性、一贯性和强制性；二是金融机构必须依法接受金融监管部门的监管，不能有任何特殊和例外。要做到这一点，金融监管法规的完善是前提条件。

（3）内控与外控相结合原则。由于各国金融监管模式、具体的监管风格的不同，其监管工作中内控和外控侧重点也有所差异。有的以外部强制性监督管理为主，如美国和日本等国的情况；有的则以诱导劝说基础上的内部自我约束和自我管理为主，如英国及其他一些西欧国家。外部控制主要是指市场准入、日常监管等。内部控制主要是组织机构健全、会计准则严格规范以及业务操作上的"双人原则"。事实上，要保证金融监管的有效性，需要内控和外控的结合。因为无论外控多么缜密严格，如果监管对象不配合、不合作，设法逃避应付，那么外控监管的效果就会大打折扣；而如果过于寄希望在金融机构的内控上，那么一些不负责任的冒险经营者及无力进行有效内控者，就很容易出问题。所以，客观上，金融监管中必须是内控与外控相结合。

（4）稳健运行与风险预防原则。金融监管要以保证金融部门的稳健运行为原则，为此，监管活动中的组织体系、工作程序、技术手段、指标体系设计和控制能力等都要从保证金融体系的稳健出发。当出现异常情况时，如有金融机构无力继续经营时，监管机构要参与促成其被接管或合并，如果这些办法都行不通以致不得不关闭时，那么，监管机构也要有足够的能力保证在关闭这家金融机构进而不影响整个金融体系的稳定。

（5）国际协作的原则。在金融全球化的大背景下，实现了资源在世界范围内的优化配置、提高了各国金融主体的素质和效率，但是同时也给各国金融监管带来了不小的挑战。面对国际金融体系的系统性风险不断加大、各国金融监管管辖权不明确、以及管理制度差异造成的国际金融市场不公平竞争等问题，传统的各自为政的金融监管模式与金融全球化的趋势不再适应。因此，各国必须进行金融监管的国际合作，防止金融危机的产生。

巴塞尔协议Ⅲ概述

三、不同金融机构监管的主要内容

（一）银行业监管的主要内容

银行业监管的主要内容包括市场准入监管、市场运营监管、处置有问题银行及市场退出监管等。

1. 市场准入监管

市场准入监管是指银行监管机构根据法律法规，对银行机构市场准入、银行业务范围和银行从业人员素质实施管制的一种行为。银行监管机构对要求设立的新银行机构，主要是对其存在的必要性及其生存能力两个方面进行审查。具体要求银行必须有符合法律规定的章程，有符合规定的最低注册资本，有具备任职专业知识和业务工作经验的高级管理人员，有健全的组织机构和管理制度，有符合要求的营业场所、安全防范措施和与业务有关的其他设施等。

2. 市场运营监管

市场运营监管是指对银行机构日常经营进行监督管理的活动。虽然市场准入监管在准入控制环节进行了严格的审核，但并不能保证银行机构在日常经营中稳健运行，银行机构的风险是在日常经营中逐步累积的，因此，市场运营监管任务更重，责任更大。概括而言，市场运营监管的主要内容包括以下几个方面：

（1）资本充足性。银行资本是指可以自主取得以抵补任何未来损失的资本。资本充足性是衡量银行机构资本安全的尺度，一般具有行业的最低规范标准。

（2）资产安全性。衡量银行资产好坏程度的方法较多，以传统的业务贷款来讲，采取风险分类方法划分信贷资产，即根据贷款风险发生的可能性，将贷款划分成不同的类别。国际通行的做法是分为五类，即正常类贷款、关注类贷款、次级类贷款、可疑类贷款、损失类贷款，通常后三类贷款被认为不良贷款。

（3）收益合理性。盈利是其生存和发展的关键，只有盈利，银行机构才能有积累，才能增强抵御风险的实力，才能谋划未来的业务扩展。亏损的积累将导致银行机构财务状况恶化，削弱清偿能力，出现支付危机。

（4）内控有效性。内部控制体系是银行为实现经营管理目标，通过制定并实施系统化的政策、程序和方案，对风险进行有效识别、评估、控制、监测和改进的动态过程和机制。

3. 处置有问题银行及市场退出监管

从微观上讲，单个银行机构经营的好坏并不重要，但从整体上讲，银行机构经营状况的恶化会导致连锁反应。一个或多个银行机构出现问题甚至倒闭，容易引起存款人集中大量提取存款，产生银行恐慌，其后果将直接威胁银行业乃至金融业的稳定，个别的、局部的金融风险演变为系统的、区域性的金融危机。因此，处置有问题银行及市场退出监管是银行业监管的重要内容。

（二）证券业监管的主要内容

1. 证券发行监管

为了使证券发行既有利于经济的发展，又能保障投资者和发行人的利益，对证券发行的监管成为证券业监管的重要内容。证券的发行监管主要体现在证券的发行审核制度方面。证券发行的审核制度分为两种：一种是注册制，证券发行者在公开发行债券或股票前，需按照法定程序向证券监管机构申请注册登记，同时提交相关资料，并对其所提供的资料的真实性和可靠性承担法律责任；另一种是核准制，证券监管机构需要对发行人及发行证券的实质内容加以审查，符合既定标准才能批准发行。

2. 证券交易监管

证券交易活动全过程的监管是证券业监管的主要内容。美国专门为证券交易的监管订立了《证券交易法》。在该法中，美国金融监管当局对证券交易主体行为从各方面均给出了基本的规范，主要包括市场垄断与操纵监管，内幕交易、投机交易及关联交易的监管，欺诈客户、虚假陈述及信息披露监管等。中国证监会及其派出机构、证券交易所按照分工协作的原则共同负责证券交易的监管，重点打击内幕交易和市场操纵等违法违规行为。

3. 上市公司监管

上市公司监管主要包括上市公司信息披露、上市公司治理和并购重组三个方面：（1）信息披露制度是上市公司及其信息披露义务人按照法律规定必须将其自身的财务变化、经营状况等信息和资料向社会公开或公告，以便使投资者充分了解情况的制度。它既包括发行前的披露，也包括上市后的持续信息公开。（2）中国证监会对上市公司治理结构的监管要求主要体现在《上市公司治理准则》中。它阐明了中国上市公司治理的基本原则，投资者保护的实现方式，以及上市公司董事、监事、经理等应当遵循的基本行为准则和职业道德。上市公司通过建立独立董事制度、内部控制制度和股权激励机制提高其规范化运作水平。（3）中国证监会监管上市公司收购的主要规章是《上市公司收购管理办法》和配套的细则。中国证监会于 2008 年 4 月发布了《上市公司重大资产重组管理办法》（2020 年修正）。以上两个办法共同构成了我国上市公司并购重组活动的基本制度框架。

4. 证券公司监管

我国对于证券公司的监管框架主要包括证券公司市场准入、经营风险防范、退出、从业人员监管等机制。

（1）市场准入监管。《证券公司监督管理条例》对证券公司市场准入条件做了规定。

（2）证券公司的分类监管。中国证监会于 2009 年 5 月发布《证券公司分类监管规定》，并于 2020 年进行了修订。中国证监会对证券公司进行综合评价，根据证券公司评价计分的高低，将证券公司分为 A（AAA、AA、A）、B（BBB、BB、B）、C（CCC、CC、C）、D、E 共 5 大类 11 个级别。

（3）证券公司业务许可的监管。拟从事证券相关业务的证券公司需按照《中华人民共和国证券法》《证券公司监督管理条例》《证券公司业务范围审批暂行规定》，报中国证监会批准后方可从事相关业务。

（4）证券公司风险控制的监管。《证券公司监督管理条例》以保护投资者利益和防范证券公司风险为出发点，重点规定了证券经纪业务、证券自营业务、证券资产管理业务和融资融券等主要业务的规则和风险控制措施。从账户实名、持股分散、规模控制等方面，对证券公司自营业务进行了规定；从账户报备、风险揭示、信息披露、禁止保本保底、对有关账户的交易行为实行实时监控等方面，对证券资产管理业务做了规定；从账户开立、融资融券比例、担保品的收取、逐日盯市制度等方面，对融资融券业务做了规定。

（5）对证券公司高管人员的监管。在证券公司董事、监事、高管人员任职资格方面，防止高管人员无资格任职。

（6）证券公司市场退出的监管。《证券公司监督管理条例》规定，证券公司停业、解散或者破产的，应当经国务院证券监督管理机构批准，并按照有关规定安置客户、处理未了结的业务。证券公司停止全部证券业务、解散、破产或者撤销境内分支机构的，应当在国务院证券监督管理机构指定的报刊上公告，并按照规定将经营证券业务许可证交国务院证券监督管理机构注销。

（7）证券公司的股权管理。为加强证券公司股权管理，保护证券公司股东、客户及其他利益相关者的合法权益，促进证券公司持续健康发展，2019 年 7 月，中国证券监督管理委员会发布《证券公司股权管理规定》，明确证券公司应当遵循分类管理、资质优良、权责明确、结构清晰、变更有序、公开透明的原则加强股权管理。

（三）保险业监管的主要内容

1. 偿付能力监管

偿付能力是保险公司的灵魂，也是保险业监管一个最为重要的方面。从国际保险业监管的发展趋势看，越来越多的国家都已经或者正在向以偿付能力监管为核心的模式发展。我国目前对偿付能力的监管标准使用的是最低偿付能力原则，保险监管机构的干预界限是以保险公司的实际偿付能力与此标准的比较来确定。监管机构主要通过要求保险公司定期上报会计报表、现场检查或有针对性地委托中介机构审计等手段对各保险公司的资本额、保证金和保险保障基金、准备金、保险投资以及其他主要财务指标进行合规性监管，以达到对各保险公司的偿付能力监管。

（1）保险公司开业之前对其最低资本加以规定（全国性公司为 5 亿元，区域性公司为 2 亿元），这是偿付能力监管的基石。在公司成立后，必须将其注册资本的 20%作为法定保证金存入国务院保险监督管理机构指定银行，专用于公司清算时清偿债务，同时规定财产保险、人身意外伤害险、短期健康保险、再保险业务按当年自留保费收入的 1%提取保险保障基金，直至达到总资产的 6%。保证金和保险保障基金是最基本的风险缓冲基金。

（2）准备金规定。保险公司是典型的负债经营型企业，对保险公司保险准备金的真实性和充足性监管是保证偿付能力监管的又一道防线。

（3）投资监管。保险投资收益是增强保险公司偿付能力的重要途径。投资监管的目的是通过对保险资金来源和保险资金运用方式与投资限额的监管，在确保投资收益的稳定和安全的基础上，增强保险公司的偿付能力，以保护投保人的利益。

2. 公司治理监管

根据《中华人民共和国公司法》《中华人民共和国保险法》，保险公司应当建立股东大会、董事会、监事会和经理层的组织架构，形成公司治理结构的基本框架。

3. 市场行为监管

国务院保险监督管理机构要求各监管分支机构按照《中华人民共和国保险法》等法律、规章，对专业保险中介机构进行现场检查。各监管分支机构从当地实际情况出发，加强对专业保险中介机构的关注。

四、金融监管的模式

（一）传统金融监管模式

金融监管模式是指对金融业进行监管的制度及其组织机构之间的关系的总称，纵观世界各国金融监管体制的实践，金融监管模式按照发展状况和程度不同大致有以下三种选择模式。

1. 统一监管模式

典型的统一监管模式指对不同的金融行业、金融机构和金融业务均由一个统一的监管机构负责监管，这个监管主体可以是中央银行或其他机构。因此，统一监管模式有时又称为"一元化"监管模式。

统一监管模式的优点是：①成本优势。统一监管可以节约技术和人力的投入，更重要的是可以大大降低信息成本，改善信息质量，获得规模效益。②改善监管环境。表现在两方面：一是提供统一的监管制度，避免由于多重监管者的监管水平、强度不同，使被监管者面临不同的监管制度约束。二是避免被监管者对多重机构重复监管及不一致性无所适从。③适应性强。金融业务创新日新月异，统一监管模式可迅速适应新业务，避免监管真空，降低新的系统性风险。同时也可减少多重监管制度对金融创新的阻碍。

统一监管模式的缺点是：缺乏竞争性，易导致官僚主义。因此，就要求监管主体必须建立一个能够使其潜在优势（规模经济等）得以最大化的内部结构，同时要防止潜在的风险。

2. 分业监管模式

分业监管模式是指在金融业实行分业经营的前提下，根据不同金融业务领域而分别设立对应的监管机构，实行监管专业化。如分别按银行、证券、保险、信托等成立监管主体，并由各监管主体负责各业的监管。因此，分业监管模式又称为"多元化"监管模式。目前分业监管模式较为普遍，实行分业监管较为典型的国家有美国、加拿大、法国等。

分业监管模式的优点是：①专业监管机构负责不同的监管领域，具有专业化优势，职责明确，分工细致，有利于达到监管目标，可提高监管效率。②具有竞争优势。尽管监管对象不同，但不同机构之间存在竞争压力。

分业监管模式的缺点是：①多重监管机构之间难于协调，可能引起"监管套利行为"，即被监管对象有空可钻，逃避监管。若设立多重目标或不透明的目标，容易产生分歧，使被监管对象难于理解和服从。②从整体上看，分业监管各个机构庞大，监管成本较高，规模不经济。

3. 不完全统一监管模式

这是在金融业综合经营体制下，对完全统一和完全分业监管的一种改进型模式。

这种模式可按监管机构不完全统一和监管目标不完全统一划分。具体形式有牵头监管和"双峰式"监管模式。牵头监管即在多重监管主体之间建立及时磋商和协调机制，特别指定一个牵头监管机构负责不同监管主体之间的协调工作。"双峰式"监管模式，是指根据监管目标设立两类监管机构，一类负责对所有金融机构进行审慎监管，控制金融体系的系统性风险。另一类机构是对不同金融业务经营进行监管。

不完全监管模式的优势是：①与统一监管模式相比，一方面在一定程度上保持了监管机构之间的竞争与制约作用，另一方面各监管主体在其监管领域内保持了监管规则的一致性，既可发挥各个机构的优势，还可将多重机构的不利最小化。与完全分业监管模式相比，这种模式降低了多重监管机构之间互相协调的成本和难度。同时，对审慎监管和业务监管分别进行，避免出现监管真空或交叉及重复监管。②具有分业监管的优点，其最大优势是通过牵头监管机构的定期磋商协调，相互交换信息和密切配合，降低监管成本，提高监管效率。

（二）金融监管模式的国际比较及启示

面对金融市场迅猛发展的势头，各国都采取了相应措施，也都呈现出各种特征。

1. 美国金融监管模式——伞式监管模式

美国将统一监管模式的元素加入原先的分业监管模式中，形成了现在的"伞形"监管模式，实施专业化监管，专业监管机构本身的监管职责由上级机构 FRB 进行划分和协调，同时为了防止风险在内部传递，由混业经营监管机构 FRB 对金融控股公司整体风险进行控制。这种"伞形"监管模式同时填补了单纯混业监管和单纯分业监管的漏洞。但是金融监管机构体系要远比分业或者统一监管模式更庞大，对体系内各个机构合理运作投入也较高。

2. 英国金融监管模式——统一监管模式

作为统一监管最具代表性的国家，英国是第一个采用该模式的。1979 年，英国国会通过了英国有史以来的第一个银行法。该法规定，所有吸收存款的金融机构（包括国外银行）都要向英格兰银行登记，请示批准。未经批准的机构不得吸收存款。《1987年银行法》规定英格兰银行负责该法实施，英格兰银行内设金融监管委员会，依法履行监管职责；内设金融监管处，具体负责金融监管的执行工作。1997 年，英国政府为适应金融全球化和欧元诞生的挑战，又一次对金融监管体制进行了改革。将英格兰银行的监管权力剥离出去，把银行监管责任从英格兰银行转移到证券投资委员会，并于1997 年 10 月 28 日成立了金融监管服务局（financial service authority）。英国金融监管服务局主要负责对银行、住房信贷机构、投资公司、保险公司及金融市场、清算和结算体系的监管。英格兰银行审慎监管银行业的职责被剥离，其任务是执行货币政策，发展和改善金融基础设施。英国财政部则全面负责金融监管组织构架的确定和金融监管的立法。另外，所有的自律组织合并为一个单一机构，所有金融机构的审慎监管由金融服务监管局负责。新成立的金融服务监管局负责所有金融机构和市场的审慎监管和日常监管，英国正式实行全新的混业监管模式，并于 2000 年通过《金融市场与服务法案》，从法律上确认了这种金融监管体制的改变。

3. 德国金融监管模式——分业监管模式

21 世纪以来，为了应对全球金融市场压力，在国际金融行业形成影响力，德国当局不断加强金融体系的构建。2002 年通过了《统一金融服务监管法》，创立德国金融监管局。联邦财政部不直接领导金融监管局，金融监管局作为独立法人，收支完全独立，无分支机构。至此，德国现有金融监管体系基本建成：联邦金融监管局承担监督管理银行和非银行金融机构（证券公司、保险公司除外）职责；联邦证券监管委员会承担证券机构、证券产品和证券市场的监督管理职责；联邦保险监管局负责保险业务和公司的监管。

4. 澳大利亚金融监管模式——双峰监管模式

1998 年，澳大利亚政府进行了金融监管改革，根据职能定位的不同，成立了澳大利亚证券与投资委员会（the australian securities and investment commission，ASIC）和澳大利亚审慎监管局（australian - prudential regulation authority，APRA），形成"双峰监管"模式。澳大利亚证券和投资委员会以保护弱者为原则，充分维护消费者合法利益，促进金融市场有序运作。澳大利亚审慎监管局以安全性为原则，对金融机构进行风险监测、预警和控制。在其金融监管体系中，澳大利亚储备银行作为中央银行仅从宏观上对金融市场安全性进行保障，不承担对各金融主体的监管职责。在金融监管中与双峰机构相互配合实现监管效果最优化。澳大利亚双峰监管模式冲破了功能监管和机构监管界限，吸收二者有用之处为实现监管效能突破而服务，产生了较好的制度价值。

5. 国际金融监管模式启示

为应对混业经营趋势，各国都对金融监管体系进行了变革，然而各国金融监管水平和金融监管体制的差异性，依旧使得跨国金融机构的监管存在较大的漏洞。因此，各国监管当局加强金融监管的国际合作，共同制定和执行统一的金融监管标准和规则来应对金融国际化发展带来的监管协调问题显得非常重要。此外，随着金融全球化的兴起，资本的自由流动增加促进了经济增长，提高了生活水平，也导致了金融风险一体化。原有的金融监管机制通常是一种只针对一国金融市场的，各自为政的缺乏合作与协调的封闭式的监管机制，然而随着金融业的国际化进程，这种分割的金融监管框架的缺陷日益突出，并构成国际金融业的不稳定因素，增加了潜在的金融风险。金融全球化及伴随而来的方方面面的变革和冲击，打破了金融业原有的传统格局，使传统的金融监管机制失去了存在的基础，加强金融监管国际合作已是金融业发展的必然选择。金融国际化要求实现金融监管本身的国际化。也就是金融监管活动跨出国界，以及据以进行监管的各国立法及惯例趋于一致的过程和状态。实现金融监管的国际化要满足监管标准的统一化、监管内容的趋同化、监管手段的现代化和监管机构的综合化等具体要求。通过金融监管的国际合作，打破分割式的金融监管模式，有助于形成统一的金融监管框架，进而满足金融监管国际化的要求，增强抵御金融风险的能力。

■ 相关链接

金融监管国际合作的发展特点

五、金融科技的监管

（一）金融科技风险

金融科技是技术化、数字化、智能化的金融服务解决方案，它关注的重点在于如何将"技术"行之有效地应用于"金融"服务之中，旨在用"技术"改进"金融"。金融科技的发展，催生了新的金融中介，重塑了金融业的业务模式，诱发金融业发生结构性的变化，提高了金融业的整体效率，是一种突破性的金融创新，为金融业带来革命性变化的同时，并未改变其背后的风险逻辑。金融科技风险主要包括数据安全风险、网络安全风险、技术风险和监管风险。

（二）金融科技监管的原则

1. 适应性监管。适应性监管是指监管战略、监管制度和监管方式的选择应因监管对象、监管环境、现实条件的不同而有所差异，并据此做出相应的调整和改变的监管思维，它要求监管原则和监管方法应随机而变，原则不能僵化，方法不能单一，不能搞一刀切。

2. 包容性监管。包容性监管是监管部门在监管活动中贯彻金融包容的价值取向，将包容性监管原则融入金融监管法制之中，借助金融监管推动金融包容的水平，此举有助于提高金融包容的程度和水平，实现从金融排斥走向金融包容。2015 年 7 月 18 日中国人民银行等十部委联合发布的《关于促进互联网金融健康发展的指导意见》、英国政府创设的创新项目（innovative project）和创新中心（innovation hub）、英国金融行为监管局（financial conduct authority，FCA）推出"监管沙盒"制度，均是包容性监管的体现。

3. 实验性监管。实验性监管是指监管主体在推出一项新的监管政策之前，在一个受控的环境里激励金融创新，通过观察、试错、交流，掌握金融创新的本质、收益和风险，从而有助于制定出符合事物发展规律的、科学的监管政策的一种监管原则，它摒弃了一刀切式、运动式、维稳式的监管，而是一种谦抑的、包容的、常态化的监管原则，借助实验，可实现监管主体与金融机构之间平等、及时、有效的信息沟通和交流。

4. 协调性监管。一方面是指各级、各类监管机构之间的监管沟通和交流，既包括一国内部不同监管机构之间的沟通，也包括国际监管组织与各国监管机构之间的沟通；另一方面是指监管机构与金融机构之间的监管沟通和交流。在监管机构之间建立监管协调机制，统一监管标准，及时交换监管信息，有助于营造公平的竞争环境，促进金融创新。比如，澳大利亚金融监管部门分别与英国、新加坡、加拿大等国金融监管部门签订了双边合作协议。

（三）主要模式

许多国家政府或监管当局已经或正在推出鼓励创新的金融科技监管安排，大致可以分为三种模式，即创新中心（innovation hub）、"监管沙盒"（regulatory sandbox）和创新加速器（innovation accelerator）。三种模式可以独立运用，也可以综合运用。

创新中心模式。创新中心模式即支持和引导机构（被监管机构和不受监管的机构）理解金融监管框架，识别创新中的监管、政策和法律事项。这一模式已在英国、新加坡、澳大利亚、日本和中国香港等多个国家和地区得以实施。其中，既有一对一的辅导支持，也有面向更广泛受众的支持引导。但这一模式一般不涉及创新产品和服务的真实或虚拟测试。这一模式因其可操作性更强，预计未来将有大量国家和地区推出类似的制度安排。

"沙盒监管"模式。"监管沙盒"模式即允许在可控的测试环境中对金融科技的新产品或新服务进行真实或虚拟测试。该模式在限定的范围内，简化市场准入标准和流程，豁免部分法规的适用，在确保消费者权益的前提下，允许新业务的快速落地运营，并根据其在沙盒内的测试情况准予推广。

创新加速器模式。创新加速器模式即监管部门或政府部门与业界建立合作机制，通过提供资金扶持或政策扶持等方式，加快金融科技创新的发展和运用。一些国家的"孵化器"安排也属于这一模式。鉴于监管部门的职责主要集中于防范风险和消费者保护，预计这一模式将更多地为政府部门而非监管部门所采用。

■ 相关链接

德国金融科技巨头 Wirecard 监管失败

第四节　中国金融监管发展历程与实践探索

目前，中国继续深入推进金融领域改革开放战略，与国际金融市场的联系将越来越紧密，而且全球金融危机继续加深蔓延，对我国经济社会造成相当程度的影响。由于金融风险既包括微观金融风险和宏观金融风险等不同划分视角，但宏观金融风险常常是微观金融风险累加的结果。

一、中国金融监管发展历程

中国金融监管体系的建立、完善与改革是基于特定的社会和经济环境下的自然产物，既有主动因素也有被动因素，既有路径依赖也有突破创新，既有海外借鉴也有国内特色。总体上来说，中国金融监管改革与发展的七十余年，主要可以分为以下五个阶段：

（一）起步阶段：金融监管的缺失（1949—1978 年）

1949 年新中国成立前后，中国人民银行、中国农业银行和中国建设银行相继成立。当时的中国金融市场完全以银行为主，主要经营活动是计划拨款、贷款和存款，基本不涉及证券、保险和外汇等业务。中国人民银行是集货币政策、金融经营和组织管理等多项职能于一身，它对于金融体系的监管也是计划和行政性质的，金融体系的运作与管理机制也与市场经济截然不同。可以说，在当时的计划经济体制下，事实上并不存在现代通行的"金融监管"概念，当时的中国金融市场并不存在金融监管制度，只有金融管理体制。随着社会主义改造的完成和计划经济体制的建立，1957 年全国各类银行机构均并入中国人民银行体系，其他非银行金融机构全部撤销，中国人民银行成为全国唯一的金融机构，在承担中央银行职能的同时经营商业银行业务。此阶段被称为"金融大一统"时期，人民银行既是金融机构又是监管机构，同时承担着经营者与监管者的双重角色。

■ 相关链接

"大一统"的中国人民银行体制

（二）过渡阶段：金融监管的确立（1979—1991 年）

中国自 1978 年年底开始实行改革开放政策，逐步确立社会主义市场经济体制。这大大促进了中国金融业的发展，并对金融市场体制和机制提出了更高的要求。当时最突出的变化是政府相继恢复或新设了几大专业银行，以及保险、信托、证券等行业的金融机构，并为规范其经营行为出台了一些行政性规章制度。这一阶段，随着专业性金融机构从中国人民银行中独立出来，对于它们经营行为的规范也由内部管理变为外部监管。中国人民银行被正式确立为中央银行，并且成为相对独立、全面、统一的监管机构，中国的金融监管体制和机制正式确立。但是这种监管仍然主要依赖于行政性规章和直接指令式管理。这种监管体系中各主体的地位和权力依托于行政体系，而不是由明确的法律授权形成的。

（三）发展阶段：分业监管的确立（1992—2003 年）

党的十四大正式确立了社会主义市场经济体制的改革目标和框架，开创了全面改革开放的新局面。此阶段我国金融领域的改革开放主要有两点变化：一是，四大国有专业银行转换经营机制改制为商业银行；二是，国内金融业初步对外开放，准许外资金融机构（银行、保险公司）在内地开设分支机构。但是不规范的金融混业经营导致了诸多严重问题：银行大量坏账累积，商业银行不良资产率大幅上升，证券机构普遍违规经营，股票市场过度投机，泡沫严重。潜在的系统性金融风险逐渐显露。为彻底解决金融市场的混乱状态，防范金融风险，党中央逐步改革混业经营的金融体制，筑造金融防火墙。1997 年 6 月 6 日，中国人民银行发文禁止银行资金违规流入股票市场，成为我国金融体制从混业经营转向分业经营的分水岭。《中华人民共和国人民银行法》《中华人民共和国商业银行法》《中华人民共和国保险法》《中华人民共和国证券法》等基础性金融法规陆续出台，构建完成了"一行三会"的金融分业监管框架，最终确立了分业经营的新金融体制。

（四）完善阶段：机构监管的完善（2004—2017 年）

2004 年以来，中国金融分业监管的体制得到进一步巩固与完善，监管协调与国际合作也有了新的发展。在全球金融危机之后，加强宏观审慎监管的尝试和其他改革探索也在逐步推进。这一阶段的中国金融监管改革与发展，与迎接金融全球化、金融创新、综合化经营以及金融危机的挑战密切相关。在此阶段内，"一行三会"分业监管体制在以下几方面得到进一步的发展和完善：一是法律体系进一步完善，对《中华人民共和国证券法》《中华人民共和国公司法》等多部法律进行了修订；二是加强监管执法和丰富监管内容，对现场检查、行政许可、行政处罚、行政复议等行为进行了规范，并加强了对金融创新和部分跨金融领域经营的监管；三是金融监管机构之间加强了协调配合，监管机构之间建立起联席会议制度；四是审慎性监管和功能性监管已被提到监管当局的监管改革议事日程上。

（五）变革阶段：功能监管的尝试（2018 年至今）

为有效防范系统性金融风险，进一步加强金融监管协调，2017 年召开的第五次全国金融工作会议提出成立"国务院金融稳定发展委员会"，作为维护国家金融安全的常设执行机构，统筹协调金融监管政策间、部门间及其与其他相关政策的配合。同时，按照国务院机构改革方案的要求，将银监会与保监会进行合并，这是统筹协调银行和保险领域监管的最有效和最直接的方法，也在一定程度上适应金融业发展的新需要。除此之外，保留证监会的相对独立也有进一步鼓励和支持直接融资市场发展之意。各地相继成立的地方金融监管局也将承担起对"7+4"类机构以及一些新兴金融业态的监管工作①。这样就构建起"一委一行两会一局"的综合框架，同时，中国人民银行的"货币政策和宏观审慎政策双支柱调控框架"将更加清晰，更多地担负起宏观审慎管理、金融控股公司和系统重要性机构、金融基础设施建设、基础法律法规体系及全口径统计分析等工作。

■ **相关链接**

我国"一委一行两会一局"的结构化监管模式

二、中国金融监管实践探索

（一）金融同业公会管理

金融业不断深化发展的同时，也不可避免的带来了金融业自身的一些无序竞争和冲突。在强化中央银行金融监管的前提下，迫切需要建立金融同业公会制度，创造一种维护同业有序竞争、防范金融风险、保护成员利益的行业自律机制，成为我国金融监管体系的有机组成部分。金融同业公会是在中央银行的领导和监督下金融机构本着自愿平等的原则，以认真执行国家的金融法规和货币信贷政策、提高本行业效益、保证规范有序的竞争、建立良好的金融秩序为目的，在权利、义务、责任等方面达成协议并组成的行业性协会组织。金融同业公会与会员不存在行政隶属关系，金融机构有参加或退出公会的权利，但作为公会会员在享有权利的同时，必须遵守公会的行规、章程，并承担应尽的职责。

---

① "7+4"类机构包括典当行、融资租赁公司、商业保理公司、地方资产管理公司、区域性股权市场、融资担保机构、小额贷款公司等 7 类机构，以及投资公司、开展信用互助的农民专业合作社、社会众筹机构、地方各类交易场所等 4 类机构。

■ 相关链接

全国首家基金同业公会落沪

（二）农信系统管理

我国农村金融监管制度大致经历了政府行政调控、央行监管、整治农村金融秩序和金融监管体制改革四个发展阶段。从 1949 年以来，我国农村金融监管的主体和客体在很长一段时间内是政府。无论是农业银行还是农村信用社，都由政府直接经营、管理和监督。改革开放后，随着农村经济体制改革的不断深入和农村金融体系的不断发展，农村金融监管才开始逐步由计划经济下的政府直接行政管理向市场经济下的间接监管转变。直到 20 世纪初，才有了现代意义上的农村金融监管。我国农村信用社经历了 70 年的发展，总体规模实力持续提升，支持"三农"和小微企业能力显著提高，抵御风险能力不断增强，成为我国机构网点分布最广、支农服务功能发挥最充分的银行业金融机构，对保持我国农村金融稳定发展、推进"三农"发展发挥重要作用。

随着我国经济发展进入新的阶段，农业、农村和农民的状况均发生巨大变化，金融服务的深度和广度也在不断拓展。此外，随着数字经济和互联网的快速发展，金融服务的方式也开始出现深刻的变化。在此背景下，农信机构在公司治理方面的天然缺陷，既不利于农信机构市场竞争力的提升，也导致公司治理失效、风险频发。从 2016 年开始，连续三年的中央一号文件均提出要"开展省联社改革试点""抓紧研究制定省联社改革方案""推动农村信用社省联社改革"。2019 年 1 月，银保监会、人民银行等五部门联合印发《关于金融服务乡村振兴的指导意见》，提出要积极探索省联社改革路径，理顺农信社管理体制，并对基层农信社和省联社之间的关系进行了明确的界定，强调了农信社独立的法人地位、经营的独立性，淡化省联社在人事、财务、业务等方面的行政管理职能，突出专业化服务功能。2020 年 5 月，国务院金融稳定发展委员会宣布拟发布 11 项重大金融改革措施，包括《中小银行深化改革和补充资本工作方案》，其中农村银行机构改革是重要的内容之一，新一轮农信社改革正式拉开帷幕。

（三）乡村振兴背景下的农村金融监管

在共同富裕的总体目标下，我国乡村振兴事业发展进入新阶段，配套金融政策开始密集出台，强化金融业对乡村振兴的支持力度。新阶段普惠金融服务乡村振兴主要有以下几个方面：一是扎实巩固来之不易的脱贫攻坚成果，并实现巩固拓展脱贫攻坚成果同乡村振兴的农村金融政策的有效衔接；二是强化粮食安全的金融保障，加大对重要农产品生产加工、仓储保鲜冷链物流设施建设等的金融支持力度；三是支持新一轮农村改革，积极服务农村新型经营主体的信贷需求；四是助力发展特色现代农业，支持农业产业链供应链金融发展，带动农村农民共同富裕；五是加大数字普惠金融服务乡村振兴力度，并加强农村金融知识普及教育和金融消费者权益保护。同时，需要不断完善我国农村金融监管法律体系，明确监管主体及协调机制，创新适合农村金融市场特质的金融监管方式，推动农村金融更好地为乡村振兴战略服务。

■ 相关链接

金融服务乡村振兴考核评估

本章小结

1. 金融风险是指经济主体在金融活动中遭受损失的不确定性和可能性。金融风险的性质与特点有：金融风险是和损失联系在一起的；金融风险是金融活动的内在属性；金融风险的存在是金融市场的一个特征；金融活动的每一个参与者都是金融风险的承担者。金融风险与金融危机、金融安全、金融稳定等概念既有联系又有区别。

2. 金融风险种类的划分方法或标准很多。按金融风险的形态划分，金融风险可以分为信用风险、流动性风险、利率风险、汇率风险、操作风险、法律风险、通货膨胀风险、环境风险、政策风险、国家风险；按照风险的性质或严重程度分，金融风险可以划分为系统性金融风险和非系统性金融风险；按金融风险的层次划分，金融风险可以划分为微观金融风险和宏观金融风险。

3. 金融风险的产生既有现实起因，也有理论根源。从现实的经济生活来看，金融风险的产生于许多的因素有关，其中主要有经济体制、金融监管、金融内控、金融创新、金融投机、金融环境等。从理论层次看，金融体系和金融机构不稳定性理论、金融资产价格波动性理论与信用脆弱性理论能够较好地说明金融风险产生的必然性。

4. 金融风险管理是指人们通过实施一系列的政策和措施来控制风险以消除或减少其不利影响的行为。金融风险管理的一般程序包括七个部分，分别是金融风险的识别与分析、风险评估、风险管理对策的选择、金融风险管理方案的设计和实施、风险报告、风险管理的评估、风险确认和审计。

5. 对金融风险之所以需要实施严格的外部监管，原因在于金融风险的外部负效应较大、金融市场中的信息不完全和不对称难以由市场机制消除、金融体系具有内在的脆弱性。不过，也有一些学者对金融监管的有效性提出了质疑。监管的哲学应该是辩证地看待监管。

6. 金融风险监管的具体目标是维系金融体系的稳定和安全，保护社会公众的利益。金融风险监管应遵循独立原则、依法原则、内控和外控相结合的原则、稳健运行和风险预防的原则、国际协作的原则。在金融全球化的背景下，各国迫切需要进行金融监管的国际合作。

重要概念

金融风险　系统性金融风险　非系统性金融风险　微观金融风险　宏观金融风险
信用风险　市场风险　流动性风险　操作风险　法律风险　金融危机　金融风险管理

风险识别　风险分析　风险报告　金融监管　统一监管模式　分业监管模式
不完全统一监管模式　功能性监管　信息不对称　监管沙盒模式　创新加速器

核心参考文献

[1] 中国人民银行、财政部等七部委联合印发了《关于构建绿色金融体系的指导意见》.

[2] 中国人民银行，中国银保监会. 金融机构服务乡村振兴考核评估办法 [R]. 北京：中国人民银行，中国银保监会，2021.

[3] 胡滨. 金融监管蓝皮书：中国金融监管报告（2021）[M]. 北京：社会科学文献出版社，2021.

[4] 吴晓求. 中国金融监管改革：逻辑与选择 [J]. 财贸经济，2017，38（7）：33-48.

[5] 黄辉. 中国金融监管体制改革的逻辑与路径：国际经验与本土选择 [J]. 法学家，2019（3）：124-137，194-195.

[6] 中国人民大学课题组，吴晓求. "十四五"时期中国金融改革发展监管研究 [J]. 管理世界，2020，36（7）：5-15.

[7] 张强. 新中国金融监管的历史变迁：党的奋斗成就和历史经验 [J]. 税务与经济，2022（2）：3-4.

[8] 杨德勇，许昂. 我国省联社职能定位问题研究 [J]. 农村金融研究，2021（11）：74-80.

[9] 赖小民. 学习贯彻习近平总书记金融安全观：正确认识"七大关系"防范化解金融风险 [J]. 中国银行业，2017（6）：12-16.

[10] 杜金富，张红地. 加强对新金融风险的监管 [J]. 中国金融，2020（22）：41-42.

[11] 陈彦达，隋学深. 分业监管模式下我国监管科技融合发展研究 [J]. 当代经济管理，2022，44（8）.

[12] 陈丹. 乡村振兴战略背景下农村金融监管体系构建研究 [J]. 农业经济，2020（4）：114-116.

[13] 曾刚. 深化农信社改革 全面助推乡村振兴 [J]. 中国农村金融，2022（9）：48-50.

[14] 查尔斯·P. 金德尔伯格，等. 疯狂、惊恐和崩溃：金融危机史（第七版）[M]. 北京：中国金融出版社，2017.

[15] DOUGLAS W, et al. FinTech, regTech, and the reconceptualization of financial regulation [J]. Northwestern journal of international law & business, 2017, 37（3）：371-413.

复习思考题

1. 试述风险定义的层次性与现代发展。

2. 简述金融风险的本质与特征。

3. 试述金融风险的主要分类。

4. 试分析国内外关于金融脆弱性的一些主要学说。

5. 迄今为止，金融风险管理经历了几个发展阶段？

6. 试述金融风险管理的方法。

7. 迄今为止，金融监管经历了几个发展阶段，各阶段的监管重点是什么？

8. 国际上主要的金融监管模式有哪几种？这些模式各有什么优缺点？

9. 简述我国金融监管的主要成效和经验。

10. 如何认识金融科技风险的特殊性和监管原则？

11. 在乡村振兴战略背景下，如何激励金融机构支持乡村振兴，又要防范金融风险？

12. 简述金融科技监管的主要模式。

第三篇

货币供求与政策篇

第十章

货币需求理论与中国的货币需求

■学习目的

通过本章的学习，你应该能够：

（1）明确货币需求的内涵，特点和决定因素；

（2）掌握费雪方程式、剑桥方程式，并且能够比较两者的异同；

（3）掌握马克思的货币需求理论；

（4）掌握凯恩斯的货币需求理论；

（5）掌握弗里德曼的现代货币数量论；

（6）了解影响中国货币需求的主要因素。

货币的职能决定了货币在经济生活中的重要地位。经济行为的微观主体对货币的主观需求是无止境的，但是从客观上看，不是所有的货币需求都需要得到满足，影响货币需求的因素是多种多样的，对此不同的货币需求理论做出了不同的解释。准确判断社会总体货币需求的数量变化是货币当局确定合理的货币供给，进而进行货币政策操作的重要依据。

第一节 货币需求的内涵

一、货币需求的内涵

（一）货币需求与货币需求量

货币需求（demand for money）是指在一定时期内，企事业单位、家庭和政府等社会各部门愿意且能够以货币形式持有财产而形成的对货币的需要。

货币需求量则是指在特定的时间和空间范围内（如某国、某年），社会各个部门（企业、事业单位、政府和个人）对货币需求持有量的总和，或者说是一定时期内商品生产和流通对货币的客观需求量。

考察货币需求量通常都是从存量角度进行的。然而由于货币存量的多少与流量的大小和速度密切相关，因此，在货币需求量的研究中，就要把存量与流量结合起来，作静态与动态的全面分析。

在特定的时空范围内，人们为什么需要货币，需要多少货币，人们的货币需求受哪些因素的影响等，这是研究货币需求量必须解决的基本问题。

（二）货币需求的特点

（1）货币需求是一个存量概念。货币需求主要考察特定的时间和空间（如某年底、某国）范围内，社会各部门在其拥有的全部资产中愿意以货币形式持有的数量或份额，因而是一个存量的概念。尽管存量的多少与流量的大小和速度相关，但货币需求理论研究的主要是存量问题。

（2）货币需求是愿望与能力的统一。货币需求以收入或财富的存在为前提，是在具备获得或持有货币的能力范围之内愿意持有的货币量。因此，货币需求不是一种纯主观的或心理上的占有欲望，不是人们无条件地"想要"多少货币的问题。人们对货币的欲望可以是无限的，但对货币的需求却是有限的。只有同时满足两个条件才能形成货币需求：一是必须有能力获得或持有货币；二是必须愿意以货币形式保有资产。有能力而不愿意就不会形成对货币的需求；愿意却无能力则只是一种不切实际的幻想。

（3）货币需求包括对现金和存款货币的需求。现实中的货币需求不仅仅是指对现金货币的需求，而且包括对存款货币的需求。因为货币需求是对所有商品、劳务的流通以及一切有关货币支付、储藏所提出的需求，除了现金之外，存款货币同样也能满足这种需求。

（4）货币需求包括对执行多种货币职能的货币的需求。人们对货币的需求既包括执行流通手段和支付手段职能的货币需求，也包括执行价值贮藏职能的货币需求。前者是对货币作为交换媒介和延期支付手段的需求，后者是对货币作为资产保存形式的需求。二者的差别只在于持有货币的动机不同或货币发挥职能作用的形式不同，但它们都在货币需求的范围之内。如果仅局限于前者，显然不能涵盖货币需求的全部，也与现实经济不相符合。

（三）名义货币需求与实际货币需求

所谓名义货币需求（nominal demand for money），是指社会各经济部门所持有的一定数量的实际存在的货币数量，通常以 M_d 表示。实际货币需求（real demand for money）则是指名义货币数量在扣除了通货膨胀因素之后的实际货币购买力，它等于名义货币需求除以物价水平，即 M_d/P。因此，名义货币需求与实际货币需求的根本区别在于是否剔除了通货膨胀（或物价变动）的影响。

在金属货币流通条件下，货币的名义需求与实际需求的矛盾是不存在的。当价格水平稳定不变时，区分名义货币需求与实际货币需求的意义也不大，但在物价总水平有明显波动的情况下，区分并研究实际货币需求对于判断宏观经济形势和制定并实施货币政策具有重要意义。

二、货币需求的主要决定因素

货币需求是一个非常重要的经济变量，了解、把握这个变量不仅能够从货币这个侧面了解国民经济的运行情况和微观经济主体的意愿与行为，更重要的是能为货币当局准确把握需求状况，从而合理供应货币、保持货币供求的均衡提供决策依据。

把握货币需求关键在于把握影响和决定货币需求的因素。货币需求的主要决定因素可以从宏观与微观两个角度进行考察。宏观角度主要从基本面上考察影响和决定一国货币需求的经济总量、经济结构、外在环境以及制度安排等因素；微观角度则是以微观经济主体为对象，从内在心理和外在条件两个方面考察其货币需求的意愿以及由这种意愿引起的需求行为。

（一）宏观角度

从宏观角度进行考察，决定货币需求的主要因素有：

（1）全社会的商品与劳务总量。这一总量取决于一国一定时期的劳动生产力水平，也反映出这时期全社会的市场供给能力。商品和劳务的供给量越大，对货币的需求就越多，反之则越少。

（2）商品的供求结构。商品供给既取决于劳动生产力水平，又受制于人们对它的需求。只有真正满足人们需要的商品供给，才会产生真实的货币需求。由于商品的供求结构经常发生变化，因而货币需求也经常发生变化。

（3）一般物价水平。对商品和劳务的货币支付必须在一定的价格水平下进行，因而价格水平越高，需要的货币就越多，反之则越少。

（4）分配结构。经过初次分配和再分配之后，国民收入最终形成国民经济各部门的收入。在现实经济生活中，货币需求实际上是各部门支配其社会产品或收入时发生的。物质资料生产部门进行积累或为补偿生产要素的消耗要有货币需求，非物质生产部门支配其收入来源也要对应一定的货币需求。国民收入的分配结构决定了货币总需求的结构。

（5）货币流通速度。这是指单位货币在一定时期内周转使用或流通支付的次数，反映的是货币功能发挥的程度。货币流通速度越快，单位货币实现或完成的交易就越多，完成一定交易量所需要的货币就越少；货币流通速度越慢，所需要的货币数量就越多。

（6）信用发达程度。信用发达程度越高，意味着信用工具的种类越多，信用活动的效率越高，货币的使用数量也越节省。在交易规模一定的情况下，信用活动越发达，需要的货币数量就越少，反之则越多。

（7）其他因素。主要包括产业结构、人口规模及密度、经济结构以及交通运输状况等。生产周期长的部门多，资金周转就慢，对货币的需求量就大；人口越多、密度越大，货币需求量也越大；而交通运输、通信设施状况越好，意味着货币流通速度越快，货币支付所需的时间就越短，需要的货币数量就越少。

（二）微观角度

从微观角度进行考察，决定货币需求的主要因素有：

（1）收入水平。企业、机关、家庭及个人等微观主体的收入水平显然是决定他们为交易、财富储藏及生产经营而持有货币的首要因素。一般说来，收入水平越高，以货币形式保有的资产总量就越多。

（2）市场价格水平。对微观主体而言，市场供求状况的变化引起价格水平的波动，进而对货币需求产生影响，这种影响主要是通过改变人们的预期而产生的。如果商品短缺，人们便会产生物价上涨预期，纷纷以实物替代货币，用于贮藏的货币就减少。

（3）利率与金融资产收益率。银行存款利率、债券利率以及股票收益率等金融资产收益率的存在，使得持有货币产生机会成本。金融资产的收益率越高，意味着持有货币的机会成本越高，也就是因持有货币而必须放弃的收入越多，这时人们显然会减少对货币的持有，即减少货币需求。

（4）心理及习惯等因素。在人们的消费倾向提高时，对应于交易活动的货币需求量就会增加；而当越来越多的单位与个人习惯使用支票时，货币周转速度会加快，货币需求量就会减少。

第二节　货币需求理论

首先讨论在 20 世纪初由艾尔文·费雪、艾尔费雷德·马歇尔（Alfred Marshall）和庇古（Pigou）等经济学家完善起来的古典理论，然后转向马克思的货币需求理论，接着介绍凯恩斯的货币需求理论。最后探讨米尔顿·弗里德曼的现代货币数量理论。货币理论的一个核心问题是探讨货币需求的数量是否或者在多大程度上受利率变动的影响。因为这一问题对我们如何看待货币对整体经济活动的影响至关重要，我们将集中讨论利率在货币需求中的作用。

一、古典货币数量论

古典经济学家在 19 世纪末 20 世纪初发展起来的货币数量论，是一种探讨总收入的名义价值如何决定的理论。因为该理论同时揭示了对既定数量的总收入所持有的货币数量，所以它也是一种货币需求理论。该理论最重要的特点是它认为利率对货币需求没有影响。

（一）费雪交易方程式

1. 货币流通速度和交易方程式

美国经济学家艾尔文·费雪在他 1911 年出版的那本很有影响的《货币的购买力》（*The Purchasing Power of Money*）一书中，对古典数量论作了最清晰的阐述。费雪试图考察货币总量 M（货币供给）与经济体所生产出来的最终产品和劳务的支出总量 $P \times Y$（也称为经济体的名义总收入或名义 GDP）之间的联系，其中 P 代表价格水平，Y 代表总产出（收入）。V 是代表 M 和 $P \times Y$ 之间关系的概念，被称为货币流通速度（velocity of money），即货币周转率，也就是 1 年当中，1 美元用来购买经济体最终产品和劳务总量的平均次数。流速 V 可以更精确地定义为总支出 $P \times Y$ 除以货币数量 M，即

$$V = (P \times Y)/M \tag{10-1}$$

例如，假设某年名义 GDP（$P \times Y$）为 5 万亿美元，货币数量为 1 万亿美元，那么货币流通速度就是 5，它表示平均每 1 美元 1 年被 5 次用来购买经济体中的最终产品和劳务。

通过在这一定义的两边都乘以 M，我们就得到交易方程式，它把名义收入和货币数量与流通速度联系起来了。计算公式如下：

$$M \times V = P \times Y \tag{10-2}$$

所以，交易方程式就认为：货币数量乘以在给定年份中货币被使用的次数必定等

于名义收入（即该年度花费在商品和劳务上的名义总量）。

可见，方程式（10-2）仅仅是一个恒等式，即由定义所表明的一种正确的关系。例如，它没有说明当货币供给 M 变动时，名义收入（$P×Y$）是否会同向变动；例如，M 的增加可能由 V 的下降所抵消，从而 $M×V$（因而 $P×Y$）不变。如果要把交易方程式（一个恒等式）转化为表示名义收入如何决定的理论，就需要了解决定货币流通速度的各个因素。

艾尔文·费雪认为，货币流通速度是由经济中影响个体交易方式的制度决定的。假如人们使用赊购账户和信用卡来进行交易，从而在购买时通常较少地使用货币，则名义收入所产生的交易就只需更少的货币（相对于 $P×Y$，M 下降），流通速度（$P×Y$）$/M$ 上升。相反，如果购买时用现金或支票支付更加方便（两者都是货币），则由同样规模的名义收入所产生的交易就需要使用较多的货币，从而货币流通速度会下降。费雪认为，由于经济体中的制度和技术特征，只有在较长时间里才会对流通速度产生影响，所以正常情况下，短期内货币流通速度相当稳定。

2. 数量论

费雪的货币流通速度在短期内相当稳定的观点，将交易方程式转化为货币数量论，该理论认为名义收入仅仅决定于货币数量的变动：当货币数量 M 翻番时，$M×V$ 也翻番，从而名义收入的价值 $P×Y$ 也一定翻番。为了理解其机理，我们假定货币流通速度为5，开始的名义收入（GDP）为5万亿美元，货币供给为1万亿美元，如果货币供给翻番，变为2万亿美元，那么货币数量论告诉我们，名义收入也将翻番，变为10万亿美元（5×2万亿美元）。

因为古典经济学家（包括费雪）认为工资和价格是完全有弹性的，所以他们认为，在正常年份整个经济体生产出来的总产出 Y 总是维持在充分就业水平上，故在短期内也可以认为交易方程式中的 Y 相当稳定。因此，货币数量论表明，由于 V 和 Y 都是常量，所以在短期内如果 M 翻番，P 也必须翻番。在我们的例子中，如果总产出是5万亿美元，货币流通速度为5，则1万亿美元的货币供应表明价格水平等于1，因为1乘以5万亿美元等于5万亿美元的名义收入。当货币供应翻番为2万亿美元时，价格水平也必须翻番为2，因为2乘以5万亿美元等于10万亿美元的名义收入。

对于古典经济学家来说，货币数量论提供了对价格水平变动的一种解释：价格水平的变动仅仅源于货币数量的变动。

3. 货币需求数量论

因为货币数量论告诉我们对既定数量的总收入所持有的货币数量，所以实际上它是一种货币需求理论。为了理解其中缘由，我们可以通过在交易方程式的两边同时除以 V，那么方程式被重新写成：

$$M = (1/V) \times PY \tag{10-3}$$

其中名义收入 $P × Y$ 写成 PY。当货币市场均衡时，人们持有的货币数量 M 就等于货币需求量 M_d，因此我们可以用 M_d 代替等式中的 M。用 k 代表 $1/V$（由于 V 是常量，所以 $1/V$ 仍是常量），我们将该方程式重新写成：

$$M_d = k \times PY \tag{10-4}$$

方程式（10-3）告诉我们：因为 k 为常量，所以由确定水平的名义收入 PY 引发的交易水平决定了人们的货币需求量 M_d。因此，费雪的货币数量论表明：货币需求仅仅是收入的函数，利率对货币需求没有影响。

费雪之所以得出这一结论是因为他相信人们持有货币仅仅是为了进行交易，而没有多大的自由来选择其所希望持有的货币数量。货币需求决定于：①名义收入水平 PY 引致的交易水平；②经济体影响人们交易方式的制度因素，这种交易方式决定货币流通速度，因此也决定 k。

（二）剑桥学派的货币需求理论

在费雪发展他的货币需求数量论的同时，包括艾尔费雷德·马歇尔和庇古在内的英国剑桥大学的一批古典经济学家也在研究同样的课题。虽然他们的分析得出与费雪货币需求方程式（$M_d = kPY$）相同的一个方程式，但研究方法却大相径庭。与仅仅将交易水平和影响人们交易方式的制度作为研究货币需求的关键决定因素不同，剑桥的经济学家探讨了在一整套环境因素中人们愿意持有的货币数量。这样，在剑桥模型里，个体在持有货币的数量上具有一定的弹性，并不完全受诸如他们是否能够使用信用卡购物等制度的约束。与此相对应，剑桥的理论没有排除利率对货币需求的影响。

剑桥的古典经济学家认为，货币的两个属性促使人们持有货币：交易的媒介以及财富储藏。

因为货币是交易的媒介，所以人们能够用它来完成交易。剑桥的经济学家同意费雪以下的观点，即货币需求与交易水平相关（但并非完全决定于交易水平），货币需求中有一部分是由与名义收入成比例的交易引起的。

而货币作为财富储藏的功能使得剑桥的经济学家认为，人们的财富水平也影响货币需求。随着财富的增加，个体需要通过持有更多数量的财产来储藏，而货币也是财产之一。由于剑桥的经济学家认为名义财富与名义收入成比例，所以他们还认为货币需求中由财富引起的货币与名义收入成比例。

剑桥经济学家作出结论，货币需求与名义收入成比例，所以他们将货币需求函数表示为

$$M_d = k \times PY \tag{10-5}$$

其中，k 比例常量。因为该等式看起来与费雪方程式［方程式（10-3）］一样，所以剑桥学派似乎同意费雪短期内利率对货币需求没有影响的观点。然而事实并非如此。

虽然剑桥经济学家常常将 k 视为一个常量，并同意费雪的货币数量决定名义收入的观点，但他们的理论允许个体选择意愿持有的货币数量。因为使用货币储藏财富的决策取决于其他也可以作为储藏财富的资产的回报率和期望回报率，所以该理论认为在短期内 k 存在波动的可能性。如果其他资产的回报率和预期回报率发生改变，k 也可能改变。虽然表面上费雪和剑桥学派理论之间的差异好像很小，但当约翰·梅纳德·凯恩斯（John Maynard Keynes），后来的剑桥经济学家进一步发展剑桥学派的理论时，你将发现，在利率对于货币需求的重要性这一问题上，他却得出了与货币数量学派经济学家非常不同的观点。

归纳起来，艾尔文·费雪和剑桥的古典经济学家都发展了一种货币需求的古典理论，该理论认为货币需求与收入成比例。但是，二者的差别在于，费雪强调了技术上的因素，并排除了在短期内利率对货币需求的任何可能的影响，而剑桥学派的理论却强调个体选择，没有排除利率的影响。

二、马克思的货币需求理论

马克思在研究和总结资产阶级古典经济学各派观点的基础上，在《政治经济学批判》和《资本论》等著作中深入地研究了货币需求理论问题。马克思的货币需求理论又称货币必要量理论。他在提出问题时，有时是问流通中"有"多少货币，有时是问流通中"需要"多少货币，有时是问流通中"可吸收"多少货币。他的货币必要量理论，集中表现在其货币流通规律公式中：

$$M = PT/V \qquad (10-6)$$

式中：M 代表执行流通手段职能的货币量；P 代表商品价格水平；T 代表流通中的商品数量；PT 代表商品价格总额；V 代表同名货币的流通速度。

这一公式既表达了货币需要量的决定因素，即流通的商品量、价格水平和货币流通速度，也表达了这三个因素的变动与货币需要量变动的关系。这些关系是：货币需要量与商品数量、价格水平进而与商品价格总额成正比；货币需要量与货币流通速度成反比。需要说明的是，这一公式的前提是金币（或金属货币）流通。其论证逻辑是：商品价格取决于商品价值和黄金价值，商品价值决定于生产过程之中，而商品价格是在流通领域之外决定的，商品是带着价格进入流通的；商品价格有多大，就需要有多少金币来实现它；商品与金币交换后，商品退出流通，金币却留在流通之中，所以一枚金币流通几次就可使相应几倍价格的商品出售。所以，商品价格总额是一个既定的值，必要的货币量是根据这一既定值确定的。即这一金币流通公式只能是右方决定左方。在这个公式中，货币流通量总是等于货币必要量。这是因为，马克思认为，"货币贮藏的蓄水池，对于流通中的货币来说，既是排水渠，又是引水渠，因此，流通中的货币永远不会溢出它的流通渠道"①。

在分析了金币流通条件下流通中的货币数量规律之后，马克思紧接着分析了纸币流通问题。他指出，纸币本身没有价值，只有流通才能作为金的代表。由于流通所能吸收的金量是客观决定的，所以无论向流通中投入多少纸币，所能代表的也只是客观所能吸收的金量。马克思概括的纸币流通规律是："纸币的发行限于其象征地代表的金（或银）的实际流通的数量。"② 这样，纸币投入越多，每一单位纸币所能代表的金量越少，即纸币贬值，物价就上涨。于是，在纸币流通条件下，纸币数量的增减则成为商品价格涨跌的决定因素，即把金币流通条件下的货币数量与价格之间的决定关系颠倒过来了。但必须强调的是，这绝不是纸币流通规律对金币流通规律的否定，因为马克思在提出货币流通规律公式的同时就曾指出，这个规律是普遍适用的。也就是说，流通手段量决定于流通中商品价格总额和货币流通的平均速度这一规律，不仅适用于金属货币流通，也适用于纸币流通和信用货币的流通。只是由于金币流通与纸币流通存在极为不同的特点，故必然具有某些不完全相同的内容和形式。

马克思的货币需要量公式有着重大的理论指导意义：①它揭示了决定货币需要量的本质；②它反映了货币需要量的基本原理。但我们也应该看到，马克思提出货币需要量的著名公式的目的是揭示货币的本质，并且是以金属货币为研究对象。所以，我

① 马克思，恩格斯. 马克思恩格斯文集：第5卷 ［M］. 北京：人民出版社，2009：157-158.
② 马克思，恩格斯. 马克思恩格斯文集：第5卷 ［M］. 北京：人民出版社，2009：150.

们在具体应用中不能简单照搬，而应当考虑新的变化了的情况，如信用货币已成为当今流通中的主体，经济的全球化、证券化趋势，虚拟经济形成的货币信用交易的客观存在，人们保存货币和投机因素对货币需求产生的影响等。

■ 相关链接

货币流通速度是一个常数吗？

三、凯恩斯货币需求理论框架

在 1936 年出版的著名的《就业、利息和货币通论》（*The General Theory of Employment, Interest and Money*）一书中，约翰·梅纳德·凯恩斯放弃了古典学派将货币流通速度视为常量的观点，发展了一种强调了利率重要性的货币需求理论，后人称之为流动性偏好理论（liquidity preference theory）。他从资产选择的角度来考察货币需求，更为精切地研究了个人的持币动机，发展了一种强调利率重要性的货币需求理论。

凯恩斯认为货币需求是指特定时期公众能够而且愿意持有的货币量。人们所以需要持有货币，是因为存在流动偏好这种普遍的心理倾向，人们愿意持有现金而不愿意持有其他缺乏流动性的资产，这一流动性偏好构成了对货币的需求。凯恩斯对货币理论基本的贡献是从货币需求的动机入手，把人们对货币的需求分为交易性需求、预防性需求和投机性需求三种，并将货币需求看作是一种函数关系。

交易性货币需求是指企业或者个人出于交易动机为进行日常交易而产生的货币需求。凯恩斯指出，交易性货币需求相对稳定、可以预计、对利率变化不太敏感，这部分用于交易媒介的货币需求量主要取决于收入的多少，它们之间存在着稳定的比例关系。

预防性货币需求。凯恩斯认为，人们持有货币的动机除了完成当期交易外，另一动机是用来预防非预期的需求，这一认识使得凯恩斯超越了古典分析的框架。例如，你一直想买一套时髦的音响，在途经一家商店时，恰好发现你想要的商品正在减价50%出售。此时，如果你持有为预防诸如此类事件的货币，就可以立即购买，否则你就只能坐失良机。此外，当你遇到意想不到的支出，比如汽车大修理或住院，预防性货币持有也可马上派上用场。

凯恩斯认为，人们愿意持有的预防性货币余额的数量主要取决于人们对未来交易水平的预期，并且这些交易与收入成比例。因而，他假定出于预防动机的货币持有与收入成比例。

投机性货币需求是指人们根据对市场利率变化的预测，需要持有货币以便满足从中获利的动机而产生的货币需求。投机动机是货币需求三种动机中最重要，也是最复杂的一个，投机动机分析是凯恩斯货币理论中最有特色的部分。

凯恩斯将可用来储藏财富的资产分成两类：货币和债券。货币是不生利的资产，而债券是生利资产。凯恩斯在解释人们为什么不愿意持有债券而宁愿选择货币牺牲利息的理出时，认为问题在于债券未来市场价格的不确定性，人们不愿意持有债券。因选择货币而牺牲的债券利息收入就是持有货币的机会成本。利率越高，机会成本就越大，作为资产持有的货币量也就越少。因此，作为资产持有的货币量是利率的函数，两者呈现相反方向的变动。在极端的情况下，当利率水平低到所有人都认为它肯定将上升的时候，货币的投机性需求就变得无限大，任何新增的货币供给都会被人们所持有，而不会增加对债券的需求，也不会使得利率进一步下降。这便是所谓的"流动性陷阱"。

凯恩斯在分析货币需求方程式中的时候，对名义数量和实际数量进行了严格的区分。货币的价值表示为其能够购买的东西。例如，假设经济中所有的价格都上涨了一倍（价格水平上涨一倍），那么同样数量的名义货币只能购买原来所能购买商品数量的一半。因此，凯恩斯推断人们要持有的是一定数量的实际货币余额（实际货币数量）。他的三种持币动机表明，这一数额与实际收入 Y 和利率 i 有关。凯恩斯给出了如下的货币需求方程式，被称为流动性偏好函数，该函数表明实际货币需求余额 M_d/P 是 i 和 Y 的函数（或者与 i 和 Y 有关）：

$$\frac{M_d}{P} = f(\underset{-}{i},\ \underset{+}{Y}) \tag{10-7}$$

在流动性偏好函数中，i 下面的负号（-）表示对实际货币余额的需求与利率成负相关，Y 下面的正号（+）表示对实际货币余额的需求与收入成正相关。

在凯恩斯的货币需求理论中，货币流通速度并非常量，而是随着利率的变动而波动。将流动性偏好等式变形为

$$\frac{P}{M_d} = \frac{1}{f(\underset{-}{i},\ \underset{+}{Y})} \tag{10-8}$$

方程式两边都乘以 Y，因为在货币市场均衡时，二者必须相等，所以可以用 M 代替 M_d，求解货币流通速度：

$$V = \frac{PY}{M} = \frac{Y}{f(\underset{-}{i},\ \underset{+}{Y})} \tag{10-9}$$

我们发现，货币需求与利率负向相关。当 i 上升时，$f(i, Y)$ 下降，从而货币流通速度加快。换句话说，利率上升激励人们在给定的收入水平上持有较少的真实货币余额，因此，货币的周转率（货币流通速度）必须上升。这一推理过程表明：因为利率波动剧烈，所以货币需求的流动性偏好理论表明货币流通速度的波动也很剧烈。

方程式（10-6）的一个非常有趣特点在于它解释了一些货币流通速度的变动。比如，在经济衰退时期，货币流通速度下降或其增长速度下降。一般而言，利率是顺周期的：在经济扩张时，利率上升；经济衰退时，利率下降。流动性偏好理论表明，利率上升将同时导致流通速度加快，所以利率的顺周期性导致货币流通速度的变动也应是顺周期的。

凯恩斯的货币投机性需求模型还解释了货币流通速度如此大幅波动的另一原因。假如人们对正常利率水平的认识发生了变化，那么将会对货币需求造成什么影响呢？例如，假设人们预期未来正常利率水平比现在高，货币需求会发生什么变化呢？因为预期将来利率会更高，所以许多人都预期债券价格下跌，从而将遭受资本损失。这样，持有债券的预期回报将下降，相对于债券来说，货币更具有吸引力，结果货币需求增

加，这意味着 $f(i, Y)$ 将上升，从而货币流通速度下降。货币流通速度将随着人们对未来正常利率水平变动的变化而变化，对未来正常利率水平不稳定的预期导致货币流通速度的不稳定。这就是凯恩斯反对将货币流通速度视为常数的另一理由。

四、弗里德曼的现代货币数量论

1956 年，在那篇著名的《货币数量论——重新表述》（*The Quantity Theory of Money: A Restatement*）一文中，米尔顿·弗里德曼发展了货币需求理论。虽然弗里德曼经常提到艾尔文·费雪及其货币数量论，但实际上相比费雪而言，他对货币需求的分析却更接近凯恩斯和剑桥经济学派的观点。

同以前的经济学家一样，弗里德曼继续探索人们持有货币的原因。与凯恩斯不同的是，弗里德曼不再具体分析持有货币的动机，而是笼统地认为影响其他资产需求的因素也必定影响货币需求。然后，弗里德曼将资产需求理论应用到货币上来。

资产需求理论表明，货币需求应为个体拥有的资源（他们的财富）及其他资产相对于货币的预期回报率的函数。与凯恩斯一样，弗里德曼认为人们愿意持有一定数量的实际货币余额（用实物表示的货币数量）。据此，弗里德曼将他的货币需求公式表述如下：

$$\frac{M_d}{P} = f(\underset{+}{Y_p}, \ \underset{-}{r_b - r_m}, \ \underset{-}{r_e - r_m}, \ \underset{-}{\pi^e - r_m}) \tag{10-10}$$

其中，M_d/P 为实际货币余额需求；Y_p 为弗里德曼计量财富的指标，称为永久性收入（理论上讲，就是所有未来预期收入的折现值，但更简单地可以称为长期收入的平均预期值）；r_m 为货币的预期回报率；r_b 为债券的预期回报率；r_e 为股票（普通股）的预期回报率；π^e 为预期通货膨胀率；方程式下边的符号表示货币需求与符号上面变量正向（+）或负向（-）相关。

我们将详细考察弗里德曼货币需求方程式中的各个变量及其对货币需求的影响。

一种资产的需求同财富正向相关，货币需求也与弗里德曼的财富概念即永久性收入 Y_P 正向相关。永久性收入（可以当作预期长期收入的平均值）在短期内波动非常小，因为许多收入的变动是过渡性的（短期变动）。例如，在商业周期的扩张阶段，收入迅速增长，但因为这种增长中某些部分是暂时性的，所以长期收入的平均值变动不大。故在经济繁荣时期，永久性收入比收入的增加小得多。在经济衰退时期，收入减少中许多部分也是暂时的，所以长期收入的平均值（从而永久性收入）的下降比减少的收入小得多。弗里德曼将永久性收入的概念作为货币需求的一个决定性因素的意义在于，它表明了货币需求在很大程度上不随商业周期的波动而波动。

除货币以外，人们还可以用好几种形式持有财富，弗里德曼将它们归为三类资产：债券、股票（普通股）和商品。持有这些资产而非货币的动力在于这些资产相对于货币的预期回报率，即弗里德曼的需求方程中的最后三项。

这三项中都有货币的预期回报率 r_m，它受两个因素的影响：

（1）银行对包括在货币供应中的存款所提供的服务，例如将过期的注销支票作为收据交给存款人或自动支付账单等。增加这些服务，则提高了持有货币的预期回报率。

（2）货币余额的利息收入。包括在货币供应之内的 NOW 账户和其他存款，现在都支付利息。利息提高，则持有货币的预期回报率也会提高。

r_b-r_m 和 r_e-r_m 代表债券和股票相对于货币的预期回报率。它们提高，则货币相对的预期回报率减少，从而货币需求也降低。最后一项 π^e-r_m 代表了商品相对于货币的预期回报率。由于持有商品的预期回报率就是当商品价格上涨时的预期资本利得率，所以等于预期通货膨胀率 π^e。例如，如果预期通货膨胀率为 10%，则预期商品价格将按 10% 的速度上涨，从而商品的预期资本利得率为 10%，当 π^e-r_m 上升时，商品相对于货币的预期回报率增加，货币需求下降。

五、对货币需求理论的综合评析

（一）马克思货币需求理论与古典货币数量论的比较

从理论基础来看，马克思货币需求理论与古典货币数量论有着本质区别。马克思货币需求理论以劳动价值论为理论基础，认为货币具有价值和使用价值，是充当一般等价物的特殊商品，其价值是在进入流通之前就已经决定了的，商品带着价格进入流通，货币的数量取决于交换中的商品数量和价格水平。商品流通是第一性的，货币流通是第二性的。古典货币数量论则持有不同的看法，古典货币数量论以货币名目论为其理论基础，认为在进入流通之前货币没有价值，商品不是带着价格进入流通的，其价格由进入流通的货币数量与商品数量的对比来决定，在其他因素不变的情况下，货币数量的变化将引起价格水平的同比例变化，即货币流通是第一性的，商品流通是第二性的，虽然二者在理论基础上有着本质区别，但是它们还是有共同之处的：马克思货币流通规律公式与古典货币数量论特别是费雪的交易方程式在揭示货币需求的决定因素方面是一致的，即货币需求量都是由一国商品的产出量、商品的价格以及货币流通速度决定的，二者的形式基本相同。

（二）马克思货币需求理论与凯恩斯学派和货币学派货币需求理论的比较

马克思货币需求理论与凯恩斯学派和货币学派货币需求理论对货币需求的研究方法截然不同，因此，其公式的表现形式也截然不同。具体包括两个方面：首先，研究的角度不同。马克思把货币作为媒介商品交易的手段，从商品流通对货币需求的角度研究货币需求问题，因而马克思货币需求是货币的交易需求；凯恩斯学派和货币学派把货币视为资产或财富的持有形式，从货币需求的主体即社会公众持有货币的动机出发研究货币需求问题，因而货币需求不仅包括交易需求，还包括资产需求。其次，货币需求的决定因素不同，马克思认为货币需求量取决于商品数量、价格水平和货币流通速度 3 个因素的变动；凯恩斯学派的货币需求，理论中把货币需求范围扩大化，认为人们不仅对货币具有需求还对资产的持有具有需求，于是决定货币需求的因素不仅包括决定交易规模的收入水平，还包括影响人们资产选择行为的利率；在货币学派中对于资产的分类更细，不仅包括股票，还有债券等，因此对货币需求的影响还包括各种财富的收益率或报酬率。

它们的相同之处是：马克思的货币流通规律公式中，货币流通速度与商品数量及价格水平是 3 个决定货币需要量的因素；凯恩斯虽然没有把货币流通速度直接引入货币需求函数中，但他认为利率作用的最后结果还是反映在货币流通速度上；同凯恩斯一样，弗里德曼也没有把货币流通速度直接引入他的货币需求函数，但他在证明其货币需求函数稳定时指出货币流通速度是一个多变量的函数，对货币需求的影响是稳定的。

结论是：每一个理论都是在当时特定的环境下产生的，与当时的经济条件、知识条件相统一，马克思货币需求理论与西方货币需求理论产生于不同的环境，它们之间既有不同之处，又有相同之处，这些理论从不同的角度、运用不同的研究方法探讨了一国货币需求量的问题，每一个理论都值得我们去深入思考。

第三节　货币需求量的测算

一、权变法和规则法

（一）权变法

现代西方国家干预学说的创立则是以凯恩斯的《就业、利息和货币通论》一书的出版为标志的，由于"凯恩斯革命"的重要性与凯恩斯主义经济理论的适用性，第二次世界大战后的资本主义国家几乎无一例外地都以凯恩斯主义为经济理论支柱，实行国家干预的经济政策。

凯恩斯及凯恩斯学派的经济学家都认为：国民经济具有内在的不稳定性，它必然经历各个较长阶段的失业和停滞同各个阶段的急剧扩张和通货膨胀之间的波动，促使经济运行发生波动的原因主要是来自实物部门的干扰（例如投资动机边际收益的变化），而不是来自货币部门的骚乱（前凯恩斯主义者认为货币供给量的变化无关紧要，后凯恩斯主义者略有不同）。这种干扰一旦发生，国民经济就可能需要很长时间才能恢复到均衡状态。因此，必须通过国家干预，运用可自由支配的需求管理政策使国民经济维持在较高而且稳定的就业水平上。他们认为，要保持国民经济的稳定，必须同时使用财政政策与货币政策。但由于可自由支配的财政政策产生的效果比可自由支配的货币政策产生的效果更具有可测性，而且它作用于经济活动更迅速，因此，他们主张把可自由支配的财政政策作为主要的政策工具，而把货币政策放在次要的位置上。

在财政政策上，权变法搞"补偿性财政"，即从周期平衡的观点出发，在萧条时期搞赤字预算，扩大政府开支，以刺激总需求，推动经济回升；在繁荣时期则搞盈余预算，削减政府开支，以抑制总需求，阻遏经济的过度膨胀。

关于货币政策的具体运用问题，权变法主张采取相机抉择的办法，即在经济萧条、失业率上升时期，采取宽松的货币政策（增加货币供给，降低利息率）；在经济过热、通货膨胀到了不能容忍的程度时，就采取紧缩的货币政策（减少货币供给，提高利息率）。这种按经济周期变动而确定货币供给量的方法被称为权变法（逆风向而行或顶风的货币政策），其抉择标准是追求利益最大化或损失最小化，即两利相权取其重，两害相衡择其轻。

西方国家政府实施这套经济政策和依权变法确定最适货币需要量的结果，确实使它们比较顺利地走出了大危机的低谷，赢得了经济的较快增长，但同时通货膨胀也扶摇直上，以致20世纪60年代末期以后，各国经济相继出现前所未有的滞胀局面。通货膨胀取代失业问题，成了最可怕的经济魔鬼。于是，凯恩斯主义备受责难，面临严重危机。同时，由于新货币主义的崛起和弗里德曼的"反革命"，风靡西方30多年的相机抉择的货币政策主张也受到冷遇。

（二）规则法

规则法是指只要货币管理当局按照一个固定的比率供给货币，就可以保持经济的稳定，即最适货币供给量只能是按固定的比率计算出来的。其理论依据是新货币主义，创始人是1976年诺贝尔经济学奖金获得者米尔顿·弗里德曼教授。这派学者从20世纪50年代后期就开始攻击凯恩斯主义，但由于当时"凯恩斯革命"已深入人心，他们形不成气候。只是在资本主义国家出现滞胀局面，凯恩斯主义普遍受到怀疑的情况下才得到人们的青睐。规则法以反凯恩斯主义为己任，在经济政策上，不同意把财政政策放到货币政策前面，让货币政策屈居第二。他们认为在所有经济变量中，货币最重要。在具体的货币政策问题上，反对凯恩斯主义相机抉择的主张，建议按照一定的规则行事。

规则法的具体思路大致是：

（1）在先进的资本主义国家，在一般允许的失业水平下，国民经济具有内在稳定性，但这种内在稳定性在受到错误的货币政策干扰下可能会遭到破坏。与凯恩斯主义者相反，规则法派认为，引起国民经济混乱的多数情况不是来自实物部门，而是来自货币部门，是由货币过多所致。

（2）经济政策制定过程中存在许多不定因素。规则法派学者把这些不定因素的来源归纳为四条：①由于我们的货币知识有限，经济知识也有限，加上实际资料不全，准确度不高、计算手段不够现代化，人们不可能对经济现状做全面准确的估价。②人们对冲击经济的外生变量不甚清楚，而且对这些变量对经济的影响程度的预测难以精确，因此，对未来的经济也就不可能做出准确的预测，从而不可能对货币增长率进行有效的微调。③不同经济学家对同一经济问题的看法不同以及同一经济学家在不同时期对同一经济问题的看法不一，使得人们乃至货币当局对这些问题无所适从。④货币政策效应的产生存在时滞，相机抉择就很难把握住火候。

（3）将货币供给问题交给货币管理当局去相机抉择，斟酌处理，既不符合自由社会的准则，又容易受政治经济压力的影响，而且由于货币管理当局的迭代或政府的变更，也容易引起货币管理混乱。况且，相机抉择还要受稳定经济以外的目标以及与该目标相矛盾的目标的影响，甚至于知道其错误后，又常常视而不见，不加以矫正。这样，对货币供给实行相机抉择的权变法就不仅不能收到预期效果，反而成为经济动荡的重要原因。由此，规则派学者中的某些人告诫公众："政府不可信""货币管理当局不可信"。

正是基于以上考虑，这些学者坚决反对用权变法来确定货币供给量，竭力主张"立法机关制定规则，指令货币管理当局使货币数量按照具体的比例增长"[①]。他们认为，按规则行事，不仅可以克服权变法的上述缺陷，而且可以促进经济的稳定并具有自动刺激经济恢复的功能。如在经济高涨或需求太旺时，固定的货币供给量增长率处于货币需求量增长率之下，这就使货币供给具有自动收敛经济过分膨胀的能力；在经济萧条或需求不足时，固定的货币供给量增长率处于货币需求量增长率之上，这就使货币供给具有促进经济增长的能力。

规则论者还认为，货币规则应包括以下两个主要内容：①确定货币的定义。他们比较一致地认为，要采用广义的 M_2 货币量（通货+活期存款+定期存款+储蓄存款）。

---

① 米尔顿·弗里德曼. 资本主义与自由［M］. 北京：商务印书馆，1986：53.

不过，也有些学者同时认为，使用狭义的 M_1 货币量（通货+活期存款）也足以表现"规则"。②选择一个合适的货币增长百分比。弗里德曼以"最适货币量"为题进行了长期的研究。他在 1960 年发表的《货币稳定方案》一文中认为，就美国过去 90 年的情况而言，货币量的年增长率以稍高于 4% 比较合适。

（三）权变法与规则法的比较

权变法最大的优点是可以灵活调节货币供给量，这就在客观上创造了以货币供给量紧盯着货币需求量变化的条件，从而可以通过灵活调节货币供给量来经常保持货币供需均衡，并维持国民经济总体供需均衡。同时，这种相机抉择的政策主张很容易被人接受。它最大的缺点是主观随意性太强，货币管理当局有时可能会出于某种需要而有意识地使货币供给量偏离货币需求量。加之很难正确判断一定时期的货币需求量，虽然也可以用其他方法来计算，但可信度都不高，这样就使权变法很难通过对货币供给量的调节来达到促成并维持社会总体供需均衡的目的。

规则法最大的优点是简单，便于中央银行控制，货币管理当局无须整天为经济的短期波动而坐立不安，只要确定一个规则，就可以高枕无忧，就可以以不变应万变。要确定一个适当的规则本来是一件困难的事情，但这派学者认为规则本身并不很重要，即货币供给量增长率按 2% 还是 4% 或其他什么比率并不很重要，只要有一个规则就行。正因为如此，规则法才被人们称为单一规则论（only rule）或简单规则论（simple rule）。然而，它有一个致命的弱点：不能把货币供给量与货币需求量很好地挂起钩来，因为货币需求量作为一个由各种因素所决定的内在变量，很难说它是有规则地变动，即使它能有规则地变动，也不能武断地说它就长期按一个固定比率增长。这样，货币供给量就会经常地偏离货币需求量，在经济发展较快的时期，货币供给量就会不足。弗里德曼等人说这种货币供给量低于需求量的状况可以防止经济过热增长，避免过度繁荣后突然爆发危机。但是，这种人为制造的"货币饥荒"会延缓经济应有的发展速度，有可能扼杀经济的合理增长。相反，在经济发展较慢时期，货币供给量会显得偏多，弗氏学派说这种状况可以刺激经济回升，但事实上这就是搞通货膨胀政策。可见，如果按规则法的主张来控制货币供给量，要么会发生货币饥荒，要么会造成通货膨胀，二者都不利于国民经济的宏观供求均衡。

二、中国传统的货币需要量确定方法

（一）"1：8"经验数据

所谓"1：8"的经验数据，其具体涵义是每 8 元零售商品供应需要 1 元实现其流通。符合这个标准，说明货币流通正常；不符合这个标准，就说明货币流通不正常，如 1：7、1：6 等，则说明货币供给超过了需求。

经验数据的理论依据是马克思的货币需求量公式。在我国计划经济体制下，货币需求量指的是现金需求量，商品价格总额实际上是指社会商品零售总额。依据马克思关于 $M = PT/V$ 的货币流通公式，可知，M 选取正常年份的货币流通量（实际上是现金流通量）。所谓正常年份，是指国民经济发展平稳、货币流通正常的年份。选取正常年份的货币流通量，实际上是指这一量和该年的货币需求量相近。据此，由 $V = PT/M$ 求出正常年份的 V，如果该年 PT 为 800、M 为 100，那么 V 就等于 8。根据 V 等于 8，则可以计算出测算期的货币需求量。

20 世纪六七十年代，我国曾主要运用"1：8"经验数据测算货币需求量，这对分析我国的货币流通状况起到了一定的作用。但是，随着我国改革开放的不断深化以及各种相关因素的变化，这一经验数据也就逐渐失去其实用价值和应有意义。

（二）定额法

定额法是指中央银行确定一个货币供给量增长的绝对额指标，作为计划期的货币供给依据，年度货币调节的任务就是努力使货币供给增量不突破这个指标。这也是我国在实际工作中一直沿用的传统方法。只是在 1986 年以前，我国的货币供给量仅指现金流通量，而且不使用"货币供给量"这一国际通用术语，而用"货币发行量"来代替。如 1984 年，我国现金发行计划为 80 亿元，1985 年为 150 亿元，1986 年为 180 亿元。确定这个定额的一般方法是编制计划期的现金收支计划表，计划期货币发行定额 = 计划期现金支出（投放）总额–计划期现金收入（回笼）总额。现金支出包括工资支出、农副产品采购支出、财政信用现金支出、各类管理费支出等项目，现金收入包括商品销售收入、信用收入、无偿征缴收入等项目。

一般说来，制定这个定额指标的依据是国民经济发展计划，因而它有一定的科学性。但从我国 30 多年的实践来看，由于计划指标很少能严格控制住，所以执行结果并不理想。

（三）增长率计算法

这一简明易解的公式可表示为

$$\dot{M} = \dot{Y} + \dot{P} \tag{10-11}$$

式中：$\dot{Y}$ 表示经济增长率；$\dot{P}$ 表示物价的预期或计划的上涨率；$\dot{M}$ 表示名义的货币需求增长率。

相对于"1：8"经验数据，增长率计算法的思路要宽阔得多，主要体现在考虑了 $\dot{P}$ 的变化，但这个方程式的问题也主要在于 $\dot{P}$。具体表现在：①在计划价格为主时，选用计划价格上涨率可能是适当的。但在开放价格的条件下，求证物价上涨率是一个复杂而不易解决的问题。②不仅 $\dot{P}$ 的预期值难以论证，决定货币需求量还有除 $\dot{Y}$ 和 $\dot{P}$ 外的其他很多因素，这些因素的叠加和消长，往往会使货币需求增长率相距 $\dot{Y}$ 和 $\dot{P}$ 的算术相加值很远。所以运用这种过分简单的方法来测算货币需求量，很难得出有实践指导意义的结论。困难和解决困难的办法往往一起产生，有人索性认为，在中国只要人民币的单位币值是稳定的，就说明由其表现的物价是基本稳定的，也就可认定正常的物价（P）水平。

三、三项挂钩法和单项挂钩法

近年来，不少学者对货币需求量的测算进行了一些有益的探索，主要有以下两种测定方法。

（一）三项挂钩法

三项挂钩法是指让货币需求量与经济增长、物价变动和货币流通速度三个因素挂钩。其计算公式如下：

$$RM_D = \frac{(1 + R_E)(1 + R_P)}{1 \pm R_V} - 1 \tag{10-12}$$

式中：RM_D 代表货币需求量增长率；R_E 代表经济增长率；R_P 代表物价上涨率；R_V 代表

货币流通速度变化幅度。

在上式中，经济增长率必须是实际增长率而不是名义增长率。否则，物价上涨因素就会做一次重复计算。如果经济增长率用的是名义增长率，那就不应该再单独考虑物价上涨因素。日本中央银行计算货币供给量增长率时就只考虑两个因素，名义经济增长与货币流通速度。其计算公式是：

适度的货币需求量增长率=理想的名义 GNP 增长率+货币流通速度的下降幅度

主张三项挂钩法的学者还认为，如果经济增长、物价和货币流通速度的变化幅度都不大，即 RE、RP 和 RV 的值都很小，那么，上式可简化为

$$RM_D = R_E + R_P + R_V \qquad (10-13)$$

如果货币流通速度呈递增趋势，那么，它对于货币供给量就是一个否定因素，上面的计算公式取减号；反之，则取加号。这种方法从形式上看是正确的，因为它只是从增长率的角度对货币需求量规律（$M=PQ/V$）加以变形。我们可以做如下数学推导：

因为 $M = PQ/V$

等式两边取对数，得出

$$\ln M = \ln P + \ln Q - \ln V \qquad (10-14)$$

如果我们对时间 t 求导，则有

$$1/M \cdot dM/dt = 1/P \cdot dP/dt + 1/Q \cdot dQ/dt - 1/V \cdot dV/dt \qquad (10-15)$$

即

货币需要量增长率=物价变动率+产量变动率-货币流通速度变动率

又因为我们所求的是货币供给量速度，所以，应该有货币供给增长率=货币需要量增长率。依上推导，就有

$$RM_D = R_P + R_E - R_V \qquad (10-16)$$

上式中，如果货币流通速度加快，则 R_V 为正；反之，如果货币流通速度呈减慢趋势，则 R_V 为负。

由上可见，这种货币需求量测算方法在理论上是成立的。然而，如果把它付诸实施，就会碰到如下问题：

（1）经济增长率用什么指标表示？国外一般用 GNP 的增长率来近似地表示。长期以来，我国沿用国内生产总值（GDP）来计算，但现实表明，GDP 虽是衡量一国经济发展的必要总量指标，但它也往往有忽视质量、虚假和重复计算等弊病。

（2）计划期合理的经济增长率究竟是多少？由于受各种条件的限制（统计资料齐全与否、准确与否，计算手段先进与否，预测人员素质如何等），人们对合理经济增长率的预期很难说是一个正确可靠的数据。

（3）采用什么样的物价上涨率？有学者说用计划物价调整幅度，也有学者说用可承受的物价上涨率，甚至还有学者说用基期的实际物价上涨率。显然三者是有区别的，其内涵不一致，量上也不一定相等。如果以计划物价调整幅度作依据，那么，需要回答的将是以下一系列问题：由于统计对象不同，一国的物价总是多种多样的，有工业品出厂价格，也有农业品收购价格，有生产资料价格，也有生活资料价格等。而且它们都只是从某一个侧面反映物价上涨情况，那么，选择哪一种物价的计划调整幅度作依据更合适？如果选用可承受的物价上涨率作依据，那么，这个比率究竟是多少？如果以我国人民对物价上涨的心理承受能力为比率，那么，究竟我们应该把可承受的物

价上涨率放在什么水平上？另外，"可承受的物价上涨率"是不是"可接受的通货膨胀率"？把物价上涨作为货币供给量增长率的一个因素，是否有意推行通货膨胀的货币政策？如果用基期的实际物价上涨率作为预期的物价上涨率，那么物价是否永远按同一幅度上升？

（4）如何认识货币流通速度的变化？影响货币流通速度的因素异常复杂，有促进其加快的因素，也有促使其减慢的因素，从理论上说，取决于加快和减慢因素的抵消结果，但这在实际上又很难因时因地给予测定。

正是由于有如此多的问题，所以货币管理当局目前还不敢贸然依据三项挂钩法的理论来确定货币供给计划。

（二）单项挂钩法

它是指对货币需求量增长率进行单项指标跟踪，即只与经济增长率一个指标挂钩。这种方法是为了弥补三项挂钩法的缺陷而产生的。其特点是，让货币供给量增长率钉住经济增长率，但又不是采取对应的挂钩方式，即不是经济每增长 1%，货币供给量就只能增长 1%，而是让二者保持一定的幅度差，通常称之为货币供给系数。用公式表示为

$$RM_S = aR_E \qquad\qquad (10-17)$$

式中：RM_S 和 R_E 的经济涵义同前；a 代表货币供给系数。

按照单项挂钩法的思路，货币供给系数 a 一般是大于 1 的，即经济每增长 1%，货币供给量只有增长 1% 以上才能满足经济发展对货币的客观需要，才能保持货币供需均衡（这也就是货币供给"超前增长"的本意所在）。a 大于 1 的主要理由如下：

（1）经济的增长需要货币供给超前增长。虽然货币流通以商品流通为前提，货币供给的增长需要以商品生产和商品流通规模的扩大为前提，以经济的发展为基础，但是，经济的发展并不是无条件的，它需要有货币供给作原动力。用马克思的话来讲，货币"表现为发动整个过程的第一推动力"[1]。就经济发展过程而言，每年都会有大量的基本建设项目投资，项目建设周期少则三五年，多则十来年，先期需要有大量的货币资金投入。即便建成投产，在真正形成效益之前也需要大量的流动资金进行周转，这就需要货币供给的超前增长为经济增长提供有力支持。但实践证明，如何把握好这一个超前的"度"是一个复杂又具有挑战性的问题。

（2）货币流通速度的延缓需要货币供给量的更快增长，才能使之与经济发展的需要相平衡。因为按照货币流通规律（$M = PQ/V$），可以有两点推论：①在 PQ 不变时，V 减慢，则 M 的值就要增加。②在 PQ 增长时，V 减慢，则 M 的增长速度必快于 PQ 的增长速度，方能保持等式的成立。

（3）货币供给较之经济发展的超前增长不仅表现在数量上，还表现在时间上。即在商品还没有生产出来之前，货币就已经被预付到流通中去了。马克思认为，这种形势"必定会对生产'制度'的发展产生有利的影响"[2]。在商品经济较发达的条件下，银行与企业、企业与企业、企业与个人之间的预收预付关系是普遍存在的现象，这些都是经济发展中必须顾及和考虑的问题。

① 马克思，恩格斯. 马克思恩格斯文集：第 6 卷 [M]. 北京：人民出版社，2009：393.

② 马克思，恩格斯. 马克思恩格斯全集：第 49 卷 [M]. 北京：人民出版社，1982：279.

（4）经济的增长固然是货币供给增加的决定性因素，但并不是唯一的因素。除了经济发展需要供给货币外，社会其他方面的进步也需要占用一定量的货币。现代商品经济条件下的货币流通不仅服务于商品流通，而且要满足其他方面对货币的需要。特别是在全球经济一体化、市场化、金融化的过程中，货币本身的内涵在不断扩大，除了要服务于实体经济，在虚拟经济中，金融性交易也需要占用大量货币为之服务。

总之，从对货币需求的历史回顾和现实考察，影响货币需求的因素复杂而多变，要科学确定一个预期的量，是难以做到的。只能是从微观和宏观的角度，从历史和现实的发展过程加以印证。即使是这样做，事实也说明，货币需求量可以是一个理想的"值"。但这个"值"也难以是一个"点"，而往往是一个"值域"而已。

第四节　中国的货币需求

随着中国经济、金融体制改革的不断深入和发展，货币政策作为间接调控经济运行的手段正日益得到广泛的运用。而要选定适当的货币政策目标，认清货币政策的传导机制，我们首先应该对货币需求的影响因素及其微观基础有个全面的认识。

一、中国货币需求的主要影响因素

货币需求函数是否具有稳定性一直是学术界和货币政策制定者最为关注的问题之一，因为它关系到货币政策目标的制定和货币政策效果的大小。

货币主义鼓吹货币需求函数是稳定的。但西方国家20世纪70年代中期以来出现了"失踪货币问题"，到了80年代，M_2也变得不稳定了，货币供应量作为货币政策的中介目标就出现了问题。

与西方国家不同，中国改革开放以来出现了"超额货币"的问题，即

$$\dot{M} = \dot{P} + \dot{y} \tag{10-18}$$

式中，$\dot{M}$为货币供应增长率，$\dot{P}$为物价变化率，$\dot{y}$为真实经济增长率。我国自1978年到1997年，M_2的年均增长速度为26%，名义GDP年均增长率为9.44%，年均通货膨胀率为7.5%，货币供应增长速度超过名义GDP增长率和通货膨胀率之和约9%，如果把名义GDP折合成真实GDP，则"超额货币"会超过10%。从1999年到2020年，M_2的年均增长速度为14.91%，名义GDP年均增长率为8.56%，年均通货膨胀率为2.08%，货币供应增长速度超过名义GDP增长率和通货膨胀率之和为4.27%。也就是说，从表面上看，中国货币需求是不稳定的，货币流通速度持续减慢，1952年M_2货币流通速度为5.62，1978年下降到2.7，2020年进一步下降到0.46。关于货币需求稳定性的争论，存在着两种截然不同的观点：一种观点认为，改革打破了货币需求的稳定性，货币增长速度对GDP的增长速度和通胀率显现出正向前导作用，因此，货币供应量具有外生性；另一种观点则认为，如果在一般货币论中加入制度变量，则货币需求具有稳定性，货币内生性并未因改革的冲击有所减弱，因此，货币对宏观经济的超需求调控作用是暂时的和相当有限的。

下面我们进一步来分析影响中国货币需求的主要因素。

1. 规模变量

规模变量主要指收入和财富等表现经济活动规模的变量。一些实证分析表明，中国的规模变量与货币需求量之间是正向关系，货币需求的收入弹性大于1而且比发达国家大。当然也有些实证研究的结果是货币需求的收入弹性小于1。

1978年我国国民总收入为3 678.7亿元，2020年为1 008 782.5亿元，是改革开放之初的274.22倍，年均增长率高达9.2%。人均国民收入也从1978年的384.7元，上升到2020年的71 489.1元，增长了184.83倍，年均增长率高达8.2%。金融机构人民币各项存款余额从1978年的0.1万亿元，增加到2020年的212.6万亿元，增长了2 125倍，年均增长率高达19.4%。股票市价总值从1992年的1 048亿元，到2020年的797 238.17亿元，增长了759.72倍。股票成交金额也从1992年的681亿元，增加到2020年的2 068 252.52亿元，增长了3 036倍。改革开放之后，伴随着人们收入和财富的快速增长，货币需求量也快速增长。为满足实体经济和虚拟经济对货币需求的快速增长，中央银行的货币供应量M_2也从1978年的1 346.5亿元，增加到2020年的2 186 795.89亿元，增长了1 623倍。

2. 机会成本变量

机会成本是指持有货币，尤其是持有现金和活期存款等狭义形式的货币所放弃的收益。机会成本的变量主要有：利率、通货膨胀率、交易成本，在开放经济条件下还有预期外国短期利率和汇率变动。

（1）利率。货币需求与利率负相关。在我国，货币需求的利率弹性不大，甚至在早些年的实证模型还出现不显著的情况。随着经济体制改革的深入，利率市场化改革不断深化，货币需求的利率弹性也逐渐变大。

（2）物价水平变动。物价水平持续上升，交易性货币需求也跟着上升。通货膨胀时，由于货币幻觉，人们感觉短期收入增加，因此会增加消费，从而提高货币需求。另外，通货膨胀率高企时，人们出于保值的需要，会把货币转化为商品以求居民财富不贬值，也会使得货币需求增加。如果物价水平持续走低，出现通货紧缩时，货币需求会下降。

（3）交易成本。经济单位在进行资产组合调整时，交易成本直接影响资产组合收益率。特别是在金融资产品种丰富，甚至包括实物资产时，交易费用对货币需求影响更大。近年来，随着支付宝、财付通等第三方支付平台的发展，人们可以快速方便地在支付宝和余额宝，微信钱包和零钱通之间快速转换。余额宝和零钱通实质上是货币市场基金，转入余额宝和零钱通之后人们可以获取不错的收益，又可以享有相当于活期存款的支付便利。

（4）预期短期外国利率和汇率变动。开放经济中一般均衡货币需求函数可以写成

$$M_d = f(\underset{+}{Y^e}, \ \underset{-}{i^e}, \ \underset{\div}{P^e}, \ \underset{-}{r^e}, \ \underset{+}{S^e}) \tag{10-19}$$

式中，M_d为期望实际货币需求，Y^e为预期实际收入，i^e为预期国内利率水平，P^e为预期通货膨胀率，r^e为预期短期外国利率（可以用OECD国家季度短期利率的平均值表示，表示外国有息资产的收益状况），S^e是预期汇率。"+"表示同向变化关系，"−"表示反方变化关系。

本币需求随预期短期外国利率的上升而减少，出现本、外币替代现象。尽管人民币目前还未成为可兑换货币，中国资本项目还未完全开放，但在亚洲金融危机发生后

通过各种合法与非法途径进行的通货替代或资本外逃的数量越来越大。预期汇率变动对货币需求的影响是不明确的：从贸易角度考虑，预期本币贬值，出口增加，收入增加，则货币需求增加；从资金流动角度考虑，本币贬值，资金外流，货币需求将减少。

3. 制度变量

制度变量是指社会经济体制和生产组织结构等影响货币需求的因素。改革开放使中国的制度变量发生了重大变化，因而制度变量对货币需求的影响非常大。有分析认为，如果把制度因素加进需求函数，则中国的货币需求还是符合一般数量论的。

影响中国货币需求的主要制度因素有：货币化进程、软预算约束、价格管制和被迫储蓄。

（1）货币化进程。货币化进程主要是指以货币为媒介的经济活动的比例不断增长，衡量经济货币化的一个重要指标是 M_2/GDP。图 10-1 显示了我国 1952—2021 年货币化比率（M_2/GDP）变化情况。改革开放以前，中国的经济制度属于高度集中的计划经济体制。经济活动的货币化程度十分有限，1952 年货币化比率只有 17.8%，即便到了 1978 年货币化比率也只有 36.6%。改革开放之后，随着计划经济向有计划的商品经济转轨，在 20 世纪 80 年代和 90 年代初，一般商品交易逐步货币化，带来了我国经济的繁荣和高速增长。我国的货币化比率于 1992 年超过西方发达国家货币化的平均"折点"0.9，随后继续不断提高，1995 年达到了 0.99，1998 年达到 1.23，首次超过日本。尽管我国的货币化比率在 2004 年、2007 年和 2008 年有所下降，但是依然处于世界上货币化比率最高的国家的行列。20 世纪 90 年代后期开始的住房、教育和医疗等服务的货币化，以及金融、电信等垄断部门的货币化，不断提升我国经济活动的货币化水平。2003 年我国货币化比率上升到 1.6，2009 年达到 1.74，2015 年继续上升为 2.02，2020 年为 2.15。

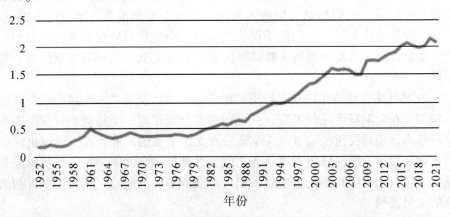

图 10-1　中国 1952—2021 年货币化比率（M_2/GDP）走势图

（2）软预算约束。软预算约束曾经对货币需求的上升起激化作用。但随着改革的深化，它对货币过度需求的引力逐渐消失。

（3）价格管制。价格管制导致商品价格严重偏离其市场出清水平。目前价格机制已基本放开，因此价格管制因素对货币需求产生的影响已很小。

（4）被迫储蓄。企业和个人被迫持有货币主要有两个方面的原因：一是商品供不应求；二是金融资产种类少。目前我国商品基本上已处于供过于求或供求平衡状态，因此造成被迫储蓄的原因主要是金融资产种类偏少。就居民来说，其货币需求不仅随着工资收入的增加而增加，还随着工资外其他收入的增长而增长。1985年，城镇居民存款占工资总额的20%，到1995年已占83.2%。由于其他可供选择的金融资产少，银行存款占金融资产比例一直在80%以上，M_2刚性增长，特别是M_2中准货币的比重不断增加，从1985年的32%升至1996年的62%，1999年11月开征利息税及股市的活跃才使M_2中准货币所占的比重略有下降，2000年为60%，然后继续上升，至2020年为71%。

二、中国货币需求的微观基础

货币需求最终是由微观经济主体行为造成的（当然宏观经济变量反过来也影响个体的微观决策）。从量的方面看，宏观经济变量不一定等于所有微观经济变量的加总；但从质的方面看，两者都有基本相似的函数。因此要了解宏观意义上的货币需求，不能不了解微观主体在一定预算约束下的持币意愿。

从前文的货币理论可以看出，西方学术界对货币需求的微观基础的研究常常采用根据某一特定的持币动机来研究局部货币需求的方法。例如，因为货币是交易媒介，故有交易动机，鲍莫尔模型、惠伦模型是研究交易动机的模型；因货币有价值储藏功能，故有研究投机动机的托宾模型等。但在某一时点上，一个经济主体持有的货币总量中很难明确区分哪一部分用于哪一用途。即使能对各种货币功能的货币需求量加以区分，加总起来也未必恰恰等于实际货币需求量。

货币需求需要寻找微观基础，但微观基础与总量关系又十分复杂，因此造成了该领域研究处于众说纷纭、莫衷一是的状态。因而有人称"货币需求是一个无法求解的谜"。

对于中国货币需求的微观基础，我们可以粗略地从定性的角度加以分析。这里着重分析经济行为主体居民、企业和政府的基于各种持币动机的货币需求。

1. 居民的货币需求

在现代货币理论中，按照需求动机不同，货币需求被划分为三类，即交易性货币需求、预防性货币需求和投机性货币需求。

（1）居民交易性货币需求

居民交易性货币需求与交易费用、货币收入正相关，与利率负相关。从我国的实际情况看：改革开放以来，金融体系逐步健全和迅速发展，金融产品日益丰富，储蓄营业网点增多，使交易费用下降，因而现金持有量下降；货币收入的增长，从而交易量增长使现金和活期存款持有量增长；股票、债券市场的发展又降低了交易性货币需求。

近年来，支付宝、财付通等第三方支付平台的迅猛发展，手机银行的普遍使用，极大降低了交易费用，而且可以方便地切换到有不错收益的余额宝和零钱通等货币市场基金上。为此，2018年1月中国人民银行完善货币供应量中货币市场基金部分的统计方法，用非存款机构部门持有的货币市场基金取代货币市场基金存款（含存单），使货币供应量的统计更加科学合理。2019年数字人民币启动试点测试，2020年4月首批数字人民币在深圳、苏州、北京、成都四地试点。数字人民币（E-CNY），又称数字货币电子支付（digital currency electronic payment，缩写：DC/EP），是由中国人民银行发行的数字形式的法定货币，有以下特点：①具有价值特征和法偿性；②与现钞和硬币等价；③持有数字人民币不会产生利息；④银行不会收取兑出兑回的服务费；⑤在没有网络的情况下，支持离线支付。⑥支持可控匿名。数字人民币的发展将会对流通中的现钞和硬币产生一定的替代效应。这一切的出现正在颠覆和改写人们对传统货币需求的认识，对中央银行监测和调控货币数量提出了更高的要求。

■ **相关链接**

电子支付便利化减少货币需求的消费者心理分析

（2）居民预防性货币需求

①常规的预防性货币需求，即源于日常收支不确定性所引致的预防性货币需求，中国居民也不例外。一方面，常规的预防性货币需求与净支出变动呈正相关，净支出变动越大，收支结构的不确定性越强，居民的预防性货币需求越多；另一方面，预防性货币需求与发生流动性不足时的交易费用呈正相关，即非流动性成本越高，则预防性货币需求越多；此外，预防性货币需求与有息资产的收益负相关。

②体制性预防性货币需求。这是在中国经济改革和转型过程中，由于体制变迁引发的一种较为特殊的预防性货币需求。经济体制改革导致社会福利制度的改革，特别是医疗、就业、教育、住房、养老金等方面的改革措施的逐步推行，使居民对未来的收支结构变化预期中的不确定性因素增强。由于这些改革的总体特征是在提高个人收入的前提下增加个人对这些项目的支出，减少国家的财政负担，因此这类预防性储蓄动机明显增强。在其他条件不变时，如果预期未来收入下降，则当期消费倾向下降，并且把储蓄较多地投入到高收益、低流动性的债券和较长期储蓄存款即 M_2 中的准货币上。一些实证分析表明，1985—1997 年，中国居民收入对居民储蓄几乎没有影响，而未来收入不确定性是居民进行储蓄的主要原因。

（3）居民投机性货币需求

居民投机性货币需求与利率是反向关系。在一个完善的金融市场，具有理性的居民总会根据收益最大化原则在货币、股票、债券及外币资产之间进行资产选择。随着中国金融市场的发育完善及金融产品的增多，利率对投机性货币需求的影响将十分明显。

2. 企业的货币需求

（1）企业交易性货币需求。企业之所以存在交易性货币需求，是由于企业在追求收益最大化、成本最小化目标时降低生产经营过程中的交易成本的需要。交易性货币需求与利率呈反向关系，与交易费用和交易规模呈正向关系。一个理性的企业总是要在不生息的现金或活期存款与债券等生息金融资产之间进行资产组合，以实现对交易性货币余额的最适量控制。与金融市场发达国家的企业相比，中国企业的货币需求与货币资本需求难以清晰区分。交易性货币通常指无息的现金和活期存款，而货币资本则指直接参与生产过程，用于购买生产要素的货币，它们或迅速转化为实物资本，或以长期或短期证券与银行存款形式存在。企业的货币资本在金融市场成熟的环境中更多地以在资本市场发行的债券或股票形式存在。在中国，由于金融资产选择范围窄，国有企业的市场化程度不充分，这两方面原因导致企业不能有效地安排资产结构。企业将渗入生产过程中的大量货币资本以银行存款和现金形式持有。因此，中国企业的交易性货币需求不仅包含有西方经济学意义上的以降低企业外部和内部交易费用为目的的货币需求，而且还包含有维持生产经营中的资金供应、直接进入生产与交易过程、起到货币资本作用的部分。它们受多种因素影响，既有国家经济政策因素，又有企业经营环境和企业自身经营状况等因素。因此，中国企业的交易性货币需求是企业经营过程内外因素的综合反映。

（2）企业预防性货币需求。企业预防性货币需求是指企业为了预防收支的非常规变化、应付不时之需的货币支出，以避免资金周转不灵或丧失有利购买时机而持有的货币。由于中国企业存在货币需求资本化倾向，企业的流动性较高的狭义和广义货币资产构成企业金融资产的主体，大量的直接参与企业生产和投资过程的货币资本也以货币形式尤其是以企业存款形式存在。这一特点说明中国企业的预防性货币需求包含两个部分：一部分是以流动性最高的狭义货币形式持有，旨在应付企业生产经营管理过程中出现的一些不规则的货币支出需要，这也是西方经济学意义上的、与凯恩斯的"谨慎动机"的流动性偏好基本一致的预防性货币需求部分，我们可称之为狭义的预防性货币需求；另一部分预防性货币需求则主要以企业存款等广义货币形式存在，流动性稍低，其目的是应付企业营运过程中出现的意外的投资需要，我们可称之为广义的预防性货币需求。

狭义的预防性货币需求所针对的货币支出不确定性最大，且开支规模一般不大，因此，客观上需要以流动性最高的现金持有，而持现的利息损失成本也不算大。就中国企业营运的状况看，狭义的预防性货币需求来源于企业日常零星现金收支的不确定性。随着中国经济市场化的推进，企业日益走向具有不确定性的市场，在产供销等环节所可能遇到的不规则的现金开支需求会有所增长，从而导致企业狭义的预防性货币需求出现增长的趋势。

广义的预防性货币需求与投资需求相关，不确定性稍小，且开支规模大，如果以现金持有，其机会成本过大，因此一般以企业存款（包括活期和定期存款）形式持有。中国企业广义的预防性货币需求也呈现增长的趋势：第一，企业的市场化经营趋向使得企业在原材料、零部件市场、中间产品市场和产品销售市场都面临着一定程度的市场风险。尤其是个体、私营企业，其广义的预防性货币需求更为迫切，因为在现有金融体制下它们一般不大容易获得银行贷款等外源融资，货币资金主要来源于内源式融资方式，同时它们的经营规模小，缺少长期稳定的供应商和客户，所以面临着更大的市场不确定性，相对需要持有更多的预防性货币资金。第二，在转型经济中，商业信用的信用度差，集中地表现为企业契约行为的非效率性，其中表现得最明显的就是"三角债"。商业信用的不规范减少了企业交易性货币需求，但造成企业货币收支的不确定性显著增强，促使企业增加广义预防性货币需求。

此外，企业还存在资产性货币需求和信贷资产需求。决定企业资产性货币需求的因素，除了企业资金规模等规模变量因素以外，最为重要的、也最为活跃的便是企业持有货币的机会成本变量，主要是持有实物资产和债券、股票、外汇等非货币金融资产的收益。企业的信贷资产需求与货币需求是相互交叉的两个概念。信贷资产需求中有相当多的一部分被企业以现金和银行存款形式持有，构成企业货币需求的主体，但仍有为数不少的信贷资产转化为企业的固定资产和非货币流动资产。

3. 政府的货币需求

政府一方面承担着公共职能，起到维护经济制度和经济运行的作用；另一方面也有自身的利益，有较显著的寻租动机，是市场经济的行为主体之一。因此政府的货币需求行为表现在履行公共职能和追求自身利益两个方面。

（1）政府的职能性货币需求。政府的职能性货币需求主要表现在资源配置、收入分配和稳定经济三个方面。政府履行财政职能时发生的货币收支集中表现在财政存款的变动上。就中国现阶段情况看，证券资产在政府资产中的比重逐渐增加，而现金结余数额不大，财政存款在财政资金收支中占有重要地位。

（2）政府的行政性货币需求。政府的行政性货币需求主要源于行政管理费用开支的需要。改革开放以来，中国的财政收支始终处于相当紧张的状态，但行政系统的管理费用有不断上升之势，这是促成政府的行政性货币需求持续增长的主要原因。政府的寻租行为也扩大了行政性货币需求。政府各种类型的寻租行为的最终目的是使政府机构及其从业人员能获取大量的预算外收入，从而有条件改善有关人员的福利待遇，改善办公环境和设施。因此，政府机构的寻租行为是扩大行政性货币需求量的一个有力手段。

（3）政府的预防性和资产性货币需求。政府部门的预防性货币需求源于对社会生活中突发事件的防范，如水灾、火灾、地震等，为应付这种突发性事件的储备性货币的支出可能性相对较小，而支出规模通常又较大，因此，一般不宜以现金持有，而以存款形式保存。在突发事件发生时，这些预防性货币便通过政府购买和转移支付迅速转化为各种救急物资和特殊补贴。

政府机构的资产性货币需求在通常情况下相当微弱。对政府的职能性货币需求来说，由于货币支出的公益性和政府资产的公有化属性，行政机构缺乏对政府公共资产的保值和增值的动机，因而其货币的资产性需求也就不明显。比如，政府部门一般不会为了抓住有利时机，避免涨价损失，而提前拨款进行政府投资和政府购买。政府在行政性货币需求方面，一般也不具备明显的资产保值和增值动机，但在一定条件和范围下又会表现出一定的货币资产保值行为机制。例如，当政府机构在计划单位福利开支时，会在较大程度上考虑到货币资产的价值；在通胀预期较强烈时，会提前购买实物商品发放给职工，以求得自身福利的极大化。而政府机构之所以如此，与政府职员的切身利益有关。

本章小结

1. 货币需求是一个内涵丰富、内容独特的概念，在理解货币需求的涵义时，注意把握以下特点：货币需求是一个存量概念；货币需求是愿望与能力的统一；货币需求包括对现金和存款货币的需求；货币需求包括对执行多种货币职能的货币的需求。

2. 艾尔文·费雪发展了一种以交易为基础的货币需求理论。该理论认为，对实际货币余额的需求同实际收入成比例且对利率波动不敏感。该理论还认为货币流通速度，即货币周转率是一个常数。这导致了货币数量论的产生，货币数量论认为总支出仅仅决定于货币数量的变动。

3. 古典剑桥学派的理论试图回答个体愿意持有的货币数量。这一理论也认为对实际货币余额的需求同实际收入成比例。但是其与费雪的不同之处在于：它没有排除利率对货币需求的影响。

4. 数据资料不支持古典学派的实际货币流通速度可视为常数的观点。在大危机期间货币流通速度急剧下降之后，对经济学界来说，货币流通速度不是常数这一观点变得尤其清楚了。

5. 凯恩斯通过分析持有货币的三种动机，即交易动机、预防动机和投机动机，发展了剑桥学派的理论。他创立的流动性偏好理论认为，货币需求的交易部分和预防部分与收入成比例，但是，货币需求的投机部分不仅对利率敏感，而且对利率未来变动的预期也很敏感。因此，这一理论认为，货币流通速度并不稳定，不能视为常量。

6. 米尔顿·弗里德曼的货币需求理论使用了与凯恩斯和古典剑桥学派经济学家类似的方法。弗里德曼采用资产需求理论，将货币视同任一其他资产，创立了一种货币需求理论。该理论认为货币需求是其他资产相对于货币的预期回报率和永久性收入的函数。与凯恩斯不同，弗里德曼认为货币需求稳定且对利率波动不敏感。他认为货币流通速度可以预测（尽管不是常量），这一认识得到了与货币数量论相同的结论，即货币是决定总支出的主要因素。

7. 影响中国货币需求的主要因素有规模变量和机会成本变量，前者主要指收入和财富，后者包括利率、物价变动水平、交易成本和预期短期外国利率和汇率变动。中国经济运行中各微观主体的货币需求各有不同，有其特殊性。

重要概念

货币需求　宏观货币需求　微观货币需求　货币流通速度　流动性偏好理论
恒久性收入　交易性货币需求　预防性货币需求　投机性货币需求　费雪方程式
剑桥方程式　马克思的货币需求理论　凯恩斯货币需求函数　现代货币数量论

核心参考文献

［1］秦朵. 改革以来的货币需求关系［J］. 经济研究，1997（10）：16-25.

［2］王少平，李子奈. 我国货币需求的协整分析及其货币政策建议［J］. 经济研究，2004（7）：9-17，114.

［3］帅勇. 资本存量货币化对货币需求的影响［J］. 中国经济问题，2002（3）：30-35.

［4］伍戈. 中国的货币需求与资产替代：1994—2008［J］. 经济研究，2009（3）：53-67.

［5］易行健. 关于中国股票市场对货币需求总量与结构影响的分析［J］. 经济科学，2004（6）：38-47.

［6］郭浩. 中国的"超额"货币需求：稳健货币政策分析报告中的两个理论问题

[J]. 管理世界, 2002 (6)：19-28.

[7] 范从来. 中国货币需求的稳定性 [J]. 经济理论与经济管理, 2007 (6)：35-41.

[8] 尹志超, 公雪, 潘北啸. 移动支付对家庭货币需求的影响：来自中国家庭金融调查的微观证据 [J]. 金融研究, 2019 (10)：40-58.

[9] 胡新智. 论金融创新对货币需求的影响 [J]. 上海金融, 2004 (1)：16-19.

[10] 蔡继东. 从货币需求理论视角看"货币超发"说 [J]. 金融纵横, 2014 (2)：35-41.

[11] 周光友, 施怡波. 互联网金融发展、电子货币替代与预防性货币需求 [J]. 金融研究, 2015 (5)：67-82.

复习思考题

1. 货币供给 M 一直以每年 10% 的速度增长，名义 GDP 即 PY 一直以每年 20% 的速度增长。数据如下（单位：10 亿美元）：

	2006	2007	2008
M	100	110	121
PY	1 000	1 200	1 440

计算每年的货币流通速度。货币流通速度按什么比率增长？

2. 计算当货币流通速度为常量 5 且货币供给从 2 000 亿美元增至 3 000 亿美元时名义 GDP 发生的变化。

3. 当货币供给增长率按 20% 的速度增长且货币流通速度下降 30% 时，名义 GDP 将发生什么变化？

4. 如果货币周转率和总产出都相当稳定（正如古典经济学家认为的那样），那么当货币供给从 10 000 亿美元增加到 40 000 亿美元时价格水平会出现什么变化？

5. 如果货币周转率和总产出保持不变，分别为 5 和 1 000，则当货币供给从 4 000 亿美元减少到 3 000 亿美元时，价格水平会出现什么变化？

6. "由于费雪和古典剑桥经济学家的货币需求方程式相同，都是 $Md = k \times P \times Y$，故他们的理论相同。"这一说法正确、错误还是无法确定？并解释你的答案。

7. 在凯恩斯对投机性货币需求的分析中，如果人们突然确定利率的正常水平已下降，那么货币需求将发生什么变化？为什么？

8. 凯恩斯和弗里德曼的货币需求理论都认为当货币的相对预期回报率下降时，货币需求也将减少。为什么弗里德曼认为货币需求不受利率变动的影响，而凯恩斯认为货币需求受利率变动的影响呢？

9. 结合近十年我国经济金融发展的实际情况，说明影响我国货币需求的因素有哪些。

10. 进入国家统计局官网，查阅中国统计年鉴，全面系统地用数据阐明中国改革开放以来，GDP 与货币需求量大幅增加的关系。

第十一章

货币供给

■**学习目的**

通过本章的学习，你应该能够：

（1）明确基础货币、货币供给、货币乘数等概念；

（2）了解货币供给理论的发展演变；

（3）掌握货币供给的形成机制，商业银行的存款货币创造过程和中央银行的货币供给机制；

（4）掌握基础货币的影响因素，货币乘数的影响因素；

（5）理解货币供给的控制及决定机制，央行数字货币发行对货币供给体系的影响；

（6）了解中国货币供给的变动趋势，理解中国"超额货币"供给问题。

货币最终要用来实现实际经济财富的价值。在金属货币流通股的时期，金属货币供给不足是制约经济发展的重要因素。信用货币的广泛普及彻底解决了货币供给不足对经济发展的制约。在信用货币制度之下，中央银行通过控制基础货币，控制了货币供给的源头，可以根据经济发展的需要来放松或紧缩银根满足经济发展的需要；商业银行则承担了存款货币创造功能。本章主要介绍货币供给的基本概念及理论、现代商业银行与中央银行在货币供给中的作用、货币供给模型以及影响货币供给的主要因素、中国货币供给的特征等问题。

第一节　货币供给及其理论

一、货币供给与货币供给量

货币供给是指一定时期内一个国家的中央银行和商业银行系统向经济中投入、创造、扩张（或收缩）货币的行为。货币供给是一种行为过程，货币供给的结果必然会在经济系统中形成一定的货币量，即通常所说的货币供给量或货币供应量。

货币供给量，即一定时点上一国经济中的货币存量。在当代不兑现信用货币制度下，货币供给作为与货币需求相对应的概念，体现为经济生活中多种形态信用货币的集合，主要包括现金和各种银行存款。其中，现金是中央银行的债务，各种银行存款则是商业银行等金融机构的债务。

货币供给量与货币需求量的一个不同在于，货币需求虽然也有一个客观的数量界限，但却是一个预测值；货币供给量则是一个确切的数值，可以通过对中央银行和商业银行等金融机构资产负债表中的相关数据统计得出。

把握货币供给量的概念首先要区分货币存量（stock of money）与货币流量（flow of money）。存量是与一定时点相对应的变量，而流量是与一定时期相对应的变量。货币供给量是一个存量概念（货币需求量亦如此），是某一时点的货币量，具体来讲，是反映在银行资产负债表中的一定时点上（如年末、月末）的现金与存款总额。而货币流量则是指在一定时期内货币周转的总额，货币流量的大小等于货币供给量乘以同一时期的货币流通速度。其次，按照是否考虑物价因素的影响，货币供给量还可以分为名义货币供给量（nominal money supply）与实际货币供给量（real money supply）。名义货币供给量，是指一定时点上不考虑物价因素影响的货币存量；实际货币供给量就是指剔除了物价影响之后的一定时点上的货币存量。如果我们用 M_s 表示名义货币供应量，则实际货币供应量为 M_s/P。

二、货币供给理论概述

货币供给理论是研究货币供给量由哪些因素所决定以及如何决定的理论。货币供给理论的产生最早可以追溯到 1921 年，美国经济学家菲力普斯（Philips）在其出版的《银行信用》一书中，最先提出了"原始存款"和"派生存款"的概念并加以区分，把握了货币供给理论的核心问题，标志着现代货币供给理论的萌芽。

货币理论界一直存在着货币供给外生性和内生性的争论。货币供给外生性理论认为货币供给是经济系统运行的外生变量，它不是由经济体内部因素所决定，而是由中央银行的货币政策所决定。而货币供给的内生性理论认为货币供给是经济体的内生变量，决定货币供给变动的因素来自经济体系中实际变量及微观主体的经济行为，中央银行难以主动控制，而只能被动适应。

在过去较长的时期内，货币供给量这一重要的经济变量和政策指标被视为可由金融当局绝对加以控制的外生变量。20 世纪 30 年代以来，凯恩斯学派和货币学派也都坚持货币外生性的观点。这些外生性货币供给观点对 20 世纪以来货币当局的政策操作产生了极大影响，一度被誉为"主流经济学"观点。但是同时存在一批支持货币供给内生性的经济学家，如早期古典经济学家詹姆斯·斯图亚特、托马斯·图克、维克赛尔，以及 20 世纪以来的托宾、莫尔、温特劳布、卡尔多等。20 世纪 60 年代以后，随着货币主义的兴起和货币政策日益被人们所重视，经济学家和金融学家们普遍重视货币供给理论的研究，使之迅速发展。西方货币供给理论经历了凯恩斯及新剑桥学派的货币供给分析、新古典综合派对货币供给理论的分析以及货币学派的货币供给理论分析和后凯恩斯主义货币供给理论分析的主流沿革。

三、凯恩斯及新剑桥学派的货币供给分析

凯恩斯对货币供给的分析相对于货币需求的分析来说比较简单。在货币供给方面，凯恩斯认为，货币供给是由中央银行控制的外生变量，它的变化影响经济运行，但自身并不受经济因素的制约。他认为，货币的生产（货币供应的来源）对私人企业来说是可望而不可及的。一般有以下两种情况：

1. 对于商品货币（金属币）来说，他的生产受自然力量（主要是资源稀缺性限制）在绝大多数非产金国里，私人企业即使投入大量的劳动力和设备，货币生产能力的扩大也是微乎其微的，货币供应量的增加也是微不足道的。

2. 对于管理货币或法定货币，更不是私人企业所能产生的，唯有依靠国家的权力才能发行，强制流通。任何私人企业都无力与之抗衡。无论货币需求有多大，或经济中其他变量的刺激有多么强烈，由于货币特征的存在，货币供应不会受它们的影响而自行变化。货币供应的控制权由政府通过中央银行牢牢掌握在手，中央银行根据政府和金融政策，考虑到经济形势变化的需要，可以人为地进行控制，增减货币供应量。

在货币供给理论上，新剑桥学派不完全赞成凯恩斯的外生货币供应理论。他们认为，虽然从形式上看，现有的货币供应量都是从中央银行渠道出去，但实质上这个量的多少并不完全由中央银行决定，在很大程度上是中央银行被动地适应公众货币需求的结果。这是因为，公众的货币需求经常并大量地表现为贷款需求，而银行的贷款和货币供应量是联系在一起的。当经济前景光明时，企业将增加贷款需求，银行只要找到理想的借款人，在无信用风险，有还款保证和能够获利的情况下，总会贷出款项。银行的贷款即可转成存款，每个存款的所有人可以随意支付或提取现金。可见，银行存款的增加实际上扩大了货币供应量，中央银行只能被动地适应。同样，随着物价的上涨和工资额的提高，银行贷款也会相应增多。只要经济活动增加，货币供应就会扩大；反之则相反。因此，对现有货币量发生决定性影响的主要是货币需求，而货币需求的大小取决于经济的盛衰及人们的预期。

在货币供应的控制问题上，新剑桥学派一方面赞同凯恩斯的观点，即中央银行能够控制货币供应，另一方面，又认为中央银行对货币的控制能力和效果不像凯恩斯认为的那样绝对。新剑桥学派主张，中央银行对货币供应的控制是有限度的。其原因：一是当货币需求旺盛时，银行体系会想方设法逃避中央银行的控制，主动增加贷款，扩大货币供应。二是中央银行在货币供应方面存在着漏区，使中央银行不可能严密地控制住货币供应总量。例如，在经济高涨时，中央银行企图限制货币供应的增长，但是金融界可以采取一些信用形式，变相地增加货币供应。比如，银行参与的商业信用为基础的票据流通，就是合法货币的替代品。扩大票据流通，等于增加了货币供应。另外，在中央银行直接控制的银行体系以外，还存在着许多非银行金融机构，它们不受中央银行的严格控制，由于中央银行在控制上存在漏区，使中央银行对货币供应控制能力大大削弱。

同时，他们认为，中央银行对货币供应的控制能力，在货币供应的增加或减少方面分布是不均匀的。中央银行增加货币供应的能力远远大于其减少货币供应的能力。也就是说，如果中央银行要增加货币供给，它完全有能力达到目标，但要减少货币供应量，它未必有能力实现目标。这种控制力的差异不完全是中央银行本身的问题。

总之，新剑桥学派虽然没有明确地提出内生货币供应理论，但在论述中包含了这层涵义，其理论分析也已经脱离了凯恩斯的外生货币供应论。

四、对凯恩斯货币供给理论的发展

（一）新古典综合派对货币供给理论的发展

新古典综合学派对凯恩斯货币供给理论的发展，是随着60年代以来的西方国家金融创新的大量涌现，传统的金融理论、金融体制受到冲击，中央银行的货币政策效果被扰乱这一背景而产生的。新古典综合学派对货币是否外生变量，货币供给量的决定因素和各经济主体的行为对货币供应量的影响等问题进行了研究，提出了有别于凯恩斯货币供给理论的"内生货币供应论"。这一理论主要体现在萨缪尔森和诺德豪斯（Samuelson & Nordhaus，1948）编写的《经济学》教科书中。

他们认为，货币供应量主要由银行和企业的行为决定，而银行和企业的行为又取决于经济体系内的许多变量，中央银行不可能有效地限制银行和企业的支出，更不可能支配他们的行动，因此，货币供应量主要是内生的。其主要理由可归纳如下：①在存贷关系上，认为银行的负债是由银行的资产决定，他们认为在金融体系高度发达的当代，只要有贷款要求，银行就能提供信贷并由此创造出存款货币，致使货币供应量增加，形成从银行体系到实业部门的信贷——货币流。②金融媒介方面的创新，能够起到动用闲置资金、节约头寸、改变货币流通速度的作用。因此，如果中央银行只是部分地提供所需货币，通过金融创新也可相对地扩大货币供应量。③以创造非银行形式的支付，扩大信用规模。当企业决定增加投资时，融资问题很少会成为限制因素。因为银行信贷不是满足新增投资支出的唯一途径，企业可以通过发行或交换期票，甚至通过不履行还款义务等创造出"非自愿"商业信贷的方式来"支付"投资项目。当原材料价格或工资上涨，生产成本上升时，需求相应增加的流动资金也可以用同样的方式解决。

（二）货币学派对凯恩斯货币供给理论的发展

货币学派的货币供给理论主要体现在对通货膨胀的分析和政策主张上。弗里德曼对货币需求研究的结果认为，货币需求是相对稳定的，要保证货币需求与供给的平衡就必须保证货币供给的稳定性。因此，他反对凯恩斯提出的需求管理，认为应当把重点放在货币供给上。货币政策应该是一切经济政策中唯一重要的法宝，其他经济政策如果不通过货币政策或没有货币政策的配合，不可能取得预期的效果。

弗里德曼（Milton Friedman）和施瓦兹（Anna J. Schwartz）在1963年出版的《美国货币史：1867—1960》一书中，通过对美国93年货币史的实证研究，推导出了著名的货币供给决定模型。这个决定模型从形式上看起来并不复杂，用方程式表示为

$$M = H * \frac{D}{R}(1 + \frac{D}{C}) / (\frac{D}{R} + \frac{D}{C}) \tag{11-1}$$

式中，M 表示货币供应量，H 表示基础货币，R 表示商业银行的全部存款准备金，D 表示商业银行的存款，C 表示非银行部门持有的通货。

为了弥补弗里德曼和施瓦兹货币供应模型的不足，菲利普·卡甘（Phillip Cagan）1965年在其著作《1875—1960年美国货币存量变化的决定及其影响因素》中提出了他的货币供给模型：

$$M = \frac{H}{C/M + R/D - (C/M)*(R/D)} \qquad (11\text{-}2)$$

式中 C/M 为通货比率，R/D 为准备金比率。卡甘以准备金比率（R/D）代替了弗里德曼和施瓦兹存款－准备金比率（D/R），以通货比率（C/M）代替了存款－通货比率（D/C）。他认为这种变动可以更好地反映真实情况，且可以使方程更加稳定。

虽然弗里德曼和卡甘的货币供应模型有所不同，但是他们都属于典型的外生货币供给理论。弗里德曼认为控制货币供应量的最佳选择是实行"单一规则"——公开宣布并长期采用一个固定不变的货币供应增长率。实行"单一规则"需要解决三个问题：第一，如何界定货币数量的范围；第二，如何确定货币数量的增长率；第三，货币数量增长率在年内或季节内是否允许有所波动。关于货币数量的范围，弗里德曼认为，应确定为流通中的通货加上所有商业银行的存款，也即 M_2；关于货币增长率的确定，他认为应与经济增长率大体相适应；关于货币增长率在每年内或每季度内是否允许波动，弗里德曼认为，货币供应增长率一经确定是不能任意变动的，若遇特殊情况必须更改时，应该事先宣布并尽量缩小变动的范围。

（三）后凯恩斯主义的内生货币供给理论[①]

后凯恩斯主义经济学家将中央银行的行为纳入内生货币供给的研究范围之中，但逐渐地，他们将重点放在了考察商业银行和其他金融机构的行为方面，并出现了分歧。一种观点认为当银行和其他金融中介机构的储备不够充足时，中央银行必须适应性地供给，否则金融结构将不稳定，甚至危及整个经济，这种方式称为适应性内生供给。另一种观点所强调的是，当中央银行限制非借入储备的增长时，额外的储备通常是在金融机构本身内产生的，通过创新的负债管理在联邦市场、欧洲美元市场上借入资金，这种观点称为结构性内生供给。20 世纪 70、80 年代后凯恩斯主义内生货币供给理论的发展主要是围绕着这两种观点的争论展开的。

1. 适应性内生供给理论

拉沃伊（Lavoie，1984）总结了适应性内生供给理论的观点："在平时，商业银行准备提供所有的贷款，中央银行准备提供所有的储备或在现有的利率水平上提供所需的差额……贷款创造存款，存款创造储备。货币供给在中央银行或银行系统给定的固定的利率上是内生的。它可以用一条给定利率上的水平直线来表示。"适应性内生供给的观点可用下式表示：

$$M = (1 + C)*L*[(1 + m) i_F, \cdots]/(1 + t - k_1 - k_2 t - e) \qquad (11\text{-}3)$$

在上式中，M 表示货币供给量，C 表示现金与活期存款比率，L 表示银行贷款，m 为加成系数，i_F 为中央银行规定的利率，由外生决定；t 为定期存款与活期存款比率，k_1 和 k_2 分别表示活期存款和定期存款的法定准备金率，e 表示超额准备金率。这一理论最重要的贡献是将贷款需求与银行部门的资产负债表联系起来，保证了银行贷款市场的出清，从而得出了贷款需求影响货币供给的结论，并从贷款→存款→储备的顺序表明了其内生性货币供给的观点。

2. 结构性内生供给理论

在适应性内生供给理论中，中央银行提供所有的储备，而在结构性内生供给理论

① MARC LAVOIE. The Endogenous Flow of Credit and the Post Keynesian Theory of Money [J]. Journal of Economic Issues，1984（3）：771-797.

中，不仅假设中央银行对供应的储备施加数量限制，而且银行和其他金融中介一般也不愿意到贴现窗口寻求资金。通过上述假定条件，结构性内生者认为负债管理可以通过"先贷款，再寻找储备"的方式提供所需要的储备。结构性内生供给的观点可以用下面两个公式表示：

$$C(i_F, A_2) + kD(i_F, A_2) = NBR(i_F, A_1) + BR(i_F - i_d) \qquad (11\text{-}4)$$

$$L(i_F, A_2) = (1 - k) D(i_F, A_2) + T(i_F, A_2) + BR(i_F - i_d) - S \qquad (11\text{-}5)$$

其中：C 为现金；D 为支票存款；T 为定期存款；NBR 为非借入储备；BR 为借入储备；i_d 为存款利率；A_1 为扩张性货币政策变量；A_2 为正向贷款变化变量；S 为银行持有的二级储备。内生变量是 i_F 和 S，外生变量是 A_1，A_2，k 和 i_d。上述公式中货币供给的涵义不是直接的，也不是随着银行贷款的增加而一对一地增加的。与适应性内生供给公式相比，其创新之处在于引入了银行持有的二级储备，这样就缓冲了贷款需求和活期存款、定期存款的需求的变化。银行的资产负债管理使银行有动机寻求最廉价的融资方式，这种动机在适应性内生供给模型中是没有提到的。

五、货币供给理论的比较

综上所述，凯恩斯认为货币供给是中央银行控制的外生变量，其变化影响经济运行，而自身不受经济因素的制约。新剑桥学派认为，从实质上看货币供给并不完全由中央银行决定，在很大程度上是被动地适应货币需求的结果。因此，中央银行虽然能够控制货币供给，但它的控制能力和效果不是绝对的。新古典综合学派提出了和凯恩斯观点相反的"内生货币供应论"，认为货币供给量主要是一个受经济体系内诸多因素影响而自行变化的内生变量，它主要是由经济而不是中央银行所决定的。据此，新古典综合学派提出中央银行的政策目标不能放在货币供应量上，反而应放在利率、对商业银行及各类金融机构的资产结构和信用规模管理上。

货币学派也十分重视货币供给稳定，他们主张保证货币供给的稳定性。弗里德曼主张把货币供应增长率固定在一个合理的水平上；合理预期学派基本赞同货币学派关于稳定货币供应增长率的观点。后凯恩斯主义经济学家将中央银行的行为纳入内生货币供给的研究范围之中，产生了适应性内生货币供给理论与结构性内生货币供给理论。其主要区别在于解释寻找储备的过程，即银行（和其他金融中介机构）一旦决定扩张信贷，那么在创造更多存款的过程中，如何获得额外的储备。

第二节　货币供给的形成机制

现代信用经济条件下的货币供给的形成机制是由两个层次构成的货币供给系统。第一个层次是中央银行的基础货币提供；第二个层次是商业银行的存款货币创造。这个系统发挥作用是以存在中央银行和商业银行二级银行体制为前提。

一、商业银行的存款货币创造过程

（一）基本概念

（1）存款货币：是指存在商业银行使用支票可以随时提取的活期存款。

（2）原始存款（primary deposit）：能够增加商业银行准备金的存款。在现在金融体制下。原始存款的来源可以是银行券——中央银行发行的银行券——存入商业银行；可以是商业银行从中央银行借款；可以是客户收到一张中央银行的支票——比如由国库开出的拨款支票——并委托自己的往来银行收款；也可以是客户向商业银行出售外汇并形成存款，而银行把外汇出售给中央银行并形成准备存款等。

（3）派生存款（derivative deposit）：相对于原始存款而言，指由商业银行用转账方式发放贷款，办理贴现或投资等业务活动引申出来的存款，又叫衍生存款。

（4）法定准备金（R_d）和超额准备金（R_e）。银行为满足存款客户随时提取现金以及方便支票结算中银行之间的应付款差额，一方面会保留一部分现金在银行内部（称为库存现金，因为他们贮藏在银行金库中），另一方面会在中央银行开立存款账户，并保留一定的存款余额（称为准备存款）。库存现金与准备存款共同构成为商业银行的存款准备金。按照中央银行要求持有的准备金称为法定准备金。超过部分称为超额准备金。

（二）存款创造货币的两个必要前提条件

存款货币的创造必须具备两个紧密联系的必要前提条件：一是各个银行对于自己所吸收的存款只需保留一定比例的准备金；二是银行清算体系的形成。

第一，银行并不需要为其所吸收的存款保存100%的存款准备是前提条件之一。否则，银行吸收多少存款就保留多少存款准备，那就根本不可能从存款中拿出一部分提供贷款或持有证券，也就谈不上存款货币的创造过程。

第二，正是由于活期存款业务的发展推动了清算体系的建立，而在现代银行清算体系中，应收应付差额都可以在各种银行间的同业往来账户或在清算中心开立的账户结清，这就使得银行不必准备百分百的资金以应对所创造存款的提取需要。

（三）简单存款货币创造

1. 存款货币的创造过程

假设为了增加货币供给量，中央银行在公开市场上从客户甲手中购进国库券10 000元，客户甲收到一张金额为10 000元的中央银行支票，委托A银行收款，从而A银行在中央银行的准备存款增加10 000元，而客户甲在A银行账户上的存款等额增加10 000元。

这时A银行的资产负债状况如下：

A银行资产负债表状况一

资产		负债	
在中央银行的准备存款	10 000元	甲客户存款	10 000元

A银行吸收了存款，从而有条件贷款。设法定准备金率20%，则A银行针对吸收的这笔10 000元存款的法定准备金不得低于2 000元（10 000×20%）。如果A银行向请求贷款的客户乙提供贷款，其最高可贷数额不得超过8 000元（10 000-2 000）。如果对客户乙贷出8 000元，则A银行的资产负债状况如下：

A 银行资产负债表二

资产		负债	
在中央银行的准备存款	10 000 元	甲客户存款	10 000 元
贷款	8 000 元	乙客户存款	8 000 元

当客户乙向 B 银行的客户丙用支票支付 8 000 元的应付款，而客户丙委托 B 银行收款后，A 银行、B 银行的资产负债状况如下：

A 银行资产负债表三

资产		负债	
在中央银行的准备存款	2 000 元	甲客户存款	10 000 元
贷款	8 000 元		

B 银行的资产负债状况一

资产		负债	
在中央银行的准备存款	8 000 元	丙客户存款	8 000 元

B 银行在中央银行有了 8 000 元的准备存款，按照 20%的法定准备金率，则它的最高可贷数额不得超过 8 000×（1-20%）= 6 400 元。向客户丁贷出 6 400 元后，则 B 银行的资产负债状况如下：

B 银行资产负债表二

资产		负债	
在中央银行的准备存款	8 000 元	丙客户存款	8 000 元
贷款	6 400 元	丁客户存款	6 400 元

当 B 银行的客户丁向 C 银行的客户戊用支票支付 6 400 元的应付款，而客户戊委托 C 银行收款后，B 银行、C 银行的资产负债状况如下：

B 银行资产负债表三

资产		负债	
在中央银行的准备存款	1 600 元	丙客户存款	8 000 元
贷款	6 400 元		

C 银行的资产负债状况一

资产		负债	
在中央银行的准备存款	6 400 元	戊客户存款	6 400 元

C 银行在中央银行有了 6 400 元的准备存款，按照 20%的法定准备金率，则它的最高可贷数额不得超过 6 400×（1-20%）= 5 120 元。向客户乙贷出 5 120 元后，则 C 银行的资产负债状况如下：

C 银行的资产负债状况二

资产		负债	
在中央银行的准备存款	6 400 元	戊客户存款	6 400 元
贷款	5 120 元	乙客户存款	5 120 元

当银行的客户已向 D 银行的客户庚用支票支付 5 120 元的应付款，而客户庚委托 D 银行收款后，C 银行的资产负债状况如下：

C 银行的资产负债状况三

资产		负债	
在中央银行的准备存款	6 400 元	戊客户存款	6 400 元
贷款	5 120 元		

如此类推，存款的派生过程如表 11-1 所示。

表 11-1　存款创造过程表

单位：元

银行	新增加的存款 ΔDd	新增准备存款 ΔR	新增银行贷款
A	10 000	2 000	8 000
B	8 000	1 600	6 400
C	6 400	1 280	5 120
D	5 120	1 024	4 096
…	…	…	…
合计	50 000	10 000	40 000

商业银行体系的资产负债状况如表 11-2 所示。

表 11-2　商业银行体系的资产负债表

资产		负债	
在中央银行的准备存款	10 000 元	存款	50 000 元
贷款	40 000 元		
合计	50 000 元	合计	50 000 元

2. 存款货币创造乘数

如以 ΔD 表示包括原始存款在内的经过派生的存款增加总额，以 ΔR 表示原始存款或准备存款的初始增加额，以 r_d 表示法定存款准备金率，则三者关系公式推导如下：

$$\Delta Dd = \Delta R \times \left[1 + (1-r_d) + (1-r_d)^2 + \cdots + (1-r_d)^{n-1} \right]$$

$$= \Delta R \times \frac{1}{1-(1-r_d)} = \Delta R \cdot \frac{1}{r_d} \tag{11-6}$$

令 $K_d = 1/r_d$，称为存款乘数（deposit multiplier），是原始存款能够扩大的最大倍数，实际过程的扩张倍数往往达不到这个值。

如以 ΔL 代表以原始存款为根据而发放的贷款累计总额，则 $\Delta L = \Delta D - \Delta R$

在所举例子中，$\Delta D = 10\,000 \times (1/20\%) = 50\,000$ 元；$\Delta L = 50\,000 - 10\,000 = 40\,000$ 元。

（四）扩展的存款货币创造模型和创造乘数：更为现实的考察

以上的分析设定，所有的存款都是活期存款、支票存款，但存款至少可以分为活期存款 D_d 和定期存款 D_t。对于活期存款和定期存款，通常分别规定不同的准备金率（但也有的国家两者的准备金率并无区分）。如有区分，存款货币创造的分析就需细化。仍设定 ΔD 为活期存款量的增额，r_d 为活期存款的法定准备金率，再设定 t 为定期存款与活期存款之比，r_t 为定期存款的法定准备金率，ΔR 为总准备金存款的增额。

以上的举例也丝毫没有涉及现金——钞票与硬辅币：贷款、存款、货币支付均在银行的账户上进行，没有一分现金流出商业银行系统之外。然而，客户总会从银行提取或多或少的现金，从而使一部分现金流出商业银行系统，出现所谓的"现金漏损"（loss of cashes）。出现了现金漏损，准备存款就要因有一部分以现金形态从商业银行体系流出而减少；或者说，把现金考虑在内，用以充当追加的活期存款与追加的定期存款这两者所需的准备，就不再是与原始存款相对应的准备存款的全部，而是减除现金漏损额的余额。现金漏损额与活期存款总额之比称为现金漏损率，也称提现率（withdrawal rate）。如用 ΔC 代表现金漏损额，用 c 代表现金漏损率，则有

$$c = \Delta C / \Delta D, \quad \Delta C = c \times \Delta D$$

以上的讨论考虑的只是法定准备金，但为安全或应付意外之需，银行实际持有的存款准备金常常高于法定准备金 R_d，超过的部分称为超额准备金 R_e。这就是说，银行的初始准备还有一部分是以超额准备金的形式存在，超额准备金与活期存款总额的比，称为超额准备金率，以 e 代表。

这时的存款货币创造乘数（creation multiplier）为

$$K = \frac{\Delta D}{\Delta R} = \frac{1}{r_d + t \cdot r_t + c + e} \tag{11-7}$$

式中：c = 流通中现金与支票存款的比率（C/D_d）；

$\quad\quad r_d$ = 支票存款的法定准备金率（R_d/D_d）；

$\quad\quad r_t$ = 定期存款的法定准备金率（R_t/D_t）；

$\quad\quad t$ = 定期存款与支票存款的比率（D_t/D_d）；

$\quad\quad e$ = 超额准备金与支票存款的比率（R_e/D_d）。

到这里可以看出，银行吸收一笔原始存款能够派生创造出多少存款，派生倍数大小如何，除了取决于法定准备金率的高低以外，还要受到定期存款比率、现金漏损率和超额存款准备金率等多方面的制约。

综合考虑各种影响因素后，商业银行体系资产负债的变化如表 11-3 所示。

表 11-3　商业银行体系资产负债变化

资产		负债	
在中央银行的准备存款	10 000 元	存款	28 571.43 元
现金漏损	-4 761.90 元	活期存款	19 047.62 元
贷款	23 333.33 元	定期存款	9 523.81 元
合计	28 571.43 元	合计	28 571.43 元

需要说明的是，上文只是就银行创造派生存款过程中的基本可测定因素对存款派生倍数的影响进行分析。如果考虑客户对贷款的需求要受到经济发展的制约，那么并非任何时候银行总有机会将可能贷出的款项全部贷出。也就是说，银行能否多贷，不仅取决于银行行为，还要看企业是否需要贷款。在经济停滞和预期利润率下降的情况下，即使银行愿意多贷，企业也可能不要求贷款，从而可能的派生规模并不一定能够实现。

（五）派生存款的紧缩过程

商业银行系统派生存款倍数创造原理在相反方向上也适用，即派生存款的紧缩也呈倍数紧缩过程。

二、中央银行体制下的存款货币创造过程

在前面的存款货币创造模型中，我们找出了银行准备金变动额同支票存款变动额之间的关系——$\Delta Dd = k_d \times \Delta R$，其中 k_d 为存款乘数。并且针对不同的情形分别推导了相应的存款乘数，从中可以看出，支票存款的变动取决于存款乘数的变动和银行准备金的变动，因此中央银行可以通过控制存款乘数和银行准备金来控制货币供应（M_1）中最重要的部分——支票存款。但是这一公式有两个基本的不足：首先它未包括货币供给中的另一个重要组成部分，即流通中"漏损"的现金。其次，由于流通中"漏损"现金和银行准备金的转化是频繁的，它取决于公众的行为，因此中央银行很难单独地控制银行准备金的数量，而只能大致地控制流通中现金和银行准备金的总额。而我们之所以要研究货币的供应过程，一个很重要的目的便是要了解并改进中央银行对货币供给的控制能力。因此我们希望找出货币供给同一个较易为中央银行控制的变量之间的联系。为此，我们将较易为中央银行控制的流通中漏损的现金与银行准备金之和定义为一个新的变量，即基础货币。

（一）现金的增发与准备存款的补充

1. 流通中现金的形成

我国人民习惯性地称钞票和硬币为现金。国际货币基金组织的口径是以"通货"（currency）来统计钞票和硬币的数额。

钞票以及硬币的发行，是发行银行的特权。中央银行是怎么把钞票和硬币投入流通之中的？

上一节讲到现金漏损，指出这是由于商业银行的客户从自己的存款账户提取现金所致。既然客户可以从自己在银行的存款账户提取现金，他也可以把现金存入自己在银行的存款账户。所以每个存款银行在其日常的经营活动中，都有现金的不断流入和流出。如果现金的提取可以由现金的存入所满足，商业银行就不必补充现金；如果存入的现金满足不了提取现金的要求，商业银行则必须补充现金，而补充的基本途径就是到中央银行从自己的准备存款账户提取。当存在现金漏损的情况下，准备存款就要因有一部分以现金形态从商业银行体系流出而减少。为了保证商业银行可以及时地从准备存款账户提取现金，中央银行必须印制足够的钞票、铸造足够的硬币并保存在全国各地。

当然，商业银行也会有现金存入过多，从而在满足现金提取之后还有剩余的情况。在发达的市场经济中，除了小额贷款，是很少用现金贷出的。所以，收入的过多现金，

银行就会及时存入自己在中央银行的准备存款账户。

由此可以理解，已经存在于流通过程中的现金就是过去商业银行从中央银行的准备存款账户上陆陆续续提取现金所形成的。

2. 准备存款的补充及中央银行的支持

当商业银行总体向中央银行提取现金多于存入的现金，是现金发行量的增长，习惯也称为现金发行；当商业银行总体向中央银行存入现金多于提取的现金，是现金发行的减少，则称为现金回笼。一年四季，现金的发行与回笼是交替的。但总的来看，年复一年，现金的发行都是增长的，根本原因是经济的增长。当现金的增长是必然趋势时，就意味着商业银行从准备存款账户不断地提取现金。所以，在经济增长的条件下，准备存款必须不断地得到补充，以便使之既能保证现金的不断提取，又能保证创造出经济生活所必需的越来越多的存款货币。

准备存款的补充来自中央银行。当然，就一个商业银行来说是可以有其他途径的，如从有往来关系的银行拆借。这就有对往来银行的负债与在中央银行准备存款的等额增加。但这个拆入银行的准备存款增加了，而拆出行的准备存款等额减少。所以，不论商业银行之间的往来如何多样而频繁，整个商业银行系统在中央银行的准备存款总额是不增也不减的。如果要是准备存款总额增加，则必须有中央银行资产业务的增加。

商业银行从中央银行方面补充准备存款的途径，概括起来，基本是三方面：①向中央银行再贴现和直接取得贷款；②向中央银行出售自己持有的债券；③向中央银行出售自己持有的外汇。而补充后的准备存款必然一分为二：现金漏损和减除现金漏损的准备存款。由于中央银行方面补充准备存款是一个连续的过程，在这个连续的过程中，中央银行一方面积累了自己的资产，而另一方面则形成两大负债项目：①不断补充、不断提取现金的准备存款余额；②由一笔笔现金漏损所累计形成的流通中现金。

扩展资产业务并不以负债的增加为前提，这是中央银行特有的权力。中央银行的任何资产业务均会有商业银行准备存款和通货发行之和与之对应，这是中央银行运作的规律。当然，中央银行的行为也并不是完全不受任何约束的。就技术层面和可能性来说，中央银行为商业银行补充存款准备、支持商业银行创造信用货币的能力可以是无限的。但从客观经济过程来说，约束则是强有力的。没有货币需求，商业银行不需要补充准备存款，中央银行有能力也无从发挥；强行支持无限制的货币创造，则会促成通货膨胀，并会受到客观经济过程的惩罚。

（二）基础货币

作为存款货币创造基础的准备存款，既会因现金的提取而减少，又会因现金的存入而增多准备存款；而准备存款的存在，既是现金进入流通的前提——无准备存款无法取得现金，又是现金回笼的归宿——实实在在的现金并不因回笼消失，而是转化为准备存款形态。

需要注意的是，有一部分现金是离开中央银行而并未离开商业银行，即商业银行的现金库存。在银行的日常经营活动中，不断有现金的收收付付，现金库存则是保证现金收付的必要。商业银行的库存现金属于中央银行现金发行的一部分。[1] 它与准备存款性质相同，共同构成银行存款的准备。

---

① 在中国的货币供给统计中，商业银行的库存现金不计入 M_0。

商业银行的存款准备，是准备存款加库存现金；"漏损"的现金，即离开中央银行并且也离开商业银行的现金，是流通于银行体系之外的现金。对于创造信用货币来说，这两者缺一不可，因而统称为基础货币（base money），或称为高能货币、强力货币（high-power money）。国际货币基金组织称之为"准备货币"（reserve money）。

基础货币的构成通常用公式表示为

$$B = C + R \tag{11-8}$$

式中：B 为基础货币（由于基础货币也称高能货币，所以也通常以符号 H 代表）；R 为商业银行保留的存款准备金（准备存款与现金库存）；C 为流通与以后体系之外的现金。在市场经济国度中，基础货币的数额均占中央银行负债总额的绝大比重。

正如我们在前面提到的那样，基础货币的概念之所以如此重要，是因为它比银行准备金更易为中央银行所控制，因此只要掌握了它与货币供给之间的联系，中央银行就可以利用这种联系对货币供给进行控制。

（三）货币乘数

1. 货币乘数（money multiplier）的概念

基础货币，可以引出数倍于自身的可为流通服务的信用货币。把货币供给量与基础货币相比，其比值称为货币乘数（money multiplier）。用 M_S 代表货币供给，B 为基础货币，则可列出下式：

$$M_S = m \cdot B \tag{11-9}$$

式中，m 为货币乘数。

基础货币虽然是由通货（也即处于流通中的现金 C）和存款准备 R 这两者构成，但在货币乘数中的作用并不一样。通货 C 虽然是创造存款货币不可或缺的根据，但它本身的量，中央银行发行多少就是多少，不可能有倍数的增加。引起倍数增加的只是存款准备 R。因此，基础货币与货币供给量 D 的关系可用图 11-1 表示。

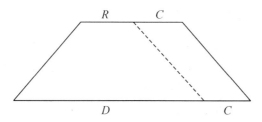

图 11-1　基础货币和货币供给量 D 的关系

2. 货币乘数的决定

根据（11-9）式，我们要计算货币乘数 m，只需分别写出货币供给 M_S 和基础货币 B 的表达式，再令二者相除就可以了。根据定义，则有

$$m = \frac{M_S}{B} = \frac{D + C}{R + C} \tag{11-10}$$

如果把这个式子中分子、分母各项均除以 D，则成为

$$m = \frac{1 + \dfrac{C}{D}}{\dfrac{R}{D} + \dfrac{C}{D}} \tag{11-11}$$

式（11-11）中有个 C/D，称为通货—存款比，这个比率的大小取决于私人部门——包括个人与公司的行为。式（11-11）中有个 R/D，称为准备—存款比，这个比率大小取决于存款货币银行的行为。这两个比率决定乘数的大小，再加上基础货币，即决定货币供给量。而基础货币的多少，在一定意义上说取决于中央银行的行为。

根据式（11-11），货币乘数 m 必然大于1，因此基础货币的增减将导致数倍的货币供给增减。即如果 $m = 2.385$，则基础货币每增减1元，货币供给 M_S 将增减 2.385元。

■ 相关链接

1930—1933 年大萧条时期的银行业危机

第三节 货币供给的控制及决定机制

在上一节中，式（11-9）揭示了货币供给由基础货币和货币乘数决定，而基础货币包括流通中的现金和商业银行的存款准备，货币乘数则取决于 C/D（通货—存款比）和 R/D（准备—存款比）。但是这一结论仅仅是由定义出发通过简单的数学推导得出的，并没有深入分析基础货币和货币乘数背后的决定机制。本节将从中央银行、企业、居民、银行等不同行为主体的角度分析货币供给的控制及决定机制。

一、货币供给的控制机制

在典型的、发达的市场经济条件下，货币供给的控制机制是由对基础货币的调控和对乘数的调控两个环节的控制所构成。如果说货币当局对于基础货币还有一定的直接调控可能，那么对乘数的直接操纵调控则毫无可能。总的来说，在市场经济条件下对货币供给数量的调控只能是间接的。

货币当局通常运用公开市场业务、贴现政策和法定准备金率三大工具调控基础货币和乘数并进而间接调控货币供应量。当前，在三种调控工具中较为常用的是公开市场操作。

（一）公开市场业务

公开市场业务，也称公开市场操作（open-market operation），是指货币当局在金融市场上出售或购入财政部和政府机构的证券，特别是短期国债，用以影响基础货币的行为。这个工具的运作过程如下：当货币当局从银行、公司或个人购入债券时，会造成基础货币的增加。由于债券出售者获得支票后的处理方式不同，会产生不同形式的基础货币。

以美国为例，假设美联储从一家银行购入200万美元债券，并付给它200万美元支票。这家银行或是将支票兑现，以增加库存现金量；或是将款项存入在美联储开立的储备账户。这时，该银行和美联储的账户分别发生两组变化（见图 11-2）：

第 1 组

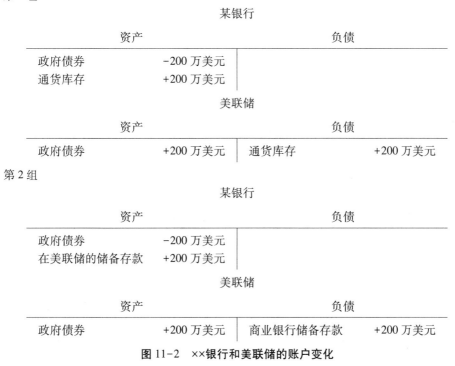

某银行

资产		负债
政府债券	−200 万美元	
通货库存	+200 万美元	

美联储

资产		负债	
政府债券	+200 万美元	通货库存	+200 万美元

第 2 组

某银行

资产		负债
政府债券	−200 万美元	
在美联储的储备存款	+200 万美元	

美联储

资产		负债	
政府债券	+200 万美元	商业银行储备存款	+200 万美元

图 11-2　××银行和美联储的账户变化

若债券出售者为非银行的公司或个人，而且出售者将美联储的支票存入自己的开户银行。这时，美联储、开户银行及出售者的账户分别出现如下变化（见图 11-3）：

出售债券者

资产		负债
政府债券	−200 万美元	
支票存款	+200 万美元	

开户银行

资产		负债	
在美联储的储备存款	+200 万美元	支票存款	+200 万美元

美联储

资产		负债	
政府债券	+200 万美元	商业银行储备存款	+200 万美元

图 11-3　美联储、开户银行及出售债券者的账户变化

当出售债券给美联储的个人或公司把获得的支票兑现时，出售者和美联储的账户会分别出现如下变化（见图 11-4）：

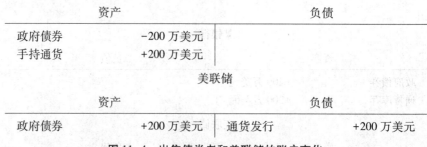

出售债券者

资产		负债
政府债券	−200 万美元	
手持通货	+200 万美元	

美联储

资产		负债	
政府债券	+200 万美元	通货发行	+200 万美元

图 11-4　出售债券者和美联储的账户变化

假若美联储不是购入债券而是出售债券，对基础货币就会产生相反的影响——或是减少了通货发行，或是减少了商业银行在美联储内的储备存款。

以上的例子可以看出，中央银行通过购买或出售债券可以增加或减少流通中现金或银行的准备金，使基础货币或增或减。基础货币增加，货币供给量可随之增加；基础货币减少，货币供给量也随之减少。

公开市场操作的优点有：①使中央银行能够主动影响商业银行准备金，从而直接作用于货币供给量；②使中央银行能够随时根据金融市场的变化，进行经常性、连续性的操作；③通过公开市场业务，中央银可以主动出击；④由于吞吐的规模和方向可以灵活安排，中央银行有可能用其对货币供给量进行微调，而不会产生震动性的影响。

公开市场操作要有效地发挥作用，其前提条件是：金融市场必须是全国性的，可用以操作的证券种类必须齐全并达到相应的规模。

（二）贴现政策

贴现政策（discount policy）是指货币当局通过变动自己对商业银行所持票据再贴现的再贴现率（rediscount rate）来影响贷款的数量和基础货币量的政策，现在已扩及对商业银行各种信用支持的利率。

再贴现利率变动影响商业银行贷款数量的机制是：再贴现利率下降，意味着商业而银行向中央银行的借款成本随之提高，它们会相应减少贷款数量；利率下降，意味着商业银行从中央银行的借款成本降低，则会产生鼓励商业银行扩大贷款的作用。但是，这一政策并不能保证实现引导市场走向的政策意向：如果同时存在更强劲的制约因素，如过高的利润预期或对经营前景毫无信心，这时再贴现利率的调节作用则是极为有限的。

这一政策的作用也许主要体现为告示效应（bulletin effects）。如再贴现利率升高、意味着国家判断市场过热，有紧缩意向；反之，则意味着有扩张意向。这对短期市场利率常起导向作用。

（三）法定准备金率

法定准备金率（legal reserve ratio）也是控制货币供给的一个重要工具。它作为中央银行调节货币供给的政策工具，普遍始于 20 世纪 30 年代经济大危机以后。目前，凡是实行中央银行制度的国家，一般都实行法定准备金制度。个别国家，如英国、加拿大等国，实行的是零存款准备金率制度。

法定准备金率被认为是一个作用强烈的工具。当货币当局提高法定准备金率时，商业银行一定比率的超额准备金就会转化为法定准备金，商业银行的放款能力降低，货币乘数变小，货币供应就会相应收缩；降低法定准备金率，则出现相反的调节效果。事实上，不少国家一直没有采用过这一手段。而在中国，这一工具经常被采用。

二、货币供给的决定机制

除了货币当局的中央银行外，居民、企业和银行的各种行为均会对货币供给产生重要影响。

（一）居民持币与货币供给

中央银行调控基础货币和乘数的工具，最终还要通过微观基础（居民、企业及商业银行的反应）才能起作用。

当居民普遍增加现金［即通货持有量（currency holdings）］的时候，通货比（C/D）会提高；反之，通货比会下降。通货比与货币供给量是负相关关系。

对居民持币行为，进而对通货比产生影响的因素主要有四方面：

（1）财富效应（wealth effect）。当一个人的收入或财富大量增加时，通常说来，他持有现金的增长速度会相对降低；反之亦然。这说明，在一般情况下，通货比与财富和收入的变动呈反方向变化。

（2）预期报酬率变动的效应（effect of expected yields change）。居民持有的现金，其报酬率为零；储蓄存款有利息收益，报酬率大于零；证券或债券的收益率比储蓄存款高，但有风险，对这些金融资产持有比例的变化，都会影响通货比。

（3）假若出现了银行信用不稳定的苗头，居民就会大量提取存款，通货比会因而增大。

（4）非法经济活动。为了逃避法律监督，非法经济活动倾向于用现金进行交易。所以，非法经济活动的规模与通货比正相关。

（二）企业贷款行为与货币供给

企业行为对货币供给影响，是通过它们对资本的需求，进而是对贷款的需求实现的。一般说来，对企业贷款行为，进而影响货币供给的影响因素，主要来自两方面：

（1）经营的扩大或收缩。经营扩大要求补充资本，补充资本的投入一般要求从补充货币资本开始。如果企业需要补充贷款，就不能不影响货币供给。假设缺乏经营积极性成为某一时期企业行为的普遍特点，那么再低的利率也不能刺激企业对贷款的需求，货币供给也就缺乏扩大的基础。

（2）经营效益的高低。一般说来，不管是由于经营管理不善，还是整个经济比例、结构有问题，都会造成资金周转率降低。信贷资金占用时间延长，在相同的产出水平下会相对增加对贷款的需求，从而增加货币供给量的压力；反之，则会减少对于增加货币供给量的压力。

（三）银行行为与货币供给

银行主要通过两种行为影响货币供给：一是调节超额准备金（excess reserves）的比率；二是调节向中央银行借款的规模。

（1）银行超额准备金的调整

银行保有的超额准备金越多，存款货币创造乘数就越小，货币供给量也越小；反之，乘数会变大，货币供给量也相应增加。

通常情况下，商业银行在中央银行的准备存款是没有利息的，所以保有超额准备金则等于放弃收入，这就是超额准备金的机会成本。从这一点出发，商业银行总是力求把超额准备金压到最小限度。在发达的工业化国家中，银行通常把超额准备保持在 1 个百分点之下，这属于"成本—收益"动机的问题。但是，银行如果出现存款流出苗头时，则必须采取增加超额准备金的行为。因为一旦出现存款大量流出的现象，若无超额准备金，就得采取诸如出售证券、催收贷款、向中央银行借款等行动，这不仅会增大成本或减少收益，还可能使银行面临倒闭的威胁。这是增加超额准备金，属于风险规避动机。

保存超额准备金的行为，不论起于何种动机，均意味着对准备存款比例（R/D）的制约。

（2）银行向中央银行借款

在一个典型的市场经济体系中，商业银行向中央银行借款会增加准备金存款，即基础货币的数量，从而能支持更多的存款货币创造。所以，在其他条件不变时，商业银行增加向中央银行借款会扩大货币供给量，减少向中央银行借款会减少货币供给量。

决定商业银行向中央银行借款的行为动机也是"成本—收益"动机，而决定成本和收益的因素则主要是市场利率和中央银行贷款的贴现率；市场利率的高低，正相关地影响从银行借款的多少；而中央银行贴现率的高低，对于商业银行的借款数量的多少，则是负相关。

（四）货币供给的决定机制

将影响货币供给的决定机制用图 11-5 表示：

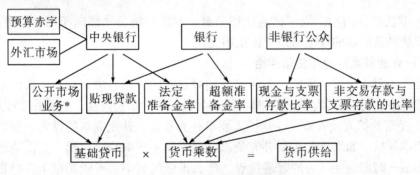

图 11-5　货币供给的决定机制

图 11-5 表明，货币供给主要是由中央银行、银行和非银行公众三者共同决定的，同时还受到预算赤字、外汇市场等方面的间接影响。因此要加强中央银行对货币供给的控制，必须加强中央银行对银行及非银行公众行为的预测和引导能力，同时尽可能避免预算赤字、外汇市场等因素对基础货币的间接影响。

■ **延伸阅读**

央行数字货币发行对货币供给体系的影响

红色政权对货币供应量规模与物价关系的认识

第四节　中国的货币供给

根据我国目前对货币供应量及其乘数的定义，利用最新数据对我国货币供应量及其乘数的变化趋势进行分析。并针对我国货币供给中的"超额货币"供给问题分析了其产生的原因，提出了相关的对策建议。

一、中国货币供应量层次划分及其乘数

出于金融发育程度不同，各国货币供应量的内涵不一致。1994 年 10 月 28 日，中国人民银行印发了《中国人民银行货币供应量统计和公布暂行办法》，首次对我国货币供应量的层次进行规定。此后，中国人民银行分别于 2001 年、2002 年、2011 年及 2018 年对货币供给的统计范围进行了四次修订。根据最新的修订内容，目前对货币供应量的层次划分如下：

M_0＝流通中的现金（金融机构体系之外的现金）。

M_1＝$C+D$，其中 C 为流通中的现金即 M_0，D 为活期存款，包括企业活期存款、机关团体存款、农村存款及信用卡类存款（个人持有）。

M_2＝ M_1+TD，TD 为准货币，包括居民储蓄存款、企业定期存款、信托类存款与其他存款（含住房公积金存款、证券公司客户保证金、余额宝等货币基金存款等）（以下为表述方便把 TD 称为非交易存款）。

其中，M_1 为狭义货币供给量，M_2 为广义货币供给量。

$B=C+R$，其中 B 为基础货币，R 为各类金融机构在中央银行的存款准备金。

由此，可以定义 M_1 和 M_2 的乘数。

$$m_1 = \frac{M_1}{B} = \frac{1+c}{r+r_t \cdot t+e+c} \tag{11-12}$$

$$m_2 = \frac{M_2}{B} = \frac{1+c+t}{r+r_t \cdot t+e+c} \tag{11-13}$$

式中，m_1，m_2 分别是 M_1 和 M_2 的乘数，c＝流通中现金与支票存款的比率；r＝支票存款的法定准备金率；r_t＝非交易存款的法定准备金率；t＝非交易存款与支票存款的比率；e＝超额准备金与支票存款的比率。

二、中国货币供应量及其乘数的变化趋势

1. 货币供应量的变化趋势

从我国 1978—2021 年的货币供应量变化趋势看，各个层次的货币供应量都明显增长，尤其是 2000 年以来 M_1 和 M_2 的增长速度较快。我国 M_0 从 1978 年的 212 亿元增长到 2021 年 6 月的 9.08 万亿元，增长了 427 倍，年均增长率为 15.13%；M_1 从 1978 年的 859 亿元增长到 2021 年的 64.74 万亿元，增长了 752 倍，年均增长率为 16.66%；M_2 从 1978 年的 1 159 亿元增长到 2021 年的 238.29 万亿元，增长了 2 054 倍，年均增长率为 19.41%。显然，M_1 和 M_2 的增长速度明显大于 M_0。从具体发展阶段看，1978 年至 1990 年为高速起步阶段，M_0 的增长速度快于 M_1，说明中央银行投放的现金较多；1991 年至 2002 年为快速发展阶段，M_0 的增长速度开始慢于 M_1，以存款为主的电子货币在这一阶段快速发展；2003 年后为平稳发展阶段，M_0 的增长速度逐年下降，第三方电子货币出现并快速发展，对各层次货币供应量产生了重要影响。

各层次货币供应量变化趋势如图 11-6 所示。

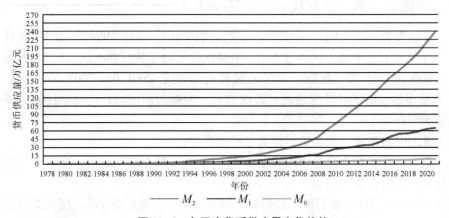

图 11-6　各层次货币供应量变化趋势

资料来源：根据中国人民银行官方网站数据计算

2. 货币乘数的变化趋势

从我国 2000 年至 2021 年货币乘数的变化趋势看，狭义货币乘数与广义货币乘数的变化趋势大致相同，均出现一定的程度的先下降后上升的波动趋势。但整体上我国货币乘数在不断增长，狭义货币乘数从 2000 年的 1.46 增长到 2021 年的 1.96，总体增长了 34.25%；广义货币乘数从 2000 年的 3.67 增长到 2021 年的 7.23，总体增长了 97.00%。显然，广义货币供应量的增长速度大于狭义货币供应量，因此广义货币乘数的增长更快。从分阶段看，2011 年和 2014 年分别是广义货币乘数和狭义货币乘数变化的转折年。2011 年之前，广义货币乘数整体上处于下降趋势；2014 年之前，狭义货币乘数整体上处于下降趋势。

各层次货币乘数变化趋势如图 11-7 所示。

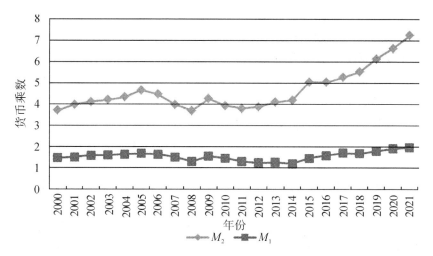

图 11-7　各层次货币乘数变化趋势

资料来源：根据中国人民银行官方网站数据计算

三、中国的"超额货币"货币供给问题分析

1. "超额货币"供给的表现

根据欧文·费雪的现金交易方程，在货币流通速度不变的前提下，货币供给增长率应该等于通货膨胀率与产出增长率之和，如果前者大于后两者之和，则称为超额货币供给。从中国改革开放以来的实际看，我国绝大多数年份以 M_2 衡量的货币供给增长速度超过了经济增长速度与通货膨胀率之和。那么中国是否存在"超额货币"供给问题？如果存在，产生的原因是什么？值得我们关注和研究。

1979—2021 年我国 GDP 增速、CPI 增速与 M_2 增速比较如图 11-8 所示。

图 11-8　1979—2021 年我国 GDP 增速、CPI 增速与 M_2 增速比较

从具体数据看，除 1988 年、1989 年、1994 年、2007 年等个别年份外，由于特殊原因导致物价水平较高，M_2 增速小于 GDP 增速与 CPI 增速之和，其他年份 M_2 增速均大于 GDP 增速与 CPI 增速之和。由此可见，根据欧文·费雪的理论中国整体而言存在"超额货币"供给现象。虽然近年来这一问题得到一定程度的缓解，但是货币增长速度高于 GDP 增速，M_2 与 GDP 比值较高问题却一直存在。

2. "超额货币"供给问题的成因

中国"超额货币"供给的成因是多方面的。张文认为,导致我国 M_2/GDP 比率较高的原因,主要包括货币需求和货币供给两个方面。从货币需求的角度看,由于中国处于经济转型深化阶段,随着经济货币化进程的逐步深入,产品的货币化基本结束,但企业资产、土地、房地产和其他一些生产要素的货币化仍在进行之中,导致货币需求不断增长,在长期内引起 M_2/GDP 水平的持续上升。从货币供给的角度看,我国基础货币的供应具有较强的被动性质,基础货币投放快速增长,货币乘数也大幅提高,引起货币供给量的快速上升[1]。

此外,还有研究认为,以政府投资为主的扩张性财政政策,需要以货币发行来支撑,导致货币供给扩大。由于非理性因素和政府干预等原因导致资本滥用,过度投资、投资效率低下,从而使得 GDP 增速小于货币供给增速。社会保障体系的不完善,导致居民储蓄余额居高不下,也扩大了货币供给。也有研究认为间接融资模式下持续快速的资本形成是中国货币供给不断扩张的根本原因。在间接融资模式下,依据储蓄投资转化的基本逻辑,货币供给与资本存量将形成一定的对应关系。由于存款是货币供给的主要构成部分,因而,资本形成规模巨大不但是储蓄增加的原因,也是在间接融资模式下货币供给增加的原因[2]。

但是中国超额的货币供给并没有引发严重的通货膨胀,现有研究认为虚拟经济的发展及货币虚拟化进程的加速给经济系统带来了新的不确定性冲击,再加上金融监管机制的不完善,使得投资于实体经济和虚拟经济的资金收益差别过大,大量货币脱离实体经济部门,转而进入以资本市场为核心的虚拟经济部门,最终导致货币供应量与物价关系的异化[3]。货币可以划分为交易型货币和资产型货币,中国的货币供给满足了各类商品和劳务的交易之需,而超额的部分则以金融资产的形式存在,因此不会导致物价的飞速上涨。

3. 破解"超额货币"供给的对策建议

一是进一步加强对货币供应量的控制,管好货币供给总闸门。我国的超额货币供给虽然没有导致通货膨胀,但对经济增长也存在潜在的风险。中央银行要严格控制广义货币供应量,将经济增长率和货币增长率维持在稳定的范围内。同时,进一步优化积极的财政政策,提升政府投资效率,优化财政支出结构,使得财政政策更好地促进经济增长。

二是合理引导金融市场健康发展。积极发展多层次的资本市场体系,进一步扩大直接融资规模,进一步完善资本市场监管体系,避免出现较大波动。引导银行保险等金融机构,不断创新金融产品,提升金融产品的多样性、普惠性,引导居民储蓄货币转移到其他投资渠道。完善社会保障制度,降低居民储蓄倾向。

三是宏观监管与微观监管有机结合,不断强化完善金融监管体系。宏观审慎监管用来指导监控广义货币的合理增长,从源头上遏制住广义货币的超预期增长;微观审慎政策要精准地对商业银行资产业务进行监管,从具体业务着手监管,检查资本监管

① 张文. 经济货币化进程与内生货币供给 [J]. 金融研究,2008(2):13-32.
② 吴建军,卓凯. 中国货币供给的再认识 [J]. 宏观经济研究,2017(9):14-21.
③ 马方方,高明宇. 中国超额货币供给现象研究 [J]. 武汉金融,2018(8):18-23.

套利手段和资产投放通道等。充分保障国务院金融稳定发展委员会的顶层设计职能，提升中国人民银行地位以保证货币政策独立有效运行，完善与履行中国银行保险监督管理委员会的职责，有利于强化综合监管、优化监管资源配置，遏制广义货币的无序派生。

■ 专题阅读

数字人民币发行的"民主"与"平等"

本章小结

1. 货币供给量，即一定时点上一国经济中的货币存量。在当代不兑现信用货币制度下，货币供给作为与货币需求相对应的概念，体现为经济生活中多种形态信用货币的集合，主要包括现金和各种银行存款。其中，现金是中央银行的债务，各种银行存款则是商业银行等金融机构的债务。

2. 凯恩斯认为货币供给是中央银行控制的外生变量，其变化影响经济运行，而自身不受经济因素的制约。新剑桥学派认为，从实质上看货币供给并不完全由中央银行决定，在很大程度上是被动地适应货币需求的结果。新古典综合学派提出了和凯恩斯观点相反的"内生货币供应论"，认为货币供给量主要是一个受经济体系内诸多因素影响而自行变化的内生变量，它主要是由经济而不是中央银行所决定的。货币学派也十分重视货币供给稳定，他们主张保证货币供给的稳定性。弗里德曼主张把货币供应增长率固定在一个合理的水平上；合理预期学派基本赞同货币学派关于稳定货币供应增长率的观点。后凯恩斯主义经济学家将中央银行的行为纳入内生货币供给的研究范围之中，产生了适应性内生货币供给理论与结构性内生货币供给理论。

3. 现代信用经济条件下的货币供给的形成机制是由两个层次构成的货币供给系统。第一个层次是中央银行的基础货币提供；第二个层次是商业银行的存款货币创造。这个系统发挥作用是以存在中央银行和商业银行二级银行体制为前提。中央银行提供的基础货币与商业银行创造的存款货币，是一种源与流的关系。银行吸收一笔原始存款能够派生创造出多少存款，派生倍数大小如何，除了取决于法定准备金率的高低以外，还要受到定期存款比率、现金漏损率和超额存款准备金率等多方面的制约。

4. 货币供给由基础货币和货币乘数决定，而基础货币包括流通中的现金和商业银行的存款准备，货币乘数则取决于 C/D（通货—存款比）和 R/D（准备—存款比）。在典型的、发达的市场经济条件下，货币供给的控制机制是由对基础货币的调控和对乘数的调控两个环节的控制所构成。中央银行运用公开市场业务、贴现政策和法定准备金率三大工具调控基础货币和乘数并进而间接调控货币供应量。居民、企业以及银行等经济行为主体也会在不同的角度对货币供给决定机制产生影响。

5. 根据我国目前对货币供应量及其乘数的定义，我国不同层次的货币供应量均呈现出逐年增长趋势，其中 M_2 的增长速度明显快于 M_1 和 M_0，货币乘数整体上处于上升趋势。由于 M_2 的增长速度快于我国 GDP 增速与通货膨胀率之和，因此现有研究认为我国存在一定程度的"超额货币"供给问题。导致这一问题的原因是多方面的，具体包括政府投资效率较低、金融市场和社会保障制度不完善导致居民储蓄率高、间接融资模式下资本形成规模较大等方面。因此，在进一步管好货币供给总闸门的同时，要不断优化完善金融监管体系，积极发展多层次直接融资市场，进一步加强完善社会保障制度。

重要概念

原始存款 派生存款 法定存款准备金 超额准备金 货币供给 基础货币
货币乘数 公开市场业务 贴现贷款 央行数字货币 "超额货币"供给

核心参考文献

[1] 弗雷德里克·S.米什金. 货币金融学 [M]. 12版. 王芳，译. 北京：中国人民大学出版社，2021.

[2] http：//www.federalreserve.gov/.

[3] http：//richmondfed.org/index.cfm.

[4] http：//www.pbc.gov.cn/.

[5] 张成思，尹学钰，刘泽豪. 信用货币创造机制的历史演进逻辑 [J]. 国际金融研究，2021 (7)：3-12.

复习思考题

1. 多项选择

(1) 现代信用经济条件下货币供给系统层次主要包括（   ）。

A. 中央银行提供的基础货币　　　　　　B. 商业银行的存款货币创造

C. 上市公司发行的股票　　　　　　　　D. 财政部发行的国债

(2) 商业银行存款货币创造的必要前提条件是（   ）。

A. 银行保留一定比例的准备金　　　　　B. 银行保留100%的准备金

C. 银行清算体系的形成　　　　　　　　D. 城乡居民储蓄习惯的形成

(3) 决定存款货币创造乘数大小的主要因素有（   ）。

A. 法定准备金率　　　　　　　　　　　B. 定期存款比率

C. 现金漏损率　　　　　　　　　　　　D. 超额存款准备金率

(4) 中央银行的基础货币主要包括（   ）。

A. 流通中的现金　　　　　　　　　　　B. 商业银行在中央银行的存款准备

C. 商业银行的库存现金　　　　　　　　D. 城乡居民的储蓄存款

(5) 影响一个国家货币供应量的主要主体有（   ）。

A. 中央银行　　　B. 商业银行　　　C. 居民　　　　D. 企业

（6）根据中国人民银行对货币供应量的统计范围规定，狭义货币主要包括（　　）。

A. 流通中的现金　　　　　　　　B. 各类活期存款

C. 各类定期存款　　　　　　　　D. 各类股票债券

2. 判断题

（1）货币供给量是指一定时期一国经济中新增的货币供给。　　　　　（　　）

（2）货币供给主要是由中央银行、银行和非银行公众三者共同决定的，预算赤字、外汇市场等不会对其产生影响。　　　　　　　　　　　　　　　　　　（　　）

3. 论述题

（1）影响基础货币和货币乘数的因素分别是什么？

（2）中央银行和商业银行在货币供给过程中各国发挥怎样的作用？

（3）试论述货币供给的控制机制。

（4）分析我国"超额货币"供给的表现、成因及对策。

（5）试分析中央银行影响基础货币投放的主要渠道和方向。

第十二章

通货膨胀与通货紧缩

■**学习目的**

通过本章的学习，你应该能够：

（1）理解货币供求与社会总供求之间的内在联系；

（2）掌握货币均衡与失衡的内涵，了解从货币失衡到均衡的调节措施；

（3）掌握通货膨胀的涵义与类型，理解通货膨胀的成因与效应；

（4）了解治理通货膨胀的对策；

（5）掌握通过紧缩的涵义、分类与成因，理解通货紧缩的社会经济效应；

（6）了解治理通货紧缩的措施；

（7）了解中国改革开放以来的货币失衡问题，并能掌握中华人民共和国成立以来的通货膨胀及通货紧缩的治理。

第一节　货币均衡与失衡

一、货币供求与社会总供求之间的内在联系

（一）货币供给与社会总需求

所谓社会总需求（aggregate demand，AD），通常是指在一定时期内社会对产品和劳务的需求总量。总需求有现实需求与潜在需求之分：现实需求是指有现实购买力的需求，即一定时期内，全社会在市场上按一定价格购买商品和劳务所支付的货币量，以及人们为持有一定的其他金融资产所支付的货币量；而潜在需求，是社会节余的购买力，即尚未实现的需求或将要实现的需求。

货币供给是社会总需求的载体。社会总需求是人们在一定收入水平约束下，对商品的需求。收入水平决定了人们的总需求，而货币供给又决定了人们的收入水平。所以货币供给和社会总需求的关系是，货币供给决定社会总需求。货币供给增加时，名

义国民收入增加，各部门的名义收入也增加，社会总需求增加。

然而，一定量的货币供给并不一定引出同量的总需求，在数量上会有差距。一种情况是如果企业和个人扩大总需求的愿望并不是很强烈，一部分货币供给会形成货币积累，不形成当期需求，从而造成总需求不足。相反如果企业或个人扩大总需求的愿望非常强烈，人们会激活以前积累的货币，使当期社会总需求扩张。

（二）社会总供给与货币需求

所谓社会总供给（aggregate supply，AS），通常是指在一定时期内，一国生产部门按一定价格提供给市场的全部产品和劳务的价值之和，以及在市场上出售的其他金融资产总量。由于这些商品都是在市场上实现其价值的，因此，社会总供给也就是一定时期内社会的全部收入或总收入。同理，总供给也有现实的总供给和客观的总供给之分，前者是指现实中社会各生产部门提供给市场的商品和服务总量，后者则是指一国的生产能力，即可以提供给市场的商品和服务总量。

从宏观角度来看，货币需求是流通中的商品和劳务需要多少货币来媒介它的交换。显然，流通中的商品和劳务的数量越多，需要的货币越多，商品和劳务的数量越少，需要的货币越少。而流通中的商品和劳务就是社会总供给。所以社会总供给和货币需求之间的关系应该是社会总供给决定货币需求。

从微观角度货币需求出发，也能得到相同的结论。微观角度的货币需求是人们在收入一定的情况下，有多少收入愿意以货币的形式保留下来。显然，货币需求的大小直接取决于人们收入的高低。而人们的收入最终来源于总供给，是总供给转化来的，人们只有提供商品或劳务，即创造出总供给，才可能获得收入。所以人们的实际收入水平取决于总供给的多少，又直接决定了货币需求。

社会总供给也不能引出同等数量的货币需求，人们收入增加后，不会全部以货币形式持有，肯定有一部分会转变成生利资产的形式，所以社会总供给增加并不会引起货币需求同量的增加，一般情况下是引起较小的货币需求增加。而且货币需求也不是纯粹被动的，货币需求的变动对社会总供给也有能动作用。

（三）货币供求与社会总供求的内在联系

综上所述，社会总供给的形成需要通过货币来表现、衡量和实现，这就产生了对货币的需求，而社会总需求的形成又决定于货币的供给。又由于总供给与总需求之间存在密切的联系，并且总需求更多地制约总供给的变化，而货币供给，从根本上受制于货币需求。因此，如果分别用 Ms、Md、AS、AD 代表货币供给、货币需求、社会总供给和社会总需求，上述关系可以进一步表示为图 12-1。

图 12-1　货币供求与社会总供求关系图

图 12-1 包括以下几层涵义：①社会总供给决定了一定时期的货币需求。因为，在商品货币经济条件下，任何商品都需用货币来表现或衡量其价值量的大小，并通过与

货币的交换实现其价值。但同等的总供给可有偏大或偏小的货币需求。②货币的需求决定了货币的供给。就货币的供求关系而言，客观经济过程的货币需求是基本的前提条件，货币的供给必须以货币的需求为基础，中央银行控制货币供给量的目的，就是要使货币供给与货币需求相适应，以维持货币的均衡。③货币的供给形成对商品的需求。任何需求都是有货币支付能力的需求，只有通过货币的支付需求才得以实现。因此，在货币周转速度不变的情况下，一定时期的货币供给水平实际上就决定了当期的社会需求水平。④商品的需求必须与商品的供应保持平衡。这是宏观经济平衡的出发点和复归点。

在这个关系图中，货币供求的均衡是整个宏观经济平衡的关键。也就是说，如果货币供求不平衡，整个宏观经济的均衡就不可能实现。而要使货币供求保持均衡，就需要中央银行控制货币的供给，使货币的供给与客观的货币需求经常保持一种相互适应的关系，以保证经济的发展有一个良好的货币金融环境，从而促进宏观经济均衡协调的发展。

二、货币均衡与失衡

（一）货币均衡

货币均衡（monetary equilibrium）是指货币供应量与货币需求量在动态上保持一致的现象。这里需要注意以下几点：

（1）这里的货币供给量为名义货币供给量，而货币需求量为实际（或真实）货币需求量，因为仅从名义上来看货币供给量与货币需求量总是持平的。如果货币供给量一定，不论货币需求如何，社会公众所持有的货币的名义数额都不可能超过当时整个经济体系中的货币存量，也不可能少于这个存量。这就是说，在任何一个时点上，货币供给量既代表了当时的货币供给量，又代表当时的名义货币需求量。但是，这一货币需求量并不一定等于真实的货币需求量。从个别持币者来看，他的名义持币量不一定代表其意愿需求量；从社会来看，名义货币总量不一定代表社会的实际货币需求量。否则，均衡就不存在。

（2）不能将货币均衡单纯地理解为货币供给量与货币需求量的绝对相等，而是大体上相等。这是因为，货币供给量和货币需求量，尤其是货币需求量，不可能计算出一个精确的值，所以相等不是绝对的，而是相对的。

（3）经济学上说的"均衡"往往是供求对比的一种特例。日常经济生活中供求状况更多地表现为失衡。正是由于失衡的常见性和普遍性，才提出供求均衡。但是，这种均衡也绝不意味着是在某一时点上的静态均衡，而应是一段时期内的动态均衡。货币均衡的涵义也是如此，它并不是货币供给量与货币需求量在某一时点上的偶然相等，而是一种货币供求的动态均衡。

（4）严格地说，货币均衡不仅指货币供求总量上的均衡，还包括货币供求结构上的均衡。例如，从大的方面来说，它要求与货币层次相对应的货币供给量和货币需求量相等。再如，从小的方面来看，要求持有货币的人能顺利地按既定的价格转化成商品，持有商品的人能顺利地按既定的价格转化为货币，不存在有钱买不到商品或有商品卖不出去的情况。然而，这只是价格意义上的货币均衡，只能是一种理想境界，实际上不可能达到。

（5）货币供求结构均衡问题中，还有一个时间均衡问题，就是货币供应的时间和货币需求的时间要均衡，否则也影响到货币供求的均衡。时间分布的不均衡也会影响商品的供求平衡，影响经济的正常发展。

（二）货币失衡

货币均衡是中央银行通过货币政策操作，使货币供求基本相适应的理想目标。事实上，货币供求的失衡却是常见的。在经济运行中，可能存在着过多的货币需求，但货币供给短缺，这时候经济出现通货紧缩现象；也可能是相对于货币需求来说，货币供给太多，这时候经济出现通货膨胀现象。因此货币失衡有两种表现：

1. 货币供给量小于货币需求量

在一特定时期，若货币供给量小于货币需求量，经济运行中会出现通货收缩，经济发展停滞。其原因不外以下几种：

（1）由于经济发展、商品生产和交换的规模扩大了，但货币供给量并没有及时增加，从而使经济运行中货币量显得紧张。这种情况在金属货币流通条件下比较常见. 在纸币流通条件下出现的概率较低。这是因为，在金属货币流通时，货币供给的增加要受金属币材开采的限制；在纸币流通时. 中央银行增加纸币供给非常容易。

（2）在经济运行中的货币供给量和货币需求量大致相等的情况下，中央银行实施紧缩性的货币政策，减少货币供给量，从而导致流通中的货币紧缺，国民经济的正常运转受到了抑制，使本来供求均衡的货币运行趋向供给小于需求的货币失衡状态。

（3）在经济危机阶段，由于经济运行中的信用链条断裂，正常的信用关系遭到破坏，社会经济主体对货币的需求急剧增加，中央银行的货币供给量却相对地滞后与货币需求的增加，从而导致了货币供求的失衡。

2. 货币供给量大于货币需求量

在现代信用货币制度下，货币供给过多是一种经常出现的失衡现象。造成货币供给量大于货币需求量的原因很多，主要有以下几种：

（1）政府财政赤字向中央银行透支。政府财政收支发生赤字进行透支，若在中央银行没有控制的情况下，无疑会使中央银行增发货币，从而导致货币供给量增加过度，造成货币供求失衡。

（2）政府推行的高速经济增长政策需要货币政策支撑，在中央银行无足够的货币资本实力情形下，银行信贷规模的不适当扩张，造成货币供给大于货币需求的货币失衡现象。

（3）从经济的连续性角度分析，若前期货币供给相对不足，商品积压影响再生产的顺利进行，为促进经济的正常运转，中央银行实施扩张性的货币政策，但由于力度把握不适当，导致银根过度放松，货币供给的增长速度超过了经济发展的需要，从而形成过多的货币供给。

（4）在开放经济条件下，经济落后、结构刚性的发展中国家国际收支失衡，无法利用进出口机制弥补国际收支逆差，导致本国货币贬值造成货币供给量的急剧增长。

（5）货币供求的结构性失衡。这种失衡是指货币供给量和货币需求量大体一致，但货币供给结构和货币需求结构不相适应。这种结构性货币失衡往往表现为短缺与过剩并存，部分商品和生产要素供过于求，另一部分商品和生产要素供小于求。造成这种货币失衡的原因在于社会经济结构的不合理及在此基础上的刚性。

第二节 通货膨胀

一、通货膨胀及其类型

（一）通货膨胀的涵义

1. 通货的涵义

所谓通货，简单地说，就是流通中的货币。现代市场经济中，通货作为流通中的货币，泛指一切在流通领域内可以当作流通手段或支付手段而授受的货币，包括硬币、纸币和信用货币。

2. 通货膨胀的涵义

对于如何定义通货膨胀（inflation），迄今为止也没有形成一个统一的说法。比较权威的《大英百科全书》认为"不存在一个唯一的普遍接受的关于通货膨胀的定义"。通货膨胀是经济过程中的综合病症，它在不同的国家和地区、不同时期和不同经济背景下，表现出多种特征。同时，随着经济理论研究的发展，人们对通货膨胀的成因、表现形式及内在机制的认识也更为深刻。因此，各学派依据不同的理论体系或从不同的角度定义通货膨胀。

从 20 世纪 50 年代以来，西方经济学界对通货膨胀的定义大致可以分为两大类：一类是物价派，另一类是货币学派。

（1）物价派侧重于分析通货膨胀造成的结果，认为通货膨胀是指一般物价水平出现持续性的普遍上升的过程。其主要代表为新古典综合派经济学家萨缪尔森、斯蒂格利茨、曼昆等人，他们明确提出通货膨胀就是一般物价水平的上涨或持续上涨，不论什么原因造成的物价水平上涨都是通货膨胀。物价上涨率是衡量通货膨胀的最明晰的指标，人们通过它可以直接地感受到通货膨胀的存在。因此，经济学家通常将通货膨胀与物价上涨等同起来。例如，新古典综合派代表人物保罗·萨缪尔森认为："通货膨胀的意思是，物品和生产要素的价格普遍上升的时期——面包、汽车、理发价格上升；工资、租金等也都上升。"通货膨胀是指经济中物价总水平的上升。美国出版的《现代经济词典》对通货膨胀的定义是："一般物价水平的持续上升，其结果是购买力下降。"最新版的英国《经济词典》对通货膨胀的定义是："通货膨胀指价格总水平的持续上升，可视为货币的贬值。"

（2）货币学派强调分析通货膨胀发生的原因，认为流通中的货币供应量超过实际需求量时就发生了通货膨胀。货币学派的代表人物弗里德曼一方面认为通货膨胀就是物价的普遍上涨，同时又指出："通货膨胀是一种货币现象，即如果货币数量增加的速度超过能够买到的商品和劳务增加的速度，就会发生通货膨胀。"新自由主义者哈耶克更明确地指出："'通货膨胀'一词的原意和真意是指货币数量的过度增长，这种增长会合乎规律地导致物价上涨。"在哈耶克看来，通货膨胀必然导致物价普遍上涨，但由于其他原因（例如收成不好、石油或其他能源短缺等）而引起的物价上涨则不能称之为通货膨胀。这种定义也包括了物价上涨，但其核心在于货币供应过多，而不是物价上涨。持这一观点的部分人还认为，物价总水平的上涨不一定就是通货膨胀。同时，物价总水平的上涨只是通货膨胀的表现形式，而非完全的表现形式。如果货币发行量超过某个临界点时，可能会由于政府的价格管制或其他因素，使得过量的货币不通过物价形式表现出来。

尽管西方经济学家们对通货膨胀的定义意见不一，但在各种文献研究中，"物价派"的观点还是占主流地位的，更多的学者选用物价指标对通货膨胀进行测量和分析。

在解释通货膨胀的涵义中，我国理论界对通货膨胀涵义的解释大都以马克思的货币流通规律为基础，比较一致的观点是：

（1）通货膨胀产生的前提条件是纸币流通。在金属货币流通的条件下，不可能发生通货膨胀。因为金属货币具有内在的价值，它可以通过贮藏手段的蓄水池作用，自发地调节货币流通量，使之与商品流通量相适应。当流通中的货币量过多时，过多的金属货币会自动地退出流通领域，而成为贮藏货币。另外，在金属货币流通的条件下，银行券的发行是以黄金作为保证的，流通中过多的银行券可以通过兑现黄金的形式流回到银行。因此在金属货币流通的条件下，不会出现通货膨胀。在纸币流通的条件下，纸币本身没有内在的价值，不能像金属货币那样被贮藏，也不能通过兑现金银而退出流通，当纸币发行量超过流通中所需要的货币量时，就会出现纸币贬值和物价普遍上涨的情况。

（2）通货膨胀的表现形式是物价上涨，但物价上涨不一定就是通货膨胀。虽然通货膨胀与物价上涨有着密切的联系，但并不是同一个概念。因为引起物价上涨的因素很多，除了由于纸币过度发行而引起通货膨胀这一因素外，还有其他一些因素，如商品本身价值的提高；商品供求关系的变化；某些垄断组织人为地提高商品的价格；国家实行强制性提价等也会引起物价上涨。但这些因素引起的物价上涨不属于通货膨胀的范围。所以通货膨胀必然表现为物价上涨，但物价上涨不一定就是通货膨胀。

（3）通货膨胀表现为一般物价水平的上涨。一般物价水平的上涨是指商品价格普遍而又持续地上涨，因而那些局部的、个别商品的价格上涨以及季节性的、暂时性的物价上涨都不是通货膨胀。

（4）通货膨胀与纸币膨胀有区别。纸币的现实形态就是现金，是通货的一个重要组成部分。通货膨胀的一个重要表现形式是纸币发行过量。但是，纸币的过量发行并不一定就是通货膨胀，因为如果通货的另一个重要组成部分——银行活期存款没有相应增加，即使纸币发行多了，整个通货总量仍可能没有超过必要的货币量，因而不会发生通货膨胀。如果现金发行量虽然没有增加，但现金以外的其他信用货币的流通增加，也会使流通中的货币总量超过流通中所需要的货币必要量，结果同样出现物价大幅度上涨。

综上所述，我们可以将经济生活中的通货膨胀定义为：通货膨胀是指在纸币流通条件下，由于货币发行量超过流通中的实际需要量，从而引起货币贬值，一般物价水平持续上涨的经济现象。

（二）通货膨胀的类型

在经济分析中，由于研究者对通货膨胀所强调的重点和研究目的不同，则会按不同的分类标准对通货膨胀进行分类。

（1）根据物价上涨的方式，通货膨胀可划分为公开的通货膨胀和隐蔽的通货膨胀。公开的通货膨胀是指政府当局不对物价进行管制，而由市场力量所决定的一般物价水平明显而直接的、持续的上升过程。通常意义上的通货膨胀皆为公开的通货膨胀。隐蔽的通货膨胀则是指由于政府当局采取物价管制而使一般物价水平不能自由上升的通货膨胀。这类通货膨胀通常表现为商品短缺、国家牌价、计划供给、凭证排队购买、黑市猖獗等现象。在隐蔽的通货膨胀情况下，一方面会导致商品质量下降，不正之风盛行；另一方面由于多余的购买力无法通过市场机制消除而造成"强迫储蓄"，形成收入和财富的不公平的再分配。

（2）根据一般物价上涨速度的快慢，通货膨胀可划分为温和的、奔腾式的和超级的通货膨胀。这三类通货膨胀之间并不存在明确的分界线，但是三者对经济的影响仍存在着质的区别。①温和的或爬行的通货膨胀，通常是指年通货膨胀率在10%以内的通货膨胀。这类通货膨胀通常出现在价格缓慢上升的时候。在温和而稳定的通货膨胀的条件下，人们预期比较稳定，相对价格不会过分不协调。②奔腾式的通货膨胀，是指价格按照两位或三位数字的年通货膨胀率上升的通货膨胀。在奔腾式的通货膨胀的条件下，就会出现严重的经济扭曲。由于货币价值损失太快，人们尽量避免持有任何多于最低限度的货币；金融市场消失，资金不是依靠利息而是依靠定量分配来配置；人们囤积商品，大多数契约变为用价格指数来进行调整。③恶性的或超级的通货膨胀，则是指年通货膨胀率在四位数字或四位以上数字上升的致命的通货膨胀。超级的通货膨胀具有两个特点：一是货币流通速度极大加快；二是相对价格极不稳定，造成严重的经济不公平和扭曲。1922年1月至1923年11月，德国的价格指数由1急剧上升到100亿。当然，超级的通货膨胀一般不可能持续太久，其结果通常会导致货币改革或经济崩溃。

（3）根据能否预期，通货膨胀可划分为预期的通货膨胀和非预期的通货膨胀。如果通货膨胀是人们能够预期的，则为预期的通货膨胀；反之，则为非预期的通货膨胀。预期的通货膨胀会导致物价与工资的螺旋式上升，而不能形成收入和财富的再分配作用；非预期的通货膨胀则可导致收入与财富的再分配。

（4）按照成因，可划分为需求拉上的通货膨胀、成本推进的通货膨胀、混合的通货膨胀、结构性的通货膨胀四种类型的通货膨胀。这是西方经济理论界常用的分类方法。

二、通货膨胀的成因

（一）需求拉上型通货膨胀

所谓需求拉上型通货膨胀（demand-pull inflation）是指总需求超出了社会潜在产出水平之后引起的价格水平连续上涨的情形。需求拉上型通货膨胀又被通俗地表述为"过多的货币追逐过少的商品"。

能够对物价水平产生需求拉动的原因不外乎实际因素和货币因素。实际因素主要是投资，由于投资需求增加，总供给与总需求的均衡水平被打破，物价水平上升。从货币方面来看，需求被拉起有两种可能：①经济体系对货币的需求大大减少，即使在货币供给无增长的条件下，原有的货币存量也会相对过多；②货币需求量不变，货币供给增加过快。实际情况以后者居多。无论是实际因素还是货币因素，其造成的物价上涨效果是相同的。但投资需求过旺可能导致利率上升，而货币供给过多则可能造成利率下降。然而这两者却往往是相伴而生的：过旺的投资需求往往要求更多的货币供给支持；增加货币供给的政策也往往是为了刺激投资。

事实上，总供给并不总是一成不变的。如果投资的增加引起总供给以同等规模增加，物价水平可以保持不变；如果总供给不能以同等规模增加，物价水平上升会较缓慢；如果总供给丝毫也不增加，那么需求的拉动将完全作用到物价上。我们可以用图12-2来说明。

在图12-2中，横轴代表总产出或国民收入 Y，纵轴代表物价水平 P，总供给曲线为 $ABCS$，其中，AB 段总供给曲线呈水平状，表示社会上存在着大量的闲置资源或大量的失业人口，此时供给弹性无限大；BC 段表示社会上的闲置资源已很少，整个社会逐渐接近充分就业状态；CS 段总供给曲线呈垂直状，表示社会的生产资源已经被充分利用，不存在任何闲置资源，供给已经毫无弹性，这就是充分就业状态。在 AB 段，随着总需求曲线从 AD_1 增加到 AD_2，物价水平并没有上涨，这是因为此时总供给的增加潜力很大，总需求的上升带动总供给以同等规模上升，因此，物价水平可以保持不变，而国民收入却从 Y_1 增加到 Y_2。在 BC 段，随着总需求曲线从 AD_2 上升到 AD_3，物价水平增加到 P_1，此后，随着总需求曲线 AD_3 上升到 AD_4，物价水平进一步提高到 P_2，国民收入也从 Y_2 增加到 Y_3，进而增加到 Y_4，可以明显地看出，国民收入上升的速度 AB 段有所减缓。这就是被凯恩斯称为"半通货膨胀"的情况。在 CS 段，随着总需求曲线的进一步上移（AD_4 到 AD_5），物价水平从 P_2 同比例上升到 P_3，而与此同时，国民收入却没有变化，这就是被凯恩斯称为"真正的通货膨胀"的情形。

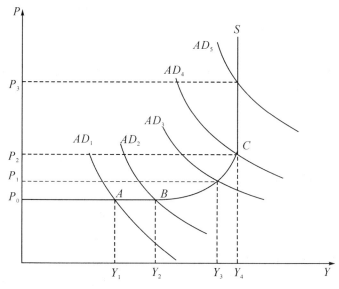

图 12-2　需求拉上型通货膨胀

（二）成本推进型通货膨胀（cost-push inflation）

进入 20 世纪 70 年代之后，西方发达国家普遍经历过高失业和高通货膨胀并存的"滞胀"局面。这种情况下的通货膨胀显然无法通过需求过度理论来加以解释。因为，按照上面的理论，只有在达到充分就业水平之后，才会出现由于总需求过大产生的通货膨胀。因此，许多经济学家转而从供给方面去寻找通货膨胀的根源，提出了"成本推动"的通货膨胀理论，即认为通货膨胀的原因在于成本上升引起了总供给曲线的上移。

成本推进型通货膨胀论者主要关注由经济中某些垄断性因素引起的成本上升，这可以归结为两种类型的成本推动，即工资推动和利润推动。

所谓工资推进型通货膨胀理论，是以存在强大的工会组织，从而存在不完全竞争的劳动市场为假定前提的。在一些发达国家，工会的力量十分强大，它们作为一个垄断性的组织，与雇主集体议定工人工资水平，使得工人有可能获得高于均衡水平的工资。并且由于工资的增长率超过劳动生产率，企业就会出人力成本的加大而提高产品价格以维持盈利水平。这样，过高的工资推动总供给曲线上移，从而形成工资推动型的通货膨胀。在此情况下，由于价格的上涨又会部分或全部抵消工资的上涨，工会就会继续要求提高工资，工资提高又引起物价上涨，从而形成西方经济学家们所谓的"工资—价格螺旋"。这种理论特别强调两点：一是货币工资率的上涨一定要超过劳动生产率的增长，否则就不是工资推进型通货膨胀；二是工会的力量。它认为即使存在货币工资率的上涨超过劳动生产率增长的情况，也不能完全肯定发生了工资推动型的通货膨胀，原因是有可能这种工资的上涨并不是由于工会发挥了作用，而是由于劳动力市场出现严重的供不应求而产生的。许多经济学家将欧洲大多数国家在20世纪60年代末70年代初所经历的通货膨胀认定为工资推动的通货膨胀。因为，在这一时期这些国家出现了工时报酬的急剧增加。例如，在联邦德国，工时报酬的年增长率从1968年的7.5%跃居到1970年的17.5%。

另外一种成本推进属于利润推进型，由于一些垄断经济组织控制了某些重要原材料的生产和销售，它们为了获得高额的垄断利润而操纵价格，使价格的上涨速度超过成本支出的增加速度，如果这种行为的作用大到一定程度，就会形成利润推进型通货膨胀。这种类型的通货膨胀又被称为供给冲击型通货膨胀。比较典型的例子是，1973—1974年石油输出国组织（OPEC）将石油价格提高了4倍，到1979年，石油价格又被再一次提高，这两次石油提价对西方发达国家经济产生了强烈的影响，以致他们惊呼出现了"石油危机"。

各种使成本上升的因素还可能交织在一起，使通货膨胀进一步加剧。例如在1973年石油提价的同时，由于连年的粮食歉收，世界粮价也出现了暴涨；同时许多国家的工资增长也进一步升温，例如美国和日本在1973—1975年的工时报酬年增长率都达到了30%以上。

图12-3中，AD表示总需求曲线，AS表示总供给曲线。假设开始时经济处于充分就业的均衡点C_1，现在由于原材料（或工资）等价格的上升，使得短期内供给曲线上移到AS_2，在原来的价格水平P_0上，总需求Y_1和新的总需求水平Y_3之间有缺口，即在原有的价格水平上，人们对商品产生了超额需求。这个总需求超过总供给的部分将带来通货膨胀的压力，并最终使价格上涨到总需求和总供给相等时的均衡价格水平P_1。我们不难想到，价格上升的结果又反过来造成增加工资的需求，并使总供给曲线上移。通货膨胀就会不断继续下去。这就是通货膨胀螺旋。

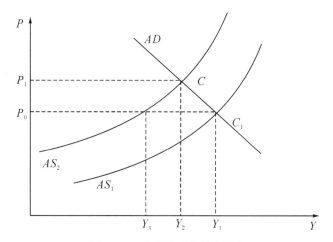

图 12-3　成本推动型通货膨胀

（三）供求混合推进型通货膨胀

供求混合推进型通货膨胀（mixed inflation）是将供求两个方面的因素综合起来，认为通货膨胀是由需求拉上和成本推进共同起作用导致的。持这种观点的经济学家认为，在现实经济社会中，通货膨胀的原因究竟是需求拉上还是成本推进是很难分清的，因此他们反对将通货膨胀划分为"需求拉上"或"成本推进"类型，认为通货膨胀既有来自需求方面的因素，又有来自供给方面的因素，即所谓"拉中有推、推中有拉"。例如，通货膨胀可能从过度需求开始，但由于需求过度所引起的物价上涨会促使工会要求提高工资，因而转化为成本（工资）推进的因素；另一方面，通货膨胀也可能从成本方面开始，如迫于工会的压力而提高工资等，但如果不存在需求和货币收入的增加，这种通货膨胀过程是不可能持续下去的，因为工资上升会使失业增加或产量减少，结果将会使"成本推进"的通货膨胀过程终止。可见，"成本推进"只有加上"需求拉上"才有可能产生一个持续性的通货膨胀。总之，其持续的通货膨胀过程是由需求因素和供给因素共同作用而产生的。

（四）结构型通货膨胀

有些经济学家认为，在总需求和总供给处于平衡状态时，由于经济结构、部门结构方面的因素发生变化，也可能引起物价水平的上涨。这种通货膨胀就被称为结构型通货膨胀（structural inflation），具体又可以分为四种。

1. 需求转移型通货膨胀

由于社会对产品和服务的需求不是一成不变的，在总需求不变的状况下，一部分需求转移到其他部门，而劳动力和生产要素却不能及时转移。这样，原先处于均衡状态的经济结构可能因需求的移动而出现新的失衡。那些需求增加的行业，价格和工资都上升；另一些需求减少的行业，由于价格和工资刚性的存在，却未必会发生价格和工资的下降，最终结果是导致物价的总体上升。

2. 部门差异型通货膨胀

部门差异型通货膨胀是指经济部门（如产业部门和服务部门）之间由于劳动生产率、价格弹性、收入弹性等方面存在差异，但货币工资增长率却趋于一致，加上价格和工资的向上刚性，从而引起的总体物价上涨。许多西方经济学家相信，工人对相对实际工资的关心要超过对绝对实际工资的关心。因此，货币工资的整体增长水平便与较先进部门一致，结果就是落后部门的生产成本上升，并进而推动总体价格水平上升。还有一种情况是由"瓶颈"制约而引起的部门间差异。如在有些国家，由于缺乏有效的资源配置机制，资源在各部门之间的配置严重失衡，有些行业生产能力过剩，而另一些行业如农业、能源、交通等部门却严重滞后，形成经济发展的"瓶颈"。当这些"瓶颈"部门的价格因供不应求而上涨时，便引起其他部门包括生产过剩部门的价格上涨。

3. 斯堪的纳维亚小国型通货膨胀

挪威经济学家奥德·奥克鲁斯特将结构型通货膨胀与开放经济结合起来分析，创立了著名的"小国开放模型"。所谓"小国"并不是根据国土和人口因素而言的，而是指该国在世界市场上只是价格接受者，而不能决定商品的国际价格。"小国开放模型"所要研究的是处于开放经济中的这样一个"小型国家"如何受世界通货膨胀的影响而引起国内通货膨胀的。这个模型将一国经济分成两大部门，一是"开放经济部门"，即产品与世界市场有直接联系的部门，如制造加工业等；二是"非开放经济部门"，即产品与世界市场没有直接联系的部门，如服务业、建筑业等。由于小国在世界市场上是价格接受者，因此，当世界市场上的价格上涨时，开放经济部门的产品价格也随之上涨，结果也会使开放经济部门的工资相应上涨。一旦开放经济部门的工资上涨，非开放经济部门也必然会向开放经济部门看齐而提高工资，结果非开放经济部门的生产成本上升，其产品价格也必然随之提高。这样，就导致了"小国"全面的通货膨胀。

4. 落后经济的结构型通货膨胀

这种类型的通货膨胀主要发生在发展中国家。这种观点是由拉丁美洲的结构主义经济学家所提出的。结构主义者认为，在发展中国家，由于落后的、不合理的经济结构不适应经济发展的需要，尤其是农业、外贸和政府部门具有的制度性的刚性，使物价水平随着经济的发展一起上涨。他们认为：①在农业部门，由于存在着过时的土地所有制，限制了农业投资的增长和农业生产技术的改进，使农业生产结构僵化，导致农业生产率及供给弹性低下，结果农业部门所生产的农产品不能满足工业化及经济发展和人口增长的需要，使农产品价格上涨。由于农产品价格是一种基础价格，其上涨会引起一系列连锁反应，从而它又会带动整个物价水平上涨。②从理论上来说，对农产品的过度需求可以通过进出口贸易来加以解决，即通过出口工业品来换取农产品。然而，一方面，发展中国家的外贸部门（尤其是出口部门）生产率十分低下，进出口结构很不合理，出口以初级产品为主，初级产品在国际市场上需求的价格弹性很低，贸易条件十分不利，再加上出口部门供给弹性不足，致使出口增长十分缓慢；另一方面，进口又以资本品及中间投入品为主，这些进口品是维持国内生产及经济增长所必不可少的，为促进国内经济增长就必须大量增加进口。这样，出口收入的增长便赶不上进口支出的增加，结果势必导致国际收支的逆差。在这种情况下，本币的贬值就不可避免。而本币贬值以后，进口品的国内价格就会立即上升。在进口需求呈刚性的情况下，进口品的价格上涨就会推动国内生产成本和物价水平的上涨。③在政府部门，由于发展中国家的人均收入水平低，故税收体制以间接税为主，所得税所占的比重很小，而间接税税收的收入弹性很低，其税收的增长速度赶不上国民收入的增长速度。

同时，由于面临着发展经济的艰巨任务，发展中国家的政府又必须不断扩大支出（特别是投资支出）以推动经济的增长，结果形成越来越大的结构性财政赤字，而这种财政赤字最终势必以增发货币的形式来加以弥补，这样，通货膨胀就会接踵而至，等等。以上各种复杂的结构性因素综合在一起，就从总体上推动了一般物价水平普遍地和持续地上涨。

值得注意的是，结构型通货膨胀的发生仍然要以货币扩张为条件，因为，在货币总量不变的条件下，这些结构性的因素只能导致相对价格的变化，而不能导致整体价格的上涨。

■ **相关链接**

美国通胀，让中国"背锅"？荒诞！

三、通货膨胀的社会经济效应

（一）通货膨胀与经济增长

关于通货膨胀对经济的影响，西方经济学界在 20 世纪 60 年代曾有过激烈争论，形成了三种观点：①促进论，认为通货膨胀可以促进经济增长；②促退论，认为通货膨胀会损害经济增长；③中性论，认为通货膨胀对经济增长既有正效应又有负效应。

促进论的基本观点是：资本主义经济长期处于有效需求不足状态，国家实行通货膨胀政策，扩张财政支出，增加货币供给量，刺激投资支出，就能达到增加有效需求，促进经济增长的目的。他们认为，通货膨胀有三个效应，都有利于刺激投资。①政府通过增加货币供给所得的新增收入，可以直接用于增加投资；②在通货膨胀下，工资增长通常要落后于物价上涨，企业的利润率相应提高，这会刺激私人投资的积极性；③通货膨胀实质上是通过价格上涨实现国民收入再分配，这种再分配有利于高收入阶层，而高收入阶层边际储蓄率和投资率相对较高。因此，通货膨胀通过这个效应提高投资，从而促进经济增长。

促退论的观点则认为，持续的通货膨胀会破坏正常的生产和流通秩序，增加生产性投资风险，提高生产成本，从而引起资金由生产部门流向商业部门和投机；同时，货币不断贬值，存贷款等借贷活动风险增大，甚至会导致正常融资活动瘫痪。这些都不利于生产性投资和经济增长。

1986 年，美国经济学家伍斯·汇等曾用因果分析测试法对 19 个工业化国家以及 37 个发展中国家和地区的情况进行了系统的分析，统计年限一般为 30 年。其分析结果表明，只有 2 例是支持促进论的，但有 16 例是支持促退论的，有 38 例是支持中性论的。我国大部分学者认为：如果说通货膨胀有促进作用，那也只是在初期制造一种虚假的繁荣景象，而且时间很短；从长期看，通货膨胀只有危害，而无任何的正效应。

（二）通货膨胀与失业

物价稳定和充分就业同为一个国家的核心宏观经济目标。但经济学家们经过长期研究发现，要在一国经济中同时实现物价稳定和充分就业并非易事。关于两者的研究，早期最有代表性的研究成果是菲利普斯曲线。菲利普斯（Phillips）基于英国1861—1957年的统计资料分析发现，货币工资的变动率与失业率呈反向变动关系，并且他根据这种反向关系绘制出了一条著名的向右下方倾斜的曲线，即菲利普斯曲线。如图12-4所示，其中横轴 U 代表失业率，纵轴 ω（$\Delta W/W$）代表货币工资的变动率。这条曲线显示，当失业率较低时，货币工资上涨得快；在失业率较高的时候，货币工资则上涨得较慢。

后来，基于价格上涨与工资之间的相关关系，其他经济学家从货币工资变动率与失业率之间的关系推导出了通货膨胀率与失业率之间存在的关系。将初始曲线图中的纵轴货币工资的变动率 ω（$\Delta W/W$）用通货膨胀率 π（$\Delta P/P$）代替，得到了转换后的菲利普斯曲线，如图12-5。这条曲线表明通货膨胀率与失业率之间存在替代关系，即要使失业率保持在较低的水平，就必须忍受较高的通货膨胀率；反之，要想维持较低的通货膨胀率，就要面临较高的失业率。这给一国货币当局提供了一定的政策启示，较低的通货膨胀率和较低的失业率不可兼得，但可以通过在一定程度上忍受较高的通货膨胀率来换取较低的失业率，或者通过在一定程度上忍受较高的失业率来换取较低的通货膨胀率。决策者可以根据自己的偏好来进行选择，即他有可能通过牺牲一个目标来换取另一个目标的实现。

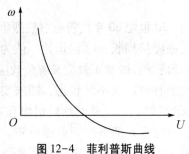 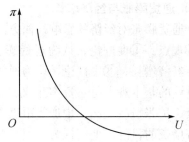

图12-4　菲利普斯曲线　　　　图12-5　变化后的菲利普斯曲线

菲利普斯曲线的提出，为许多西方国家制定宏观经济政策提供了依据，且这些政策的实施取得了一定的成效。然而进入20世纪70年代，西方发达国家出现的滞胀局面不能再用菲利普斯曲线来解释。滞胀局面下，经济停滞和通货膨胀同时存在，较高的通货膨胀率与较高的失业率也同时出现。为此，学者们做了大量研究，试图来解释这一现象。如由弗里德曼提出的"自然失业率假说"，认为经济主体长期内将不断把其通货膨胀的预期调整至与实际的通货膨胀率相一致，此时无论通货膨胀水平有多高，与之相对应的失业率都只是自然失业率。这样，就得到了垂直的长期菲利普斯曲线，即从长期来看，并不存在通货膨胀率与失业率的替代关系；论证失业率并不受通货膨胀率的影响，而是自然地趋向于自然失业率等。

（三）通货膨胀与强制储蓄

正常情况下，家庭、企业、政府三个部门各自的储蓄有各自的形成规律。家庭部门储蓄等于收入减去消费支出；企业储蓄等于用于扩张性生产的利润加上折旧基金。而对于政府部门储蓄，如果来源是税收，这部分储蓄实际上是从其他两个部门挤出来的，不会引起全社会的储蓄总量增加；但如果来源是向中央银行的借债，会直接或间接地导致货币增发，全社会的储蓄总量会增加，结果将是物价上涨，造成通货膨胀。

在公众名义收入不变的条件下，按原来的模式和数量进行的消费和储蓄，两者的实际额均随物价的上涨而相应减少，其减少部分则大体相当于政府运用通货膨胀实现的强制储蓄部分。

上面的分析实际上是基于经济已达到充分就业水准的假定，因此扩张性货币政策带来的强制储蓄会引起物价上涨。而在现实经济中，经济状态很难达到充分就业水平，实际 GNP 低于潜在 GNP，会存在大量的生产要素闲置。此时，政府将运用扩张性政策来提升有效需求，虽然也是一种强制储蓄，但并不会引发持续的物价上涨，即通货膨胀。

（四）通货膨胀与国民收入再分配

通货膨胀反映为物价上涨，在既定的生产量的条件下，它不会使全社会原有的实际收入总量增加，也不会使之减少。但就各社会成员说，则要改变其收入分配比例和实际收入水平。一是一般在通货膨胀下，各成员工资收入增长多少不一致，因而其名义货币收入比例发生变化；二是随着物价上涨，实际货币收入下降，而每个成员承受的价格上涨损失也是不平衡的。这样，通货膨胀通过价格上涨，实际上在社会成员之间强制进行了一次国民收入再分配，在这种再分配中谁是最大的受害者呢？一般来说，依靠固定工薪收入生活的社会成员，由于物价上涨一般都先于工薪的增长，工薪的实际收入不断下降，从而成为最大的受害者。在通货膨胀中的主要得益者，是从事商业活动的企业和个人，特别是投机商通过哄抬物价、变相涨价从而牟取暴利。而从事商业活动的这些得益者，由于他们所提供的商品、服务的价格水平非等比例变动，他们所获取利润的增减速度也会存在差异，他们的实际利益格局也会发生变化。

我国经济的特征是长期的二元经济结构，国民收入再分配要受到社会结构、经济结构、政治制度、文化、教育、环境、历史等诸多因素影响，通货膨胀只是影响收入分配差距的波动成分。但随着中国收入分配差距的扩大，通货膨胀对国民收入再分配的影响也在变化。并由于不同发展时期和阶段的中间作用因素不同，产生的影响也有差异性，故通货膨胀对国民收入再分配的影响不具有稳定性。

此外，中国学者还提出了通货膨胀可以影响个人所得税调节收入分配。个人所得税的税基由纳税人的收入和费用扣除额的大小所决定，通货膨胀可能引起纳税人名义收入的变化和费用扣除额真实值的变化，最终产生对个人所得税税基的扭曲效应。通货膨胀对名义收入和费用扣除的"双重"影响将极大地改变个人所得税对收入分配的调节：首先，个人所得税通过设定费用扣除制度保证一部分低收入者能够维持基本生活而被排除在个人所得税的纳税范围以外，通货膨胀可能导致低收入者名义收入的增加而转变为实际意义上的纳税人。其次，通货膨胀将导致纳税人满足生活所需的必要开支和成本费用的上升，采用固化的费用扣除制度可能使"生计"扣除的意义失效，纳税人在原有扣除条件下本应享受到的税收优惠也会大打折扣。进一步地，通货膨胀对不同收入水平的群体影响也并不一致，比如纳税人收入水平越高，因通货膨胀而导致的应纳税所得额的变动幅度就会越小，且能够承担通货膨胀所引起的受益损失的能力也越强，这说明通货膨胀对高收入者的影响较小，而对中、低收入者的影响较大。最后，通货膨胀可能会导致纳税人名义收入的增加，从而适用于更高档次的个人所得税税率，我们把这种效应称为"档次爬升"效应。由于个人所得税在税率、级次和级距设定方面考虑了居民的收入分布状况，一般情况下税率层级越高，其所对应的级距也越大。因此，高收入者不太可能因为通货膨胀而导致适用税率的上升，而中、低收入者因为通货膨胀导致"档次爬升"的可能性明显更高。

（五）资产结构调整效应

通货膨胀还能影响社会成员原有的资产比例。每个社会成员拥有的资产可以有实物资产和金融资产两种形式，同时也可能有负债；而通货膨胀则要影响其占有的资产、负债的价值和结构。

就持有实物资产而言，通货膨胀的影响程度取决于持有的实物资产在货币形态上的自然升值与物价总水平上涨之间是否一致。如果前者大于后者，则可由此而受益；反之，如果后者高于前者，就要因此而受损。就持有货币形式的资产（如存款等）而言，由于货币不断贬值，社会成员在通货膨胀中就要蒙受损失；就持有金融负债而言，由于通货膨胀会减少实际债务，从而由此受益。

每个社会成员的资产负债结构不尽相同，所受通货膨胀的影响也会有差异。这最终要看其在持有的实物资产、货币资产和负债三方面所得的收益和损失的净差额而定。如果粗略地说，在居民、企业和政府三部分社会成员中，居民部分在总体上是货币多余者，处于净债权人地位，在通货膨胀中是受害者；而企业和政府两个部分总体上是货币不足者，处于净债务人地位，在通货膨胀下是受益者。

（六）恶性通货膨胀与社会经济危机

当物价总水平的持续上涨超过一定界线从而产生恶性通货膨胀时，就有可能引发社会经济危机。恶性通货膨胀会使正常的生产经营难以进行。在物价飞涨时，产品销售收入往往不足以补进必要的原材料；同时，地区之间物价上涨幅度极不均衡也是必然现象，这就会造成原有的商路被破坏，流通秩序紊乱；迅速上涨的物价，使债务的实际价值下降，如果利息率的调整难以弥补由物价上涨所造成的货币债权损失，正常的信用关系也会极度萎缩。恶性通货膨胀是投机盛行的温床，而投机是经济机体的严重腐蚀剂。

恶性通货膨胀会引起突发性的商品抢购和挤兑银行的风潮，它所造成的收入再分配和人民生活水准的急剧下降则会导致阶级冲突的加剧，这一切的后果往往会带来政治的动荡。最严重的恶性退货膨胀还会危及货币流通自身，纸币流通制度不能维持，金、银就会重新成为流通、支付的手段，经济不发达地区则会迅速向经济的实物化交换倒退。

20 世纪 30 年代后半期到整个 40 年代，中国的恶性通货膨胀在世界上曾是一个突出的典型。据统计，上海从 1937 年 6 月到 1949 年 5 月，物价每月平均上涨 24.5%，每年平均上涨近 14 倍。在连年战争极度破坏了正常经济生活的背景下，恶性通货膨胀更促使经济畸形扭曲，陷入崩溃瓦解的境地。在恶性通货膨胀之下，人们难以从事正常的生产经营，支撑着市场的则是囤积居奇、倒卖投机。钞票的流通范围日益收缩，多年已不流通的银元，重新成为支付手段。在农村，基本退回到实物交易的状态。这段恶性通货膨胀给中国人民造成了几十年挥之不去的梦魇。

四、通货膨胀的治理

（一）宏观紧缩政策

宏观紧缩政策是各国对付通货膨胀的传统政策调节手段，也是迄今为止抑制和治理通货膨胀中运用得最多、最为有效的政策措施。其主要内容包括紧缩性货币政策和紧缩性财政政策。

1. 紧缩性货币政策

紧缩性货币政策又称为抽紧银根，即中央银行通过减少流通中货币量的办法，提高货币的购买力，减轻通货膨胀压力。具体政策工具和措施包括：①通过公开市场业务出售政府债券，以相应地减少经济体系中的货币存量；②提高贴现率和再贴现率，以提高商业银行存贷款利率和金融市场利率水平，缩小信贷规模；③提高商业银行的法定准备金，以缩小货币发行的扩张倍数，压缩商业银行放款，减少货币流通量。在政府直接控制市场利率的国家，中央银行也可直接提高利率，或直接减少信贷规模。

2. 紧缩性财政政策

紧缩性财政政策主要是通过削减财政支出和增加税收的办法来治理通货膨胀。削减财政支出的内容主要包括生产性支出和非生产性支出。生产性支出主要是国家基本建设和投资支出，非生产性支出主要是政府各部门的经费支出、国防支出、债息支出和社会福利支出等。在财政收入一定的条件下，削减财政支出可相应地减少财政赤字，从而减少货币发行量，并可减少总需求，对于抑制财政赤字和需求拉动引起的通货膨胀比较奏效。但财政支出的许多项目具有支出刚性，可调节的幅度有限，因此增加税收就成为种常用的紧缩性财政政策。提高个人的所得税或增开其他税种可使个人可支配收入减少，降低个人消费水平；而提高企业的所得税和其他税率则可降低企业的投资收益率，抑制投资支出。

（二）收入紧缩政策

收入紧缩政策主要是根据成本推进论制定的，其理由是依靠财政信用紧缩的政策虽然能够抑制通货膨胀，但由此带来的经济衰退和大量失业的代价往往过高，尤其是当工会或企业垄断力量导致市场出现无效状况时，传统的需求管理政策对通货膨胀将无能为力，必须采取强制性的收入紧缩政策。收入紧缩政策的主要内容是采取强制性或非强制性的手段，限制的工资提高和垄断利润的获取，抑制成本推进的冲击，从而控制一般物价的上升幅度。其具体措施一般包括工资管制和利润管制两个方面：

1. 工资管制

工资管制是指政府以法令或政策形式对社会各部门和企业工资的上涨采取强制性的限制措施。工资管制可阻止工人借助工会力量提出过高的工资要求，从而抑制产品成本和价格的提高。工资管制的办法包括：①道义规劝和指导。即政府根据预计的全社会平均劳动生产率的增长趋势，估算出货币工资增长的最大限度即工资—物价指导线，以此作为一定年份内允许货币工资总额增长的目标数值线来控制各部门的工资增长率。但政府原则上只能规劝、建议和指导，不能直接干预，因而该办法的效果往往不是很理想。②协商解决。即在政府干预下使工会和企业就工资和价格问题达成协议，其效果取决于协议双方是否认可现有工资水平并愿意遵守协议规定。③冻结工资。即政府以法令或政策形式强制性地将全社会职工工资总额或增长率固定在一定的水平上。这种措施对经济影响较大，通常只用在通货膨胀严重恶化时期。④开征工资税，对增加工资过多的企业按工资增长超额比率征收特别税款。这一办法可使企业有所依靠，拒绝工会过高的工资要求，从而有可能与工会达成工资协议，降低工资增长率。

2. 利润管制

利润管制是指政府以强制手段对可获得暴利的企业利润率或利润额实行限制措施。通过对企业利润进行管制可限制大企业或垄断性企业任意抬高产品价格，从而抑制通货膨胀。利润管制的办法包括：①管制利润率。即政府对以成本加成方法定价的产品规一个适当的利润率，或对商业企业规定其经营商品的进销差价。采用这种措施应注意使利润率反映出不同产业的风险差异，并使其建立在企业的合理成本基础上；②对超额利润征收较高的所得税。这种措施可将企业不合理的利润纳入国库，对企业追求超额利润起到限制作用。但如果企业超额利润的获得是通过提高效率或降低成本实现的，则可能会打击企业的积极性。此外，一些国家还制定反托拉斯法，限制垄断高价，并对公用事业和国有企业的产品和劳务实行直接价格管制。

3. 收入指数化政策

收入指数化（income indexation）又称作指数连动政策，是指对货币性契约订立物价指数条款，使工资、利息、各种债券收益以及其他货币收入按照物价水平的变动进行调整。这种措施主要有四个作用：一是能借此剥夺政府从通货膨胀中获得的收益，杜绝其制造通货膨胀的动机；二是可以消除物价上涨对个人收入水平的影响，保持社会各阶层的原有生活水平，维持原有的国民收入再分配格局，从而有利于社会稳定；三是可稳定通货膨胀环境下微观主体的消费行为，避免出现抢购囤积商品、储物保值等加剧通货膨胀的行为，维持正常的社会经济秩序，并可防止盲目的资源分配造成的资源浪费和低效配置；四是可割断通货膨胀与实际工资、收入的互动关系，稳定或降低通货膨胀预期，从而抑制通货膨胀率的持续上升。

收入指数化政策对面临世界性通货膨胀的开放经济小国来说尤其具有积极意义，是这类国家对付输入型通货膨胀的有效手段。比利时、芬兰和巴西等国曾广为采用，就连美国也曾在 20 世纪 60 年代初期实施过这种措施。但由于全面实行收入指数化政策在技术上有很大的难度，会增加一些金融机构经营上的困难，而且有可能造成"工资—物价"的螺旋上升，反而加剧成本推进型的通货膨胀，因此该政策通常仅被当成一种适应性的反通货膨胀措施，不能从根本上对通货膨胀起到抑制作用。

（三）"单一规则"——货币主义学派的政策

货币主义学派认为，20 世纪 70 年代资本主义国家经济滞胀的主要原因是政府不断采取扩张性的财政政策和货币政策，所以导致了通货膨胀预期提高、总供给曲线左移。因此，对付滞胀的根本措施在于，政府必须首先停止扩张性的总体经济政策，将货币供给的增长速度控制在一个最适当的增长率上，即采取所谓的单一规则政策，以避免货币供给的波动对经济和预期的干扰。货币主义学派强调，在已发生滞胀的情况下，只有严格控制货币供应量才能使物价稳定，总体经济和社会才能恢复正常秩序。尽管货币供应量的降低在短期内会引起失业增加、经济衰退加重，但付出这一代价将换来通货膨胀预期的下降和菲利普斯曲线的回落，并最终根除滞胀。

运用单一规则政策对付通货膨胀确实比较有效，这被20世纪80年代中期以来美国和其他一些发达国家的实践所证明。但是对于一些以经济增长作为首要政策目标的国家来说，尤其对那些经济严重衰退、失业率居高不下的国家来说，这一政策有很大的局限性，不顾一切地推行这一政策，甚至会导致社会经济的动乱。

（四）"增加供给"——凯恩斯学派和供给学派的政策

凯恩斯学派和供给学派都认为，总供给减少是导致经济滞胀的主要原因。凯恩斯学派认为，总供给减少的最主要原因是影响供给的一些重要因素发生了变化，如战争、石油或重要原材料短缺、主要农作物歉收、劳动力市场条件变化、产品市场需求结构变化，以及政府财政支出结构、税收结构、转移支付等方面发生了变化，因而造成了总供给减少并引起通货膨胀。供给学派则认为，政府税率偏高是总供给减少的主要原因。过高的税率降低了就业者的税后收入和工作意愿，同时也降低了企业的投资意愿，并助长了逃税行为，造成资源浪费，阻碍了社会生产力的提高和总供给的增加。因此，治理滞胀必须首先降低税率，以此提高劳动者的工作意愿和劳动生产率，增加储蓄和企业投资，提高资金的运用效率，刺激经济增长和降低失业率，从而走出经济滞胀的困境。

总之，治理通货膨胀是一个十分复杂的问题，不仅造成通货膨胀的原因及其影响是多方面的，而且其治理的过程也必然会牵涉到社会生活的方方面面，影响到各个产业部门、各个企业、社会各阶层和个人的既得利益，因此不可能有十全十美的治理对策。

■ 相关链接一

多国央行加息以期缓解通胀压力

■ 相关链接二

缓和全球通胀，中国发挥积极作用

第三节 通货紧缩

一、通货紧缩（deflation）的定义

在西方较为权威的教科书中，通常都会对有关通货膨胀的内容作较为详细的阐释，但对通货紧缩则往往一笔带过甚至只字未提。至于通货紧缩的定义，则通常是在解释通货膨胀时顺便予以简单解释。例如，在萨缪尔森与诺德豪斯编写的《经济学》中，是这样来解释通货紧缩的："我们用通货紧缩表示价格和成本正在普遍下降"。在斯蒂格利茨所著的《经济学》中，通货紧缩被解释为"通货紧缩表示价格水平的稳定下降"。而在曼昆的《经济学原理》中，通货紧缩甚至只是被提到而未做解释。

在西方流行的经济学辞典中，货币主义代表人物 D. 莱德勒在《新帕尔格雷夫财政金融大辞典》中对"通货紧缩"的定义是：通货紧缩是一种价格下降和货币升值的过程，它是和通货膨胀相对的。托宾在《经济学百科全书》中对通货紧缩的解释是："通货紧缩也是一种货币现象，它是每单位货币的商品价值和商品成本的上升（例如 1929—1933 年，价格平均每年下降 6.7%）。"此处他把通货紧缩表述为货币升值。由于货币升值与价格总水平下降这两种不同表述方法对应的是同一个过程，且其所举例子直接以价格下降作为证据。因此，托宾与 D. 莱德勒对通货紧缩的定义是一致的。

从以上所提到西方经济学教科书和辞典中关于通货紧缩的定义来看，都是根据价格总水平的下降来定义通货紧缩的，大致反映了西方经济学界的主流观点。综上所述，通货紧缩可以定义为：通货紧缩是指一般物价水平持续下跌、币值不断上升的一种货币现象。既然通货紧缩是与通货膨胀相对应的一种货币新现象，因此，衡量通货膨胀的指标同样适用于通货紧缩。

二、通货紧缩的分类

在经济分析中，根据通货紧缩的成因、持续时间、严重程度及与经济增长状况，可做出如下分类：

（一）根据通货紧缩的成因，可分为需求不足型通货紧缩和供给过剩型通货紧缩

需求不足型通货紧缩是指消费、投资等方面造成的总需求不足，引发物价水平持续下跌。供给过剩型通货紧缩是指产能过剩、技术创新或劳动生产率的提高等方面导致的供给过剩，导致物价水平持续下跌。同时，政策紧缩、产业周期、体制转轨、外部冲击等方面原因也会导致总需求不足或总供给过剩，由此引发通货紧缩。

（二）根据通货紧缩持续时间的长短，可分为长期性通货紧缩、中长期通货紧缩和短期性通货紧缩

当前学界对于通货紧缩的持续时间及其分类没有形成确定的观点。但一般认为长期性通货紧缩指其持续时间在 10 年以上，中长期通货紧缩指其持续时间在 5~10 年，短期性通货紧缩则指其持续时间在 5 年以下。

（三）根据通货紧缩的严重程度，可分为轻度通货紧缩、中度通货紧缩和严重通货紧缩

轻度通货紧缩是指通货膨胀率持续下降并转为物价指数负增长的时间不超过两年

即出现转机。中度通货紧缩是指通货紧缩超过两年仍未见好转，但物价指数降幅在两位数以内。严重通货紧缩是指通货紧缩超过两年并继续发展，且物价指数降幅超过两位数，并可能伴随着比较严重的经济衰退。

（四）根据通货紧缩发生时的经济增长状况，可分为增长型通货紧缩与衰退型通货紧缩

增长型通货紧缩是指与通货紧缩相伴随的是经济的持续增长。衰退型通货紧缩是指与通货紧缩伴随的是经济的衰退。

三、通货紧缩的成因

（一）经济周期因素

经济周期达到繁荣的高峰阶段，生产能力大量过剩，产品供过于求，可引起物价下跌，出现经济周期型通货紧缩。很多国家的通货紧缩是在严重的通货膨胀经过长时间的治理结束后开始出现的。在通货膨胀时期，扭曲的价格信号导致投资大量增加，高投资造成经济过热，出现生产能力过剩、产品供大于求，导致价格持续下降。

（二）经济结构失调

通货紧缩不仅仅是社会总供给大于总需求的总量上的失衡，而且还是一种结构上的失衡，主要体现在供给结构不合理。如果一国的产业结构并未随社会供求总量的变化而及时升级调整，会使很多传统的旧产业供大于求，其产品出现过剩，而新的产业由于发展过剩、价格过高而抑制了人们的有效需求，从而出现一种结构上的生产过剩。另外，由于前期经济中的盲目扩张和投资，造成了不合理的供给和过多的无效供给，当积累到一定程度时必然会加剧供求之间的矛盾。一方面，许多商品无法实现其价值会迫使价格下跌；另一方面，大量货币收入不能转变为消费和投资，减少了有效需求，就会导致结构性通货紧缩。

（三）货币因素

长期以来，经济学界曾一度认为通货紧缩对经济的威胁小于通货膨胀对经济所构成的威胁。如弗里德曼认为："通货紧缩是世界上最容易避免的事情，只要印刷更多的钞票就可以了。"在这种思想的影响下，中央银行往往更多地关注通货膨胀的问题，而忽视了通货紧缩的问题。当通货膨胀问题得到解决以后，如果中央银行继续采取紧缩的货币政策，就可能产生物价的持续下跌，导致通货紧缩。

（四）技术进步因素

技术进步与创新提高了生产力水平，放松管制使生产成本下降，造成了生产能力过剩。在供给大于需求的情况下物价下跌不可避免。如果这种供给大于需求的情况不能得到及时调整而持续存在，则物价下跌的趋势也会相应持续下去，这样就会出现通货紧缩。

（五）国际市场的影响

国际市场的动荡会引起国际收支逆差或资本外流，形成外部冲击性的通货紧缩压力。一国实行盯住强币的汇率制度时，本币汇率高估，会减少出口，扩大进口，加剧国内企业经营困难，促使消费需求趋减，导致物价持续下跌，所以，本币汇率高估也会引起外部冲击性的通货紧缩。

（六）心理预期因素

当预期的实际利率进一步降低和经济走势不佳时，消费和投资会出现有效需求不足，导致物价下跌，形成需求拉下型通货紧缩。金融体系的效率低下或信贷扩张过快导致出现大量不良资产和坏账时，金融机构"惜贷"或"慎贷"引起信用紧缩，也会减少社会总需求，导致通货紧缩。

四、通货紧缩的社会经济效应

（一）通货紧缩与经济衰退

通货紧缩对经济发展的实际影响如何？这要看其原因、期限和深度。如果价格水平的下降标志着生产力的全面进步，这对于经济发展是一件好事。因为，更高的效率不仅有助于企业降低成本和价格，而且有利于企业获得更多的利润。与此同时，生产力的提高所产生的通货紧缩是短期的，而且其中价格下降的深度大多可以容忍。19世纪美国出现过生产力进步产生的通货紧缩，其经济处于健康运行之中。如果物价下跌是由生产率提高所致，那么，短期的物价下跌不一定会导致长期和全面的物价下跌，当然也就不会损害经济的健康发展。

但是这种情况并不多见，较多时候，人们惧怕出现那种跨越不同市场而且持续期限较长的通货紧缩，因为这种通货紧缩往往是经济衰退的象征。当价格下降时，消费者倾向于推迟消费，这就会导致价格的进一步下降。与此同时，实际利率的不断上升，还会阻止需求的增加。此外，资产价格的下跌又使社会财富出现萎缩，并使债务负担有所加重，导致更多的企业破产。因此，严重的通货紧缩会导致经济衰退，不利于经济发展。历史上的通货紧缩通常与经济衰退相伴，而且当经济处于衰退时期，价格下跌可能难以阻止，从而加剧经济衰退。

首先，通货紧缩意味着同样数量的货币可以购买到更多的物品，因而增加了货币的购买力，促使人们更多地储蓄，更少地支出，尤其是减少耐用消费品的支出，这使私人消费支出受到抑制。其次，通货紧缩期间，一般物价的下降相对提高了实际利率水平，即使名义利率下降，实际利率也可能居高不下。因此，资金成本较高，可投资的项目逐渐减少。再次，最终产品价格的下跌对于新开工的投资项目产生不利影响。通货紧缩使大部分投资项目的预期收益率与资金成本率之间的差额缩小，甚至可能出现赤字。这样，投资项目更显得越来越缺乏吸引力，致使社会总投资支出趋于减少。最后，商业活动的停滞使就业率有所降低，同时可能使名义工资倾向于降低，而居民总收入的下降会进一步减少消费支出。这样，商业萎缩会通过就业下降以及工资下降得到加速。

由于历史上治理通货紧缩的经验不多，若政府和中央银行对通货紧缩束手无策，即使是温和或适度的通货紧缩也会对经济活动产生不利影响，甚至导致严重的经济问题。总之，特定情况下，通货紧缩会加速经济的衰退；通货紧缩的形式可能有多种多样，只有那种与经济衰退相伴随的一般价格大幅下降的通货紧缩，才会使经济活动螺旋式地下降，从而对宏观经济产生破坏作用。

（二）通货紧缩对投资的影响

通货紧缩对投资的影响主要通过影响投资成本和投资收益而发生作用。通货紧缩还通过资产价格变化对投资产生间接影响。一方面，通货紧缩使得实际利率有所提高，社会投资的实际成本随之增加。这种实际成本的增加，还使投资项目处于劣势。因为，相关投资项目的未来重置成本趋于下降，这就使当期投资决策不合算。这一点对许多新开工项目所产生的制约较大。另一方面，通货紧缩使投资的预期收益下降。投资的预期收益主要受商品的未来市场性和价格趋势所决定。通货紧缩使远期市场价格趋于下降，这就迫使投资倾向下降。因而，从投资方面，通货紧缩可以通过降低社会投资倾向，对经济稳定和发展产生较大的影响。

（三）通货紧缩对消费的影响

物价下跌对消费需求有两种作用方间相反的效应：一是价格效应，二是收入效应。初看起来，通货紧缩对消费者来说是一件好事，因为，消费者可以以更低的价格得到一定数量和质量的商品，这一点符合消费者力求使其支出最小化的要求，这是通货紧缩对消费者产生的价格效应。另一方面，通货紧缩还会对消费者产生收入效应。在通货紧缩情况下、就业预期和工资收入因经济增幅下降而趋于下降，收入的减少倾向于使消费者缩减消费。而且，如果消费者预期将来价格还会下跌，那么消费者将推迟消费。因此，在通货紧缩情况下，价格效应使消费者倾向于增加消费，收入效应使消费者缩减支出。总的来看，两者相抵，通货紧缩对消费意愿的影响是消极的，即通货紧缩使社会消费总量趋于下降。

（四）通货紧缩对收入分配的影响

通货紧缩的财富分配效应与通货膨胀时期相反。在通货紧缩时期，普通商品的价格下跌，金融资产也常常面临价值缩水，虽然名义利率很低，但由于物价呈现负增长，实际利率比通货膨胀时期高出很多，所以，在通货紧缩时期，高的实际利率有利于债权人，不利于债务人。不过，如果通货紧缩持续时间很长，而且相当严重，导致债务人失去偿还能力，那么债权人也会受到损失。

通货紧缩时期，因为物价普遍下跌，名义收入一般也会下降，如果工资收入的下调滞后于物价下跌，那么，实际工资并不会下降。但是严重的经济衰退会削弱企业的偿付能力，致使企业下调工资。然而，工资的下降存在刚性。这里以20世纪90年代日本的制造业为例。1997年日本制造业的平均工资比上年增长了3%，然而劳动力成本占非金融企业净增加值的四分之三。因此，在经济增长呈剧烈下降的情况下，工资下降的刚性会阻止价格的进一步下降。进一步说，在通货紧缩期间，加名义工资基本不动，实际工资会出现上升的倾向，这一点，对于制止通货紧缩的进一步恶化是有益的。

五、通货紧缩的治理

（一）宽松的货币政策

通货紧缩本质上是一种货币现象，因此货币政策成为治理通货紧缩的手段之一。通货紧缩的成因之一是流通中的货币不足。采用宽松的货币政策，可以增加流通中的货币量刺激总需求。传统的货币政策工具包括准备金率、再贴现率和公开市场业务。宽松的货币政策可以选择降低准备金率和再贴现率以及中央银行在公开市场上购入政府债券等。利率或信贷规模受控制的国家，可以通过直接降低利率或扩大信贷规模的方式来进行调节。实行宽松的货币政策的目的在于增加货币流通量。但是，货币供给量和货币乘数都是受到包括商业银行、存款者、贷款者、中央银行在内的多个行为主体的影响的变量，而不是由中央银行单独决定的简单的外生政策变量。甚至基础货币在一定条件下也不是中央银行所能控制的，更何况中央银行对扩张性货币政策和紧缩性货币政策的控制能力本来就不对称。中央银行的货币政策工具在实行紧缩性货币政策时较为有效，在推行扩张性货币政策时，效果却往往不理想。中央银行的货币政策只能起指导作用，它不能强迫银行贷款、公众借款。没有合理的投资回报预期，理性的企业不敢借款；没有好的贷款项目，银行也不敢贷款。在这种情况下，宽松的货币政策不仅不能刺激投资需求，反而刺激了人们的通货紧缩预期。因此，单纯用宽松的货币政策来治理通货紧缩效果往往不佳，甚至可能无效。

（二）宽松的财政政策

宽松的财政政策主要包括减税和增加财政支出两种方法。减税涉及税法和税收制度的改变，不是一种经常性的调控手段，但在对付较严重通货紧缩时也会被采用。在采用减税手段时应注意：①税收杠杆在本国是否灵敏；②减税政策要根据具体情况灵活运用，没有必要一刀切。例如，罗斯福在治理美国 1929—1933 年通货紧缩时就采用了减税的措施。基于当时贫富差距过大造成有效需求不足的观点，罗斯福的新税法降低了低收入者的税率，提高了高收入者的税率。财政支出是总需求的组成部分，因此增加财政支出可以直接增加总需求。同时，财政支出增加还可能通过投资的乘数效应带动私人投资的增加。运用财政支出手段所面临的首要问题是资金来源问题。特别对于发展中国家，财政收入本来就有限，如果同时又采用了减税的政策，则更是捉襟见肘。解决此问题的方法有二：一是财政向中央银行借款或直接透支；二是发行国债。西方经济学者一般认为财政向中央银行借款应以短期为宜，借款目的应是解决临时性或季节性资金短缺。至于透支，则更不应被允许。否则，将直接威胁中央银行的独立性，不利于币值的稳定和经济的稳定持续发展。所以，普遍采用的做法是发行国债。当然，国债的发行也应有一定的限度。运用增加财政支出的手段还应警惕"挤出效应"。"挤出效应"理论由现代货币学派提出。他们认为，政府开支的增加如果并不伴随货币供应量的增长，那么，在支出增加和货币存量不变的情况下，必然导致利率的上升，由此引起私人投资和消费的缩减。因此，在对付通货紧缩时，通常都会将财政政策工具和货币政策工具配合使用。

（三）结构性调整

对于由于某些行业的产品或某个层次的商品生产绝对过剩所引发的通货紧缩，一般采用结构性调整的手段来治理。对于生产过剩的部门或行业要控制其生产，减少产量。同时，对其他新兴行业或有发展前途的行业应采取措施鼓励其发展，以增加就业机会，提高收入，增强购买力。1929—1933 年的通货紧缩时期，美国的农产品严重过剩，罗斯福采用向减少耕作或养殖的农民给予经济补贴的政策以控制农产品的生产。同时，通过修改禁酒令、放弃反垄断法、对工会做出让步等措施刺激工业生产。

（四）改变预期

与通货膨胀一样，公众对通货紧缩发展前景的预期在很大程度上影响着政府各项反通货紧缩政策的效果。因此，政府有必要通过各种宣传手段，说服公众相信政府各项反通货紧缩政策的正确性和有效性，鼓励公众对未来经济发展趋势的信心。

（五）完善社会保障体系

如果消费需求不足的主要原因是中下层居民的收入过低，那么，建立健全社会保障体系，适当改善国民收入的分配格局，提高中下层居民的收入水平和消费水平将有助于通货紧缩的治理。

金融危机与通货紧缩风险

第四节　中国的货币失衡问题及治理

一、中国的货币失衡问题

（一）改革开放前的压抑型通货膨胀

在我国，很长一个时期内通货膨胀是理论研究的禁区。传统的社会主义经济理论认为，社会主义经济是有计划、按比例发展的经济，不可能发生通货膨胀。在这样的理论指导下，中央计划部门对物价实行严格的控制，而且不允许计划外商品市场的存在。从中华人民共和国成立到经济体制改革的30年，除了中华人民共和国成立初期和三年困难时期物价出现较大上涨外，物价基本保持不变或变化很小。在1952—1977年的26年中，有10年出现物价下降，有10年物价上涨率在1%以下，而在高于1%的6年中，除了严重自然灾害的1961年物价上涨16.2%外，其余也都在4%以下。这种物价控制的结果是出现了持币待购、凭票购买、强迫储蓄、商品黑市等典型的"压抑型通货膨胀"现象。

（二）改革开放后的通货膨胀

1. 1980年的通货膨胀

1978年以后，政府逐渐放松了对物价的控制，通货膨胀也逐渐从压抑型通货膨胀转为公开的通货膨胀。由于投资需求的高度膨胀，基本建设规模出现失控，1979年全国在建大中型项目1 100多个，1980年再增加了1 100多个，如此大规模的基本建设规模导致1979年则政赤字近170亿元，1980年近127亿元。当时的财政赤字依靠货币融资，导致货币的超量发行，1979年增发货币50多亿元，1980年又增发了78亿元，结果引发了改革开放后的第一次通货膨胀，1980年居民消费价格指数上涨7.5%。

2. 1985年的通货膨胀

针对1981年实施收缩政策而来的市场疲软和经济萧条，为了恢复较高的经济增长率，国家于1982年开始松动财政，经济也在投资的拉动下迅速进入扩张阶段。GDP增长率从1982年的9.0%上升到1983年的10.9%，到1984年则达到15.1%，居民消费价格指数同比增长率在1985年则达到改革开放后的最高水平11.4%。

3. 1987—1988年的通货膨胀

当1985年实行的收缩和调整政策导致许多企业严重缺乏流动资金，要求放松财政、放松银根的呼声开始日益强烈起来。于是从1986年第一季度开始扩大财政支出，通过财政赤字维持投资与消费需求的增长。特别是1988年实施财政的"包干"体制后，中央财政收入在整个财政收入中所占份额下降，而由于地方政府对投资的软约束，投资需求与消费需求更加迅猛扩张。与需求迅速膨胀相伴的是，1987 年和 1988 年的商品零售价格指数增长率分别是 7.3% 与 18.5%，结果触发了 1988 年 8 月的抢购风潮。

4. 1993—1994 年的通货膨胀

1992 年，在邓小平同志"南方谈话"和中共十四大精神的激励下，中国经济开始了新一轮的启动。GDP 增长率从 1991 年的 9.2% 上升至 1992 年的 14.2%，全社会固定资产投资 1992 年比上年增长 44.4%，1993 年上半年增速高达 70%，1993 年居民消费价格指数比上年增加 14.7%，1994 年则达到 24.1%，1995 年为 17.1%。

5. 2003—2007 年的两次价格上涨

2003 年以来，我国经济出现了两次价格上涨。第一次出现在 2004 年，2004 年全年居民消费价格指数同比上涨 3.9%，比 2003 年加快 2.7 个百分点。2005 年、2006 年物价开始回落，CPI 指数分别为 1.8%、1.5%。第二次出现在 2007 年与 2008 年。2007 年全年居民消费价格指数同比上涨达 4.8%，2008 年居民消费价格指数更是上升至 5.9%。

6. 2010 年至今的通货膨胀

2008 年下半年由于受到美国次贷危机的影响，国内经济增长速度回落，物价也伴随着回落。2009 年政府启动了 4 万亿基建投资，推动了国内资产价格大幅上涨。同时，中国作为美国最大的出口国，受美国抵制次贷危机的量化宽松政策影响，从能源进口渠道输入了通货膨胀。2010 年全年居民消费价格指数同比上涨 3.3%，2011 年更是上升至 5.4%。2012 年到 2019 年，中国的通货膨胀率一直保持在较低的水平，CPI 平均增速在 2% 左右。2020 年以后，全球新型冠状病毒感染疫情爆发、大宗商品价格高涨、俄乌冲突对全球经济体造成了巨大的通胀压力。据国家统计局的数据，2022 年上半年我国的月平均通货膨胀率在 1.7% 左右，我国的保价稳供在此次的高通胀压力下成效突出。

（三）改革开放后的通货紧缩

随着改革开放的推进和市场经济的发展，市场经济所特有的有效需求不足开始出现，商品积压，需求不足开始成为制约我国经济持续增长的主要因素。自 1997 年 7 月起，爆发了一场始于泰国，然后迅速扩散到整个东南亚并波及世界的东南亚金融危机，使许多东南亚国家和地区的汇市、股市轮番暴跌，金融系统乃至整个社会经济受到严重创伤，中国出口也受到较大影响。1998 年开始，由于有效需求不足，中国出现通货紧缩，1998 年至 2002 年居民消费价格指数分别为 -0.8%、-1.4%、0.4%、-0.4% 和 -0.8%，失业问题也日益严重。

二、中国货币失衡问题的治理

（一）改革开放前的通货膨胀治理

改革开放前，我国在通货膨胀治理时以"平衡收支，稳定物价"作为根本的财政经济政策。该阶段主要实施"调整经济比例，压缩基建战线，控制货币投放"的经济方针，通货膨胀很快得到治理。具体采取的措施包括：①大力压缩预算内、预算外基本建设投资规模；②对工业企业实行关、停、并、转等措施；③大量精简职工和城镇人口；④严格控制财政管理，压缩财政支出；⑤控制货币发行，组织回笼货币。一直到 1963 年，国民经济有所好转，物价有所回落，经济秩序开始恢复。

（二）改革开放后的通货膨胀治理

改革开放后，我国的通货膨胀治理措施逐渐变得更加灵活多样。20 世纪 80 年代，治理通胀的方法主要是行政性手段，在控制通货膨胀的同时也降低了经济增长率。1992 年以后，随着社会主义市场经济的不断发展与深入，政府在治理通胀时采取了更为灵活的财政政策和货币政策，把治理措施的重点转向以宏观调控为主，并在 1996 年实现了经济的"软着陆"，得以在降低通胀的同时也能实现经济发展。

1. 1980 年的通货膨胀治理

投资和民生支出增长过快导致了财政赤字，进而引发的货币超发导致了此次的通货膨胀危机。针对上述局面，国家确立了平衡财政、平衡信贷和稳定物价的"两平一稳"的政策目标，从 1981 年起实行紧缩的财政政策和区别对待的信贷政策。同时通过压缩基建项目，控制消费基金增长等措施来降低总需求。

从政策的工具选择看，是以财政政策为主，货币政策为辅，当时我国银行基本附属于财政，独立制定和执行货币政策的中央银行体制尚未建立起来。因此，作为货币政策除了可以通过计划手段调控信贷规模这一简单的货币政策工具外，货币政策工具的选择是非常有限的。

2. 1985 年的通货膨胀治理

1985 年通货膨胀的原因可以概括为以下几个方面。首先，固定资产投资过大，总需求过快增长，导致经济发展过热；其次，货币超发导致货币贬值；再者，国家发展战略目标导致了政治上过高的发展热情。

面对严峻形势，政府于 1985 年开始实施以平衡信贷、降低通货膨胀率为主要目标的宏观经济政策。其中财政政策主要内容是压缩投资规模、压缩消费基金。货币政策的主要措施包括：动用国家外汇储备增加部分消费品进口，以缩小供求缺口，回笼货币；加强中央银行对贷款计划的指令性管理，严格限制信贷规模；通过较大幅度地提高固定资产的贷款利率，压缩固定资产投资。执行上述政策的结果是我国的年居民消费价格指数同比增长率在 1986 年降为 6.5%，GDP 增长率也降为 8.8%。

3. 1987—1988 年的通货膨胀治理

该阶段通货膨胀的原因可归纳为：固定资产投资超过了国力承担限度，社会购买力超过了商品供应量；国家财政支大于收，信贷规模过大，货币发行过多；谋私利的非法行为出现。

对此，政府采取了严厉的被称为"治理整顿"的紧缩政策，主要内容是：财政政策方面，紧缩中央财政开支，大规模压缩固定资产投资规模，努力使财政收支平衡；货币政策方面，加强货币信贷的计划梳理；提高存款利率，缓解过强的购买力对市场的压力，同时提高贷款利率，抑制信贷规模的膨胀。政策实施的结果，商品零售价格指数增长率在 1990 年降为 2.1%，同时，GDP 增长率在 1989 年与 1990 年分别降为 4.0% 和 3.8%，是改革开放后的最低水平。

当严厉的紧缩使经济滑坡，企业在流动资金缺乏的情况下生产难以正常运转，市场也出现疲软。为此，政府于 1990 年第一季度起放松了紧缩的力度，1991 年，经济增长率回升到 9.1%，历时三年的治理整顿宣告结束。

4. 1993—1994 年的通货膨胀治理

在"南方谈话"的影响下，该次的通货膨胀原因可归结为：宏观调控政策松动导致的经济过热；价格的结构性调整导致的成本上升。

面对经济过热的局面，国家为使经济实现"软着陆"，采取了一系列的政策措施。

财政政策方面，执行适度从紧的财政政策，控制支出增量，减少财政赤字，增加财政收入占 GDP 的比例。货币政策方面，执行适度从紧的货币政策，控制货币供应的增长速度，将货币总量的增长作为货币政策的中期目标，并于 1993 年 7 月提高存贷款利率。

经过三年多的宏观调控，截至 1996 年，居民消费价格指数同比增长率已降至 8.3%，GDP 仍保持 10.0% 的增长速度。"软着陆"目标宣告成功。1997 年，在实现"软着陆"的基础上，我国宏观经济政策按照"稳中求进"的原则，继续实行适度从紧的货币政策和财政政策，并根据宏观经济的变化情况进行适度的微调。例如，1996 年至 1997 年 3 次降低存贷款利率，以促进经济增长。

5. 2003—2007 年的通货膨胀治理

该阶段通货膨胀的原因：加入 WTO 组织后，国际热钱的疯狂涌入导致了货币超发；国际原油价格、粮价上升导致成本上升；自然灾害对农副产品的影响。中央银行采取了一系列的货币政策，2006 年 7 月开始至 2008 年 9 月，先后 19 次提高存款类金融机构人民币存款准备金率，从 7.5% 提高至 18%。其间仅 2007 年一年就上调了 10 次，2008 年 1 月至 6 月，连续上调存款准备金率 5 次。与此同时，人民银行于 2007 年 5 月 19 日上调金融机构存贷款基准利率，其中，金融该机构一年期存款基准利率上调 0.27 个百分点，一年期的款基准利率上调 0.18 个百分点。

中央经济工作会议确定 2008 年实行从紧的货币政策，进一步发挥货币政策在宏观调控中的重要作用。这是贯彻落实科学发展观、构建和谐社会的要求，也是 2003 年以来稳健货币政策及稳中适度从紧货币政策的延续和加强，有利于引导和调节各类经济主体的预期和行为，有利于防止经济增长由偏快转向过热，有利于防止价格由结构性上涨演变为明显通货膨胀。

6. 2010 年至今的通货膨胀治理

为应对次贷危机的影响，中国人民银行从 2010 年 1 月 12 日至 2011 年 11 月 30 日连续上调金融机构存款准备金率 13 次之多，存款准备金率也由之前的 15% 上调至 21.5% 的历史最高位。存贷款基准利率方面，中国人民银分别于 2010 年 12 月 26 日、2011 年 2 月 9 日、2011 年 4 月 6 日、2011 年 7 月 7 日四次连续上调金融机构存贷款基准利率。

2012 年以来，我国通货膨胀率一直平稳，在国家规范的范围之内，我国经济形式状况良好。"十三五"提出，我国经济要保持中高速增长，宏观调控保持经济健康增长，国家政策有效抑制了过度通货膨胀的发生。

进入 2020 年，伴随全球疫情冲击和大宗商品价格的高涨，高通胀问题成为诸多经济体面临的重大挑战，我国也面临着一定的结构性通胀压力。我国政府积极应对：在宏观调控中，我国坚持稳健的货币政策，坚决不搞"大水漫灌"，夯实了物价稳定的货币基础；在保供稳价工作中，我国注重采取市场化、法治化政策手段，综合运用供需双向调节、区间调控、精准调控等政策工具，采取加强市场监管、加强预期管理等举措，有效稳定了市场价格。

（三）改革开放后的通货紧缩治理

1998 年开始，国家开始实行积极的财政政策和稳健的货币政策。积极的财政政策包括一系列扩张性的政策措施，核心内容是通过增发国债，扩大政府支出。1998 年 9 月，九届全国人大常委会第四次会议审议批准财政部增发 1 000 亿元国债，作为国家预算内基础设施建设专项投资，用于国民经济和社会发展急需的基础建设投入。随后，政府又多次增发国债，截至 2001 年，已累计增发 3 600 亿元。稳健的货币政策的主要内容是，保持适度的货币供给增长率，取消对国有商业银行贷款规模的限额控制，实行资产负债比例管理和风险管理，1998 年一年内，两次降低存贷款利率，1999 年、2002 年又两次降息。随着各项政策的实施，2003 年居民消费价格指数同比上涨 1.2%，结束了通货紧缩。

■ **相关链接**

中国经济总体发展势头良好，实现了较高增长和较低通胀的双重目标

本章小结

1. 货币供求与社会总供求之间有着密切的内在联系。社会总供给的形成需要通过货币来表现、衡量和实现，这就产生了对货币的需求，而社会总需求的形成又决定于货币的供给。如果货币供求不平衡，整个宏观经济的均衡就不可能实现。

2. 货币供给与货币需求之间的关系主要表现为货币均衡和货币失衡。所谓货币均衡，是指货币供应量与货币需求量在动态上保持一致的现象。货币失衡主要表现为货币供给量小于货币需求量，或者货币供给量大于货币需求量。

3. 货币失衡到货币均衡的调节四种类型的对策供选择。这四种类型的对策分别是供应型调节、需求型调节、混合型调节和逆向型调节。

4. 从 20 世纪 50 年代以来西方经济学界对通胀的定义大致可以分为"物价派"和"货币派"两大类。我国理论界对通货膨胀涵义的解释大都以马克思的货币流通规律为基础，定义为在纸币流通条件下，由于货币发行量超过流通中的实际需要量，从而引起货币贬值，一般物价水平上涨的经济现象。

5. 按照通货膨胀的成因，将其划分为需求拉上的通货膨胀、成本推进的通货膨胀、混合的通货膨胀、结构性的通货膨胀等四种类型的通货膨胀。

6. 通货膨胀的社会经济效应主要表现在经济增长、失业、强制储蓄、收入分配、资产结构几个方面。当物价总水平的持续上涨超过一定界限从而产生恶性通货膨胀时，就有可能引发社会经济危机。

7. 治理通货膨胀的主要方法是宏观紧缩政策。此外，收入紧缩政策、收入指数化政策也是不少国家采用的方法。而货币主义学派主张采取"单一规则"政策，供应学派主张从增加供给着手。

8. 通货紧缩是指一般物价水平持续下跌、币值不断上升的一种货币现象。通货紧缩根据其成因、持续时间、严重程度及与经济增长状况，划分不同类型。通货紧缩通常由经济周期、经济结构失调、货币、技术进步、国际市场变化、心理预期等因素引起。

9. 通货紧缩有可能导致经济衰退，并对投资、消费、收入分配等产生重要影响。与通货膨胀相反，治理通货紧缩主要是通过宽松的货币政策和财政政策。此外，进行结构性调整、改变预期和完善社会保障体系也是常用的对策措施。

10. 中华人民共和国成立以来我国曾经多次出现不同程度的通货膨胀，而1998—2002年则出现了比较明显的通货紧缩。

重要概念

社会总需求　社会总供给　货币均衡　流动性过剩　供应型调节　需求型调节
逆向型调节　通货膨胀　需求拉动型通货膨胀　成本推动型通货膨胀
结构型通货膨胀　通货紧缩

核心参考文献

[1] 赫尔穆特·弗单希. 现代通货膨胀理论 [M]. 蔡重直，译. 北京：中国金融出版社，1989.

[2] 吴军，田娟. 结构性通货膨胀解析：基于当前中国通货膨胀问题的思考 [J]. 金融研究，2008 (9)：91-100.

[3] 黄智淋，赖小琼. 我国通货膨胀对城乡收入差距的非线性影响 [J]. 经济学动态，2011 (1)：56-60.

[4] 吴军，肖威，涂竞. 中国通货膨胀成因量化解析 [J]. 国际金融研究，2011 (11)：15-20.

[5] 董志伟，吴军. 通货膨胀与城乡居民收入分配的关系研究 [J]. 农业技术经济，2013 (5)：61-68.

[6] 陈九霖. 疯狂的通胀 [J]. 中国经济周刊，2021 (5)：110-112.

[7] 陈梦涛，王维安. 我国非常规货币政策机理及政策效果研究 [J]. 华东经济管理，2020 (8)：1-15.

[8] 李金铮. 旧中国通货膨胀的恶例 [J]. 中国社会经济史研究，1999 (1)：72-79.

[9] 许业友. 我国通货膨胀的收入分配效应分析 [J]. 价值工程，2009 (8)：15-18.

[10] 樊纲. 我国通货膨胀三种主要成因的理论分析 [J]. 经济研究，1990 (3)：20-29.

[11] 完颜素娟. 中国现阶段通货膨胀的收入分配效应分析 [J]. 经济研究导刊，2011 (30)：9-11.

[12] 李立，李铭. 通货膨胀对个人所得税调节收入分配的影响研究 [J]. 财政研究，2019 (10)：100-113.

[13] 殷波. 货币超发是中国通货膨胀的根源吗？基于DSGE模型不确定均衡解的分析 [J]. 国际金融研究，2012 (3)：15-29.

［14］刘伟，蔡志洲. 中国经济发展的突出特征在于增长的稳定性［J］. 管理世界，2021，37（5）：11-23，25.

［15］LAR E O. Monetary policy and inflation targeting. Research summary［J］. NBER Reporter，1997：5-8.

［16］CHRISTOPHER A S. A simple model for study of the determination of the price level and the interaction of monetary and fiscal policy［J］. Economic theory，1994（3）：381-399.

［17］ANDREW F，ZIBA F. Fiscal policy，monetary targets，and the price level in a centrally planned economy：an application to the case of China［J］. Journal of Money，Credit and Banking，1987（2），137-156.

［18］ALES BULIR. Income Inquality：Does Inflation Matter?［J］. A Working Paper of IMF January，1998（10）.

复习思考题

1. 单项选择题

（1）认为"通货膨胀与经济增长负相关"属于（　　）的观点。

A. 促进论　　　　　B. 促退论　　　　　C. 中性论　　　　　D. 衰退论

（2）下列关于通货膨胀的表述中，不正确的是（　　）。

A. 通货膨胀是物价持续上涨　　　　　B. 通货膨胀是物价总水平的上涨

C. 通货膨胀是纸币流通所特有的　　　　　D. 通货膨胀是指物价的上涨

（3）当出现货币供给量大于货币需求量的货币失衡状态时，中央银行通过增加货币供给量的途径来促进货币供需全面均衡，这种调整方式属（　　）。

A. 混合型调整　　　B. 需求调整　　　　C. 供给型调整　　　D. 逆向型调整

（4）货币均衡是货币供给与货币需求之间（　　）。

A. 完全相等　　　　B. 大体一致　　　　C. 结构上平衡　　　D. 完全不相等

（5）由于工人工资超过了劳动生产率的提高而引起的通货膨胀称为（　　）。

A. 利润推进型通货膨胀　　　　　B. 操纵价格的通货膨胀

C. 工资推进型通货膨胀　　　　　D. 汇率成本推进型通货膨胀

（6）通货紧缩时，债权人往往是（　　）。

A. 利益受损者　　　　　　　　　B. 受益者

C. 在某方面受损，而在另一方面受益　　D. 利益损益不确定

（7）当总需求持续小于总供给时，则会出现（　　）。

A. 通货膨胀　　　B. 通货紧缩　　　C. 货币均衡　　　D. 社会总供求均衡

2. 多项选择题

（1）下列有关货币均衡描述正确的是（　　）。

A. 货币均衡在一定程度上反映了国民经济的总体均衡状况

B. 货币均衡是一种动态过程.

C. 货币均衡即在任意时点上货币需求等于货币供给

D. 它是社会总供求均衡的反映

E. 货币均衡指货币供给量与需求量完全相等

(2) 关于通货紧缩正确的表述是（　　）。

A. 通货紧缩从本质上说是一种货币现象

B. 当总需求持续小于总供给时会出现通货紧缩

C. 通货紧缩表现为物价水平的持续下跌

D. 通货紧缩同时也是一种实体经济现象.

E. 通货紧缩通常与经济衰退相伴随

(3) 按物价上涨速度划分，通货膨胀可分为（　　）。

A. 爬行通货膨胀　　　　　　　　B. 温和通货膨胀

C. 恶性通货膨胀　　　　　　　　D. 隐蔽型通货膨胀

E. 公开型通货膨胀

(4) 货币失衡的具体情况有（　　）。

A. 货币供给过多　　　　　　　　B. 货币供给不足

C. 结构性货币失衡　　　　　　　D. 商品短缺

E. 滞胀

(5) 货币当局对货币供需由失衡到均衡的调整方式主要有（　　）。

A. 供给型调整　　　　　　　　　B. 需求型调整

C. 混合型调整　　　　　　　　　D. 逆向型调整

E. 综合型调整

(6) 结构性通货膨胀又可以分为（　　）。

A. 需求转移型通货膨胀　　　　　B. 部门差异型通货膨胀

C. 斯堪的纳维亚小国型通货膨胀　D. 二元经济结构型通货膨胀

E. 利润推进型通货膨胀

3. 简答题

(1) 什么是货币均衡？它与社会总供求有什么关系？

(2) 试分析货币失衡的原因。

(3) 什么是结构型通货膨胀？它包括哪些具体类型？

(4) 通货膨胀对分配会产生什么样的影响？

(5) 治理通货膨胀一般有哪些措施？

4. 论述题

(1) 试述从货币失衡到货币均衡的调整对策。

(2) 如何看待关于通货膨胀的两个常见误区：货币宽松一定会通胀、大宗商品价格暴涨一定会通胀？请论述你的观点。

(3) 你认为中国近些年引起通货膨胀的主要原因是什么？如何对通货膨胀进行治理？

(4) 通货膨胀是如何影响我国城乡人群和不同收入人群实现共同富裕的？

(5) 怎样理解对我国来说，相比通胀压力，通缩威胁更需警惕？如何采取相应的货币政策发挥更积极的作用？

(6) 新型冠状病毒感染给实体经济和金融体系都带来了冲击，各国政府央行均采取了大幅宽松政策救市。试评价这些措施的利弊，以及从中得到的启示。

第十三章

货币政策

■**学习目的**

通过本章的学习，你应该能够：

（1）掌握货币政策的内涵，明确货币政策最终目标和中介目标的内容，理解货币政策最终目标间的关系以及货币政策中介目标的选择；

（2）掌握一般性货币政策的三大工具，了解选择性货币政策和其他货币政策的主要内容；

（3）了解货币政策传导机制的两种理论，理解货币政策传导过程的三个阶段，掌握货币政策传导机制的三种效应；

（4）掌握货币政策效应的内涵，了解货币政策效应评价理论的演变，理解货币政策效应的影响因素以及货币政策效应的衡量；

（5）理解财政政策与货币政策的关系以及配合的必要性，掌握财政政策与货币政策配合的模式与手段。

货币政策是货币金融理论的核心。各国货币当局通过制定和实施货币政策，对宏观经济进行间接调控，以保持经济的平稳运行，货币政策追求的目标应是单一目标还是多重目标，政策工具如何搭配使用，中介指标使用货币供应量还是利率，货币政策的传导机制是通过利率还是货币供应量，抑或是信贷、财富或股市，如何评价货币政策的效应，货币政策与财政政策谁更有效等问题，构成了货币政策理论的重大课题和争论焦点。本章主要就货币政策的各个构成要素及我国的货币政策实践进行分析。

第一节　货币政策的目标

一、货币政策与货币政策目标的内涵

中央银行对经济的调节和对金融的宏观调控，体现在制定与实施货币政策方面。

货币政策（monetary policy）是指中央银行为实现其特定的经济目标，所采用的各种控制和调节货币供应量或信用量的方针和措施的总称。它包含着政策目标、达到目标的措施、运行机制、效果衡量等一系列内容在内的一个广泛的概念。货币政策的目标是，一国货币当局采取调节货币和信用的措施所要达到的目的。按照中央银行对货币政策的影响力和影响速度，货币政策划分为两个不同的目标层次，即：最终目标和中介目标，它们共同构成中央银行货币政策的目标体系。

二、货币政策的最终目标

（一）货币政策最终目标的内容

中央银行货币政策的目标要与一国整个经济长期发展的战略目标相一致，要成为国家整个经济政策重要组成部分，并发生作用。这就是中央银行货币政策的最终目标。一般认为，货币政策的最终目标包括物价稳定、充分就业、经济增长和国际收支平衡。

1. 物价稳定（price stability）

稳定物价就是设法使一般物价水平在短期内不发生显著的波动，稳定物价的实质是稳定币值。在信用经济时代，物价的变动是纸币变动的指示器，是衡量货币流通正常与否的主要标志。这里的物价水平是指一般物价水平，而不是指某种商品的价格。价格体系作为国民收入再分配的工具，它的变动虽然会影响一部分人的利益，但对社会并无不利的影响。出于现实生活中各种因素的影响，价格机制的自动调节功能往往会被扭曲，这种相对价格体系的变动，在一定时期也会引起一般物价水平的变动。

从各国的情况来看，衡量一般物价水平变动的指标通常有三个：① 国民生产总值（GNP）平均指数。它以构成国民生产总值的最终产品和劳务为对象，反映最终产品和劳务的价格变化情况。②消费物价指数。它以消费者的日常生活支出为对象，能较准确地反映消费物价水平的变化情况。③批发物价指数。它以批发交易为对象，能较准确地反映大宗批发交易的物价变动情况。当然，三种指标包含的商品范围不同，反映的物价变化也都有一定的局限性，但它们在变动趋势上应该是一致的。

在现代经济社会里，一般物价水平呈上升的趋势。因此，中央银行货币政策的主要目标就是稳定物价，将一般物价水平的上涨幅度控制在一定的范围之内，以防止通货膨胀。对于把一般物价水平上升的幅度控制在何种范围之内，不同的经济学家有不同的看法，不同的国家也有不同的标准。保守的经济学家认为物价水平最好不增不减，或者只能允许在1%的幅度内上下波动，有的认为3%是可取的。而较激进的经济学家，因相信轻微的通货膨胀对经济的活跃有一定的刺激作用，有利于经济发展，主张一般物价水平可作较高幅度的增加，如上涨幅度可允许在5%以内。尽管如此，在实践中，各国中央银行通常采取折中的办法，根据各国经济发展情况和背景的不同，制定不同的标准。从各国实际情况来看，在制定货币政策时，中央银行都显得十分保守，一般将年物价上涨率控制在2%~3%以内。

2. 充分就业（full employment）

充分就业作为货币政策目标的提出，最早是在20世纪30年代。在1929—1933年的资本主义世界的经济大危机中，由于市场不能自发地保证充分就业，为了摆脱危机，西方国家普遍实行了国家干预经济的政策，并把充分就业摆在货币政策目标的首位。因为高就业意味着资源的充分利用，意味着高产出和高投入，也意味着经济的良性循环和稳定增长。从这一点出发，充分就业目标是经济政策总目标的一个组成部分，也是现代发达国家货币政策的四大目标之一。

充分就业通常是指有能力并自愿参加工作者，都能在较合理的条件下找到适当的工作。但充分就业并不等于社会劳动力100%的就业，因为还存在自愿性失业（劳动力不愿意接受现行的工资水平而造成的失业）。只要消除了非自愿性失业（劳动者愿意接受现行的工资条件和工作条件，仍然找不到工作），社会就实现了充分就业。所谓充分就业目标，就是要保持一个较高的、较稳定的社会就业水平。

严格意义上的充分就业是针对所有能够被利用的资源所利用的程度而言的，但要测定各种经济资源的利用程度却是非常困难的，所以一般以劳动力的就业程度为标准，即以失业率指标来衡量劳动力的就业程度。所谓的失业率，是指社会的失业人数与愿意就业的劳动力之比。失业率的高低与社会就业程度成反比。至于失业率为多少时，可称之为充分就业，目前尚无统一标准。有的经济学家认为，当失业率为3%时可视为充分就业，但是大多数经济学家认为失业率为5%时就可以被认为实现了充分就业。在计算失业率指标时，最大的困难就在于如何确定失业人口和社会愿意就业人口这两个指标的内涵。由于各国的计算方法不同，所以对失业率的评价并不一致。各国应该根据各自不同的经济条件、发展状况来确定充分就业目标。

3. 经济增长（economic growth）

经济增长是指一国或一个地区内商品和劳务及生产能力的增长，也就是国民生产总值的增长必须保持合理的、较高的速度。目前，各国衡量经济增长的指标主要有：国民生产总值增长率、国民收入增长率、人均国民生产总值和人均国民收入增长率等。前两个指标主要反映的是：经济增长的总规模和经济实力的状况；后两个指标则反映的是：经济增长带给一个国家或地区的富裕程度。

影响经济增长的直接因素是人力、物力和财力。中央银行作为经济运行中的货币供给部门，能够影响到其中的财力部分，即对资本的供给与配置产生一些效果。中央银行的货币政策以经济增长为目标，指的是中央银行在接受既定目标的前提下，通过货币政策操作，对这一目标的实现施加影响。将经济增长作为货币政策的目标，有两个问题必须注意：①要增加国民生产总值必然会增加各种经济资源，如劳动、土地及资本等的利用程度。然而，货币政策在这些资源运用中所能产生的效果非常有限，只能对资源的配置产生一些效果，对劳动及土地的运用却缺乏直接影响力。②以国民生产总值表示的经济增长仅仅只是一个数量指标，在产值增长的背后，可能隐藏着资源的浪费和环境污染等质量问题，这些是货币政策无力控制的。因此，中央银行的货币政策只能以其所能控制的货币政策工具，创造一个适宜于经济增长的货币金融环境，以促进经济增长。

4. 国际收支平衡（balance of international payments）

平衡国际收支政策目标的提出是在20世纪70年代。当时，由于日本、原联邦德国等国经济的迅速增长，国际竞争力的不断加强，美国的对外贸易不断出现逆差、国际收支状况恶化，大量美元外流，从而降低了世界各国对美元的信心。美国为了维护以美元为中心的国际货币制度，提出了平衡国际收支的货币政策目标。此后，虽然美元与黄金脱钩，各国相继由固定汇率改为浮动汇率，但平衡国际收支仍然是货币政策的目标之一。

在一个开放型的社会经济中，国际收支状况与国内市场的货币供应量有着密切的关系。一般来说，顺差意味着该国的外汇收入大于支出，外汇收入增加，而收购这些外汇，必然要增加国内市场的货币供应量。换言之，顺差意味着商品的输出大于商品的输入，从而相对减少了国内市场的商品量，增加了国内市场的货币供应量。顺差带给国内市场的影响有两种：一是当国内市场上货币偏多、物价不稳、商品供给不足时，严重时会加剧通货膨胀，加剧国内市场上商品供求的矛盾；二是当国内市场货币供给不足，外资缺乏，失业严重，商品供过于求时，顺差则有利于实现国内市场的均衡。国际收支逆差的影响则正好相反。

国际收支平衡是指，在一定的时期内（通常指一年内），一国对其他国家或地区的全部货币收支持平。目前，经济学家普遍认为，国际收支平衡应当是一种动态的平衡，即：在若干年的时间内（如在 3~5 年内），如果一个国家的国际收支平衡表中的主要项目的变动接近于平衡，便可大致上认为达到了国际收支平衡。因为其中某一年的不平衡可以由其他的年份加以弥补。

（二）货币政策最终目标间的关系

尽管货币政策所追求的目标有四个，但就任何一个国家的中央银行而论，对上述各种目标往往不能同时兼顾。因此，在承认若干目标间互补性的同时，如充分就业与经济增长之间相互促进，也不忽略货币政策目标之间的冲突性的存在。主要冲突有：稳定物价与充分就业的冲突；稳定物价与国际收支平衡的冲突；经济增长与国际收支平衡的冲突；稳定物价同经济增长之间的冲突。

1. 稳定物价与充分就业的冲突

根据著名的菲利普斯曲线（Phillips Curve），失业率与物价上涨率之间，存在着此消彼长的关系，实现充分就业就要牺牲若干程度的物价稳定，为了维持物价稳定，就必须以提高失业率为代价。菲利普斯（A. W. Phillips）指出：降低失业与稳定物价不能并行，在物价稳定为 3%，且失业率为 5% 的情况下，若失业率降至 3%，则可能要使工资上涨由 3% 提高到 5%，因而导致物价上涨 2%，也就是说，一个国家要实现充分就业，就得增加货币供应量，降低税率，增加政府支出，以刺激社会总需求的增加，而总需求的增加，在一定程度上会引起一般物价水平的上涨；如果要稳定物价，就要抑制社会总需求的增长，而社会总需求的减缩则必然导致失业率的提高。这样，货币政策在稳定物价与充分就业之间就陷入两者不能兼顾的境地。作为中央银行的货币政策目标，既不可能选择失业率较高的物价稳定，也不可能选择通货膨胀率较高的充分就业，而只能在物价上涨率与失业率之间相机抉择，根据具体的社会经济条件做出正确的组合。

从 20 世纪 70 年代起，很多国家关于物价和失业的统计又显示出二者间的互补关系，即物价上涨、失业和经济停滞同时并存，菲利普斯曲线呈现正的斜率。其主要原因是：①制度因素。工会对劳动力市场的垄断，使工资居高不下，而工资成本上升使劳动力需求下降，就业和产量同时下降，结果是工资和物价同步上升。②外生因素。例如，石油价格大幅度上涨，使石油进口国的物价随生产成本的上涨而上升，出口不利，导致产量下降。国际货币制度的调整使货币坚挺的国家为克服国际游资的冲击不得不实行货币升值，造成货币充斥，物价上涨，出口不利，失业随投资下降而增加。货币疲软的国家为防止游资外逃则不得不提高利率，使失业随投资的减少而增加。

③结构性失业和货币政策不当。解决结构性失业的对策应该是改善劳动力市场的信息传递，培训劳动技能等。运用货币政策扩大投资以创造就业机会只能引起工资上涨和效率下降，结果是工资上涨推动物价上涨，效率下降导致经济停滞。

进入20世纪90年代以来，美国经济增长率、失业率和通货膨胀率出现了"一高两低"的现象，即高增长率、低失业率和低通货膨胀率的并存。近几年来，美国经济增长率一直维持在4%以上，失业率降到4%左右，通货膨胀率也控制在3%以下。对此，不少经济学家认为美国经济进入"新经济"时代，失业率与通货膨胀率间的此消彼长的关系已不复存在，菲利普斯曲线再次面临挑战。然而，进入21世纪以来，美国高科技行业增长速度放缓，以信息技术为龙头的纳斯达克股票指数狂跌，美联储频繁降息以求刺激股市和经济，所以，菲利普斯曲线是否失效还有待历史检验。

2. 稳定物价和国际收支平衡的冲突

在任何一个开放型经济的国家中，其经济状况通常都带有国际化的特征。一个国家的中央银行要想同时实现稳定国内物价和平衡国际收支这两大目标会存在着矛盾。一般来说，若国内物价上涨，会使外国商品的价格相对降低，将导致本国输出减少，输入增加，国际收支恶化；若本国维持物价稳定，而外国发生通货膨胀，则本国输出增加，输入减少，结果就会发生贸易顺差。因此，只有全球都维持大致相同的物价水平，物价稳定才能与国际收支平衡同时并存。在国际经济关系日益复杂，世界经济发展极不平衡的现实经济社会里，这两个条件同时并存是不可能的。稳定物价与国际收支平衡的目标也可能相悖而行。

3. 经济增长与国际收支平衡的冲突

在正常情况下，随着国内经济的增长，国民收入增加以及支付能力的增强，通常会增加对进口品的需要，此时，如果出口贸易不能随进口贸易的增加而增加，就会使贸易收支情况恶化，发生大量的贸易逆差。尽管有时由于经济繁荣而吸收若干外国资本，这种外资的注入可以在一定程度上弥补贸易逆差造成的国际收支失衡，但并不一定就能确保经济增长与国际收支平衡的齐头并进。尤其是在国际收支出现失衡，国内经济出现衰退时，货币政策很难在两者之间做出合理的选择。在国际收支逆差的情况下，通常必须压抑国内有效需求，其结果可能消除逆差失衡，但同时也带来经济衰退。面对经济衰退，通常采取扩张性货币政策，其结果可能刺激经济增长，但也有可能因输入增加导致国际收支逆差。

4. 稳定物价与经济增长的冲突

如何处理好经济增长与稳定货币之间的关系是另一个核心问题。失业率的高低，外汇收入的多少，决定于经济增长的状况。从根本上说，经济增长同稳定物价是辩证的统一，只有经济增长了，商品增多了，稳定货币才有物质基础。然而，在信用货币条件下，经济增长往往伴随着物价的上涨，二者表现出一定的矛盾性。原因在于，一是货币作为经济增长的先导和第一推动力，在货币流通速度基本稳定的情况下，货币供给量若偏多，势必刺激物价上涨。因此，有可能出现这样一种情况，即经济增长需要有货币的超前供给，超前的货币供给量可能带来物价的上涨与币值的下跌，进而造成经济增长与稳定币值两者的冲突。二是经济的快速增长通常会带来投资过旺，特别是在政府刻意追求增长速度，有意无意地以通货膨胀为手段来促进经济增长时，扩张信用的手段在增加投资的同时也必然造成货币发行量的增加和物价的上涨，而为抑制通货膨胀所采取的提高利率等紧缩性货币政策又可能因抑制投资而影响经济的增长。

如何在这些相互冲突的矛盾中做出最适当的抉择，是当代各国金融当局所面对的最大难题。值得注意的是，第二次世界大战以后，西方各国的中央银行根据本国的具体情况，在不同的时期对货币政策四个目标的选择有着不同的侧重点，而在进入 20 世纪 90 年代以来则发生了很大的变化，主要发达国家均以稳定货币，反通货膨胀为唯一的货币政策目标。这说明，在货币政策目标体系中，稳定货币、稳定物价始终是中央银行货币政策目标的基础。中央银行的货币政策目标与国家的经济政策目标是有区别的，它更主要的任务是为经济持续稳定的增长创造一个良好的金融环境。

■ 相关阅读

我国货币政策目标的选择

三、货币政策的中介目标

"货币政策的中介目标"一词，最先由美国经济学家在 20 世纪 60 年代提出。直到 20 世纪 70 年代中期，货币政策中介目标的思想才得到发展，中介目标才逐渐成为各国中央银行的货币政策传导机制的重要内容之一。之所以要在货币政策的最终目标与货币政策的工具之间设立中介目标，西方经济学家认为有三方面的原因：①收集与掌握有关货币政策最终目标的资料信息需要较长时间，所以难以据此进行相机抉择，变动与操作货币政策工具，实现货币政策的最终目标。②货币政策的最终目标是通过对货币政策工具的操作来实现，为此，必须建立相应的货币政策工具的效果指标，用于比较各货币政策工具对货币政策最终目标影响程度，以利于相机选择，实现货币政策的最终目标。③货币政策最终目标的实现，除受货币政策工具影响之外，还受到其他外部因素的影响，因此，必须利用货币中介目标，以显示货币政策工具和货币政策工具以外的因素的影响程度，将两者的影响效果区分开来，以便更好地实现货币政策的最终目标。

（一）货币中介目标的选择

正确地选择货币政策的中介目标，是实现货币政策最终目标的前提条件。这是由于中央银行并不能直接控制和实现货币政策最终目标，而只能借助于货币政策工具，通过对货币政策中介目标的调节与控制来实现货币政策的最终目标。因此，货币政策中介目标的选择就显得十分重要。一般认为，作为货币政策的中介目标必须具备三个条件，即：可测性、可控性及与最终目标的相关性这"三性"原则。

1. 可测性

可测性是指中央银行所选择的金融控制变量必须具有明确而合理的内涵和外延。具体地说，①中央银行能够迅速获得中介目标变量的明确数据资料；②中央银行能够对这些数据资料进行有效的分析并做出相应的判断。

2. 可控性

可控性是指中央银行通过各种货币政策工具的运用，能对货币中介目标变量进行有效的控制与调节，并能准确地控制中介目标变量的变动状况及其变动趋势。

3. 与最终目标的相关性

相关性是指中央银行所选择的中介目标变量必须与货币政策最终目标紧密关联，当中央银行通过对中介目标的控制与调节，使之达到预期水平时，也能使货币政策的最终目标达到或接近预期水平。

（二）常见的货币中介目标

由中介目标的"三性"原则可知，作为货币政策中介目标的金融变量，应具备以下特征：①中介目标变量应为中央银行货币政策运用和影响的对象，即各种货币政策的实施，必然会引起中介目标变量的变动，并通过其变动反映出货币政策实施的效果；②中介目标变量应为全社会及金融体系了解中央银行货币政策方向与强度的指示器；③中介目标变量应为中央银行进行观测和检验货币政策实施效果的显示器。至于哪些金融变量同时具备上述三个条件和特征，迄今仍无公认的答案，但多数西方经济学家认为，可以作为货币政策中介目标的金融变量主要有两种，即：利率、货币供给量。此外，随着金融市场多元化发展，社会融资规模作为货币政策中介变量也日益引起重视。

1. 利率

以凯恩斯学派为主的经济学家主张以利率作为货币政策的中介目标。因为利率不仅能够反映货币与信用的供给状况，同时也可以反映供给与需求的相对数量，即可贷资金的稀缺程度，并且短期利率（再贴现率和再贷款利率）也是中央银行可以控制的金融变量。因此，凯恩斯学派极力主张以利率作为中介目标。

凯恩斯学派认为，中央银行可以通过货币政策工具的运用，操纵利率水平和利率结构的变动，以影响投资和消费水平，调控社会总需求，影响国民收入的变动，达到预期的政策目标。利率作为联结商品市场与货币市场的纽带，既与货币政策的最终目标有密切关系，又是中央银行可以控制的金融变量。因此，利率是最为适当的货币政策的中介目标。

金融市场上的利率多种多样，有时还经常变化。在我国利率体系中，储蓄存款利率和贷款利率对社会经济的影响最为显著。中央银行根据当前及未来一段时期的通货膨胀状况及其他因素来调整一年期储蓄存款利率。而贷款利率一般是由中央银行在一年期储蓄存款利率的基础上根据银行的经营管理成本测算加点而成，因而一年期储蓄存款利率在存贷款利率体系中具有标杆性的作用。此外，同业拆借利率和国债回购利率是银行间市场利率，与金融机构关系密切，市场化程度高，其利率水平具有一定代表性。

但需要注意的是，将利率作为货币政策的中介目标具有一定的局限性。利率是内生变量，当经济繁荣时，社会对资金需求量较大，利率自然升高；当经济萧条时，信贷需求下降，利率也随之降低。因此，利率作为货币政策中介目标时面临内生性的难题。中央银行在经济过热时通过紧缩性货币政策提高利率以抑制投资盲目上涨，或经济低迷时通过扩张性货币政策降低利率以刺激投资，均难以准确识别是货币政策的效果还是经济的自发调节。

2. 货币供给量

货币供给量就是流通的货币量，广义地分为流通中的现金和银行存款，在金融统计中根据流动性的强弱被分为 M_0、M_1、M_2、M_3 等。由于货币供给量存在层次性，将其作为货币政策的中介目标还面临以哪一层次的货币供给量作为控制重点的问题。一般而言，金融市场发展不完善、可用信用工具不足的情况下，中央银行控制货币供给的重点应当是现金。新中国自成立起至 20 世纪 90 年代以前符合这种情况。而在金融市场较为发达的情况下，由于 M_2 与国民收入联系比 M_1 更为紧密，且 M_2 比 M_1 更便于中央银行控制，所以发达金融市场的国家将货币控制的重点从 M_1 转向 M_2。我国在 90 年代初期和中期主要以 M_1 作为货币政策中介目标，1998—2007 年兼顾 M_1 和 M_2 两个指标，2007 年之后主要关注 M_2。相关文献实证结果也表明，在我国 M_2 与其他货币指标相比对最终目标的解释力度更强，是由中央银行控制的货币政策中介目标。

货币供给量作为货币政策中介目标的主张被货币学派所推崇。货币学派认为：首先，货币供给量变动并不直接影响利率，而是直接影响人们的名义收入和支出水平，进而影响投资、就业、产出及物价水平；其次，货币供给量也能够正确反映货币政策的意向，即货币供给增加则表明货币政策为扩张，反之，货币政策则为紧缩；再次中央银行能够控制货币供给量。该学派的实证研究也表明，虽然在短期内货币供给量与实际收入和物价水平之间的关系并不十分明确，但在长期中，货币供给量的变动总是引起名义收入和物价同方向的变动。因此，货币学派主张以货币供给量作为货币政策的中介目标。

但是，这种观点也同样遭到人们的批评与反对。首先，货币供给量并非外生变量，而是内生变量，货币流通速度和货币需求函数是不稳定的，并非中央银行可以控制与预测的，不能作为货币政策的中介目标。托宾认为：在现实经济社会里，非银行金融中介机构的迅速发展，其资产与负债同商业银行的资产与负债已经没有本质区别，两者之间具有高度的可替代性。在这种情况之下，中央银行通过货币政策的运用来调整货币供给量的变动率，可能因为非银行金融中介机构的资产与负债的变动影响，使货币速度发生相反方向的变动，从而抵消货币供给量的变动所产生的效果。可见，货币的流动速度是不稳定的，中央银行也就不能直接控制货币供给量的变动。托宾进一步分析到：那种将银行信用与存款货币供给视为简单的存款准备金的倍数的观点是错误的。决定银行存款货币供给的因素，并不仅仅限于银行存款准备金和存款准备率，还有银行存款的机会成本和利率等其他经济变量，可见，货币供给量的变动并不是外生的而是内生的，并非中央银行可以完全直接控制的变量。其次，即使中央银行能直接控制货币供给量的变动，但是，由于货币乘数的不稳定性、货币需求的不稳定性以及货币政策以外的外生变量皆会削弱货币供给量变动与货币政策之间关系的稳定性，因此，货币供给量的变动与货币政策之间的关系也不稳定，货币供给量的变动率不宜作为货币政策的中介目标。

3. 社会融资规模

当金融体系由商业银行主导时，M_2 可以较好地测度整个金融体系对实体经济的资金支持。但是随着我国证券公司、保险公司、信托公司、小额贷款公司等新型资金供给主体不断涌现和发展壮大，M_2 已越发难以全面、准确反映整个金融体系对实体经济的资金支持。因此，社会融资规模作为货币政策中介目标的重要性日益突出。

社会融资规模包括社会融资规模增量和存量两个方面。社会融资规模增量是指一定时期（每月、每季或每年）内实体经济（非金融企业和住户）从金融体系获得的全部资金总额。社会融资规模存量是指一定时期末实体经济从金融体系获得的资金余额。

社会融资规模存量不仅在总量上与 M_2 接近，而且结构上优于 M_2。社会融资规模指标可以多层次地反映资金的实际投向，体现不同地区、行业、部门所获得的资金支持。这种特征有利于促进我国经济结构调整与供给侧结构性改革。此外，社会融资规模存量与 M_2 在相关性、可控性方面也高度一致。略有差异的是，社会融资规模存量对产出的影响更大，而 M_2 对通货膨胀的影响更大。社会融资规模增量同样满足可控性、可测性和相关性的三大要求，是合适的货币政策中介目标。

我国中央银行于 2010 年编发了社会融资规模增量指标，该指标由四部分组成：银行新增贷款、银行表外信用、直接融资和以其他方式向实体经济提供的资金支持。2010 年中央经济工作会议首次提出要"保持合理的社会融资规模"。2016 年的《政府工作报告》首次提出了社会融资规模的调控目标："今年广义货币 M_2 预期增长 13% 左右，社会融资规模余额增长 13% 左右"。2022 年的《政府工作报告》提出"扩大新增贷款规模，保持货币供应量和社会融资规模增速与名义经济增速基本匹配，保持宏观杠杆率基本稳定。"

第二节　货币政策工具

货币政策工具是中央银行为实现货币政策目标而使用的各种策略手段。货币政策工具可分为：一般性政策工具、选择性政策工具和其他补充性政策工具三类。

一、一般性货币政策工具

一般性货币政策工具，是指对货币供给总量或信用总量进行调节，且经常使用，具有传统性质的货币政策工具。一般性货币政策工具主要包括法定存款准备金率、再贴现率和公开市场业务等典型市场经济条件下对货币供给调控的工具。这些工具的调控原理及优缺点在第十章已有论述。

■ 拓展阅读

公开市场操作：美联储如何执行

二、选择性的货币政策工具

三大货币政策工具主要是对信用总量的调节，以控制全社会的货币供应量为目的，属于一般性的总量调节。而选择性的货币政策工具和其他货币政策工具是中央银行针对个别部门、企业、领域或特殊用途的信用而采用的政策工具。它们主要包括：证券市场信用控制、消费信贷控制、不动产信用控制、直接信用控制和间接信用控制等。

（一）证券市场信用控制

证券市场信用控制是指中央银行对涉及证券交易的信贷活动加以控制。通过规定贷款额所占证券交易额的百分比率，来调节或限制对证券市场的活跃程度。在操作中，这种控制是对以信用方式购买股票和有价证券的贷款比率实施限制，也称为证券交易的法定保证金比率控制。比如说，若中央银行规定信用交易保证金比率为30%，则交易额为20万美元的证券购买者，必须将至少6万美元现金一次性交付来进行此项交易，其余资金由金融机构贷款解决。

中央银行可根据金融市场的状况，随时调高或调低法定保证金比率。当证券市场交易过旺，信用膨胀时，中央银行可提高法定保证金比率，控制货币流入资本市场的数量，遏制过分的投机行为。当证券市场交易萎缩，市场低迷时，中央银行可调低保证金比率，刺激证券市场交易的活跃。

证券交易法定保证金比率的制定，控制了证券市场的最高限度放款额，即：最高限度放款额＝（1-法定保证金比率）×交易总额，它既能使中央银行遏制过度的证券投机活动，又不贸然采取紧缩和放松货币供应量的政策，有助于避免金融市场的剧烈波动和促进信贷资金的合理运用。

（二）消费信用控制

它是中央银行对不动产以外的各种耐用消费品的销售融资予以控制。这种控制措施的主要内容包括：规定用消费信贷购买各种耐用消费品时首期付款额，分期付款的最长期限以及适合于消费信贷的耐用消费品的种类等。当中央银行提高首期付款额时，就等于降低了最大限度放款额，势必减少社会对此种商品的需求。而缩短偿还期就增大了每期支付额，也会减少对此类商品和贷款的需求。若要刺激消费信用时，则降低首期付款额。

（三）不动产信用控制

它是中央银行对商业银行或其他金融机构发放不动产贷款的额度和分期付款的期限等规定的各种限制性措施。主要包括：规定商业银行不动产贷款的最高限额、最长期限、第一次付款的最低金额相对分期还款的最低金额等。目的在于阻止因房地产及其他不动产交易的投机性导致的信用膨胀。

三、其他货币政策工具

（一）直接信用控制

直接信用控制是指中央银行根据有关法令，对银行系统创造信用的活动施以各种直接的干预。主要的干预措施有信用分配、利率最高限额、流动性比率等。

1. 信用分配

信用分配是指中央银行根据金融市场的状况和客观经济形势，权衡经济需要的轻重缓急，对银行业的信用加以分配，限制其最高数量。信用分配一般都发生在发展中国家或发达国家的某些特别时期，如战争时期。由于这些国家投资需求多，资金来源有限，故不得不对信用采取直接分配的办法。例如，制定一国的产业政策，规定优先提供资金的顺序；或者按资金需求的缓急，将有限的资金分配到最需要的部门；有的国家和地区还采取设立专项信贷基金的办法，保证某种建设项目的需要。

2. 利率最高限制

中央银行规定商业银行和储蓄机构对定期及储蓄存款所能支付的最高利率，目的在于防止银行用抬高利率的办法吸收存款。利率最高限的典型代表是美国中央银行从1934年到1980年实施的"Q条例"，该条例规定了银行各类存款的最高利率。利率最高限的规定有利于防止金融机构之间为争夺存款的过度竞争，避免造成资金成本过高而使银行风险增大。但是，它本质上属于价格管制，存在着不利于公平竞争，保护落后的弊端，而且在通货膨胀的情况下，它容易导致存款流出银行体系。因此，市场经济成熟的国家已经放弃了利率最高限制的手。

3. 流动性比率

流动性比率是中央银行为了保障商业银行的支付能力，规定流动资产对存款或总资产的比率。

（二）间接信用控制

间接信用控制是指中央银行采用非直接的控制方法，主要有窗口指导、道义劝告、金融检查等。

1. 窗口指导

窗口指导的主要内容是：中央银行根据市场行情、物价走势、金融市场的动向、货币政策要求以及前一年度同期贷款的情况等，规定商业银行每季度贷款的增减额，以指导的方式要求其执行。有时，窗口指导也指导贷款的使用方向，保证经济优先发展部门的资金需要。如果商业银行不按规定的增减额对产业部门贷款，中央银行可削减向该行贷款的额度，甚至采取停止提供信用等制裁措施。窗口指导虽然其自身不具有法律约束力，但由于中央银行对不接受指导者可以采取相应的制裁措施，因而对于金融机构还是具有较大的约束力。

2. 道义劝告

道义劝告是指中央银行运用自己在金融体系的特殊地位和威望，通过对商业银行及其他金融机构的劝告，以影响其放款的数量和投资的方向，以达到控制信用的目的。例如，在房地产与证券市场投机盛行时，要求商业银行减少对这两个市场的信贷等。道义劝告的政策效果表现在：可以避免强制性信用控制所带来的逆反心理，有利于加强中央银行与商业银行及各金融机构间的长期密切合作关系。但它不具有法律效力，因而不是强有力的控制手段。

道义劝告和窗口指导的优点是较为灵活。但要发挥政策工具的作用，中央银行必须在金融体系中具有较强的地位、较高的威望和拥有最终控制信用的足够的权力和手段。

3. 金融检查

金融检查是指中央银行利用自己"银行的银行"的身份不定期地对商业银行和其他金融机构的业务经营情况进行检查，看其是否符合法律规定，并将检查结果予以公开，以监督商业银行的金融活动。

（三）货币政策工具的创新

1. 美国

美联储控制着货币政策的三大工具——公开市场操作、贴现率和存款准备金率。公开市场操作是美联储在实施货币政策时使用的关键工具。2015年12月开始的政策正常化过程中，美联储首先使用隔夜逆回购协议（reverse repurchase agreements，RRP）作为必要的补充政策工具，以帮助控制联邦基金利率，并将其保持在联邦公开市场委员会设定的目标区间内。2019 年 9 月，美联储使用定期和隔夜回购协议（repurchase agreements，Repo），以确保即使在非储备负债大幅增加的时期，储备供应也保持充足，并缓解可能对政策实施产生不利影响的货币市场压力风险。2021 年 7 月，美联储宣布建立国内常备回购便利（standing repo facility，SRF）。根据 SRF，美联储每天对符合条件的证券进行隔夜回购操作。

为应对新型冠状病毒感染疫情的冲击，美联储使用如下的非常规货币政策工具：

商业票据融资便利（CPFF）：财政部出资 100 亿美元成立 SPV 作为法律实体，美联储借道 SPV 从符合条件的商业票据发行机构手中购买评级较高的商业票据，为商业银行和投资银行等大型商业票据发行机构提供流动性支持，实质上是从一级市场直接购买票据。

一级交易商融资便利（PDCF）：允许纽联储的一级交易商像存款类金融机构那样，以等同于贴现窗口标准的利率从美联储获得最长 90 天的贷款，允许交易对手以权益率资产作为抵押品。

货币市场投资者融资便利（MMIFF）：受美联储委托，波士顿联储以金融机构从货币市场获得的资产为抵押，向金融机构提供无追索权的信贷支持，财政部为联储提供100 亿美元的信用保护。

一级市场公司信用便利（PMCCF）：美国财政部出资 500 亿美元成立 SPV 作为法律实体，纽联储向 SPV 发放有追索权的贷款，直接从一级市场购买企业债券。

二级市场公司信用便利（SMCCF）：美国财政部出资 250 亿美元成立 SPV 作为法律实体，纽联储向 SPV 发放有追索权的贷款，从二级市场购买企业债券。

定期资产支持证券借贷便利（TALF）：美国财政部出资 100 亿美元成立 SPV 作为法律实体，纽联储借道 SPV 购买合格 ABS 资产，向以助学贷款、车贷、信用卡借贷等为底层资产的 ABS 产品提供流动性。

薪资保护流动性便利（PPPLF）：商业银行向符合条件的中小企业发放薪资保护计划贷款（美国小企业管理局负责担保），美联储从商业银行中以无追索权的方式购买这些贷款。

市政流动性便利（MLF）。美国财政部出资 350 亿美元成立 SPV 作为法律实体，纽联储将承诺在追索权的基础上向 SPV 放贷。SPV 直接从一级市场购买地方政府发行的市政债券。

主街贷款计划（MSLP）：美国财政部出资 750 亿美元成立 SPV 作为法律实体，美联储将承诺在追索权的基础上向 SPV 放贷。SPV 从商业银行手中购买符合标准的中小企业及非营利组织信贷资产的 95%。

中央银行流动性互换（CBLS）：美联储先后与 14 家央行达成协议，外国央行根据交易时的市场汇率，与美联储进行双边货币互换。双方同意在未来的某一特定日期，以与第一笔交易相同的汇率，将上述两种货币的数量互换回去。

临时性外国货币当局回购工具（FIMARP）：外国央行以美国国债做抵押，通过回购协议从美联储获取流动性，回购的期限以隔夜为主。

2. 欧洲

欧洲中央银行,简称欧央行,自 1998 年成立以来,便实行以维持欧元区物价稳定为单一目标的货币政策。当前欧央行的货币政策工具主要包括三大类:利率工具、资产购买计划以及其他货币政策工具。

(1)利率工具

欧央行设定了三大政策利率:主要再融资操作利率(main refinancing operations rate)、存款便利利率(deposit facility rate)和边际贷款便利利率(marginal lending facility rate)。边际贷款便利利率和存款便利利率分别定义了银行相互借贷的隔夜利率走廊的上下限,以调节货币市场利率。为了应对低迷的通货膨胀水平,欧央行于 2014 年 6 月下调存款便利利率至−0.1%,此后便进入负利率时代。为了更好地引导市场预期,欧央行于 2013 年 7 月引入了利率前瞻指引。2021 年 7 月,欧央行将利率指引挂钩平均通胀,表明政策利率将维持在当前或更低水平,直至在预测区间结束前通胀达到 2%,且在剩余的预测区间仍能持续达到,允许存在通胀略高于 2%的过渡期。

(2)资产购买计划

为了应对 2008 年金融危机导致的欧元区经济衰退,欧央行推出各类资产购买计划,在政策利率下调空间有限的前提下,进一步补充货币市场流动性。欧央行于 2009 年 7 月推出第一轮担保债券购买计划(CBPP1),并在欧债危机期间于 2010 年、2011 年和 2012 年分别推出了证券市场计划(stock market plan,SMP)、第二轮担保债券购买计划(CBPP2)和直接货币交易计划(outright monetary transactions,OMT)。

目前仍然存续的资产购买计划是资产购买计划(asset purchase programmes,APP)和 2020 年开始的紧急抗疫购债计划(pandemic emergency purchase programme,PEPP)。资产购买计划是一揽子非标准货币政策措施的一部分,其中还包括有针对性的长期再融资操作,包括资产支持证券购买计划(asset-backed securities purchase programme,ABSPP)、公共部门购买计划(public sector purchase programme,PSPP)、企业部门购买计划(corporate sector purchase programme,CSPP)和第三轮担保债券购买计划(CBPP3)。紧急抗疫购债计划(PEPP)是一项非标准的货币政策措施。PEPP 于 2020 年 3 月开启,旨在应对新型冠状病毒感染疫情爆发对货币政策传导机制和欧元区前景构成的严重风险。购买范围与 APP 相同,并纳入希腊国债。总额为 1.85 万亿,购买相对灵活。

2022 年 7 月,欧央行管理委员会批准了新的货币政策工具——传导保护工具(transmission protection instrument,TPI)。传导保护工具是一个额外的货币政策工具,旨在确保货币政策平稳地传递到所有欧元区国家,并更有效地稳定物价。该工具将购买剩余期限在 1~10 年间的公共部门证券(由欧元区中央和地区政府及欧洲央行认定的机构发行的有价债券),如有必要可以考虑购买私人部门证券,以在必要时抵消传导机制的风险。购买传导保护工具的规模将取决于货币政策传导面临的风险的严重程度,购买不受事前限制。

(3)其他货币政策工具

除了主要再融资操作外,公开市场操作还包括长期再融资操作(LTRO)、微调操作(FTO)以及结构性操作(SO)。和主要再融资操作相比,长期再融资操作能够为金融机构提供更长期的流动性支持。长期再融资操作每月开展一次,可以通过可变利率或固定利率进行招标，规模由欧央行确定。2011年12月，欧央行推出超长期再融资操作（VLTRO），期限长达三年。2014年、2016年和2019年，欧央行推出了三轮定向长期再融资操作（TLTRO），以有利条件向银行提供长期融资，以刺激向实体经济的信贷投放。新型冠状病毒感染疫情期间，为了补充第三轮TLTRO计划，欧央行还启动了疫情紧急长期再融资操作（PELTRO），从而进一步支持欧元区金融体系的流动性状况。此外，欧央行推出欧元体系中央银行回购工具（EUREP），此为新型冠状病毒感染疫情下的临时性措施，旨在扩大欧元流动性范围，并持续到2022年3月。

3. 中国

近年来，全世界出现了一些较为创新的货币政策工具。中国也创新了以下三种货币政策工具。

（1）常备借贷便利

从国际经验看，中央银行通常综合运用常备借贷便利和公开市场操作两人类货币政策工具管理流动性。常备借贷便利的主要特点：①由金融机构主动发起，金融机构可根据自身流动性需求申请常备借贷便利；②常备借贷便利是中央银行与金融机构"一对一"交易，针对性强。③常备借贷便利的交易对手覆盖面广，通常覆盖存款金融机构。全球大多数中央银行具备借贷便利类的货币政策工具，但名称各异，如美联储的贴现窗口（discount window）、欧央行的边际贷款便利（marginal lending facility）、英格兰银行的操作性常备便利（operational standing facility）、日本银行的补充贷款便利（complementary lending facility）、加拿大央行的常备流动性便利（standing liquidity facility）、新加坡金管局的常备贷款便利（standing loan facility），以及新兴市场经济体中俄罗斯央行的担保贷款（secured loans）、印度储备银行的边际常备便利（marginal standing facility）、韩国央行的流动性调整贷款（liquidity adjustment loans）、马来西亚央行的抵押贷款（collateralized lending）等。

借鉴国际经验，中国人民银行于2013年年初创设了常备借贷便利（standing lending facility，SLF）。常备借贷便利是中国人民银行正常的流动性供给渠道，主要功能是满足金融机构期限较长的大额流动性需求。对象主要为政策性银行和全国性商业银行。期限为1~3个月。利率水平根据货币政策调控、引导市场利率的需要等综合确定。常备借贷便利以抵押方式发放，合格抵押品包括高信用评级的债券类资产及优质信贷资产等。如2017年12月，为满足金融机构临时性流动性需求，人民银行对金融机构开展常备借贷便利操作共1 340.6亿元，其中隔夜7.2亿元、7天839.6亿元、1个月493.8亿元。常备借贷便利利率发挥了利率走廊上限的作用，有利于维护货币市场利率平稳运行。2017年12月末常备借贷便利余额为1 304.2亿元。

（2）中期借贷便利

当前银行体系流动性管理不仅面临来自资本流动变化、财政支出变化及资本市场IPO等多方面的扰动，同时也承担着完善价格型调控框架、引导市场利率水平等多方面的任务。为保持银行体系流动性总体平稳适度，支持货币信贷合理增长，中央银行需要根据流动性需求的期限、主体和用途不断丰富和完善工具组合，以进一步提高调控的灵活性、针对性和有效性。2014年9月，中国人民银行创设了中期借贷便利（medium-term lending facility，MLF）。中期借贷便利是中央银行提供中期基础货币的货币政策工具，对象为符合宏观审慎管理要求的商业银行、政策性银行，可通过招标方式开展。中期借贷便利采取质押方式发放，金融机构提供国债、央行票据、政策性金融债、高等级信用债等优质债券作为合格质押品。中期借贷便利利率发挥中期政策利率的作用，通过调节向金融机构中期融资的成本来对金融机构的资产负债表和市场预期产生影响，引导其向符合国家政策导向的实体经济部门提供低成本资金，促进降低社会融资成本。如2017年12月，为维护银行体系流动性合理稳定，结合金融机构流动性需求，人民银行对金融机构开展中期借贷便利操作共4 760亿元，均为1年期。其中12月6日操作1 880亿元，利率为3.2%；14日操作2 880亿元，利率为3.25%。2017年12月末中期借贷便利余额为45 215亿元。

（3）抵押补充贷款

为贯彻落实国务院第四十三次常务会议精神，支持国家开发银行加大对"棚户区改造"重点项目的信贷支持力度，2014年4月，中国人民银行创设抵押补充贷款（pledged supplemental lending，PSL）为开发性金融支持棚改提供长期稳定、成本适当的资金来源。抵押补充贷款的主要功能是支持国民经济重点领域、薄弱环节和社会事业发展而对金融机构提供的期限较长的大额融资。抵押补充贷款采取质押方式发放，合格抵押品包括高等级债券资产和优质信贷资产。如2017年12月，人民银行对国家开发银行、中国进出口银行、中国农业发展银行三家银行净增加抵押补充贷款共659亿元，2017年12月末抵押补充贷款余额为26 876亿元。

第三节　货币政策传导机制与时滞

货币政策目标确定之后，中央银行操作适当的政策工具调控货币供给，通过经济体制内的各种经济变量，影响到整个社会的经济活动，进而实现既定的货币政策目标。这个由货币政策工具启动到货币政策目标实现的传导运行过程，就是货币政策的传导机制（transmitting mechanism of monetary policy）。这一过程并不是简单的传导，而是一个复杂的系统工程。关于货币政策的传导机制，西方经济学界存在着一定的分歧。下面介绍两种主要的传导机制理论。货币政策传导机制如图13-1所示。

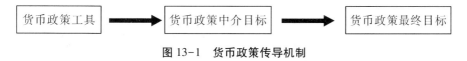

图13-1　货币政策传导机制

一、凯恩斯学派的传导机制理论

凯恩斯把货币政策传导过程分为两个领域，即金融（货币）领域和实物（商品）领域。在金融领域只有两种资产，即货币和债券。前者有十足的流动性而无收益，后者的流动性不如前者但有利息收益。在实物领域，社会的总收入与社会的总支出达到均衡。货币政策工具的启动首先打破和重建金融领域的均衡，通过利率的变化进而打破和重建实物领域的均衡，最终达到货币政策的最终目标。在凯恩斯看来，中央银行实施货币政策后，首先引起商业银行的存款准备金数量的变化；继而导致货币供给数量发生变化，货币供给量的变化引起市场利率发生变化，利率的变化意味着资本边际效率的提高或降低，从而导致投资发生增减变动，通过乘数效应，最终影响总支出与总收入。用符号表示为：

$$R — M — r — I — E — Y$$

R 表示存款准备金；M 表示货币供给量；r 表示市场利率；I 表示投资；E 表示总支出；Y 表示总收入。

货币政策作用的大小主要取决于三个因素：①取决于货币需求的利率弹性。②取决于投资支出的利率弹性，即利率降低一定量时，投资将增加若干。③取决于投资乘数，即投资增加一个特定量时总的有效需求将增加若干。在传导机制中，利率是核心，如果货币供给量增减后不能对利率产生影响，那么货币政策失效。

总之，凯恩斯否认货币供应增加会直接引起总需求增加的观点，他还认为货币数量变动直接影响物价同比例变动只是充分就业后才能产生的一种特别情况。也就是说，如果社会处于非充分就业状态，那么货币供给量增加所带来的总需求增加会直接增加社会的产量、就业与收入，物价上涨幅度较小。当社会已经达到充分就业状态时，生产资源与劳动力已经趋于饱和，随着总需求的增加，物价水平随之同比例上涨。

上述分析，只显示货币领域对实物领域的初始作用，而没有注意到这两个领域之间循环往复的反馈作用，因此，称之为局部均衡分析。凯恩斯以后的凯恩斯主义者对局部均衡进行了补充和发展，称为一般均衡分析。其基本观点是：当中央银行采取放松的货币政策而致使货币供给量增加时，在总需求不变的情况下，利率会相应下降，下降的利率会刺激投资，引起总支出与总收入相应增加。但利率下降后，降低了存款人的存款意愿；借贷资金减少或不变，与此同时，实物领域中由于收入的增加又提出了更多的货币需求，结果使货币需求量超过了货币供给量，造成下降的利率又重新回升，这是实物领域对金融领域的作用。接着，上升的利率又促使货币需求下降，利率再次回落，循环往复，最终达到一个均衡点。这个点同时满足了金融领域与实物领域两方面的均衡要求。

二、货币学派的传导机制理论

以弗里德曼为首的货币学派竭力反对凯恩斯学派的传导机制理论，强调货币供应量的变化并不是通过利率，而是直接影响名义国民收入。其货币政策的传递模式是：

$$R — M — B — A — C — I — Y$$

R 表示存款准备金；M 表示货币供应量；B 表示商业银行的放款或投资；A 表示各种金融资产；C、I 分别表示消费品和投资品；Y 表示名义收入。

该模式的简单解释是：当中央银行采取放松的货币政策时，采用一定的政策手段，如在公开市场上购入证券，使得商业银行的准备金或名义货币供应量也随之增加，一方面，商业银行会设法降低利率，以增加放款或投资。利率降低使得各种盈利资产的价格上升，从而使得社会公众放弃各种盈利资产的持有，增加借款，货币供应量增加；另一方面，货币供应量增加，引起名义收入增加，而货币需求是稳定不变的人们就会调整各自的资产结构，现金余额相对减少，其他金融资产或实际资产比重增加，这个过程会引起资产价格上涨或利率下降。实际资产需求的增加和价格的上涨必然会使生产者增加生产，进而导致劳动力需求增加和工资上升，最终引起全社会总收入增加。所以，货币政策的影响主要不是通过利率间接地影响投资和收入，而是因为货币数量超过了人们需要的真实现金余额，从而直接地影响社会支出和货币收入。

货币学派在货币政策传导机制的分析中，对名义变量与实际变量加以区分，认为只有实际收入或产量的增长才能真正代表经济的增长。如果支出增加，名义收入上升，而实际收入和产量不变，那充其量也只是物价的上升而已。因而提出了货币政策可能在短期内影响实际变量（产量和就业），但在长期内只影响名义变量（物价和名义收入）的观点，从而把通货膨胀的原因归咎于货币供应过多。

三、货币政策传导机制的一般运转过程

（一）货币政策的一般性传导过程

货币政策的传导过程可分为经济变量传导和机构传导两种类型。货币政策的传导，一方面是在各经济变量之间进行的，另一方面又是通过各经济部门和机构进行传导的。经济变量传导程序比较复杂，它的传导主线大致为：货币政策工具→操作目标→中介目标→最终目标；机构传导由于各个金融机构在实际运行过程中在同时期所处的主次位置不同，所以它的传导过程总体状况如下：中央银行→金融机构→企业和居民个人→国民收入。

1. 货币政策的经济变量传导。它是指从中央银行货币政策所包含的经济变量开始，通过操作目标各经济变量和中间目标各经济变量，最终到达最终目标经济变量。在货币政策的制定过程中，首先要找出货币政策的最终目标和中介目标，选择可供操作的货币政策工具。其中，最终目标、中介目标、操作目标和政策工具在其经济运行过程中相互依存、共同作用，构成完整、有机的货币政策实体。

2. 货币政策的机构传导。在货币政策的传导过程中，从货币政策工具的启用到货币政策最终目标的实现全过程都要借助于一定的传导机构行为的变化与作用来完成，主要包括中央银行、商业银行和其他金融机构、企业和居民行为。同时，形形色色的各种市场（主要是金融市场）是衔接中央银行行为、商业银行行为、企业和居民行为的媒介和导体，通过市场的作用，一方面把中央银行的货币政策意图逐级由各金融机构向企业和居民传递和渗透，另一方面将企业和居民、金融机构的承受能力等反应信息反馈到中央银行。因此，货币政策的机构传导一般过程是：中央银行在制定货币政策后，选择适当的货币政策工具并予以实施，货币政策工具作用于商业银行及非银行金融机构和金融市场这两个中间部门，对其经济行为产生影响，改变其所涉及的各种经济变量，进而影响企业和居民的行为。

3. 货币政策综合传导过程。货币政策的经济变量传导和货币政策的机构传导两个链条并不是相互独立的二次传导过程，而是一次传导过程的两个方面。经济变量传导所依附的是中央银行、金融机构和企业等机构载体，机构传导则是通过各机构的经济变量的相互联系、相互影响来实现的，两个过程综合起来，就构成了货币政策的综合传导过程。

（二）货币政策传导机制的三种传递效应

1. 利率传递效应

利率传递效应是指中央银行操纵货币政策工具进行调控时首先发生的效应。当中央银行要对货币供给进行调节时，首先要通过以下两种形式对利率进行调控：

（1）通过调整再贴现率直接影响市场利率水平。中央银行调整再贴现率会产生两

方面的传递效应：一方面再贴现率的变动会使商业银行的借款成本发生变化，进而影响市场利率的升降；另一方面再贴现率的变动会直接导致同业拆借利率的波动，最后造成商业银行贷款利率和市场利率以及货币供给的变化。

（2）通过基础货币变动间接地调节市场利率。如中央银行调整法定存款准备金比率，引起商业银行超额准备的变动，进而会使货币供求的对比关系发生变化，从而导致市场利率波动。中央银行运用不同的货币政策工具对利率机制进行直接或间接地调节，通过利率机制的作用，中央银行就能够调节和约束商业银行的货币经营行为和货币供给，最终实现货币政策目标。

2. 货币乘数效应

中央银行任何货币政策措施的实施，都会导致基础货币的变化，而由基础货币到货币供给的变动主要是受货币乘数的扩张能力的制约。

在现代银行信用制度中，作为货币供给之源的基础货币，可以引出数倍于自身的货币供给量。即 $Ms = M \times B$，Ms 代表货币供给；B 代表基础货币；M 为乘数。这就是货币乘数效应。在一般的经济社会中，货币的扩张过程都存在着四个方面的"漏出"，即：①法定存款准备率；②现金漏损；③定期存款比率；④超额储备率。这四个"漏出"比率越高，货币乘数就越小；反之，货币乘数就越大。中央银行通过直接和间接的手段调控这四个"漏出"因素，使货币乘数的大小和变动符合中央银行的货币政策意图。

3. 资产结构调整效应

中央银行操作货币政策工具变量，对利率机制和货币乘数机制进行调控，以间接调控货币供给，从而货币政策传导机制完成了在金融领域的传递过程。但是，货币政策的传导并没有结束，货币供给的变动，最终会影响到币值的稳定、经济发展、就业状况以及国际收支平衡。这就是货币政策信号在实物领域中传导的基本内容。在这一过程中，我们以名义收入水平代表货币政策最终目标变量，以最终支出代表各经济主体（企业部门和个人部门）的购买和需求。这样，货币政策在实物领域的传导就可表示为：货币供给→最终支出→名义收入→最终目标。

任何货币政策的运用都必然反映在货币供给量的变动上，而货币供给变动首先会影响各经济主体的投资行为和消费行为，其表现在各经济主体对自己的资产进行调整和重新组合。各经济主体持有的资产形式一般包括：货币资产、实物资产和金融资产（债券、股票等有价证券），每一种资产都有其收益率，经济主体随着货币供应量的变化而比较收益并及时调整其资产的结构。根据经济学原理，当调整到各种资产的边际收益率相等时，经济单位的总收益最大，这时达到一种均衡状态。而资产组合的调整过程将影响经济总量目标。

当最初各种资产组合处于均衡状态，即各种资产给持有者带来相等的边际效用时，若中央银行调整货币政策增加货币供应量，从而导致货币供应大于货币需求，货币的边际收益率下降，资产结构的均衡遭到破坏。为恢复等量的边际收益率，各经济主体就会重新调整其资产结构。首先将多余的货币用于购买价格尚未上涨，收益率尚未下降的债券资产，结果使债券的价格提高，收益率下降。这样人们又转向购买收益率相对较高的股票所有权资产，于是股票需求将增加，股票价格上涨，收益水平会降低，最后人们逐渐转向厂房、设备、消费品等实物资产，并促使实物资产的价格普遍上涨，这时进行实际投资，扩大生产则有利可图。投资增加，使就业量也增加，经由乘数作用使总收入增加，而总收入增加，又使货币需求增加，结果就会消除货币的超额供给，并使整个社会的资产结构逐步趋向新的平衡。

可见，货币供给通过资产结构失衡和不断调整、选择机制实现了社会总支出的扩张。这种由于货币供应量的变化使社会公众对资产的组合进行调整，以收益高的资产代替收益低的资产，而引起的收入变化的过程，就是资产结构调整效应，有时又叫做资产替代效应。

四、货币政策时滞

所有政策的实施到其发挥相应的作用，其间经过中介目标到达最终目标，需要一定的时间，这段时间就是时滞。货币政策也不例外，中央银行根据经济形势推行的货币政策若要达到设定的目标，同样需要一定时间，此即货币政策时滞。货币政策时滞是指货币政策工具操作经由操作目标和远期中介目标的传导，作用于总支出，达于最终目标的这段时间。时滞分为内部时滞和外部时滞。

1. 内部时滞

内部时滞，是指从经济金融形势发生变化，需要采取一定的措施，到中央银行采取行动这一过程所花费的时间。而这一过程可以分为两个阶段，即经济金融形势发生变化到中央银行认识到这种变化需要采取行动、进而推行新的货币政策。因此，内部时滞又可进一步划分为认识时滞和行动时滞。

（1）认识时滞，从经济形势发生变化需要中央银行采取行动到中央银行认识到这种需要的时间距离。

（2）行动时滞，从中央银行认识到需采取行动到实际采取行动这段时间。

显然，内部时滞的长短取决于中央银行对经济和金融形势的判断能力、金融决策水平和政策实施效率等多方面因素，是中央银行主观行为的产物。而影响这些因素又与中央银行掌握的信息资料、人员素质、中央银行权力大小、独立性的强弱紧密相连。内部时滞可长可短，甚至可正可负。例如，中央银行实行一种前瞻性的货币政策，即在经济衰退或通货膨胀发生之前，便改行扩张性的货币政策或紧缩性的货币政策，那么内部时滞将很短或不存在，甚至为负。

2. 外部时滞

外部时滞，是指从中央银行采取行动开始直到对政策目标（如产出、名义收入等）产生影响为止的这段时间，又称为影响时滞。不论是货币供应量还是利率，它们的变动都不会立即增加产出或者提高收入。比如企业是扩大还是缩减投资，要决策，要制定计划，然后付诸实施。因此，外部时滞主要由客观的经济和金融条件决定。

外部时滞又称为效应时滞、影响时滞。又可以进一步细分为决策时滞和生产时滞。

（1）决策时滞，也称为操作时滞，是指中央银行变更货币政策后，企业或个人等经济主体决定调整其资产总量与结构所花费的时间。

（2）生产时滞，也称为市场时滞，是指企业和个人等经济主体决定调整其资产总量与结构到整个社会的生产、就业、收入等经济变量发生变化所花费的时间。

外在时滞与内在时滞相比较为客观，不受中央银行控制，由整个社会经济结构与产业结构、企业和个人行为等多重因素综合决定。例如，投资者和消费者对市场信息反应迅速，能够及时调整投资和消费规模，则外在时滞较短；否则，外在时滞较长。

学界对货币政策时滞长短的结论并不统一。现代货币主义者弗里德曼认为，一般而言，货币增长率的变化导致名义收入的变化，需要6~9个月的时间，在这个时间里，物价水平几乎不变。而货币增长率的变动导致物价的变动，需要12~18个月的时间。西方学术界普遍认为货币政策时滞的正常时间为：认识时滞3~6个月，行动时滞1~2个月，外部时滞12~18个月，全部时滞16~26个月。

第四节 货币政策效应

货币政策效应（effect of monetary policy）是指货币政策操作通过货币政策的传导机制作用于总支出，最后实现最终目标所取得的效果。西方对货币政策效应的理论探讨主要是看货币政策能否影响产出，也就是货币是否中性的问题。衡量货币政策效应，一是看效应发挥的快慢；二是看发挥效力的大小。由于影响货币政策效应的因素很多，所以，孤立地判断某一货币政策的效应几乎不可能，而必须通过分析较长时期的时间序列数据，才能得出货币政策是否有效的总体判断。

一、西方对货币政策总体效应理论评价的演变

西方古典经济学通过价格、工资及利率具有完全的伸缩性等一系列理想化假设，推导出完全竞争的市场经济能通过经济当事人的最优选择行为迅速地自行调整到充分就业均衡状态的结论。货币被认为只是一层面纱，在经济中仅仅发挥交易媒介的功能，在宏观上只是起着决定价格水平的作用。货币供应量的增加对实际产出等实际经济变量没有影响，其唯一的结果是导致价格上涨。这种货币中性论意味着货币政策完全无效。

20世纪30年代的美国大萧条，从实践上否定了古典经济学的理论假说以后，凯恩斯根据边际消费倾向递减、投资内涵收益率的不确定性和流动性偏好三大假说提出有效需求不足理论，他认为，有效需求不足必须由国家干预经济生活予以补足。理论上，国家干预可以采用财政政策，也可以采用货币政策。就货币政策而言，增加货币供应量在一定条件下能降低利率，从而扩大投资，进一步通过乘数作用提高总支出水平。但是，货币政策可能受到流动性陷阱的制约，当经济极度萧条时，利率已经降到极限，增加货币供给并不能继续降低利率，也就不能扩大投资和总支出。这一过程在货币政策的传导机制一节已作了详细说明。据此，凯恩斯为货币政策的有效性做出了理论说明。

凯恩斯主义在第二次世界大战后有了进一步的发展。新古典综合派将产出与通货膨胀具有替代关系的菲利普斯曲线吸收进来，丰富了凯恩斯主义的总供给理论，说明货币政策能通过工资—价格机制作用于总支出，通货膨胀降低必然导致产出下降，增加产出必以通货膨胀率上升为代价。

到了20世纪70年代，新古典综合派因为无法解释"滞胀"局面，即通货膨胀与经济停滞和失业问题并存，而受到货币学派的强烈攻击。以弗里德曼为代表的货币学派根据对历史数据的分析，说明货币供应量的变化对产出有显著的影响，货币供应量的

变化是经济波动的根源，得出"货币量重要"的结论；又依据自然失业率假说提出附加预期的菲利普斯曲线，并根据稳定的货币需求函数和广泛的货币政策传导机制，从理论上说明货币政策长期无效，从而得出货币短期非中性和货币长期中性的结论。货币学派认为凯恩斯学派推崇的国家干预阻碍了市场自我调节机制作用的发挥，从而促成经济紊乱。就货币政策来说，凯恩斯学派主张实施"逆风向"调节的相机抉择的方针：经济过热，相机采取紧缩措施；反之则采取扩张措施。货币学派认为，相机调节货币供给的金融政策，由于要在长期时滞之后才能生效，而在这段时滞当中，各种影响经济波动的因素都可能发生变化，这就要求货币当局密切监视各种可能导致经济波动的因素，并及时做出准确的政策反应，货币学派认为，这种要求是货币当局无法达到的，只要货币当局的预测不够精确，政策操作不够及时、不够灵活、不够准确，多变的货币政策只会加剧经济的波动。他们论证，货币需求函数的变动从长期看是相当稳定的，因而他们的货币政策主张是保持货币供给按照"规则"增长。

随后，理性预期学派完善了货币政策无效说的理论基础。以卢卡斯等人为代表的理性预期学派号召"建立宏观经济模型的微观基础"，重新确认西方古典经济学关于经济生活中的主体是"理性人"的假设。所谓理性人，是指经济主体都会尽力收集有关信息，进行合理的预测，并按效用最大化和利润最大化的原则做出决策。模型依据不完全信息假设，建立了完全竞争市场经济的卢卡斯供给曲线，以不完全信息为基础调和了货币短期非中性和货币长期中性的难题。具体而言，在短期内，厂商的价格信息和货币供应量信息不充分，当货币当局增加货币供应量时，厂商可能把总体价格上涨带动的自身产品价格上涨误认为市场对自身产品需求的增加，从而增加产出；但是，厂商是理性的，不可能总是犯错误，理性的厂商在学习过程中会不断修正对货币供应和相对价格的错误预期，并不断调整产出。长期来看，实际产出将位于潜在产出的均衡水平。理性预期模型的政策涵义是，被预期到的货币政策无效，只有超出微观主体预料之外的货币政策才会影响实际产出。虽然当货币当局的实际操作结果大于微观主体的预期时，产出的反应与货币当局的意图是一致的，但如果货币当局的实际操作结果小于微观主体的预期，即"预期过度"，则将产生与政策意图相反的结果。因此，如果货币当局企图依据这种操作思路实施货币政策，必须能准确地把握公众的预期程度，不断地制造超过微观主体预期程度的意外，才能保证货币政策产生合意的结果。但事实上，货币当局可能难于把握公众的预期，在这种情况下，相机抉择的货币政策只会增加宏观经济运行的"噪声"，给微观主体带来更多的不稳定性，从而加剧经济波动。要消除这种经济波动的根源，货币当局必须不折不扣地依规则行使货币政策，建立货币当局的威信，提高公众对其信任程度，以稳定公众的预期。理性预期理论的深刻涵义将货币学派"按规则行事"的政策主张推进了一大步。

20世纪80年代初产生的实际经济周期模型（real business cycle models）更是把货币政策无效说推到极致。一般的实际经济周期模型，除了采用所有市场都是出清的、价格灵活变动、信息完全充分、理性经济人（家庭或厂商）的假设外，还根据效用最大化原则进行决策等古典假设以外，还假设生产函数受到随机的技术冲击，强调供给冲击对经济增长和波动的影响，将经济增长和经济短期波动理论结合起来，把产出波动完全归之于技术冲击等实际供给因素，经济周期的调节则通过劳动者提供劳动的高度跨期替代弹性自行调整，货币不影响产出或其他真实经济变量。根据实际经济周期模型，货币政策不仅无效，而且根本就是可有可无，因为产出波动被认为是实际经济周期波动的结果，纯粹与货币无关。

货币政策无效说指出了政策操作的难点，但实际经济生活中却无论如何不能没有政府宏观经济政策的适时和适度调控。为了宏观政策的适度干预提供理论基础，20 世纪 70 年代末、80 年代初逐步发展起来的新凯恩斯主义者采取了较为折中的立场，他们同意货币政策有时滞，也同意公众的预期对宏观政策有着重要影响，但是他们不同意价格变量是完全弹性的。他们认为市场是不完全的，这种不完全性可以表现在许多方面，除了卢卡斯提出的宏观信息不完全之外，商品市场、劳动市场和信贷市场都可能存在信息不对称，而且各种市场可能都存在不同程度的不完全竞争或者垄断等。商品市场、劳动市场和信贷市场的各种不完全性可能导致工资、价格和利率等变量在短期内具有一定的刚性，货币扰动借助这些微弱的刚性，通过特殊的传导机制被放大，就能影响实际经济变量的变化，从而得出货币政策有效的命题（比如在货币政策传导机制一节中介绍的信用传导就是一例）。因为新凯恩斯主义者认为，市场的不完全性在长期内可以得到修补，所以，所有的价格变量在长期中都具有伸缩性，因而也同意货币长期中性的观点，即货币政策长期无效。据此，新凯恩斯主义者的政策涵义是，预料之中的货币政策也有效，但其效应比预料之外的货币政策小。虽然新凯恩斯模型否定了被预期到的货币政策无效的观点，不排除相机抉择货币政策可能产生有益的稳定作用，但是，这种政策同样受到预期因素的影响，如果货币当局不能准确地把握公众的预期，货币政策仍然可能产生负面影响，增加经济的不稳定性。

自由资本主义时期的货币政策要求创造稳定的金融环境，以保证市场机制发挥作用；凯恩斯主义的货币政策要求，主动通过金融工具逆风向地调节有效需求，认为在与其他政策配合下可以克服经济波动；现代批判凯恩斯主义的各流派，则是在凯恩斯主义政策虽曾一度取得某种成功但也同样陷入困境的背景下，反对相机抉择的政策，主张货币政策按规则行事，并相信只有依靠市场机制才能走出困境；新凯恩斯主义者从一定程度上挽救了政府适度干预的论点，但货币政策操作可能产生的反作用一直是关注的焦点。这个反复可以提示我们正确地估量货币政策总体效应的复杂性。

二、影响货币政策效应的主要因素

（一）货币政策时滞（lag of monetary policy）

时滞是影响货币政策效应的重要因素。时滞越短，中央银行可以根据期初的预测，考察政策效果是否符合预期并对政策取向和力度进行相应调整，从而使政策能够更好地实现预期目标。时滞越长，货币政策的效果越难预料。假定政策的大部分效应需要较长的时间，在这段时间内，经济形势可能已经发生了很多变化，此时很难证明货币政策的预期效应是否已实现。

（二）货币流通速度的影响

对货币政策有效性的另一主要限制因素是，货币流通速度。假设按照货币当局的预期，GNP 将增长 15%；根据以前年份有关数据的实证分析，只要包括货币流通速度在内的其他条件不变，货币供给的等比增加即可满足 GNP 增长对货币的追加需求。但如果货币流通速度在预测的期间加快了 10%，不考虑其他条件的变化，货币供给则只需增加较少的比例就足够了。如果货币当局没能预见到货币流通速度的这种变化，而是按原来的流通速度进行决策，增加货币供给15%，那么新增的货币供给量则必将成为助长经济过热的因素。所以，对于货币流通速度一个相当小的变动，如果政策制定者未能预料到或预计出现小的偏差，都可能使货币政策效果受到严重影响，甚至有可能使本来正确的政策走向反面。

然而，在实践中，对货币流通速度变动的估算，很难做到不发生误差，因为影响它发生变动的因素太多。这当然也就限制了货币政策的有效性。

（三）微观主体预期的对消作用

对货币政策有效性产生影响的另一个重要因素是，微观主体的预期。一项货币政策的提出，往往会使各种微观经济主体根据预测货币政策的后果从而很快地做出对策，这其中极少有时滞。卢卡斯提出的理性预期理论说明，如果货币当局的政策被微观经济主体完全预期到，货币政策可能归于无效。例如，政府拟采取长期的扩张政策，人们通过各种信息预期到社会总需求会增加，物价会上涨，在这种情况下，工人会通过工会与雇主谈判，要求提高工资，企业预期工资成本的增大而不愿扩展经营，最后的结果是只有物价的上涨而没有产出的增长。根据理性预期理论，只有在货币政策的取向和力度没有或没有完全为公众知道的情况下，才能生效或达到预期效果。但是，这种可能性不大。货币当局不可能长期不让社会知道它将要采取的政策；即使采取非常规的货币政策，不久之后也会显露在人们的预期之内。假如货币当局长期采取非常规的货币政策，就将导致微观经济主体做出错误判断，并会使经济陷入混乱之中。但实际的情况是，公众的预测即使是非常准确的，实施对策即使很快，其效应的发挥也要有个过程。这就是说，货币政策仍可奏效，但公众的预期行为会使其效应打很大的折扣。

（四）其他经济、政治因素的影响

一方面，经济结构差异也会影响货币政策的效果。经济结构差异包含宏观层面上产业结构在利率敏感度上的差异，也包含微观层面上企业规模的差异。因为宏观结构与微观结构的差异化，真实经济部门对于货币政策吸收存在不充分性，从宏观结构上看，不同的实体部门构成对货币政策的敏感程度不同，货币政策敏感部门在不同区域所占的份额不同，这会引起对于统一货币政策的不同区域反应。比如，制造业、建筑业等对利率较敏感的行业占比更高的区域受到紧缩作用可能更大。从微观结构上看，一个紧缩性货币政策降低了资本金和实物资产的价格，通过收入效应增加了负债者的收入，减少了那些债权人的收入，从而影响居民的消费行为。

另一方面，政治因素对货币政策效果的影响也是巨大的。由于任何一项货币政策方案的贯彻都可能给不同阶层、集团、部门或地方的利益带来一定的影响，这些主体如果在自己利益受损时做出较强烈的反应，就会形成一定的政治压力。当这些压力足够有力时，就会迫使货币政策进行调整。在西方国家，突出的表现是"政治性经济周期"对货币政策的影响。为了获得选票，执政党在大选之前力图刺激经济，以促进经济高增长和低失业，新政府则一般在大选后采取收缩政策，使国民经济平稳下来，由于政府与中央银行的目标存在矛盾，所以，货币政策的效应必然受政治性经济周期的影响。在发展中国家，突出表现为政府追求高增长目标对货币政策的影响。发展中国家财政收入状况不好，资金短缺，在高增长目标的推动下，政府往往通过各种方式，公开或隐蔽地从中央银行融资，给中央银行控制通货膨胀带来极大的压力，有时候还可能导致通货膨胀失去控制。

三、货币政策效应的衡量

衡量货币政策效应，一是看效应发挥的快慢，前面关于时滞的分析已经涉及。二是看发挥效力的大小，这或许是更主要的方面。

对货币政策数量效应大小的判断，一般着眼于实施的货币政策所取得的效果与预期所要达到的目标之间的差距。以评估紧缩政策为例，如果通货膨胀是由社会总需求大于社会总供给造成的，而货币政策正是以纠正供求失衡为目标，那么，这项紧缩性货币政策效应的大小甚至于是否有效，就可以从这样几个方面考察：

（1）如果通过货币政策的实施，紧缩了货币供给，并从而平抑了价格水平的上涨，或者促使价格水平回落，同时又不影响产出或供给的增长率，那么，可以说这项紧缩性货币政策的有效性最大。

（2）如果通过货币供应量的紧缩，在平抑价格水平上涨或促使价格水平回落的同时，也抑制了产出数量的增长，那么，货币紧缩政策有效性的大小则要视价格水平变动率与产出变动率的对比而定。若产出数量虽有减少，但减少规模还不算大，而抑制价格水平的目标接近实现，可视为货币紧缩政策的有效性较大；若产出量的减少非常明显，而价格水平目标的实现并不理想、货币紧缩的有效性就较小。

（3）如果货币紧缩政策无力平抑价格上涨或促使价格回落，却抑制了产出的增长甚至使产出的增长为负，则可以说货币紧缩政策是无效的。

当然，衡量其他类型的货币政策效应，也可采用类似的思路。由于货币政策存在时滞，而且在现实生活中，宏观经济目标的实现往往有赖于多种政策如收入政策、价格政策等的配套进行。因此，要准确地评估某一项货币政策操作的效应极其困难。

第五节　货币政策与财政政策的配合

货币政策与财政政策的配合，历来是宏观经济政策中最为核心的内容，这是因为货币政策和财政政策都是直接作用于经济运行中的。所有的宏观经济学家和经济学流派，可能不一定研究和说明货币政策与其他经济政策的配合，但一般会对其与财政政策的配合问题做出说明和交代。

一、货币政策与财政政策的关系

研究财政政策与货币政策的最佳配合问题，首先要求理清这两大政策的关系。

1. 两者的共性表现

（1）货币政策与财政政策作用于同一个经济范围，即本国的宏观经济方面。

（2）货币政策与财政政策均由国家制定，即出自一个决策者。

（3）货币政策与财政政策的最终目标是一致的。都是通过自己的政策工具和传导机制影响社会总需求，从而影响整个社会的产出水平。

（4）货币政策与财政政策都是国家重要的宏观调控经济的工具。可以说，无论在计划经济体制下还是在市场经济体制下，货币政策与财政政策都应是国家宏观调控经济的重要工具，只不过在计划经济体制下，国家更重视计划和财政作用，更愿使用行政手段来调控经济，而忽视货币政策及以经济手段调控经济的重要作用。

2. 两者的区别

（1）政策的实施者不同。财政政策是由政府财政部门具体实施，而货币政策则由中央银行具体实施。尽管某些西方国家的中央银行在名义上归属于财政部领导，但其中绝大多数在实施货币政策方面由中央银行独立操作。

（2）作用过程不同。财政政策的直接对象是国民收入再分配过程，以改变国民收入再分配的数量和结构为初步目标，进而影响整个社会经济生活；货币政策的直接对象是货币运动过程，以调控货币供给的结构和数量为初步目标，进而影响整个社会经济生活。

（3）政策工具不同。财政政策所使用的工具一般与政府的收支活动相关，主要是税收和政府支出及转移性支付等，货币政策使用的工具通常与中央银行的货币管理业务活动相关，主要是存款准备率，再贴现率或中央银行贷款利率，公开市场业务等。

二、货币政策与财政政策配合的必要性

从上面分析可知，货币政策与财政政策出自同一决策者却由不同机构具体实施；为达到统一目标却又经过不同的作用过程；作用于同一个经济范围却又使用不同的政策工具。两者的共性决定了他们之间必须密切配合的客观要求。但他们又是独立而有区别的，所产生的效应是相互交叉的且存在着作用机制复合的可能性。而两者的协调与配合，就寓于两大政策的复合效应之中。

一般来说，财政政策的直接对象是国民收入再分配过程，以改变国民收入再分配的数量和结构为初步目标，进而影响整个社会经济生活，适用于公共性和难以取得直接回报的项目。货币政策的直接对象是货币运动过程，以调控货币供给的结构和数量为初步目标，进而影响整个社会经济生活。货币政策需要通过商业银行以及整个金融体系作用于社会，适用于那些在比较短时间内能够得到直接回报的项目，所以两者只有紧密配合，才能扬长避短，共同促进经济全面协调，稳定发展。

三、货币政策与财政政策的配合

1. 两者主辅关系的确立

研究货币政策与财政政策的配合问题，首先要解决的是，两种政策之间主辅关系如何确立的问题。

众所周知，在经济学流派中，在相当长的一个时期里，凯恩斯学派一直强调财政政策重要而货币政策不重要；货币学派则相反，认为货币政策重要而财政政策并不重要，随着各自理论的发展，两大学派在这个问题上彼此针锋相对的争论逐步减弱，但理论本身对于两者地位轻重的基本判断还是没有改变。从政府的角度来说，不同的政府在偏重货币政策与偏重财政政策上，还有很大的差别。不过作为政府，也不再完全依靠单一的货币政策或财政政策，而是在强调某一方面政策的同时，充分考虑另一方面政策的配合。

2. 特定经济运行状况的要求

货币政策和财政政策两者，在一定时期如何配合还取决于一定时期的经济形势，

而经济形势，不外是社会总供给与总需求的关系状况和产业、产品结构的平衡情况。这两种关系状况：总量和结构关系状况，一般情况下并不特殊地要求，一定以哪项政策为主来对其失衡进行调节和矫正。这里，问题的关键是这种失衡产生的具体原因及货币政策和财政政策可能被运用的程度，这是决定两种政策之间主辅调节关系的一个基本因素。在总量失衡的条件下，如果是总需求过度膨胀，那么，首先要了解的问题是：这种膨胀是怎么造成的？谁在总需求膨胀中扮演主要角色？这种原因及推动因素分析准确了，问题的症结就找到了，下一问题就是以哪一项政策为主来矫正失衡，抑制总需求过度膨胀就是自不待言的了。例如，我国1984年第四季度银行信贷失控，立即导致了社会总需求的过度扩张。既然银行信贷是总量失衡的根源，那么，只要抽紧银根就可以使这种总需求膨胀导致总量失衡的状况得到解决。但假如情况不是这样的，而是总量失衡并不明显，产业产品结构上却存在着严重的不平衡状况。具体举例来说，假定一时期内的基本建设投资增长过快，而这种投资又主要是由预算内投资构成的，那么显然，如果靠货币政策来控制这种局势的发展就有些力不从心。只有用削减预算中的基建投资支出和调整预算支出结构的办法才能有效地解决这种投资结构失衡的问题。也就是说，应以财政政策作为主要的调节手段。

3. 两者的配合模式

货币政策和财政政策的配合还有一个需考察的问题就是两种政策的配合模式问题。从逻辑上看，财政政策与货币政策有四种配合模式：①紧缩的财政政策与紧缩的货币政策的配合，即通常所说的"双紧"政策；②宽松的财政政策与宽松的货币政策的配合，即通常所说的"双松"效果；③紧缩的财政政策与宽松的货币政策的配合，即通常所说的"紧财政、松货币"政策；④宽松的财政政策与紧缩的货币政策的配合，即通常所说的"松财政、紧货币"政策。

两种政策间双紧或双松的配合形式，一般说来，只在社会总需求过度膨胀或极度疲软的情况下才采用。在并未出现社会总需求过度膨胀或极度疲软时，虽然能够起到迅速提高总支出水平，扩张生产规模的作用，但往往要引发通货膨胀；采取双紧政策搭配，虽然可以有效地制止通货膨胀，但很容易引起生产停滞或经济衰退。这种双紧或双松的政策搭配对经济产生副作用的经验教训，无论在西方国家还是在我国，都是出现过的。国内外的实例都说明，双紧或双松的政策搭配一般情况下应避免采用，如采用了也应注意，这种政策搭配实施的时间不能太长。在货币政策和财政政策间，采取一松一紧的搭配形式，是当一定时期内的社会总需求水平偏高，就可根据货币政策或财政政策工具变量与调节目标的密切联系程度选择政策手段，以这一手段为主要采取紧缩的调节措施，而另一辅助政策手段采取适度放松的调节方法，以使主要政策措施"软着陆"，避免造成较大的经济震荡。

4. 配合手段

货币政策和财政政策之间配合应解决的另一问题是配合手段问题。从财政政策说，它发挥作用的形式主要是税率变动和支出的扩张或削减，这两种方法实际都是以强制为基础的。但税率的升降或税种的增减手段对经济的影响有时比财政支出结构或总量的变动手段对经济的影响要间接一些。而货币政策发挥作用的形式则比较多，它既可以通过行政的、计划的直接强制手段来发挥作用，也可以通过经济的、间接的利益调节手段发挥作用。比如说，信贷规模管理及存款准备金的变动等手段就是较为直接的、强制性的控制手段，而再贷款利率和买卖政府债券的办法就是一种间接的控制手段。

一般情况下，采用直接的、强制的、行政的手段对经济控制容易收到立竿见影的效果，在较为紧急和严重的经济形势下，采取这类措施是十分必要的。只是用过于强烈的行政和强制办法搞"紧急刹车"或急剧扩张容易产生一些副作用，即由经济运行的惯性效应决定，在"紧急刹车"时容易在总需求增长受到控制的同时引起再生产的萎缩。而经济的、间接的，即通过对微观经济主体的经济利益进行宏观经济调节的办法，其对最终目标变量的影响时差，固然比直接的、行政的手段要长，但其负效应也较小。因此，采取间接的、经济的办法对经济总量和结构的失衡进行调节，可以避免因减少经济政策，而可能给经济运行带来的震荡性影响，达到所谓"软着陆"的目的。

从这些手段发挥作用的特性来说，在货币政策和财政政策配合时，似乎应该尽量做到一方直接的、行政的手段与另一方间接的、经济的手段交错运用，这样才能收到既缩短单一政策时差，又能减少同向同性手段调节可能对经济造成的震荡性影响。

无论是货币政策措施还是财政政策措施，它们对于总支出、产量和物价发挥影响总要有一定的传导时差，在相同的经济条件下，两种政策工具变量的时差长短如果有区别，时差较短的就可以称为快变量，时差较长的则称为慢变量，快慢变量之间只有恰当地进行配合才能收到理想的经济调节效果。如果快慢变量之间配合不当，就可能影响货币政策和财政政策的配合效果，有时还可能带来相反的经济调节作用。

第六节　中国货币政策：演进与创新

一、中国货币政策框架的演进

（一）国民经济恢复时期的货币金融政策（1949—1952 年）

中华人民共和国成立之初，并不存在现代意义上的货币政策框架。当时中国百废待兴，币值体系纷繁复杂，货币名称多样、版式不一，当务之急是建立起独立、自主、统一的货币体系。1948 年 12 月，华北人民政府开始发行中国人民银行钞票，同时规定了新旧货币的比价，逐渐收回根据地或解放区在不同时期发行的旧币。该时期的货币创造机制较为简单，人民币现钞的发行流通和币值稳定主要依赖于新生政权的信用与权威，而银行、钱庄等私营金融机构的信用派生活动在货币创造中的作用有限。

该时期的货币政策目标聚焦于防治通货膨胀和确保金融稳定。而"现金收付平衡"可近似地被认为是该时期货币政策的中介目标。为了实现货币政策的最终目标和中介目标，新中国综合使用了多种货币政策工具：减少现钞投放，加强现金管理；多举措鼓励银行吸收存款、收回贷款，以紧缩银根；调整存款、贷款利率，间接调节市场资金供求；发行"人民胜利折实公债"，收进黄金、美元，回笼货币；对国营部门和私营部门、贸易部门和生产部门实行有区别的信贷政策，灵活运用信贷杠杆。

（二）计划经济时期的货币金融政策框架（1953—1977 年）

在改革开放之前，我国长期实行高度集中的计划经济体制，也形成了一套从属于计划管理体制的货币金融政策框架。这一时期，财政与信贷作为资金供应的两种渠道实行分口管理，其中财政是主渠道，"基本建设资金、国有企业自有资金和定额流动资金"的供应由财政承担，银行信贷政策居于从属地位，仅提供"企业临时性资金或超定额流动资金、集体所有制的生产流动资金、对农民的小额生活贷款"。

这一时期的货币投放机制分为两类：一类是现金投放，如机关企事业单位对员工的工资支出；另一类是信贷投放，如农业贷款、基本建设贷款等。货币信贷政策在严格的计划管理体制下有了更为明确的目标：一是现金收支平衡，二是信贷平衡，以及信贷与财政物资之间的综合平衡。

在高度集中统一的信贷管理体制之下，货币政策工具不存在于市场经济，而是各类行政指令性的计划管理手段。主要包括：综合信贷计划管理和现金收支计划管理。综合信贷计划管理的特点是"统收统支、统存统贷"，主要内容包括：①各级存款全部集中于总行统一支配，贷款由总行统一核批指标；②各级银行的存款与贷款脱钩，各项贷款指标不能调剂使用；③各级企业编制并逐级上报贷款计划，经国家主管部门和总行同意后再逐级批准。现金收支计划管理分现金收入和支出渠道测算现金流动规模，计算当年现金投放或回笼差额，并按照计划调节货币流通。具体调节手段包括：控制现金使用范围，强化非现金结算；控制工资开支；鼓励储蓄；通过商品销售回笼现金等。

（三）计划与市场调节并存时期的货币政策框架（1978—1992 年）

改革开放后，计划管理体制开始向市场经济体制转轨，货币金融政策框架也有了相应调整。转轨特征首先体现在货币创造机制的转型上。中国人民银行从 1984 年起同工商银行分离开来，正式行使中央银行的职责。1984 年以后，货币政策逐步实现了从直接调控向间接调控的转变，也逐步实现和国际惯例的接轨。

这一时期的货币政策目标主要包括两个方面：维护物价稳定和促进产业结构调整。1986 年 1 月，国务院发布了《中华人民共和国银行管理暂行条例》，其中第三条规定："中央银行、专业银行和其他金融机构，……起金融业务活动，都应当以发展经济、稳定货币，提高社会主义经济效益为目标。"从此我国以法律的形式明确了货币政策目标。与此同时，市场化的货币政策中介目标体系也开始逐步形成。1987 年和 1989 年分别编制"货币供应量计划"和"全社会信用规划"。这两个举措标志着"双向"调控模式的雏形开始形成，即同时从信用创造和货币供应两端进行监测和调控。此后，"双向"调控模式不断发展完善，奠定了我国货币政策中介目标体系的格局。

（四）建立与完善社会主义市场经济时期的货币政策框架（1993—2012 年）

1992 年，我国进入了建立和完善社会主义市场经济体制的新阶段。这一时期，货币政策框架进一步发展完善，日趋成熟。

首先，双层货币创造机制更完善，货币信用创造活动更活跃。该时期货币创造机制呈现两个特征：①基础货币发行渠道多元化，特别是外汇占款渠道一度成为央行发行基础货币的主要机制；②商业银行的货币派生能力不断增强，在货币创造机制中发挥着越来越主动和主要的作用。其次，货币政策调控由直接调控向间接调控转型，逐步建立起同社会主义市场经济相适应的货币政策调控体系。1993 年国务院《关于金融体制改革的决定》首次以中央文件的形式阐述了货币政策的最终目标、中介目标和操作目标：最终目标是"保持货币的稳定，并以此促进经济的增长"，中介目标和操作目标是"货币供应量、信用总量、同业拆借利率和银行备付金率"。1998 年 1 月 1 日开始，中央银行取消了对国有商业银行的贷款规模控制，实行资产负债比例管理和风险管理，这意味着我国金融调控开始进入到间接调控的新阶段。

与此同时，货币政策开始更加注重采用间接工具和国际通行的政策工具来进行宏观调控。在 1994 年以前，由于我国银行体制和运行机制的不健全，市场经济国家通用的三大货币政策工具在我国难以发挥相应作用。事实上人民银行控制货币的政策工具只有再贷款和信贷规模的总量控制。1995 年《中华人民共和国人民银行法》规定了我国中央银行可以采用的货币政策工具为存款准备金、中央银行基准利率、再贴现、公开市场业务、再贷款以及国务院确定的其他货币政策工具。从此以后，传统的三大货币政策工具终于以法律的形式确定下来，发挥的作用也日益显著。

（五）全面深化改革以来的货币政策框架（2013 年至今）

2008 年金融危机过后，世界经济形势发生重大变化。我国的经济也由高速增长转为中高速增长，经济形势进入"新常态"。这一时期，我国的货币政策框架也面临转型调整以适应经济形势的变化。

基础货币创造机制发生结构性转型，信用创造活动日趋复杂。一方面，在基础货币创造层面，外汇占款渠道从 2010 年开始收缩，2015 年后则进一步发生了方向性逆转，由释放基础货币转为回笼基础货币。而以常备借贷便利（SLF）、抵押补充贷款（PSL）、中期借贷便利（MLF）等工具为代表的中央银行再贷款成为基础货币主要创造机制。另一方面，商业银行、非银行金融机构以及民间金融的信用创造活动也发生显著变化：①银行信贷出表，信用创造活动复杂化。商业银行在传统的贷款信用创造之外，通过信托、基金、资管计划等非银行通道向实体经济大规模输送资金，信用创造链条加长，银行信用、非银行金融机构信用、商业信用相互交织，高度复杂化。②银行理财和货币市场基金爆发式增长。③以区块链代币为代表的民间信用活动在正规金融体系之外野蛮增长。

我国货币政策的中介目标正在由数量型目标向价格型目标过渡。长期以来，我国央行主要盯住广义货币量（M_2）、社会融资规模、新增贷款及其增速等数量型中介目标。但是随着经济和金融结构的日趋复杂，中央银行准确跟踪、监测相关数据的难度也愈发困难，而且货币信贷数量与最终目标之间的相关性也在弱化。这些背景表现了货币政策中介目标从数量型向价格型转变的必要性和紧迫性。2015 年 10 月，中国人民银行宣布取消存款利率浮动上限，1996 年以来长达 20 年的中国利率市场化改革走完最后一程。由此，将利率作为我国货币政策中介指标并借助它来传导政策意向的功能会得到逐步发挥。目前充当中介目标的主要是货币市场利率，如上海银行间同业拆放利率（Shibor）、正逆回购利率等指标。近年来，中央银行尝试建立了以常备借贷便利（SLF）7 天期利率为上限、以 7 天期逆回购利率为下限的"利率走廊"，同时更加重视存款类金融机构 7 天期质押回购利率（DR007）的中介作用。从金融市场反映来看，从 2018 年以来 DR007 作为中央银行政策利率的认可度最高，或在一定程度上发挥着"准政策利率"的功能。

货币政策工具则表现为数量型工具与价格型工具并存，并新创设多种结构性工具。数量型货币政策工具包括法定存款准备金率、公开市场操作、再贷款和再贴现等，价格型工具包括商业银行存贷款基准利率、调整超额准备金的利率等。从 2013 年开始，中央银行根据经济金融形势，创设了多种结构性货币政策工具，如短期流动性调节工具（SLO）、常备借贷便利（SLF）、中期借贷便利（MLF）、抵押补充贷款（PSL）和定向中期借贷便利（TMLF）等；同时中央银行多处使用定向降准、定向增加支农支小再贷款和再贴现额度、定向降低支农支小再贷款利率等结构性工具，以支持小微企业、"三农"等领域的发展。

■ 拓展阅读

2018 年以来的定向降准

二、中国结构性货币政策工具

（一）结构性货币政策工具概述

近年来，人民银行认真贯彻落实党中央、国务院决策部署，发挥好货币政策工具的总量和结构双重功能，围绕支持普惠金融、绿色发展、科技创新等国民经济重点领域和薄弱环节，服务经济高质量发展，逐步构建了适合我国国情的结构性货币政策工具体系。

结构性货币政策工具建立了"金融机构独立放贷、台账管理，人民银行事后报销、总量限额，相关部门明确用途、随机抽查"的机制，联通了金融机构贷款和中央银行再贷款"两本账"，有利于激励金融机构优化信贷结构，实现向绿色发展、科技创新等领域精准倾斜的效果。具体特点包括：①人民银行按照"先贷后借"模式向金融机构提供资金，而非直接向企业发放贷款。金融机构按照市场化、法治化原则自主向企业发放贷款、管理台账，之后向人民银行申请再贷款或激励资金，人民银行按贷款发放量或余额增量的一定比例向金融机构发放再贷款或提供激励资金。②由行业主管部门确定支持的领域或行业范围。依托国家发改委、科技部、工信部、生态环境部、交通运输部、国家能源局等行业主管部门的产业基础，运用金融部门现有统计制度或建立专门台账，明确贷款支持的领域或行业范围，发挥各自优势、形成政策合力。③建立事后核查和纠错机制。行业主管部门联合金融部门事后随机抽查，审计监督和社会监督事后跟进，如果发现金融机构贷款台账超出支持范围，将采取递补台账差额、收回再贷款等措施，避免金融机构违规套取再贷款资金。

（二）具体工具介绍

（1）支农再贷款（rural supporting loan，RSL）。支农再贷款自 1999 年起向地方法人金融机构发放，引导其扩大涉农信贷投放，降低"三农"融资成本。发放对象为农村商业银行、农村合作银行、农村信用社和村镇银行。对符合要求的贷款，按贷款本金的 100% 予以资金支持。为全面贯彻落实《中共中央 国务院关于打赢脱贫攻坚战的决定》，中国人民银行设立扶贫再贷款（poverty relief loan，PRL），专项用于支持贫困地区地方法人金融机构扩大涉农信贷投放。

（2）支小再贷款（micro supporting loan，MSL）。支小再贷款自 2014 年起向地方法人金融机构发放，引导其扩大小微民营企业贷款投放，降低融资成本。发放对象包括城市商业银行、农村商业银行、农村合作银行、村镇银行和民营银行。对符合要求的贷款，按贷款本金的 100% 予以资金支持。

（3）再贴现。再贴现是人民银行对金融机构持有的已贴现票据进行贴现的业务，自 1986 年开办，2008 年开始发挥结构性功能，重点用于支持扩大涉农、小微和民营企业融资。发放对象包括全国性商业银行、地方法人银行和外资银行等具有贴现资格的银行业金融机构。

（4）普惠小微贷款支持工具。按照国务院常务会议决定，2021 年 12 月，人民银行创设普惠小微贷款支持工具，支持对象为地方法人金融机构，对其发放的普惠小微贷款，按照余额增量的 2% 提供激励资金，鼓励持续增加普惠小微贷款。目前实施期为 2022 年到 2023 年 6 月末，按季操作。

（5）抵押补充贷款。2014 年，人民银行创设抵押补充贷款。抵押补充贷款主要服务于棚户区改造、地下管廊建设、重大水利工程、"走出去"等重点领域。发放对象为开发银行、农发行和进出口银行。对属于支持领域的贷款，按贷款本金的 100% 予以资金支持。

（6）碳减排支持工具。按照国务院常务会议决定，2021 年 11 月，人民银行联合国家发改委、生态环境部创设碳减排支持工具，发放对象为 21 家全国性金融机构，明确支持清洁能源、节能环保、碳减排技术三个重点碳减排领域。对于符合要求的贷款，按贷款本金的 60% 予以低成本资金支持，目前实施期为 2021 年到 2022 年年末，按季操作。

（7）支持煤炭清洁高效利用专项再贷款。按照国务院常务会议决定，2021 年 11 月，人民银行联合国家发改委、能源局创设支持煤炭清洁高效利用专项再贷款，发放对象为开发银行、进出口银行、工行、农行、中行、建行和交行共 7 家全国性金融机构，明确支持煤炭的大规模清洁生产、清洁燃烧技术运用等七个煤炭清洁高效利用领域，以及支持煤炭开发利用和增强煤炭储备能力。对于符合要求的贷款，按贷款本金的 100% 予以低成本资金支持，目前实施期为 2021 年到 2022 年年末，按月操作。

（8）科技创新再贷款。按照国务院常务会议决定，2022 年 4 月，人民银行联合工信部、科技部创设科技创新再贷款，发放对象为 21 家全国性金融机构，明确支持"高新技术企业""专精特新中小企业"、国家技术创新示范企业、制造业单项冠军企业等科技创新企业；对于符合要求的贷款，按贷款本金的 60% 予以低成本资金支持，按季操作。

（9）普惠养老专项再贷款。按照国务院常务会议决定，2022 年 4 月，人民银行联合国家发改委创设普惠养老专项再贷款，发放对象为开发银行、进出口银行、工行、农行、中行、建行和交行共 7 家全国性金融机构，明确支持符合标准的普惠养老机构项目，初期选择浙江、江苏、河南、河北、江西等五个省份开展试点；对于符合要求的贷款，按贷款本金的 100% 予以低成本资金支持，实施期暂定两年，按季操作。

（10）交通物流专项再贷款。按照国务院常务会议决定，2022 年 5 月，人民银行联合交通运输部创设交通物流专项再贷款，发放对象为农发行、工行、农行、中行、建行、交行和邮储银行共 7 家全国性金融机构，明确支持道路货物运输经营者和中小微物流（含快递）企业。对于符合要求的贷款，按贷款本金的 100% 予以低成本资金支持，目前实施期为 2022 年，按季操作。

中国结构性货币政策工具情况见表 13-1。

表 13-1　中国结构性货币政策工具情况

工具名称		支持领域	发放对象	利率（1 年期）/激励比例	额度/亿元	余额/亿元
长期性工具	支农再贷款	涉农领域	农商行、农合行、农信社、村镇银行	2%	7 600	5 404
	支小再贷款	小微企业、民营企业	城商行、农商行、农合行、村镇银行、民营银行	2%	16 400	13 997
	再贴现	涉农、小微和民营企业	具有贴现资格的银行企业金融机构	2%（6 个月）	7 000	6 145
阶段性工具	普惠小微贷款支持工具	普惠小微企业	地方法人金融机构	2%（激励）	400	44
	抵押补充贷款	棚户区改造、地下管廊、重点水利工程等	开发银行、农发行、进出口银行	2.80%	—	26 203
	减排支持工具	清洁能源、节能减排、碳减排技术	21 家全国性金融机构	1.75%	8 000	1 827
	支持煤炭清洁高效利用专项再贷款	煤炭清洁高效利用、煤炭开发利用和储备	工农中建交、开发银行、进出口银行	1.75%	3 000	357
	科技创新再贷款	科技创新企业	21 家全国性金融机构	1.75%	2 000	0
	普惠养老专项再贷款	浙江、江苏、河南、河北、江西试点，普惠养老项目	工农中建交、开发银行、进出口银行	1.75%	400	0
	交通物流专项再贷款	道路货物运输经营者和中小微物流（含快递）企业	工农中建交、邮储、农发行	1.75%	1 000	0

注：数据截至 2022 年 6 月底。

■ 拓展阅读

两项直达工具接续转换

本章小结

1. 货币政策是指中央银行为实现其特定的经济目标，所采用的各种控制和调节货币供应量或信用量的方针和措施的总称。它包含着政策目标、达到目标的措施、运行机制、效果衡量等一系列内容在内的一个广泛的概念。

2. 货币政策划分为两个不同的目标层次，即最终目标和中介目标。一般认为，货币政策的最终目标包括物价稳定、充分就业、经济增长和国际收支平衡。作为货币政策的中介目标必须具备三个条件，即可测性、可控性及与最终目标的相关性这"三性"原则。可以作为货币政策中介目标的金融变量主要有三种，即利率、货币供给量和存款准备金。

3. 货币政策工具可分为一般性政策工具、选择性政策工具和其他补充性政策工具三类。一般性货币政策工具主要包括：法定存款准备金政策、再贴现机制和公开市场业务。选择性的货币政策工具和其他货币政策工具是中央银行针对个别部门、企业、领域或特殊用途的信用而采用的政策工具。它们主要包括：证券市场信用控制、消费信贷控制、不动产信用控制、直接信用控制和间接信用控制等。

4. 货币政策的传导机制，西方经济学界存在凯恩斯学派和货币学派两种主要理论。凯恩斯学派认为，货币政策的传导是在两个领域中进行的，即金融领域和实物领域。其传导过程共经历三个阶段。货币政策传导机制有利率、货币乘数和资产结构三种传递效应。

5. 西方对货币政策效应的理论探讨主要是，看货币政策能否影响产出，也就是货币是否中性的问题。衡量货币政策效应，一是看效应发挥的快慢；二是看发挥效力的大小。由于影响货币政策效应的因素很多，所以，孤立地判断某一货币政策的效应几乎不可能，而必须通过分析较长时期的时间序列数据，才能得出货币政策是否有效的总体判断。

6. 财政政策与货币政策既有共性，又有区别。货币政策与财政政策出自同一决策者却由不同机构具体实施；为达到统一目标却又经过不同的作用过程；作用于同一个经济范围却又使用不同的政策工具。两者的共性决定了他们之间必须密切配合的客观要求。财政政策与货币政策的配合主要包括主辅关系确立、配合模式与配合手段等内容。

重要概念

货币政策　物价稳定　充分就业　经济增长　国际收支平衡　货币准备金
再贴现率　公开市场业务　证券市场信用控制　消费信贷控制　不动产信用控制
信用分配　利率最高限额　流动性比率　窗口指导　道义劝告　金融检查
货币政策传导机制　货币政策效应　货币政策时滞

核心参考文献

[1] 陈昆亭，周炎. 防范化解系统性金融风险：西方金融经济周期理论货币政策规则分析 [J]. 中国社会科学，2020（11）：192-203.

[2] 黄益平，曹裕静，陶坤玉，等. 货币政策与宏观审慎政策共同支持宏观经济稳定 [J]. 金融研究，2019（12）：70-91.

[3] 金春雨，张龙，贾鹏飞. 货币政策规则、政策空间与政策效果 [J]. 经济研究，2018，53（7）：47-58.

[4] 马骏,何晓贝.货币政策与宏观审慎政策的协调 [J].金融研究,2019 (12): 58-69.

[5] 王曦,汪玲,彭玉磊,等.中国货币政策规则的比较分析:基于 DSGE 模型的三规则视角 [J].经济研究,2017,52 (9):24-38.

[6] 王国刚.中国货币政策调控工具的操作机理:2001—2010 [J].中国社会科学,2012 (4):62-82,206.

[7] 易纲.建设现代中央银行制度 [J].时代金融,2021 (1):4-5.

[8] 中国人民银行货币政策分析小组.2022 年第一季度中国货币政策执行报告 [R].北京:中国人民银行,2022.

[9] BERNANKE B S. The new tools of monetary policy [J]. American Economic Review, 2020, 110 (4): 943-983.

[10] BERNANKE B S, MIHOV I. Measuring monetary policy [J]. The quarterly journal of economics, 1998, 113 (3): 869-902.

[11] WOODFORD M. The Taylor rule and optimal monetary policy [J]. American Economic Review, 2001, 91 (2): 232-237.

复习思考题

1. 单项选择题

(1) 货币政策诸目标之间呈一致性关系的是（   ）。

A. 物价稳定与经济增长　　　　　　　B. 经济增长与充分就业

C. 充分就业与国际收支平衡　　　　　D. 物价稳定与充分就业

(2) 凯恩斯认为在货币政策的传递过程中,主要环节和核心是（   ）。

A. 准备金　　　　B. 利率　　　　C. 货币供应量　　　D. 投资

(3) 货币学派认为（   ）在货币政策传导机制中起决定性作用。

A. 货币供应量　　　B. 投资　　　　C. 利率　　　　D. 支出

(4) 作为中介目标的金融指标必须与最终目标密切相关,是指中介目标的选择应具有（   ）。

A. 相容性　　　　B. 可控性　　　　C. 相关性　　　　D. 准确性

(5) 属于货币政策远期中介指标的是（   ）。

A. 法定存款准备金　　　　　　　　　B. 超额准备金

C. 基础货币　　　　　　　　　　　　D. 利率

(6) 中央银行降低法定存款准备金率时,商业银行（   ）。

A. 可贷资金量减少　　　　　　　　　B. 可贷资金量增加

C. 可贷资金量不受影响　　　　　　　D. 可贷资金量不确定

(7) 一般来说,中央银行提高再贴现率时,会使商业银行（   ）。

A. 提高贷款利率　　　　　　　　　　B. 降低贷款利率

C. 贷款利率升降不确定　　　　　　　D. 贷款利率不受影响

(8) 下列属于紧缩性货币政策的是（   ）。

A. 降低法定存款准备金率　　　　　　B. 降低再贴现率

C. 加强公开市场业务　　　　　　　D. 扩大消费者信用

（9）货币政策具有一定的时滞性，其中（　　　）是由客观的经济和金融条件决定的。

A. 内部时滞　　　　B. 认识时滞　　　　C. 行动时滞　　　　D. 外部时滞

（10）降低税率属于（　　　）。

A. 宽松的货币政策　　　　　　　　B. 紧缩的货币政策

C. 宽松的财政政策　　　　　　　　D. 紧缩的财政政策

2. 多项选择题

（1）货币政策一般包括（　　　）。

A. 政策目标　　　　　　　　　　　B. 实现目标所选用政策工具

C. 货币政策传导机制　　　　　　　D. 具体执行所达到的效果

E. 货币政策中介指标

（2）货币政策的目标包括（　　　）。

A. 物价稳定　　　　　　　　　　　B. 充分就业

C. 经济增长　　　　　　　　　　　D. 实现货币供求均衡

E. 国际收支平衡

（3）凯恩斯认为货币政策作用的大小主要取决于以下哪几个因素（　　　）。

A. 货币政策的准确性　　　　　　　B. 投资支出的利率弹性

C. 货币乘数的大小　　　　　　　　D. 商品市场对货币市场的影响程度

E. 货币需求的利率弹性

（4）存款准备金政策作为一种货币政策工具有一定的局限性，主要表现为（　　　）。

A. 中央银行在使用这一工具时处于被动地位

B. 对存款货币银行产生的影响不平等

C. 法定存款准备金率的提高，可能使商业银行资金严重周转不良

D. 缺乏弹性，存款准备金率的轻微变动，就有可能带来经济的强烈震荡

E. 技术性较强，难以把握

（5）下列关于再贴现政策说法正确的有（　　　）。

A. 通过再贴现率的调整，影响商业银行的准备金及社会的资金供求

B. 规定向中央银行申请再贴现的资格，影响商业银行及全社会的资金投向

C. 对货币供应量有极强的影响力，速度快，效果明显

D. 有一定的"告示效应"，给社会提供货币政策信息

E. 对经济的影响比较缓和，有利于一国经济的稳定

（6）公开市场业务有以下几个重要的优点（　　　）。

A. 能较明显地体现中央银行的政策意图

B. 中央银行能掌握公开市场业务的主动权

C. 公开市场业务有很大的灵活性

D. 公开市场业务具有极强的可逆转性

E. 公开市场业务可以迅速操作

（7）选择货币政策中介指标时所必须依据的标准是（　　）。

A. 可测性　　　　　B. 可控性　　　　　C. 相关性　　　　　D. 准确性

E. 相容性

（8）下列属于直接信用控制的有（　　）。

A. 利率最高限额　　B. 信用配给　　　　C. 信贷规模控制　　D. 窗口指导

E. 流动性资产比率

（9）中央银行要实现"松"的货币政策可采取的措施有（　　）。

A. 提高法定存款准备金率　　　　　　　B. 降低再贴现率

C. 提高证券保证金比率　　　　　　　　D. 在公开市场上购买有价证券

E. 放松对消费信用的控制

（10）货币政策和财政政策的区别主要表现在（　　）。

A. 政策的实施者不同　　　　　　　　　B. 两大政策作用于不同的经济范围

C. 两大政策所采用的政策工具不同　　　D. 两大政策的可控性不同

E. 两者发挥作用的过程不同

3. 问答题

（1）简述凯恩斯学派与货币学派在货币政策传导机制理论上的分歧。

（2）货币政策目标有哪些内容？如何协调货币政策目标之间的相互关系？

（3）什么是货币政策中介指标，主要包括哪几项？

（4）中央银行的一般性货币政策工具有哪几种？它们分别是如何发挥作用的？各自的优缺点分别是什么？

（5）选择性政策工具主要包括哪些内容？

（6）影响中央银行货币政策效果的主要因素有哪些？

（7）中国人民银行货币政策目标和政策工具是如何演进的？

（8）中国人民银行政策工具箱包括哪些内容？

4. 论述题

（1）试述货币政策和财政政策配合的必要性，并联系实际分析如何实现更有效的配合。

（2）2020 年新型冠状病毒感染疫情对我国经济产生了影响，中央银行采取了一系列稳健的货币政策。谈一谈你对此的看法。

（3）试述新型冠状病毒感染疫情背景下，货币政策如何保证金融支持实体经济发展。

（4）试述货币政策工具如何助推乡村振兴。

第四篇

金融发展与经济篇

第十四章

金融发展与经济增长

■**学习目的**

通过本章的学习，你应该能够：

（1）理解金融发展的内涵；

（2）熟悉金融发展的不同测度指标；

（3）理解不同流派金融发展理论的主要内容；

（4）识记与掌握金融结构的涵义与表现形态，理解金融结构形成的基础条件；

（5）分析影响金融结构的主要因素与指标；理解金融结构对金融、经济发展的作用与影响；

（6）深刻理解中国特色金融发展路径。

第一节　金融发展的内涵及其测度

一、金融发展的内涵

金融发展指金融体系的发展与完善。国内外文献主要从金融结构和金融功能两个角度对金融发展的概念进行界定。

基于金融结构论的观点，金融发展一般指金融结构的变化。戈德史密斯（Goldsmith，1969）在金融发展领域的开创性著作《金融结构与金融发展》中认为："金融发展就是金融结构的变化，世界各国的金融发展都是通过金融结构由简单向复杂、由低级向高级的发展实现""金融发展水平的提升可表现为金融资产相对于全部实物资产比重的提升，直接融资等金融工具在金融体系中所占比重的提升等"。1973 年，罗纳德·麦金农的《经济发展中的货币与资本》和肖的《经济发展中的金融深化》两本书的出版，标志着以发展中国家或地区为研究对象的金融发展理论的真正产生。麦金农和肖并未明确对金融发展进行定义，但他们对金融和经济发展之间的相互关系及发展中国家或地区的金融发展提出了精辟的见解。肖（1973）认为金融发展存在四个特征：①金融资产存量品种范围扩大，期限种类增多；②与经济总量的相当规模增加，金融体系规模增加，机构增加，专业化增强；③金融资产流量主要依靠国内储蓄；④利率更正确地反映投资替代消费的机会。麦金农认为金融深化就是金融结构的动态调整与优化的过程。金融发展表现在金融总量的增长和金融结构的优化。

默顿和博迪（Merton& Bodie，1995）提出金融功能观后，从金融功能的角度来定义金融发展是十分自然而然的事情（白钦先、谭庆华，2006）。在金融发展的过程中，金融最早显现出其基本功能，即服务功能和中介功能。随着经济发展水平的提高和金融本身的发展，金融的资源配置功能逐步显现。为了解决资源配置过程中的伴随问题，金融功能进行了横向扩展，即经济调节功能和风险规避功能。为了进一步提高资源配置的效率，金融的衍生功能开始显现。金融发展可以理解为金融功能的逐步显现逐步扩展逐步提升逐步复杂化的演进过程。随着金融功能的演进，金融体系越来越复杂，金融发展程度越来越高，对经济资源的配置效率也不断提高，从而极大地促进了整个经济的发展。金融功能演进即是金融功能的扩展与提升，金融功能的扩展与提升即是金融发展。也就是说，基于金融功能论观，金融发展指一国金融体系的功能从低级阶段向高级阶段演化的过程。

综合上述金融结构论及金融功能论的定义，可以看出金融发展主要包含金融结构发展及金融功能的完善与拓展。金融结构发展和金融功能的完善与拓展分别反映了金融发展的现象和本质。

二、金融发展的测度

金融发展通常需要通过一定的金融发展指标来揭示。金融发展指标是金融发展的数量标志，也是对金融发展理论的重要结论进行实证检验的基础。因此金融发展指标的设定是否合理，或者说它能否涵盖尽可能多的金融功能，直接关系到实证分析结果的合理性与可靠性。从最初的金融相关比率的提出到现在丰富多样的金融发展指标体系，体现了金融发展指标涵盖金融功能日益丰富的过程。对金融发展的测度可以从金融规模、金融结构、金融效率、金融功能及金融稳健性等多个维度进行。

1. 金融规模衡量指标

金融规模包括绝对规模与相对规模。在具体的衡量指标上，绝对规模可以采用以下指标：①社会融资规模。社会融资规模是一定时期内（每月、每季或每年）实体经济从金融体系获得的全部资金总额，其中的金融体系从机构看，包括银行、证券、保险等金融机构；从市场看，包括信贷市场、债券市场、股票市场、保险市场以及中间业务市场等。社会融资规模是全面反映金融与经济关系以及金融对实体经济资金支持的总量指标。②银行贷款余额，反映银行业的发展规模。③股票市值，反映证券业发展规模。④保费收入，反映保险业发展规模。

相对规模可采用指标包括：① M_2 与 GDP 的比例，反映经济的货币化程度。②金融相关率（financial interrelations ratio，FIR），即金融资产总额与 GDP 的比例。从严格意义上讲，金融资产总额包括银行业金融机构资产额、证券业资产额、保险业资产额、信托业资产额等，在实际计算中，鉴于统计数据的可获取性，金融资产总额可用银行存贷款余额、保费收入、股票市场市值、债券市场市值等的和来代表。③社会融资规模与 GDP 比例，反映金融对实体经济资金支持情况。

2. 金融结构衡量指标

金融结构从不同角度划分就有不同的衡量指标，如金融资产结构、金融行业结构、金融主体结构和融资结构等。考虑到金融业的核心功能在于通过不同的金融工具、金融市场来满足经济主体之间的融资需求，为此，可以用以下两项指标反映金融结构：①直接融资额占社会融资额的比例，用以反映融资结构；②非银行金融资产总额占金融资产总额的比例，用以反映金融行业结构。

3. 金融效率衡量指标

金融业效率分为金融业总体效率以及金融各行业效率。其中金融行业效率又分为银行业效率、证券业效率和保险业效率。

（1）金融业总体效率。可采用三个指标衡量：①银行信贷资金边际产出率（指 GDP 增量/银行信贷增量）；②金融业劳动生产率（金融业增加值/金融业从业人员数）；③储蓄投资转化率（资本形成额/社会融资总额）。

（2）银行业效率。用两个指标衡量：①居民储蓄率（城乡居民人均储蓄存款/城乡居民人均可支配收入），反映银行的资金动员能力；②贷存率（金融机构贷款余额/金融机构存款余额），反映银行的资金转化能力。

（3）证券市场效率。用两个指标衡量：①居民股市参与率（股民人数/总人数），反映资本市场对居民的吸引力；②证券化率（股市市值/GDP），反映经济发展的证券化程度。

（4）保险业效率。用保险赔付率衡量。计算公式：保险赔付额/保费收入。

4. 金融功能衡量指标

金融功能可以划分为三个层面：一是基础性功能；二是资源配置功能；三是扩展功能。可以从三个方面对金融功能的发挥程度进行衡量：

（1）金融的基础性功能。金融的基础性功能是金融与生俱来的功能，这就是完成支付和完成借贷，可用以下三项指标来衡量：①金融服务覆盖率，即每万人拥有的金融机构网点数；②金融服务使用率，即人均从银行获得贷款额与人均 GDP 的比值；③保险密度，即当年保险收入/当年人口数。

（2）金融的资源配置功能。金融的资源配置功能是金融业通过金融活动的进行，实现金融资源在行业、部门、地域之间的优化配置。实现资源的优化配置是金融的根本性功能，也是金融业发展的核心。可用以下三项指标来衡量：①债务投资转化率，即社会固定资产投资额与贷款、债券筹资额之和的比例，用以反映通过债权工具的融资转化为固定资产投资的能力；②银行贷款非国有化率，即非国有经济单位获得银行贷款占银行总贷款的比例，反映银行信贷资金的配置情况；③股市融资非国有化率，即非国有控股企业股市融资额占当年上市公司融资额的比例，反映资本市场的资源配置情况。

（3）金融的扩展功能。金融的扩展功能是金融的衍生功能，即金融通过基础性功能及资源配置功能的实现，对经济社会及环境的全面发展所起的推动作用。这些作用体现在促进经济总量增长与居民福利改善、产业发展与结构升级、科技创新、环境改善及有效减缓贫困等多个方面。

金融发展促进经济增长与居民福利改善的衡量。可以采用两个指标：①经济增的金融弹性，即 GDP 增长率与金融业增加值增长率的比值，反映金融业增长对 GDP 增长的推动率；②居民收入增长的金融弹性，即居民收入增长率与金融业增加值增长率的比值，反映金融业增长对居民收入与福利改善的贡献率。

金融发展促进产业发展及结构优化升级的衡量。可以采用两个指标：①规模以上工业企业资产总额与金融业增加值的比值，反映金融业发展对产业主体成长的促进作用；②第二、三产业增加值与金融业增加值的比例，反映金融发展对产业结构优化升级的推动作用。

金融发展对科技创新支持作用的衡量。可以采用两个指标：①研究与试验发展（R&D）费用支出与金融业增加值的比例，反映金融发展对科技研发投入增加的影响作用；②高新技术产业主营业务收入与金融业增加值的比例，反映金融发展对科技产出的影响作用。

金融发展对环境改善的衡量。改善环境、实现绿色发展是我国未来相当长时期经济社会发展的基本要求，金融业的发展也应在此方面有所担当。对此，可以采用单位 GDP 能耗降低率与金融业增加值增长率的比例来衡量。

金融发展对于缓解贫困的衡量。扶贫脱贫是全社会各级政府、各行业及各部门的共同责任，虽然致贫的根源有多种，但人均收入低、生活困苦、资本短缺是贫困人口及贫困地区的共同特征。金融业的基本功能就在于通过融资，突破资本短缺瓶颈，促进经济增长。因此，助力脱贫也是金融业的职责所在。在此，采用两个指标对金融发展缓解贫困的作用予以衡量：①贫困发生率（贫困人口/总人口）；②城乡居民恩格尔系数（城乡居民人均食品消费支出/人均总支出）。

5. 金融稳健性衡量

银行业稳健性，可以采用三个指标衡量：①资本充足率；②不良贷款率；③拨备覆盖率。

保险业稳健性，可以采用三个指标衡量：①保险偿付能力充足率，即保险公司实际资本与最低资本的比率；②总资产报酬率，反映保险公司的盈利情况；③成本费用率，即营运成本占当期保费收入，反映保险公司成本控制情况。

证券业稳健性可以采用三个指标衡量：①上市公司盈亏率，即当年盈利公司与亏损公司数量之比，反映资本市场基本面稳健性情况；②证券公司净资本与各项业务风险资本准备之和的比率，反映经营机构稳健性；③股票市场价格指数波动率，反映股票市场稳健性。

信托业稳健性可以采用两个指标衡量：①信托风险率，即信托风险资产占总资产的比率；②非标资金池信托资产占信托资产总额的比率。

第二节　金融发展理论

第二次世界大战后，一批新独立的国家在追求本国经济发展的过程中，不同程度地受到储蓄不足和资金短缺的制约，而金融发展滞后和金融体系运行的低效是抑制经济发展的深层次原因。20 世纪 60 年代末至 70 年代初，一些西方经济学家开始从事金融与经济发展关系方面的研究。一般都认为金融发展理论（theory in financial development）主要研究金融发展与经济增长的因果关系，并说明各种金融变量的变化及金融制度变革对经济发展的长期影响，由此得出发展中国家为促进经济增长所应采取的金融发展策略。按照理论发展的时间顺序，可将其划分为三个阶段：第一代金融发展理论—金融深化论、第二代金融发展理论—内生金融发展理论和第三代金融发展理论—法律与金融发展的理论。限于篇幅，这里仅列举一些有重要影响的金融发展理论。

一、第一代金融发展理论

（一）金融抑制和金融深化理论

金融抑制与金融深化理论是第一代金融发展理论的典型代表。1973 年，罗纳德·麦金农（R. I. Mckinnon）的《经济发展中的货币与资本》和肖（E. S. Shaw）的《经济发展中的金融深化》系统地提出了一整套金融深化的理论。他们提出的"金融抑制"（financial repression）和"金融深化"（financial deepening）在经济学界引起了强烈反响，被认为是发展经济学和货币金融理论的重大突破。许多发展中国家货币金融政策的制定及货币金融改革的实践都深受该理论的影响。

麦金农和肖指出，金融发展与经济发展之间存在着相互推动和相互制约的关系：一方面，健全的金融体系能将储蓄资金有效地动员起来并引导到生产性投资上去，促进经济发展；另一方面，经济的发展也会通过国民收入的提高和经济主体对金融服务需求的增长反过来刺激金融业的发展，形成一种互相促进的良性循环。

然而从现实来看，虽然绝大多数发达国家的金融发展与经济发展之间存在着相互推动的良性循环关系，但绝大多数发展中国家的金融和经济发展之间却存在着一种相互制约的恶性循环关系。具体表现为：在发展中国家，一方面，由于金融体系落后且缺乏效率，因而束缚了经济的发展；另一方面，经济的停滞又限制了资金的积累和金融的发展，从而形成相互促退的恶性循环。罗纳德·麦金农和肖强调，发展中国家之所以出现这种情况，其根本原因就在于发展中国家实行了经济的国有化或非市场化，政府对经济及金融的管制和人为干预。发展中国家政府除了对经济进行干预以外，还对金融业进行过度的管制和人为的干预。由于发展中国家对金融活动有着种种限制，对利率和汇率进行严格管制，致使利率和汇率发生扭曲，不能真实准确地反映资金供求关系和外汇供求。在利率被认为被压低的情况下，一方面，利率管制导致了信贷配额，降低了信贷资金的配置效率；另一方面，货币持有者的实际收益往往很低甚至为负数，致使大量的微观经济主体不再通过持有现金、活期存款、定期存款及储蓄存款等以货币形式进行内部积累，而转向以实物形式，其结果是银行储蓄资金进一步下降，媒介功能降低，投资减少，经济发展缓慢。总之，这种由于政府当局实行过分管制和人为干预的金融政策而导致金融体系与实际经济同时停滞落后的现象，就称为金融抑制。

由于金融抑制是一个不均衡现象，阻止了市场出清，妨碍了市场按照最优方式分配资金的功能，因此到了 20 世纪 60 年代至 70 年代，发展中国家所普遍存在的金融抑制导致发展中国家经济效率的降低，成为经济发展的严重阻碍。为此，麦金农和肖指出，要解决这一问题，发展中国家就必须全面地进行金融改革，特别是必须放弃政府对金融业的过度管制和人为干预，实行金融的市场化或自由化，让利率和汇率由市场供求决定，以充分发展市场机制的作用，通过这种市场化或自由化改革来实现"市场出清"并提高经济效率。只有这样，发展中国家才能实现金融发展与经济增长之间相互促进的良性循环。这就是著名的金融深化理论。

金融深化理论可用图14-1加以表示。横轴表示储蓄和投资的数量，纵轴代表利率。I为社会投资曲线，$S(Y_1)$代表当国民收入为Y_1时的社会储蓄曲线，$S(Y_2)$代表当国民收入为Y_2时的社会储蓄曲线、$S(Y_3)$代表当国民收入为Y_3时的社会储蓄曲线。

在不存在"金融抑制"的条件下，r_e为储蓄曲线$S(Y_3)$和投资曲线I相交时所决定的均衡利率。CC为"金融抑制线"，代表政府硬性规定利率上限r_1，从而将实际利率压低在均衡利率之下的情形。如果假定一国的储蓄全部转化为投资（不考虑外资），当金融当局将实际利率人为压低在r_1时，实际投资仅为I_1。其原因在于：当利率被政府压低为r_1时，金融体系所能吸纳的社会储蓄总量仅为S_1，同时，低利率又意味着投资成本低，结果生产率很低的投资项目也得以开工，从而使整个国家的投资效率下降。因此，压低利率，一方面使资本积累不足，另一方面又使投资效率下降，从而会严重地阻滞经济的发展。

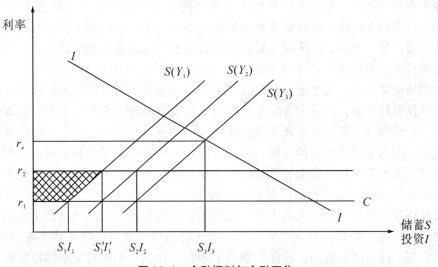

图14-1　金融抑制与金融深化

如果金融当局放松金融抑制，将实际利率从r_1提高到r_2，这就会使社会储蓄从S_1增加到S_1'，结果使社会投资从I_1增加到I_1'。由于投资增长，结果导致国民收入从Y_1增加到Y_2。而国民收入增加，就会使社会储蓄曲线右移到$S(Y_2)$，而这又会使投资增加。因此，在利率水平上升到r_2时，储蓄和投资都增加到S_2和I_2。同时，由于利率的提高会阻止企业家从事在均衡利率水平下不可能赢利的低收益投资，原来低效益的投资项目即收益率勉强超过人为压低的利率的项目（图14-1中阴影所代表的部分），立即会成为无效益的投资而被放弃，而那些生产率较高、在均衡利率水平下也能赢利或能产生更大收益的项目才能得到大量投资，这样就会使整个国家的投资效益提高。因此，提高利率，一方面会提高社会储蓄率，从而真正加速资本的积累；另一方面又能提高投资效率，从而对国民经济的发展起乘数促进作用。

如果政府完全取消金融抑制，使利率完全由市场供求关系决定，利率就会上升到均衡利率的水平r_e，这时，该经济体的储蓄和投资还会进一步扩大，从而会导致该经济体的国民收入更大幅度地增长。

基于以上分析，"金融深化论"认为，只要政府放弃对金融的过分干预或管制，取消对利率和汇率的人为抑制，使利率和汇率由市场供求决定，从而使利率真实反映资金和外汇的实际供求状况，并充分发挥其调节资金和外汇供求的应有功能，就会一方面以均衡的利率动员较多的储蓄以加快金融的发展，并以均衡的汇率促进出口从而增加外汇的供给，另一方面在均衡的利率或汇率水平上满足有效率的资金需求或外汇需求，从而提高资金或外汇的使用效率，进而最终实现金融发展与经济增长之间的良性循环。

金融深化论是一般均衡理论在金融理论中的运用。金融深化论形成之前，主导性看法是金融部门和其他经济部门不同，金融部门的有效运行离不开政府干预。金融深化论主张应当尽可能地减少政府对金融的干预。金融深化论认为新古典理论和凯恩斯主义理论的货币和物质资本是替代关系的观点赖以成立的假设条件不符合发展中国家的实际，批判了那种认为通货膨胀在经济发展和结构转换过程中是不可避免的甚至有助于发展的观点。金融深化论推行金融自由化的政策主张（提高利率），认为金融自由化政策既能避免通货膨胀，又不引起经济衰退。他们对发展中国家金融、财政和外贸三者关系的深入考察，据此提出的金融发展战略既不同于进口替代战略，也不同于出口导向战略。因此，以金融深化理论为代表的第一代金融发展理论对发展经济学的贡献不容低估。

以金融深化论为代表的第一代金融发展理论的基础是边际效用价值论和供求均衡论，所以，马克思对边际效用价值论和供求均衡论的批判也同样适用于第一代金融发展理论。第一代金融发展理论根据影响利率的表面现象——资金市场上的供求状况来说明利率的形成，而没有触及利率决定的真实基础。尽管麦金农和肖将利率和投资效率（或劳动生产率）联系起来，从而等于间接承认物质生产部门的利润率是决定贷款利率（最终也决定存款利率）的关键因素，但这种联系本身并不表明他们对劳动价值论的接受和对边际效用价值论的否定。除此之外，从理论体系本身看，金融深化理论的假设条件较为严峻。例如，为了实现资金在利率放开后的有效配置，要求金融市场是完全竞争的，即借贷双方掌握全面而准确的信息（即不存在私人信息）；市场规模很大，以致单个借款人或贷款人难以对利率施加影响等。很明显，这些条件在现实经济生活中是不存在的。因此，即使在以私有制为基础的社会中，以放开利率（或取消利率管制）为显著标志的金融发展或金融自由化，也仅能实现资金配置的部分改善。和一般均衡理论一样，金融深化理论的分析框架也建立在完全竞争市场上。因此，麦金农和肖所极力主张的金融和外贸全面自由化以及财政完全中性，只是一种停留在人们头脑中的理想。

从政策实践的结果来看，金融深化理论认为发展中国家的金融抑制政策阻碍了储蓄动员和经济增长，因而主张实行金融自由化政策。他们的理论在许多发展中国家实施，但结果并不如人意，很多国家在金融自由化之后都爆发了金融危机。

（二）金融约束论

发展中国家金融自由化的结果曾一度令人失望，许多经济学家开始对以往经济发展理论的结论和缺失进行反思和检讨，赫尔曼、默多克和斯蒂格利茨（Hellman, Murdock & Stiglitz, 1997）在《金融约束：一个新的分析框架》（*Financial Restraint*:

Towards a New Paradigm）一文提出了金融约束的理论分析框架。

金融约束（financial restraint）是指政府通过一系列金融政策在民间部门创造租金机会，以达到既防止金融压抑的危害又能促使银行主动规避风险的目的。金融政策包括对存贷款利率的控制、市场准入的限制，甚至对直接竞争加以管制，以影响租金在生产部门和金融部门之间的分配，并通过租金机会的创造，调动金融企业、生产企业和居民等各个部门的生产、投资和储蓄的积极性。政府在此可以发挥积极作用，采取一定的政策为银行体系创造条件鼓励其积极开拓新的市场进行储蓄动员，从而促进金融深化。

虽然金融约束理论从不同方面论证了金融约束对发展中国家来说是合理的金融政策，但金融约束与金融压抑在某些方面还是有相同之处。金融约束的政策在执行过程中可能会因为种种原因而效果很差或受到扭曲，其中最大的危险是金融约束变为金融压抑。因此，要保证金融约束达到最佳效果，必须具备一些前提条件，如稳定的宏观经济环境，较低的通货膨胀率，正的实际利率，银行是真正的商业银行，政府对企业和银行的经营没有或有很少的干预，以保证银行和企业的行为符合市场要求。

在金融压抑下，政府造成的高通胀使其财富由家庭部门转移至政府手中，政府又成为各种利益集团竞相施加影响进行寻租活动的目标，其本质是政府从民间部门夺取资源。而金融约束政策则是为民间部门创造租金机会，尤其是为金融中介创造租金机会，这会使竞争性的活动递增收益和福利。这些租金机会是因存款利率控制造成的存贷利差而形成的，银行通过扩张其存款基数和对贷款资产组合实施的监控获得了这些租金，由此促进金融深化。

金融约束论是 Hellman，Murdock 和 Stiglitz 对东南亚经验观察后的理论思考。东南亚金融危机的爆发使他们又重新研究了他们的金融约束论（1999），并认为这一危机从反面证明了他们的理论。事实上，金融约束是发展中国家从金融抑制状态走向金融自由化过程中的一个过渡性政策，它针对发展中国家在经济转轨过程中存在的信息不畅、金融监管不力的状态，发挥政府在市场失灵下的作用，因此并不是与金融深化完全对立，相反它是金融深化理论的丰富与发展。

二、内生金融发展理论

第二代金融发展理论是在汲取内生经济增长理论研究成果的基础上将内生金融中介和内生金融市场纳入研究框架。内生金融理论是第二代金融发展理论的主体。从 20 世纪 80 年代后期至 21 世纪初，随着内生经济增长理论的发展，金融发展理论从三个方面扩展：①突破第一代理论的分析范式，引入不确定性、信息不对称和监督成本等因素，对金融发展和经济增长的相互关系进行分析；②从以发展中国家为主要研究对象扩展到所有国家；③将以金融发展和经济增长之间的关系为核心的研究扩展到金融市场、金融机构的产生形成以及金融体系的功能及其比较上。

（一）金融体系的形成

在第一代金融发展理论中，金融市场的发展状况通常被视作是由法规和政府管制等外生因素决定的。但金融市场的发展及其在金融体系中地位的上升促使人们把金融市场和金融中介放在同一个框架下考察，以金融中介为参照来阐释金融市场的形成机制。

本斯维格和史密斯（Bencivenga & Smith, 1991）的模型中, 当事人随机的或不可预料的流动性需要导致了金融机构的形成, 金融机构的作用是提供流动性, 而不是克服信息摩擦; 在斯科莱福特和史密斯（Schreft & Smith, 1998）模型中, 空间分离和有限沟通导致了金融机构的形成。该模型中, 当事人面临着迁移的风险, 因为在迁移发生时, 当事人需要变现其资产, 从而面临迁移风险。为了规避这一风险, 当事人需要通过金融机构提供服务; 在杜塔和卡普尔（Dutta & Kapur, 1998）模型中, 当事人的流动性偏好和流动性约束导致了金融机构的形成。金融机构的存在使当事人可以持有金融机构存款, 作为流动资产的金融机构存款与其他公共债务和法定货币相比, 在提供流动性服务方面效率性高, 可以缓解流动性约束对消费行为的不利影响。

格林·伍德和史密斯（Greenwood & Smith, 1997）在模型中指出, 金融市场的固定运行成本或参与成本导致了金融市场的内生形成, 即在金融市场的形成上存在着门槛效应（threshold effect）, 只有当经济发展到一定水平以后, 有能力支付参与成本的人数才较多, 交易次数才较多, 金融市场才得以形成。

（二）金融体系的发展

金融机构和金融市场形成之后, 其发展水平会随该国内外条件的变化而变化, 一些经济学家从理论上对这个动态发展过程进行了解释。格林·伍德和史密斯, 以及列文（Levine）在各自的模型中引入了固定的进入费或交易成本, 借以说明金融机构和金融市场是如何随着人均收入和人均财富的增加而发展的。在经济发展的早期阶段, 人均收入和人均财富很低, 由于缺乏对金融服务的需求, 金融服务的供给无从产生, 金融机构和金融市场也就不存在。但是, 当经济发展到一定阶段以后, 一部分先富裕起来的人由于其收入和财富达到上述的临界值, 所以有动机去利用金融机构和金融市场, 亦即有激励去支付固定的进入费。这样, 金融机构和金融市场就得以建立起来。随着时间的推移和经济的进一步发展, 由于收入和财富达到临界值的人越来越多, 利用金融机构和金融市场的人也越来越多, 这意味着金融机构和金融市场不断发展。

（三）金融发展和经济增长的相互作用

一般是以内生增长理论为基础, 从金融中介、金融市场、金融体系、企业资本结构和经济增长的关系等多个层面分别运用跨国面板数据或采用时间序列数据多角度地解释金融发展和经济增长的关系。在金融中介和经济增长方面的研究以金和莱文（King & Levine, 1993）的研究最有代表性。他们使用 80 个国家 1960—1989 年的数据的实证结果表明金融中介不仅和经济增长有很强的正相关性, 而且金融中介发达程度也分别与未来的资本积累率、未来的投资率和未来的经济效率的提高有很强的正相关关系。

对这一问题的另一研究是对发展程度相似的国家进行金融结构的比较, 即银行主导型金融体系与市场主导金融体系的比较。不过这些研究的结论争论较大, 关于金融结构对经济增长的影响还难以达成共识。还有一些文献研究金融发展和宏观经济波动之间的关系, 正反两方面的实证证据都有。

（四）金融结构、金融体系和金融功能

不同的金融工具结构、金融市场结构、金融机构结构和金融体系结构等对于信息、交易成本和风险的影响是不同的, 研究金融发展和经济增长的关系问题不可避免地会涉及金融结构和金融体系功能。银行主导型金融体系优势论者主要从信息、交易成本

等角度展开研究。拉君和津盖尔斯（Rajan & Zingales, 1998）指出，在法律制度与会计标准不完善的国家中，强有力的银行能够促进企业披露信息，偿还债务，促进信用扩张，从而实现长期经济增长。银行主导型金融体系形成的长期、紧密的银企关系也有助于企业信息流动，改善资源配置。在银行主导型金融结构下，银行很努力地收集信息，却不用马上将获得的信息在公开市场上披露，加上银行对企业所做的都是长期的承诺，因此降低了信息不对称程度，推动了经济的迅速增长。股票市场流动性的提高降低了退出成本，使所有权更为分散，造成每个单个股东作为有效监督管理者的激励下降，进而妨碍公司控制，阻碍资源配置，使长期经济增长放缓。

总之，第二代金融发展理论是在传统金融发展理论和内生增长理论基础上建立起来的，它既是两种理论的融合，但又不局限于这两种理论，而是有所发展和创新。特别是第二代金融发展理论引入了诸如不确定性、信息不对称、交易成本等非完全竞争因素，因而不像传统理论那样过于偏颇，而是更贴近实际，也更能解释实践。但是第二代金融发展理论毕竟建立的时间比较短，还存在许多需要进一步研究的地方。比如，第二代金融发展理论目前还主要集中在理论探讨和以实证检验理论的阶段，对于发展中国家金融发展的政策措施的研究比较零散，大多夹杂在各种理论模型中。此外，第二代金融发展理论对金融动荡和金融危机的研究也有所欠缺既没有研究产生金融危机的根源，也没有研究如何在金融发展过程中避免金融危机。尽管如此，考虑到第二代金融发展理论主要是在 1990 年后才兴起，目前尚处于方兴未艾的阶段，因而其发展前景是相当广阔的。

三、制度与金融发展理论

第二代金融发展理论虽然在第一代金融发展理论的基础上有所深化和拓展，但他们研究的都是金融发展与经济增长之间的相关关系，所注重的是金融本身的发展，对金融发展的制度基础重视不够，或只是将制度基础视为既定的前提。特别是第一代金融发展理论，基本上没有考虑金融的制度基础问题，没有触及金融发展的要害问题。由于第一代金融发展理论的较大影响，许多发展中国家或经济转轨国家在金融改革中主要注重的是不断增加金融资产及金融机构的种类和数量，并不断扩大金融市场的规模，而对金融发展的制度基础较为忽视，结果导致一些发展中国家及经济转轨国家的金融自由化改革并不顺利，甚至带来经济的较大波动。根据这一情况，同时也受新制度经济学的影响。第三代金融发展理论的研究始于拉波尔塔、西拉内斯和施莱弗等（LaPorta, Lopez-de-Silanes & Shleifer）在 1998 年发表的文章《法律与金融》[①]，随后的研究分别从不同角度阐述了各种影响金融发展的因素，主要包括：法律、利益集团、非正式制度等。

第三代金融发展理论是目前国际上金融发展理论研究的前沿，注重宏观研究与微观基础的结合。比如，法律与金融发展的分析从现代企业融资的微观角度开始考察，分析投资者保护和法律实施效率对金融市场参与者的影响，进而发展到宏观金融体系的发展；政治与金融发展的研究从利益集团和政治关系角度展开，也是从微观主体的

---

① PORTA R L, LOPEZ-DE-SILANES F, SHLEIFER A, et al. Law and finance [J]. Journal of political economy, 1998, 106 (6)：1113-1155.

利益与行为选择过渡到金融发展；而文化、宗教、社会规范等非正式制度本身就是个人在金融市场上选择和行为的约束。因此，第三代金融发展理论虽是研究宏观金融发展，却都是从微观主体所面临的约束出发，具有坚实的基础。

在研究方法上，第三代金融理论强调理论研究与实证检验的结合。比如衡量金融体系发展的指标是从金融能够促进经济增长的功能角度出发建立的；对各种影响金融发展因素的考察也建立在实证检验的基础上。在进行检验时，注重跨国数据比较分析与典型国家案例分析相结合。跨国数据比较分析是一种横向跨国比较，可以更好地认识何种因素能促进金融发展，其缺点是遗漏了随着时间推移，历史上的重大事件对金融发展的影响。案例分析能解决这一问题，它考察典型国家金融体系发展的过程与该国法律、政治、经济和文化的演进，可以为当前的研究提供一个纵向金融发展过程，更清楚地看到重要影响因素。

诺斯认为，制度是规则、惯例、习俗和行为信念的复杂混合物。按此理解，当前第三代金融发展理论的研究都突出制度在决定金融发展方面的重要作用。法律、政治、文化宗教及社会资本等均可列入制度范畴，这些因素是约束谋求效用最大化的个人行为的一组规章、程序和行为准则。

第三节　经济发展中的金融结构

一、金融结构的涵义

金融结构（financial structure）是指构成金融总体的各个组成部分的分布、存在、相对规模、相互关系与配合的状态。在某一时点上考察金融结构时，它表现为一个静态的既定状况；从历史的角度看，它始终处于动态的演变状况，其结果导致了金融发展水平和层次的提升。

金融结构有多种表现形态，体现着各种金融要素的组合与运作状态，反映了金融发展的不同程度及其在国民经济中的重要性。考察金融结构的表现形态可以从多方面来进行。一般通过考察金融业各分行业（银行、证券、保险、信托、租赁等）的产业结构、金融市场结构、融资结构、金融资产结构、金融开放的结构等，可以综合反映出一国金融结构的基本状况。

二、影响金融结构变化的主要因素

金融结构是金融发展的现实体现，一个国家或地区的金融结构是金融发展过程在内外部因素共同作用下逐渐形成与演变的结果。各国金融结构的差异源于形成金融结构的基础性条件不同。基础性条件相同的国家，会形成大致相同的金融结构。但金融结构形成之后，并不是固定不变的，事实上金融结构一直处于不断变动的状态，并且恰恰由于金融结构的变动，才引起了金融发展水平与层次的变化。通常导致金融结构发生变动的主要因素有以下几类：

1. 制度因素。从历史的角度看，货币制度的变迁是货币结构变化的主要原因。信用制度的形成与完善可以解释金融工具结构、金融市场结构和融资结构演进的原因。

新式银行制度的建立与发展则是导致金融产业结构形成与变化的重要因素。从现实的角度分析，不同的制度安排对一国的金融结构具有决定性作用。首先是经济和金融体制安排。毫无疑问，在计划金融体制与市场金融体制下将形成两种迥然不同的金融结构。例如，在我国计划金融体制下，"大一统"的金融结构就是一种高度集中统一、垂直单向而又严谨的类型，没有金融市场，金融机构、金融业务和金融工具、融资方式也都十分简单。而在市场经济金融体制下，各种金融要素都是多元化的，金融市场发达，金融结构自然相对复杂。特别是从计划金融体制向市场金融体制的转换，是转型国家金融结构发生重大变化的根本原因。其次是金融监管体制的安排。例如，实行严格分业经营和分业监管的国家，与实行混业经营与监管的国家，当然会形成不同的金融结构。一般来说，在分业经营和分业监管体制下，金融机构和金融业务的细分，会使金融产业结构、金融市场结构和融资结构中的种类增多，构成更为细密。而监管体制的变化将导致金融结构也发生相应的变化。例如，发达国家对银行从自由经营到严加监管的制度变迁中，由于做出了各种资产流动性和安全性比率规定、支票存款不付息、强制存款保险等制度安排，导致了货币结构、金融资产结构和融资结构的变化。在一些国家从严格分业经营与分业监管向混业经营与混业监管转变的过程中，金融产业结构、金融市场结构和金融工具结构等都发生了巨大的变化。

2. 金融创新的活跃程度。金融创新越活跃，新的金融机构、金融工具、金融市场、融资方式和技术就越多，推陈出新就越频繁，金融结构也就变化越快。20世纪70年代以来，西方发达国家在大规模、全方位的金融创新中，广泛采用新技术，不断形成新市场，新金融工具、新交易、新服务层出不穷，直接导致了金融结构的深刻变化，形成了世界金融业的新格局。

3. 技术进步。技术进步历来是导致经济结构变化进而推动经济发展的重要力量，金融产业也不例外。现代科学技术的突飞猛进及其在金融业的广泛应用，已经并将继续导致金融结构发生巨大的变化。近几十年来数学分析技术、电子技术、信息技术、工程技术、管理技术等多种技术在金融业的引入，使金融业的融资技术、避险技术、分析技术和管理技术等得到了长足的发展，并因此改变了原有的金融结构。其中最突出的是计算机及网络技术在金融业的大量运用，改变了传统的金融结构。金融业务处理电子化、资金流转电子化、信息处理电子化、交易活动电子化等金融电子化的发展，为多种新的金融工具和交易方式的产生提供了基本的技术支撑。电子货币的出现及电子支付系统的运作改变了原有的货币结构。随着云计算、大数据、人工智能和区块链等技术在金融行业的深入应用，科技对于金融的作用被不断强化。各种衍生金融工具的出现与交易、完全由计算机系统组成的24小时全球一体化市场的出现与运作、网络银行的诞生和电子商务的普及，使金融市场结构和金融产业结构正在发生深刻的变化。

4. 开放程度。一国是否实行对外开放政策，对该国金融结构的影响很大。一般来说，在开放条件下，一国的金融结构在相当程度上受外部因素的支配和影响。特别是与东道国金融关系密切的发达国家，通过金融机构的进入、金融业务和融资技术的带入、资本流动等形式，将导致东道国金融结构的变动。这一点在过去的殖民地国家中表现得尤为突出，也是目前许多发展中国家在开放进程中金融结构变化的重要原因。

三、金融结构的分析与评价

对一国金融结构的状况与优劣可以从多层面、多角度展开分析。由于结构首先表现为总量中各个部分的构成状况，因此，金融结构分析的一个主要方面就是研究组成总量的各个部分之间的数量比例关系，即通常采用的结构比率分析方法。例如戈德史密斯采用以下的结构比率指标对金融工具和金融机构的结构进行考察：①金融相关比率（financial interrelations ratio，FIR）：现有金融资产总值在国民财富中所占的份额；②金融构成比率：各类金融工具在金融工具总额中所占的份额；③金融工具比率：金融机构发行的金融工具与非金融机构发行的金融工具之比；④金融部门比率：各经济部门在金融资产和金融工具中所占的份额；⑤分层比率：同类金融机构资产在全部金融机构总资产中所占的份额以及在主要金融工具中所占的份额；⑥金融中介比率：所有金融机构持有的金融资产在全部金融资产中所占的份额；⑦融资比率：各融资方式占全部资金来源的份额。

此外，还可以采用分层次的结构比率来考察金融资产的结构：第一层次是货币类、证券类、保险（保障）类金融资产分别占金融资产总值的比率；第二层次是分析上述三大类金融资产各自的内部比率，如货币结构、证券结构、保险保障类金融资产的内部结构；第三层次是在第二层次基础上的细分，如货币结构中的存款货币可按部门（居民、企业、政府）分析各自的结构比率；依次还可以往下类推到第四层次、第五层次以至更多的层次去分析。应该说，采用各种结构比率指标进行分析，是对金融结构进行定量分析和实证研究的基本方法，也是对金融结构进行静态描述和动态分析最重要的工具。问题在于，采用数量比率指标虽然可以描述与反映金融结构的状况及其演变，但却难以评价或判断金融结构的合理性与优劣程度。由于金融问题的复杂性，对金融结构的规范性研究还无法用一个或一组确定的数量比率指标来进行，而在结构分析中，仅仅停留在对状态的描述与反映上显然是不够的。因此，单纯用定量分析的方法似乎还不能全面研究特别是评价金融结构，还需要运用定性分析的方法，对金融结构的合理性和优劣程度做出评价。

对于任何一个产业来说，其特有的功能及其强弱决定了其对经济和社会的贡献度，因此，评价产业结构的合理性与优劣，一般可以通过考察其特有的功能是否齐备和功能发挥是否充分来进行。同理，对金融结构合理性与优劣程度的考察也可以采用功能视角来进行。考虑到金融各个要素及其组合后所提供的功能，大致可概括为：①投融资功能。该功能的强弱主要表现在金融资源的开发利用程度、投融资的便利程度、投融资的成本大小和价格的合理程度、投融资的效率、资金配置的优化程度等方面。②服务功能。该功能的强弱主要表现为能否提供支付清算的便利以促进交易的完成，能否提供代理（代收代付、代客买卖）、信托、现金管理、保管箱、信息、咨询、理财、代理融通、银行卡等业务以满足社会各种金融需求，能否提高经济生活的质量并增加社会总福利。③风险管理功能。该功能的强弱主要表现为能否有效地分散和回避风险以保持金融资产的安全性，能否为人们生活中的各种不确定性风险提供保险和保障等。可见，在定量的结构指标分析基础上，从金融功能强弱的角度来评价金融结构的合理性与优劣程度是比较科学的。

四、金融结构的作用

(一) 对金融发展的决定与影响力

一般来说，金融结构越复杂，即金融机构、金融工具、金融市场及其组合的种类越多、分布越广、规模越大，金融功能就越强，金融发展的水平和层次就越高。从历史的线索看，如果只有金融总量的增长，没有金融结构的演进，金融发展只能是同一水平或层次上的数量扩张；只有通过结构的变化，才能增加或提升金融功能，出现升级性的金融发展。在各国金融发展进程中，金融结构的差异，往往导致金融功能的强弱不一，从而决定并影响各国在国际金融活动中的竞争力；同时，不同的金融结构也是决定和影响各国金融稳定性和避险能力的重要因素。

(二) 对经济发展的影响

1. 有利于提高储蓄、投资水平，并通过有效配置资金来促进经济增长。戈德史密斯的研究表明，在现代经济增长中，储蓄与投资水平具有决定性作用，而要提高储蓄与投资水平又取决于金融结构。在金融结构演进过程中，有两个因素造成了储蓄与投资二者功能的分离并相应提高了储蓄与投资的水平：一是出现了金融工具，二是成立了金融机构并扩大了金融资产的范围。假定其他因素不变，储蓄与投资二者功能的分离提高了投资效益，并提高了资本形成对国民生产总值的比率，通过储蓄与投资两个渠道的金融活动提高了经济增长率。合理的金融结构可使投融资成本趋于下降，有力地促进储蓄向投资的转化；可以使金融机构和金融市场能够提供更多、更灵活的投融资安排，从总体上满足不同投资者和融资者的各种需求，从而使全社会的资金融通更为顺利。各种投融资限制的逐渐消除，使各类投融资者实际上都能进入市场参与活动，金融业对社会投融资的满足度和便利度的上升将有力地推动经济增长。

2. 通过金融结构的优化，完善服务功能和风险管理功能，以提高经济发展的水平。金融业通过提供大量具有特定内涵与特性的金融工具、金融服务、交易方式或融资技术等成果，从数量和质量两个方面同时提高需求者的满足程度，为经济社会提供各种金融便利和服务，为人们生活中的各种不确定性风险提供保险和保障，增加金融商品和服务的效用，从而增强金融的基本功能，提高金融运作的效率，满足不断增加的各种金融需求，提升人们经济生活的质量并增加社会总福利。

综上所述，金融结构不仅是金融发展状况的具体体现，而且对一国金融发展和经济发展具有重要的决定作用和影响力。保持或优化金融结构，可以通过增加金融商品和服务的效用，提高支付清算的能力和速度，增加金融机构的资产和盈利率，有利于提高金融产业的运作效率；可以通过提高市场价格对信息反应的灵敏度，增加可供选择的金融商品种类，增强剔除个别风险的能力，降低市场交易成本，提高投融资的便利度等，有利于提高金融市场的运作效率。

第四节　中国特色的金融发展

随着中国经济的发展和市场化改革的推进，金融为中国经济快速增长做出了突出贡献，中国的金融业无论是在规模、结构、业态，还是在功能、竞争力和国际影响力等方面都发生了巨大变化。与西方发达经济体和其他处于发展中的经济体相比，中国走出了一条具有特色的金融发展道路。

一、坚持中国共产党对金融工作的集中统一领导

中国的金融事业在中国共产党的领导下，伴随着中国革命、建设和改革的过程逐步形成和发展起来的，党领导金融事业取得了重大成就，也形成了许多宝贵的经验。中华人民共和国成立以来，在党的领导下，中国在实现经济长期快速发展的同时，还保持了金融的长期稳定发展，这在现代经济发展史上是一个奇迹，成功的关键是坚持了党对经济金融工作的领导。

党对金融工作的领导，能够确保我国金融改革发展的正确方向，是抵御各种风险挑战、维护国家金融安全的根本保障，是新中国金融事业从无到有、从小到大、从弱到强、从封闭到开放不断发展壮大的决定性因素。在中国共产党的领导下，我国金融业成功支持了根据地的斗争和发展、解放战争的胜利和中华人民共和国成立前后经济金融秩序的统一和恢复。改革开放以来，又成功抵御了亚洲金融危机和美国次贷危机引发的国际金融危机的冲击，有力支撑了宏观经济的持续健康发展。尤其是党的十八大以来，以习近平同志为核心的党中央观大势、谋大局，发挥总揽全局、协调各方的领导核心作用，推动金融事业发展再上新台阶，银行业总资产规模、外汇储备余额持续位居全球第一。成为全球第二大债券市场、股票市场和保险市场，金融业发展的活力和韧性不断增强。

习近平总书记在中共中央政治局第四十次集体学习时强调，加强党对金融工作的领导，坚持党中央集中统一领导，完善党领导金融工作的体制机制，加强制度化建设，完善定期研究金融发展战略、分析金融形势、决定金融方针政策的工作机制，提高金融决策科学化水平。可见，党对金融工作的全面领导，意味着党在金融工作中拥有领导核心地位，总揽中国金融发展全局，把控金融领域政治方向，重大金融决策、重大金融政策、重大金融战略、重大金融改革等都由党中央统一决策部署。事实证明，加强党对金融工作的全面领导，是中国推进金融改革和加快金融发展的重要保障，是确保金融服务实体经济和防控重大金融风险的法宝。

二、坚持中国特色的金融开放战略

改革开放是我国的基本国策，也是推动我国发展的根本动力。金融对外开放是中国进入现代化的重要抓手之一，不仅为金融改革发展提供了重要的参照，也为中国经济健康持续发展提供了有力支持。

金融的开放性，是中国特色金融发展之路的必然要求。金融的开放性，不仅是人类社会发展市场化、全球化、金融化的必然结果，也是由金融本身特性决定的。金融具有天然的开放性，是跨时空价值的转换、跨时空资金的配置，只有在开放的环境中才能生存、发展、壮大。

党的十八大以来，我国深入推动金融对外开放，积极参与国际金融治理。推动建立了上海合作组织开发银行，为组织基础设施建设和经贸合作项目提供了融资保障和结算平台。积极推动亚洲基础设施投资银行的设立。成立丝路基金，为"一带一路"倡议的沿线国家基础设施、资源开发、产业合作和金融合作等提供投融资支持。同时，

稳步推动人民币汇率市场化改革、实现人民币加入特别提款权；有序开放国内资本市场、银行卡清算市场；逐步放开、放宽或取消外资保险经纪公司经营范围限制、金融机构外资股占比限制，统一中外资银行市场准入标准等。

"十四五"规划提出，加快构建以国内大循环为主体、国内国际双循环相互促进的新发展格局，这是关系我国发展全局的重大战略任务，需要从全局高度准确把握和积极推进。国内大循环为主体是由我国的发展阶段、经济体量和国内国际经济形势等所决定的。国内大循环为主体、国内国际双循环相互促进要求我国金融业不断深化改革开放，利用好超大规模市场和内需潜力，利用好国际国内两个市场、两种资源，主动应对国际经济金融形势变化，形成更高水平的开放格局，适应双循环的新发展格局。

三、注重服务实体经济，发展普惠金融和绿色金融

中国始终强调金融的本质、宗旨、天职就是为实体经济服务，把更好服务实体经济作为金融工作的出发点和落脚点。通过深化金融供给侧结构性改革、创新体制机制、全面提升金融服务能力和服务效率、不断增强金融服务实体经济能力，中国将更多的金融资源配置到经济社会发展的重点领域和薄弱环节，更好满足人民群众和实体经济多样化的金融需要。通过大力发展普惠金融、绿色金融等，注重解决农业农村、先进制造业、小微企业、弱势群体、偏远地区的融资需求问题，加快普惠金融体系建设；注重推动金融机构支持重点领域、重大项目、新兴产业和重要在建工程，促进实体经济高质量发展。

党的十九大报告中指出，新时代我国社会主要矛盾是人民日益增长的美好生活需要和不平衡不充分的发展之间的矛盾。发展普惠金融，就是要提升金融服务的覆盖率、可得性、满意度，满足人民群众日益增长的金融需求，特别是要让农民、小微企业、城镇低收入人群、贫困人群和残疾人、老年人等及时获取价格合理、便捷安全的金融服务。充分发挥金融科技的作用，大力发展数字普惠金融，利用数字普惠金融成本低、使用便捷等特点，渗透到传统金融服务难以触及的人群，从而促进充分且平衡的发展。

发展绿色金融，是实现绿色发展的重要措施。中国是全球首个由政府部门制定系统性绿色金融政策框架的国家。中国的"创新、协调、绿色、开放、共享"五大新发展理念将绿色发展提升为重要的国家战略。中国绿色金融发展的总体思路，主要体现为"四个结合"：①坚持服务实体经济高质量发展与有效防范风险有机结合；②坚持发挥政府完善制度环境职责与激发市场内生动能有机结合；③坚持强化中央政府顶层设计职能与发挥地方政府自主创新有机结合；④坚持立足国情彰显中国特色与引领参与制定国际规则有机结合。通过创新性金融制度安排，引导和激励更多社会资本投入绿色产业，并有效抑制污染性投资。利用绿色信贷、绿色债券、绿色股票指数和相关产品、绿色发展基金、绿色保险、碳金融等金融工具和相关政策为绿色发展服务。

四、始终注重防控金融风险

党的十八大以来，中央反复强调要把防控金融风险放到更加重要的位置，牢牢守住不发生系统性风险底线，并采取一系列措施加强金融监管，防范和化解金融风险，维护金融安全和稳定，把住了发展大势。

习近平总书记多次强调，金融安全是国家安全的重要组成部分，防范化解金融风

险特别是防止发生系统性金融风险，是金融工作的根本性任务和永恒主题。

1. 中国注重统筹金融发展与金融安全，妥善处理金融发展、金融创新与金融风险防范的关系，不断强化和改善金融监管，注重相关法律法规建设。

2. 注重科学防范，尽可能做到早识别、早预警、早发现、早处置，着力防范化解重点领域金融风险，着力完善金融安全防线和风险应急处置机制。

3. 建立健全现代金融监管体系。具体包括：加快金融市场基础设施建设，做好金融业综合统计，健全及时反映风险波动的信息系统，运用现代科技手段和支付结算机制，监测全部资金流动，完善金融从业人员、金融机构、金融市场、金融运行、金融治理、金融监管、金融调控的制度体系，规范金融运行等。

经过多年的努力，中国宏观杠杆过快的上升势头得到有效遏制，影子银行治理取得较大成效，一些金融机构风险处置取得突破，外部冲击风险得到有效应对，债券违约处置机制不断完善，互联网金融风险得到全面治理，金融脱实向虚、盲目扩张得到扭转。改革开放40多年来，中国金融运行秩序总体稳健，能够有效抵挡外部变化冲击。

五、始终注重金融改革创新

改革开放以来，中国金融改革发展取得一系列重大成就，金融业保持快速发展，金融产品日益丰富，金融服务普惠性增强，金融改革有序推进，金融体系不断完善。中国始终注重金融领域的改革创新，主要体现在：①不断推进金融体制改革，构建了完善的宏观金融调控体系、金融机构体系、金融市场体系、金融基础设施体系和金融监管体系，以改革促金融发展、促金融稳定、促金融为实体经济服务，以实现经济和金融良性循环、健康发展。②不断推进金融体制、金融机构、金融业务、金融工具、金融服务方式的创新，完善金融市场、金融机构、金融产品体系，满足了实体经济多样化的金融需求。③注重科技与金融的深度融合，数字金融得到迅速发展，不仅有效降低了实体经济的金融服务成本，还极大提高了金融服务实体经济的效率和水平。

本章小结

1. 金融发展指金融体系的发展与完善。基于金融结构论的观点，金融发展一般指金融结构的变化。基于金融功能论观，金融发展一般指一国金融体系的功能从低级阶段向高级阶段演化的过程。金融结构发展和金融功能的完善与拓展分别反映了金融发展的现象和本质。

2. 金融发展水平与质量通常是通过一定的金融发展指标来揭示的。金融发展指标是金融发展的数量标志，也是对金融发展理论的重要结论（金融发展和经济增长关系）进行实证检验的基础。因此金融发展指标的设定是否合理，或者说它能否涵盖尽可能多的金融功能，直接关系到实证分析结果的合理性与可靠性。从最初的金融相关比率的提出到现在丰富多样的金融发展指标体系，体现了金融发展指标涵盖金融功能日益丰富的过程。

2. 对金融发展的测度可以从金融规模、金融结构、金融效率、金融功能及金融稳健性等多个维度进行。

3. 金融发展理论主要研究的是金融发展与经济增长关系的关系，即研究金融体系在经济发展中所发挥的作用，研究如何建立有效的金融体系和金融政策组合以最大限度地促进经济增长及如何合理利用金融资源以实现金融的可持续发展并最终实现经济的可持续发展。按照理论发展的时间顺序，可将其划分为三个阶段：第一代金融发展理论—金融深化论、第二代金融发展理论—内生金融发展理论和第三代金融发展理论—法律与金融发展的理论。

4. 金融结构是指构成金融总体的各个组成部分的分布、存在、相对规模、相互关系与配合的状态。一般来说，形成一个国家或地区金融结构的基础性条件主要有：经济发展的商品化和货币化程度、商品经济的发展程度、信用关系的发展程度、经济主体行为的理性化程度、一国的文化、传统、习俗与偏好。影响一国金融结构变化的主要因素包括制度因素、金融创新的活跃程度、技术进步和开放程度等。

5. 中国金融发展道路的特色在于：坚持中国共产党对金融工作的集中统一领导、坚持中国特色的金融开放战略、注重服务实体经济，发展普惠金融和绿色金融、始终注重防控金融风险、始终注重金融改革创新。

重要概念

金融发展　金融相关比率　保险密度　金融抑制　金融深化　金融约束
金融结构

核心参考文献

[1] 麦金农. 经济发展中的货币与资本 [M]. 卢骢，译. 上海：上海三联书店，1988.

[2] 爱德华·肖. 经济发展中的金融深化 [M]. 邵伏军，许晓明，宋先平，译. 北京：中国社会科学出版社，1989.

[3] 谈儒勇. 第二代金融发展理论和我国的金融政策 [D]. 北京：中国人民大学，1999.

[4] 谭庆华，白钦先. 论金融功能演进与金融发展 [J]. 金融研究，2006 (7).

[5] 郑长德，伍艳. 发展金融学 [M]. 北京：中国经济出版社，2011.

[6] 徐璋勇，金融发展质量及其评价指标体系构建研究 [J]. 武汉科技大学学报 (社会科学版)，2018, 20 (5)：545-551.

[7] 吴晓求. 改革开放四十年：中国金融的变革与发展 [J]. 经济理论与经济管理，2018 (11)：5-30.

[8] 易纲. 新中国成立70年金融事业取得辉煌成就 [J]. 中国金融，2019 (19)：9-13.

[9] 何德旭. 坚持走中国特色金融发展道路 [N]. 中国社会科学报，2021-10-20 (7).

[10] GOLDSMITH R W. Financial structure and economic growth in advanced

countries: An experiment in comparative financial morphology [M] //Capital formation and economic growth. Princeton: Princeton University Press, 1955: 112-167.

[11] KING R G, LEVINE R. Finance and growth: Schumpeter might be right [J]. The quarterly journal of economics, 1993, 108 (3): 717-737.

[12] PORTA R L, LOPEZ-DE-SILANES F, SHLEIFER A, et al. Law and finance [J]. Journal of political economy, 1998, 106 (6): 1113-1155.

[13] LEVINE R, ZERVOS S. Stock markets, banks, and economic growth [J]. The American Economic Review, 1999, 88 (3): 537-558.

[14] BECK, THORSTEN, ROSS LEVINE, et al. Finance and the Sources of Growth [J]. Journal of financial economics, 2000 (1-2): 261-300.

[15] MERTON R C, Z BODIE. A conceptual framework for analyzing the financial system [J]. The global financial system: A functional perspective, 1995: 3-31.

复习思考题

1. 简答题

(1) 什么是金融发展?

(2) 你认为从金融规模的角度有哪些测度金融发展的指标?

(3) 你认为从金融结构的角度有哪些测度金融发展的指标?

(4) 你认为从金融效率的角度有哪些测度金融发展的指标?

(5) 金融深化理论的贡献是什么? 你认为该理论存在哪些不足之处?

(6) 什么是内生金融理论? 如何评价这一理论?

(7) 什么是第三代金融发展理论? 如何评价这一理论?

(8) 什么是金融约束理论?

(9) 什么是金融结构? 影响一个金融结构变化的主要因素是什么?

(10) 金融结构有何作用?

2. 论述题

(1) 如何理解金融发展的实质是一国金融体系的功能从低级阶段向高级阶段演化的过程?

(2) 你认为从金融功能的角度有哪些测度金融发展的指标?

(3) 我国正在由高速增长阶段迈向高质量发展阶段, 你认为中国金融发展应如何实现推动经济高质量发展?

(4) 如何观察和度量金融发展水平? 请查阅有关我国金融发展水平的数据, 并试对我国的金融发展水平作总体评估。

(5) 你认为应从哪些方面对一国金融结构进行分析与评价?

(6) 根据你的理解, 中国金融发展的特色道路表现在哪些方面?

第十五章

农村金融与乡村振兴

■学习目的

通过本章的学习，你应该能够：

（1）理解和掌握农村金融理论，学会用这些理论分析农村金融市场的一些现象；

（2）熟悉我国的农村金融体系以及改革历程，掌握农村金融体系整体框架；

（3）了解农村金融与农业经济发展的关系，熟悉农村金融在农村经济发展中的作用和存在的问题；

（4）掌握各类农村金融创新的基本内涵、方式和对乡村振兴的带动作用。

金融在支持乡村振兴战略中，具有举足轻重的作用。中共十九大报告提出了乡村振兴战略是全面建设社会主义现代化国家的重大历史任务，也是新时代"三农"工作的总抓手。本章从发展中国家政府在农村金融发展中的作用出发，讨论了农村金融市场理论的农村金融管理论、农村金融市场论、不完全竞争市场论和信贷配给理论；概述了我国农村金融体系的构成以及农村金融发展与农业经济增长的关系；分析了农村金融在城乡要素流动与乡村振兴中的重要作用；归纳整理了各类金融创新在乡村振兴战略推进中的应用方式。

第一节　农村金融理论

尽管金融体系是一个有机整体，但发展中国家的城乡金融体系存在较大差别。发展中国家的农业生产方式和农村社会的基本特征在很大程度上影响农村金融的组织方式、运行方式和商业模式。发展中国家农业与农村的特点，导致在发展中国家农村金融发展的理论方面，出现了很多不同的观点和理论派别，这些理论对农村金融发展的路径提出了不同的设计。其中一个核心的问题是，如何看待发展中国家政府在农村金融发展中的作用。从这个角度出发，大致有四种不同的农村金融理论：农村金融管制论、农村金融市场论、农村金融不完全竞争市场论和信贷配给理论。

一、农村金融管制论

金融管制是政府管制的一种形式，是通过立法和管理条例对金融市场内金融机构的业务范围、资金的价格、市场准入、分支机构的设置以及市场退出机制等方面实施的一系列制度约束。其目的是促成建立和维护一个稳定、健全和高效的金融体系，保障金融市场健康地发展，从而保护金融活动各方，特别是存款人的利益，推动金融业和经济的发展。

20世纪30年代以前的金融管制理论主要集中在实施货币管理和防止银行挤兑的政策层面，对于金融结构经营行为的监督和干预都很少论及。30年代的大危机给西方国家的金融和经济体系带来了极大的冲击，凯恩斯的宏观经济理论立足于市场不完全、主张国家干预政策，凯恩斯主义顺应了当时的经济社会需求，迅速取得了经济学的主流地位。20世纪60年代，西方国家金融市场结构以及金融管制法规发生了重大变化，出现了所谓"放松管制""金融自由化"等，这些措施主要包括取消贷款和金融批发业务的限制、废除不同类型金融机构跨行业经营的限制、放松国际信贷管制等。90年代的金融危机浪潮推动了金融管制理论逐步转向如何协调安全、稳定与效率的研究方面。与以往的金融管制理论有较大不同的是，现在的金融管制理论越来越注重金融业自身的独特性对金融管制的要求和影响。

与此同时，相较于整体金融环境而言，绝大部分国家的农村金融市场发展水平更低。农村金融管制理论的存在是基于对农村经济发展的一个基本判断，即农村居民储蓄能力低下、资金供给不足，同时又由于存在严重的信息不对称、信贷市场需求和收益的不稳定性，商业性的金融机构缺乏进入农村金融市场的动力，因而政府应该在农村金融市场中占据主导地位。客观来看，这种管制理论在一定程度上促进了农村经济的暂时性发展。但是这样的管制政策并没有促进金融市场的健康发展，反而由于过度的管制而抑制了金融市场供求关系的正常对接，金融机构在农村金融市场里的自我持续发展能力长期都依托着政策的支持，这极大影响了农村金融的自我完善与长效发展。

政府可以通过以下几个具体行为放松对农村金融市场的管制：①放松利率管制，在农村地区也需逐渐彻底完成利率市场化改革。农村利率管制不仅扭曲资金使用价格，造成金融资源配置不合理和寻租行为，而且还直接影响到金融机构在农村金融市场上的生存能力。我国从2015年开始加快利率市场化进程，通过从根本上改变农村金融市场上的价格形成机制来缓解对农村金融市场的管制。②放松金融市场进入的管制。放松进入管制、推动农村金融市场竞争程度上升，将降低存贷款利差，提高中介机构的功能效率；消除选择性信贷计划和利率限制，促进配置效率，使政府的管制不被缺乏价格竞争的寡头市场结构所取代；鼓励、支持农村小额信贷机构的发展；新设县域小型商业银行，实行民营银行、村镇银行试点，允许民间资本、国外投资参股。③放松对农村非正规金融的管制，让非正规金融"浮出水面"。一方面，不是强迫非正规金融组织正规化或者简单禁止其活动，而是应降低其风险，同时保持其活力；另一方面，允许地方政府遴选不同特点的非正规金融组织形态进行试点，在条件成熟时将其转化为正式的金融组织。④适时完善法律法规，自上而下开展农村金融改革，为产权抵押贷款等创新的农村金融业务提供必要的法律和政策支持。

二、农村金融市场论

绝大多数国家农村金融发展的方式经历了两种范式：旧农村金融范式（补贴的直接信贷）和新农村金融范式（农村金融市场）。农业信贷补贴论到农村金融市场论的发展是农村金融范式的转变。

20世纪80年代以前，处于主导地位的农村金融理论是农业信贷补贴论。该理论认为，农民没有储蓄能力，农村长期面临资金短缺，农业不可能成为商业银行的融资对象。因此，为增加农业生产和缓解农村贫困，应从农村外部注入政策性资金，并建立非营利性的专门金融机构来进行资金分配。根据农业信贷补贴论，为缩小结构性收入差距，应对农业的融资采取低利率政策，通过银行的农村支行和农村信用合作组织，将大量低息的政策性资金注入农村。但事实上，即使贫困农户也存在储蓄行为，而低息贷款的受益人不一定是低收入群体，还可能被转移到那些较富有的农民。

农村金融市场论则强调市场机制的作用，在对农业信贷补贴论进行批判的基础上逐渐对其取而代之。成功的农村金融一定是金融机构拥有大规模资金，具有经营上的自立性、持续性。政府谨慎实行针对特定对象的目标贷款制度，将正规金融市场与非正规金融市场适当结合。其前提条件是农民具有储蓄能力，低息政策能抑制金融发展，政策性外部资金注入会导致贷款回收率降低。农村金融市场论主张：①充分发挥农村内部的金融中介在资金盈缺部门之间的借贷中介功能；②实行利率市场化，且实际存款利率必须为正，以实现动员储蓄、平衡资金供求的目的；③成功的农村金融，其金融机构的资金量大，可以自立和可持续性的经营；④取消专向特定目标贷款的制度；⑤正规金融市场与非正规金融市场应当同时利用，不应全面取消非正规金融。

然而，农村金融市场理论也并不是十分完善的，其理论在实际运用时存在一定的片面性：①仅仅取消信贷补贴并不能消除目前影响发展中国家农村信贷体系的低效能问题。②利率自由化并不必然保证小农户可以充分地得到正规金融市场的贷款。自由化的利率可能会减少对信贷的总需求，从而可以在一定程度上改善小农户获得资金的状况，但高成本和缺少附属担保品可能仍会使他们不能借到自身所期望的那么多的资金，因此仍然需要政府的介入来顾及他们的利益。③对于一个国家来说，尤其是发展中国家，政府对农民信贷完全放松管制，市场风险就会极大提升，而农户决策意识和决策能力都相对较弱，他们暴露在这样的市场环境下可能会遭受到超出自身承受能力以外的风险从而造成损失。

三、农村金融不完全竞争市场论

20世纪90年代以来，东南亚等地区发生了严重的金融危机，揭示出市场机制并不是万能的。对于稳定金融市场来说，合理的政府干预非常重要。农村金融理论也发生了一些新的变化，理论学者认识到要培育稳定的、有效率的金融市场，还是需要合理的政府干预。其中最具代表性的理论就是斯蒂格利茨（J. E. Stiglitz）的不完全竞争理论。不完全竞争理论认为，信息不对称的问题在发展中国家的金融市场中普遍存在，放贷人无法对借款人的基本信息进行全面的把控，如果单纯地依靠市场的理论进行调节，此时的金融市场无法完全满足社会需求，这就要求政府必须要适当地对金融市场进行干预。

斯蒂格利茨概括了金融市场中市场失败的七个方面：①对公共品的监控问题；②监控、选择和贷款的外部性问题；③金融机构破产的外部性问题；④市场不完善和缺乏的问题；⑤不完全竞争行为；⑥竞争性市场的帕累托无效率问题；⑦投资者缺乏信息问题。一方面，斯蒂格利茨认为金融机构在未被完全监管时可能采取不审慎的行为，或者不合理地运用资金，从而产生金融市场中的不道德行为，并且投资者对于金融机构的信任度下降后，社会中通过金融机构来进行配置的资源数量会下降，金融机构难以正常履行配置资源的经济功能。在私人机构或商业机构无法有效率地参与金融市场时，政府可以通过合理的制度设计来进行干预，这可以在一定程度上改善不道德行为与信息不对称，提高金融市场的运行效率。另一方面，斯蒂格利茨认为市场不完全的原因在于道德风险和逆向选择，这些问题的出现会明显提高金融市场运作成本、降低市场效率。而政府在防范道德风险和逆向选择方面有着强制性的力量，可通过强制金融机构和厂商进行信息披露，以及一些其他的间接控制工具（如税收、补贴等）。然而政府的介入也会存在一些不公平现象，例如寻租行为和骗补行为的产生。所以政府在金融市场中的作用十分重要，但是政府不能取代市场，而是应补充市场。政府对金融市场的监管应在较为成熟的金融市场中采取间接控制机制，并依据一定的原则确立监管的范围和监管标准。

四、信贷配给理论

（一）信贷配给的界定

信贷配给的内涵可以从宏观和微观两个角度定义。宏观上的信贷配给是指在确定的利率条件下，信贷市场上的贷款需求大于供给。微观角度的信贷配给有两种定义：第一种定义主要指利率的提高不能消除贷款市场的超额需求的情况，无论这种超额需求反映的是单个借款人还是多个借款人。在这一定义下，如果每个潜在借款人获得贷款，但低于均衡利率所需的贷款，则存在信贷配给。第二种定义是斯蒂格利茨和韦斯（Stiglitz & Weiss，1981）的定义，主要指某些借款人即使愿意支付高于市场普遍利率的利率，也完全被配给信贷的情况。

广义地说，信贷配给是指贷款人即使在较高的利率下也不愿意向借款人预付额外资金的任何情况。杰菲和莫迪利亚尼（Jaffee & Modigliani，1969）认为，"信贷配给是指商业贷款的需求超过了按银行所报商业贷款利率提供这些贷款的情况。"这一定义的关键在于，利率的变化不能用来清除市场上对贷款的过度需求。从本质上讲，这一定义将信贷配给视为一种供给侧现象，放款人的供给功能在某种程度上变得完全没有价格弹性。信贷配给是一种广泛存在于农村信贷市场的经济现象，在农村信贷市场中存在的信息不对称和委托—代理问题尤为常见和严重。

（二）信贷配给理论的主要观点

信贷配给理论的早期观点可追溯到亚当·斯密的《国富论》，他在论述高利贷的最高数额时探讨过信贷配给现象，但他没用"信贷配给"一词，只是说明了利率受到抑制时信贷的非价格配置。1930 年凯恩斯在《货币论》中对"未被满足的借方需求"的讨论，描述了在市场经济背景下，现实的经济活动中确实存在银行以非价格手段独立地配给信贷资金的现象。现代最早研究信贷配给理论的是 20 世纪 50 年代的罗莎（Roosa，1951）等人，这一时期关于信贷配给的理论研究大多与信贷市场资金供求双方面临的利率管制、准入限制等制度限制、市场竞争的不完全及银行的资产结构偏好有关。从20世纪60年代开始，学术界对信贷配给问题的研究更加深入。

最早关于信贷配给的讨论将其视为一种非均衡现象，其产生原因可能是外部利率刚性（例如利率上限或"高利贷法"）或是贷款市场缺乏竞争（Scott，1957）。霍奇曼（Hodgman，1960）是第一个试图解释信贷配给如何在一个理性的、均衡的框架中持续存在的人。在他的模型中，贷款人根据贷款的预期回报率和预期损失率来评估潜在的借款人。米勒（Miller，1962）认为，Hodgman 的分析可以与借款人和贷款人之间的理性预期相一致，方法是将贷款人因借款人违约而产生的破产成本纳入其中。Hodgman 文章的真正意义在于，它将解释信贷配给如何作为一种均衡现象持续存在确立为一个重要的理论目标。马歇尔和戈登（Marshall & Gordon，1965）通过证明如果借款人有固定规模的融资需求，信贷配给可以在风险中性的贷款人中发生，从而解决了许多关于 Hodgman 和 Miller 的模型结构的问题。

20世纪70年代中期以后，现代信贷配给理论逐渐成熟。巴尔滕斯柏格（Baltensperger，1974，1978）将信贷配给分为广义和狭义两类：广义的信贷配给为均衡信贷配给，是由非对称信息造成的，以调整利率方式进行；狭义的信贷配给为动态信贷配给，是由非价格因素产生的。Baltensperger 认为非利率条件与利率都是决定贷款价格的因素。

阿克洛夫（Akerlof，1970）关于逆向选择的开创性文章部分是出于解释信贷配给极端情况（信贷市场的缺失），但 Jaffee 和 Russell（1976）为一般意义上的信贷配给提供了第一个明确的不对称信息理论。在他们的模型中，贷款人不能预先区分高质量和低质量的借款人（那些即将偿还贷款的人和那些即将违约的人）。合约是用来确定贷款规模和利率的。正如罗斯柴尔德和斯蒂格利茨（Rothschild & Stiglitz，1976）所提出的，在他们的保险模型中，低质量的借款人必须接受高质量借款人所偏好的合约，以免被认定为他们是无赖。虽然市场清算利率/贷款数额组合确实存在，但高质量借款人喜欢一个合约，要求利率稍微低一点，贷款额减少。因此，两类借款人合并的结果需要信贷配给。该模型的主要问题是"均衡"不稳定，因为不可持续的分离合约主导着合并结果，因此该模型又被称为 R-S 分离均衡理论。

斯蒂格利茨和韦斯（Stiglitz & Weiss，1981）提出了信贷配给的经典模型，这是第一个完全内生的具有稳定配给均衡的合约选择模型。该模型基于两个主要假设：①贷款人无法区分不同风险程度的借款人；②贷款合约受制于有限责任，如果项目回报低于债务义务，借款人不承担自付的责任。该分析仅限于非自愿违约，即假定借款人有能力偿还贷款。在 Stiglitz 和 Weiss 的模型中，信贷配给之所以发生，是因为贷款人（如银行）的预期回报率并不是单调地增加利率；相反，逆向选择或道德风险问题最终导致贷款人的预期回报率随着利率上升而下降。在模型的逆向选择中，借款人和贷款人都是风险中性的。借款人（如农业企业）的特点在于他们的项目：这些项目被假定具有相同的预期回报，但在风险方面彼此不同；这些项目还被假定需要固定投资（即它们是不可分割的），借款人有固定数量的内部权益，他们可以投资于该项目。违约责任有限是指贷款人的收益是项目收益的凹函数，借款人的收益是凸函数。

这些假设意味着，在任何给定的利率下，风险最低的借款人中的一部分将退出市场，转而选择放弃他们的项目。实质上，借款人的有限责任是指借款人在项目回报率较高时，取得项目的全部收益（超过偿债成本），但只有在项目回报率较低时，才丧失抵押物（其投入项目的实收资本）。然而，对于低风险项目，潜在的收益很小。如果这些低风险借款人与高风险借款人合并，他们将面临高于保证利率的情况。

随着利率的上升，低风险借款人将越来越多地退出市场；随着利率的上升，有低风险项目的借款人最好退出市场，仅仅消耗自己的禀赋，而不是同意投资和支付高利率。因此，利率的提高导致越来越多的高质量借款人退出市场，降低了贷款人剩余申请者的平均信誉度。低风险借款人面临的逆向选择溢价（即低风险借款人必须支付超过其项目风险保证的利息金额）随着利率的上升而增大，因为利率必须补偿因高质量借款人退出市场而不断劣质化的借款人群体的违约风险。

因此，利率的提高在两个方面影响贷款人的回报：①直接的影响，更高的利率提高贷款人的回报（对于给定的借款人群体）；②间接的影响，利率上升也会间接降低借款人的平均质量，从而降低贷款人从任何给定贷款中的预期回报。最终，这种次级、逆向选择效应可能会超过第一个利率效应，导致贷款人利润随着利率上升而下降。一旦贷款人的收益率在利率上的非单调性被确立，信贷配给的可能性立即随之而来。利润最大化的贷款人永远不会自愿选择提高利率，而非逆向选择效应占主导地位。如果市场需求过剩，信贷配给将是均衡的。信贷配给模型不必假定所有借款人都受到配给约束。实际上，一些借款人（某些信息控制问题特别严重的公司）可能会受到配给约束，而其他借款人则不会，因为那些不受配给约束的借款人的前景更被看好，或者因为他们的行为更可控。

威廉姆森（Williamson，1986）从事后信息不对称的角度进一步拓展了信贷配给理论，提出了信贷分配和金融崩溃理论，认为即使不存在逆向选择和道德风险，只要存在信息不对称和监督成本，就会产生信贷配给，在多重均衡的自由信贷市场，政府应从社会福利最大化出发，利用信贷补贴、担保等手段干预信贷市场，降低利率，鼓励向那些对社会有益的项目进行投资，增加社会福利。

第二节　农村金融发展与农业增长

农村金融发展与农业经济增长之间存在着密切的关系，两者相辅相成。但是我国的农业发展水平落后于第二产业和第三产业，农村金融对农业经济的支持力度不足。对此政府采取了一系列的措施促进农业经济的发展，通过改革开放以来对农业金融体系结构的优化升级、扩大农业金融发展规模等措施，有效地促进农业经济的增长。

一、农村金融体系构成

（一）农村金融的涵义与特征

大多学者认为农村金融是一个广义概念，对农村金融的界定并不一致。外国学者如施密特和克罗普（Schmidt & Kropp，1987）将农村金融定义为所有农村储蓄、借贷、融资和减少风险的机会以及相关的准则和制度。亚当斯（Adams，1988）将农村金融视为一个系统，提出农村金融系统包括农村金融市场、金融中介组织和金融工具，这个系统必须能够为农村居民提供中介、储蓄、信贷、汇款、保险等一系列的金融服务，且能长期保持金融服务的质量和数量。这个定义承认农村金融市场是一国金融系统的構成部分，因而要受政府和中央银行政策的影响。中国学者对农村金融有以马克思主义政治经济学为基础的界定，如农村金融"就是农村的货币资金融通"（巩泽昌，1984；张琳，1984）"是一切与农村货币流通和信用活动有关的各种经济活动"（丁文详等，1988）；也有基于西方经济理论的界定，例如从交易视角而言，农村金融是信用关系制度化的产物，是不同产权主体基于信息、信任、信誉和制度约束基础上，通过信用工具将分散资金集中有偿使用，以实现规模经济的信用交易活动以及组织这些活动的制度安排所构成的经济系统及其运行形式的总称（熊德平，2007）。中国人民银行农村金融发展课题组（2008）在《中国农村金融发展报告》中对农村金融提出如下定义：农村金融在我国一般是指在县及县以下地区提供的存款、贷款、汇兑、保险、期货、证券等各种金融服务，包括正规金融和非正规金融即民间金融。世界银行（world bank）的界定为：农村金融是指通过一系列正规、非正规和半正规的制度安排向异质性的和不同收入水平的农村、农业和非农人口提供贷款、存款、保险和汇兑等多样化的产品和服务的统称。综合国内外学界和业界的定义，我们认为：农村金融（rural finance）即农村的货币资金融通，是为农村各部门、企业和家庭提供的农村中介、存款、贷款、汇兑、保险、期货、证券等产品和服务及其相关的准则和制度。它包括农业金融、小微金融，也包括非正规金融。

尽管金融体系是一个有机整体，但发展中国家的城乡金融体系存在较大差别。梳理文献发现，发展中国家的金融制度基本是基于城市的经济体系和产权制度，往往与农村和农业的生产力水平、制度安排不相匹配。概括而言，发展中国家的农村金融市场具有以下四个显著特征：①农村金融服务供给者是由正规部门和非正规部门组成的；②农村金融市场碎片化或缺失；③农村金融市场的贷款利率和存贷利差都很高；④农村金融市场普遍受到政府干预。

中国农村金融与其他发展中国家的农村金融既有共性，又因我们的社会主义市场经济制度而产生了一些不同的特征。根据农村经济社会的特征和农村金融体系框架，中国农村金融主要有以下五个特征：①农村金融中介具有多样性，但以银行机构为主；②农村金融的服务对象具有多样性，但农户仍然是主体；③农村金融市场具有较强的分割性与垄断性；④农村金融产品和服务的品种较少，且利率较高；⑤农村金融制度设计具有城市倾向性。

（二）我国农村金融体系分类

农村金融体系是各种为农村经济服务的农村金融机构、制度、工具及活动的总称。它由各种农村信用形式的组织机构组成，这些机构功能复杂但又相互联系，整体保持一致，是农村金融活动的依托，使得农村领域内的货币流通和资金运动能够通过信用形式表现出来。农村金融体系在当下需要紧跟国家政策的大方向，特别在当前脱贫攻坚和乡村振兴的有效衔接阶段，需要金融业的支持来构成商业化与政策化农村金融的二元服务结构。

我国农村金融组织机构按其职能的不同可分为农村行政性金融机构和农村业务性金融机构。农村行政性金融机构有中国人民银行、银保监会、证监会等，还包括政府的金融管理机构及其分支；农村业务性经营机构有中国农业银行、中国农业发展银行、农村信用合作社、农村商业银行、农村的邮政储蓄银行、农村股份制银行等，是具体从事金融交易活动的金融组织机构。其中，中国农业银行、中国农业发展银行、农村信用合作社三大金融机构共同形成了一种政策金融、商业金融与合作金融分工协作的农村金融格局，构成了中国农村金融组织体系的主体。

农村金融机构按其法律地位的不同可分为农村正规金融和农村非正规金融（见图15-1）。农村正规金融包括银行类金融机构和非银行类金融机构，一般受到中央银行控制和金融法规约束，如中国农业银行、中国农业发展银行、农村信用社系统（含农村信用社、农村商业银行和农村合作银行）、中国邮政储蓄银行、农业保险机构等政策性金融、商业性金融、合作性金融，此外还有新型农村金融机构（村镇银行、小贷公司和资金互助社）；农村非正规金融是指不受官方部门监管且不用纳税的融资制度安排、金融组织及金融交易，主要有个人之间、个人和企业团体间的直接借款行为，也包括农村各种高利率的非法集资、金融诈骗等民间金融。

农村金融组织体系按其产权关系及营利性程度的不同，可分为政策性金融、商业性金融、合作性金融和民间金融。按其不同的信用关系还可分为国家信用、银行信用、合作信用和民间信用等。

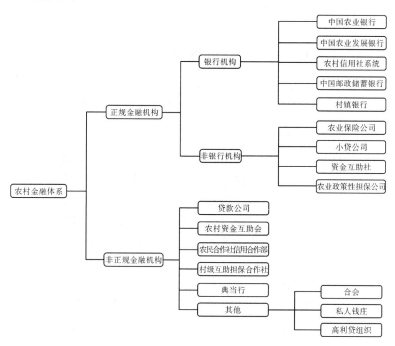

图 15-1　正规金融和非正规金融的划分

（三）改革开放以来我国农村金融体系改革历程

改革开放以来，我国农村金融体系经历了四个阶段的变革（见图15-2）。第一阶段从1979年恢复中国农业银行开始，恢复后的中国农业银行主要领导监督农村信用社，扩大其分支机构的网点所在地，提高农民资金的使用效率，做到真正的支农惠农。这一阶段目的是丰富多元化农村金融体系，国家农业投资公司、国家林业投资公司、中国农村发展信托投资公司等农业金融企业相继成立，基本形成以农业银行为主导，农村信用合作社为基础，其他金融机构和融资方式为补充的多元农村金融体系，但仍然没有一个层次鲜明的框架。第二个阶段从1994年开始，这一时期主要的体系改革有三个：①各地相继成立政策性的农业发展银行，其职能逐渐从综合转向单一，即不以营利为目的，全力响应国家扶农支农的政策性要求。②农村信用社从中国农业银行中脱离出来，扩展其分支机构深入农村。③监管部门对民间信用的管制开始松动，农村社区的合作基金和一些农业企业的财务公司相继成立。至此，我国农村金融体系开始层面，进行深入探索的阶段，逐步形成框架体系。第三个阶段从 1997 年开始，伴随着亚洲金融危机的爆发，我国开始重视金融风险的有效防治。1998 年逐步撤销农村合作基金会并对其进行清算，并开始对非正规金融机构依法进行整顿和清理，这一时期农村金融初步形成了中国农业银行、农业发展银行、农村信用社为主体的三位一体的正规金融体制格局和组织体系。第四个阶段从 2003 年开始，我国的农村金融体系改革以农村信用社为重心，2003 年，国务院印发了《关于深化农村信用社改革试点方案的通知》，对农信社的产权结构进行调整，强调了农村信用社由农民、农村工商户和各类经济组织入股，农村信用社的产权治理问题进一步得到了完善，充分保证了农村各个主体的利益。为了满足新的金融服务需求和提高农村金融市场的竞争程度，从 2007 年开始，农村地区相继设立新型农村金融机构，鼓励社会资本与国外投资开设农村金融机构等，后来又发展了贫困村村级资金互助社和基于专业合作社的资金互助社。我国农村金融体系进入多元化的深化改革时期。

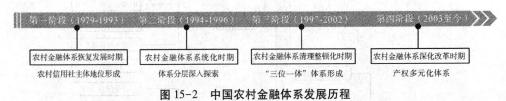

图 15-2　中国农村金融体系发展历程

从我国改革开放以来的农村金融体系变革历程来看，我国农村金融体系的演变主要是政府干预的强制性演变，随着农村经济和金融制度改革的不断深化和《国务院关于农村金融体制改革的决定》（国发〔1996〕33 号）、《中共中央 国务院关于进一步加强金融监管，深化金融企业改革，促进金融业健康发展的若干意见》（中发〔2002〕25 号）、《中共中央 国务院关于促进农民增加收入若干政策的意见》（中发〔2004〕1 号）等政策文件的贯彻落实，我国初步形成了由中国人民银行和银保监会统一管理监督，以农村合作性金融为基础，以国有商业银行（如中国农业银行、中国建设银行、中国邮政储蓄银行）为主体，以农村商业性金融和政策性金融为导向，以合作性金融组织和非银行机构、非正规金融在内的功能互补、有条理、多层次的农村金融体系（见图 15-3）。

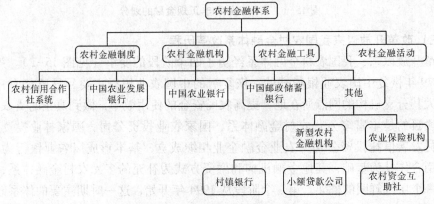

图 15-3　中国农村金融体系框架

二、农村金融与农业经济发展

党的十八大以来，农村金融服务体系积极适应中国经济高质量发展的内在要求，农村金融供给侧结构性改革进一步深化，农村金融的综合实力与农村经济发展的协调性不断增强。诸多文献已经证实，农村金融发展对农村经济发展有显著的促进作用。如陈龙等（2020）研究了我国金融发展情况与农业经济增长之间的相关关系，发现金融扶贫力度和产业优化能够显著促进农业经济的增长。杜鑫（2019）研究发现，我国农村金融机构的改革、农村金融体系的完善、农村金融基础设施建设的推进等因素都能为农业和农业经济发展做出重大贡献。

（一）农村金融发展与农业经济增长

近年来，在多部门政策引导和广大金融机构的共同努力下，"三农"信贷投入持续快速增长，有力支持了乡村振兴和农业农村现代化建设。截至 2020 年年末，金融机构本外币涉农贷款余额为 389 493 亿元，同比增长 10.7%，占各项贷款余额的比重为 22.9%，具体见表 15-1。我国农村金融正在快速发展。

表 15-1　2020 年年末金融机构本外币涉农贷款情况

项目	余额		当年新增额		同比增长/%
	本期/亿元	占各项贷款比重/%	本期/亿元	占各项贷款比重/%	
涉农贷款	389 493	22.9	39 367	20.7	10.7
一、按用途分类					
（一）农林牧渔业贷款	42 678	2.5	3 295	1.7	7.5
（二）农用物资和农副产品流通贷款	26 828	1.6	-441.5	-0.2	-2.2
（三）农村基础设施建设贷款	69 629	4.1	7 331.1	3.8	11.0
（四）农产品加工贷款	11 921	0.7	421.6	0.2	2.6
（五）农业生产资料制造贷款	4 684	0.3	-269.8	-0.1	-6.9
（六）农田基本建设贷款	2 477	0.1	235.6	0.1	9.8
（七）农业科技贷款	517	0.0	113.6	0.1	27.8
（八）其他	230 758	13.6	28 682	15.0	13.9
二、按城乡地域分类					
（一）农村（县及县以下）贷款	322 657	19.0	35 541	18.6	11.9
1. 农户贷款	118 145	6.9	15 097	7.9	14.2
其中：农户消费贷款	58 195	3.4	8 659	4.5	17.2
2. 农村（县及县以下）企业及各类组织贷款	204 512	12.0	20 444	10.7	10.6
（二）城市涉农贷款	66 836	3.9	3 827	2.0	5.3
1. 城市企业及各类组织涉农贷款	64 118	3.8	3 666	1.9	5.3
2. 非农户个人农林牧渔业贷款	2 717	0.2	160	0.1	5.8
三、按受贷主体分类					
（一）个人涉农贷款	120 863	7.1	15 257	8.0	14.0
1. 农户贷款	118 145	6.9	15 097	7.9	14.2
2. 非农户个人农林牧渔业贷款	2 717	0.2	160.4	0.1	5.8

表15-1(续)

项目	余额		当年新增额		同比增长/%
	本期/亿元	占各项贷款比重/%	本期/亿元	占各项贷款比重/%	
（二）企业涉农贷款	262 980	15.5	24 079	12.6	9.5
1. 农村（县及县以下）企业贷款	199 850	11.8	20 183	10.6	10.7
2. 城市企业涉农贷款	63 130	3.7	3 896	2.0	5.9
（三）各类非企业组织涉农贷款	5 650	0.3	30.7	0.0	−1.1
1. 农村（县及县以下）各类组织贷款	4 662	0.3	260.9	0.1	5.4
2. 城市各类组织涉农贷款	988	0.1	−230.2	−0.1	−23.4

　　图 15-4 描绘了我国 2010—2020 年第一产业国内生产总值和国内生产总值，与农村金融机构本外币各项涉农贷款余额①的变化情况。从图中可以看出，金融机构涉农贷款中的农村（县及县以下）贷款余额从 2010 年年末的 9.80 万亿元增加至 2020 年年末的 32.27 万亿元，近四年同比增长率分别为 9.26%、5.97%、8.25% 和 11.90%；农户贷款余额从 2010 年年末的 2.60 万亿元增加至 2020 年年末的 11.81 万亿元，近四年同比增长率分别 14.41%、13.90%、12.05% 和 14.17%；农林牧渔业贷款余额从 2010 年年末的 2.3 万亿元增加至 2020 年年末的 4.27 万亿元，近四年同比增长率分别为 5.69%、1.84%、0.66% 和 7.6%。但从金融机构涉农贷款占所有贷款的比重来看，从 2010 年的 24.56% 下降到 2020 年的 22.9%，说明农村金融的信贷供给虽然呈现稳定增长的态势，但其在整个金融信贷市场的供给份额在逐渐下降。

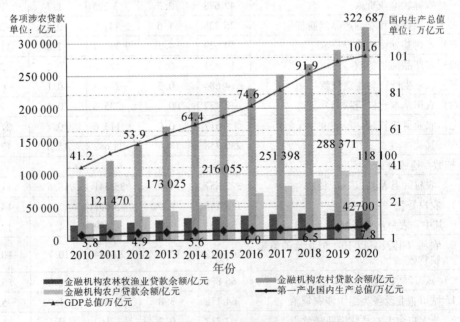

图 15-4　第一产业 GDP 与各项涉农贷款余额变化

资料来源：国家统计局官网及《中国金融年鉴》

---

　　① 本书依照《中国金融年鉴》对涉农贷款的划分方法，选取农林牧渔贷款余额、农村贷款余额和农户贷款余额三项代表指标农村金融的发展情况。

结合国内生产总值来看，我国第一产业 GDP 增速和比重远不及二、三产业。以2020 年为例，我国 GDP 总值为 101.6 万亿元，而第一产业 GDP 为 7.78 万亿元，仅占GDP 总额的 7.65%。其次，第一产业 GDP 近四年增速分别为 3.26%、4.26%、8.85%和 10.33%，对比上文的各项涉农贷款的近四年增长率，可以发现除了农林牧渔业贷款余额增长率以外，其余两个指标的增速都超过了第一产业 GDP。这足以说明随着农村金融市场结构的调整、完善以及各类型农村金融产品的发展，农村金融对于我国农村地区 GDP 提速产生了促进作用，一定程度上体现了其对"三农"的支持发展战略决策的有效性，但是我国农村金融市场的市场效率仍然很低下，农村金融组织体系不健全、金融产品单一等问题使得我国农村金融存在金融抑制的现象，农村地区存款难以有效转化为投资用于促进当地的经济发展，农村金融市场对经济进步的支撑作用明显不足。经济增长与金融活动直接相关，资本是经济增长的必要条件，只有促成金融深化来提高金融水平，形成良好的金融市场及畅通无阻的传导机制，才会有利于储蓄的增加及储蓄向投资的有效转化，进而推动资本积累、技术进步及长期经济增长。农村地区也一样，农村生产力发展水平与农村商品经济的发育程度决定了农村金融活动的规模与发展程度；农村生产关系的变革推动农村金融活动方式与农村金融管理体制的变革。

（二）农村金融在农村经济发展中的作用

农村金融的发展有助于促进农业经济的增长。发挥农村金融的优势，有助于全面促进农村经济的发展水平，实现农村金融体系发展多样化。具体来看，农村金融在农村经济发展中的作用有如下几点：

（1）提供必要的资金支持。农村金融机构通过提高储蓄率以及储蓄投资的转化率来积累资本，为农业经济的发展提供资金支持。随着农村金融体系的不断完善，金融机构不仅实现了储蓄形式的转化，还能够有效积累资本，发挥农村金融机构的最大效用。这一作用具有三方面的意义：①对于经营主体而言，农户和中小企业都可以利用从金融机构获取的资金去开展多样化的农业发展方式，让资金困难问题得到缓解；②对农村而言，农村金融资金支持可以更多地用于基础设施、乡风建设等，对于留住农村人才，振兴乡村经济具有十分重要的作用；③对于金融机构而言，资金的积累有助于开发更多丰富的金融产品和优质的服务，有利于该金融机构继续开拓农村这一潜力巨大的市场。

（2）提高资源利用率。金融机构能让需要资金获得发展的农村合作社、农户和乡镇企业获得资金支持，让没有投资意向和投资机会的农村用户的闲置资金存储在金融机构里，从而促进区域内闲散资金的有效利用。通过对资金的调剂和资源的分配，有效提高配置效率以及资源的利用率，协助产业的结构升级，提升农村的投资水平。另外，金融机构通过信贷等活动，可以了解农村经济组织的生产经营情况，帮助其改善管理、调节资金余缺，从而引导资金流向经济效益更高的领域。

（3）促进农业科技创新。农村金融作为一种重要的市场化调节手段，在促进农业科技进步和支持现代化农业中起到了至关重要的作用，农村金融可以通过制约农业科技成果的转化与推广应用、制约农业科技自主创新能力的提升、制约农村资金需求主体科技应用能力的提高来影响着农业科技的进步。比较成熟和发达的农村金融体系，能为农业生产率的提高和农业科学进步提供强有力的资金支持，能有效解决农业发展中遇到的资金阻碍，能通过优化资源配置，帮助农业技术在更为广泛的地区进行推广应用和不断发展。

（4）促进农业的产业升级。农村金融有助于提高产业发展的水平，为农业产业提供资金支持，提高资源的流动性，从而带动农业市场的发展，促进农业的产业升级。通过农村金融为农业企业提供运营咨询服务，将先进的管理模式以及运营经验传授于农业企业，督促相关技术人员学习借鉴，并完善自身的专业技术水平以及企业的营销策略。利用农村金融提供的服务对农业产业结构进行创新改革，形成完备的农业金融体系，保障农业产业的发展。

（三）农村金融支持农业经济存在的问题

当前，农村金融发展呈现脱离农业的倾向，存在"使命漂移"（mission drift）的现象，制约了农业发展速度，并且又反过来制约了农村金融发展，形成恶性循环。具体来讲，农村金融支持农业经济存在的问题表现在如下几个方面：

（1）信贷约束依然严重。尽管在不断深化推动"金融支农"工作的政策①背景下，农村金融机构的信贷投放积极性有所增加，但是对于而且对于巨大的金融需求而言，我国农村金融供给仍然不足，众多学者通过调查研究发现，我国农村经营主体的信贷约束问题依然相当严重。通过表15-2不难发现，已有研究主要从受约束户数层面测度了农户信贷约束程度，受信贷约束的农户占比维持在30%左右，但仅考虑正规信贷约束时，其受信贷约束农户的占比高达66.92%和70.69%。这表明我国农村信贷市场存在一定缺陷，金融抑制的现象较为普遍，在供给侧的信贷供给严重不足，尤其是正规信贷可获得性较低。

表 15-2　已有研究对农户信贷约束程度的测算

作者及研究年份	信贷约束程度指标	调研时间与对象	指标测算结果/%
朱喜和李子奈（2006）	受到信贷配给农户/有效信贷需求农户	2004 年 10 个省份 30 个县 10 个村 3 000 户农户	66.1
李锐和朱喜（2007）	（有借款需求的农户资金需求额-实际借款额）/借款需求额	2004 年 10 个省份 30 个县 10 个村 3 000 户农户	70.92
褚保金等（2009）	受信贷配给农户数量/样本农户数量	2007 年江苏省泗洪县 372 户农户	28.49
余泉生和周亚虹（2014）	（有借款需求的农户资金需求额-实际借款额）/借款需求额	2009 年黑龙江、湖南和云南 3 个省份 9 个县 82 个村 1 951 户农户	14.4
李长生和张文棋（2014）	获得部分贷款额农户数/申请贷款的农户数	2013 年江西省 34 个县 872 户农户	15.6
李庆海等（2017）	正规信贷约束农户/正规信贷需求农户	2012 年山东和江苏 2 个省份 1 773 户农户	66.92
王晶等（2018）	（供给型信贷约束农户+需求型信贷约束农户）/样本农户	2015 年黑龙江、河南、四川和浙江 4 个省份 509 户农户	30

---

① 这类政策主要有：县域金融机构当地存款必须投放本地，财政补贴金融机构设立村镇网点，对农村金融机构定向降准，放宽农村金融机构的监管标准，等等。

表15-2(续)

作者及研究年份	信贷约束程度指标	调研时间与对象	指标测算结果/%
何广文等（2018）	有信贷需求但无法从任何渠道获得资金的农户/有信贷需求农户	2017年山东、河南和广西3个省份1 730户农户	31.21
戴琳等（2020）	实际正规信贷获得数额/真实信贷需求数额	2015年辽宁省沈阳、铁岭、朝阳等12个市（地区）434个种粮大户	70.69
黎翠梅等（2020）	实际借款需求少于需求数额的部分/借款需求数额	2018年湖南省常德市231户新型农业经营主体	66.73

（2）农村金融市场尚不健全。近年来我国金融市场创新不断涌现，金融机构、金融组织和金融产品不断丰富，金融机构本外币涉农贷款和农村贷款的余额总体上逐年增长，分别从2010年的11.8万亿元和9.8万亿元上涨到了2020年的38.9万亿元和32.3万亿元。但在总量增长的背后，涉农贷款和农村贷款占金融机构贷款余额的比重都呈现出了逐年下降的趋势，分别从2013年的27.3%和22.6%下降到了2019年的22.6%和18.7%。同时，农村和县域金融深化程度相对滞后，部分机构偏离服务社区、支农支小定位，存在脱农入城、脱实向虚的现象。从全球实践经验来看，非正规金融仍是多层次农村金融服务体系的组成部分，可以对解决农户和小微企业融资难融资贵问题发挥积极作用，弥补正规金融的短板和不足。但我国小额贷款公司、融资性担保公司、新型合作金融组织等缺乏清晰的发展战略和监管规则，政策支持难以覆盖，自身能力建设不足。近年来以互联网金融发展为代表的新型数字金融发展较快，但仍然存在良莠不齐、市场秩序混乱等问题。

（3）农村金融风险管理水平不高。现代金融机构在提供农村金融服务时，鉴于经营绩效考核、风险承担、监管评级以及财政货币政策挂钩带来的压力，一般不愿意有信用风险敞口存在。目前，农村金融领域主要沿用传统的授信模式和风控手段，制约了农村金融整体风险控制水平的提升。农村和县域的财产权利抵押登记、评估、流转等金融基础设施不足，服务"三农"的融资担保机制存在合作机制不完善、资本补充不畅、抵押物处置难等问题；还存在农户对农业保险认识不足、保险机构服务能力不足、保障程度较低、大灾风险分散机制不健全等问题。此外，农村金融领域存在的监管空白相对更为严重。一些机构借农村金融、普惠金融之名，行影子银行甚至非法金融之实，县域和农村对金融消费者合法权益的保护力度还不够。

（4）外部环境带来新的考验。当前农业农村经济发展过程中，规模化、产业化、合作化经营以及产业链、供应链模式不断深化，融资需求已经不再仅限于传统农户的小额信贷，新型农业经营主体的逐渐成长要求提供的金融服务更加综合化，主要表现为更长的贷款期限、更丰富的信贷产品和更加多元的金融服务。金融科技、数字乡村使农村金融服务的成本明显下降，覆盖面得以大大提升。农村金融供求双方的新特征正在改变传统农村金融全局面貌，如新型农业经营主体、新型抵押担保模式考验金融机构的风险定价能力；产业融合、产业链发展考验金融机构创新业务能力；数字技术对传统商业模式形成冲击，也带来"数字鸿沟"等新问题，既考验金融机构的应变能力，也考验监管部门的监管能力。

第三节　金融创新与乡村振兴

近年来，为了稳住农业基本盘、做好"三农"工作，农村金融机构在管理部门的指导下，持续加大对农村地区的金融供给和金融创新，不断做大做好农村"蛋糕"，积极服务于农业稳产增产、农民稳步增收、农村稳定安宁，让更多贫困人口分享乡村全面振兴发展成果。

一、农村金融与城乡要素流动

（一）我国提出城乡融合发展的背景

城乡二元经济结构是中国经济现阶段的一个显著特征，脱离这个基本属性，单纯去发展农村农业，不仅忽视了农业和工业互为促进的辩证关系，而且在效果上会大打折扣，甚至收效甚微。如何破除二元分割的城乡关系，找到城乡融合发展的新思路，让城市资源可以流动到农村以真正支持农村农业的发展，是全面推进乡村振兴的关键问题。

城乡要素流动既包括了单向流动也包括了双向流动。生产要素的单向流动是由于城市能给生产要素提供高于农村的回报，体现为劳动工资高、土地价格高、投资利润高，这是符合市场经济原则的流动和要素配置，但也是由于政府对城市的基础设施和公共服务的投资为要素回报增加提供了良好的基础条件。改革开放以来，依靠大量的生产要素（包括人力资本、资金、土地）由农村向城市流动，中国利用这种更高生产率的现代化生产方式创造了经济奇迹。但同样不可忽视的是，以在计划经济时代确定的工农业"剪刀差"以及改革开放后很长一段时间内仍然存在的农业税、"三提五统"等税费为代表的一些制度性安排，对农村包括人力资本在内的一些生产要素累积带来的深远影响至今并未消除，另一方面，当前与户籍制度相联系的许多基本公共服务也成为要素在城市与农村双向流动的壁垒。这种长期生产要素单向流动的直接后果是农村"空心化"、农民老龄化和农业现代化滞后，进而造成乡村衰退，严重阻碍了我国城乡一体化发展。对过去城镇化道路的反思和对乡村衰退的担忧使得党中央在中共十七大报告中提出要走城乡一体化发展的道路，中共十九大又提出了要实施乡村振兴战略。要实现城乡一体化发展和实施乡村振兴战略，就要建立健全城乡融合发展的体制机制和政策体系，其中首要任务就是要建立健全有利于城乡要素合理配置的体制机制，促进生产要素在城乡之间的双向流动。

（二）农村金融带动城乡要素流动的机制

在众多要素中，资本要素是核心要素，它不仅自身非常重要，同时也是其他要素流动的润滑剂和催化剂。农村资本要素通过农村金融机构渠道单向流出是阻碍形成城乡要素双向流动机制的关键，所以要破除城乡要素单向流动，就要打通资本要素流通壁垒，保证资金的有效供给，进而让资金引导其他要素资源配置到农村经济社会发展的重点领域和薄弱环节。2022 年国务院印发的《"十四五"推进农业农村现代化规划》中也明确提出，城乡要素双向流动和平等交换存在障碍是农村发展的突出短板，畅通城乡要素循环需要着力引导社会资本投向农业农村。

根据已有的学者研究，资本要素在城乡间的流动途径大致可以分为财政收支差异、工农业产品价格"剪刀差"、金融机构城乡存贷差异三个主要渠道。前两者导致城乡资金单向流动，所以经由金融机构在城乡间的流动是农村部门更需要关注的流动渠道，特别在当前市场经济环境下，金融渠道中社会资本的单向流动已经成为导致资金在城乡间不均衡配置的重要原因。而也有学者指出，随着经济体制改革的不断深入，城乡资本流动的主要途径逐步由工农业产品价格"剪刀差"转向城乡财政收支，进入新世纪后随着涉农税费的减免和财政支农投入不断增加，长期以来社会资本通过金融渠道的流动则成为城乡间资本要素配置的主要途径。

（三）农村金融带动城乡要素流动的路径

自党的十八大以来，历年中央一号文件均对引导社会资本投向"三农"建设做出了安排，2022年中央"一号文件"继续要求强化乡村振兴金融服务，特别强调了对县域金融机构发展、农村基础设施投资的支持，发展农户信用贷款等方面内容，可见中央对该领域问题的重视程度不断增加。但是我们也需要看到在农村，由于存在信息不对称、抵押物缺失、合同执行困难和资金需求的季节性等问题，使得农村金融市场分割、信贷配给严重，且多年来生产要素由农村向城市的单向流动仍具有巨大的惯性力量。所以在未来农村金融发展过程中，路径设计要着重农村金融体制改革，加快农村金融创新，实现城乡资本和谐发展。通过积极构建普惠性、多元化乡村金融体系，主动发挥农业政策性银行融资优势，同时鼓励和支持村镇银行、农业保险、小额贷款公司等新型农村金融服务机构设立县域金融服务网点，为农村金融市场提供差异化、精准化的金融服务产品，坚决破除妨碍城乡要素自由流动和平等交换的体制机制壁垒，促进各类要素更多向乡村流动。要建立健全有利于城乡要素合理配置的体制机制，就要让资本要素发挥重要作用，充分释放农村金融机构对城乡要素合理流动的潜能。而在资金要素向农村汇聚的过程中，农村金融要发挥主体作用，财政可发挥主导作用，工商资本则能发挥综合作用。

二、农村金融创新与乡村振兴

（一）乡村振兴建设引致出旺盛的金融需求

实现乡村振兴，离不开农村金融的支持。中共十九大报告提出了乡村振兴战略，这是新农村建设战略后着眼于农业农村优先发展的又一重大战略，也是解决新时代"三农"问题的重要决策部署。"产业兴旺、生态宜居、乡风文明、治理有效、生活富裕"是乡村振兴的总要求，其中每一项要求的实现都离不开农村金融的支持。就产业兴旺而言，无论是稳定发展粮食产业，还是支持乡村特色产业，都需要大量的资金支持，农村经营主体需要信贷资金弥补资金缺口；在生态宜居方面，有关生态环境的基础设施建设，以及农民生活环境的改善（包括房屋建设、村落建设及城镇化建设），均需要得到金融机构的信贷支持；在实现乡风文明的过程中，同样需要借助金融手段，实现乡村教育事业的发展和农村公共文化服务的落地；乡村治理方面的金融需求，主要体现在金融支持集体经济发展方面，如集体资产的保值增值、村集体资源的开发等；实现生活富裕的要求，则需要金融风险管理功能和资产管理功能的支撑，以实现收入的保值与增值（见表15-3）。由此可见，在乡村振兴战略实施的背景下，农村金融的需求总量会进一步增加。同时，农村金融的需求层次将从简单的存款、信贷需求，向包含风险管理需求和财富管理需求在内的多层次金融需求转变，农村金融需求日趋多元化。

表 15-3　乡村振兴战略下的农村金融需求

乡村振兴总要求	农村金融需求的体现
产业兴旺	①支持现代农业产业体系建设；②促进一、二、三产业深度融合；③支持农业规模经营；④借助金融媒介，促进要素合理流动，提高资源利用效率
生态宜居	①需要绿色信贷支持绿色项目实施；②进行农村人居环境建设；③支持农村房屋改造；④推动城镇化建设
乡风文明	①政府借助金融杠杆，增加乡村文化产品和服务设施的投入；②农民借助金融服务（如家电消费贷服务），获取优质的文化产品；③低收入家庭需要通过助学贷款等服务，完成子女教育
治理有效	①集体经济的资产保值增值需求；②村集体资源开发性资金需求
生活富裕	①需要价格保险和收入保险等服务，降低收入波动；2借助金融产品实现财产性收入的增加；③贫困户需要信用贷款服务，实现脱贫

（二）农村金融创新加快乡村振兴现状

农村金融在支持乡村振兴战略中，具有举足轻重的作用。中共十九大报告提出了乡村振兴战略，这是对新时代"三农"工作做出的重要决策部署。2018 年中央一号文件《中共中央　国务院关于实施乡村振兴战略的意见》发布，随后国务院印发了《乡村振兴战略规划（2018—2022 年）》。这两个文件均提出，要通过完善金融支农组织体系、强化金融服务产品和方式创新、完善金融支农激励政策，把更多金融资源配置到农村经济社会发展的重点领域和薄弱环节，强化乡村振兴投入的普惠金融保障，满足乡村振兴巨额资金需求与多样化金融需求。进入 2020 年，我国全面建成小康社会，实现第一个百年奋斗目标，随着脱贫攻坚的全面胜利，中央层面对乡村振兴新阶段提出了更高的要求。2021 年 2 月 21 日中共中央一号文件《中共中央　国务院关于全面推进乡村振兴加快农业农村现代化的意见》发布，随后在 2021 年 3 月 22 日，中共中央、国务院发布《关于实现巩固拓展脱贫攻坚成果同乡村振兴有效衔接的意见》，再一次强调在完成脱贫攻坚任务后，要继续强化乡村振兴的金融服务，鼓励开发专属金融产品支持新型农业经营主体和农村新产业新业态。

历年来中央一号文件、乡村振兴战略规划（2018—2022 年）和《关于实现巩固拓展脱贫攻坚成果同乡村振兴有效衔接的意见》均对于解决筹资问题给出了总体思路：加快形成财政优先、金融倾斜、社会参与的多元投入格局。金融发展对经济增长的作用已经被反复证明，农村金融是农村经济的血脉，加大金融支农力度、创新金融服务方式是乡村振兴战略的现实需求，也是乡村振兴战略资金来源的主渠道。乡村产业振兴的资金需求主要源于产业发展、村镇建设、基础设施建设的资金。乡村振兴的基础是产业振兴或农业现代化，当前乡村产业不仅包括农业产业，也包括许多涉农、非农的新兴产业。农业产业的主要资金需求在高标准农田、水利系统、农业道路等基础设施、农业机械和设施、农产品加工物流等重点领域和薄弱环节。新兴产业主要有乡村旅游、森林康养、乡村民宿、农村电商等行业，培育和发展新兴产业本身就有大量的资金需求，同时与之配套的道路、旅游设施、电商平台和物流网络的资金需求也大幅增长。根据农业农村部 2021 年的初步测算，乡村振兴实现 5 年规划至少要投资 7 万亿元，而在此之前也有多种测算方法所得到的结果显示，2018—2035 年约需 35 万亿元资金用于乡村产业振兴，每年的资金需求大约 2 万亿元。

中国人民银行自 2011 年起正式发布社会融资规模数据以来，社会融资规模的发展呈现如下趋势性特征：规模不断扩大，人民币贷款占比不断下降，企业债券和表外业务融资占比不断增加。根据我国社会融资规模的发展趋势性特征，乡村振兴的资金来源可有三个创新渠道：①发行支农特别国债或特别政策性金融债券。可由财政或政策性银行向商业银行发行，由农村信用合作社或农村商业银行代理，按商业化原则，将筹集的资金运用到乡村，增加乡村振兴资金投入。②可从资本市场获得更多的融资。③乡村振兴还需要更多地从非银行金融机构或组织获取资金，如保险赔款、小额贷款公司的贷款等，也包括乡村振兴（私募）基金、农业担保公司的农业信贷担保、农机金融租赁、农业产业引导基金和基于专业合作社的资金互助等创新形式。

（三）数字普惠金融

数字普惠金融是数字金融和普惠金融的有机结合。数字金融即通过互联网以及数字技术提供金融服务。普惠金融最早由联合国在 2005 年提出，是指以可负担的成本为社会各阶层有金融需求人群提供金融服务，其重点关注对象是小微企业、农民、城镇低收入群体等。而数字普惠金融即以数字技术支持普惠金融服务，重点在于负责任、商业可持续性、成本可负担。2016 年二十国集团领导人峰会将数字普惠金融定义为：一切通过使用数字金融服务以促进普惠金融的行为。《中国农村数字普惠金融发展报2017》界定数字普惠金融是以数字信息技术、移动通信中断基础的普惠金融方式。因此，数字普惠金融可以理解为数字技术方式下普惠金融，其目的仍是通过数字技术实现金融普惠的目标。

在众多数字普惠金融相关理论中，最重要的是"长尾"理论（见图 15-5）。安德森（C. Anderson）在 2014 年分析亚马逊等销售网站的商业和经济模式时，提出了"长尾"理论。该理论用于金融市场可以表述为：受制于高昂的成本，传统金融往往只关注那些较为富裕的群体，他们的数量占整个社会的 20%，却掌握了 80% 的财富，而对于剩余的 80% 的中低收入群体（即"长尾"客户）不感兴趣，最终的结果便是，占人口 20% 的富裕群体获得过剩的金融服务，而占人口 80% 的中低收入群体（即"长尾"客户群）则面临金融服务不足甚至缺失的局面。

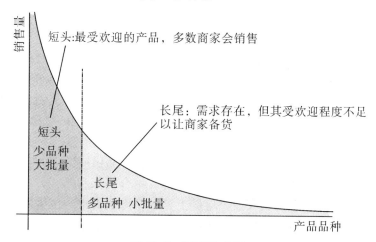

图 15-5 "长尾"理论

基于数字技术和数字经济背景下的数字普惠金融，颠覆了传统金融的"二八定律"，具有网络外部性，可以从可得性、成本等方面弥补传统金融服务的缺陷，助力"三农"问题的解决，催生数字金融市场的长尾效应。目前数字普惠金融在"三农"问题上，主要有以下几个切口：数字平台、数字产品、服务模式。例如：中国建设银行的"裕农通"、中国农业银行的"惠农 e 付"等围绕日常消费支付、便民生活缴费和投资理财的金融服务要求，所搭建的平台汇聚了支付、融资和消费等多种功能。通过数字金融服务"三农"，可以更好地体现数字金融的普惠性、公平性和共享性，打破信息不对称，带动产业链各个环节的增值，增加产业链的活力，助力实现乡村振兴。

（四）农业科技金融

农业科技金融是科技金融在农业领域的具体表现。从范畴上讲，农业科技金融应当归为产业金融的一种。农业科技金融是研究农业科技产业与金融产业的结合问题，服务农业科技产业发展需要的一系列金融工具、金融服务、金融机构、金融政策与金融制度的系统性安排。农业科技金融的核心是有效、全方位地位农业科技产品的生产、中试、示范和推广应用提供金融服务（贾敬敦等，2014）。从微观层面来看，农业科技金融服务的需求者主要包括科技型农业企业、农民专业合作社、家庭农场、职业农民、涉农科研机构及科技中介服务机构等，农业科技金融服务的供给者主要包括从民间借贷到提供正规金融服务的商业银行、保险公司、证券公司等在内的各类型机构或个人。

概括而言，农业科技金融具有五个方面的特征。

1. 农业科技金融的核心是研究金融如何有效、全方位为农业科技服务。农业科技金融属于产业金融的范畴，是研究农业科技产业与金融产业如何为农业科技产业发展服务的，需要根据农业科技创新与金融活动的规律和特点，科学设计和安排相应的金融机构、金融工具、金融服务、金融政策和金融制度。

2. 农业科技金融是一项系统工程。农业科技金融不仅涉及金融产品与金融服务活动，而且与金融机构、金融政策和金融制度安排相关。

3. 农业科技金融主要解决农业科技成果转化中面临的金融资源配置问题。如何引导和动员金融资源向农业科技领域聚集，以解决农业科技成果转化过程中金融资源供给不足和效率不高等问题，是农业科技金融的主要任务。

4. 农业科技金融是一个过程。农业科技金融是引导和动员金融资源向农业科技产业聚集，满足农业科技产业发展需要的金融服务过程。在此过程中涉及资金融通、风险管理、资产定价、激励约束和信息提供等不同金融功能的发挥。

5. 农业科技金融注重政府政策与财政投入的引导作用。农业科技创新的基础性、公共性和社会性，决定了农业科技投入应以政府财政投入为主。同时，农业科技创新又具有周期性、高风险性的特点，这就要求金融资源介入农业科技创新领域，必须更加注重和发挥政府政策支持和财政投入的引导作用，构建合理化的风险补偿机制。

（五）农业供应链金融

所谓农业供应链金融，是指通过把农业和优势农产品供应链上的企业或个人与其上下游的中小企业、农户或消费者利益进行捆绑，结合担保和第三方物流的监督，科学合理地设计金融产品，来满足农业供应链上各环节融资需求，推进农业供应链整体协调运转的系统性解决方案。供应链金融可以帮助促进核心企业及上下游配套企业的稳固和流畅，并通过金融资本与实体经济协作，构筑金融机构、企业和商品供应链互利共存、持续发展、良性互动的产业生态。

农业供应链金融的作用主要体现在破解农村金融难题和推动农业规模化发展两个方面。在破解农村金融难题方面。农业供应链金融主要通过降低信息不对称程度、降低信贷风险、实现贷款规模效应和增加贷款的担保抵押性等四个方面实现对农村金融难题的破解。首先，在农业供应链中，与核心企业合作的附属企业或农户一般具有稳定的经营关系，其信用质量经过核心企业的筛选，有较高的可信度，基于此供应链上的金融机构通过"搭便车"即可获得比自己亲力亲为更质量上乘的信用资质考察效果，从而降低了信息不对称程度；其次，农业供应链中的核心企业往往具有很强的技术能力、销售能力、市场分析能力，农户和农村小微企业与这样的大企业合作，能够降低整体的市场波动风险；再次，供应链金融是依托核心企业的金融，避免金融机构一对一面对资金需求微小的企业或农户，在借贷额度上具有批量性；最后，农业供应链金融由于有经营规模大、可抵押资产多的核心企业参与，避免了直接面对缺乏可抵押资产的小农户的问题，进而增加了贷款的担保抵押性。在推动农业规模化发展方面。农业供应链金融创建了一种"农户+公司+市场"的商业模式和经营组织形式，通过核心企业的带动，将小农户集中起来，通过核心企业对农户的技术支持、质量监督、订单控制的方式，将分散的小农经济直接接入市场中，在实现规模化经营中提高竞争力。因此，农业供应链金融是基于先进农业生产方式的金融，它对从根本上改变落后农业向先进农业转化发挥了至关重要的作用，是一种更高层次的农村金融方式。

农业供应链金融的网络结构如图 15-6 所示。

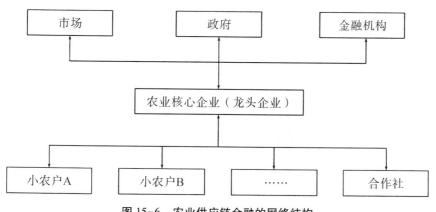

图 15-6　农业供应链金融的网络结构

当前我国农业供应链金融的主要运作模式有"龙头企业+农户+政府+金融机构"和"龙头企业+合作社+金融机构"两类。其中，龙头企业指的是主营业务与种植、养殖以及其他农业经营有关，具有一定经营规模和品牌影响力的现代化公司。这类公司的产品成熟、市场稳定，具有较强的下游控制能力，并且有强烈的控制上游产品质量、数量的愿望。合作社通常是以资源、互助的方式，按照特定农业/养殖业产品类别，由相关农户组合起来的组织。合作社在一定程度上是资源组合的集体经营组织。在农业供应链的合作社中，社员的生产品种与龙头企业的经营品类一致。政府在供应链金融中一般扮演组织、支持者的角色。作为组织者，政府利用自己的资源优势帮助当地农户寻找龙头企业、金融机构等，并帮助其实现各利益相关方的对接；作为支持者，政府更多地在政策环境、征信、增信、担保等方面发挥作用。金融机构是农业供应链提供信贷资金的金融和类金融组织，我国目前参与农村供应链金融的主要有各类银行、商业保理机构、电子商务企业。

（六）农地金融

农地金融（farmland finance）是在农地为信用保证（抵押）的基础上，开展的一系列金融产品或服务创新的总称。其实质是通过发挥农地的财产属性，将农地的经济价值盘活，吸引更多资金流入农村地区，缓解农村经营主体的融资约束。农地金融是依托农地制度进行的一系列金融创新，所以每个国家的农地制度千差万别，导致农地金融在各国的创设和运行机制等方面呈现出明显的差异。中国特色的农地金融与其他国家或地区存在明显的不同，此差异主要体现在抵押的标的物方面。"三权分置"将农村土地权能进一步细分为农村土地的所有权、承包权、经营权，并将这三项权利分置并行，这是中国农村土地改革的又一次重大创新。作为社会主义国家，中国实行的是土地公有制，农村土地是归村集体所有。因此，不同于西方国家，中国土地的所有权不能用于抵押，可以用于中国农地金融抵押标的物是土地的承包经营权、农民住房财产权以及林权。

承包土地的经营权贷款是指农户通过家庭承包、转让入股等有偿流转的合法途径获得的土地承包经营权作为一种抵押物，向银行等金融机构审贷用以满足资金需求的过程；农民住房财产权抵押贷款则是指贷款将宅基地使用权和房屋的所有权向同时抵押给金融机构以获取所需资金的方式。我国"两权"抵押贷款（土地的承包经营权、农民住房财产权）的发放对象主要是农户、涉农中小微型企业、农民专业合作社和其他农村经济实体。贷款用途主要为发展农村地区的农、林、牧、副、渔业及流通领域等农业产业化项目，满足农业生产前、中、后端的信贷服务，此外满足农村中小微企业的生产、加工和流通领域信贷需求，促进农村地区"大众创业，万众创新"，通过资金供给推进农村产业结构调整和经济体制改革。而林权抵押贷款是指将森林资源的所有权作为抵押物，向金融机构获取贷款的一种贷款方式，以森林资源作为抵押物的贷款模式打破了以传统抵押物获取贷款的模式格局。林权抵押贷款不但可以解决发展林下经济资金缺乏的问题，也是发展与建设社会主义新农村的助力剂，使资金、知识、人才、思想等现代化的发展要素引进农村当中，同时将良好的生态资源推向城市，实现农村与城市相互的优劣势互补。

农地金融具有三个方面的特征：

1. 农地金融实行的是物的担保。农地金融以农村土地作为信用担保物，在担保方式上属于物的担保。相较于其他形式的担保物，土地具有稀缺性、位置固定等特点，用土地做担保会使债权更加可靠。当债务人违约后，无论债务人是否有其他债务还是将担保物转让他人，债权人都能从该担保物权的执行中获得债权的优先清偿。

2. 农地金融贷款周期较长。农村经营主体以农地的经营权作抵押获得相应的贷款。由于农地经营周期往往与农作物生长周期息息相关，而农作物的生长周期比较长，因此从贷款授予到贷款收回就需要花费较长的时间，即投资回收期较长。这一特征对于农民而言是有益的，他们可以筹集到与农作物生长周期一致的资金，用以从事农业生产经营活动，但对于放款的金融机构而言，此特征会给他们带来流动性方面的压力。

3. 农地金融具有商业金融和政策金融的双重属性。农地金融的发展既要实现其可持续发展的商业属性，又要通过向农村经营主体的融资实现普惠性。这意味着开展农地金融的机构既要通过商业化运作使自身能够自负盈亏和可持续发展，又要增加农村经营主体的信贷可得性，为农民提供长期低息贷款。考虑到农业的国民经济基础地位，这需要政府利用财政政策和货币政策等工具，设计出激励相容的机制，引导农地金融为实现乡村振兴服务。

农地金融已有的模式包括："信用+抵押"模式、"保证+抵押"模式、"反担保+抵押"模式以及"信托+抵押"模式。"信用+抵押"是最基础、最简单的模式，在该模式中农户可以利用手中的土地经营权，直接向银行申请以经营权为抵押物的抵押贷款。具体流程如图15-7所示：首先，农户通过土地确权登记获得土地经营权证；其次，银行依据现金流量等指标，对农户进行信用评级；再次，在上述基础上，若农户有申请贷款的意愿，可以凭借持有的土地经营权证向银行提出贷款申请，银行则根据之前农户的信用评级状况、土地经营权价值等指标，确定对农户的授信额度、贷款利率以及贷款期限，同时农户以农地经营权作为抵押；最后，若农户到期后无法偿还贷款，农户土地的经营权就会被没收，放到土地流转平台流转给其他人耕种，获取的流转收益和经营收益用于偿还欠款，当偿还完毕后，经营权再返还原先的农户。此模式的运行取得了一定成效，特别是在授信额度方面，农户获得的信贷额度有所增加：无土地抵押的农户最多获得10万元的信用贷款；有土地抵押的农户可以在10万元基础上，根据土地经营权的价值增加相应额度，且利率也较无土地经营权抵押的农户低。在"信用+抵押"模式的基础上，农地金融创新探索出了依托土地合作社进行的"保证+抵押"模式，将土地经营权抵押给第三方机构以获得担保资格的"反担保+抵押"模式，以及将土地经营权以信托方式委托给信托公司代为管理经营的"信托+抵押"模式。

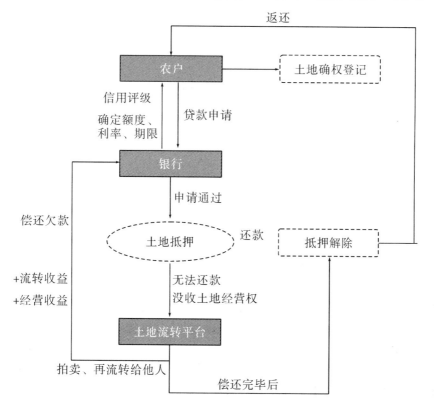

图 15-7　农地金融的"信用+抵押"模式运行机制

当前中国农地金融发展依然面临一些问题。首先，关于农地抵押的法律条文仍亟待完善。当前中央层面鼓励地方政府先行先试，为了打破现有法律的禁锢，一些地方政府出台了"农村产权交易管理办法""农村土地经营权抵押登记管理办法"等政策文件。但是相较于法律而言，政策文件的时效性更强，往往会随形势的变化而做出相应调整，这就会导致农地金融发展面临严重不确定性，一旦政策文件失效，就会对农地金融造成负面冲击。其次，科学、合理、规范的农地经营权评估标准尚未形成。当前的评估工作主要由评估公司完成，他们主要是按照传统办法对农地经营权价值进行评估，缺乏对农业生产特点的了解。受土地方位、土壤肥沃程度、农地附近基础设施状况以及农产品价格波动等要素的影响，农地经营权价值的准确评估对评估人员而言是一项挑战性的工作。第三，较为完善的农村土地流转市场尚未建立。农地经营权流转的正规化和契约化程度有待加强，政府部门在处理土地流转工作时，仅对土地租赁和流转过程进行见证，且此种见证也不具有法律效力。多数地区的农村土地产权正规流转交易市场仍未建立，导致无法有效地对产权交易进行鉴定。当前的土地流转以首次流转为主，二次流转的市场发育不健全，这会限制农地经营权的抵押权能。

自 2015 年国家进行"两权"（农村承包土地经营权和农民住房财产权）抵押贷款试点以来，我国农地金融改革正在稳步推进，很多地区的改革成果已初见成效。以被国务院纳入农村金融综合改革试点市的成都市为例，近年来成都市在成功推动林权抵押贷款扩面增量的基础上，不断扩展抵押物范围，积极开展农民住房财产权、承包地经营权的"两权抵押贷款"，实现农民基本产权全部可抵押。具体来讲成都市农地金融改革措施如下：①深入推进农村产权确权颁证，扩展可抵押产权范围；②搭建农村产权交易平台，实现各类产权不同区域范围内流转；③通过财政贴息、风险保障等政策措施调动各金融机构开办产权抵押贷款的积极性。现阶段，成都产权抵押贷款范围不仅有传统的林权抵押贷款、农村承包土地的经营权和农房财产权这两个全国共同的两权抵押贷款，而且扩大到农业生产设施所有权、农村养殖水面经营权、小型水利设施所有权和经济林木所有权等 10 多个集体所有权属。

本章小结

1. 农村金融即农村的货币资金融通，是为农村各部门、企业和家庭提供农村中介、存款、贷款、汇兑、保险、期货、证券等产品和服务及其相关的准则和制度，包括农业金融、小微金融，也包括非正规金融。

2. 农村金融市场理论主要包含四个内容，农村金融管制论、农村金融范式转变、不完全竞争市场论和信贷配给理论。

3. 农村金融体系是各种为农村经济服务的农村金融机构、制度、工具及活动的总称。它由各种农村信用形式的组织机构组成，这些机构功能复杂但又相互联系，整体保持一致，是农村金融活动的依托，使得农村领域内的货币流通和资金运动能够通过信用形式表现出来。

4. 农村正规金融主要是指法定的金融机构，一般受到中央银行控制和金融法规约束。农村非正规金融是指不受官方部门监管且不用纳税的融资制度安排、金融组织及金融交易，主要有个人之间、个人和企业团体间的直接借款行为等民间金融。

5. 互联网金融属于金融科技 2.0 时代的产物，尤为重视移动互联网技术的应用，其具体业务形态包括移动支付、手机银行等内容。

6. 互联网金融在农村发展的主要类型包括传统金融机构的互联网化、基于供应链/产业链的互联网金融等。

7. 农业科技金融主要解决农业科技成果转化中面临的金融资源配置问题，以实现金融更好地服务农业科技创新的目的。

8. 农业供应链金融的发展，有助于缓解农村金融交易的信息不对称程度，对破解农村融资难题、推动农业规模化发展具有积极作用。

9. 农地金融是以农地作为信用保证（抵押）而发生的信用授受行为的总称，其实质是通过发挥土地的财产功能，将固定在农地上的经济价值重新调动起来，使其进入流通领域。

10. 农地金融作为一种融资形式，具有聚集资金、分散风险和配置土地资源的功能。同时农地金融作为一种金融体制，涉及两种制度安排，即农地制度和金融制度。

11. 农地金融中，比较重要的是"两权"抵押贷款和林地抵押贷款。

重要概念

农村金融管制理论　农村金融市场理论　农村金融不完全竞争理论　信贷配给理论
农村金融体系　农村经济发展　乡村振兴　城乡要素流动　农村金融需求
农村互联网金融　农业科技金融　农业供应链金融　农地金融

核心参考文献

［1］蔡玉胜. 中国农村金融体系三十年改革的经验总结与创新研究［J］. 开发研究，2008（6）：70-76.

［2］陈龙，王楠，冯丽丽. 金融发展、产业结构优化与农村经济增长关联性研究：基于面板 VAR 模型的实证分析［J］. 当代经济管理，2020，42（3）：90-97.

［3］程炳友. 我国农村金融市场效率机制研究［J］. 农村经济，2009（8）：65-67.

［4］杜鑫. 我国农村金融改革与创新研究［J］. 中国高校社会科学，2019（5）：85-94.

［5］蒋远胜. 改革开放四十年中国农地制度变迁的成就、逻辑与方向［J］. 农村经济，2018（12）：8-11.

［6］蒋远胜，王童，金雄鸥，等. 成都与丽水农村金融改革实践与成效的比较分析［J］. 西南金融，2020（9）：86-96.

［7］蒋远胜，徐光顺. 乡村振兴战略下的中国农村金融改革：制度变迁、现实需求与未来方向［J］. 西南民族大学学报（人文社科版），2019，40（8）：47-56.

［8］李爱民. 我国城乡融合发展的进程、问题与路径［J］. 宏观经济管理，2019（2）：35-42.

［9］连俊华. 数字金融发展、农村普惠金融与农业经济增长：来自中国县域数据的经验证据［J］. 中国软科学，2022（5）：134-146.

［10］宁志中，张琦. 乡村优先发展背景下城乡要素流动与优化配置［J］. 地理研究，2020，39（10）：2201-2213.

［11］王小华，杨玉琪，程露. 新发展阶段农村金融服务乡村振兴战略：问题与解决方案［J］. 西南大学学报（社会科学版），2021，47（6）：41-50，257-258.

［12］王小茵. 经济双循环格局下农村金融困境及系统性对策研究［J］. 宏观经济研究，2020（9）：68-76.

［13］温涛，何茜. 中国农村金融改革的历史方位与现实选择［J］. 财经问题研究，2020（5）：3-12.

［14］张林，温涛. 农村金融高质量服务乡村振兴的现实问题与破解路径［J］. 现代经济探讨，2021（5）：110-117.

［15］中国人民银行农村金融服务研究小组. 中国农村金融服务报告（2018）［R］. 北京：中国金融出版社，2019.

［16］中国人民银行农村金融服务研究小组. 中国农村金融服务报告（2020）［R］. 北京：中国金融出版社，2021.

［17］BANERJEE A, DUFLO E, GLENNERSTER R, et al. The miracle of microfinance? Evidence from a randomized evaluation［J］. American economic journal：Applied economics, 2015, 7（1）：22-53.

［18］CULL R, MORDUCH J. Microfinance and economic development［M］// Handbook of finance and development. Cheltenham：Edward Elgar Publishing, 2018：550-572.

［19］LOPATTA K, TCHIKOV M, JAESCHKE R, et al. Sustainable development and microfinance：the effect of outreach and profitability on microfinance institutions' development mission［J］. Sustainable Development, 2017, 25（5）：386-399.

［20］MAZUMDER M S U, LU W. What impact does microfinance have on rural livelihood? A comparison of governmental and non-governmental microfinance programs in Bangladesh［J］. World Development, 2015（68）：336-354.

［21］SUESSE M, WOLF N. Rural transformation, inequality, and the origins of microfinance［J］. Journal of Development Economics, 2020（143）.

复习思考题

1. 选择题

（1）农村金融市场理论主要包含四个内容，即（　　）、农村金融范式转变、不完全竞争市场论和信贷配给理论。

A. 农村金融管制论　　　　　　　　　　B. 农村市场

C. 金融制度　　　　　　　　　　　　　D. 信用系统

（2）农村金融的服务对象具有（　　），但农户仍然是主体。

A. 普遍性　　　　B. 多样性　　　　C. 广泛性　　　　D. 随机性

（3）根据金融系统论观点，农村金融包括（　　　）、农村金融市场、农村金融工具和农村金融制度与政策等五个支柱。

A. 农村金融中介　　　　　　　　　B. 农村金融服务对象

C. 农村金融服务点　　　　　　　　D. 农村金融接受人群

（4）农地金融的特征是（　　　）。

A. 农地金融实行的是物的担保

B. 农地金融贷款周期较长

C. 农地金融具有商业金融和政策金融的双重属性

D. 以上都是

（5）以下不属于融资平台型的互联网金融模式的是（　　　）。

A. 网络微贷　　　　B. P2P 网络借贷　　　C. 网络支付　　　　D. 网络众筹

2. 判断题

（1）农村金融的直观解释就是在农村这个空间区域内的货币流通和信用活动以及与之相联系的经济活动的总称。　　　　　　　　　　　　　　　　　　（　　　）

（2）农村金融包括农业金融、小微金融，但是不包括非正规金融。　（　　　）

（3）当前我国农村金融组织体系的基本结构包括政策性、商业性、合作性金融机构在内的，以正规金融机构为主导、以农村信用合作社为核心、以民间金融机构为补充的多元化的农村金融组织体系。　　　　　　　　　　　　　　　　　（　　　）

（4）从中长期来看，管制也会促进金融市场的健康发展，不会因为过度管制而抑制了金融市场供求关系的正常对接。　　　　　　　　　　　　　　　　（　　　）

（5）从范畴上讲，农业科技金融应当归为产业金融的一种。　　　（　　　）

3. 简答题

（1）现有的农村金融理论大致有哪几个？内容和特点分别是什么？

（2）什么是农村金融？我国的农村金融有何特征？

（3）农村金融与农业经济发展的关系如何？分析我国现阶段农村金融支持农村经济发展的现状和不足。

（4）简要说明我国农村金融带动城乡要素流动的机制和路径。

（5）简述农村互联网金融中的"长尾"理论。

（6）何为农业供应链金融？有哪些运行模式？

（7）简要阐述农地金融中"信用+抵押"模式运行机制。

（8）中国的农村金融应该如何支持和帮助乡村振兴战略解决"钱从哪儿来"的问题？

4. 论述题

2021 年 4 月 29 日，第十三届全国人民代表大会常务委员会第二十八次会议通过了《中华人民共和国乡村振兴促进法》。《中华人民共和国乡村振兴促进法》中所称乡村，是指城市建成区以外具有自然、社会、经济特征和生产、生活、生态、文化等多重功能的地域综合体，包括乡镇和村庄等。其中，第三条：促进乡村振兴应当按照产业兴旺、生态宜居、乡风文明、治理有效、生活富裕的总要求，统筹推进农村经济建设、政治建设、文化建设、社会建设、生态文明建设和党的建设，充分发挥乡村在保障农产品供给和粮食安全、保护生态环境、传承中华优秀传统文化等方面的特有功能。

第六十五条：国家建立健全多层次、广覆盖、可持续的农村金融服务体系，完善金融支持乡村振兴考核评估机制，促进农村普惠金融发展，鼓励金融机构依法将更多资源配置到乡村发展的重点领域和薄弱环节。

2021年6月，中国人民银行、中国银保监会发布《金融机构服务乡村振兴考核评估办法》。其中，金融机构服务乡村振兴考核评估定量指标包括贷款总量、贷款结构、贷款比重、金融服务和资产质量五类，定性指标包括政策实施、制度建设、金融创新、金融环境、外部评价五类。这一评估办法被视为金融助力乡村振兴的考核"指挥棒"，目的是把更多金融资源配置到农村经济社会发展的重点领域和薄弱环节，更好地满足乡村振兴多样化金融需求。

请分析：

（1）如何构建多层次、广覆盖、可持续的农村金融服务体系？

（2）各类型金融机构应如何服务于乡村振兴？